1981—2016

教育发展趋势分析与改革建言文集

——国际比较的视角

王一兵 著

中国社会科学出版社

图书在版编目（CIP）数据

1981—2016 教育发展趋势分析与改革建言文集：国际比较的视角／王一兵著 . —北京：中国社会科学出版社，2016.7
ISBN 978 - 7 - 5161 - 8026 - 6

Ⅰ.①1…　Ⅱ.①王…　Ⅲ.①教育事业—发展—中国—文集　Ⅳ.①G521 - 53

中国版本图书馆 CIP 数据核字（2016）第 084297 号

出　版　人	赵剑英
选题策划	罗　莉
责任编辑	刘　艳
责任校对	陈　晨
责任印制	戴　宽

出　　　版	中国社会科学出版社
社　　　址	北京鼓楼西大街甲 158 号
邮　　　编	100720
网　　　址	http://www.csspw.cn
发　行　部	010 - 84083685
门　市　部	010 - 84029450
经　　　销	新华书店及其他书店

印刷装订	北京君升印刷有限公司
版　　　次	2016 年 7 月第 1 版
印　　　次	2016 年 7 月第 1 次印刷

开　　　本	710×1000　1/16
印　　　张	39.75
插　　　页	2
字　　　数	669 千字
定　　　价	146.00 元

凡购买中国社会科学出版社图书，如有质量问题请与本社营销中心联系调换
电话：010 - 84083683

潘懋元先生序

我认识王一兵教授算起来已 30 多年。80 年代初，我经常应邀参加教育部政策研究室所召开的一些研讨会，其后又被聘任为教育发展研究中心的兼职研究员，而王一兵教授则是研究室和发展中心的领导之一。只是由于他经常外出活动，见面的机会并不是很多，一般是在中心所召开的几次国际研讨会和内部讨论会上，听过他简短的发言，包括 1992 年夏天那一次关于中国高等教育发展规模速度颇有争论的研讨会。每次会上，他话虽不多，但那充满自信、铿锵有力的发言，却给我留下深刻的印象。与此同时，他所组织、编译的《发达国家教育改革的动向和趋势》（前后出版五集）和《七十国教育发展概况》等书，是我当年常置案头浏览查阅的重要资料。

交往比较频繁，是他出任联合国教科文组织亚太地区总办事处高等教育专家之后。1995 年他委托厦大高教所承办亚太地区私立高等教育第一次国际研讨会；后又约请我们编撰介绍中国学位与研究生教育的专文；1998 年邀请我到东京参加他所主持的亚太地区高等教育政策国际研讨会；我所主持的全国高等教育学研究会第五届年会（1999 年）讨论知识经济与高等教育、第六届年会（2001 年）讨论高等教育质量及其保障体系，他都亲临指导并做学术报告，使这两届年会能够较好地与世界高等教育理念衔接并作为世界高等教育会议在中国的延伸，提高了年会的学术水平与国际影响。在这期间，我们较多地谈论世界高等教育的新理念及其对中国高等教育改革与发展的积极意义。确切地说，是我在聆听他的高见宏论。他于 2002 年出版的《高等教育大众化、国际化、网络化和法人化——国际比较的视角》论文集，就是这一时期他的重要研究成果。

众所周知，世纪之交，世界向信息社会、知识社会、全球化社会和学习型社会转型之际，高等教育界都在思考这样的问题：21 世纪的高等教育将面临什么样的挑战？应当树立什么理念？解决什么问题？如何使高等教育"融入未来世界的全球知识社会","促使整个社会的可持续发展和进步"？这些思考，集中体现于 1998 年在巴黎召开的世界高等教育大会及其所通过的《展望和行动宣言》和《优先行动框架》等文件中。而这次大会，据我所知，王一兵教授作为联合国教科文组织亚太地区的主管高等教育的官员，是亚太地区一级会议和相关活动的主要组织者。

在中国，高等教育更是面临着来势甚猛的新挑战：迎接知识社会的来临，高科技与低素质在人才培养上的矛盾将日益凸显；电子信息技术进入高等教育领域，猛烈地冲击着传统的教育理念、教学过程与教学模式；高等教育大众化的步伐加快，经费及其他教育资源短缺、大学生就业形势严峻、教育质量保障等问题成为社会关注的热点；加入 WTO 后，如何应对全球化国际市场培养人才、改革体制。如此等等，都是高等教育工作者和高等教育决策者不容回避的迫切问题。而在面临挑战和战略选择时，都需要把握世界高等教育的走势，借鉴世界高等教育的理念和经验。

这本论文集所选论文近 80 篇，是王一兵教授 1981 年到教育部、1993 年去联合国教科文组织、2003 年退休回到国内至今 35 年研究的心得和成果，也是他用全球视野和国际比较的视角对我国教育 35 年的改革与发展历程进行追踪、求索、评论和建言的一个见证。王一兵教授的这些论文，结合中国的实际，着重讨论高等教育大众化、国际化、网络化、法人化，现代开放远程教育、现代信息交流技术推动教育改革和创新、全球性知识经济对大学法人化的诉求，以及新世纪的素质教育等。他的很多论述、预测和建言，对于思考当今中国高等教育面临的众多挑战与现实问题，仍然给人以启发和借鉴。这本论文集在中国的出版，对 21 世纪中国高等教育进一步的改革与发展的决策有拓宽视野的作用，转变观念，做出比较正确的抉择。

王一兵教授曾在 2002 年论文集"前言"中说："明年退休前再也不写长文了。"那就是说，退休之后，将可以更专心地从事研究工作，观察形势的变化，总结所积累的经验，写出长篇巨著，以飨读者。果然，这本即将出版的新文集中近 2/3 的论文都是他在 2003 年从联合国教科文组织退休后的新作。我对此表示祝贺，并赠此序。

潘懋元

2015 年 9 月 11 日于厦门大学

教育科学研究院

联合国教科文组织前高等教育处处长
迪亚斯博士序

  我是在 1991 年 9 月于澳大利亚阿密泰尔召开的亚太地区高等教育研讨会上认识王一兵教授的。这是联合国教科文组织对全球高等教育发展和改革形势进行 5 年反思的第一次会议，并形成和出版了后来的教科文组织关于高等教育的第一份政策文件（1995 年）。在这次会议上，王一兵教授对发展中国家高等教育面临的挑战和机遇的深刻理解和分析，他的工作能力和活力，给我留下了深刻印象。后来，他通过与来自世界发达国家和发展中国家几百名候选人的竞争被教科文组织于 1993 年招聘为高等教育计划专家，负责在有 44 个会员国、广阔而十分多样化的亚洲和太平洋地区执行教科文组织的高等教育计划。他在为教科文组织服务的 10 年中所表现出来的献身和革新精神，他长期在中国高等学校、中央教育决策部门和研究机构及巴黎常驻团的各种位置上工作所积累的经验，对于他后来为会员国在制定高等教育发展和改革的政策和策略，对促进各国大学之间的合作和交流，出色地完成教科文组织赋予他的使命，都证明是极其宝贵的。1997 年，联合国教科文组织亚太办事处和日本文部省及两个国际机构合作，在远离曼谷的东京召开亚太地区高等教育大会，为 1998 年将于巴黎召开的第一次世界高等教育大会做准备。这次大会开得十分顺利和成功，并对筹备巴黎的第一次世界高等教育大会作出了重要贡献。王一兵教授一个人承担了这样一个有 300 多人参加、上百位部长和大学校长出席的大会的几乎全部的组织协调工作。他在亚太办一个人承担的同样分量的工作任务，在欧洲和拉丁美洲是由几位专业人员组成的研究所或中心完成的。作为他曾经的上级领导和一起工作的同事，我们的六年共事给我留下十分愉快的回忆。

  难能可贵的是，王一兵教授总能挤时间并在百忙中专注于阅读、思考和研究。王一兵教授曾于 1986—1989 年任中国常驻联合国教科文组织代表团参赞。他利用这一机会对西方发达国家 20 世纪 50 年代以后的高等教育发展和改革进行了深入研究,于回国后成文发表,对于国门刚开、急于借鉴国外经验加速本国改革发展进程的中国来说,引起了强烈反响和好评。他于 1993 年加入联合国教科文组织后,在众多的国际会议上发表了具有独到见解的论文和讲话,并对会员国高等教育政策的形成和制定产生了良好影响。王一兵教授深爱自己的国家,心里总是想着自己国家教育改革与发展面临的各种挑战与问题,勤于思考,笔耕终身,并提出他的建言,供决策当局参考。我很高兴地听到中国社会科学出版社将把这些论文和讲话出版,我认为这是一件有价值的事,值得庆贺的事。我相信,他在文章中关于中国和发展中国家如何面对高等教育大众化、国际化、法人化、网络化的挑战,信息交流技术快速发展及其推动开放远程教育发展、推动教育理念更新、教育改革和革新的引领和战略作用,高等教育质量保证,学位相互承认、高等教育国际合作和国际化办学等问题的论述,对政策制定者、大学管理人员、从事高等教育研究的教授和学生,仍然可资借鉴并具有相当的现实性和针对性。

一直到 1991 年在澳大利亚认识王一兵教授之前,我与他素不相识。我担任联合国教科文组织高教处处长 20 年,招聘过来自各国的数十名专业人员,招聘来自中国的王一兵教授是最富争议、时间拖得最长,而最后证明王是人品、工作、业绩最好的一位,因而也是给我留下印象最深的一位。他以自己的专业水准、勤奋工作、严谨作风、广结人缘、组织策划能力和出色地创造性地完成自己的使命消除了人们对来自一个国门刚开的中国人能否胜任联合国的专业职务的怀疑,并获得了亚太地区众多国家高教部门和大学的赞赏。从教科文组织在曼谷的亚太办事处到巴黎总部,从授予王一兵教授亚太地区高等教育合作奖的泰国大学部到亚太地区许多国家的教育部门和大学,对他的工作和为人,都可谓有口皆碑。我退休以后,教科文组织在经费十分紧张的情况下仍然延长了他的任期。

谨以此表达我对王一兵教授的论文集在中国出版所表示的祝贺。

马尔科·安东尼奥·迪亚斯

联合国教科文组织前高等教育处处长

2015 年 9 月 10 日

前　言

　　1981 年，北京外国语学院即今日的北京外国语大学（以下简称"北外"），在其历史上第二次从外交部划归教育部管理。我原定调外交部工作，后来我选择了去教育部，其间还有个小故事。老教育部长蒋南翔同志"文革"中在清华住"牛棚"时我帮过他一点小忙，被他记住。1981 年，他刚刚重新就任教育部长，得知我即将去外交部后，力荐我到教育部工作。我考虑到自己在学校做了 3 年学生，11 年教师，6 年党委副书记，前后 20 年，还是对学校和教育了解得多一些，便做了以上选择。那年 7 月 1 日，我到教育部报到，南翔同志和时任教育部政策研究室主任的彭佩云同志当天就在他的办公室和我谈话，希望我先到政策研究室工作，好尽快熟悉情况。从这一天开始，我便与教育政策和教育发展战略研究结下了不解之缘。虽然后来单位和岗位几经变动，一晃也已 36 年，76 岁，但关注和从事教育政策和教育发展战略研究的兴趣和初衷始终未变。近来梳理了一下，竟发现从 1981 年 11 月 19 日在《人民日报》上发表第一篇短文开始，前后写的并值得收入这本文集的文章、报告、建言达 76 篇，可以为证。有趣和始料未及的是，正当我去年底完成了致袁部长和国家教育体制改革办公室的一份建议书和关于开放大学的一篇短评以后准备就此搁笔时，接到北外和《神州学人》杂志的共同邀请，望我就国家大力发展非通用语种教育谈点看法。盛情难却，再撰短文。离开北外 36 年，常驻、与会、周游近 50 个国家和地区，笔耕不辍，此文竟成我笔耕终身的压轴之作，并把我的思绪又带回到了我阔别几载的母校和离别很久的专业领域，深感人生莫测，有时还真有点戏剧性。

　　这本文集洋洋洒洒五十万言，涉及从国际教育发展大势、国家教育领域的大政方针到某个学校的办学方略，林林总总，似乎有点庞杂。不过，我经过盘点发现，虽然 76 篇文字主题各异，文有长短，论有深浅，但我的行文和建言始终没有离开两条主线：一是紧盯、追踪、发现、分析、传送国外和国际上教育改革和发展的动向与趋势，向国人发出自己的警示，期望给国人以启迪；二是围绕我国教育改革与发展不同时期的热点和战略问题，融入自己所了解、理解的国情，提出自己的分析和建言，期盼自己的国家能通过教育改革与发展提升国力和全体国民素质，赶超发达国家，有尊严地屹立于世界民族之林。所以，就把这本文集称为《1981—2016教育发展趋势分析与改革建言文集》了。文集副标题还加了个"国际比较的视角"，有点广告味，无非想呼吁国人关注浩浩荡荡的世界潮流。当然，斗胆加上，也并非全无自信。此生在一所高校学习工作20年，有幸到教育部工作，处13亿人口大国教育事业的中枢13年，常驻和在联合国教科文组织工作13年，走访诸多国家，组织和参与200多个国际会议，接触了成千上万的外国同行和友人，阅读来自各国的文件、报告、书刊可谓汗牛充栋。因此，当我提出某种值得注意的国外教育发展动向和趋势时，多少总有点根据，绝非空穴来风。当然，准确与否，准确性多大，只能由行家评论，由历史最终判定。

我的研究、求索与建言同我国的教育改革与发展的热点与难点、国际教育改革和发展的动向与趋势息息相关，也同我的工作变动、工作重点、研究兴趣和人生经历的变化紧密相连。因此，文章虽有76篇之多，但可轻易地划分为以下五个聚焦领域。

一是国外教育情况介绍和市场经济条件下教育运行机制的研究，时间集中在从1981年开始到我2003年从联合国教科文组织退休，始终是我关注的焦点，积10多篇文稿。我到教育部，正逢我国改革开放早期，人们发现，各行各业任何一个具体事项的成功改革，都不能不触及几十年形成的体制机制问题，或要求体制机制作相应的创新或改革。封闭了几十年后国门洞开，国人一出国门，所见所闻，皆感新鲜。因此，在学界和政府部门出现了一个我称之为言必谈机制、言必问国外的盛况。一项教育政策的制定，甚至一个学校要建一个电教室，都要问问国外是如何搞的，都要派一个团组到国外考察一下。80年代，我曾连续三次随教育部领导参加在日内瓦举行的世界教育大会，收集和阅读了大量的外国教育报告、资料，也有较多机会接触外国同行并与之切磋，我在1993年前发表的10多篇文稿和出版的两本书籍中，除第一篇外，皆为介绍国外教育发展程度、成绩、水平、体制、机制、制度、政策和问题、挑战、改革、创新、举措、战略，包括国外普遍推行教育与生产劳动相结合的情况等。值得一提的是，得益于我 1986—1989 年期间在巴黎常驻的两年多时间和与各国教育同人的广泛接触、交流，也得益于浏览、研读教科文组织包括总部亦在巴黎的经合组织教育方面的大量的文献资料，使我有可能聚焦于西方发达国家教育运行机制和体制问题研究，基本上弄清了这些国家教育运行机制中国家、市场、社会和学校的定位、功能、责任和它们相互激励又相互制衡的关系，弄清了国人翘首以待的大学自主在这一体制中的重要性、功能、边界、领域、法律依据和保障，所面临的挤压、挑战和制衡。1989 年回国后，我就西方发达市场经济国家教育运行机制体制问题及其可资借鉴的地方连续发表了几篇文章，为国人在这一领域的研究和决策吹进了一丝新风，展示了一个不同的视角。其中四万多字的长文《发展与机制、挑战与对策——二十世纪六十年代以来西方主要市场经济国家教育发展变革述评与比较》，在收入《中国教育发展的宏观背景现状及展望》一书于 1990 年出版后，1991 年又被《教育研究》、1993 年再被《新华文摘》全文转载。15 年后，我收到素昧平生的北京师范大学管理学院院长褚宏启教授来函，说他和他的博士生都认为"这篇文章现在看看仍然很好"，希望允许将此文收进由他主编、教育科学出版社出版的《教育发展评论》第 1 期。

20 多年过去了，国家包括大学变化之大，令国人和世人皆有点目瞪口呆。我二十几年前在撰文中还只是谨慎地建言可以考虑在我国高校教师招聘、薪酬、激励和学校管理等方面引进某些市场手段，如今大学管理中能使用市场手段的已经没有不使用这一手段的了。更有甚者，商业化之风亦吹进了大学校园，侵蚀着大学的灵魂、精神、理念、办学、育人和文化。一件令人不安的事是，大学自主权至今仍然是一个热点问题，仍然没有走出"一放就乱，一乱就收，一收就死"的怪圈。一方面，大学翘首以待自主权回归，能自主办学，以此激活自身活力和潜力，以因应急剧变化的社会，保证学生获得因应这种变化、适应劳动市场需求和个人未来发展的起码的必备的人格、知识、能力、技能和潜力等素质，培养国家急需的创新型人才，建设高等教育强国；另一方面，教育行政部门的一些官员对落实高等教育法已经明文规定的大学自主权，则慎之又慎，担心一放就乱，一旦乱了无法承担责任。我相信，在当今中国，就凭一句"乱了咋办"就能吓阻不少也主张给大学办学自主权但对大学自主权的实质、边界及应具备的机制、体制、法治等条件不甚了了的领导。这种放与收的非良性循环过去几十年中已不止一次发生过。依本人愚见，仍然如本人20多年前所建言的，要从根本上、长远地解决大学自主权问题，就必须从我国实际出发，认真借鉴西方发达国家运行了上百年的高等教育运行机制，从界定国家、市场、大学和社会的功能、责任、权限和相互关系的边界开始，明确能保障大学活力、动力、潜力发挥的必备的起码的自主权限，通过立法并严格依法、守法、执法，逐步建立起这四个部分既相互激励又相互制约的运行机制和体制，并在这一进程中解决大学自主权问题。非如此，就不可能走出"一放就乱，一乱再收"的尴尬。没有法律和相应机制体制保障的大学自主权的回归和落实，创新型人才培养、高等教育强国建设，包括所谓的现代大学制度的建立，都将难以落到实处，甚至无从谈起。这也是我准备搁笔之时再次于2016年初向教育部领导提出高校放权如何走出"怪圈"的建议的原因和基本出发点。

二是高等教育大众化、国际化、网络化和法人化，时间从1993年起，历时20多年，积20多篇论文。改革开放以后，国人发现国民经济经过长期"左"倾路线尤其是"文革"的磨难以后已经到了崩溃的边缘。我通过盘点向国人介绍的大量国外教育发展的数据以后同样发现，我国当时的教育包括高等教育发展水平处在世界平均水平以下，甚至在发展中国家的平均水平以下。我是带着中国教育改革与发展的众多问题尤其是高等教育问题跨进教科文组织大门的。当我发现我国高等教育90年代早期的入学率在亚太地区40多个国家中仍然只能与尼泊尔、孟加拉国和不丹等一起垫底时，作为一个来自中国的管理联合国教科文组织在该地区高等教育项目的官员，对我的刺激可想而知。我利用我的有利条件，挤掉了大量的休假和休闲时间，花了近四年工夫，写出了《知识经济、信息社会与高等教育大众化——中国面临的挑战和战略选择》一文，并在发表前送呈中国教育部长及相关领导。从这里开始，以中国高等教育大众化为主题，包括高等教育国际化、网络化和法人化，先后写了20多篇文章，内容涉及如何推动和评价我国高等教育大众化的进程、如何通过转变理念和体制机制改革与创新应对大众化进程中必然出现的质量瓶颈、毕业生素质和就业、国际化、法人化等挑战。其中《建立合理、公正、透明、权威的高等教育质量保证机制——质量保证的保证——国外趋势和中国面临的战略选择》（2001年）和《走上四重过渡立交的中国高等教育》（2006年）

两篇在《高等教育研究》发表后还被《新华文摘》全文转载，后一篇2007年还被中科院研究生院收入名人演讲录并由科学出版社出版。我深知，围绕我国高等教育大众化进程带来的挑战与争论还将继续。我更坚信，不管我国高等教育大众化进程中还会出现什么问题和挑战，1999年中国政府启动的高等教育大众化进程彻底改变了中国高等教育上百年的只培养不到同龄人5%的少数人的精英性质，改变了高等教育发展落后于我国高速现代化进程的被动状况，改变了我国高等教育处世界平均水平之下和在亚洲垫底的尴尬局面，是顺应世界潮流之举，是影响我国未来历史进程的战略举措，是中国高等教育发展史上的金色一页，功不可没。我为我曾为此摇旗呐喊感到幸运。

三是开放远程教育、电大转型升级和开放大学的建立和发展，从在国内发表我在亚洲开放大学协会1996年德黑兰年会上的讲话开始，20多年，有文稿30多篇，超过文集文稿数1/3。我对这一领域有点情有独钟，原因有二。一是当我到教科文组织工作不久了解到澳大利亚通过20世纪70年代后期的高等教育结构调整，把全国7个远程教育中心皆合并到传统大学中去，利用传统大学的师资、课程优势，教授同样的课程，颁发同样的学历文凭，同时又影响和促使传统大学实行双模式办学，促使传统大学变得开放、灵活，较好地满足了人们日益增长的终身学习需求并服务学习型社会建设。澳大利亚南昆士兰州立大学则是实行完全双模式办学的成功典型。从1997年开始，我在不同场合指出，澳高等教育这种普遍的双模式办学可能代表了高等教育发展的方向和未来。1998年，在上海电大组织的国际会议上我再次提出这一看法，并呼吁我国电大同人对可能来自传统高校方面的竞争要有充分的准备。始料未及的是，当时参加会议坐在台下的英国开放大学校长，也就是过了几年成了我在教科文组织的领导的丹尼尔爵士立即上台反驳，认为开放远程教育是开放大学和电大的领地，传统大学进入这一领域是"越位"。我在我后来的会议总结讲话中不得不指出，这是不可阻挡的潮流。两年后，中国教育部批准65所传统大学举办网络学院，一下子改变了中国远程教育的生态。我相信，一旦高等学校可以自主设置网络学院，电大、开放大学的生存环境将面临更大的挑战。近年出现的由哈佛大学、麻省理工学院和斯坦福大学领衔建立的三大MOOCs平台更增强了我对这一趋势预测的信心。人们纷纷邯郸学步，或争相建立自己的平台，选择课程上网，或赶紧乘上美国的三辆"大巴"，恰恰忽略了这三所大学都在自己的平台上声明的一大宗旨：通过 MOOCs 推动学校自身的改革，改变依靠单一的传统的面授教育模式，试行学校的双模式办学和推行混合式学习，促进办学理念的更新和教育、教学和学生学习模式的创新。我不止一次撰文指出，这才是 MOOCs 的灵魂，也是 MOOCs 带来的最大启示之一。学其表而舍其里，如同已诞生了 10 多年的网络学院一样，与本校的关系是两张皮、双轨制，而不是整个学校办学的双模式探索，学校主体的办学仍然遵循传统大学的理念、模式和质量观运行。而在这一方面，在中国高等教育体系中长期处于边缘化状态的电大和开放大学与新技术融合的广度、深度、效益，在以此推动教育理念和办学模式创新、促进教育公平等方面恰无可争辩地走在了中国所有高校的最前列。这也是为什么我始终强调，包括在最近呈送教育部综合改革司的报告中一再重申：推进电大转型升级和开放大学建设和创新的意义超过其本身。另一方面，我一直认为，在一个 13 亿人口的发展中大国，用开放、灵活、包容、终身等先进理念指导，通过改革创新营造一个宽松的机制、体制和政策环境，支持电大适时转型升级，办好开放大学，建立起具有中国特色的开放大学体系，对于在我国普及教育，推进终身教育，提升全民素质；对于实现高等教育的大众化和普及化，建设高等教育强国；对于大范围地培养创新型人才和全民创新意识和创新文化；对于最终实现中华民族的强国梦，都具有不可估量且不可替代的作用，是一条真正的又快、又好、又省的发展教育的路子，是真正的中国特色。我为中国电大几十年来取得的成绩感到骄傲；我十分敬重这条战线上涌现的为开放远程教育事业振兴而贡献毕生精力的"拼命三郎"式的领导、干部和教师；我更对他们长期处于的边缘状态，所走道路之艰辛和面临的诸多掣肘表示同情甚至不平。人们如果看看我的这一部分文稿，我的以上心境，文中表露无遗。是对是错，是正是邪，留待后人评说。

　　文集中还有书评、序言和访谈类文稿近 20 篇，绝大多数涉及开放远程教育，推介国际远程教育界名家的理念、论述、成就、影响，更多的是为各种有影响的大型国际会议文集作序，重点阐明通过某次会议带来和反映的国际上开放远程教育领域的重大动向和趋势，改革、创新的亮点，可资借鉴的经验及教训等，同一般的书序不太一样，因此决定收入本文集。

　　令人振奋的是，中国的开放远程教育在经历了半个多世纪的艰难行程和发展以后，在国务院、教育部和国家教育咨询委员会的大力推动下，近年来迎来了新曙光、新纪元。先是国家教育发展纲要（2010—2020 年）写上了沉沉的亮亮的六个大字："办好开放大学。"不久，中央广播电视大学和北京、上海、江苏、云南、广东五省市电大先后转型升级为开放大学。这不仅激起了近 10 万电大人、开大人跟上新的形势、更新理念、创新模式及办好开大、电大的激情和对未来的憧憬，也极大地调动了省市政府支持和办好开放远程教育的积极性。当然，惯性和争论还会有的。重要的是，人们期盼已久的光明的前景已经展现在人们面前。2016 年初"教育部关于办好开放大学的意见"（教职〔2016〕2 号文）的颁发，标志着我国开放大学黄金时代和战略机遇期的到来。作为一个学者，我为有幸参与这一发展变化的进程感到宽慰。

四是涉及素质教育，有三篇自以为各有侧重和特色的文章。我以为，强调基础教育的素质教育性质并以此指导基础教育的改革和创新，提升基础教育质量，无疑是根治我国教育竞争过度，青少年、学校、家长压力过大，以致严重扭曲了教育目的和教育伦理本身的痼疾的良方。但理论界为此炒得沸沸扬扬，一度把素质教育越拔越高，越说越玄，以至于广大中小学校长和教师日常进行的教育教学活动还是不是、算不算素质教育都成了问题，使身处一线的校长、教师感到有点手足无措。我历来关注"热点"问题，也有兴趣参与"热点"问题讨论。2000 年，我参照当时国际上关于 21 世纪对人的素质要求的一些共识，写了《何谓素质和 21 世纪对人的素质要求》一文，曾先载新华社内参，后以采访报告登新华社《瞭望》杂志，再以论文发表在苏州大学《教育论坛》。2006 年，我以 20 世纪 80 年代美国总统里根和日本首相中曾根亲自发起的美日教育比较为例、为据，写成《素质教育：只有走出理念误区，才能破解困局——从日本美国之间教育比较说起》一文，揭示了我国理论界一些人在素质教育的界定和理念上的误区，自我感觉还有点根据和说服力，希望有助于破解困局，把中小学校长、教师从困局中解脱出来。2011 年，应母校要求，写了一篇回忆性稿子《学校教育与多变人生》，借我自身大学所学几乎皆非我职场所用的经历作为个案，谈我对素质教育的理解、学校教育与学生素质生成的内在联系和价值所在。我十分赞赏爱因斯坦关于何谓教育的一句名言：教育就是学校里学的忘光了以后还剩下的东西。我不知道，我的个案是否够格作为他的名言的一个小小的验证。

五是既非评论，也非杂文，而是纯粹关于某些具体政府单位、具体学校办学如国际化办学路径、国际活动规划、组织、国际奖项竞得等具体事务性的建言，历时 20 多年，积十几篇文稿。我以为，理论研究之大忌是脱离实际，甚至为了保险，有意回避实际。比较教育研究，多为国别或国外情况介绍，难见全面、深入、深刻的比较和具有一定可行性的建言。我的工作性质、工作经历和关注时政的习惯注定了我的研究和写作很难"无感而发"。我主张"接地气"：我的观察、求索、比较、研究的论断，如果有人有兴趣试试，我在学校、在教育部、在国际组织打拼了一辈子摸索到的一点知识、技能和经验、教训，如果有人希望借助一下，我皆乐此不疲、诚心诚意、全力以赴。条件是相互之间有个起码的信任、诚意和尊重，有一定的连续性。我与几个学校，皆前后历经几任领导，历时十几二十年，以诚相待，尽心尽力，还真的做成了不少事情，不少事情的效果常常超出预期，包括协助浙江大学承接和运行全球大学革新联盟亚太秘书处、上海开大承办全球巨型大学峰会、获联合国教科文组织大奖及其在国际上影响力的大幅提升及北京外国语大学亚非学院与哈佛大学、莫斯科大学、伦敦大学等世界顶级名校校际合作国际会议的成功举办和合作协议签署、云南中国南亚教育论坛的举办和云南开大国际化办学战略的形成等。我想强调的是，这些成绩和奖项的取得，根本在于学校的努力，在于学校的事情本身做得漂亮，否则一切皆无从谈起。当然，经验也表明，做得好不等于一定拿到奖，尤其是国际上的大奖。在国内做得好，也不等于在国际上得到同等认可。这种合作，学校高兴，我有成就感，相互之间增进了了解和信任，也建立了感情。出乎我的意料，上海开大 2010 年 50 周年华诞，全校员工推选得奖人选时竟全票通过授予我特殊贡献奖，将一个不在学校名册上的人排全校得奖名单之首，让我感动不已。事已往，境已过，我仍然决定把这些零零碎碎的建言放入这本集子，无表功之意，乃基于以下两点考虑。一是有的建言仍有一定的针对性，如国际职员培养。仍以联合国教科文组织为例，据了解，按照我国不断大幅增加的会费，目前该组织来自中国的职员仅占我国应得名额 1/3，占得的高级职位更是凤毛麟角，与我国越来越高的国际地位和影响实难相称。问题仍然是国际职员人才培养、选拔、激励、储备、机制、制度和政策问题缺乏通盘和长远考虑，这正是我十几年前应我国教科文组织全国委员会的要求提出的相关建言所谈及的问题。二是一些建言涉及技术层面的经验和注意事项，如大学国际合作与国际化办学的分野、规划的制定、国际活动的组织、所谓国际游戏规则的理解和遵循、电大转型升级的准备等，对以后想做同类事情的学校或单位，也许仍有一点参考价值。所以，考虑再三，还是大部分收了进来。

写那么多有用吗？朋友聚会，总有好心者得知我退休后仍在"爬格子"如是问。问得中肯、问得尖锐、问得我不能不对自己笔耕一生做点反思。76 岁留下 76 篇文稿，长短不等，质量参差不齐，错误论点和不当建言恐不在少数，但毕竟凝聚了我毕生的心血和思考。我决定出这个文集，不仅是想留个终生求索、笔耕的印记，也以此画个句号，更希冀更多学者尤其是年轻学者和政府部门研究机构同人能继续关注、追踪和研究我提出的动向、趋势和问题，提出更多更好的有针对性的建言，以利国家、国民和社会。

回想起来，我在教育部政策研究室的工作似乎就是一件事、一个字：写。写大块文章，写领导讲话、文稿，写国家报告，写调研报告，写部发文件，写会议纪要，写国外参考资料等。我参加会议和出差不多，但送呈的文稿鲜有被推翻或退回。记得 1986 年秋随国家教委常务副主任杨海波同志参加教科文组织在日内瓦召开的世界教育大会，大会上午通知，下午中国代表团可获得一个 10 分钟的大会发言的机会。当场准备会议发言稿的任务自然落到了我身上。时值教科文组织 40 华诞，但面临美苏恶斗、美国退出、经费大减、情绪低迷的困境。在我即席准备的手写的两三页纸的演讲稿中，引用了我国也是世界文化名人孔子"三十而立，四十而不惑"的古训，相信教科文组织和国际社会一定有智慧、有能力渡过当前难关，迎接新的更好的未来。海波同志讲完后，会场气氛为之一振，掌声经久不息。海波高兴，我也有点得意。20 世纪 80 年代，中国人刚走出国门，要在国际舞台上掀起如此激情，得到如此掌声，并不多见。我知道，我成了政策研究室一个"壮劳力"，几次工作有可能调整都被领导挡驾。41 岁满头黑发来到教育部，几年工夫便白发丛生，开始手臂酸痛，一直延续至今，有时疼得难以入睡。到了教科文组织后，一个人管教科文组织在亚太地区 44 个国家的高等教育及远程教育项目，工作对象是部长、校长、教授，不得有半点疏忽、疏漏，工作压力极大，在办公室间走动，几乎都是小跑。这 10 年写出来的文字真是挤出来的、压出来的，常常是在节假日、在车站、在机场、在飞机上草就。有朋友亲人一见面就劝我，别写了，写了没用。我知道，他们好心，写了没用也非无稽之谈。我犹豫过，但终究没有把笔放下。我以为，有用无用，相关因素太多，不取决于我。我的笔耕，至少可以留下我的拳拳赤子之心、人生轨迹，良心多少得到一点安慰。我还以为，写的东西是否有点用，也还取决于你是否有点勇气触碰"热点"、"是非"，取决于你的论点、论断是否有根有据有说服力，取决于你的建言是否较充分地考虑了中国国情，取决于你是否做过一点换位思考，如想一下领导和领导机关决策时常常面临的两难、多难局面及多方挑战和一旦做出决定就要承担社会和历史责任的压力。我的幸运在于，我从学校基层到教育中枢、从国内到国外的经历使我对以上各点多少有点体验和了解，并成为我选题、取材、研究、构思、建言、撰稿的基本思路和指导。也许是这个原因，我投下的不少文稿，在浩瀚的中国教育文论大海中，也曾激起过一点浪花：据我不太完全的了解，我的文章先后有六篇被《新华文摘》全文转载，多篇被《教育研究》《高等教育研究》《中国远程教育》《开放教育研究》等两个或以上重要学术刊物转载。《历史机遇与高等教育决策——再论高等教育大众化》在《高等教育研究》1999年第5期发表后，在我毫不知情的情况下，还获得中国高等教育学会2001年论文一等奖。出席1998年第一届世界高等教育大会的陈至立部长在巴黎告诉我，《高等教育大众化——中国面临的挑战与战略选择》一文她看了，而且也叫别人看了。2006年夏《中国电大的定位和走向世界一流开放大学的道路——国外经验和国际比较的视角》一文发表后，主管高等教育的时任副部长吴启迪教授通过现在的副部长、当时的高教司负责人林惠青同志专门代表其来电向我表示感谢并希望以后多提建言。当时即将上任的中央电大校长也两次来电表示要好好学习这篇文章。我有幸两次随周济部长出席教科文组织部长峰会，为其准备文稿。2016年我把我领衔完成的关于开放大学及其体系建立的调研报告送呈袁贵仁部长后，袁部长很快作了批示，要求教育部相关领导和司局根据我们的报告对即将出台的相关文件进行修改。我于2016年初提交的关于如何走出高校放权"一放就乱，一乱就收，一收就死"怪圈的建议书也得到了袁部长的批示和重视。我想必须说明的是，我与这些部长们皆素昧平生。他们对我写的某些文字的兴趣皆出于工作考虑，无非是我提供的某些信息、分析、建言对他们考虑相关问题时能起点参考作用。手臂还疼，而且每写完一篇总要疼一段。但每当我听到文章登了，转载了，还引起了一些人的兴趣、关注或争议，相关部门亦有反应，我也就感到满足了，手臂虽疼，值。

2002 年出了一本小册子《高等教育大众化、国际化、网络化和法人化》后，觉得自己的一些想法该说的也说了，紧张工作之余再写长文，实在太累，曾发誓退休前停笔。我国高等教育界的泰斗潘懋元老先生得知后在所赐序言中明确鼓励我不要停笔，退休后也不要停笔。我被老先生言中，2003 年自教科文组织退休后没有停得下来。这本文集里，2/3 的文稿皆退休后所作，潘老的鼓励后进是一个原因。

当今世界，无人能够否认中国在过去的 36 年中在提升教育地位、加强教育立法、增加教育拨款、普及基础教育、发展中等教育和职业技术教育、推动高等教育大众化进程、提升教师待遇、素质和各级各类教育质量、促进教育公平、加强大中小学基础设施建设等方面的巨大成就。同时不能否认的是，当今中国教育仍然面临着众多的严峻挑战。这些挑战集中到一点就是，如何转变人类工业化进程中长期形成的传统的教育理念、改革和创新教育模式和教育制度、体制，使学校尤其是高等学校办学更加自主、主动，更能发挥自身潜力、增强自身活力、办出自身特色、富有创新意识、创新文化和创新能力；使学生真正能够从过度、过重的压力和单一的成长模式中解放出来，生动、活泼、主动、全面地得到发展。一句话，使教育变得更加开放、灵活、多元、包容、终身，更好地适应和服务于中国的经济转型、社会转型和大国地位的大幅提升。人才培养和教育发展周期长，一个重大教育决策，一项教育改革试验，往往需要两三代人才能最终判断其效果。从这个意义上说，重大教育决策，既要敢于面对并从现实问题和现实挑战出发，又要清醒地看到并顾及未来教育发展的动向和趋势，才能经得住较长时期的历史检验。同样，我对教育发展 36 年的观察、预测、分析仅仅是个开始，我的建言价值有无、几何，甚或误导、荒谬，将由时间和未来测出。教育是全人类成长、进步、发达的阶梯和必经之路，许多外在和内在的基本规律是相通甚至共同的。我坚信，全面、深刻了解和正确借鉴世界各国教育改革和创新的经验和教训，注意国际上教育发展动向趋势的观察、研究和预测，是一个国家教育改革和创新少走弯路、取得成功的必要条件之一。我出版这个文集的重要目的之一就是希望有更多的年轻学者、专家把这件事做得更好、更有影响。

这本文集能够出版，首先要感谢中国社会科学出版社，尤其是具体负责本书编辑事宜的编辑刘艳同志和编审罗莉同志及其团队的高效、严谨、勤奋的工作。我要特别感谢 95 岁高龄的潘懋元老先生再次赐序鼓励，特别感谢我在联合国教科文组织工作时的老上司、当了该组织 20 年高教处长、人类历史上第一次世界高等教育大会的具体组织者迪亚斯博士为文集撰写序文。我还要感谢上海开放大学《开放教育研究》编辑部主任徐辉富博士的无私帮助，百忙中不厌其烦地为我查寻多篇散落的文稿及其电子版本。最后，我也不能不表达一下对我夫人冯义国女士的由衷感谢。没有她的几十年来始终如一的理解和无怨无悔的支持，我能在终年忙碌和紧张的气氛中安静下来阅读、思考和撰文，是不可想象的。

王一兵

2016 年 3 月 28 日

于上海浦东城市经典公寓

目　录

正确坚持教育与生产劳动相结合

为什么必须坚持教育同生产劳动相结合？

近代科学技术和社会化大生产的迅速发展，教育同生产劳动的结合，社会生产部门同学校的各种联系也越来越紧密了。在社会主义国家是这样，在资本主义国家也是这样。无产阶级倡导和实行这种结合，则是为了培养德、智、体全面发展的人才，是为无产阶级的政治和经济服务。早在1934年，毛泽东同志就提出"使教育与劳动联系起来"。新中国成立后不久，党就提出和规定把生产劳动列为学校正式课程。1958年，党中央和国务院将教育必须同生产劳动相结合作为党的教育工作方针的主要内容之一明确提了出来。最近，中央领导同志又重申，这一方针是正确的，今后仍应坚持。

实事求是地总结过去贯彻这一方针的经验和教训，对于当前正确认识和继续坚持教育同生产劳动相结合，是十分必要的。32年来，各级各类学校在这一方面都进行了一些试验，如兴办职业技术教育，实行半工半读，组织勤工俭学，适当参加工农业生产劳动等，并积累了一定经验。我们培养的知识分子，绝大多数能与工农结合，思想感情与精神面貌都发生了深刻变化，为国家为人民作出了可贵贡献。他们与工人农民一样，是我国建设社会主义事业的依靠力量。这与我们批判旧中国几千年来的"劳心者治人，劳力者治于人"的剥削阶级教育思想，坚持教育必须同生产劳动相结合的方针是分不开的。当然，过去由于我们缺乏经验和受到"左"倾思想的影响，在如何正确认识和贯彻这一方针上，走过弯路，遭到过一些挫折。如一段时期安排生产劳动过多等，特别是在"十年动乱"中，"四人帮"把劳动歪曲和篡改成迫害知识分子和广大干部的手段，以劳动取代课堂教学，说什么"宁要没有文化的劳动者，不要有文化的剥削者、精神贵族"，造成了极为恶劣的影响。这些我们应当彻底批判和抛弃。粉碎"四人帮"后，有些同志错误地吸取了经验教训，走入另一极端，对劳动教育采取了完全放弃或将教育同生产劳动对立起来的态度，由此导致了种种弊端。例如：一些学生思想上劳动观点薄弱，与工厂农村日益疏远，甚至轻视工农群众，不懂或缺乏生产知识；生活上害怕艰苦，大手大脚，不爱惜劳动成果等倾向有所滋长。这从另一方面说明了坚持教育同生产劳动相结合的必要性，因过去的失误或走过弯路，就轻率否定这一方针是不对的，只能使工作遭到损失。坚持教育同生产劳动相结合，不仅对学生的德育，而且对智育和体育的发展，都具有重要意义。一些学校的经验证明，恰当地、有机地把教育同生产劳动结合起来，思想上有助于培养学生的劳动观点，热爱劳动人民、爱祖国、爱集体、守纪律的道德品质；业务上有助于学生更深刻地理解和掌握科学文化知识。掌握一定的劳动技能，不仅将来能更好地为社会服务，而且可以促进教学和科研的发展。把教育质量仅仅理解为学生掌握书本知识的多少，甚至为了盲目追求升学率把教育同生产劳动相结合的原则弃之不顾或对立起来，是错误的。

我国每年的高中毕业生只有少数能升入高等学校，绝大部分将成为劳动后备军。普通教育的任务就是，一方面要向高等学校输送合格的新生；另一方面要把中学生的绝大多数培养成有一定政治觉悟、一定的生产基础知识和技能的合格的劳动后备军。

60年代，刘少奇同志曾提出过试行两种劳动与两种教育制度。经过一个短时期的试验，证明是行之有效的。由于"十年动乱"，这一试验未能推行，而且错误地批判了这一正确主张，砍掉了曾经蓬勃发展的职业、技术学校，搞得中等教育结构单一化，人们认为报考大学是中学毕业生的唯一出路，形成了千军万马过"独木桥"的书面，严重影响了劳动后备力量的培养和输送。这既不利于为我国城乡培养和输送合格的劳动后备力量，又不利于社会的安定。要妥善解决目前已很迫切的问题，也必须坚持教育同生产劳动相结合的正确方针，从我国实际情况出发，积极而稳妥地改革中等教育结构，大力发展职业、技术教育。对普通中学的课程设置和教学内容也要进行相应改变，同时逐步把教育制度同劳动制度、干部制度正确地结合起来。

随着现代经济和技术的发展，要求教育质量和效率迅速提高，要求我们在教育同生产劳动相结合的内容上、方法上不断有新的发展，包括借鉴国外有益的经验。进一步贯彻这一方针，关系千家万户，涉及社会各行各业和各部门。因此，除教育部门和各级学校要积极努力以外，也需要社会各部门和广大家长、人民群众的支持和配合。

（载 1981 年 11 月 19 日《人民日报》，《新华文摘》1982 年第 1 期全文转载）

国外普遍推行教育与生产劳动相结合

一　普遍重视

近 10 年来，教育与生产劳动相结合（以下简称"教劳结合"）已发展成世界性教育趋向，普遍受到国际组织、各国政府和教育部门的重视。很多国家从本国实际情况出发，积极开展理论研究和实践，探索实行教劳结合的正确途径。

1. 从联合国教育、科学、文化组织近 10 年的活动看

1973 年以来，联合国教育、科学、文化组织（以下简称"联合国教科文组织"）多次召开教育大会、地区教育部长或教育部长并负责经济计划的部长会议、学术讨论会、专家会议等，讨论教劳结合的理论、方针、措施、效果、意义和问题。

1973 年 9 月，联合国教科文组织在日内瓦举行第三十四届教育大会，提出"生产劳动应当看成是整个教育过程的一部分"。

1976 年举行的联合国教科文组织第十九届大会强调，"要通过把生产劳动引进教育过程，加强教育和社会的联系"。大会把教劳结合列入国际教育大会的议程和联合国教科文组织的中期计划（1977—1982 年）。

1978 年在内罗毕举行的联合国教科文组织第二十届大会再次强调，"要使教育与劳动生活建立密切联系"，"要通过教育进行劳动生活方面的培训，并使劳动实践成为教育过程本身的一个成分"。

1980 年举行的第二十一届大会要求该组织总干事"开展各种活动，加强教育与劳动界的联系，尤其要促进教育与生产劳动结合"。在拟订中期规划（1984—1989 年）时，再次强调了以上总方针，并将教劳结合列为该计划的主要项目之一。

1976 年 1 月，联合国教科文组织和非洲统一组织、非洲经济委员会合作召开了非洲地区会员国教育部长会议。与会教育部长们认为，以劳动为基础和以就业要求为要求的教育，必须打破体力劳动与脑力劳动、理论和实践、城市和乡村存在的思想偏见；通过开设普通课、技术课和职业课，在初等、中等和高等教育里普遍引进劳动实践，并使学校最终成为财政上自给的单位。

1977 年 11 月，联合国教科文组织和阿拉伯联盟教育、科学、文化组织合作在阿布扎比召开阿拉伯国家教育部和负责经济计划的部长会议，提出要进一步努力使教育面向劳动界，要重视与生产劳动的结合。

1978 年 7 月，联合国教科文组织与亚洲及太平洋经济社会委员会合作，在科伦坡召开了亚洲、大洋洲教育部长和负责经济计划的部长会议。会议认为，"要使教育有助于儿童个性的全面发展，必须避免死啃书本，脱离实际和劳动，儿童教育必须取得理论与实践、脑力劳动与体力劳动的平衡。要使教育有助于社会发展，必须加强学校和社会的联系，要使教育有助于社会和经济发展，青年必须参加建设国家"。会议要求成员国发展面向劳动的教育，改革师资培训和考试制度，加速职业、技术和农业教育及技能培训。

1979 年 12 月，联合国教科文组织和美洲国家组织、拉丁美洲经济委员会合作，在墨西哥城召开了拉丁美洲及加勒比海地区教育部长和负责经济计期的部长会议。会议认为，虽然人们承认教劳结合在教育、经济和社会方面的价值，传统教育制度留下的体力劳动和脑力劳动的对立仍很尖锐，只有通过学习与实践，学习与生产劳动的多次有计划的结合才能得到解决。会议提出，"要发展一种依靠劳动、通过劳动和为了劳动的教育"。

1980 年 6 月，在索菲亚举行了第三次欧洲地区教育部长会议。会议指出，把生产劳动引进教育过程中出现的主要问题，仍然是技术、职业学校同普通学校之间的不合理分工。必须取消这种人为的、不符合时代要求的界限。会议建议各成员国发展和扩大教育与劳动界的联系，尽可能地建立普通教育与职业性教育之间的最佳平衡关系，要采取步骤把劳动实践引进中等学校和高等学校的教学和教育过程。

以上五个地区性教育部长或教育部长并负责经济计划的部长会议一致要求联合国教科文组织特别重视教育与劳动界的各种相互关系，并和成员国进行研究和技术方面的合作。

1981年11月，联合国教科文组织在日内瓦召开第三十八届国际教育大会，参加会议的除会员国外，包括联合国系统的10个组织、12个政府间组织、22个非政府间的国际组织、4个世界性教师组织。教育与生产劳动的相互作用是大会的两大主题之一。会议目的是讨论各国实行教劳结合的成就、当前任务、交流经验和进一步搞好教劳结合的方法途径。绝大多数与会代表认为，加强教劳结合是时代的要求，反映了青年失业问题的严重性，应当成为未来教育的一个头等重要的目标。三十八届大会致各国政府的唯一一份文件，就是关于改善教育与生产劳动的相互作用问题致各国教育部长的第七十三号建议书。

联合国教科文组织还于1979年10月在贝宁、11月在新加坡及1980年3月在厄瓜多尔分别举行了非洲地区、亚洲地区和拉美地区教劳结合科学讨论会。此外，还召开过一系列专家会议。

2. 从一些国家政府和教育部门的态度看

为了给三十八届教育大会做准备，联合国教科文组织国际教育局1980年曾向各会员国发了调查表，了解各国实行教劳结合的形势、政策、措施、效果和存在问题，在此基础上为大会准备了一份《教育与生产劳动的相互作用》工作文件。文件认为，教劳相互作用，已经成为世界各国政府和教育当局普遍关注的问题。55个国家回答了调查表，其中有印度、泰国、菲律宾、沙特阿拉伯、约旦、伊拉克、土耳其、马耳他、塞浦路斯、肯尼亚、埃及、科特迪瓦、阿根廷、尼加拉瓜等广大第三世界国家；有苏联、古巴和东欧各国；也有美国、日本、澳大利亚、西德、法国、英国、瑞士、荷兰、瑞典、丹麦等发达资本主义国家。这55个国家，在社会制度、历史背景、文化传统、发达程度和教育制度、体制、政策等方面都有很大差别，但是"所有国家政府都表示他们越来越重视教育与生产劳动的相互作用，特别是教育活动与劳动界的相互关系"。42个国家派了教育部长、22个国家派了副部长出席三十八届教育大会。美国、挪威、印度、东德、古巴、巴西、突尼斯、几内亚等11国还向大会提出了典型研究报告。

二　基本认识

1. 对教劳结合的概念的理解

a. 多从广义上理解。认为教育包括一切教育形式，从学前教育、初等教育、中等教育、高等教育、职业、技术教育到成人教育，从正规教育到非正规教育，都有结合问题。生产劳动则包括任何一切有益于社会的活动。教育与生产劳动的关系包括教育与就业、教育与劳动力培训等关系，经常指的则是教育与劳动界、教育与劳动生活、教育与社会、教育与环境、教育与经济发展的相互关系和相互作用。

b. 强调教劳结合要有利于人的全面发展。三十八届教育大会讨论时，各国都认为应当弄清楚生产劳动的概念和目的。有些代表认为，"生产"可能被理解成狭隘的经济目的，至少会把教劳的相互作用简单化为培训和就业的结合，甚至有的国家把生产劳动的内涵理解成农业劳动。一些代表提出通过立法来防止对教劳结合原则的滥用，反对把经济收益作为教育的主要目的，或者鼓励把儿童作为生产商品劳动力使用。与会绝大多数代表认为，按这种理解参加生产劳动和对社会有益的劳动，才会有益于人的全面发展和人类尊严。

2. 对实行教劳结合的原因的分析

a. 从生产方面找原因。一些国家认为主要原因在生产。科学技术的快速变化、日益复杂和应用，要求人们改变从学校、从专业化的职业技术教育训练中学到的知识和技能。科学技术应用于工业越来越成为跨学科的，各学科教学互不联系已经不符合时代要求。同时，由于实际劳动生活中理论和实践的界限已经很难分清，由传统造成的教育培训中的理论与实践的对立也就失去了基础。

b. 从教育制度本身找原因。一些国家认为主要原因在教育制度本身。认为传统教育模式有脱离校外生活的倾向，教育内容与就业要求缺乏联系，过分强调智育，忽视人的全面发展，尤其是对现代社会劳动界的社会的、经济的和技术的复杂实际情况缺乏了解。在教育改革中，很多国家都重视教育方法的多样化，尤其注意把实践性的、对社会有益的劳动纳入教育和学习过程。这就要求教学内容与校外现实生活和谐协调，要与学生的不久的将来的活动联系起来。教育目标要根据劳动界的多方面的要求实现多样化。向这个目标努力的一些国家政府认为，要达到以上目的，一个基本的先决条件就是改善各级各类教育与生产劳动尤其是与劳动界的相互作用。参加1980年11月巴黎专家会议的美国、印度、南斯拉夫等16国代表一致认为，应当把生产劳动看成是教育过程中、学校课程中固有的一个组成部分，而不是从外面附加进来的。

c. 其他原因。印度认为主要原因是人们对中学和大学毕业生遇到的就业困难越来越表示担忧。比利时、巴西、摩洛哥认为是因为工商界越来越关心教劳结合。哥伦比亚认为，一部分原因是由于人们不满教育缺乏灵活性，不能适应地区和当地条件及要求的中央集权式的教育制度。奥地利认为是由于中等教育已经扩大到人口中的大部分人所致。约旦、科威特、尼日利亚、菲律宾、泰国认为是由于技术职业里出现了新的就业机会，技术人员的工资和地位有了提高。巴西认为，国际组织，如联合国教科文组织和联合国国际劳工局的影响也是原因之一。尼加拉瓜则认为是由于扫盲运动的成功使人们普遍对教育产生兴趣。

3. 关于实行教劳结合的目标

三十八届教育大会和1980年11月巴黎专家会议认为，在学校和高等教育里引进生产劳动或对社会有益的劳动，不仅是因为它有教育价值，而且是因为它有经济价值，能增加产品，有社会和文化价值，能在和工人的结合中学到生产技能。教劳结合的目标有四个方面。

a. 教学、教育目标。使儿童和青少年在初等和中等学校里的体力和智力得到平衡发展；在中等和高等教育特别是在理科教学和职业技术教育中，使理论和实践结合，在早期教育中培养学生的集体劳动习惯，了解各种社会价值，认识劳动生活的各种特性；强调体力劳动的尊严和价值，使学生逐步树立起新的劳动态度，改变学生的价值观，缩小学生的理论知识和实践知识的差距，促进建立新的师生关系，促进教师之间竞赛，建立各学科教师之间、教师和校外技术工人之间的新型的和睦的合作关系，把教育过程的各种要素统一起来。

b. 经济目标。把生产劳动引进教学领域的首要目标，就是促使教育制度更适应经济需要。人们最关心的就是缓和紧张的经济形势，使教育的组织方式能有效地扩大就业。教劳结合应给儿童提供参加校内外社会经济活动的机会，了解各种不同类型劳动及其在不同物质条件、社会条件下的科学原理和过程。各国政府采取措施培养和鼓励学生尊重体力劳动，特别是农村体力劳动，不仅是为了使学生掌握体力劳动的技能，引导他们参加体力劳动，而且也是为了使他们熟悉劳动界的结构，学会生产的基本原理。很多国家提高学校、教员和学生的质量，使之成为经济增长的力量。各种试验表明，这对于所有国家，无论是发展中国家还是发达国家都是共同的。执行教劳结合的具体计划，使学生参加生产劳动，使教育职业化甚至专业化，其经济目的就是为了保证提供合格劳动力。这对国民经济来说至关重要。

c. 社会目标。使学生习惯于劳动界，习惯于为社会提供有益服务，尊重体力劳动和体力劳动者，培养学生劳动中的集体观念和应在社会上提倡的价值观，如社区自治感、劳动神圣、团结互助等，通过使所有的学生掌握共同的基本经验，为人才提供更多的平等和社会流动的机会，使地方和学校合作改善生活条件。很多国家努力缩小体力劳动和脑力劳动的差距，或者在教劳过程中使二者结合，以此作为消除社会不平等的一个有效方法。有些国家由于失业增长，青年人愿望得不到满足，教育制度的某些环节僵硬不合理造成了社会紧张，想以此作为缓和的办法。生产劳动使学生直接掌握现实世界的经验，为教育民主化奠定一定基础。

d. 政治思想目标。生产劳动中，学校的任务就是鼓励学生热爱劳动，尊重劳动者。因为劳动本身就包含了人的品格发展中的一个重要因素，培养人们对生产活动的积极态度，珍惜社会财产；激发学生的主动性、培养毅力和掌握技能；引导学生高度尊重消费品生产者和服务人员。

4. 关于搞好教劳结合的先决条件

关于搞好教劳结合的先决条件，各国谈论最多的是以下三条：

政府，特别是教育部门和劳动部门（manpower authorities）对自己在教劳结合中应起的作用要有坚定的政治决心；一定的立法条例和依法调节；劳动界，尤其是公、私企业代表的充分合作。

三　基本做法

1. 初等教育阶段

a. 一般做法。学生在小学阶段（6 岁至 12 岁），主要是组织一些创造性的实践活动。东德、伊拉克为学校配备设备良好的小工厂、建立小园地；以色列已在小学课程里开设金工、木工、塑料制作等课；智利、哥伦比亚为学校建立小园地，在农村，则和农村发展计划结合，让学生参加农业生产劳动。

印度根据教育委员会于1966年制定的方针，为了给儿童建立一种互通的教育模式，正在执行一项计划，把对社会有益的生产劳动引进普通教育课程，使教育同生产联系起来，学生可以参加各种劳动，根据当地情况和就业形势制订劳动计划和选择项目。生产劳动贯穿在整个10年学校生活中。

小学阶段的实践活动一般每周一到二小时，有的国家继续到初中。尼加拉瓜试验一种新办法，在实行远距离教学的第六年级，实行全天劳动。

b. 不同意见。对于允许或要求儿童参加生产活动的程度，各国政府意见不一。少数国家在校内积极开展有益社会的活动，这种活动可能已接近商品生产，或者构成了对当地有用的技能的训练。很多国家的农村发展一体化计划，倾向于让儿童直接参加已成为小学高年级课程一部分的生产活动。目的多种多样：把孩子引入成人劳动世界，防止因家务劳动、田间劳动让儿童过早离开学校。

一些国家立法要求教育活动包括生产劳动。小学生参加特定的生产劳动成为普遍规定的就业最起码年龄的一种例外。有些国家不赞成这样做。奥地利认为，让14岁到15岁的儿童参加生产劳动虽然是国际惯例，但为奥地利的国家劳动法所禁止。赞比亚也认为，"破坏学校学习功能的生产劳动是不能接受的"。把生产劳动引入教学内容的目的是使每一个公民都能充分发现对自己和对社会有益的能力。

c. 发展中国家和工业化国家的不同目标。小学阶段实行教劳结合，发展中国家和工业化国家之间有分歧。在一度城市化和就业多样化的工业化国家里，在开始的六年或七年中，学校组织实践活动的主要目的是：发展儿童的主动精神，提供创造性活动所需要的基础知识和技能，教给学生劳动的准确性、质量等概念及不同物质的属性。这些都是书本上不可能传授的。发达国家中的问题是克服实践活动中的性别差异，保持教育在变动世界中的连续性，逐步增强学生对劳动世界的了解。

在不少发展中国家中有一种传统，儿童很早就参加生产和有益的劳动，他们的目的是使教育制度适应这种社会。教劳结合的目的之一，就是要克服让儿童完成这种无教育意义的任务的传统，使他们适应和丰富在家庭劳动、农业、牧业和手工业劳动中的非正规学习过程。总而言之，帮助学生成为社会的一员，成为促进发展的力量，为适应变化中的生活做好准备。大多数农村和城市贫民子弟离校过早，加强教劳结合已成为减少儿童过早离校的一个手段。教育的职业化成了向社会灌输新的知识和技能的一个手段，在这种社会里，非正规学习过程对于世世代代继承传统的过时的知识技能有很大作用。

2. 中等教育阶段

a. 一般做法。大多数国家反映，中等教育出现两种趋势，一是把基础课延伸到各个年级和所有学生，一是增加课程内的生产性活动，已经采取或计划采取的措施有，将向综合课程改革提供就业情况，把"综合教育"、"工艺"和有关课目引进教学计划，等等。有些国家扩大综合学校制度，使课程多样化，或者允许普通学校与综合社区学校、村社综合技术学校等并行存在。有的国家把综合技术教育的形式运用到课程改革中去，小学开始使用简单工具和普通材料，在学校园地从事生产劳动，逐步发展到初中阶段在生产实践中传授理论和实践，包括到中学最后阶段到企业劳动一段。有些国家原则稍加修改应用到高等教育。这种制度的特点是学校与单位紧密合作。

b. 实行综合技术教育。苏联、东欧国家实行这种办法。如东德，小学阶段在学校园地或车间从事对社会有益的劳动；到中学七至十年级，开设生产劳动、社会主义生产介绍、制图等课程。低年级头两年，学生每周在工厂劳动两小时，由附近工业企业安排。学生在工厂里学习劳动工具和简单机器的操作、组装等技能。可能情况下，工业生产计划定劳动项目，工厂工人则辅导学生劳动。最后两年，劳动时间延长到三小时一周，学生逐步成为工厂的劳动集体，直接承担生产劳动任务。

匈牙利强调，综合技术教育必须具备以下六个先决条件才能奏效：（a）提供现代化的程序设备。（b）组织好教习过程。（c）正确的教学方式和方法。（d）师生之间的建设性关系。（e）学生社团的一定的活动能力。（f）学生有效的自我服务准备。

如何服务好学生的生产劳动，各国做法不一。古巴、东欧国家让学生在校办工厂受过基础训练以后，再到真正的生产环境中去劳动。乌克兰的办法是由学校和企业建立联合机构，及学校与企业分开。有关工厂提供材料、设备、原料，学生利用零件生产或组装产品，接受各种职业领域里的综合技术教育。工厂人员负责安装、维修机器，给予直接指导。

巴西推行初等教育职业化和普通教育与职业教育进一步结合。初等教育职业化计划，已作为综合中学课程改革的一部分。巴西还在巴拉那州的学校里试行有限商品生产。挪威的普通中学和职业中学都从工厂里接受有限生产任务，如材料测试、检查等，以增加教育过程的现实感。

一些国家出现了普通教育与职业教育进一步结合的倾向。普通中学的培养目标是：使学生既能升入大学，又有职业基本训练。苏联、东欧国家等培养熟练工人的过程贯穿全部中学课程。

3. 高等教育

加强高等教育与生产劳动相结合的国家尚不多。少数国家把志愿或义务社会劳动作为毕业的一个先决条件。孟加拉国的中学、学院和大学学生都要参加开凿运河、农村土壤改良，并计入学分。古巴把参加工农业劳动和服务性劳动作为高等教育不可分割的一部分。几内亚所有大学生都要参加社会服务，一个学院还把社会服务列为各专业学习内容的一部分，使学生了解社会需要，培养集体劳动的能力。伊拉克大学生参加各自群众运动和建筑工地、农业收割劳动。坦桑尼亚的第四学期专门用来参加社会劳动，高中毕业后要有两年的实践活动才能上大学。捷克斯洛伐克大学每个系的课程里都包括职业实践和社会政治实践。

很多国家要求有一段实践经历才能到大学学习，或者入学时对过去从事过的生产性或对社会有益的劳动打学分。瑞典最近改革了大学入学要求，对劳动实践经历打学分，取消过去把读完高中作为入学唯一条件的规定。东德的做法和坦桑尼亚差不多，对学医、农、工科和经济等专业的学生，要求入学前完成一年的劳动任务。

芬兰政府通过承接设计任务和承包工程或其他行业的研究工作加强高等院校和劳动界的结合。虽然接受这种任务同学校主要教学任务之间应保持确当平衡，但它同生产最适切的问题和发展新产品的第一线任务保持接触，因而具有教育价值。很多国家用这种办法实现和工业结合，也有些大学，主要是一些发展中国家的大学反对这样做。

4. 非教学人员的雇用和培训

a. 非教学人员的雇用。大多数国家越来越多地雇用辅助人员做实验室助手，雇用熟练工人负责工具、机器维修和一些学生自己不能完成的特殊操作。许多学校行政管理人员认识到，学校生产劳动的管理已经成为一门独立的专业。一般教员既没有受过培训，又没有所需经验。生产劳动需要准备和管理，教师一般也没有足够的时间。澳大利亚广泛利用非教学人员辅导要离校的学生参加各种项目，辅导高等教育和中等教育的教劳结合课程。奥地利请兼职教员教面向生产的课程、职业方向指导课程和为带职学习的学生开设的课程。巴西、捷克、荷兰、美国等都广泛利用在企业中有接受教学实践经验培训的人员。印度利用当地手工匠。比利时使用非教学人员不多，但高度评价这种做法，认为这些人把专门知识和经验带进了学生学习过程。

b. 培训的必要性。各级教育计划和课程的根本性变化引起学校雇员队伍构成的变化，要求雇员了解不同领域的经济活动的社会，有实际经验和知识，也引起了对教师和教育工作人员培训计划的改变。

c. 对非教学人员的培训办法。对非教学人员和兼职教员进行培训的国家不多。孟加拉国在非教学人员接受任务前，对他们进行一些行政管理和目的动机的训练。科威特给参加教育活动的非教学人员开设课程。印度、约旦、尼日利亚和菲律宾都在学校劳动中雇用当地工匠，但都没有专门训练。巴西教育工作人员安排 840 个学时的教育学培训课，1500 个学时的技术和教学方法培训。

5. 教师培训

a. 培训的必要性。加强教劳结合的总趋向已开始对教师和行政人员的增编、培训的计划和原则产生很大影响，出现了一些新的学科，如劳动教育、生产原理和生产实践、现代经济基础，教师进修学校不得不开设一些新的专业，雇用和增加教员，也增加了一些新资源。由于对配合教学要求增加个别课程的跨学科特点，由于强调劳动生活实践，培训教师的学科也调整了方向。尤其是课程、大纲和教学方法的改变，使在职教员越来越认识到需要提高能力，需要几乎完全的再培训。

b. 对教师的新要求。巴西对参加培训的教员提高了要求，以保证教员具有胜任专业化课程的能力。挪威和美国的许多教师进修学院要求参加培训的教员要具备劳动实践经验。芬兰和尼日利亚选择培训对象时，把这种经验算成学分。坦桑尼亚把劳动实践包括在教师培训课程内。捷克和匈牙利在培训中小学教员的计划里特别强调在理科和数学教学中加强运用综合技术教育的原则。

c. 培训办法。澳大利亚开设特别过渡课程，聘请专家顾问帮助学校为学生提供劳动经验，协助与工业保持联系。为技术课和职业课教员安排集中的在职训练课程，增加教师的技术和组织工作的知识及对工业现代化过程的了解。巴西为在职教师举办科学讨论会和训练班，并按照新的或修改了的课程计划，和大学合作，为普通中等学校教员开课。西德也安排专门课程，以便把"劳动教育"引入综合学校。

塞浦路斯把教员安排到工业部门去提高和再学习。尼日利亚有时还把教员送到国外培训。挪威制订了教员带薪离职进修的计划，为教员的提高进行全面安排。英国的工业部门从上到下都为教员来学习培训作了安排。在美国，普通职业教育和技术教育的教员，假期里有到工业部门找工作的传统，大学和学院的教员按规定享受学术休假，可以通过专题研究，受雇于工业部门，进行教育研究来提高自己。

6. 教育和劳动结合的组织形式

a. 传统和目前趋势。传统上，职业技术教育与劳动界的合作与协调发展是比较完备的。青年技术教育和培训很大一部分工作是由代表劳动界的组织进行的，或者在有政府或没有政府的监督控制下，由雇主和工人代表小组来领导。技术学校的董事会一般有劳动界的代表参加，有时建立指导委员会，参与一定领域的经济活动的计划和管理工作。目前的趋势是，劳动界代表越来越广泛地参与教育领域的任务，这涉及中小学和大学，涉及正规教育、普通教育与特殊教育，也涉及非正规教育和培训。

b. 国家一级结合的组织形式。由于社会制度和传统不同，各国教育与劳动界结合形式不一。很多国家在国家一级有顾问委员会或管理委员会，比利时、哥伦比亚、芬兰、科威特等都是这样。非正式的联系方式也存在。肯尼亚负责制定教育目标的政府委员会有来自企业的管理人员和人事负责人参加，荷兰是雇主、工会、学校和大学一起制定教育发展方针的文件，奥地利改革教育制度，重大问题作出决定前总要征求雇主和工会的意见。

c. 和雇主、工人结合的形式。新西兰遇到政策制定和管理问题时，教育部门与雇主进行非正式的定期的会商。比利时等国地方工业、商业和农业企业广泛参加管理地方职业学校、技术学院，并且雇主和工人代表传统上参加职业教育和培训的考试委员会。孟加拉国用工人讨论会的方法了解工人对教育改革和实践的意见和建议。日本、西班牙、挪威、东德等国都认为工人是讨论教育发展与改革中的伙伴。

d. 新形式。瑞典最近成立了教育与劳动界合作的地方委员会网，以保证学校能得到劳动界的组织和工作条件方面的情况，决定职业方向和职业指导的内容、形式和组织。美国采取立法措施，在执行教育发展计划时，组织各党派在州一级、地区一级和地方一级进行合作，如在地区成立职业教育顾问委员会，准备在市、镇一级也成立这种非官方机构。一些拉丁美洲国家，如阿根廷、智利，教育、职业培训部门同商业、企业达成专门协议实现培训计划，既注意了当地的需要，又保证私营企业的培训完全符合国家规格和标准。

7. 对教劳结合的研究方兴未艾

a. 各国研究和国际合作研究在发展。为了寻找加强教劳结合的途径和方法，评价教劳结合的效果，很多国家大力开展研究工作，已经成为教育研究工作中快速发展的一个领域。一般采取加强研究力量，扩大现有的或建立新的研究机构，发展地区性的或教育模式相同的国家之间的合作研究等办法。东欧各国就综合技术教育和职业培训、实践的研究和进展进行定期会晤。欧洲共同体委员会一直保留了一个职业培训的研究和情报交换中心。亚洲太平洋地区，西非和拉美地区的合作研究都在发展中。不过，许多国家对研究结果的报道持谨慎态度。美国认为，现在完成的大部分研究项目，与其说对教劳结合的效果进行评价，还不如说只是弄清楚存在什么问题。

b. 一些国家研究的课题。

瑞士、奥地利：教育与劳动生活。

捷克、西班牙：教育制度对态度和价值观，尤其是对劳动和就业的影响。

尼日利亚：教育与农村发展的关系。

巴西、约旦：不同教育趋向培养的学生的职业追踪研究。

科威特：技术教育的合法地位。

古巴、乌克兰：教学中理论和实践的相互作用。

西班牙：教育选择和职业变化，各种职业领域里教育与培训要求对迅速变化的劳动力预测的有效性。

奥地利：毕业生的新的潜在的就业领域。

四　效果和问题

1. 效果

a. 对学生的积极影响。几个国家政府强调，教劳结合使儿童和青少年的品格发展更加全面，增加了对物质价值的了解，提高了在家里解决一些细小技术问题的能力，更加懂得自己要为未来劳动做好准备，加强了对农业实践和同学之间的了解。

美国、东德、约旦等国通过研究证实，生产劳动引进教育过程的重要效果之一，就是劳动经验引导差生重新估价自己对待教育的态度，尤其是引导他们喜爱理科和数学等科目。

b. 对劳动界的影响。加强教劳结合已经并将继续影响劳动界。回答调查表的 2/3 的国家经过观察认为，教劳结合的积极效果还有利于训练良好的劳动力，更高的创造性，更好的劳动质量，更高的劳动生产率；能更快适应现存劳动条件。教育部门、学校和代表劳动界的各种机构相互作用的加强，使劳动力的供求平衡得到改善，某些难题得到解决。叙利亚等国还认为，年轻人到厂里，对企业的气氛产生了有益的影响，管理人员和工人认识到培训青年人是他们的义务。

实行教劳结合对企业的要求也高了。比利时政府指出，企业的眼光要远，不能只看企业的眼前利益，还要懂得教育和培训。日本、东德、芬兰、摩洛哥、巴西等国认为，企业与教育制度的联系作用必须在企业组织内占有一定地位，并创造必要条件承担起应由自己承担的教育责任。尼日利亚和泰国强调双方应互相适应；学校和企业应当找到建立一种共生关系的办法。

c. 缩小了正规教育和非正规教育的差别。西德、伊拉克、泰国等国认为，教劳结合的一个积极效果是，正规教育和非正规教育虽然目标不一样，但差别在缩小，结合在加强。也有的国家认为这方面效果不大，只是两种不同的教学方法相互起了一种补充作用。

d. 关于教劳结合的经济效益。一般国家教育性生产劳动的短期经济效益仍不明显。西德的研究表明，工业上培训性生产劳动的经济收益只能抵消国家和企业为此所花费用的不到 1/3。许多国家强调，财政回收应放在第二位，生产劳动的选择要根据教学和教育需要决定。

一些国家的政府谋求通过教育过程里的生产劳动抵消一部分教育计划的费用。巴西、伊拉克、尼日利亚的农校的学生生产弥补了学校部分费用。菲律宾、扎伊尔等国的职业技术学校生产商品，提供商业服务。印度根据圣雄甘地树立的典型建立的学校已经实现自给自足。

乌克兰认为，按照商业规格和用途进行生产并不必然与教育目标冲突。A. S. 马卡连柯说过，"商业成果可能更富有教育意义"。许多国家认为，问题是在教育动机与商业动机之间建立正确的平衡。发展中国家和工业发达国家都强调这一点。对于职业技术教育和培训，对于高等教育中面向职业教育的课程，根据市场要求进行教育过程的生产劳动，数量和质量都达到标准，正是为青年人将来就业进行培训的主要目标之一。

2. 问题

a. 思想障碍。几个国家的政府觉得，在争取教劳更好结合的努力中遇到的一个主要问题是，教育界某些人的狭隘保守观点和家长、雇主对待教育的作用和目标的传统观念。这种观念归结起来是，学校和其他教育机构应该继续做自己力所能及的事，不要去冒险进行行政领导和教员都不懂的生产劳动试验。与这些传统主义者的观点相反，另一方面又普遍出现了对学校要求过高的倾向，如希望教育满足劳动界提出的一切需要。

b. 队伍不适应。各国政府普遍认识到，大中小学和其他教育机构满足这些要求的能力是有限的，不仅因为归他们支配的时间有限，还由于这支队伍的能力不适应。教学大纲和课程都发生了根本变化，传统的中等教育尤其是高等教育分科太细给向跨学科过渡造成了障碍，这就需要对队伍进行综合性培训和再培训，但又缺少人力和财力来源。

c. 物质条件困难。一些发展中国家由于缺乏资源，学校实行教劳结合的法定要求也满足不了。不少发展中国家为本国实行教劳结合缺乏足够基础，如缺乏最简单的工具设备，建立不了进行实践活动的工厂，没有可靠的必要的物质供应，因此最简单的生产劳动也难以进行。

由于技术及其运用的迅速发展，教学和劳动实习的内容也迅速陈旧，这在发展中国家更加尖锐。捷克、挪威和乌克兰反映，要找一个适合实践和劳动的工厂很困难。东德反映，要选择一个现场辅导员也很困难。

d. 和工会的矛盾。美国、澳大利亚和挪威提出了学生在企业和校办工厂进行生产劳动和实践的合法地位问题。工会关注的是滥用儿童和青年人这些廉价的劳动力，可能和受雇的成年人发生竞争。

参考文献

1. 联合国教科文组织三十八届国际教育大会总结报告、第二委员会报告。

2. 联合国教科文组织三十八届国际教育大会工作文件《教育与生产劳动的相互作用》（英文版）。

3. 联合国教科文组织 1980 年 11 月巴黎促进教劳结合国际专家会议文件汇编（英文版）。

（本文收入《国外实施教育与生产劳动相结合资料汇编》，教育科学出版社 1982 年版）

从三十九届国际教育大会看
世界教育发展的趋势

第三十九届国际教育大会于 1984 年 10 月 16 日至 25 日在日内瓦举行。参加大会的有 120 个教科文组织的会员国、一个非会员国、一个解放运动组织、39 个联合国系统的政府间和非政府间的国际组织 445 名代表。本文作者参加了大会，撰写了此文。我们将在本栏目分两期刊载。

———《中国教育报》编者

两年一度的国际教育大会，是观察世界教育发展趋势和动向的最好窗口。这不仅是因为每届大会都有上百个国家派出政府代表团和几十个国际组织派代表参加，在会上发表讲话，在会下进行广泛接触，交流经验，探讨各国教育发展中面临的一些共同问题；而且，会议散发大量文件和参考资料，如会议具体筹办者国际教育局根据向各国所发的调查询问结果整理的关于教育发展新趋势的分析、统计，众多国家向大会正式提交的概述自上届大会以来本国教育发展情况国家报告、各种宣传品等，都为观察和分析世界教育发展趋势和动向，提供了有力的根据和丰富的素材。

国际教育大会除了讨论教育发展趋势外，每次都确定一两个专题，在分组时深入讨论。这次会议的专题是：新科学技术环境下的大众教育，并考虑不利条件下各集团的需要和以适当的科技入门教育为前景，普及和革新初等教育。应当说，整个大会发言、分组讨论，以及大会众多的文件资料，都远远超出了这个范围，反映了 60 年代以来，在新科学技术革命和各国经济和社会发展的推动下，国外教育发展的一些重要趋势和动向。

一　在过去的20多年中,世界教育迅猛发展,这种增长势头在发展中国家尤其明显,并将继续保持下去

根据教科文组织统计办公室教育统计处统计,1960—1982年,全世界人口从30亿增加到45亿,增长50%;同期,全世界正规教育的入学人数由4.5亿增加到9.3亿,增长104%;增长数中,发展中国家占86%。与1960年入学人数相比,发展中国家增长2.43倍,发达国家(根据教科文统计办公室注,"发达国家"指欧洲各国、苏联、美国、加拿大、日本、以色列、澳大利亚、新西兰和南非,余皆为发展中国家)增长1.31倍。

1960—1982年,世界初等教育入学人数从3.99亿增加到57.75亿,增长70%;儿童入学率从82%上升到94%。同期,发达国家初等教育继续实行普及,由于人口出生率下降,小学入学人数只比1960年增长1%;而发展中国家增长108%,使发展中国家小学生人数在世界小学生人数中的比例从1960年的63%上升到1982年的78%。

1960—1982年期间,中等教育入学人数从8309万增加到2.368亿,增长185%,增长速度是初等教育增长速度的2.6倍。增长较慢的有欧洲及苏联(119%)、大洋洲(106%)和北美洲(35%);而亚洲增长221%,非洲增长802%,拉丁美洲及加勒比海地区增长548%。

相对增长最快的是高等教育,入学人数从1960年的1319万增加到1982年的4959万,增长276%。发达国家高等教育入学人数占世界高等教育入学人数的60%,但是这一时期,北美洲只增长212%,欧洲及苏联增长195%,增长速度低于世界平均水平。而亚洲则增长319%,非洲增长775%,拉丁美洲及加勒比海地区增长948%。

女学生占全世界总入学人数的比例,从1960年的42%上升到1982年的44%。初等、中等、高等教育中女生的百分比,分别从1960年的43%、41%、32%上升到1982年的45%、43%、41%。

1960—1982年期间,世界教师人数增长超过学生。整个趋势是,教师与学生的比例在缩小:初等教育师生比例平均从1:30减到1:28;中等教育从1:20减到1:18;高等教育从1:14减到1:12。一些发达国家出现合格教师过剩的现象。

二 世界教育公共开支增长速度超过世界国民生产总值增长速度,越来越多的国家逐步提高国民生产总值中用于教育方面的百分比

根据教科文组织统计办公室以各会员国对其调查表的答复,按当年市场价格所作的统计,全世界(教科文统计办公室注:以"全世界"和"发展中国家"名义统计的教育公共开支均未包括中国、柬埔寨、朝鲜、老挝、黎巴嫩、蒙古和越南)国民生产总值从 1960 年的 14180.6 亿美元增加到 1981 年的 110010.5 亿美元,增长 6.8 倍;同期,全世界教育公共总开支(据教科文统计材料说明,不包括来自私人财源方面的资金)从 515 亿美元增加到 6276 亿美元,增长 11.2 倍。教育公共开支占世界国民生产总值的百分比从 3.6% 增加到 5.7%。这一时期,世界人均国民生产总值增长 4.2 倍,而人均教育开支增长 7 倍。1981 年的 6276 亿美元教育公共开支中,5358 亿美元属于发达国家,918 亿美元属于发展中国家。值得注意的是,出现了越来越多的国家逐步提高国民生产总值中用于教育方面的百分比的趋势:134 个发展中国家教育公共开支占国民生产总值的百分比从 1960 年的 2.3% 增长到 1981 年的 4.1%,其中,把国民生产总值中 4.5% 或以上用于教育的国家,已从 1970 年的 19 个增加到 28 个;把 5.5% 或以上用于教育的国家从 1970 年的 29 个增加到 1981 年的 43 个;34 个发达国家中把国民生产总值的 5.5% 或以上用于教育的国家已从 1970 年的 11 个增加到 1981 年的 19 个。按每生占有的教育公共费用算,1981 年发达国家平均每生为 2272 美元,是 1960 年的 8.6 倍;发展中国家为 221 美元,是 1960 年的 6.9 倍。

三 教育改革和革新已经成为世界性浪潮,受到各国政府的密切关注

这次大会发言的一个重要特点是,几乎每一个国家都谈及教育改革和革新。面向本国的经济和社会发展,迎接新科学技术革命的挑战,改革和革新教育,已经成为世界性浪潮,是摆在很多国家政府面前的重要议题。

美国代表在会上散发了一份报告,题为"国家处于危险中"。这是

1981 年经美国教育部长任命，由美国大中学校校长、教授和教育行政官员组成的全国高质量教育委员会，经过 18 个月的调查，向美国教育部和美国人民提交的一份公开报告。美国教育代表团长、美国教育部副部长助理罗伯茨在大会发言中说，由于课程平淡、学习时间短、鼓励学习的措施减少、教学质量下降、大学招生要求降低，美国教育制度正在衰退，并"正在培养出越来越多的庸才"，"很多中学毕业生没有学到适应迅速变化的现代信息社会需要的基本技能"。该报告指出，当今世界"已进入一个信息时代"和"活到老学到老的社会"，"知识、学问、信息和熟练智力已经成为国际贸易的新原料"，"受教育已经成为信息时代取得成功的必不可少的投资"，教育"不仅关系到工业和贸易，而且关系到把整个美国维系在一起的美国人民的智慧、道德和精神力量"。报告发表后，在美国很快引起强烈反应，50 个州纷纷采取措施，增加教育投资，提高教育标准，延长学生学习时间，改革课程设施、教学内容和方法，实行新的教师培训标准等，以提高教育质量。4500 个以上私人团体、公司参加了"支援一个学校"或者"当教育伙伴"的项目，向学校提供资金、设备、人员和技术援助。

1983 年 8 月，日本成立全国教育改革临时咨询委员会，直接对总理负责。日本代表团在大会发言中介绍了这次教育改革的背景。日本第一次教育改革发生在 110 多年前的明治维新时期。当时，"明治政府把发展现代化的正规教育制度，尤其是义务教育，作为一项优先重点项目，为在教育机会均等的基础上牢固地建立一个现代化的正规教育制度奠定了良好基础"。二战后，日本根据宪法、教育基本法和学校教育法，"以教育机会完全均等为原则"，将义务教育时间从六年延长到九年，建立了 6—3—3—4 新学制，进行了第二次教育改革。这一改革提高了人民的教育水平，培养了高质量的劳动力，为日本战后的振兴和高速发展作出了贡献。现在，日本小学和初中入学率接近 100%；高中入学率从战后的 43% 上升到 1983 年的 94%；大学入学率从战后的 10% 提高到 1983 年的 35%。但是，当前日本教育发展也面临不少问题。科学技术的进步和经济发展造成工业结构的改变，急剧地城市化和计算机化，人口中老年比例迅速增长，国际交往日益增多，公众要求更多的终身教育机会，教育本身数量上有很大发展，所有这些变化都对教育产生极大影响，如青少年犯罪增加，激烈的高考竞争，正规教育结构和体制单一、呆板。因此，日本朝野人士都把这次教育改革与明治时期和二战后的两次教育改革相提并论，认为改革的根本目的是，"在以信息为中心的社会和老龄化社会迅速发展的条件下"，"面向二十一世纪"，"建设一个充满创造力和活力的国家"。

苏联于 1982 年 6 月由苏共中央提出改革苏联普通学校与职业学校，并发动全民讨论。据苏共中央政治局委员、部长会议第一副主席阿利耶夫在最高苏维埃会议上的报告，全国举行了 130 万次会议，参加讨论的人数达 1.2 亿。文件最后交苏共中央全会和苏联最高苏维埃讨论通过。文件决定，用两个五年计划的时间，在普及普通中等教育的同时普及职业教育，并使普通中等教育与中等职业教育逐步结合起来，最后合二为一，实现列宁设想的建立一种"统一的面向劳动的综合技术学校"；加强职业教育和劳动教育的同时，加强对学生的科技教育，包括使学生在中等教育阶段掌握必要的使用计算机和工业机器人等方面的知识。为此，苏联将采取一系列措施，包括投资 110 亿卢布，兴建各种教育设施，每年用其中 35 亿卢布提高教师工资，使教师月工资从 1983 年 9 月 1 日起提高 35%，等等。阿利耶夫在最高苏维埃会议上说："坦率地讲，在当前复杂形势下筹集这么大一笔经费，并非易事。但是，党中央和政府还是毫不犹豫地采取了这一步骤。我们相信，投资教育是我们能作的最好选择，我们心目中也并非只有经济效益。我们的主要目标是，提高苏联人民的文化水准和觉悟水平，为新一代发展他们的聪明才智并找到最好的方式在未来运用这些聪明才智提供可能性。"

四　活力与效率——教育改革和革新寻求的重要目标

教育为促进经济、科学技术和社会发展服务，是各国教育的共同方向。但是，经济和社会发展不断向教育提出新的要求。日新月异的科学技术经常使教育面临新的挑战；而教育规律又要求教育本身的结构、制度、内容等具有相对稳定性。为了解决这个矛盾，很多国家借助于对未来可能向教育提出的要求进行预测，作为教育发展和改革的根据。但是，实践证明，即使在以计划经济为主的国家里，预测的准确性、可行程度都是有限的。因此，如何使教育结构、体制、制度、课程本身具有适应经济、社会和科学技术不断发展变化的一定活力和较高效率，从某种意义上说，则更加重要，并且已经成为各国教育改革和革新寻求的重要目标和共同趋势。

国际教育界近年来在教育改革中流行的"非集中化"、"多样化"的口号，在教育内容革新中提倡"实用性"、"有效性"、"针对性"、"灵活性"等，被国际教育局列为各国教育政策的共同方向，就是这一目标和趋势的具体表现。

所谓"非集中化"，与我国教育管理体制改革的权力下放大体是一个意思，即给地方更大的权力，给学校更多的自主权，使教育能更主动、积极地适应不同地区的不同要求。国际教育局向大会提交的报告认为，"非集中化似乎已经是大势所趋而为越来越多的人所接受。这种趋势的出现有各种各样的原因，但在不同程度上都与争取更高效率有关"。

"多样化"，指办学形式、教育结构、学制、课程设置等不拘一格，完全根据本国、本地区经济、社会和科学技术发展的需要来确定。以学制为例，可见世界教育发展多样化进程之一斑。据教科文组织统计，世界初等教育入学年龄5岁至7岁不等；义务教育年限四至十二年不等；初等教育年限三至十年、普通中等教育二至九年不等。至于初等教育与中等教育衔接、方式，更是多种多样。

寻求实用性，重视教育与生产劳动的相互作用，把学校教育与职业生活密切联系起来，使教育培养的人才适应劳动市场的需要，继续在各国教育改革中占有优先地位，并在内容和形式上较前有新的发展。各国普遍重视对学生进行一定的技能培训，这种技能不仅指一定的职业技能，还包括生活技能、社会技能、交流技能等。有些国家在五年基础教育后就对学生进行专门技术和职业教育；一些国家开始在小学课程中加进职业和技术成分。许多国家认为在教育过程中进行生产性或有益于社会的劳动是很重要的，学生必须在学校时就获得职业经验。巴哈马高中学生每星期在公营或私营就业部门工作一天；古巴普通中学学生一年要有45天参加农业劳动，如果在寄宿制学校上学，一天要有三小时的工农业劳动；许多工业化国家正在努力使高等院校的学生在学习期间参与生产。很多国家认为，这样做不仅着眼于培养学生的职业技能，以利于将来就业，而且对培养学生的道德品质、责任感，对职业生活的了解和社会问题的认识，对加强理论与实践的联系，都有重要意义。

在教育内容革新中，讲究有效性，既重视加强新科学技术的教育又不使学生负担过重，加强课程内容的针对性和灵活性，是提高教育效率的又一重要方面。所谓"针对性"，即使教学内容"与社会和个人的目标相协调"，"与国家目标一致并适合当地条件"；所谓"灵活性"，即扩大学生的选修范围，"特别是在中等教育中容纳更多的与职业生活有关的课程"。

五　新技术的应用和教育手段现代化

围绕新科学技术对教育的影响问题，会议展开了热烈讨论，有44个代表团就这一问题发言。不少代表指出，新科学技术不仅向旧的教育结构和制度提出了挑战，而且对教育内容尤其是教育手段的现代化提出了新的要求。一些代表认为，"现代教育的目的之一是要为学生在科学技术的环境里生活做准备，使儿童熟悉科学的方式及概念，使包括成人在内的所有人科学地理解宇宙，促使所有人在生活各方面经常使用技术"，因此，"需要在教学的初期引进科技教育"，"高级阶段的科技教育必须多样化"。

新的科学技术越来越广泛地应用于教育，教育手段日益现代化，是世界教育发展的又一发展趋势。自三十八届国际教育大会以来，教育运用新技术的一个特点是，微信息处理技术在许多国家获得了迅速发展，并在诸如视听辅导教材、广播电视、录像和通信卫星等教学手段和范围内占有重要地位。美国在教学中开始运用具有交互功能的电视唱片、有线电视、通信卫星、微波广播系统（可以进行双向讨论）、录像课文、电视。高等教育中开始使用教育电话，把若干地点连接起来，每个地点配有传生器—扬声器组合装置，使学生感觉同讲授者几乎在同一教室。日本有些学校采用与微型计算机配套的录像碟盘，认为这"将成为学习的强大手段"。日本高级中学中，平均每校有4.1部计算机。印度采用以卫星为基础的交流系统，电视和广播教育已经能覆盖全国。很多发展中国家开始计算机教育的试点。正如一位代表在论述教育采用新技术的重要性时所说的，这已经"不是一种优先考虑，而是一种需要"。

会议对教育使用新技术的利弊进行了反复权衡。各国代表普遍认为，使用新技术对于普及教育、扫除文盲、发展大众教育、提高教育质量和效率、实现教育民主化等，都有巨大潜力，而且这种潜力还有待进一步发展。同时，很多国家代表也对新技术在教育上运用表示了种种忧虑。有些代表担心学生和教师变为机器，甚至变为机器人；计算机的应用可能使智力丧失主动性乃至蜕变，减少学生相互之间的社会作用，妨碍口头表达思想的发展；滥用计算机可能妨碍儿童学习算术知识，电子游戏与学校所教的道德分庭抗礼，现成的教材会造成教师智力上的懒惰。因此，发言代表几乎一致认为，技术的应用不应导致机器取代教育，教育活动仍应强调培养学生智力。"不应盲从于'一切信息技术化'的时髦，而应当有区别地和赋予想象力地加以采用。"相当多的发展中国家则担忧，新技术的昂贵代价，对师资质量和师资培训的更高要求，可能使发展中国家同工业化国家在这方面的差距扩大。

世界教育事业迅猛发展和教育投资增长速度超过国民生产总值增长速度的趋势表明，教育对促进经济和社会发展的巨大作用已在世界范围内得到承认，教育竞赛已经成为各国和不同社会制度国家之间经济、政治竞争的一个重要组成部分。我国教育事业在解放以后有了很大发展，但同世界教育发展形势相比，由于种种原因，不少指数还低于世界平均水平，尤其是低于发展中国家的平均水平。以教育投资为例，1981年每生平均占有教育费用，发达国家为2272美元，发展中国家为221美元，我国只有60多元人民币。我国目前的教育管理体制、制度缺乏活力，效益不高，很不适应我国经济、社会和科学技术发展的需要。这种状况如不改变，不仅要拖四个现代化的后腿，而且有可能使我国落在一些发展中国家的后面。我国应当逐步提高教育投资在国民生产总值中的比例，争取达到和超过发展中国家的平均水平；同时，加速教育改革和革新的进程，使有限的投资产生出最大限度的效益。

（载1985年2月5日、26日《中国教育报》，《新华文摘》1985年5月号全文转载）

了解和借鉴国外经验是我国
教育改革成功的条件之一

一、两年一度的国际教育大会和四年一度的亚太地区教育部长及经济计划部长会议，是各国教育行政领导人、官员、专家、学者共聚一堂，探讨各国教育面临的共同问题，交流各国教育改革与革新的信息与经验的盛会。在这些会议召开前，会议组织者一般都要求参加会议的各国政府向大会提供一份自上届会议以来本国教育发展情况的报告。这些报告除供会议的东道组织——地处日内瓦的联合国教科文组织国际教育局和位于曼谷的联合国教科文组织亚太地区教育办事处准备会议的报告和有关文件用外，还准备一定数量在会上散发。与会各国代表团基本上能保证得到一份。因为会议组织者往往在会议开始一年多以前就向各成员国提出撰写报告的要求或提纲，所以各国报告多包括两部分内容，一部分为本国教育的基本概况，另一部分为自上届会议以来本国教育的发展情况。当然，具体写法各国又不完全一样。这些报告是纵观和研究世界教育发展动向、趋势，了解各国教育发展的特点、长处，借鉴其有益经验、吸取其教训的宝贵资料。从这个意义上讲，这类会议是观察世界教育发展动向的最好窗口。这些报告一般都是用中文以外的联合国通用文字写成的。我们觉得，每届会后，组织一定力量把这些报告中有用的内容整理出来，让更多的人了解，尤其是让广大教育工作者和领导教育工作的同志了解，是有益的；对于参加这些会议的同志来说，也算是代表国家和广大教育同人去执行这次使命圆满结束的一个标志。我们 30 位同志，在中国参加 1984 年 10 月举行的第三十九届国际教育大会和 1985 年 3 月举行的亚太地区教育部长及经济计划部长会议这两次会议的中国代表团团长张文松同志和中国联合国教科文组织全国委员会秘书处、教育部政策研究室领导同志的鼓励和支持下，在半年多的时间内，分头将这些材料整理成《七十国教育发展概况（1981—

1984)》，并在中国教育报社诸同志的努力，得以在四十届国际教育大会即将来临之际和读者见面。

二、教育作为随着人类社会发展而逐步产生、发展和完善起来的一种共同的社会活动，虽然在其不同发展阶段、在不同社会制度国家里，不可避免地要打上时代的、国家的烙印，但它在传授人类积累的科学、技术、生产和生活经验，在发展各民族文化艺术、伦理、道德、传统等方面的基本职能，总是共同的。正因为如此，人们只要考察一下当代各国包括不同社会制度国家的教育制度，就不难发现，相同、相通、相似之处何其多。每当各国教育同人聚会，谈论各国教育改革和革新时，总觉得很多问题是共同的。例如：随着科学技术和本国经济、社会和文化发展，如何制定和调整本国的教育原则、方针和培养目标；教育行政管理体制上，如何处理好集权与分权的关系；中央和各级地方政府如何共同筹集、分配和管理教育经费；如何实施、实现教育普及；如何发展职业技术教育，正确处理职业教育与普通教育的关系；如何处理好义务教育与义务教育后教育，中学教育与中学后教育的衔接；高等教育如何适应新的技术革命和本国经济、社会和文化发展变化等，几乎在每一个国家都存在。所不同的往往只是，由于各国经济、科学技术和教育发展程度和模式不同或不完全相同，社会制度、历史、文化背景以至宗教传统不同，这些问题出现的时间和解决办法不同或不完全相同。这就使得各国间的教育交流和借鉴经验及教训，不仅是可能的，而且也是必要的。多年来，我的外国教育研究和情况介绍有长足发展。无疑，我们应当向一切发达国家学习有益于我的东西，但较多地集中于几个发达大国，对发展中国家的有益经验研究和介绍较少，对它们的发展情况仍若明若暗，这不能不说是一个缺陷。我们丝毫不应当忽视研究和汲取广大发展中国家，尤其是一些真正走出了自己的发展道路的新兴发展中国家的经验。我们现在面临的一些教育问题，它们已经经历并积累了经验或教训。我们整理出这本《七十国教育发展概况（1981—1984)》（以下简称《概况》），希望能为广大教育工作者和一切领导、关心和支持教育工作的同志借鉴外国教育经验提供一点素材，从而能对我国的教育改革有所裨益；也希望能引起更多的同志研究和介绍发展中国家教育经验的兴趣。这是我们的愿望和目的，也是我们编写这本资料的基本指导思想。当代世界，各国间经济、科学技术、人才培养和不同社会制度间的竞争异常激烈，实有逆水行舟，不进则退之势。从本国实际出发，千方百计去探寻、发现和吸收别国长处，借鉴其相同或相似的做法，采取所谓的"拿来主义"，成为一些国家的国策和在竞争中取胜的秘诀之一；研究一些国家在不同条件下为解决某个问题的不同做法，也会使人们开阔思路，得到启发。目前，我国正在有领导、有步骤地进行教育改革，使我国教育从整体上和一系列具体环节上适应我国新的历史时期的总任务和总目标。这是在一个有 10 亿人口，经济、科学技术和教育基础还不太发达的国家里进行的教育改革，重视教育交流与借鉴，就成为我国教育改革与革新少走弯路、较快取得成功的一个重要条件。

三、几点说明：

1. 各国教育概况一般包括两部分内容：该国教育的基本情况和取得的经验。人才培养周期长，一次教育改革或革新，往往需要一代人或两代人的试验，才能最终评价其效果。各国发展有先有后，解决问题有早有晚，我们按统一体例进行编写，将一个国家的教育情况分成若干方面，包括国名，面积，人口，教育方针、原则、培养目标，教育行政机构和管理体制，教育经费，学制，幼儿教育，特殊教育，初等教育，中等教育，高等教育，师范教育与师资培训，成人教育，教育研究，教育对外交流，教育改革与革新等。每一大项里，再根据内容多寡，分若干子目。如教育行政机构与管理体制一般含中央教育行政机构、地方教育行政机构、管理体制。编写中，尽量反映有各国特色和对我有借鉴意义的内容。对所列内容，一般采取客观叙述，不加评论。

2. 70 个国家按亚洲、非洲、欧洲、美洲、大洋洲，洲内按其名称的汉语拼音字母顺序排列。

3.《概况》材料主要来自1984 年10 月举行的第三十九届国际教育大会与会国提交的国家报告，少量来自1985 年3 月举行的亚太地区教育部长及经济计划部长会议上有关国家的国家报告。多数国家的统计数字截止于1983 年，少数国家到1984 年。各国面积、人口参照了《世界知识年鉴》（世界知识出版社，1984 年）和《世界地图手册》（地图出版社，1982 年），其他项目，也参考了一些有关资料和考察报告，恕不一一列出。为避免过于冗长，每一国概况的篇幅，一般按大国 15000—20000 字，中等国家 10000—15000 字，其余为 5000—10000 字。由于各国提供的报告详尽程度差异很大，详者达 10 万字以上，少者仅几千字，所以在具体编译时，有一些国家只好按实际占有材料多寡掌握，难以按要求平衡。

4. 凡是提供学制图的国家，一般都列出。课程设置是各国教育方针、原则和培养目标的具体体现，是教育改革和革新的一个重要方面。凡是提供课程表的，我们一般列出小学、中学和一种职业技术学校的课程表，供读者参考。关于教育改革与革新，如果这方面内容较多，则单独列出；否则，一般穿插在有关项目中叙述。

（原为《七十国教育发展概况（1981—1984）》前言，天津教育出版社 1986 年版。作者为本书主编和此序执笔。现以前言中的一个观点"了解和借鉴国外经验是我国教育改革成功的条件之一"为题收入本集）

从"学会生存"到"学会关心"

——新的教育观、知识观和学习观

联合国教科文组织于 1989 年 12 月在我国召开的面向 21 世纪教育国际研讨会，在与会代表、观察员和会议工作人员的共同努力下，开得十分成功。这次会议在学术上也是一次内容丰富的会议。会议根据 21 世纪可预见的需求，就 21 世纪教育的发展方向、伦理要求和培养目标等，提出了不少新的思想、论点和值得人们进一步探讨的重大问题，对 21 世纪教育的研究和 21 世纪教育本身都可能产生重要的影响。对会议文件、讨论内容以至对会议的学术价值的研究尚需要时间。本文只想就会议涉及的几个重要方面，谈一点个人看法，供对它感兴趣的同志参考。

一 从"学会生存"到"学会关心"

会议后期，会议主持人曾就如何确定本次会议报告的总标题征询所有代表和观察员的意见。结果，在众多的建议中一致选择了"学会关心：21 世纪的教育"。无独有偶，这同 1972 年由联合国教科文组织召集的、以法国前总理埃德加·富尔为首的国际委员会提出的报告题目"学会生存"如出一辙。这不是偶然的。

1972 年的富尔报告《学会生存》正式确认了原教科文组织终身教育处处长保罗·朗格朗于 60 年代中期提出的终身教育理论。人们不难发现，在过去的 20 多年里，终身教育理论已对很多国家，尤其是西方发达国家的教育体制、教育结构、内容和方法产生了越来越深刻的影响；不少国家，如日本、法国、瑞士、荷兰等已经用立法形式规定终身教育理论为本国当前和今后教育发展和改革的基本指导思想。这一理论的基本主张是：人的一生划分为学习、工作和退休三个截然不同的阶段已不适应本世纪

50年代开始的知识陈旧率加快、科学技术飞速发展和由此引起的产业结构调整、职业转型、就业技能要求、就业机会以至整个劳动市场的急剧变化和波动。仅靠年青时在学校里学到的知识和技能已不能适应经济和社会发展变化的需求。因此，一个人要"学会生存"，就必须按照终身教育的理论来安排自己一生的学习、工作、闲暇和退休生活，并相应改革现行教育体制、结构、内容和方法。

但是，正如教科文组织教育助理总干事波尔先生在研讨会闭幕时所指出的，终身教育理论提出的是经济和科技发展、产业结构调整和劳动市场的波动对个人的挑战，而当前和未来人类所面临的挑战都远远超出了个人的范围。一些代表认为，这种挑战主要来自两个方面。一是经济方面。自60年代以来，国际贸易、投资、技术转让的总量急剧增长，国际竞争加剧，经济和贸易竞争地区化、集团化不断增强。据澳大利亚未来委员会主席埃利雅德博士预计，不仅西欧统一大市场1992年将成为现实，在欧洲以外的其他地区如亚太地区、美洲，都可能出现地区化、集团化倾向。与此同时，发展中国家和发达国家之间的贫富差距越来越大，不少发展中国家的债务负担越来越重。加纳、埃及等发展中国家代表一再指出，他们面临的主要挑战首先是解决温饱问题，是普及基础教育和扫盲，是控制人口。这种极不平衡的发展状况和既相互竞争又越来越相互依赖的格局所提出的挑战，已远远超出了个人、地方和一个国家的范围，是全球面临的挑战，是整个人类面临的挑战。用埃利雅德博士的话说，"这是一种迫使人们考虑加强国际合作的一股经济拉力"。二是生态环境方面。正如圆桌会议报告所指出的："当今世界面临着一系列新的威胁。人们已经承认，我们所面临的一些严重的生态问题，就我们所知，可能会严重威胁着人类的生存。如大气变化，臭氧层的破坏，酸雨，来自核电站的放射性污染，水污染，耕地减少，动植物物种的灭绝，森林被毁，世界人口急剧增长，所有这一切，都迫使我们去重新检讨人类的生存和生活方式。"以上列举的都是各国，无论发达国家或发展中国家所共同面临的威胁。其中大部分都超越了国界也无法用国界加以限制，只有通过有效的国际合作，尤其是发达国家要承担更多的义务，才能解决。一些代表认为，这是迫使人们不能不考虑倡导一种"全球合作精神"的又一股力量，即"生态推力"。教育是面向未来的事业，教育负有培养未来一代又一代新人具有面对这些挑战的责任感、意志、信心、素质和能力的使命，要教育年青一代关心这些全球性问题，培养他们从只关心自我的圈子里跳出来，"关心社会和国家的经济、生态利益"，"关心全球的生活条件"，"关心他人"，"关心家庭、朋友和同行"，"关心其他物种"，"关心真理、知识和学习"，也"关心自己和自己的健康"。中国特邀代表袁宝华、代表顾明远指出，发展教育首先需要一个和平环境。各国之间应相互尊重，友好共处。应当教育青少年尊重别人，遇有不同意见应学习如何说服人，而不是教训人。从"学会生存"到"学会关心：21 世纪的教育"是适应时代要求的符合逻辑的发展和命题。

如何教育未来一代"学会关心"和提倡"全球合作精神"？有两个具体建议引起了与会者广泛的兴趣和热烈的讨论。

加拿大《交流》杂志总编辑、安大略教育研究所温切斯特教授提出，为了迎接 21 世纪人类面临的共同挑战，"教育方面最重要的一件事就是在联合国的帮助下，建立通用的国际标准课程，尤其是要编出一整套通用的标准教科书"。这无疑是一个大胆的设想，但从实际出发，从未来相当长一段时期可预见的趋势来看，尚不太现实。而且，有的代表，如教科文组织亚太地区教育革新委发展服务中心主任克鲁兹先生明确提出了不同意见。他认为，一个国家的统一课程，对其各个地区来说，尚缺乏针对性，一个世界统一的课程，更可想而知。而课程的针对性是各国强调的一个重要原则。因此，虽然讨论是热烈的，并无人完全赞同温切斯特教授的建议；但会议并没有完全忽视温切斯特教授建议的合理成分。圆桌会议和专题讨论会在最后报告中提出了这样一条建议：国际教育机构应考虑就具有全球意义的一些课题准备指导性的课程大纲。这些问题包括：同全球环境状况有关的问题，如执行世界环境和发展委员会的报告《我们共同的未来》（布兰德拉报告）；全球性经济问题，如发展中国家债务；国际毒品偷渡；地区经济格局，如 1992 年的西欧。这种指导性大纲不会对各国形成约束，只供参考。

第二个具体建议是主张建立"国际语言"和倡导"国际文化"。但讨论的结果认为，"虽然大众交流工具在世界范围内迅速发展，出现了英语越来越占主导地位的可能性，但是，世界上各种各样的语言是人类丰富文化的具体体现，保护这种遗产是至关重要的"。因此，专题讨论会提出了以下这些比较现实的建议：各国应根据本国的目标决定自己的语言政策；应重视外语教学；保护少数民族语言不受歧视；外语教学中应逐渐增加主要的东方语言。

二   21 世纪的伦理要求和西方价值观的碰撞

新的世纪面临着新的挑战，呼唤着新的道德规范。要"关心他人"，"关心国家的社会、经济和生态利益"，"关心地球上的生存条件"，实现"从为私利而学习向为公共利益而学习的转变"正是反映了新世纪的伦理要求。无疑，它向西方社会中普遍流行的那种一切以我为中心的个人主义价值观提出了严峻的挑战，置国家、社会和全人类整体利益于个人利益之上的时代要求，与以我为中心、个人利益高于一切的价值观发生了碰撞。我国学者吕型伟在发言中提出，高度发展的科学技术，必然会给人类带来比现在更为优裕的物质生活，但丰富的物质生活带来的可能是道德的沦丧，理想的泯灭。这种情况，在目前一些发达国家的富裕社会里已经出现。在研讨如何应对未来的挑战时，不能只考虑智力的开发，同时要把注意力放在如何提高人们的道德与伦理的水平上。要帮助年青一代树立更高境界的理想、信念与责任感，帮助他们学会共处，学会合作，学会同情，尤其要学会克服由自我中心主义产生的贪欲性与侵略性。他的发言切中时弊，也引起了一些来自西方发达资本主义国家学者的思考。人们从会议的两个报告中不难看出他们的迷惘和忧虑。报告指出，"后凯恩斯主义倡导的福利国家已见衰退。它虽然增加了平等，但却导致了处于不利地位的人的依赖和消极。取而代之的是一种新保守主义，强调个人满足凌驾于整个社会之上，又导致了对不利群体的冷落和新的贫富悬殊"，"工业化的结构使世界上很多地方传统家庭解体；在不少地方，核心家庭也受到威胁。越来越多的人受到损人利己动机的驱使，对为社会服务和树立对社会利益的责任感越来越没有兴趣"，"发达国家物质上的繁荣对社会凝聚力带来了负作用"，"新技术同时也带来了新的伦理挑战与困惑"，"我们面临的全球性问题又要求在当前和未来生活的责任感和信任感方面有一种新的伦理观"。

出路何在？当代西方社会流行的价值观是否还能为 21 世纪的伦理要求提供一点思想依据？耐人寻味的是，两位来自西方发达国家的报告员没有引导人们从这里去寻找答案，而是提出了"需要回到具有关心特征的早期时代的价值观"，回到"提倡关心，包括关心曾经滋养过自己的土地的价值观的许多内源文化","从这种文化吸取很多东西"。在论及认识论时，圆桌会议的报告还提到，"正当西方现在重新发现非西方认识论时，这些价值观在产生它们的发展中国家却继续遭到贬低"。何为"早期时代的价值观"，何为"内源文化"，何为"非西方的认识论"，报告没有明说，但有一点是肯定的，两个报告没有一个字提及西方价值观能为21世纪的伦理要求提供什么。此次来华负责会议全面工作的教科文组织教育助理总干事波尔先生曾坦诚地对我代表说，"中国具有丰富的文化遗产和传统，这是很宝贵的，希望中国在对外开放和向西方学习的过程中不要抛弃它们"。正当我们对一些人一段时期以来不加分析地顶礼膜拜从西方传来的各种思潮，同时又全盘否定我国悠久的文化传统进行反思的时候，波尔先生的话和对这一问题的讨论，确实值得我们深思。

三　"第三本教育护照"、"五个转变"和21世纪对人才素质的要求

在这次讨论会上，终身教育的理论及其一系列主张得到了重申，显示了它在未来教育发展中的生命力。但是，人们现在和在进入21世纪的时候已经和即将面临的挑战，比起得出终身教育理论的20世纪60年代，广泛得多，也深刻得多。新的世纪、新的挑战需要教育哲学的发展，甚至新的教育哲学。很多代表和观察员指出，21世纪人类面临的将是一个既相互竞争又越来越相互依赖的复杂而多变的世界。仅以劳动世界为例，据与会的一些学者估计，平均50%的职业可能在一代人的时间里发生变化；每3—5年就有约50%的职业技能需要更新。因此，21世纪不仅要求年轻人要有广阔的胸怀，知天下事，有较高的道德水准，而且在智育、体育、美育和劳动教育方面都要有较高的素质。正如专题讨论会报告所指出的，"总而言之，21世纪最成功的劳动者将是最全面发展的人，将是对新思想和新的机遇最开放的人"。

针对未来人才素质构成，埃利雅德博士介绍了经济合作与发展组织（以下简称"经合组织"）的教育研究与革新中心1988年关于"三本教育护照"的讨论情况，引起了与会代表和观察员的浓厚兴趣，并最终写进了会议报告。这一概念是一位叫柯林·博尔的学者去年向经合组织提交的一篇论文中提出的，并引起了热烈讨论。他认为，未来的人都应掌握三本

"教育护照"，一本是学术性的，一本是职业性的，"第三本护照"则证明一个人的事业心和开拓能力。过去人们往往重视前面两项，而忽视人的事业心和开拓能力。如果一个人缺乏这方面的素质，学术的和职业方面的潜力都得不到发挥，甚至变得没有意义。关于这一素质的具体内涵，有的学者认为指思维、规划、合作、交流、组织、解决问题、追踪等方面的能力；有的学者则列举为对优势和弱点的判断，决策，与小组或群体合作共事，规划时间和精力，履行既定职责，谈判，与权力和当局打交道，解决难题，调解冲突，应付压力和紧张局势，评论表现，语言或非语言的交流技能等。博尔等人还对持有"第三本教育护照"的人作了如下描述："对于变化持积极的、灵活的和适应的态度，视变化为正常、为机会，而不视其为问题。一个如此对待变化、具有事业心和开拓能力的人，具有一种来自自信的安全感，处理危险、冒险、难题和未知，从容自如。这样的人具有提出新的创造性思想、发展这些思想，并坚定不移地使之付诸实施的能力；这样的人有能力并勇于负责，善于交流、谈判、施加影响、规划和组织。他是积极而不是消极的，有信心而不是朝三暮四的，有主意而不是总依赖着他人。"应当说，强调培养学生解决问题的能力，无论在国外还是我国，都已讲了多年，但是把这种能力的培养提高到与学术的和职业技能方面的要求同等重要的位置，并明确提出这种能力或素质应当包括的内涵，反映了经济、科技发展和产业结构、劳动市场的急剧变化对人才素质的必然要求。"学会生存"和"学会关心"都需要这种素质或能力；同样，无论发达国家还是发展中国家都需要加强这方面的培训。

当然，这种能力不可能都在学校里学到，按埃利雅德博士的说法，这是一些"可学而不可教的技能，只能在做中学"。但学校教育应当为此打下基础，使年青一代"学会学习"。为此，必须改变传统的教育思想和教育方法，调整教育内容；改变总是老师教学生听的情况，调动学生的积极性、主动性，使教与学成为一个双向的相互作用的过程；改变把教育内容、科目分割过细，注意知识的整体性，培养学生综合运用知识解决实际问题的能力；必须利用儿童的好奇、好动和好创新的特点，从早期教育开始这种训练。为了迎接21世纪的挑战，美国代表、美国卡内基教学促进基金会总裁波伊尔博士提出教育思想必须实行五个转变：从强调教育的统一性转变为强调创造性和革新精神；从重点培养竞争到重点培养合作；从强调民族的狭隘的观点和忠诚转变为强调全球的观点和忠诚；从把知识分割过细，缺乏联系转变为强调知识的整体性和综合运用知识解决实际问题的能力；从强调为个人私利而学习转变为强调为公众利益学习，并强调个人发展，培养自知、自尊和自信。波伊尔博士目前主持的卡内基教学促进基金会，虽为一民间机构，但它对美国教育政策的影响，已不是什么秘密。他疾呼青年要"为公众利益学习"，同样是耐人寻味的。

这次研讨会是教科文组织第一次涉足 21 世纪教育问题，题目既大又宽，与会者来自五大洲 19 个不同社会制度、意识形态和文化历史传统的地区和国家，不可能没有不同意见，会议报告也不可能不予反映，更不可能把有关 21 世纪教育的重大问题都讨论清楚。重要的是，这是一次良好的开端，与会者仍然发现了一些很有意义的共同点，这些共同点将成为以后继续合作与探讨的基础。总的来说，会议的气氛是友好和谐的，探讨是认真的。一些代表关于编写通用国际标准教科书、建立国际语言和国际文化的倡议，通过讨论，都得出了比较实事求是的意见，就是例子。也有一些明显的不足，如两个报告都提到了发展中国家与发达国家经济方面的差距，全球性的生态平衡问题，但并没有指出造成这种状况的历史原因和西方资本主义国家不可推卸的历史责任。因此，虽然提及发达国家"要较大幅度地向发展中国家和一切落后地区的人民提供财政技术援助"，但对发展中国家面临的不同挑战和特点、要求反映很不够。一些代表以至会议报告都提出将裁军和"结束冷战"所省出来的预算的 10%用于教育和扫盲，是否可行或现实，尚待检验。圆桌会议和专题讨论会的两个报告都贯穿着"学会关心"、提倡"全球合作精神"的基调，但在列举"关心"的八个方面时，仍将"关心自己和自己的健康"放在第一条，似乎同整个报告的基调不太协调，等等。

教科文组织是一个拥有 180 多个会员国的政府间国际组织。它的会议，包括它召开的国际学术会议，既要照顾不同的地区，又要照顾不同观点。它的不少会议文件，往往是各种意见妥协的结果。因此，对这类会议的成果，包括对一些已被各方接受的口号或提法，来自不同社会制度，或者有不同政治立场或价值观的人理解不一是正常的。这次会议上提出的所谓"全球合作精神"，在当前形势下，更是如此，我们应当通过我国代表的论文、发言、会内外活动，尤其是积极参与会议文件起草、讨论和修改，宣传我们的观点和经验；但是，我们很难企求这一类国际性学术会议文件完全反映我们的观点。正因为如此，我们对这一类会议的成果，只能采取分析的态度，同时从我国实际出发，吸取和借鉴一切我们认为值得吸取和借鉴的东西。

研讨会"建议教科文组织考虑按照《学会生存》委员会的模式建立一个新的国际委员会"，并把本次会议的工作继续下去。我们相信，通过即将建立的新的委员会的工作和其他后续活动，这次会议的成果将得到充实和发展，不足的地方将得到克服或限制。《学会关心：21世纪的教育》将像《学会生存》一样，标志着教育思想、教育理论探讨的一个重要阶段的开始。

（原文以"提高教育质量迎接21世纪挑战——面向21世纪教育国际研讨会侧记"为题，载《教育研究》1990年第2期，收入《未来教育面临的困惑与挑战》，人民教育出版社1991年版。《中国青年报》以"从学会生存到学会关心"为题于1990年4月25日转载。现以"从'学会生存'到'学会关心'——新的教育观、知识观和学习观"为题收入本集。应当指出的是，联合国教科文组织后来成立21世纪教育委员会及其提出的戴勒尔报告的进程，都是从这次会议开始的）

发展与机制、挑战与对策

——20世纪60年代以来西方主要市场经济国家教育发展变革述评与比较

一 从总体上研究西方主要市场经济国家20世纪60年代以来教育发展与变革的必要性和可行性

自改革开放以来，国外教育发展的方方面面，尤其是西方主要市场经济国家教育发展的情况，已有不少介绍。但从总体上去研究一些带有普遍规律性的东西做得较少，而这对研究我国教育发展战略则是必要的。教育发展问题不只是一个数量增长问题，它要研究的问题是多层面的。发展是一个没有止境的历史过程，总是在一定的历史条件下发生的。任何教育规划或发展战略，总要依托一定的运行机制才能运行，总要受到同时期政治、经济以及文化、历史传统的制约。从这个角度讲，了解和研究西方主要市场经济国家20世纪60年代以来教育发展与变革所走过的道路，所做的各种尝试，所取得的进展，所呈现的动向与趋势，所碰到的困难与波折，尤其是至今仍困扰着这些国家的一些问题，对于我国在实现四个现代化和教育本身现代化的起步阶段探讨教育发展战略问题，可能会有重要的借鉴意义。例如，如何正确认识教育在面临全球性的两种制度和平竞赛愈演愈烈、生产社会化程度和生产中的科学技术密集程度越来越高的形势下的战略地位，如何实行正确的教育投资战略，教育规划是否可行，教育运行机制如何既要利用又要有别于市场机制，如何处理好教育发展与变革中必然要遇到的数量与质量、公平与效率、集权与放权，教育革新中的严与活、通才与专才等关系问题，西方主要市场经济国家在这些方面面临的问题与挑战、研究与探索、经验和教训，都是应当加以了解和借鉴的。这里，所谓的西方主要市场经济国家是指经济合作与发展组织［简称"经合组织"（Organization for Economic Cooperation and Development，OECD）］24 国中的美国、日本、联邦德国、法国、英国、加拿大、澳大利亚、意大利、荷兰、比利时、瑞典、瑞士 12 国。无疑，这些国家的国情千差万别，无论在政治、经济和教育体制、制度，还是在人口、文化、历史、传统等方面，都存在一定的或很大的差异。论人口，加拿大、澳大利亚每平方公里只有 2—3 人，而荷兰、日本则都在 350 人以上。论教育制度，国与国之间有差异，一国之内各州之间又并非一样的。只有 600 多万人口的瑞士，分 26 个州，号称有 26 种教育制度。但是，从总体上讲，它们之间的共同点仍然是基本的。第一，尽管各国国家干预的程度和方式不完全一样，它们实行的都是市场经济，政治上奉行多党制和议会民主，决定和制约教育运行机制的社会总机制本质上是共同的。第二，制约教育发展水平的经济发展水平大体在一个水平线上。从人均国民生产总值看：据经合组织 1988 年统计，1986 年，人均 15000 美元以上的有加拿大、联邦德国、法国、荷兰；10000 美元以上的有比利时、意大利、澳大利亚；英国为 9651 美元。从各国三大产业比例看：第一产业（农、林、渔）除意大利占 11.2% 外，其余皆为 5% 左右；第二产业（制造业）除联邦德国占 41% 和瑞士占 37.7% 以外，其余在 30% 左右；第三产业（服务业）除联邦德国、日本、瑞士、意大利不到 60% 外，其余均占 60% 以上。第三，教育的发展目标和价值观是共同的。第四，各国间多种渠道、多种形式的频繁的政策协调和借鉴。在这方面，经合组织起了很大作用。经合组织是西方 24 国对本组织会员国以及全世界面临的政治、经济、科技、教育、就业等问题进行综合研究并寻求对策的高级智囊组织，总部设在巴黎。西方各国对其重视程度远远超过了对总部同样设在巴黎的联合国教科文组织。以日本为例，它驻经合组织的大使级代表团达 30 人，而它常驻教科文组织的代表团一般不超过 6 人。经合组织的教育委员会与人力和社会事务委员会设在一起，对经济形势、劳动市场需求、人力资源开发、教育发展与规划、教育改革与革新进行综合研究。其下属的教育研究与革新中心，除推广研究成果外，还组织筹备两年一度的成员国教育部长会议，提出政策性建议，供各国决策参考。经合组织还组织知名专家对会员国教育发展、教育机制与制度、教育改革与革新进行评估、比较，提出咨询意见。综上所述，这种寻求一些普遍性的趋势和特点的总体研究，不仅是必要的，也是可能的。当然，这些普遍趋势和特点的产生，从本质上来说，是生产社会化和生产中科技密集程度越来越高、教育在这一过程中的作用越来越重要所导致的必然结果，也是我们进行总体性研究和借鉴的基本根据和重点。

二 教育发展与变革的大背景

（一）国际政治形势和各国国内阶级关系的变化

（1）二战结束后至今，世界上局部战争不断，热点持续出现，但总的来说，保持了一个较长时间的相对稳定的和平时期，对西方主要市场经济国家尤其如此，因为即使局部战争和热点发生，但都是在这些国家以外发生的。这为这些国家的教育发展与变革提供了一个稳定环境和基本条件。

（2）世界性的殖民主义体系瓦解，社会主义阵营出现、发展、壮大和解体，世界从多极到两极，又从两极到争取从单极向多极发展，变化不可谓不大。但集团间、地区间尤其是不同的社会制度之间的竞争和争斗并没有停止，且日益加剧。教育始终成为经济、科技和综合国力竞争、文化渗透、意识形态领域较量以至赢得局部战争的重要手段之一，教育在竞争中政治上和经济上的战略地位越来越被各国统治阶级所认识。

（3）在二战结束后的一段时期内，面对社会主义阵营的出现与发展和本国五六十年代此起彼伏的群众斗争，各国统治阶级尤其是在不少国家长期执政的社会民主党总结经验教训，纷纷采取一些退让措施，调整阶级关系，缓和阶级矛盾。如注意发挥工会作用，让工人掌握少量股票，参与一些决策，采取所谓"从摇篮到坟墓"的一整套福利措施，使经合组织各国的教育、卫生、退休金、家庭补助、失业保险方面的所谓社会性开支，从1960年占国民生产总值的14%增长到80年代占国民生产总值的25%，远远超过其间经济增长速度，教育是这一政策的重点领域。教育民主化、教育机会均等的口号正是在这一背景下出现和传播的。

回顾二战后国际政治形势和西方主要市场经济国家国内阶级关系的发展变化，人们不难看出，这种格局——相对稳定的和平环境和在和平环境中的激烈的政治、军事、经济、科技和意识形态领域的竞争，既为教育发展提供了先决条件，又从各个方面制约着教育发展与变革的政治方向，使之不可能不打上时代的烙印。

（二）从"黄金时代"到危机、滞胀的经济发展

这些国家一般在二战前都已成为工业化国家，生产、人才、技术都已有一定基础。多数国家二战后都经历了一个10年左右的"复兴"过程，为60年代整整10年的持续发展——所谓"黄金时代"的出现奠定了基础。其间，除了各自的基础和优势之外，我认为有三个重要因素起了作用。一是马歇尔计划的"输血"。战后，欧洲饿殍遍野，满目荒凉。当时美国的国务卿马歇尔提出"欧洲复兴方案"，于1948年4月在美国国会通过，拨款140亿美元援助西欧英、法、意、联邦德国等16个国家，对这些国家在经历了一场大战之后恢复元气起了一定作用。二是各国采取了较为正确的发展战略。（1）先基础，后加工。推行国家垄断资本主义，由国家出面，实行国有化，优先发展赚不了钱、资本家不愿意投资而发展经济又必不可少的能源、交通、通信、原材料等基础设施，使后来较少发生基础设施落后而拖加工工业和整个经济发展后腿的现象。（2）正确处理物质投资和人力投资的关系，保证了经济发展提出的人才和人力需求。三是战后不到20年，世界性的殖民主义体系即土崩瓦解，不幸的是，旧的世界经济秩序却在长时间里没有改变，广大发展中国家，尤其是刚刚挣脱了殖民主义枷锁的亚、非、拉美的新独立国家，仍旧是西方主要市场经济国家的廉价原料供应地和商品销售市场，遭受双重剥削，支撑着其高额利润。整个60年代，经合组织各国国民生产总值增长70%，超过了原定增长50%的预计；就业充分，不时发生劳动力短缺，物价稳定，通货膨胀率很少超过3%；在教育机会均等口号下，教育规划成为时尚，教育迅速发展，一些国家高校数和在校学生数成倍增长。政治家们中间一片乐观情绪。但好景不长，发生在70年代初期的第一次石油危机宣告了"黄金时代"的结束，乐观情绪为之一扫而光。第一次石油危机中，每桶原油价格由1973年9月的3.01美元涨到1974年1月的11.65美元。当这些"轮子上的国家"还没有完全从第一次石油提价冲击下恢复过来时，接着又陷入了第二次石油危机，每桶原油又于1980年10月提到34美元。两次石油危机是第三世界国家利用手中初级产品这一武器向世界经济旧秩序进行的一次成功的、有力的冲击，使西方主要市场经济国家从此进入了一个危机、滞胀的漫长阶段，长期未走出困境。其主要特点是：经济只能保

持低速增长；失业率居高不下，西欧各国失业率至今仍稳定在 10% 左右；通货膨胀率上升；不少国家财政赤字越来越大，巨大的社会福利开支已越来越难以支撑；新的科技革命推动的产业结构大调整所带来的不可避免的"阵痛"，又大大加剧了以上的一些矛盾。回顾西方主要市场经济国家 60 年代以来经济发展走过的曲折历程可以看出，一方面，它的发展提出了从未有过的教育需求，提供了教育发展所需的资金，使教育经历了一个所谓"扩展的时期"；另一方面，它的危机、滞胀和困境又使教育经历了"紧缩的年代"。

（三）新技术革命的兴起和影响

发生于 20 世纪 40 年代，以电子计算机、遗传工程、新材料、新能源、航天和航海开发等新技术的广泛应用为标志的新技术革命，发展到 20 世纪六七十年代，对西方主要市场经济国家的产业结构产生了巨大影响，使这些国家的"传统工业"，如钢铁、造船、汽车、纺织生产下降，成为所谓"夕阳工业"；同时，又使微电子、生物工程、光导纤维、激光、新能源等一系列新兴工业迅速发展，形成了所谓"朝阳工业"，使三大产业之间和各产业尤其是制造业中各生产部门之间发生大幅度的结构调整。从 20 世纪 90 年代开始加速的信息革命导致信息社会和知识社会的快速临近，ICT 技术在教育领域的广泛运用，更对教育内容、教育方法产生了决定性的影响。人们不难发现，西方主要市场经济国家各级各类培养专门人才的学校的专业设置、课程种类、教育内容几十年来发生了很大变化，新专业、新课程名称之多，简直使人眼花缭乱，其中很重要的一个原因不能不归结为新技术革命的推动，归结为新技术革命引起的新的产业结构调整提出的必然要求。

（四）世界经济一体化的加速

从 20 世纪后期开始，世界经济一体化进程加速。其中，尤以西欧共同体完成向欧盟过渡和世界贸易组织的成立最具有划时代意义。它要求各国尤其是高等学校加速调整教学内容，增强彼此了解，相互承认学分、学历和学位，使教育尤其是高等教育国际化成为一个国家积极主动参与世界经济竞争的一个必要条件和战略。世界经济一体化的加速使教育无可争辩地成为各国综合国力和竞争力的一个重要部分，并对各国教育发展和改革产生并将继续产生重大影响。

三 发展与变革

20 世纪 60 年代以来，西方主要市场经济国家在教育方面的发展变化大而深刻。探究这些变化，尤其是在这一段特定历史条件下在政治、经济、科技和社会、文化发展推动下出现，又反映了教育与政治、经济、科技和社会文化发展互动关系和人们观念的重大变化，会给其他国家和地区以启示。我想从五个方面来简单勾画一下这些重大变化。

（一）对教育地位和作用认识上的变化和飞跃

行动的先导往往是认识上的飞跃，必然性常寓于偶然性之中。西方政治家们也不能不受这样一个人类认识论的普遍规律的支配。没有西方政治家们从 20 世纪 50 年代后期开始对教育地位和作用的观念上的转变和认识上的飞跃，就难以解释这些国家后来为发展和变革教育所采取的一系列战略性措施及其带来的深刻变化；而这一认识上的飞跃又在很大程度上触发于一次历史性事件——苏联 1957 年在人类历史上第一次发射了人造地球卫星和其在西方社会造成的所谓"卫星震撼"。当时，社会主义阵营已站稳脚跟，以美国为首的资本主义国家认识到用战争如朝鲜战争方式遏制社会主义的发展已不可能，只能从总体上转入和平竞赛，对社会主义国家实行和平演变。苏联人造卫星上天证明，社会主义可以在科学技术方面赶上和超过已经发展了数百年的资本主义。这使一向自矜于各方面尤其是在科学技术方面均优于社会主义的"自由世界"的政治家们陷入困境，产生了深刻的危机感，不得不进行认真反思和总结，并因此产生了认识上的变化和飞跃。他们反思后的结论是：苏联的教育制度优于西方；教育是两种社会制度和平竞赛的一个战略领域。这使西方政治家们不仅对教育的经济意义，而且更重要的是对教育的政治和战略意义的认识提高到了全新的、从未有过的高度。这里不准备列举西方各国尤其是美国自 1958 年开始如何采取立法的、财政的手段，以面对"卫星震撼"的挑战，只以西方 18个国家（外加南斯拉夫）于 1961 年 10 月 16 日至 20 日在美国首都华盛顿举行的"经济增长与教育投资政策大会"为例。这是经合组织正式成立后的第一次大会，也是该组织第一次在美国开会。至今仍耐人寻味的是，这次有关教育的会议不是由当时的联邦卫生、教育和福利部的教育总署做东，而是主管外交和国际事务的国务院操持，国务院副国务卿菲力浦·

H. 科姆斯任美国代表团团长和大会主席，国务卿腊斯克到会讲话。美代表团成员由美预算局长、白宫经济顾问委员会主席、全美科学基金会主任、教育总署主任、国务院负责欧洲地区事务的官员等组成，顾问为芝加哥大学经济学教授、人力资本理论创始人舒尔茨。多数国家代表团均由教育部门和财政或经济部门人员组成。科姆斯在谈到政府应采取正确的教育投资战略时指出，"和平竞赛将是全世界在未来一个世纪里发展的特点。在这一竞赛中，进步的奖赏将属于成功地开发人力资源的国家。苏联领导人把这一问题讲得更清楚，他们确信，他们所代表的生活方式能通过教育比我们更有效地培养出人才，把科学的力量转化成物质现实。这就是我们经合组织国家面临的挑战。我认为，我们有信心迎接这一挑战"。

这次大会引人注目的至少有三点：

1. 讨论了教育投资与经济增长的关系并达成共识。1959 年 11 月，美国和西欧各国首先在荷兰海牙召开了一次讨论未来科技人才需求预测技术问题的专家会议。这次会议作为政府间会议，第一次提出了"教育既是一种消费，也是一种投资"的观点。华盛顿会议接受了这一观点，并在进一步讨论的基础上达成共识。腊斯克在会上一再强调，"当今全世界发展的瓶颈不仅是钱和资本，关键性的瓶颈是人"，"一个国家最值钱的财产不是工厂、道路和桥梁，而是它的人民"。白宫总统经济顾问委员会主席海勒在讲话中指出，"会议标题——'经济增长与教育投资'是我们时代的标志"，"这个会如果在 10 年前开，标题可能只是'经济增长与投资'，今天与会的代表也可能在不同的会议室里分开开会"。他在旁征博引论证了人力资本理论以后提出，"摆在所有人面前的一项重要任务就是教育人们了解教育"，"经济顾问们应当在发展教育事业的战场上同教育部长们并肩战斗"，"为教育而战太重要了，不能只交给教育家们去进行"。他批驳了反对增加教育投资的论点，认为："问题不是我们是否花得起，而是如果我们不舍得花钱建立庞大的教育体系，我们是否承担得起由此而带来的后果？""减少教育费用对预算看起来是好事，但这可能意味着使用了错误的衡量标准，意味着制订出来的是一个错误的预算。"

会议经过充分讨论后认为，教育支出既是一种消费，也是一种投资。教育投资的这两个方面不能分开，增加教育投资是两个方面的要求。教育在日常生活中帮助人们度过闲暇、履行民主社会中一个公民应尽的义务过程中有重要作用。从这个意义上讲，它既是当前的消费，又是一种永久的消费。从提高劳动生产率和经济增长的角度看，教育同样至关重要；对教育的投资同对固定资产的投资同样重要。如果没有相应的教育投资的支持，固定资产的投资就不可能产生应有的生产效益。技术可以进口，人才只能靠培养。教育投资是经济增长的先决条件。"整修教育大厦"、增加对教育和科学的投资，"将成为西方争取经济增长与发展政策的中心思想"（科姆斯）。

2. 确定到1970年的教育发展目标和教育投资增长比例，决定开展教育规划活动。会议前夕，经合组织前身欧洲经济合作组织曾委托克累斯泰因教授研究教育的经济意义。后来，他成为欧洲经合组织秘书长，便邀请瑞典斯德哥尔摩大学经济学教授斯凡尼尔森继续这一任务。斯凡尼尔森建议将这一任务扩大为对欧洲教育进行比较研究，并在此基础上提出下一个10年的发展前景的规划。为此，研究人员又增加法兰克福高级国际教育研究所教授艾丁和伦敦大学教育学院院长艾尔温教授。他们对欧洲各国（后来也包括美国和加拿大）的教育情况，包括各级各类教育的学生数、教师数、校舍、师生比例、教育投资占国民生产总值的比例、经济发展前景、教育的消费功能和经济功能、推动教育规划的条件和面临的问题等几乎所有方面进行了研究，提出了1970年发展目标、速度和教育投资比例的高低两个方案。在制定方案时有一个明确的指导思想。为保证质量，提出了教师增长速度应高于学生增长速度，教师工资增长应不低于国民生产总值增长速度，以吸引优秀人才充实师资队伍，迎接即将到来的教育持续发展。因此，决定教育经费增长速度应高于师生增长速度。如预计整个经合组织成员国从1958年到1970年5—24岁人口增长21%，学生数增长31%，教师数增长50%，经费增长97%，教育经费占国民生产总值的比例由3.28%增长到4%，增长23.1%。对同期苏联的预测是：人口增长21%，学生增长48%，教师增长59%，经费增长221%，教育经费占国民生产总值的比例由3.17%提高到4.98%，增长57.1%。耐人寻味的是，在斯凡尼尔森等人的研究中，苏联与其说一直作为"参照系"，不如说一直是作为对立面或竞争对手进行比较和预测的。对其发展速度的预测一般总是偏高，可见西方对1957年的"卫星震撼"一直"心存余悸"。为推动各成员国开展教育规划的研究和尝试，还由法国、瑞典和南斯拉夫作专题发言，介绍了本国开展教育规划的情况。会议认为，开展教育规划应具备和创造一定条件；应对经济、社会发展进行综合研究；各国是否制订规划应由各国根据实际情况确定。一般认为，欠发达国家应按人力需求原则搞规划，发达国家可按社会需求原则搞规划。

3. 会议从人力资本理论出发，提出对经合组织中的欠发达国家，即地中海沿岸土耳其、希腊、意大利、西班牙、葡萄牙和南斯拉夫实行"智力援助"，帮助这些国家搞教育发展规划，即后来的"地中海区域规划"。规划分三步进行。第一步，各国建立队伍，调查本国教育现状、各生产部门劳动力和技术人才现状，预测经济发展的人才需求；第二步，根据需求，确定各级各类教育发展目标，尤其是培养高级专门人才的目标；第三步，制订教育投资规划。在整个过程中，经合组织派出了专家组和各国规划人员一起工作。"地中海区域规划"后来成为经合组织中按人力需求原则制定教育规划的一个范例。

（二）教育思想上的变化

这些国家是所谓"自由世界"，一切以新为奇，各种新奇的理论和观点可以说是层出不穷，但是一种理论或观点要能站住脚并为多数人所接受就只有靠理论或观点本身是否言之有理，是否具有生命力。教育领域同样如此。60年代中期应运而生、由联合国教科文组织长期从事成人教育的保罗·朗格朗先生总结并提出的终身教育思想，在"诸子百家"中很快独占鳌头，几乎无多大争议地被人们接受，已经并仍在对各国教育体制、教育管理、教育内容、教育方法和教育发展战略等几乎所有方面产生重大影响，可以说是60年代以来西方主要市场经济国家在教育思想方面发生的最大变化之一。

如前所述，到20世纪50年代后期，新技术革命已对这些国家产业结构产生越来越大的影响。产业结构的调整，使得不少职业消失，又有不少新的职业产生，无论从经济竞争还是个人就业角度，都必须不断更新自己学过的知识和技能，把人生分成学习和工作两个截然分开的阶段已不适应生产和科技迅速发展，知识和技能陈旧率日益加快的现实，这是终身教育思想一经提出便独占鳌头的根本原因。

终身教育思想的影响仍在发展。到目前为止，其影响至少有以下几方面：

1. 终身教育思想已经成为不少国家，如日本、瑞典、荷兰、法国、瑞士等国教育发展与改革的指导思想，并已通过立法形式加以明确。仅以日本为例加以说明。论学外国，日本应列为优等生，但日本学外国的特点之一就是非常谨慎，对外国的东西不弄清楚，不轻易"拿来"。我在巴黎时曾问日本在经合组织工作的一位教育官员，日本如何对待经合组织教育方面的信息和材料。这位官员坦诚告之，他们对经合组织教育方面的文件不看准，不轻易公开，以免引起负作用。"十年树木，百年树人"，教育改革如不慎之又慎，将贻误一代人或几代人，贻误人的一生。但日本对终身教育从20世纪70年代初期开始，即列为其教育与改革的指导思想。20世纪80年代前后临教审四次报告都提出要"向终身教育体系过渡"，并始终摆在突出位置。文部省还根据临教审第四次审议报告的建议，将该部社会教育局改为终身教育局，以便"从振兴终身学习的观念出发，研究、制定和完善新的法律体制"。

2. 以终身教育思想为指导构建大教育体系。其特点是：

正规教育，尤其是高等教育的注册管理趋于灵活，大龄学生，所谓部分时间制学生越来越多。瑞典大学生中25岁以上的已占大学生总数的50%以上。澳大利亚部分时间制学生中年龄超过25岁以上的已达65%。

各种形式的成人教育迅速发展，形成体系，通过现代化教育技术手段联成网络。日本、美国出现企业办大学，并授予学位。企业内培训日趋完善，不少专门技能培训越来越趋向于企业本身承担。

正规与非正规教育相互沟通，形成覆盖全社会、贯穿人的一生的大教育体系。

3. 对教育教学思想的影响。考虑到当代信息量、知识量急剧增加，知识陈旧率加快，职业变动频繁，一个人已不可能在年轻时在学校学到可供一辈子享用的知识和技能。因此，各国教育家都认为，学校包括大中小学，首要的任务不是教给学生具体知识，而是教给学生学会如何学习。1989年底，联合国教科文组织在北京召开的面向21世纪教育国际研讨会也再次肯定了这一思想对未来教育发展的指导意义。无疑，这对学校课程设置、教材内容、教学方法的选择都具有指导作用。

（三）教育投资增长情况

1. 增长情况。20世纪60年代以来，西方主要市场经济国家教育投资大体经历了三个阶段，即1960—1975年期间的高速、稳定增长阶段，70年代后半期的回落和80年代以后处于基本稳定状态。这同这些国家经济发展走过的道路是一致的。

如前所述，这些国家在1961年华盛顿会议上，曾由专家小组提出各国到 1970 年教育投资占国民生产总值的比例增长目标，后来的情况说明，实际投资除意大利外一般均超出预定增长速度，有的国家甚至超出 1 倍以上，现列表如下。

国家	教育支出占国民生产总值比例 到 1970 年的预计增长数			1970 年实际增长数	
	基础年 1958 年或最近一年	1970 年	跟基础年比 增长百分比	教育支出占国民 生产总值比例	增长百分数
瑞　　典	3.35%	3.91%	16.7%	7.7%	130%
瑞　　士	2.46%	3.44%	39:8%		
比 利 时	2.63%	3.67%	39.5%		
英　　国	3.02%	3.95%	30.2%	5.2%	72%
法　　国	2.72%	3.68%	35.3%	3.7%	36%
联邦德国	2.11%	2.68%	27.0%	3.7%	75.4%
荷　　兰	3.48%	4.07%	17.0%	6.7%	92.5%
意 大 利	3.21%	4.45%	38.6%	4.0%	24.6%
加 拿 大	3.39%	4.06%	19.8%	8.1%	139%
美　　国	3.61%	4.38%	21.3%	6.5%	80%
日　　本					
澳大利亚					

注：日本和澳大利亚当时尚未加入经合组织；本文所列有关西方 12 国数字均来源于经合组织及教科文组织有关统计资料。下同。

1975 年，多数西方发达国家教育支出达到最高点。此后，由于第一次石油提价冲击引起经济危机，也由于人口出生率下降已影响到入学人数开始下降，除少数国家继续增长外，一般均有所下降，现在基本稳定在70 年代末 80 年代初的水平上。现将教育支出占各国国民生产总值比例变化情况列表如下。

年份 国家	1975	1977	1979	1980	1985—1986
联邦德国	5.1	4.7	4.6		4.18
澳大利亚	6.2	6.4	5.9		5.56

续表

年份 国家	1975	1977	1979	1980	1985—1986
加 拿 大	7.2	7.6	7.0	7.0	6.76
美 国	6.5	6.3	6.4	5.8	
法 国	3.1	3.5	3.7		5.1（1）
意 大 利	4.5	4.6（2）	5.1		5.6（3）
日 本	5.3	5.4	5.8	5.9	5.04
荷 兰	8.2	8.0	8.1	6.5（4）	6.39
英 国	6.3	5.6	5.5	5.3（5）	
瑞 典	7.1	8.3	9.0	9.1	7.54
瑞 士			5.2（6）	4.79	

注：（1）1983 年数；（2）1978 年数；（3）1983 年数；（4）1984 年数；（5）1983 年数；
（6）1984 年数。

2. 教育内部经费分配情况。一个明显特点是：基础教育生均经费与高等教育生均经费差距不是很大。现将一部分国家小学生均经费与大学生均经费比例列表如下。

加拿大	美国	联邦德国	荷兰	英国	瑞典	日本
1：3.4	1：3.02	1：4.37	1：3.17	1：6.96	1：6.52	1：6.39

其中，荷兰大学生指文理科大学生。英国和瑞典比例稍高，同这两个国家对大学生包得过多的制度有关。相比之下，我国基础教育生均经费与大学生均经费相比，差距过大，而且这种差距似乎还在拉大。无论从基础教育是国民素质教育出发，还是从提高教育总体质量，建立教育内部良性循环出发，这都是一个值得研究的战略性问题。现以我国 1965 年、1985 年两年为例列表如下。

年份	项目	小学生	中学生	大学生
1965	绝对数（元）	19.96	88.89	917.68
	比例	1	4.5	46

年份	项目	小学生	中学生	大学生
1986	绝对数（元）	48.3	134.90	2564.10
	比例	1	2.8	53.4

注：有关我国的数字均引自国家教委计划司编的《中国教育统计年鉴》。

（四）教育管理体制和运行机制增强了灵活性和针对性

纵观这些国家 20 世纪 60 年代以来教育管理体制和运行机制方面的变化，可以发现，其基本指导思想和特点是，加强教育内部的协调与外部的联系，以增强这一体制和机制的灵活性和针对性。

1. 管理体制方面的变化。60 年代以来，"非集中化"是各国流行的一个口号，实际意思是管理权限下放。这在中央集权制国家，指调整中央政府与州政府、州政府与地方政府和政府与学校之间的管理权限和职责，给予州，或由州政府给予地方政府，或由政府给予学校较多的管理权限。法国曾是人们认为的教育行政管理上中央集权的典型。60 年代以前，高等学校的经费皆戴帽下达，学校校长无任何调剂权限。1968 年通过的高教法案，确立了"自治、参与和多学科"三原则，在经费管理上，学校取得较大的自主权。当然，各国行政体制不一样，实行"地方自治"的程度、形式，即使是一国各州、郡、省之间，也有不少差异，管理权限下放的程度和形式也不尽相同，但是这种趋势则是共同的。与此同时，我们也可以看到在教育行政管理体制上从某种意义上来说是向相反方向运动的趋势，即加强中央政府的协调功能，尤其是在一些联邦制国家，如美国、澳大利亚、西德、加拿大、瑞士，这一趋势更明显。美国经过多年争议以后，终于在 1979 年建立了联邦教育部。在瑞士、加拿大，没有建立联邦教育部，但都建立了"各州教育部长常设会议"、"加拿大各省教育部长理事会"这样的具有交流信息、磋商协调功能的非正式机构。即使在有教育主管部门的联邦制国家，如联邦德国、澳大利亚、美国，由于联邦一级权限和管理范围十分有限，也都先后成立了如"州文化部长常设会议"、"联邦和各州教育规划委员会"（联邦德国）、由联邦教育部长和各州教育部长或代表组成的"澳大利亚教育理事会"、"联邦高等教育委员会"、"州教育总长会议"（澳大利亚）、"全美州教育委员会联合会"、"全美州教育厅长协会"（美国）等组织形式。这些组织一般还设有常设办事机构，定期召集会议，就共同感兴趣的问题进行交流、磋商和协调行动。一般地说，这种会议不形成对各州有法律约束力的决议或决定，而是通过协商一致的方式达成一些具体协议，少数持异议者，一般均可保留，也不承担执行义务。但是，由于参加这种会议的人都是各州有教育管理实权的人物，这种形式对协调各州的重大政策和行动，对维护联邦制国家教育方面必要的同一性等有巨大影响力是无可争议的。

如何对待集权与放权，是无论联邦制国家还是中央集权制国家在教育行政管理体制上都要经常面对的一个矛盾。西方主要市场经济国家近几十年来在重点实行放权的同时，又寻求新的形式加强中央协调、控制能力的做法，证明了集权与放权矛盾中的辩证法：集权与放权，既对立又统一，目的都在于提高教育机制内部的运行活力和效率。

2. 运行机制方面的变化。一般地说，这些国家教育运行机制中长期有社会参与的成分和传统，外部人士通过参与大学董事会影响大学的重大决策就是一例。但是，60年代以来，在西方主要市场经济国家的教育运行机制中，社会参与无论从范围、人数、深度、影响等各个方面，都有了很大变化，并对教育发展与改革发挥越来越大的作用，成为这一机制中十分庞大的一个组成部分，无论在广度还是深度上，都大大拓宽了教育与外部的联系，增强了教育的针对性。本文将在运行机制部分作专门介绍。

（五）教育事业的发展变化

20世纪60年代以来，西方主要市场经济国家各级各类教育事业大体走过了高速扩展、停滞紧缩和稳定发展三个阶段，造成这种状况有经济的原因，也有社会和人口方面的原因。现分三部分简介如下：

1. 学前教育和义务教育。一般地说，这些国家在二战前已实行了至少6年的义务教育。战后尤其是从60年代中期开始，教育经历了向两头延伸的高速扩展阶段。经合组织有关资料表明，从1965年开始，几乎各国学前教育都有较大发展。到80年代初，这些国家3—5岁儿童接受学前教育的人数都翻了一番，加拿大、联邦德国、英国翻了一番还多。学前教育增长，除了经济发展的因素，与这一时期幼儿人数增长、双亲就业率增长、人们对学前教育的教育价值和社会价值较以前重视也有关系。当然，各国增长率不一。法国3岁到5岁幼儿几乎百分之百、2岁幼儿几乎1/3接受学前教育。联邦德国幼儿教育普及率已达75%以上；荷兰4岁到6岁儿童中达2/3；美国、意大利达50%以上；加拿大低于40%。进入80

年代以后的趋势是，3 岁到 5 岁儿童接受学前教育比例较低的国家，幼儿教育继续发展；有些国家，由于经济形势的变化，已经放慢了发展速度。普及率最高而出生率又在降低的国家，幼儿受学前教育人数已开始下降。各国义务教育年限从 20 世纪 50 年代后期到 60 年代末均有所延长。如法国从 7 年延长到 10 年；英国从 9 年延长到 11 年，荷兰延长到了 12 年；英、荷目前是实施义务教育最长的两个国家；联邦德国 9 年义务教育（全日制）后还加 3 年部分时间制义务职业教育。多数国家义务教育定为 9 年，且一般无再延长迹象。义务教育入学率一般都近 100%。由于人口出生率下降，除日本外，1970—1980 年期间，义务教育阶段入学人数均有下降，联邦德国小学入学人数下降达 32%。到 70 年代末，多数国家完成了对实施义务教育的学校结构的调整，建立包括小学和初中两个阶段的共同学校，作为实施义务教育的唯一或主要形式。由于学生人数有所减少，教师仍在增加等因素，每班学生数都有减少。1976 年与 1965 年相比，联邦德国基础学校每班人数从 34.7 人降到 27.7 人。法国小学每班从 27.8 人降到 23.7 人；初中每班从 27.5 人下降到 25.3 人；英国中学从每班 27.9 人降到 22.3 人；瑞典一年级至三年级每班从 23.1 人降到 22 人；日本小学每班从 35.1 人降到 33.1 人，初中从每班 40.9 人降到 37.1 人。

2. 高级中等教育。这一阶段教育的发展有两个明显特点。一是普及程度有很大提高。当然，这是包括普通教育和各种类型的全日制和部分时间制的职业技术教育。以高级中等教育入学率为例，美国从 1965 年的 90.8% 增加到 1980 年的 98.4%；澳大利亚从 1970 年的 77.8% 增加到 1981 年的 91.8%；日本从 1960 年的 57.7% 增加到 1980 年的 94.2% 并在整个 80 年代几乎一直稳定在这一水平上。一般增长较快是在 1960—1975 年期间。此后，由于人口、就业和经济形势变化等因素，增长速度放慢，且少数国家有下降。二是职业化和综合化倾向。在高级中等教育发展过程中，各国职业技术教育比重一般增长较快，尤其是西欧各国。现将联邦德国、法国、意大利、荷兰 1980—1981 年期间高级中等教育中普通教育与各种形式的职业技术教育比例分列如下：联邦德国 17.6：75.7；法国 35.2：64.8；意大利 23.2：76.8；荷兰 55.9：44.1。不少国家职业技术教育比例都是经济出现危机、失业率上升时增长幅度较大。如联邦德国 1970—1975 年期间，部分时间制职业教育增长 47%；1975—1976 年期间增长 16%；1980 年期间有所减少或很少增长，到 1980—1981 年期间又增长15.6%。法国、意大利、荷兰也有类似现象，时间稍有先后。综合中学的建立和推广无论在教育思想上还是在政治上都是一个有争议的问题，但社会民主党人一般对此持肯定态度，因此在社会民主党执政的一些国家和地方，综合中学都有发展。以英国为例，保守党是反对建综合中学的，但工党执政期间大力推广，致使中等教育综合化到70年代末工党下台时已达80%，保守党执政后也只好接受现实。

3. 高等教育。

（1）这些国家的高等教育经过60年代的持续发展，一般都完成了从精英教育向大众化高等教育阶段的过渡，少数国家在向高等教育普及化发展。大众化和普及化的标准是什么？按照人们普遍接受的美国学者马丁·特罗的定义，一般认为入大学学龄人口达到15%以上进入大学或其他类型的高等学校学习，可称进入大众化阶段，超过50%，可谓进入普及化阶段。1998年出版的经合组织高等教育改革文件提出，鉴于越来越多国家高等教育入学率已经或正在达到50%，高等教育普及率的门槛应当提高到80%。现将6个国家高等教育20世纪80年代以前入学率发展变化情况列表如下。

高教入学率 年份	美国	日本	英国	意大利	瑞典	联邦德国
1965	43.1	14.1		13.5	13.4	12.2
1975	60	39	19.9（1）	31.1	24.8	19.5
1980	60.8	36.5	28.5（2）	27.6	25.1（3）	19.5

注：（1）1970年数；（2）1979年数；（3）1979年数。

除美国早在50年代早期就已进入大众化阶段外，一部分国家如加拿大、日本、荷兰在60年代后期完成了这一进程，以后发展速度便逐渐放慢；另一部分国家则稍后在70年代前半期完成这一进程，以后发展速度同样逐步放慢，如联邦德国、澳大利亚、法国。英国高等教育尤其是大学本科教育在1965—1979年期间呈现比较平稳的发展状况，年增长率保持在4.6%—2.5%之间。

2000年欧盟在葡萄牙首都里斯本召开首脑会议时得出一个结论，认为在新经济发展水平方面，欧盟比美国落后 10 年。不知是不是一个偶然的巧合，以下两张表分别表明美国和欧洲多数发达国家的高等教育大众化和普及化的进程也比美国大约落后了 10 年。这两个现象有无关联，是一个值得探讨的问题。

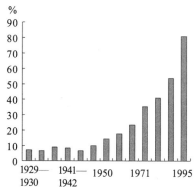

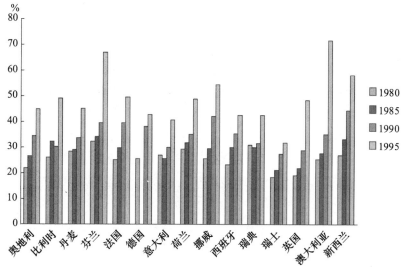

发达国家高等教育入学率

资料来源：OECD in Figures, 2000.

（2）高等教育结构多样化的长足发展。在西方各国大学诞生以后的漫长的历史中，高等教育长期处于大学一枝独秀的格局。19 世纪第二次工业革命的发生、资本主义经济的进一步发展，也由于古老大学长期形成的

"象牙塔"传统不能适应经济、科技和社会发展提出的新要求,一些新大学、技术学院以及社区学院这种短学制的职业性高等学校,到19世纪后期和20世纪早期相继应运而生,使长期以来以大学为标志的高等教育走上了多样化发展的道路。但是,这种发展还仅限于部分国家,数量还不大。20世纪60年代和70年代前半期高等教育在这些国家的持续扩展,使高等教育多样化得到了从未有过的长足发展。一是原有的非大学成分发展壮大。如美国的社区学院,1965年还只有629所,到1982年已达1996所;1955年社区学院还只有32万学生,1985年已有340万学生;1965年,美国每1000名适龄青年中,大学学生284人,非大学的高校学生达147人;到1975年,大学学生279人,非大学的高校学生大大超过了大学学生数,达321人,此后,便一直高于大学学生数。还有一个情况就是一些发展壮大了的四年制学院升格为大学。二是相当多的国家高等教育体系中出现了新成分。如法国的大学技术学院,西德的技术学院,澳大利亚的高级教育学院,挪威、瑞典的地区学院。应当说,英国的发展又尤其引人注目。这不仅是因为英国首创开放大学这一新型大学,并在后来为很多国家所仿效,更重要的是,英国多科技术学院的建立和发展,向英国古老的大学提出了挑战,形成了所谓"双重体制"。1963年,对英国以至对西方不少国家高等教育发展都产生了一定影响的罗宾斯报告建议英国接受高等教育的学生数到1980年达到56万,其中35万应当通过扩展大学来实现。但后来政府改变了这一主张(1966年),首创开放大学,建立大量多科技术学院,人为地建立起所谓高等教育"双重体制",引进了"体制内的竞争"。主要原因是:当时大量需求的是增加职业或专业的课程,大学满足不了这一要求;大学根深蒂固的象牙塔传统很难适应劳动市场与经济发展大量需要的培养职业和专业人员的要求,政府也不可能在短期内改变这种状况。新建的这一类院校,由地方教育当局管理,便于控制,与当地经济和社会发展关系密切,有利于为其服务。1988年英国通过的《教育改革法》,在建立大学基金委员会(UFC)以取代原来的大学拨款委员会(UGC)的同时,新建多科技术学院和学院基金委员会(PCFC)向多科技术学院拨款,取代由地方教育当局拨款,使多科技术学院地位提高一步。八年前,又将经历了二三十年发展,由地方当局拨款,但无独立授予学位能力,在人们眼中为二等公民的众多科技学院提升为大学,统一由大学基金委员会拨款,从而结束了英国20世纪二战后高等教育发展历史上出现的所谓"双重体制"。

四　发展、变革与机制

20 世纪 60 年代以来西方主要市场经济国家教育方面的发展与变革说明，西方发达市场经济国家的教育仍具有变革自身、缓和阶级矛盾及适应经济科技和社会快速发展变化的动力、活力和能力。同样，它面临的困惑和挑战也说明，资本主义自身的基本矛盾依然存在，依然是推动和制约社会生活各个方面，包括教育发展与变革的主要动力。但无论是教育尚存的活力，还是它面临的困惑和挑战，又总是同市场经济条件下教育运行的机制联系在一起。

教育运行机制是社会总体运行机制的一个重要组成部分，并受后者的制约；但是，它又有相对独立性。从西方主要市场经济国家 20 世纪 60 年代以来发展的实际情况看，它由国家、市场、社会和学校四个部分组成。这四个部分相互激励又相互制约，推动教育事业的发展与变化。

（一）西方主要市场经济国家教育运行机制的构成和各部分主要的功能

1. 国家

这里，国家既包括政府，也包括立法和司法机构。国家的主要作用是什么？从战后尤其是 50 年代后期以来的实际情况看，国家在教育领域的主要职责是：

（1）掌握教育的政治方向。1958 年美国通过的《国防教育法》是一个典型例子。美国是联邦制国家。宪法规定教育责任在州。因此，联邦政府在教育问题上长期以来很难有所作为。但 1957 年"卫星震撼"后，联邦政府一下子把教育提高到两个阵营、两种制度竞争的重要领域的战略高度，并在随后的年代里由联邦一级制定和通过的教育立法比美国历史上任何一个历史时期联邦一级制定和通过的教育立法都多。《国防教育法》是这一时期的第一个法。该法明确规定教育要与国家的安全需要密切联系，以"应对人造卫星的挑战"。

（2）确定教育发展战略重点，采取战略措施。如进入 60 年代以来，很多国家都把工作重点放在发展中学后教育，走高等教育多样化的道路，同时较大幅度提高教育经费在国民生产总值中的比重。在 1961 年经合组织的华盛顿会议上，专家小组的建议是把这一比例在 10 年内即到 1970 年提高到 4% 以上，会议建议提到 6%。后来各国实际都按此去做，大部分国家达到甚至超过了这个比例，所以使高等教育在 15 年左右的时间内，都进入了大众化。如果说近 30 年中，前 15 年各国的重点是强调机会均等，扩大招生人数的话，那么 70 年代中期以后，各国的重点则较多放在质量问题上了。如不少国家都采取特殊措施，另拨专款，增加编制，解决师资队伍老化、新鲜血液不足的问题。

（3）协调总体目标、速度与布局。60 年代初期，各国都提出了到 1970 年中等和高等教育的发展目标，一些国家为此专门成立了规划机构。在国际上影响颇大的英国罗宾斯报告甚至包括了 1980 年英国高等教育的发展目标。后来的实际发展，一般都超过了原来的设想。由于各国，主要是发达国家都采取了按社会需求进行规划、确定招生政策，致使不少系、科膨胀，要求入学人数大大超过学校能够容纳的能力和劳动市场需要，因此不少国家采取了限制措施，规定了热门专业的招生限额；同时，通过削减和控制国拨经费，间接控制总体规模。正如一位英国大学校长曾对我所说的，他有权扩大招生，建立新的专业，但如果大学拨款委员会不拨出相应款项，他虽有权但不能做。在数量发展时期，高等学校的合理布局也是各国中央政府关心的重点，一般新建院校都注意到各地区的平衡发展，有意识地加强较不发达地区的发展，并将这一点列为中央一级教育机构的职责。

当然，各国政府尤其是中央政府管理教育的职责都不尽相同，实际工作也不可能仅限于此，州、省一级和地方政府的职责同中央政府的职责一般都有较大差别，但从各国中央政府尤其是联邦制国家的中央政府的实际活动看，至少重心是在以上三个方面。

这些国家政府履行自己职责的主要手段是什么？一般地说，中央集权制政府管得多一些，手段也多一些，如包括督导、评估，甚至包括少量行政措施。但无论中央集权制国家还是联邦制国家，其主要手段都是通过立法和拨款，而且不少国家这两个手段又经常是结合在一起使用的。在这一方面，美国尤为典型。在 1958 年美国国会通过了《国防教育法》后，又于 1964 年通过了《经济机会法》，1965 年通过了《高等教育法》，1974 年通过了《生计教育法》，此后通过了《1981 年教育整顿与改进条例》《1981—1982 年学生资助修正条例》等。所有这些法或条例，都是跟拨款联系在一起的，或开辟新的拨款项目，或增加原有拨款，以保证立法措施得以实施。如《国防教育法》规定 1959 年到 1962 年每年拨款 8 亿多美元改革各级学校教育，规定给大学生提供"学习贷款"，给研究生提供"国防奖学金"。后来《1981—1982 年学生资助修正法》改变了过去不论家庭经济状况如何，大学生均可获得 2500 美元低息贷款的做法，规定家庭年收入 30000 美元以上的学生，必须出具确实需要的证明，才能申请低息贷款。现在资助大学生的经费每年约有 60 亿美元。

2. 市场

（1）市场的功能。调节人才和劳动力的品种、规格、数量、余缺，影响总体规模。无论是财源主要靠学生学费的私立大学，还是学费比例相对较小，主要以学生数为基数取得政府拨款的公立院校，市场竞争的第一项就是招生，尤其是竞争好学生。招足了学生才有经费，招到好学生才能提高学校的声誉。而学生选择学校除了考虑自己的志愿、学校名声外，很重要的一条要看劳动市场就业行情和就业前景。因此，这一功能主要是通过劳动市场上的供求关系来实现的。

①激励功能。当劳动市场某一方面人才短缺时，劳动市场就会以较高工资来吸引这方面的人才。某些行业，如医生、律师、企业管理行业人员收入，一般高出其他行业一两倍甚至 4 倍，因此这些行业始终有吸引力。一个行业的不同时期、一个国家的不同行业之间是如此，国与国之间的人才流动也是如此。教科文组织 1988 年曾开会讨论过一次人才外流问题。发展中国家固然列举了大量事实说明人才流向发达国家，但一些发达国家也说他们同样存在人才外流，工资低的国家如英国，著名教授、科学家流到了工资较高的美国，欧洲一些国家的人才流向西德、瑞士等。以高工资争夺名教授是学校提高自己声誉，增强在市场上的竞争能力的一个重要方面。

②制约功能。市场就业前景是学生选择学校的重要依据。反之，如果一个学校培养的学生在市场上不受欢迎，学生就业困难，这个学校就有因招不到学生而面临关闭的危险。美国 70 年代前后关闭 144 所高校，同时又新建 260 所，就反映了市场的这种适者生存，否则就被淘汰的调节和制约功能。这种功能的好处是，迫使学校适应劳动市场不断变化的需求，改进教学内容和教学方法，培养学生"适应市场的能力"（Marketability）和"进一步接受培训的能力"（Trainability）。

（2）市场的两面性。市场通过供求关系调节、激励和制约教育发展，但它是一只"看不见的手"，它的功能是自发的、无序的。因此，它的破坏性的一面也是显而易见的。如各种不正当竞争手段的使用，不可避免导致一些学校教育质量下降，危机和一些预料不到的变化迫使一些学校关闭，造成毕业生失业，教育投资浪费。因此，关于教育尤其是高等教育与市场的关系、市场的作用等，在西方也一直是一个有争议的问题。

3. 社会

前不久过世的美国高等教育专家克拉克·凯尔（Clark Kerr）认为，西方主要发达国家的教育运行机制主要由国家、市场、社会和学校四部分组成。我的观察是，如果说政府管理教育的重点在政策导向、宏观调控，通过市场这只"看不见的手"起调节作用，那么 60 年代以来发展和完善起来的"社会参与"则是教育的服务对象对教育运行的一种直接的、具体的参与和控制形式，构成这一机制的一个新的重要组成部分。它具有执行、保证、监督、反馈多种功能，是使教育不脱离教育服务对象实际需要的一种组织上机制上的保证，也是西方市场经济国家教育运行机制的一个重要组成部分，是在政府和市场以外控制和影响教育发展的第三种力量。这一力量包括雇主、工会和行会、家长、学生四部分。不同国家中不同部分人发挥作用大小、方式和特点当然不完全一样，但一般包括以下几方面：

（1）参与政策制定。这些国家在制定教育方面的重大方针政策、改革方案、发展规划，一般都请经济界人士与有关方面代表参加。这些人士与代表充分反映经济界的有关方面的意见，在政策制定中常起关键性甚至决定性作用。以日本为例，可以说，推动教育改革的最大力量是经济界。1955 年以后的 20 年中，日本经济界仅正式的教育改革建议书就提了 15份。80 年代中期，前首相中曾根成立直属内阁的由 25 人组成的临时教育审议会，其中经济界代表占 5 人。英国是高等教育经费由国家包得最多的国家之一，但政府不直接分配经费，而是通过一个所谓"缓冲机构"——大学拨款委员会来反映政府意图。现在大学拨款委员会变为大学基金委会员，其实质性的变化之一就是将经济、商业、金融界在该委员会的代表人数由原来的 3 位增加到 6 位，显然是增加了经济界在资金分配方面的发言权，并通过资金分配对英国大学各方面的发展施加影响。美国卡内基教学促进基金会是一个私人民间机构，但多年来它的一系列教育问题的报告对美国政府教育政策的影响，更是人所皆知的。

（2）参与教学管理。60年代以来，不少国家对学校管理机构的组成都作了法律的规定，奥地利甚至对中小学班级家长和学生代表产生都以立法形式规定。以高等学校为例，一般设有董事会、理事会和评议会、学术委员会等两套机构，前者负责经费、人事、行政等方面的重大决策，后者决定行政、教学和学术事务。这两个机构的组成都由法律规定。如法国1984年高等教育法规定，综合性大学校务委员会由30—60名委员组成。其中：教师、研究员的代表占40%—50%；校外知名人士占20%—30%；学生代表占20%—25%；行政、技术、工人和服务人员代表占10%—15%。该委员会最重要的一项任务就是表决和批准学校的预算和决算。

（3）直接或间接参与学校教学、课程设置、质量评估等微观管理。还以高等教育为例，一般有两种形式，一种是直接参加学校学术委员会，直接对学校的教学、课程、质量发表意见。参加人数、所占比例一般也由法律作出规定。另一种是社会上的各种行会、专业协会尤其是医生、律师、工程师等专业协会，通过它们对高校专业设置、教学质量、毕业生质量进行评估、资格认可，通过掌握在它们手中的开业证书颁发，可以说在很大程度上掌握着有关专业的命运。如美国，全国分成6个大区，定期由全国或地区性的学术团体或行业协会对学校水平和资格进行审查、评估和鉴定，公布得到其承认的学校名单。这种鉴定不仅有学术上的权威性，也是政府对学校资助的一个重要依据。它实际上实施了联邦一级无权实施的直接管理的职能。因此，这种形式的参与对学校教学内容、课程、教学方法等方面的影响是举足轻重的。当然，它的作用也可一分为二。它一方面保证了学校教育不至于脱离实际并保证一定质量，另一方面也常带有行业保护主义、维护本行业特权的特点。美国医生工资之所以能长期高于平均工资几倍以上，同它的行会通过各种形式对医学教育的控制和影响是分不开的。

第三种力量中还有一些起中介作用的机构，很值得研究。现举两个例子。一是欧洲工作与社会研究所。它致力于研究经济形势、科技进步、产业结构调整对就业、教育、培训的影响。它是一个民间机构，受到一皇家基金会支持，但服务遍及欧洲，为经济、劳动就业、教育培训部门服务，促进各方对话，每隔一段时间召集各方一起研讨一些共同感兴趣的问题。当然，也接受各方资助和委托课题。它在荷兰、比利时和西班牙建有研究分支机构。二是北美大学与工业论坛、欧洲大学与工业论坛，也都是这一性质的组织。它们为学校与社会尤其是与经济界的相互依存的关系架起了组织上的桥梁，这对双方的益处是不言而喻的。

4. 学校

在大体勾画了国家、市场、社会在教育运行机制中的功能和手段以后，学校面临的形势或处境也基本上清楚了。这就是，学校一方面获得巨额拨款，在教育民主化的口号、经济和科技发展、市场机制的激励与推动下经过了发展的"黄金时代"；另一方面又面临国家越来越多的宏观控制、市场机制中竞争的压力和风险，民主化和社会参与浪潮的冲击和制约，新技术革命的挑战。学校处于多面夹击、多方掣肘之中。学校的唯一出路就是在压力、推力和引力中求生存、求变革，在变革中求发展，求得为社会作出自己的贡献。这里有两个问题需要探讨和回答。

（1）学校还剩多少自治权？什么是自治权？大学自治是西方大学的一个历史传统，是大学自诞生以来处理与国家、与教会关系中全力捍卫的一条原则，是"象牙塔"大学赖以存在的支柱。但是，随着社会进步，大学职能的日益扩大，大学与社会之间相互依赖关系的日益发展，已逐渐使"象牙塔"模式的大学难以为继。经过20世纪60年代以来的发展，即使在西方，也已公认"象牙塔"模式已成为历史陈迹。60年代以来的发展趋势说明，大学面临的外界制约越来越多，自治权越来越小，可以说，大学自治已经退守到教学与学术研究的最后阵地。即使在这块阵地上，如前所述，外界直接或间接控制的触角也开始伸进来了，大学里教什么和怎么教是教师的权利的信条已面临挑战。除此以外，对于占绝大多数的公立学校来说，学校的自治权实际上意味着或只剩下执行权、实施权和一定的应变的权力和能力。私立大学要比公立大学享有更多一些自治权，但是它们在自治权上也逃避不了面临步步退缩的形势。这是因为即使是私立大学较多的国家，无论是美国还是日本，私立大学财源的20%左右都是来自政府，这些经费的使用就要受政府一定约束。私立学校的一切大政方针都由董事会决定，而这些董事会一般包括教育界以外的所谓"外行"，校长一般受董事会聘请并负责执行董事会的决议。

（2）学校还有没有活力？活力来自何处？我认为对第一个问题的回答是肯定的。这种活力与其说是来自学校的自治权，还不如说是来自政府、市场、社会的压力、推力、引力和学校的一定的自治权力的结合，来自于外力与学校一定自治权力的相互作用。那种认为西方大学自治意味着大学是一个完全独立的办学实体，有决定一切的权力，并以此作为我国高校改革和增强活力所追求的目标，显然是不符合实际也不切实际的。但同时也必须承认，外因是变化的条件，内因是变化的根据。学校如果不能保留一定的必要的自治权，即主动调整自身，适应社会发展和需求变化的权力和能力，并置身于一个运行民主、灵活、透明、高效的机制，即使有外界压力，也不可能发生人们预期的变化，西方市场经济国家高等教育 20世纪 60 年代以来的发展变化也可能是不可想象的。

（二）这种机制形成的原因

（1）国家干预增强是西方发达市场经济国家 20 世纪 60 年代以来教育发展变化的一个基本特点。经济发展和科技进步使教育的地位和作用显得越来越重要，使代表选民根本利益的国家不能不给予越来越多的关注。美国于 1979 年建立起联邦教育部就是一个证明。如前所述，美国宪法规定教育责任在州。因此，是否要建立联邦教育部一直是一个有争议的问题。1867—1869 年，曾建立过联邦教育部，但后来还是降为内政部的教育司，只管统计。1929 年改称联邦教育局，属内政部联邦安全总署领导。1953 年，成为联邦卫生、教育、福利部的联邦教育总署。1958 年以后，教育在美国政治家的日程上已作为战略问题，同时联邦拨款项目和数额大增，联邦对教育实际影响力大大增强，终于导致了联邦教育部的成立。

（2）教育市场的局限性。教育市场不同于商品市场，它一般不以盈利为目的，也不完全以盈利为生，它的产品（毕业生）也不作为商品定价、出售。它主要利用劳动市场上的供求关系来调节和制约自己的活动。因此，一般认为，教育市场是一个不完全的市场。它作为市场，具有两面性，作为教育市场，它还具有自身的局限性。西方资产阶级学者对此也不持异议。美国是西方公认的市场机制发育最健全、市场作用在教育运行机制中发挥最多的一个国家，但美国卡内基教学促进基金会主席波伊尔教授不认为美国教育尤其是高等教育完全是或应当由市场调节。正如美国高等教育研究权威巴顿·克拉克（Burton Clark）总结的那样，在实际生活中，常常是市场弊端导致国家干预，国家干预失效后再去寻求市场调节。其中，包括制订教育规划，都曾经是一些西方市场经济国家企图作为克服市场弊端的良药。但是，由于资本主义世界和市场经济中不可或难以预测的因素太多，由于两次经济危机、滞胀，失业率高，教育规划很少有成功范例。现在，其可行性普遍受到怀疑。有一些国家曾认为中小学发展是依据人口，中小学师资培养可以作出规划，但后来出现的人口较大幅度的浮动，也使这项工作增加了难度，做这种规划的也很少了。

（3）战后国际、国内阶级斗争发展和各国统治阶级让步的产物。战后，社会主义阵营的出现和壮大，世界殖民主义体系的瓦解，使资本主义世界遇到了历史上从未有过的挑战和危机；与此同时，在20世纪60年代西方主要市场经济国家，从北美到西欧，先后爆发了大规模的反对种族隔离、要求民权、要求平等权利的学生运动和群众运动，使各国统治阶级不得不做出让步。美国1964年的《经济机会法》、法国1968年的《高等教育方向指导法》都是在风起云涌的民权运动、学生运动的压力下通过的。"社会参与"的发展和法定化，正是在这种背景下出现的。

（4）战后西方主要市场经济国家政治生活中出现不少国家社会民主党上台执政，大力推行社会改良政策，也是促进这一机制形成的一个重要因素。社会民主党承认资本主义的弊端，但主张通过改良达到社会主义。因此，在瑞典、英国、法国、瑞士等国，甚至在一个国家的不同州、省，上台的社民党或工党政府，一般都对国家干预、社会参与、教育民主化等比较积极，采取的立法、拨款和行政手段也较多。

（三）评价与借鉴

纵观西方主要市场经济国家教育运行机制的构成、功能及其所推动的60年代以来这些国家教育的发展与变化，我认为这一机制有两个自身难以克服的弊端，也有两条可供我们借鉴。两个弊端是：

（1）明显的阶级局限性。不能否认，一些国家多年推行教育民主化、教育机会均等口号在教育机会均等、照顾不利阶层和处境的青年入学的口号下采取的一些政策措施，如西欧不少国家的大学实行免费、普遍的助学金制度等，使弱势阶层受教育状况有了很大改善，但残酷现实也表明，由于真正处于不利阶层的广大劳动人民子弟升入大学的比例同这一阶层人口相比比例仍然较低，真正得到这些政策实惠的反而是中产阶级以上家庭的子女，形成了普通纳税人补贴高收入家庭出身的子弟上学局面的出现。所以，进入80年代以来，不少国家将人人有份的助学金制度改为有条件的低息贷款制度。

（2）不能避免市场调节的自发和无序特点所造成的破坏性，如一些学校质量下降，毕业生失业，学校关闭，教育资源浪费。

两条可供考虑借鉴之处是：

（1）这种机制各大部分在实际运行中形成了比较明确的、合理的分工，各得其所，各司其职。人类社会物质生产发展的历史说明，生产社会化程度越高，社会组织分工就越明确、严密。市场经济国家教育运行机制，既反映了当代西方各国资本主义生产关系的一般特点，也反映了社会化大生产的需要，又是社会化大生产的产物。后者是可以借鉴的根据，也是可以借鉴的地方。

（2）这种机制能通过多种渠道和方式，较快地了解并对社会、经济、科技、文化发展和需求变化作出反应，继而较及时、有效地形成决策和措施，付诸行动，保证教育事业不至于较长时间脱离实际。

五　挑战、探索与对策

任何国家的发展都不可能是直线的，资本主义国家由于其自身的矛盾更是如此；国家制订发展规划、战略不可能如谱写一首"畅想曲"，这对西方国家也同样适用。研究我国教育发展战略，探究一下西方主要市场经济国家 20 世纪 60 年代以来的发展、变化、特点是有益的，与此同时，考察一下这些发展变化带来的挑战、探索和对策，对增强我国赶超战略研究的现实性、针对性、有效性，避免西方已经走过的弯路，可能更有意义。60 年代曾被西方学者称为"发展的年代"、"大众化时代"、"罗宾斯时代"，但到了 70 年代中期以后，由于两次经济危机和长期滞胀，难以克服的结构性失业，教育质量下降，教育经费削减，教师收入下降，学龄人口大幅度波动等，使教育又一下跌到了危机的边缘。80 年代被称为"紧缩的年代"、"不确定的年代"，甚至被称为"黑暗年代"（J. Froomkin，1978）。人们不再相信教育可以促进经济持续增长和充分就业等近乎万能的神话；教育平等原则、市场经济条件下实行教育规划的可行性受到普遍怀疑；面对经济危机、滞胀、产业结构调整、多变的劳动市场，学生多种多样的要求，面对经费削减、质量下降、师资队伍不稳、老化等问题带来的一系列冲击，使学校不得不处于疲于应付的被动地位，如何"应变"，几乎成了许多教育会议、著作的永恒主题，校长们为寻求"应变"方案和办法，为学校的生存和在紧缩中求得发展而疲于奔命。面对如此众多的矛盾与挑战，大有一筹莫展之势。20 世纪后期苏联、东欧社会主义集团的解体，使西方世界重拾信心；世界在所谓后冷战时期向单极和多极发展的新的争斗，经济全球化的加速和世界贸易组织的建立，信息技术的广泛运用和信息与知识社会的快速到来，使人类社会进入了一个全新的阶段，并面临众多新的挑战。研究在如此短的时间内发生的如此大的变化与反复及其对教育发展和变革的影响，对于我们认识西方主要发达国家的教育发展特点、趋势、问题以及由此认识当代世界和资本主义本身，具有重要价值。当然，本文不可能涉及所有问题和一个问题的各个方面，仅仅就西方主要市场经济国家教育在经历了20世纪60年代到70年代前半期的持续发展以来面临的一些共同的、重大的挑战及其对对策的探索，介绍一些基本情况和看法。

（一）如何面对新技术革命、产业结构调整、青年失业，究竟应当把学生培养成什么样的人

自20世纪70年代以来，失业问题始终是西方市场经济国家政治家们日程上的一个重要问题。80年代以来，整个经合组织24个成员国平均失业率一直保持在8%以上，失业人数达3100万（1988年）。其中，美国、日本、联邦德国、法国、英国、意大利、加拿大失业青年占青年就业人口的15%左右；7国中的4个欧洲国家青年失业率平均达20%以上，400多万人。青年失业人员在整个失业人员中的比例，上列7个主要工业化国家虽由1980年的44.5%降到1988年的35.75%，欧洲4国由1980年的47.1%降到1988年的38.3%，但青年失业仍占很大比例。突出者如意大利和澳大利亚，1988年青年失业仍分别占总失业人口的62.3%和42.8%。失业青年中，无疑首当其冲和占较大比例的是那些中途辍学、既无文凭又无一技之长者，以及接受了义务教育但没有接受过一定职业培训的青年。但即使有文凭、有技能甚至取得了学位的大学毕业生也占一定比例。当然总的来说，受的教育越多，失业可能越小。以加拿大和美国为例：1980年，加拿大受过8年教育的青年失业率为22.5%；受过完全或部分中等教育的青年失业率为14.4%；受过一段中学后教育的青年失业率为9.4%；持有非大学高等教育文凭的青年失业率为8.8%；取得大学学位的则为7.1%。1980年，美国青年接受教育程度的失业率状况是：接受不到8年教育的，男为15.8%，女为28.3%；受过8年教育的，男为15.8%，女为28.3%；受过8年以上教育的，男为26.5%，女为31.7%；上过1年至3年中学的，男为24.1%，女为28.3%；上过4年中学的，

男为 13.5%，女为 11.4%；接受 1 年至 3 年高等教育的，男为 9.9%，女为 7.9%；接受过 4 年或 4 年以上高等教育的青年，失业率男的只有 6.4%，女的占 5.4%。70 年代以来西方市场经济国家失业问题的严重性还在于，虽然两次石油危机冲击导致的两次经济危机已经过去，经济得到一定恢复并转入低速增长，但多数国家的失业问题并没有像历次危机以后有所减缓，相反，以上述 7 个主要工业化国家为例，除美国、日本以外，失业形势无多大改变或反而更趋严峻。例如：法国 1979 年失业率为 3.3%，1988 年为 8.3%；英国 1979 年为 4.8%，1988 年则为 10.8%；意大利 1979 年为 7.6%，1988 年为 11.8%。造成这种状况的一个重要的直接原因是，战后开始的新技术革命发展到 70 年代中期引发了大幅度的产业结构调整。首先，三个产业的比例中，服务业比例增大，制造业除日本外，主要工业化国家总的呈下降趋势，比利时、意大利、荷兰、英国、西班牙以平均每年 2% 的速度下降。在制造业内部，又出现钢铁、造船、纺织、煤炭等呈衰退趋势的"夕阳工业"和一些呈上升趋势的信息、新材料等高技术产业即所谓"朝阳产业"。以美国钢产量为例，1973 年为 13600 亿吨，1983 年降为 7650 亿吨，1982 年其钢铁业开工率只达到生产能力的 44%。其他主要市场经济国家的钢铁工业也同样陷入了深刻而持久的结构危机。高技术产业资金密集、技术密集，吸收劳动力少而要求高，这也是造成一方面大量人员失业，另一方面又有不少工作只能虚位以待的两难困境的一个重要原因。

无论是新技术革命本身，还是由此导致的产业结构调整和青年大量失业，都对教育提出了严峻的全面的挑战，成为各国教育政策研讨中一个中心议题。提出的众多具体问题集中到一点就是：究竟应当给学生提供什么样的教育，包括义务教育、职业技术教育和高等教育？或者说究竟应当把学生培养成什么样的人？可以说，很多对策研究和改革与革新都是围绕这一问题进行的。所谓信息社会的特点是，生产中知识与技术越来越密集，同时知识与技术陈旧率又越来越快；职业和劳动市场变化快，人转换工作的次数增加；生产、销售和社会生活节奏加快，生产组织形式从以垂直控制、监督为主转向责任分散，强调横向联系。所有这一切，都要求劳动者，无论是普通工人，还是技术人员、管理人员都要有很强的适应性，要求学校教育，从小学到大学，都要为学生打下一个坚实的基础，学会学习，而不是只注重掌握某一门具体技能。20 世纪 70 年代开始，美国、英国、澳大利亚、荷兰、联邦德国和北欧国家，都先后提出基础教育要"回到基础"，开设统一的"核心课程"，一方面，固然由于课程改革活过了头，学生选课避重就轻，降低了质量，家长和社会反应强烈；另一方面，也是由于新技术革命和就业市场出现的新情况直接向教育提出了这一要求。在中等职业技术教育中，这些国家的基本指导思想也是强调打好基础，防止过早、过窄地专业化，提出要学一门以上的手艺和技能。从考虑人的发展潜力和适应能力出发，日本一些大企业已注重招收基础较好的普通高中毕业生，而不是职业学校学生。它们认为，一个基础较好的高中毕业生在企业内众多岗位上经过 15 年左右的培训和锻炼，同样可以达到一个大学毕业生到企业后在同等期限内达到的水平。无疑，在高等教育中培养专才与培养通才之争中，通才教育思想又占了上风。1988 年春在西德举行欧洲大学校长年会，讨论究竟应当把大学生培养成什么样的人。会前，请欧洲工作与社会研究所所长分别向 6 个大跨国公司总经理作调查，询问他们最喜欢什么样的大学毕业生。这位所长向会议报告，6 位总经理意见一致：他们希望招聘的大学生具有三种品质：责任心（Responsibility）、灵活性（Flexibility）和主动性（Initiative），都没有强调专业或专业能力。这些指导思想方面的变化，已经并将继续对教育发展、教育内容及教育方法的革新产生重大影响。

如何综合处理产业结构调整、劳动就业、教育培训以及社会福利政策这样一个困扰人们的社会问题呢？还有人提出了这样一个总体方案。随着新技术革命的深入，闲暇时间增多，也为了解决由此带来的就业问题，不少企业已经实行提前退休，大量使用部分时间制工人，实行一份工作由两个人分着做，缩短每周工时，如每周工作 40 小时或 35 小时，教育上延长义务教育年限，或规定完成义务教育后再接受一年职业培训；劳动部门与教育部门结合对失业青年进行免费培训等。这个方案在此基础上提出，将一个人一生先学习培训，中间就业工作，然后退休的常规顺序打破。当社会出现危机时，可以请长假去学习进修，也可以中年退休一段，自由安排进修和余暇，等形势变化后重新就业。可利用部分教育经费和社会福利经费来实施这一方案。这样，可以缓解危机时劳动市场上的压力；对雇主来说，可提高职工技能水平，克服病伤假多的情况；对个人来说，可重新接受教育、提高收入、发展个人潜能；教育和培训因此可更好地结合实际。到目前为止，还没有听说一个国家接受并已全面实施这一方案。它虽然有一定想象力，但能否以此解决当代社会的顽症——失业问题，令人怀疑。

（二）高等教育衰退的预言为何没有成为事实

众所周知，由于二战后经济的快速恢复与发展和人力资本理论的勃兴，此后，由于两次石油危机的冲击，西方经济进入滞胀阶段，高等教育经费有所降低，战后"婴儿潮"高峰已经过去。据此，西方高教界普遍存在一种悲观情绪，认为 80 年代开始，高等教育"发展已趋于停滞和收缩，大发展时期已成为历史"。西方高等教育专家们对高等教育发展面临的几个环境因素的预测是基本符合实际的，但他们的结论错了。从 55 页第二张图可以看出，西方发达国家的高等教育从 80 年代开始不仅没有停滞或收缩，而是持续发展了，且在整体上向普及化阶段迈进。

这是耐人寻味的现象，究其原因至少有：

（1）过去的 30 年，高新技术尤其是信息技术的快速发展和广泛应用，使西方世界发生了深刻的变革，社会急速向"后工业社会"即信息社会和知识经济过渡。欧洲企业家们认为，"欧洲工业同 20 年前一比，几乎已面目全非"。"知识的实际寿命越来越短，企业和大学工作的内容需要不断更新"，"从智能型机器中取得最大收益"，"要占据市场的制高点，就只有使劳动者掌握更多的技能。从长远来看，要保持富国地位，唯一办法就是提高人民的生产力，这就意味着让他们受到更好的教育"，"各国教育制度虽然多多少少有些变革，但都很快被新技术和社会发展的新趋势所抵消。人们所需要的教育和实际所受教育之间的差距在扩大，并且存在着进一步扩大的危险。因此，必须大声疾呼：教育必须变革"。因为"以知识为基础的社会既依赖于知识的不断进步，更依赖于知识分子的再生产，正如工业社会依赖于资本的不断投资和有技术的管理人员和工人的再生产"。"以智能为代表的人力资本和以高技术为代表的技术知识成为经济发展的核心，人们越来越深刻地认识到经济增长比过去更明显地依赖于知识产生、传播和利用"，"全球的经济成长方式由此产生了根本性的变革：知识取代资本、劳动力而成为最重要的因素，知识的生产和创新将成为人类最重要的活动"。美国是世界上信息化程度最高的国家，70 年代后期以来，90% 以上的新增就业岗位都要求受过一定程度的高等教育。欧洲高等教育的发展和美国高等教育的普及化程度不断提升及劳动市场对求职者要求的提高可以说明，如果说高等教育大众化是农业社会向工业化社会过渡的必经一步，那么高等教育普及化则是知识经济和信息社会的必然要求。

（2）70 年代后期以来，失业始终是困扰西方各国政治家的一个顽症。法、德、意、荷、瑞典等国失业率至今仍保持在 10% 以上，欧共体平均失业率为 11%。因解决不了失业问题而下台的政府屡见不鲜，而美国克林顿总统把失业率降低了 1 个百分点，成为其得以两届连任的重要原因。失业之所以成为顽症，是因为呈结构性，即工业化时代产生的大量制造业乘高新技术尤其是信息技术东风，升级换代，向资金、知识、技术密集型发展，需要的人越来越少，对人的要求却越来越高，造成大量知识和技能不能跟上这一调整的人"下岗"失业、不少新增职位因无合适人选而虚位以待的两难局面。爱尔兰、西班牙、丹麦、比利时、英国、德国，受过初中和初中以下教育的人的失业率是受过高等教育者的 2—4 倍；后者失业率在 2%—3%，属市场经济中可接受的状况。欧洲人士认为，失业带来两个明确信息：一是由于受教育水平低，可培训性差的劳动力有被排斥于劳动市场之外的危险，且这种危险仍在增加。二是教育的重要。为此，由 46 家大企业，包括壳牌、雀巢、飞利浦、菲亚特等一大批跨国集团组成的欧洲工业家圆桌会议于 90 年代初成立教育政策小组，并与欧洲大学校长会议（CRE）合作，发表了一系列报告，"大声疾呼"（A Cry of A-larm）政府和社会各界要重视教育，提出要建立真正的学习社会和"教育链条"论（即各级、各类教育之间相互衔接、开放、灵活，便于人实现终身学习的要求），要培养好公民而不是制造机器人，要注意普通教育与职业教育之间的平衡，高等教育大门应当开放，要调动教师积极性等一系列主张。欧洲企业家们表示，解决欧洲社会失业顽症最重要也是唯一的良方就是提高教育与培训的水准。被信息社会排斥于劳动市场之外的一代人似乎已难以救药。重要的是，要通过提高教育与培训的水准，不再产生新的被劳动市场排斥的一代。

（3）高等教育理念的拓宽。人们不难发现，西方发达国家自"石油危机"以来相当比例（10%、20% 或 30%）的大学毕业生在半年、一年，甚至两年内不能就业，已经司空见惯，成为高等教育大众化进程中一个近乎正常的状况。但学生、家长和社会对高等教育的热情不减，高等教育大众化和普及化的进程也没有因此而停滞，也很少听到学生因为毕业后未能马上就业而闹事。无疑，出现这种差异的背景和原因是多方面的，高等教育理念上的拓宽则是其中最重要的原因之一。这里，我列举了三个在过去并且现在仍对西方发达市场经济国家高等教育发展与改革有着重要指导意义的理念。

1）教育民主化，教育机会均等和人权的理念。教育民主化和教育机会均等是20世纪60年代西方民权运动和学生运动的产物，后来成为联合国教科文组织会员国普遍接受的原则，也是发达国家和众多发展中国家20世纪六七十年代以来教育立法和政策措施的一个重要出发点，是西方各国开始和加速高等教育大众化进程的一个重要理论依据。公民不具有一定程度的教育，不具备对纷繁复杂的政治、经济、社会和国际关系发展的起码判断力，民主政治和参与就会只是一句空话，甚至意味着被愚弄。近年来，随着经济全球化的加速和信息与知识社会的来临，国际社会又提出接受一定程度的高等教育是一项人权。联合国教科文组织于1998年在巴黎召开、有182个国家参加并通过的宣言重申了联合国人权宣言的观点，再次明确提出，一切成绩合格的个人都应当有权接受高等教育。正如前欧共体主席、教科文组织21世纪教育委员会主席戴勒尔所说的："接受高等教育，已成为当代人人生必经之道，必备之经历。"因此，在接受并立法实施这一原则的国家，任何限制而不是扩大人们接受高等教育机会，包括一些旨在提高经费使用和办学效率、效益，但有可能限制和妨碍人们按自己的兴趣和生涯计划接受高等教育权利的政策措施，都很难或不可能实施。

2）终身学习和学习社会的理念。在改革和革新现行教育制度的基础上，建立终身学习体系和学习社会，是应对快速到来的信息和知识社会的挑战的唯一正确的选择。1998年巴黎世界高教大会宣言中号召大学应当最大限度地为学生提供进出学校大门的方便，使之成为学生终身学习过程中的一个有机部分而不是终结。终身学习并不是新理念。承认和接受终身学习和建立学习社会的理念是一回事，要按照这一理念去触动过去几个世纪工业化进程中建立起来的现代教育体系中的众多的"约定俗成"，打开一道道封闭的大门，推倒妨碍人们进出学校包括大学的众多壁垒，置换其中众多的陈设，调整学生、教师、领导之间，学校、市场、国家和社会之间的复杂关系，使其开放、灵活、多样、优质，则是一个历史性的挑战和巨大的社会系统工程。应当承认，西方发达国家在这方面已经先走出了一步，如学分制的普遍实行、学籍管理、专业转换和课程选修灵活、宽松，奖、贷学金的充足和优厚，传统高校纷纷提供远教课程，向更加灵活的"双元制模式"发展，越来越重视继续教育，吸收社会代表参与学校重大决策等等，都使高等教育向这一方向迈进，也有利于受教育者在一生中都能得到充分的机会实现自己受教育的权利和自身潜力，有利于学生规划自己的生涯，有利于受教育者自身学习、求职、流动和升迁的良性循环。

3）国际竞争的考量。近来一些发达国家发表的关于高等教育的重要报告，纷纷从保持和加强国家竞争力的角度来审视高等教育带来的挑战，提出改革措施，以应对经济全球化的快速发展和国际间日益加剧的竞争。教育发达和一国人民受教育的程度是国家竞争力和每一份国际竞争力报告的一个重要方面。如果说中小学教育是教育大厦的基础，高等教育则是其支柱和灵魂。在竞争力诸多因素中同政治变化、因政党轮替而变化的法治、体制、政策、经济结构、经济和进出口增长率等相比，国民素质所体现出来的竞争力，是最稳定又最具活力、最能动和最具创造力的竞争力，是一个民族、国家经得住挫折、灾难和战争考验的最有力的保证。

（三）如何面对经费削减

从20世纪70年代后期开始，由于经济出现危机，也由于各级教育入学人数不同程度地减少，教育经费遭到削减，教育经费占国民生产总值的比例有所下降。现以美国、英国、联邦德国教育经费占国民生产总值的比例变动情况为例，列表如下。

国别 \ 比例 \ 年份	1975	1977	1979	1984
美　　国	6.5%	6.3%	6.4%	5.8%*
英　　国	6.3%	6.3%	5.5%	5.3%*
联邦德国	5.1%	5.1%	4.6%	4.4%

注：* 为1980年数。

这种情况80年代在不少国家还在继续。英国1981—1984年期间，对44所大学经费削减15%，并决定以后每年递减2%，经费削减对教育的影响是多方面的，并在教育部门引起了强烈反响，但也无可奈何。以高等学校为例，各校之间为争取生源以确定经费基数的竞争更激烈了，尤其在市场机制作用较大的国家，招不到学生或招生数减少太多，学校的生存就要面临威胁。美国 70 年代以来关闭了 100 多所院校就是在这种背景下发生的。而一些不正当的竞争手段又使教育质量进一步下降。不少高等学校呼吁，经费削减使高等学校的优势——基础研究受到威胁。学校担心为了取得额外财源，很多从事基础研究的人员和设备只好用于技术开发甚至职业性培训，将削弱基础研究。高校的质量首先取决于师资的质量。由于经费削减，教师职位数冻结甚至减少，队伍老化，新鲜血液不能补充进来，活力与生气减弱，出不了新思想和新成果，这对一个处于压力和竞争环境中的大学来说，可能是致命的。在市场经济国家，学校在市场上的硬通货就是它的声望，声望的基础在高质量师资。不少国家提出师资队伍平均年龄偏高的问题。法国 80 年代初教授平均年龄为 50 岁，讲师为 43.5 岁，助教为 36 岁；1981 年每年退休教授 181 人，1996—2000 年之间，则每年要退休 961 人，而现在补充新人又受多方面掣肘。1982 年，澳大利亚 78.5% 的教授、68.3% 的副教授、41% 的高级讲师已超过 45 岁，并且在以后 10 年将面临退休高峰。瑞典大学五个主要学院的助教以上教师中，1990 年将有 25% 达到退休年龄，2000 年则将达到 50% 以上；而目前每一学院一年退休空出来的名额只有 10—20 名。因此，不少学校师资队伍面临"断代"的危险。这种状况已引起有关国家注意。英国、法国、瑞典、联邦德国近年都拨出专款，推动所谓"新鲜血液"计划，使师资队伍能增加新人。

（四）教育机会均等的追求、现实与反思

60 年代以来，教育民主化、教育机会均等一直是西方市场经济国家喊得最响的口号之一，几乎被解释成是一切教育政策的出发点。正如一位著名高等教育专家（Guy Neave，1986）后来总结的那样，西方 20 世纪 60 年代追求的理想之一就是，认为通过教育机会均等，可以使人们取得经济地位和政治地位上的平等，从而可以消除社会不平等。不可否认，众多法律、规章和政策是在这一口号下制定的，是为了有利于各种不利阶层，如扩建新的高等学校，平衡学校的地区分布，放宽入学条件，国家提供助学金、低息学生贷款，拨专款为残疾人进入学校创造条件等，并且在不少方面也取得长足进展，如残疾人、少数民族和贫困家庭子女受教育机会有较大增加。以美国黑人为例，1967 年黑人接受高等教育人数只占其同龄人口的 13%，1978 年提高到了 20%。男女平等方面的进展尤为突出。现将一部分国家女大学生占每 100 名大学生比例变化情况列表如下。

年份 \\ 比例 \\ 国别	澳大利亚	加拿大	法国	联邦德国	日本	荷兰	美国
1960	24%	34%	43%	24%	16%	18%	41%*
1980	45%	51%	51%	38%	23%	33%	51%*

注：* 为1970—1984年数。

但是，同样不可否认的是，仅仅依靠教育民主化来消灭阶级差别，实现社会平等，没有也很难取得实质性的进展，包括英国、瑞典这些西方有名的对本国大学生免费，而且又包得最多的国家，也是如此。西方政治家们和教育家们对此也不隐讳。现以联邦德国几个年度的学生家庭背景及其子女完成基础教育以后接受高等教育的情况列表为例，可见一斑。

年份 \\ 比例 \\ 学生类别 \\ 家庭背景	雇主	文官	职员	体力劳动者	其他
1972	小学生（10—15岁）	14.2%	5.2%	14.7%	59.5%	6.5%
1970	大学生	26.5%	25.2%	34.0%	12.0%	2.3%
1979	大学生	22.1%	21.7%	38.9%	14.8%	2.6%
1979	高专生	21.3%	15.0%	34.1%	25.3%	4.0%

瑞典的例子也许更具典型性，也更有说服力。众所周知，瑞典是世界上迄今为止社会民主党执政时间最长的国家，在连续执政44年以后，其间中断6年，于1982年又重新上台。社会民主党是推行教育民主化和教育机会均等喊得最响、推行最有力的政党，并且瑞典又经常被西方视为改革试验包括教育方面改革试验的"橱窗"。它的情况如何？现以瑞典1971年不同家庭背景的学生接受完基础教育后去向的百分比为例列表说明。

去向 \\ 比例 \\ 性别 \\ 家庭背景	大学毕业生		高级管理人员		中级管理人员		熟练工人		非熟练工人	
	男	女	男	女	男	女	男	女	男	女
接受基础教育	100%	100%	100%	100%	100%	100%	100%	100%	100%	100%

续表

家庭背景 比　　　例 去向　　性别		大学毕业生		高级 管理人员		中级 管理人员		熟练工人		非熟练工人	
		男	女	男	女	男	女	男	女	男	女
进大学		71%	66%	33%	38%	21%	26%	11%	21%	6%	11%
上好专业		30%	12%	11%	2%	7%	2%	3%	1%	1%	1%

以上这些情况，皆出于各国官方文件，当为可信。从上表亦可看出，瑞典与联邦德国相比，并无特殊之处。瑞典如此，其他国家当可想象。

面对这一现实，这些国家的政治家们和教育部门领导人陷入了一种两难的窘境和反思：追求社会公平的政策在众多情况下导致了有利于富人子女的结果，改变政策的尝试又经常遭到学生的强烈反对，甚至导致决策者下台。从 20 世纪 90 年代开始，部分国家开始限制学生本科毕业年限不得超过 6 年或 8 年，以提高投资效益。从前几年开始，英国、德国等开始收取一定的学费。这些变化花了近 30 年时间，非不想为也，而是不敢为也。

（五）高等教育国际化道路的探索和市场机遇

当今，经济和市场发展的区域化和国际化已是一种全球性趋势。无疑，1992 年《马斯特黑条约》的通过，标志欧洲共同体 12 国统一大市场的建立，以及 12 国之间实行人员、货物、资金的自由流通，尤引人注目。后来在都柏林召开的欧共体国家首脑会议表明，欧共体不仅将成为一个经济实体，而且也将发展成为一个具有共同对外政策和共同防务政策的政治实体。这种新的形势对各国人才和劳动力素质都提出了新的要求。不掌握别国的语言，不了解有关国家经济、法律、文化以及传统、习惯，人才和劳动力可以自由流动可能意味着一句空话。这向教育尤其是高等教育和职业教育的国际化提出了严重挑战和一系列问题，如加强外语教学问题、学生和教师流动的一系列政策性问题及相互承认学历、文凭、学位问题，筹建欧洲大学、欧洲科学院问题等。当然，欧共体已经做了一些工作，如从 1987 年开始实行《欧洲共同体促进大学生流动行动计划》（ERASMUS），为此拨款逐年增加，从 1987 年的 1200 万欧洲货币单位增加到 1989 年的 4500 万欧洲货币单位，以此帮助大学生、大学教师和大学行政人员在成员国之间流动。到 1988—1989 学年，已有 16000 名学生获得这一计划资助在欧共体内其他成员国大学学习 3 个月到 1 年；2600 名教师获得资助到其他国家作访问学习。欧共体国家有 650 万大学生。欧共体的目标是到 1992 年使 10% 的学生依靠这一计划资助获得在欧共体成员国留学一段时间的机会。后来的事实说明，解决上述问题，皆非易事。以相互承认学历为例，这是解决学生、教师流动，以至于将来人才自由流动问题必须首先解决的一个问题。但欧洲各国学制、课程、学位、文凭、对学生补助办法以及各国文化传统都有不少差异，各国大学都认为学位相互承认属于大学的神圣的自主权，不是政府可以代表并能说了算，仅通过政府间谈判就能解决的。现在的策略是，鼓励各大学之间接触、谈判、相互承认，走自下而上的路子。学校之间都相互承认学历了，也就水到渠成了。推行 ERAS-MUS 计划的一个出发点也在于此。为促进相互承认学历，该计划还专门设立一个试验项目，为建立欧共体学分转换制度做准备。1997 年 4 月 11 日，30 个欧洲国家并包括美国在内，在联合国教科文组织的推动下，签署了新的欧洲学位相互承认公约，以加快解决这些问题的步伐，但何时和能解决到什么程度，只有时间才能证明。欧洲探索高等教育国际化道路的努力一方面说明，如果说 20 世纪 60 年代前后引领高等教育国际化潮流的是美国，到了 20 世纪后期，引领这一潮流的已数经济区域化和国际化走在前列的欧共体；同时又说明，高等教育国际化的进程比之经济一体化的进程可能更复杂，更漫长，要求决策者有足够的远见加以推动。欧共体在这方面的经验，对向这一方向发展的其他国家和地区无疑有借鉴意义。

经济全球化和知识经济的兴起，使得高等教育国际化成为其一个组成部分。同工业化等人类历史上任何重大社会变迁一样，既会带来福音，也必将经历阵痛。挑战在于，无人可以阻挡这一趋势。世贸组织的成立，国际资本、商品流动的加速，国际上对知识、技术和人才的竞争的加剧，要求高等教育国际化。发展中国家对通过合作办学借鉴发达国家的办学经验，增加国内入学机会，也有相当的需求。新的信息和多媒体技术，尤其是因特网在教育领域越来越广泛的应用，使得信息、知识和思想在国际间的传播瞬间即可完成，跨越国界的网上教育活动猛增；学校间、不同国家大学间学分互换、学历相互承认成为地区与国际高等教育合作的热点；按照国际上通行的标准、模式改革课程设置、内容和建立质量保证体系，名牌大学跨越国界的"强强联合"成为时尚。与全球化知识经济相适应的高等教育国际化，不仅已经成为高等教育国际合作的热点，并且成为不少国家指导高等教育发展与改革的一个重要战略方向。当然，不同社会、政治制度的国家，接受和实施这一战略的目的、做法各不相同。发达国家凭借自己的优势，把高等教育国际化视为市场争夺和解决国内高等教育经费不足的机遇。英国教育和就业国务秘书勃朗吉特在2000年3月的一次讲话中预计，世界高等教育这块市场大饼每年可达3000亿美元，提出要利用英国的高等教育与英语语言优势，抢占更大份额。澳大利亚则明确提出，高等教育也是出口商品的战略，其每年因此获得的外汇收益已仅次于对外贸易。一些发达国家甚至改革沿用多年的学位制度，以适应国际高等教育市场竞争的要求。例如，英国新建立了所谓学习二年的"基础学位"；德国从没有到最近新设立了学士、硕士学位；日本缩短了社会科学取得博士学位的时限，以适应国际高等教育市场竞争的要求。高等教育国际化进程中的不平衡现象使发展中国家担忧教育主权和文化传统丧失，也引起了国际上众多有识之士的忧虑。联合国教科文组织前总干事马约尔（Mayor，1998）先生指出，经济全球化和高等教育国际化很可能变成"少数人化人和多数人被化"。

六　比较、启示和结论

西方主要市场经济国家自20世纪60年代以来为建立一个适应发达市场经济和现代社会发展的教育体系和机制进行了不懈的努力。事实证明，这一体系不仅提高了人民素质和国家整体竞争力，保证了这些国家在和平竞赛中没有落败，而且更重要的是，在培养学生独立思考和创新能力，适应快速到来的信息和知识社会方面，仍具有相当活力。它既反映了这些国家教育体系和机制的同一性和多样性，又反映了人类社会追求提高自我和进步的共同愿望和努力。这些国家过去50年中的探索，无论其成功的经验或走过的弯路、失败的教训，其内容之丰富，可成百科，对于其他国家尤其是所谓转型国家，都有重要借鉴意义。本文无意也不可能触及和比较所有重要方面，仅仅就本文论述的主题，进行比较，并得出自己的结论。

（1）对教育战略地位的认识和检测。20世纪60年代以来西方主要市场经济国家教育发展的历史告诉我们，西方政治家们在"卫星震撼"后对教育的认识发生了重大转变，他们视教育为资本主义与社会主义和平竞赛的一个战略领域。1961年，华盛顿会议以后的教育发展可以说明这一点。后冷战时期以来，国际关系发生了不少并且仍在发生着微妙的变化，但东西方都相信，缓和的总趋势将继续下去。缓和意味着什么？与其说缓和意味着军事对峙的松弛和减弱，世界性大战还不至于在近期内发生，还不如说缓和意味着两种制度竞争的重点在不同程度上从军事领域转向经济、科技、教育领域，转向综合国力的竞争，意味着后面这些领域的竞争将更加激烈。近来历届美国总统在大选中几乎都要争当"教育总统"，似不应理解成仅仅是竞选中的权宜之计。我国改革开放取得了举世瞩目的成就，但我们面临的形势仍然是严峻的，面临的挑战仍然是众多的。我们不仅要从我国经济建设的角度，而且应当从苏联、东欧集团解体后新的国际阶级斗争形势和全球性竞争的高度出发，从如何适应快速到来的信息和知识社会出发，把教育放到应有的位置上。

（2）60年代以来西方主要市场经济国家教育发展的历史也告诉我们，对教育战略地位的认识转变、提高和飞跃是可以通过两个支点检测的。其中之一是看决定教育投资比例时的决心和气度。1961年，华盛顿会议的一个重要决策就是决定各国到1970年教育投资占国民生产总值的比例增长达到4%，后来的情况说明，实际投资除意大利外一般均超出预定增长速度，有的国家甚至超出1倍以上。下表为7个国家1965—1986年期间教育投资占国民生产总值比例的变化情况。

年份 \ 比例 \ 国别	加拿大	美国	英国	日本	法国	意大利	联邦德国
1965	5.3	5.3	5.1	4.1	3.4	4.7	3.0（1）
1970	8.1	6.5	5.2	3.8	3.7	4.0	3.7
1983	7.0（2）		5.3	5.0（3）	5.2	4.4（4）	
1986	6.76	5.8（5）	5.23（6）	5.04		5.6	4.18

注：（1）1967年数；（2）1984年数；（3）1982年数；（4）1984年数；（5）1980年数；（6）1984—1985年数。

在过去的30年中，教育的战略地位在中国于理论上和政策上得到了认可，教育投资有了可喜的增长，但无情的事实是，其教育投资水平仍在发展中国家教育投资占国民生产总值平均水平4%之下，13年前经中央政府批准的教育发展纲要中要求的到2000年教育投资达到国民生产总值

4%的目标至今尚未达到，而且尚有相当差距。这说明，不同部门的认识还不平衡；要把理论上的认识变为战略行动，认识仍有待深化和统一。例如：国家收入大幅增加，蛋糕大了，是否仍然要按比例分配；几十年中教育投资不足造成的经济和社会发展中的诸多被动状况（上亿万已经和等待转移的农村劳动力受教育程度和国民整体素质的低下，接受大专以上教育人才在人口中的比例过低，有一定创新能力，适应经济全球化需要的人才太少，可观的青少年犯罪，发展中的环境和资源代价等）是否是加以纠正的时候了；雄心勃勃实行追赶战略并决心迎接快速到来的信息和知识社会的挑战，教育投资迄今落后于发展中国家的平均水平的现象是否仍可继续下去等。在这里重温一下白宫总统经济顾问委员会主席海勒在45年前华盛顿会议上的讲话也许不仅有益，并且具有相当的针对性。他当时指出，"为教育而战太重要了，不能只交给教育家们去进行"。"问题不是我们是否花得起，而是如果我们不舍得花钱建立庞大的教育体系，我们是否承担得起由此而带来的后果？""减少教育费用对预算看起来是好事，但这可能意味着使用了错误的衡量标准，意味着制定出来的是一个错误的预算。"

当然，国际比较也证明，教育投资效益与教育投资数量并非总是成正比。联邦德国的产品质量、竞争能力、外贸顺差、经济实力，在西方工业化国家中均可谓佼佼者。当然，原因是多方面的。但公认的一条是其专门人才和劳动力的素质高，是其造就这一支队伍的独特的教育制度：早期分流；根植于本国经济体制、文化、历史传统中的、严格而高质量的职业培训制度；科研传统、学术自由与国家控制恰当结合的高质量的高等教育体系。但是，当人们比较教育投资时，不难发现，联邦德国教育投资占国民生产总值的比例，在西方7个主要工业化国家中，除1975—1979年期间略高于法国和意大利外，均属于较低的。

这一比较给人们的启示是明确的：同样的教育投资可以产生不同的效益，关键在于逐步建立和形成一个适合本国国情，反映本国经济、科技、文化特点的高效、经济、严密而又灵活、开放的教育体系、教育结构、教育制度和机制。

（3）建立一个适应我国国情和特点，对社会需求反应比较灵敏，激励、制约、协调等功能比较齐全的教育运行机制，是我国教育改革中一项根本性的任务，也是保证教育投资产生预期效益的根本大计，是检测对教育战略地位的认识是否真的转变、提高和飞跃的又一个支点。我国解放以后建立的教育运行机制是一种适应计划经济的机制，并为计划经济发展做出了贡献。改革开放以来，随着经济体制改革的深入，我国市场经济体系已日趋完善，经济成分和经济结构越来越多样化。为适应这一转变，我国的教育体制进行了多方面的改革，教育运行机制中也增添了一些新的成分，取得了一定成绩。但作为社会大系统中的一个子系统，教育改革不可能单项突进，更不可能一步到位。如何进一步改革我国教育运行机制，使它跟上和适应仍在变化和发展中的有中国特色的市场经济，仍是一个牵涉千家万户，关系国家的现在和未来，极其复杂、艰难，极具争议和挑战性，并要经过一两代人的努力才有可能解决的现实课题。没有国家的坚定决心和领导，经过两三代人的努力，断无成功希望。比较和借鉴西方市场经济国家教育运行机制中某些合理的成分，是我国教育体制改革少走弯路、取得成功的条件之一。我认为，我国目前的教育运行机制尚不能适应我国市场经济和社会发展，机制还不够健全，分工还不太明确。主要表现有：

1）国家干预功能的调整和定位仍然是一个有待探讨和解决的问题。改革开放以来，人民代表大会的教育立法功能有了较大加强，但立法的路还很长，有法不依、执法不严仍然存在，不少已经通过的立法亟须修改、补充、细化；中央和省市及地方的立法功能的分工仍有待解决。中央和省市教育行政部门虽然发生了相当大的变化，下放了部分权力，但很难说已经把重点转移到了通过立法、拨款和战略规划实施宏观调控上，从适应产品经济的机制中完全摆脱出来。管得太多、太细和由于编制被强行缩减而疲于奔命，因而管不了又管不好的状况仍然存在。以高等教育质量保证为例，中国有2000多所公私立高等学校，情况千差万别，如果政府工作的重点不放在尽快建立一个合理、公正、透明、权威的质量保证机制，发挥众多学术和中介机构及学校自身的作用，而是仍然一切主要由政府中几个具体负责官员组织、实施、督导和掌握奖惩，质量保证本身的质量就很难得到保证。中国如此之大，很多省人口和地域都不小于一个中等国家，教育部、省市教育行政部门，教育部、省市教育行政部门和所属大学之间，省市教育行政部门和地市教育行政部门之间，如果没有一个科学的、合理的、透明的并且通过立法明确的权力划分和管理分工，就必然影响整个机制和整个教育体系的运行和活力。

2）市场调节作用的正确对待、利用和调控。我国经济运行中的市场机制已经建立起来，并对教育事业的发展和改革产生并将继续产生多方面的影响。如果说改革开放的前期人们思考的是要不要、敢不敢和如何适度引进市场手段，经过近十几年的发展，现行教育机制中既有某些领域市场手段的运用是否尚需进一步放开，又有某些领域过度或不适当地运用了市场机制或手段，已经引起人们的严重关注。后者如所谓"优质教育资源"的推出和不公平的或通过市场手段的分配，弱势群体和地区得不到足够补偿，使基础教育中的教育公平问题已经成为一个社会关注的热点。前者如私立学校尤其是私立高等学校的认可、招生、管理和评估，公立学校招生数的国家严格控制等。随着现行劳动人事制度的改革和企业人事自主权的扩大、我国经济对外开放与世界接轨的加速，未来专门人才培养的数量、质量、规模、专业等，应当越来越多地受市场供求关系的制约，同时这样也有利于发挥学校办学的主动性和灵活性，最终能更好地为社会发展服务而不至于发生重大决策性错误。如何正确对待、引进、利用市场机制，同时尽量限制其破坏性一面，并在教育运行机制中建立起相应的功能，仍然是一个需要加以研究探索和解决的现实的问题。

3）社会参与机制尚未有效建立。除师范教育外，教育主要是为教育以外的社会各部门尤其是经济建设部门培养人才。为此，教育与它的服务对象之间的相互了解、互动，并通过一定的组织形式加以保证，对于保证教育不脱离实际至关重要。在这方面，西方市场经济国家20世纪60年代以来发展和完善起来的社会参与，值得我们研究和借鉴。我们应当从机制上去考虑并建立相应的相互制约和促进的组织形式。当然，这种借鉴不是照抄，社会参与的范围、程度和形式只能从我国国情出发，在实践中逐步解决。

综上所述，从比较角度看，我认为在我国建立一个能适应当前和未来经济、科技、文化和社会发展，顺应世纪潮流又具有我国特色的教育运行机制，还有较长的路要走。认真研究和吸取西方发达国家的经验和教训，是其成功的条件之一。

参考文献

1. 1961 OECD Washington Conference Proceedings, OECD, Paris, 1992.

2. Educational Planning—An Historical Overview of OECD Work, OECD, Paris, 1980.

3. Educational Trends in the 1970s—A Quantitative Analysis, OECD, Paris, 1984.

4. Progress of Education in the United States of America 1980 – 1981 through 1982 – 1983, U. S. Department of Education, 1984.

5. UNESCO 和 OECD 1960 年至 2000 年统计，巴黎。

6. 波伊尔、黑钦格尔：《高等教育为国家服务》，卡内基教学促进基金会 1981 年出版。

7. The Carnegie Foundation for the Advancement of Teaching, The Control of the Campus, a Report of the Governance of Higher Education, Princeton University Press, 1982.

8. 《高等教育新论——多学科的研究》，美国加州大学出版社 1984 年版；王承绪编译，浙江教育出版社 1988 年版。

9. Report of UGC Committee Towards New Educational Management, UGC, New Delhi, 1990.

10. 《欧洲工业家圆桌会议报告：走向学习社会》，1994 年。

11. 《世界银行关于高等教育的报告》，1995 年。

12. 马约尔：《对未来的纪念》，1995 年。

13. 《欧洲大学——工业界圆桌会议报告》，1995 年。

14. 《联合国教科文组织教育报告》，1995 年。

15. 《高等教育政策》，《国际大学协会季刊》1997 年第 3、4 期合刊。

16. 《世界高等教育宣言》，教科文组织 1998 年 10 月巴黎出版。

17. 《经合组织一九九八年教育政策》，1998 年 10 月巴黎出版。

18. The Universal University, Federico Mayor, Higher Education Policy, Paris, 1998.

19. Proceedings of the 1999 Six—Nation Presidents Summit in Hiroshima, HIHE International Seminar Reports, No. 11, March 2000, Hiroshima University.

20. 《发展中国家的高等教育》，世界银行 2000 年 2 月出版。

21. 王一兵：《高等教育改革——国际趋势分析》，泰国朱拉隆功大学 2000 年 6 月出版。

22. University Autonomy：What is it all about? Malden C. Nesheim, http：//www-unix. oit. umass. edu.

23. IAU WORKNG DOCUMENT-ANALYSIS：The feasibility of an international instru-

ment on academic freedom and university autonomy，http：//193. 242. 192. 2/ngo/
iao/tfaf feasibility. Htmal.

24. 王一兵：《高等教育大众化、国际化、网络化和法人化》，云南大学出版社
2002 年版。

（原载《中国教育发展的宏观背景、现状及展望》一书，中国卓越出版公司
1990 年版，《教育研究》1991 年第 4 期以"60 年代以来西方主要市场经济国家
教育发展述评与比较"为题发表、《新华文摘》1993 年第 9 期全文转载、人民
教育出版社 1994 年版《国际教育纵横——中国比较教育文选》和北京师范大学
《教育发展评论》以"发展与机制、挑战与对策——二十世纪六十年代以来西方
主要市场经济国家教育发展变革述评与比较"为题（修改稿）2007 年第 1 卷全
文转载）

80年代发达国家教育改革的趋势和启示

　　发达的教育体系是发达国家的一个重要标志，是这些国家得以开发人力资源，提高劳动力素质和国民整体素质，保持较高的劳动生产率和竞争力的重要支柱。因此，不论谁上台，教育的发展与改革始终占有重要地位。80年代，世界政治、经济形势和格局发生了重大变化。发达国家为适应这种变化，纷纷掀起教育改革和革新的浪潮，并以此作为化解资本主义面临的诸多矛盾，走出困境的一个重要手段，因而出现了美国总统布什表示要当"教育总统"，日本前首相中曾根把教育改革列为国家三大改革之一，德国视职业技术教育为其经济发展的秘密武器，英国通过了战后最重要的《教育改革法》等现象。由于政治、经济和社会环境等条件的制约，包括教育体制固有的惰性，经历了长期现代化进程包括二战以后的发展高峰的发达国家的教育体系，仍然面临着教育体制与周围环境之间的各种形式的不平衡、不适应。如日益过时的陈旧课程内容与知识快速增长提出的新需求之间的不相适应，教育与就业之间严重的不协调和不平衡以及社会各阶层之间的教育不平等，教育费用的增加与各国将资金用于教育的能力和愿望之间日益扩大的差距，等等。发达国家80年代面临的这种种不平衡即矛盾，有着深刻的政治、经济和历史背景，必然打上各国不同社会政治制度和不同民族特性的烙印，但是，不能否认，这种种不平衡即矛盾，无论在发达国家还是在发展中国家都有一定的普遍性，是多种教育体制固有的不同程度的惰性、教育变革需要较长周期等特点与变化迅速的政治、经济、科技、文化之间经常存在的矛盾的反映。因此，探讨发达国家80年代教育改革动向和趋势的背景，所采取的各种对策措施的成败得失对于已开始走上现代化进程的我国教育的发展与改革会有一定的借鉴意义。

　　国家教育发展研究中心比较教育研究室自1986年以来开始跟踪了解

和研究美、英、法、日、德、苏等发达国家教育改革的动向和趋势，并收集了这些国家政府的教育改革报告、教育法规和某些权威人士的论文，翻译出版了多集《发达国家教育改革的动向和趋势》，在社会上受到了一定的欢迎。1990 年，又委托北京大学、北京师范大学、河北大学、安徽大学、杭州大学、同济大学、上海外语学院和中央教科所的 12 位研究人员，对美、英、法、日、德、苏等国教育发展动向和趋势开展国别研究，并于1990 年 11 月在安徽合肥召开了"80 年代发达国家教育改革动向与趋势研讨会"，就上述六国 80 年代教育发展与改革的特点、趋势和经验教训进行了探讨。我们这篇报告就是对这一研究的一个初步总结。

一　80 年代发达国家教育改革的背景和面临的问题

（一）政治、社会问题的影响

战后随着"雅尔塔"体制的建立，世界上出现了东西方两大阵营的对立。80 年代，美国的霸权地位随着多极世界的出现有所削弱；苏联东欧集团动荡不安及随后解体；欧共体向统一大市场迈进；一个统一强大的德国重新在欧洲中部出现；日本成为世界经济强国；中国经济改革成绩举世瞩目；一批新兴工业化国家迅速崛起。世界格局正由两极向多极转变。经济发展的地区化、集团化迅速加快，建立国际政治新秩序成为当务之急。各跨国、跨地区政治、经济集团之间的竞争愈演愈烈，培养大批科技人才，不断提高劳动者的素质，是竞争的一个重要方面。

二战后至 60 年代，世界殖民主义体系瓦解，社会主义阵营出现并壮大，60 年代民权、反战和学生运动的高涨迫使各国的统治阶级纷纷调整政策，缓和阶级矛盾，在教育民主化的口号下，基础教育趋于普及，高等教育开始向更多的人敞开大门。80 年代，发达国家高等教育一般完成从精英阶段向大众化阶段过渡，个别的如美国正向普及化阶段发展。

在发达国家内部，个人享乐至上，公民的社会责任感下降，吸毒、青少年犯罪等社会问题普遍存在。70 年代中期以来，各国失业率居高不下。社会对学校的责难加剧。因此，教育改革愈加成为各政党和社会公众关注的一个焦点。

（二）经济因素的影响

首先，1973 年及以后两次石油价格的猛涨，贯穿于整个 70 年代，并延续到 80 年代的资本主义世界的经济衰退和通货膨胀，使多数发达国家从 60 年代普遍缺少受过教育的劳动力转变为劳动力过剩，受教育劳动力失业的现象迅速蔓延，直到 80 年代结束，始终是困扰各发达国家的一大问题，也引起了广大学生及家长的忧虑和不满。经济环境的恶化带来了以下三方面的后果：

（1）各发达国家的教育经费基本维持在 70 年代末 80 年代初的水平上，教育经费占国民生产总值的比例在有些国家还有所下降，人们更加重视教育投资的经济效益。

（2）由于学生毕业后就业困难，迫使教育系统进一步适应劳动市场不断变化的需求，接受政府宏观调控，努力增强教育运行机制的适应性和灵活性。

（3）迫使各级教育部门不得不进行讨论和思索，革新教育内容、教学方法，重视基础，增强教育的针对性和实践性。

（三）人口因素的影响

二战后，这些国家经过了生育高峰和入学人口激增，是促成 60 年代前后出现教育高速发展的因素之一。70 年代中期以后，就学人数出现不同程度的下降，并由初等教育阶段逐步影响到中等和高等教育阶段，造成不少发达国家部分学校合并撤销，师生比下降。高等学校之间，高等学校与非正规高等教育机构之间对生源的竞争日益激烈。70—80 年代，由于国际女权运动的推动，妇女地位的提高，教育中性别的差异在发达国家和发展中国家进一步缩小。在发达国家，妇女在全部入学人数中的比例已和其在整个人口中的比例平衡。其他所谓处境不利群体，如少数民族、残疾人、边远地区的居民受教育状况也有所改善。

（四）科技革命对教育变革的影响

80 年代，高技术产业的研究与开发继续呈上升势头，是西方发达国家继续加速向所谓信息社会转变的年代，信息技术从改造各个生产领域发展到向日常生活的诸多方面渗透。新的科学技术革命继续推动着资本主义发展重点转向以服务业迅速膨胀、制造业萎缩，高科技产业异军突起为特点的产业结构调整。这次调整，一方面要求学校培养具有基础扎实、知识面宽和创造性、适应性强的人才去满足一些新出现职业的要求，另一方面又造成了难以克服的所谓结构性失业，向各级各类教育都提出了严峻的挑战，对从小学到大学的教学内容、课程设置、教学方法都产生了重要影响，促使这些方面产生了重大变化。从某种意义上可以断言，60 年代前后兴起的新科技革命对教育的最大影响是促成了当代教育观念上的根本性变化，这就是 70 年代早期形成为系统理论的终身教育思想被越来越多的国家接受，成为改革和发展各国教育、迎接科技革命挑战、面向未来，构建新的庞大的教育体系的基本指导思想。科学技术和经济的发展对劳动者的文化和科技素质提出了更高的要求，使西方发达国家较快地接受并将这一思想付诸实践，除了所谓非正规、非正式教育迅速发展外，一个重要的特点是正规教育尤其是高等教育打破传统，向社会开放，使得 25 岁以上具有各种经历、各种年龄段的成人在第三级教育的比例越来越大。80 年代，这一趋势在西方发达国家继续发展。

综上所述，在整个 80 年代，西方发达国家教育面临的挑战是众多的、严峻的，决定了这些国家的教育改革必然步履艰难。

二　发达国家教育改革的重大措施

80 年代，美、英、法、日、德等国都发表了一系列重要的有关教育改革的政府白皮书、研究报告，颁布了一些法规，也在实践领域进行了诸多探索和实验。由于教育周期长，目前评价这些措施的得失效益还为时过早。各国改革措施是针对本国国情作出的，有些地方难以进行一般性归纳。但由于这些国家的社会政治制度、意识形态属同一范畴，经济、科技、教育发展大体在一个水平上，战后的发展经历大体相同，再加上各国间在教育领域的相互交流、合作十分频繁，我们仍然可以发现它们之间存在不少共同或类似的问题及由此而采取的不少共同或类似的措施，主要有：

（一）转变教育观念，进一步以终身教育思想构建教育体系

终身教育思想在很多国家早已有之，如我国的民谚"活到老，学到老"，但成为一种有系统的教育理论并为人们接受用于指导整个教育体系的构建，当推教科文组织成立的国际教育发展委员会。该委员会于 1972年正式推出《学会生存》一书，论述了终身教育思想的内容及意义，其基本思想是强调为学生打下适应在未来多变社会中能终身独立地继续提高水平的基础，教会他们能在未来世界生活的能力，即通过学习学会生存。它强调教育所包含的深刻意义绝不只是人在某一阶段的事，而是贯穿于人

的一生，是不断地积累日益发展的知识的长期连续的过程。这种新的教育观念在 80 年代被不同制度社会、不同发展水平的许多国家接受后，许多国家尤其是发达国家的教育体系发生了以下重大变化：成人教育形成体系，规模扩大，与正规教育体系沟通；正规教育体系变得越来越开放、灵活；教育培训的对象不再仅仅是青少年，而是面向全体公民；教育事业本身也不再仅仅是教师和学校的事业，而成为全社会共同的事业。1989 年底，教科文组织在北京召开的面向 21 世纪教育国际研讨会充分肯定了这一思想对许多国家的教育体制、结构、内容和方法产生的深刻影响以及它对未来教育发展的指导意义。会议通过的决议宣称，由于学习将成为一个终身的过程，我们应当更好地利用一切学习机会，我们希望 90 年代这种形式的学习会大量增加。实际上，由于教育技术的进步，即使一个文盲，现在也可能成为一个终身学习者。终身教育在 80 年代中期的发达国家有哪些具体发展呢？

1. 成为一些国家教育改革的重要指导方针，并以立法形式加以明确。

日本临教审 80 年代中期的 4 次审议报告都提出要向"终身教育体系过渡"。在中曾根内阁结束后，日本 1988 年度提出的教育白皮书的题目就是"我国的文教政策——终身学习的新发展"，该文以很大篇幅阐述了向终身学习体系过渡的背景、目的、努力方向和政策措施。

2. 以成人教育为终身教育主要突破口的教育实践蓬勃发展，形式多样化。

当正规教育在 80 年代发展势头减弱时，成人教育蓬勃发展起来。发达国家成人教育采取的形式包括各种形式的专业和职业技能培训计划，远距离教育、企业大学、农业和其他推广服务计划，成人识字班以及有关卫生、营养、计划生育、合作团体等各种社区教学计划。这些教育形式都是终身教育思想在传统教育形式——学校教育之外的范围广泛的教育实践，大大拓宽了传统的教育观念，为教育发展注入了巨大的活力。

3. 受教育者数量大规模增长。原联邦德国 1973 年公布的教育总规划明显地体现出终身教育的原则。该国各大公司企业都有自己的职业培训中心，除了对职工进行培训外，企业和企业联合会为失业工人或受失业威胁的工人举办转业训练班，使他们通过学习一门新技术和新工艺以获取新职业。此外，联邦各州共开办了国民大学 900 多所，每年举办讲座、学习班和报告会 30 多万次，课时超过 950 万，参加人数达 450 万之多。国民大学入学没有任何条件，它一般没有固定教室，主要利用附近学校和公共场所举行讲座或报告会，并且通过电视广播进行教学，学员经过一般培训后都给予培训证明。它的任务是充分发挥每个成年人的个性和创造力，并使其认识自己在社会中的价值和对社会的义务。作为终身教育机构之一、被称为"第二次机会的大学"的开放大学，是英国教育一项具有划时代意义的革新。开放大学于 1971 年在英国广播公司正式开播，开创了电视教学的先河。到 80 年代末期，有近 200000 名学生在开放大学学习。

正规教育尤其是高等教育的注册管理趋于灵活。中等职业教育与中等普通教育相互沟通已经成为现实，进入职教轨道的学生只要具备一定条件，就可以毫无阻碍地转入所谓的学术性课程，再上大学，基本解决了接受职业教育低人一等、上学术性大学无望等问题，为开发人的潜力增加了机遇。高等学校中大龄学生，所谓部分时间制学生越来越多。美国和瑞典大学生中 25 岁以上的已占大学生总数的 50% 以上，澳大利亚部分时间制学生中年龄过 25 岁的已达 65%。大学生所谓父子同堂，甚至老少三代同堂已经不是什么新鲜事。

除了使二者相互渗透、结合之外，与此密切联系的另一趋势就是随着学生学习年限的延长，职业技术教育逐步向高级阶段延伸，即延至高中后期或高中后阶段。

（二）巩固战后发展成果，把提高教育质量作为改革的中心任务

在各级各类教育发展中，质的提高与量的增长之间往往存在矛盾，同一时期难以兼顾。事实上，教育质量和水平是根据各国特定的时间、地点以及学生和他们的环境相对而言的。60 年代，各国教育数量上发展过快，在一定程度上难以顾及甚至忽视了质量要求；80 年代，数量发展已基本达到饱和。据教科文组织最新统计，1990 年，欧洲（含苏联）和北美第一级教育毛入学率已分别达 102.1% 和 102.2%；第二级教育毛入学率也分别达 93.10% 和 98.9%；第三级教育的毛入学率已分别达 27.3% 和 70.4%。在 1980—1988 年期间，欧洲和北美第一级教育只分别增长 0.1% 和 0.6%；第二级教育分别减少 0.1% 和 0.5%；第三级教育仅分别增长 1.7% 和 0.9%。

对教育质量下降的警告在各国官方与民间教育团体的报告中随处可见。1983 年，美国高质量教育委员会指出美国教育质量下降并影响美国世界竞争能力的种种表现，以"国家处在危险之中，教育改革势在必行"

为题发表报告，吁请全国各界、朝野上下重视教育质量问题。关于这一问题的讨论从此一发而不可收拾。该报告指出，17 岁的美国青年中约 13% 和 2300 万成人是功能性文盲；据大学委员会学术性向测验成绩的统计，1963 年至 1980 年的成绩年年下降，语文平均分数下降 50 分，数学平均分数下降 46 分；1975—1980 年，在大学补中学数学的上升了 72%，企业和部队抱怨每年花上千万美元为新招录人员补习阅读、写作、拼写和计算等基本技能；等等。

为了提高教育质量，这些国家普遍采取了如下一些共同性措施：

1. 改变教育教学思想，调整培养目标。60 年代以来，过分强调教育民主化和学生个性培养，放松了教学管理，学校自定课程，教师决定适用教材，选修课过多，过分追求应用，学生按学分选修，学生选课避难就易，是造成教育质量下降的一些重要原因。与此同时，科学技术的发展、产业结构调整引起劳动市场需求的变化，都要求学生打好扎实的知识和能力的基础，增强适应性。认知学习理论应运而生，各国教育的培养目标起了变化。这种新的教学理论冲击和突破了传统理论单纯传授系统的书本知识的束缚，主张加强基础知识、基本原理的教育，着力促进学生的全面发展，培养学生的能力和创造性，尤其强调培养学生的分析、表达、理解和动手能力。高等院校的教学思想和培养目标也发生了变化。1983 年召开的世界大学校长讨论会一致认为，理想的大学毕业生应具备三条标准：（1）坚实的专业知识，并掌握所攻读的学科的方法论，方法论比专业知识的价值更为持久。（2）具有把所修学科知识同实际相结合的能力，以及同其他学科的成果相结合的能力。（3）大学毕业生不仅要成为一个训练有素的专家，而且能乐于听取别人意见，能把他们的知识进行国际交流。

1988 年，欧洲劳动与社会研究所向欧洲大学校长会议报告企业最欢迎什么样的大学生时，该所调查的欧洲 6 个跨国公司总经理均表示希望大学生具有灵活性、创造性、责任心，而不太强调专业本身。以上情况说明，按通才教育思想组织教学更有利于应对科技革命、产业结构调整、劳务市场变化迅速向人才培养规格提出的挑战。

2. 改进课程设置，提高对学生的要求。针对教学管理、课程设置过分自由化的状况，各国纷纷采取措施，加强管理，改革课程设置，提高对学生的要求。据美国州教育学会 1985 年统计，当时已有 17 个州增加了必修科目、选修科目的学分，严格毕业条件；8 个州根据联邦教育部 1983年 4 月报告精神制定毕业条件，19 个州对高中毕业实行最低能力测试；5个州增加学年授课时数。联邦教育部报告还建议把语文、数学、科学、社会科（包括人文地理、历史等）及计算机作为统一必修的"新基础科目"；报考高校者，还必须学外语。美国自然科学基金会还耗费巨资，请了几百名各学科知名学者，针对 2061 年彗星再次临近地球时对公民可能提出的素质要求，研究各基础学科中应该教授给学生的最基本的概念和知识，重新构建学生的知识结构和课程设置，并设计了直到 21 世纪初期的研究设计、实验的具体计划，即所谓"2061 计划"。英国经过近 10 年的酝酿，于 1988 年以立法形式改变了课程和教学管理上的自由化做法，明文规定数学、英语、科学、历史、地理、工艺、音乐、艺术和体育为全国公立学校学生都必须学习的基础课程。

3. 改进教师选任标准，提高教师地位。各国都认识到，提高教育质量成败的关键在于教师。因此，逐步提高教师选任标准，强化教师在职培训，提高教师待遇，缩小教师收入同社会其他行业收入的差别成为各国的一些共同措施。这些国家一般都规定小学教师任教资格为大学本科毕业并再经过一年教育学方面的培训。1980—1986 年，美国全国教师实际工资平均提高 14%，并有 41 个州采用了按能力、水平取酬的方法，37 个州实行毕业前或领取许可证时进行能力测试的制度。日本中小学质量相对较高，其教师一直待遇较优厚、地位较高、素质较强是一个重要原因。在日本，教师的声望不亚于工程师。自 1975 年以后，英国中小学教师的工资提高了 16%—32%，教师的平均工资高于全国职工的平均工资。在英国，每一个招聘教师的名额平均有五名申请者，这样有利于甄选优秀人才补充教师队伍。

4. 加强对教育质量的评估。注重教育质量评价是 80 年代教育发展的一个特征。完善教育评价体系可及时发现国家教育体系中的问题和成绩，为决策提供依据，也可以帮助社会公众了解教育改革。80 年代，教育评价的重点从对财力、物力的投入同毕业生数量的比值作评价，转向对教育过程和反映学生考试成绩、学习态度等教育质量的评价，即将经济投入与学生实际学到什么联系起来并评价其潜在效益。

早在 80 年代初，美国国家科学基金会就发现缺乏衡量教育质量的依据。教育决策者及研究人员对大量过时的不精确的统计数据越来越不满意，因此建立一个能反映教学和科学教育质量的指标系统成为改革的一项重点工作。英国近几年来对普通教育加强了以下几方面的评价：（1）培养目标；（2）学校的课程设置和教学工作；（3）品德教育；（4）教师的业务提高；（5）资源和校舍；（6）学校的管理、决策和信息交流；（7）学校与所在社区和学生的联系。它通过学校自我评价，家长与社会评价及教育行政部门督导对学校进行评价等多种途径，鉴定学校的优缺点，督促学校改进工作，增强教师的责任心，激励学生进步并为政府制定决策提供依据。在这里，英国皇家督学团起骨干和核心作用。它的队伍精干，人员素质较高，作风深入细致，它以女王陛下名义发表的一年一度的督导报告具有很大的权威性，称得上是监督英国教育质量的专职哨兵。

（三）面向社会，面向经济，面向市场，在为外部世界服务中求得自身发展

西方发达国家60年代前后开始的高等教育由精英阶段向大众化甚至普及化阶段的发展，彻底结束了大学的象牙塔时代以及象牙塔时代的那种学校自治，迫使学校面向社会，面向经济，面向市场办学，在竭诚为外部世界服务中求得自身发展。这是因为：（1）大学的主要经费渠道是国家。除美国、日本有一定比例也越来越多地接受国家补贴的私立大学外，其余各国的大学和学院几乎都是公立的，都由国家包揽经费。因此，也就不得不接受国家宏观上的各种干预；至于很多学校通过多种形式和渠道取得的巨额预算外资金，更是一种直接的面向市场，通过为社会和经济服务取得的。没有这种财源，大学就无法生存。这就是美国很多名牌大学校长为什么再忙一年也有几个月在外奔波筹款的原因。（2）60年代发展高峰期间时兴一时的教育规划，到了70年代后期即被证明在市场经济条件下是不可行的。高等教育的招生和学生就业仍然主要靠市场调节，由学生根据劳动市场就业行情和前景"用脚投票"。学校学科、专业和课程设置能适应经济和市场需求，毕业生在劳动市场享有声誉，就能招足学生，招到好学生，否则就意味着学校萎缩直至关门。美国70年代100多所学校关门，根本原因就在此。70年代两次石油危机引起的经济衰退持续至今，新科技革命引起的产业结构调整导致的结构性失业，至今无多大改善。尽管受教育程度越高，受失业影响越小，但高校毕业生失业和工作难找，仍为普遍现象，人文和社会科学又常常首当其冲。这种状况更增加了学校面临的

压力。

由于以上的原因，80 年代西方发达国家中等和高等职业、技术和专业教育发展的一个趋势就是进一步加强了与社会、经济和市场的联系。考察美国大学，包括一些研究性大学的研究课题，社会上的和周围社会的问题，从政治、经济发展到卫生保健，可谓无所不包。高等院校与企业合作的形式更加多样化。不同层次的学校合作重点和形式又各具特点。70 年代风靡全球的科学园还在发展，协作研究的主体已由宇航、计算机和通信设备工业转向生物工程。分子生物技术自 70 年代在斯坦福大学、哈佛大学和麻省理工学院这些著名的高等学府诞生之后，很快便冲出大学研究中心的实验室进入到工业界，以极大的应用价值创造了可观的经济效益。

美国高校与企业有合作的传统。80 年代，这种合作比过去更加紧密。大学从工业界及其他非官方机构所取得的资助已从 1980—1981 学年的 42 亿美元增加到 1988—1989 学年的 89 亿美元。1988 年，西欧仿照北美模式也建立了欧洲大学—企业论坛，定期研讨共同感兴趣的问题，协调政策，推进合作。在大学为国家经济发展服务的进程中，伴随产生的一些问题值得引起重视。如高校过于把为社会服务作为谋取经费的渠道，使得高等学校出现了商业化的趋势，对教学产生冲击，部分优秀教师可能流向收入高的企业，部分教师把过多时间花在科研工作上，轻视课堂教学使教学质量下降。因此，从实践中总结出的规律性经验是，大学和企业建立成功的合作关系，必须遵循一要有利于基础科学的发展，二要有利于学生的教育这两条基本原则，以避免高等教育的商品化。

（四）重视德育，企图抑制吸毒、犯罪、性乱等"富贵病"的蔓延

尽管各国在社会制度、价值观念、文化背景、规范准则等方面各有差异，道德教育的目的、内容、方法等也有区别，但重视道德教育的呼声越来越高，采取一系列措施和对策加强完善德育，则是各国教育改革具有共性的趋势。这是因为自称已达富足社会的西方各发达国家青少年中"富贵病"丛生，吸毒、犯罪、性乱等已是较为普遍的现象。即使东方文化圈中的日本，在二战后师事西方，经济获得腾飞，但西方现代文化的弊端也进入了日本，殴斗、吸毒、性乱等不良行为日趋严重。对此，日本政府在教育改革审议报告中深刻检讨说：欺侮行为、逃学旷课、校内暴力等教育荒废现象，反映出学校教育本质性的弊端。日本当局反复强调要加强道德情操教育，学校要和家庭、社区联系起来充实德育教育。在初等教育阶

段，要重视培养学生的基本生活习惯、自我控制能力和遵守日常社会规范的态度。在中等教育阶段，则要重视对学生自我探求精神和生活观念的教育与培养。还要求学生们认识到，每个人都不是独立存在的，作为一名社会成员，必须强调公共精神，培养为公尽职和为社会服务之心，培养起尊重社会规范和法律秩序的精神。

耐人寻味的是，西方的一些思想家和教育家认为，各国之间相互竞争又越来越相互依赖，越来越多的超越国界的全人类面临的环境问题，要求对青少年进行超出自我，关心他人和周围世界的教育，因此，"学会关心"成为教科文组织第一次召开的研讨21世纪教育的会议的中心议题。而这从西方以个人主义为核心的价值观武库中已找不到支柱，因此提出要从"非西方认识论"中获取营养。美国卡内基教学促进基金会主席欧内斯特·L. 波伊尔博士更明确提出，为了迎接21世纪的挑战，教育思想必须实行五个转变：从强调教育的统一性转变为强调创造性和革新精神；从重点培养竞争到重点培养合作；从强调民族的狭隘的观点和忠诚转变为强调全球的观点和忠诚；从把知识分割过细，缺乏联系转变为强调知识的整体性和综合运用知识解决实践问题的能力；从强调为个人私利而学习转变为强调为公众利益学习，并强调个人发展，培养自知、自尊和自信。当然，这种转变能否实现，也许还要打上问号，评定其效果，更为时过早。有趣的是，具有这种价值观的开明之士已经提出了质疑和挑战。

（五）推行教育国际化，适应世界向多极化发展、越来越相互依赖和竞争加剧的新形势

由于国际关系向多极化发展，经济发展地区化、集团化趋势增强，相互之间既相互竞争又越来越相互依赖，使80年代国际教育交流与合作日益增加。日本和西欧一些国家都提出"教育国际化"的口号。据此认为，当今教育国际化主要体现在四个方面：（1）教育发展援助；（2）国家间高等院校学生的交流；（3）国际间包括教师、学者、科学家、研究生在内的观念、科学和文化的交流，包括各种跨国的学术研究和学术性会议；（4）对国际事务和外国语的学习等方面的交流。在教育发展援助方面，一般表现为发达国家向发展中国家提供师资、顾问人员，到国外留学的助学金，以及提供援助资金，用于修建和装备教育设施，购买教科书和其他所需物资。从表面上看，似乎受援国单方受惠，但它同经济援助、军事援助一样，援助国所得到利益和补偿是不言自明的。值得注意的是，世界银

行、联合国教科文组织、经济合作与发展组织等在提供教育援助，倡导教育国际化方面发挥着越来越显著的作用。如世界银行 1970—1974 年用于教育与培训的贷款年度平均额为 1.695 亿美元，而 1979—1983 年度平均额已增长到 9.05 亿美元。

　　在教育国际化方面，最引人注目的当数西欧。1993 年欧共体统一大市场正式建立的重要标志就是会员国之间实现资本、货物、人员、劳务自由流动。不解决各国间学历、证书、文凭、学位的相互承认问题，不了解各国文化、历史以至风俗习惯的异同，不加强外语教学，提高要求，人员以至其余三项流动都可能成为一句空话。因此，欧共体从 80 年代前期开始，就已在这方面进行准备。如果说一些国家，如日本的教育国际化仍停留在扩大一些常规交流项目上的话，欧共体的教育国际化已在诸多方面进入实质性阶段。欧共体 12 国从 1987 年开始"欧洲共同体促进大学生流动计划"（ERASMUS），1989 年拨出 4500 万欧洲货币帮助大学生、教师和大学行政人员在会员国之间流动，并确定了到 1992 年有 10% 的学生依靠这一计划到其他成员国学习一段时间的目标。另外，加强外语教学，帮助学生和教师自由流动，相互承认学历、文凭、学位，筹建欧洲大学等，都在紧锣密鼓地进行之中。

三　启示与借鉴

　　各国教育历来是相通和相互借鉴的，经济、科技越发展，这种相通与借鉴就越多。西方发达国家 80 年代的教育是这些国家教育发展，尤其是战后教育发展的继续。它既有其社会政治制度、民族文化的特性的烙印，又在不少方面反映经济、科学技术发展与教育发展之间相互依赖、相互促进、相互制约的一般规律，这正是各国之间在教育方面总是相互借鉴的基本依据。当然，脱离本国国情盲目照搬不可能奏效；以国情特殊盲目排外或故步自封，将在竞争中败北。这是我们研究 80 年代发达国家教育改革动向与趋势的基本指导思想。中国以其有限的财力在普及义务教育，培养职业、技术、专业人才方面取得的成就堪与任何发展中国家或发展中国家处于同等发展水平阶段时相比，中国的教育改革，尤其是近年来农村教育的改革与革新，有可能在一个发展中大国走出一条教育与经济和科技、与社会相互促进的富有活力的道路来。但是，比较说明，我国的教育体系和教育还远远不是完美的，还有众多方面需要改革或革新。众所周知，中国的近代教育是从西方"拿来"的，后又脱胎换骨学苏联。虽经10多年的改革和革新，到真正形成富有活力，有自己特色的教育体系，还有很长的路程，其中包括从我国的国情和需要出发，借鉴国外有益于我国的经验和教训。80年代发达国家教育改革和革新的内容是丰富多彩的，给人的启示也是多方面的，需要继续加以深入研究，合肥研讨会的参与者也都作了努力。本报告只准备从宏观层次、从发展战略和大政方针的角度提出三个问题，通过比较，阐明我们的看法。

1. 建立一个适应我国国情和特点，对社会需求反应比较灵敏，激励、协调、制约等功能比较齐全的教育运行机制，仍是我国深化教育改革的一项根本性任务。我国的教育运行机制是一种适应产品经济和计划经济的机制，技术和专门人才培养仍主要依靠国家计划调节。市场经济条件下，教育运行机制由国家（或政府）、社会、市场和学校组成，国家通过拨款和立法对学校进行宏观调控，一般不或很少干预学校的具体管理问题，使学校在内部教学和行政事务上有较大自主或自治权。西方发达国家一般都通过立法规定社会各界一定比例和数量的代表参加学校的董事会和各执行委员会，保证社会需求在学校得到及时、充分的反映，保证学校不至于脱离实际太远太长；市场则通过人力、人才供求关系制约着学校的招生、分配和发展规模、进度以至兴亡。这种机制反馈、激励、协调、自我约束等功能比较齐全，能较好地适应资本主义社会的需要。它的形成既是由于二战后高等教育大发展结束了自我孤立的大学象牙塔时代、60年代经济持续发展和紧随其后的长期衰退和滞胀、资本主义各国人民争取民主权利的斗争和统治阶级较多让步，也是战后社会主义阵营的出现和壮大的积极影响等多种因素相互作用的结果，更反映了商品经济和科学技术发展的某些必然要求。随着我国正在向有计划的社会主义商品经济过渡，经济成分和经济结构越来越多样化，商品经济成分越来越多，全员劳动合同制正逐步推行，随着铁交椅、铁工资、铁饭碗的打破，劳务市场将逐步形成、发展和发挥越来越大的调节作用。前两年出现的毕业生分配难说明，大中专毕业生以至整个技术和专业人才教育已经并将继续面临着越来越严峻的市场供求关系的挑战。一度依靠行政措施实行的行业包专业、地方包生源的分配办法只是掩盖了这一矛盾，非长久之计。如何正确对待和引进、利用市场机制的功能，兴利除弊，已经是一个需要加以研究和解决的比较现实的问题。其次，除师范教育外，教育主要是为教育以外的社会各部门尤其是经济建设部门服务的。社会各有关部门主动、适度参与教育方针、政策、规划制定、教育教学管理，是保证教育不脱离实际，保证毕业生质量并在人才市场上受到欢迎，形成服务与依靠互促机制的必要条件。目前，虽然一段时期存在的学校不看需求，主要按自己能力招生，毕业生由国家包销的端铁饭碗的状况有很大变化，学校通过接受国家宏观调控和毕业生分配等渠道，开始注意供求信息，但深入到学校的社会参与机制尚未有效建立。在这两方面，我们都可从西方发达国家市场经济条件下的教育运行机制中得到启示与借鉴。

2. 应当重视终身教育思想，以此构建根植于我国历史、文化和民族特性之中的具有中国特色的大教育体系。终身教育思想可谓当代指导教育发展最重要的战略思想，谁以它来指导和构建大教育体系，谁就会在未来取得主动。国际竞争的加剧，科学技术的迅速发展，知识和信息量不断增加，将教育或迫使人们接受它。这一理论在 70 年代早期一经提出，就对越来越多的国家的教育改革和革新产生了越来越大的影响。可以说，西方发达国家正自觉或不自觉地以这种思想来构建自己的大教育体系——所谓"学习社会"、"学习型国家"。正在向这一方向发展的这些国家的教育体系有哪些特征已初见端倪？至少有以下两点：（1）正规教育与非正规教育界限越来越模糊，衔接和配合形式多样，趋于默契。且不说德国的双元制职业教育，英国及其他国家的三明治或三明治式的教学安排已经使学校和企业合为一体，从 70 年代中期开始，这些国家先后在基础教育阶段强调"回到基础"，规定必修"核心课程"，技术和专业人才培养上通才教育思想占上风，与此同时，各国企业界纷纷注意建立和强化企业内培训机构，甚至办起自己可授予学位的学校，不能视为偶然巧合。贯穿于这两种现象之中并被多数人接受的思想是：学校的任务就是使学生打好基本知识和能力基础，着重培养学生的创造性、灵活性、适应性、主动性、责任心，为企业提供优质素材，由企业通过适应本企业具体工作要求的培训最终成"材"。学生在校打下的基础越扎实，可塑性越大，到企业后可发挥的潜力也越大。（2）正规教育体系变得越来越开放、灵活，学校与社会尤其是与周围社区的关系越来越紧密。首先，在正规教育内部，在职业教育与普通教育之间，可以互相沟通；不同学科、专业之间，学生可以流动，学生有多次发挥自己潜能的机会；大学和学院的注册向一切年龄段的人开放，灵活的学分制管理可以使学生不受限制地安排工作与学习的交替；几乎所有地方的大学和学院，都把实施成人教育视为己任，满足社会尤其是周围社区形形色色的学习要求。美国一类研究性大学之一的乔治亚理工学院一位系主任曾对来访的中国学者说，乔治亚理工学院，从每天早晨到每晚11点，周围社区的人进出学校大门，川流不息，参加各类讲座或旁听某门课程的有家庭主妇、退休老人、在职工人和公职人员，至于社区学院，就更是如此。

我国的非正规教育已有相当规模，并相当普遍；我国的正规教育的总体规模在世界上可说首屈一指。但若从适应未来要求的大教育体系的观点看，正规教育与非正规教育之间壁垒森严；正规教育还不够开放、灵活，做到一校多用，充分发挥和利用学校人、财、物的潜力，满足社区尤其是周围社区的多种学习需求；正规教育内部各部分之间的沟通和学分、学历互认还远远没有成为现实，妨碍人的潜力充分发挥。正是在这些方面，我们可以从西方发达国家教育体系的发展演变中得到一定启示。

3. 关于教育民主化和教育机会均等的口号。

60年代以后，教育民主化、教育机会均等一直是西方市场经济国家喊得最响亮的口号，几乎被解释成是一切教育政策的出发点。这是战后尤其是60年代前后这些国家人民为争取民主权利、捍卫自身权益进行斗争和统治阶级作一定让步的结果。另外，当时的经济和科技的发展也有此需要。这一口号正被世界普遍接受，充斥在教科文组织的各种文件、报告中。人们较为普遍的理解是：教育民主化的核心是教育机会均等。不仅受教育的机会应当均等，成功的机会亦应均等。不使一切智力上合格并希望接受高等教育的青年因为经济原因而得不到机会。当然，不同社会制度的国家和具有不同政治立场的人仍有不同的理解。西方发达国家不少法律、规章和政策是在这一口号下制定的，是为了有利于各种不利阶层接受各级各类教育而扩建新的高等学校，放宽入学条件，国家提供助学金或低息学生贷款，拨专款为残疾人入学创造条件等，并且在不少方面也取得一定进展，如妇女、少数民族、残疾人受教育机会有所增加。各国妇女接受第三级教育的比例增幅较大，到80年代早期，一般均超过40%，美国、法国、加拿大男女大学生比例中女的已经超过了50%；美国黑人接受高等教育的人数占同龄人口的比例由1967年的13%提高到了1978年的20%。但是，不可否认的是，教育民主化和教育机会均等的口号没有也不可能在解决最本质的问题，如消灭阶级差别、实现社会平等方面，取得根本的进步。以大学生的家庭出身为例。尽管德国、瑞典、法国、英国对学生不收学费，且包得较多，但大学生中来自占大多数的劳动人民家庭的子女仍占少数。根据经合组织 1979 年统计，德国大学生中，占人口 1/3 的雇主、文官、职员的子女占大学生的 2/3 以上；占人口 2/3 以上的体力劳动者的子女占大学生的比例不到 1/5。在推行教育民主化口号最力、被西方视为教育改革"橱窗"的瑞典，高级管理人员家庭出身的男孩和女孩上大学的机会分别是非熟练工人家庭出身的男孩和女孩的 5 倍和 3 倍以上，上好专业的机会则分别是 11 倍和 2 倍以上。在美国，黑人第三级教育入学率还不到白人的一半；女大学生比例虽然上升了，但所学专业大多数在家政、教育、人文等领域，在工程、医学、管理等领域的仍为少数。国际知名比较教育专家盖·尼夫（Guy Neave）曾于 1986 年一针见血地指出，西方 60 年代认为通过教育机会均等，可以使人们取得经济地位和政治地位上的平等，进而消灭社会不公，是一种乌托邦式的幻想。

消灭城乡之间、工农之间、体力劳动和脑力劳动之间的差别是共产党人的理想。因此，社会主义国家没有理由不接受教育机会均等原则。并且从理论上讲，只有社会主义国家才能坚持不懈地向这一方向努力并最终实现这一原则，尽管这一过程将是长期的。我国解放以后，党和政府实行阶级路线，制定了一系列有利于工农子女接受教育的政策和措施，很快使学生成分发生了重大变化，包括高等教育领域，到 60 年代初期，也根本改变了占人口大多数工农子女是少数的状况。我国一直坚持对少数民族学生实行特殊政策，在少数民族教育和少数民族青年接受高等教育方面，取得了很大进步。我国女孩与男孩的入学机会基本上是均等的。改革开放以来，还通过定向招生，提高山区、边远地区青年入学比例。但是，数字表明，我们在纠正对待社会成分一度较"左"的倾向时，近年来对学生主要是大学生的家庭成分构成注意研究并采取适当措施加以调节不够。一是占人口 90% 以上的体力劳动者的子女在分数面前人人平等的高考竞争中处于不利地位。据北京市招生办统计，1990 年北京录取新生共 17248 名，其中干部、军人、职员子女为 13474 名，占 78%；工农子女 3561 名，占 21%。据 1989 年全国 26 个省市（北京、湖北、西藏、青海、台湾除外）统计，1989 年全国录取新生中，工农成分占 60.3%，干部、军人、职工和其他成分占 30.8%。二是农村青年与城镇青年相比处于明显不利地位。

我国农村人口占全国人口的 73.8%。据统计，我国 1989 年录取的高校新生 61.9 万人中，来自城镇的为 32 万人，来自农村的只有 27 万人，占 44%。当然，我国按同龄人口接受高等教育的比例还只有 3% 左右，我国的大学生是经过小学、初中、高中层层选拔、淘汰上来的，按国际上的标准，我国高等教育还处在"精英阶段"，迈向这条道路的激烈竞争是不可避免的，并将长期存在。但是，作为社会主义国家，我们有责任进一步采取措施，帮助在竞争中处于不利地位的人群，制止这种差别进一步扩大，并做到使之逐年有所缩小。专门人才属各项事业的骨干，其中一部分人不可避免地将处于各级领导地位。这部分人中保持社会各阶层的适当的均衡的代表性，可能关系到国家的长治久安。资本主义国家高等教育机会均等相对平稳的发展说明，在一定程度上这些让步政策达到了目的。我国社会制度与资本主义国家不同，但我们国家同样存在着根本利益一致，但具体利益仍有差别的不同阶层，城乡之间、工农之间，仍存在较大差别。因此，随着我国经济实力的提升，不断创造条件，逐步缩小各阶层和各部分人之间受教育程度的差别，是团结全国各民族人民实现我国现代化各步战略目标的需要，也是巩固工农联盟、实现城乡和谐发展的需要，应始终对这一问题予以应有的注意。

发达国家之间教育状况的比较说明，生均教育经费最多的不等于教育质量最高；每万人中大学生数最多的也不等于劳动生产率就高，竞争能力就强。教育发挥战略作用需要众多的条件，其中之一是教育本身是否根植于并适应本民族文化、历史、传统和本国国情，适应本国政治、经济、科技和社会发展的需要。我们强调各国教育历来是相通和相互借鉴的，但我们也强调，相通、借鉴不等于照搬，照搬意味着脱离实际，脱离国情，意味着失败。国际著名教育规划专家、教科文组织教育规划研究所第一任所长菲力浦·H. 科姆斯认为（1986 年），发展中国家独立后照搬宗主国的教育模式几乎都是失败的。因为即使是优良品种，能否发挥效益，不仅取决于品种本身的质量和生命力，还取决于它被易地以后赖以生存的土壤、气候等条件。我国春秋时代的哲学家晏子说：橘生淮南则为橘，生于淮北则为枳。当我们论及从发达国家 80 年代教育改革和革新中应当吸取一点启示时，我们正是本着这一精神提出的。

参考文献

1.《学会关心：21 世纪的教育》，载《未来教育面临的困惑与挑战——面向 21 世纪教育国际研讨会论文集》，人民教育出版社 1992 年版。

2. 欧内斯特·L. 波伊尔:《学院——美国本科生教育的经验》，载《发达国家教育改革的动向和趋势》（第二集），人民教育出版社 1992 年版。

3.《美国 2000 年教育战略》，美国联邦教育部，1991 年，载《发达国家教育改革的动向和趋势》（第四集），人民教育出版社 1992 年版。

4. 北京市高校招生办公室编:《1980 年全国高等学校在北京招生录取资料》，教育科学出版社 1990 年版。

5. 国家教委学生司、高等学校招生研究室等编:《1989 年普通高等学校招生工作年鉴》，人民教育出版社 1990 年版。

　　（人民教育出版社 1990 年版《80 年代发达国家教育改革的趋势和动向述评》一书前言，本人为本课题组负责人和本报告执笔。《教育研究》1992 年第 6 期、《新华文摘》1992 年第 9 期全文转载）

高等教育发展几个方面的国际比较

一 影响和制约高等教育发展的诸因素

19世纪中期，尤其是第二次世界大战后，美国等西方发达国家和一些有代表性的发展中国家高等教育几次扩展以及扩展以后的减速、停滞甚至下降，都同这些国家的经济形势有密切的联系。美国高等教育历史上以建立赠地学院为标志的第一次大发展发生在1870年至1890年之间，正是美国农业向机械化过渡时期。全国从农业国向工业国过渡时期，需要大量的农业技术人员和工程技术人员。第二次大发展是1960年至1970年，高校在校生从358万猛增到858万，正是第一次石油危机前西方经济发展的所谓"黄金时期"，也正是在这一时期，大部分西方发达国家完成了高等教育由精英阶段向大众化阶段的转变，即按接受大学教育一般年龄段的青年中在大学或学院学习的人超过15%。经过两次石油危机的冲击，经济发展进入低速增长后，再加上其他因素，高等教育发展建设都大大放慢了。经济发展较快的发展中国家如韩国、巴西、东盟五国等国的教育发展同样如此。值得注意的是，巴西、印度由于经济增长受阻，或者高等教育发展超过了经济的吸纳能力，两国高等教育毛入学率分别由1980年的11.1%和7.9%下降到1988年的10.8%和6.1%。这一轮廓性的比较说明，高等教育发展的速度和规模最终受制于经济发展的速度的水平，受制于经济发展对高等教育提出的需求、提供的条件和吸纳能力。不过，需要补充的是，比较还说明：

1. 高等教育发展与经济发展并非是一种线性的直接相关的关系，在谈到发展规模时将引述统计数字加以说明。

2. 影响和制约高等教育发展的因素是多方面的。除了经济因素外，还包括政治的、社会的、文化传统以至军事的、国际形势和国际关系。美国二战后出现高教发展第一次小高潮，是因为二战结束后安置复员军人的需求；发生于 60 年代前后的第二次高潮以及整个西方世界在这一阶段的高教高速发展，除了经济需求外，还包括军事和科技方面的竞争；西方各国之间加强协调和借鉴。如经合组织成立及其于 1961 年在华盛顿召开了经济增长与教育投资政策大会；战后人口高峰；各国的民权运动和教育民主化思潮等影响。中国目前的大学毕业生月工资低于大学学习期间每月生活费用，加上杂费、书本费，收入低于投入成本；如果是自费生，则低得更多。这在世界上恐怕独一无二，在其他国家是不可想象的，但社会上追求升学的热情并未因此受到影响，这如何解释，恐怕其中很重要的一条是几千年来形成的"万般皆下品，唯有读书高"的文化传统的影响。

二　发展理论

对很多高等教育发展产生实际影响，或者很多国家自觉或不自觉遵循的有两种发展理论，一是人力需求理论，二是社会需求理论，两者都由经合组织 1961 年于华盛顿召开的经济增长与教育投资政策大会上提出，前者 60 年代应用于该组织地中海沿岸较后进的国家，后来即成为西方教育规划史上有名的所谓"地中海计划"，其基本做法是：由经合组织邀请知名教育专家与各国有关部门配合，弄清教育现状和现有人力资源、使用状况，未来一段时期内产业结构变动、各部门的发展可能提出的人才需求，在此基础上制订教育发展规划。发达国家一般均接受并按社会需求理论发展高等教育，并成为各国 60 年代高等教育高速发展的理论基础。这一理论的基本主张是：教育是消除社会不平等的一个重要手段，教育机会应当均等；国家除免费实施一定年限的义务教育外，应保证每一个合格如取得高中毕业证书、通过高校入学考试并希望升入高等学校学习的青年都有机会接受高等教育，包括免缴或少缴学费，提供各种形式的赞助，使他们不至于智力上合格但由于家庭和本人的经济能力有限而不能接受高等教育。当然，这些国家能否和何时真正、完全做到这一点，尚待观察，但它们在这一方面的努力和已经取得的进展，值得坚持社会主义制度的国家去认真加以研究，从中借鉴有益的东西。值得注意的是，我们从统计表上看到，高等教育毛入学率十分接近或已超过大众化要求的近 20 个发展中国家和地区一般都接受了社会需求理论。印度和巴西是接受并受这一理论影响的两个大国。印度 1975 年高等教育毛入学率达 8.6%，此后逐步下降，1988 年只有 6.1%；巴西 1980 年为 11.5%，到 1988 年下降到 10.9%。印度和巴西的情况说明，按社会需求理论发展高等教育是需要条件的。不顾条件去按社会需求发展高等教育，可能导致教育质量下降，大量毕业生失业，有限教育投资浪费，削弱基础教育等弊端。发展中国家仍应主要考虑人力需求。与此同时，根据国力增长和人民收入提高的程度逐步提高满足社会需求的程度。

三　发展规模

不同的发展理论制定发展规模的依据和做法是不同的。社会需求主要依据人口因素，即同龄人口中有多少人能取得高级中等教育合格证书并愿意上大学。人力需求理论则依据经济社会发展可能提出的人才需求。按照后者，是否存在一个与一定经济发展水平如人均 GDP 800—1000 美元时相适应的高等教育发展的规模系数呢？当我们按此去查日本、韩国（1977 年为 1028 美元）、中国台湾的情况时，发现这些国家和地区人均 GDP 达到 1000 美元时，高等教育毛入学率一般都在 10%—15% 之间。在这些国家和地区高等教育毛入学率和每 10 万人口中大学生数较为相近，详见下表。

国家/地区	人均 GDP（美元）	达到年份	该年高校毛入学率（%）	该年每 10 万人中大学生数（人）
日本	928	1965	12.90	1000
巴西	1095	1975	10.70	1009
韩国	1028	1977	11.6	1915
泰国	1170	1989	14.9	1660
中国台湾	913	1974		1780

这些国家和地区相近的数字不能说没有一定的参照价值，即人均 GDP 1000 美元左右时，高教毛入学率达 10% 以上，每 10 万人口中的大学生数达到 1000 人以上。但更大范围的相关统计数字比较说明，这些相近的数字并不能作为一般规律。因为：

1. 在按世界银行划分的标准将 61 个国家和地区划分成低收入、中下等收入、中上等收入和高收入四类国家和地区并在同一类中进行相关数字比较时不难发现，人均 GDP 水平相近的国家和地区中，高等教育毛入学率和每 10 万人口中大学生数可以相去甚远，如印度毛入学率在 15 个低收入国家中居第一位，但人均 GDP 只占第九位；在中下等收入国家中，菲律宾毛入学率 1988 年已达 26.3%，每 10 万人口中大学生数达 2659 人，已达一般发达国家水平，但人均 GDP 仅 700 美元；同类中的马来西亚 1988 年人均 GDP 已过 2130 美元，毛入学率却只有 6.6%，每 10 万人中大学生只有 653 人，都低于不少国家人均 GDP 1000 美元时的水平。

2. 到 1988 年，日本人均 GDP 已高于美国，联邦德国与美国相差无几，日、德在国际市场上的竞争力、对美贸易的巨额顺差和二战后迅速成为经济大国，已为世人所关注，而日、德毛入学率只及美国一半。尤其在经济高速增长的 60 年代，1960 年和 1970 年，美国毛入学率已达 32.07% 和 49.43%，已开始向所谓普及化迈进；同时期德、日的毛入学率分别只有 6.11%、13.11% 和 9.45% 及 17.02%，分别比美国低几倍，并且联邦德国的教育投资占国民生产总值的比例，在西方几个主要工业大国中，一直是较低的。这说明，经济发展速度快、规模大，并不等于效益好。考虑速度、规模，必须顾及效益。比较日、德尤其是德国的情况说明：教育的总体效益取决于整个教育结构是否合理和符合本国产业、技术结构和国情；是否有一定质量保证；本国的社会制度和劳动制度与经济发展能否充分吸纳并激发经过教育和培训的人员的积极性、创造性和责任心；同样，经济增长需要众多的国际国内条件，良好的教育只是其中之一。

四　发展模式

在选择发展模式时，各国普遍重视规模效益和合理的地理分布，实行内涵发展与外延扩大相结合；重视挖掘老校潜力，使之发展成万人、几万人乃至十万人以上的巨型大学；同时，建立新型院校，调整院校层次结构，打破大学一枝独秀的局面，实行高等教育发展的多样化、职业化、灵活化。

从学校性质和经费来源上分，有公立、私立之分。西方发达国家除日本私立学校学生占学生总数的 75% 外，包括私立学校学生占 1/4 左右的美国，都是以发展公立大学和学院即以国家通过税收投资为主要途径来满足社会需求。值得注意的是，私立高等教育在部分国家，尤其是经济和高等教育发展较快的国家和地区仍然占有相当大比例甚至成为扩展高等教育的主要途径。据印度学者蒂拉克搜集的资料统计，私立高等教育占50%以上的国家有菲律宾、韩国、印度尼西亚、哥伦比亚、塞浦路斯、缅甸、孟加拉国、印度、巴基斯坦。智利、巴西、马来西亚分别占45%、35%、24%。高教毛入学率在发展中国家仅次于阿根廷，与发达国家相比仅次于英国、加拿大的韩国，1988年毛入学率达36.2%；在27个人均GDP550—5340美元之间的国家中仅次于阿根廷、韩国的菲律宾，1984年和1985年私立高等教育分别占76.9%和84%，中国台湾1989年私立高等学校学生已分别占本专科学生数的60%和81%。私立高等学校产生和发展的原因各异：有宗教原因，如西欧一些国家现存的少量私立学校；有民众愿出高价寻求高质量教育；在发展中国家和地区，更多的原因则是由于社会和人力需求膨胀，政府主张满足但又无力满足这些需求，便将负担转嫁到民众头上，放手发展私立高等教育，作为替代办法；也有些国家如日本、韩国，教育经费占国民生产总值的比例多年位于世界前列，但国拨经费首先保证基础教育，高教经费分别占经费的20%左右，甚至8.4%（1983），菲律宾只占2.33%（1982—1983年为0，发展高教则以学费形式从民间筹集，辅之以政府补助、各种捐赠和学校其他收入）。自60年代以来日本、韩国和中国台湾私立高等教育大致都先后经历了应运而生，迅速发展，政府出面调整、整顿，逐步增加财政补贴，并借此增强干预，促其提高质量，使其进入规范化阶段。从众多国家发展私立高等教育的经验看，当国家无力面对和满足日益增长的社会和人力需求，而国民收入提高，已具备相应的承受能力时，这不失为一条辅助途径。在我国，这还有利于在高等教育运行机制中引进一个竞争伙伴，增强我国高等教育运行机制的活力。问题在于如何通过立法和财政补助手段加以引导和控制，做到放而不乱，管而不死，有一定质量保证，与作为主体的公立部分相辅相成。我国各种形式的民办实即私立高等学校业已存在多年，虽面临和存在不少问题，但也显示了一定的活力和生命力，现在应当是考虑何时和用何种方式予以鉴定、认可，使之逐步规范，并正式纳入我国高等教育体系的时候了。

五　发展的调节机制

当代世界只存在两种调节经济生活的机制，即以市场调节为主的机制和以计划调节为主的机制。教育体制一般依附并从属于政治和经济体制。在计划经济体制中，高等教育发展规模是通过人为的计划确定的，虽然这种体制在一定时期一定条件下促进了高等教育的持续发展，但实行这种体制的国家的实践证明，它往往使学校失去活力，脱离实际，又往往掩盖了供需和学用脱节等弊端；在以市场调节为主的机制中，高等教育的发展规模不是也不可能通过人为的指令性计划加以确定，而是国家通过拨款和一定立法手段加以引导，由市场需求最后决定的。相当一批西方市场经济国家在 60 年代和 70 年代前期都曾认真地尝试过通过教育规划控制和调节高等教育发展。由于实践证明市场经济条件下和经济发展越来越国际化的形势下，很多因素难以或不可预测，从 70 年代后期开始，一般对教育规划持怀疑或否定态度，认为与其规划科学性、可行性差，既造成浪费又造成被动，还不如交由市场去调节，辅之以国家通过拨款和立法进行宏观调控，较为灵活、主动，能促进学校较快地适应变化。当然，这种机制中，一定比例的毕业生在一段时间内失业会成为一种经常以至正常的现象。但市场经济国家的实践证明，一般情况下，接受教育程度越高，失业率越低，失业时间也较短；在建立了必要的失业保险的条件下，少量的失业，有利于促进人们上进。当然，一些国家不顾条件按社会需求理论发展高等教育尤其是私立高等教育，容易带来文科、社会科学毕业生过多，造成大量的、长时间结构性失业的状况，应引以为戒。

我国正快速向社会主义市场经济过渡，原有的计划体制下的调节机制正面临"皮之不存，毛将焉附"的形势。比较两种不同的调节机制，借鉴西方市场经济国家高等教育发展调节机制中科学的有益的成分，将对我们摆脱旧体制的惯性，建立新型的、适应社会主义市场经济和我国国情的新的调节机制，具有重要的现实意义。

参考文献

1. 联合国教科文组织《统计年鉴》（1972—1990 年）。

2. 世界银行《世界发展报告》（1987—1991 年）。

3. 《台湾第四、五次教育年鉴》（1976 年、1985 年）。

4. 《联合国教科文组织——世界教育报告》（1991 年）。

5. 李京文主编：《国际技术经济比较——大国的过去、现在和未来》，中国社会
   出版社 1990 年版。

（1992 年 8 月在国家教育发展研究中心咨询委员会上的发言）

境外机构和个人在华办学的
过去、现状与对策

一 问题的提出与现状

党的十一届三中全会以来，随着我国逐步实行对外开放政策，我国政府与有关国家政府签订了多项合作办学的协议，开展了政府间合作培养技术和管理人才的试验，取得了一定成效和经验。近年来，随着我国开放速度的加快，境外机构和个人通过各种渠道与我国有关部门和地区联系，要求在华独立办学或与我方合作办学，有逐渐增多的趋势。国内一些部门、地区和单位在与对方商谈办学事宜或审理办学申请的过程中，由于目前尚无法可依，无章可循，难以给对方明确的答复。另外，由于审批权限不明，一些部门和单位没有事先请示主管部门与国外机构和个人签订合作办学协议的现象时有发生，造成了工作的被动，使中央和地方教育主管部门无法实行有效的宏观管理。国家教委领导近来多次在关于教育外事工作的讲话或指示中提出要对外国人来华办学的问题加以认真研究，制定规章文件，以便有所遵循。因此，形势的发展迫切要求尽早制定出可操作的有关境外机构和个人在华办学的政策规定。

目前，境外机构和个人在华已经办学和要求办学的大致有以下几种情况：

（一）捐资助学。如香港邵逸夫先生捐资支持内地教育事业，李嘉诚先生捐资兴办汕头大学，包玉刚先生捐资兴办宁波大学等。此类兴学不属于合作办学的范围，将在国家教委正在起草的《境外民间组织和个人捐资助学条例》中专门处理此类问题。

（二）我国政府与外国政府、基金会或学校合作办学，如1981年开始建立的南京中美文化中心，1988年在北京兴建的联邦德国歌德学院，中国与联邦德国汉斯—赛德尔基金会合办的浙江经济管理专科学校、十堰汽车职业培训中心、浙江省富阳小学教师培训中心等。

（三）要求在华独立办学。办学经费由境外机构和个人负担，学校的管理体制、办学模式参照国外方式，在学校管理、人事安排、教师聘用和教材选择等方面，对方要求有更多的自主权。目前正在接触、联系的案例较多，如美籍华人，美国加勒比大学校长田树培教授提出在北京、上海创办非营利性的国际大学，日本旦旦株式会社提出在珠海投资建立一所大学，美国加州大学政治学教授卢茂吟博士向安徽省蚌埠市申请租用一块土地开办一所英语专科学校等。

（四）设立分校。如日本关东国际学校理事长松本正辉先生拟在海南省经济开发区投资建立一所国际大学，为关东国际高等学校中国分校。美国的马里兰大学也希望在中国建立一所分校。

（五）与我方合作办学。即办学经费由双方共同承担，学校的管理体制、办学模式等基本上以我为主，在学校的行政、教学管理上双方共同参与。它的类型多样，层次不等，既有合作举办某种类型的学历教育，也有与我方合作开办某一方面的课程、培训班等非学历教育。除了上面第二类提到的政府与政府之间的合作类型之外，还有企业与高校之间、高校与高校之间、民间团体与高校之间、民间与民间合作等多种形式。已经开设的有英国房地产管理学院与上海城建学院合办的高级管理班，法国（香港）文化协会与上海市虹口区业余大学合办的法语班，英国兰开夏理王学院与深圳大学合办的培养电子专业学位学生的课程等。与我方接触、探索合作办学可能性的有：美国丝绸之路教育基金会理事长赵斗河先生欲与上海有关方面合作筹办上海丝路汉语培训中心和上海大学丝路学院；香港大亚企业（集团）有限公司欲与一所国外较为著名的大学一起与上海大学合作办上海大学大亚国际商学院、上海大学大亚美术学院；新加坡金属有限公司与上海市合办一所国际学校。

二　外国人在华办学的简单历史回顾和一些国家处理外国人办学的政策

在鸦片战争以前，国外传教士开始在中国沿海区域开设教育中国儿童的学校。鸦片战争后的1844年英国人在宁波创办了中国最早的教会女子学校。第二次鸦片战争后的 1868 年，美国强迫清政府签订的《中美续增条约》第七条规定："美国人可以在中国按约在国人居住地设立学堂，中国人亦可以在美国一体照办。"从此帝国主义分子在中国设立学堂正式得到了条约上的保障。对外国人来华办学，清政府腐败无能，在政策管理上软弱无力。1906 年，清政府学部有个咨各省督抚关于外人在华设学堂应否立案文，内容申明："外国人在内地设立学堂，奏定章程并无允许之文，除已设各学堂暂听设立，无庸立案外，嗣后如有外国人呈请在内地开设学堂亦均无庸立案……"咨文原意为不承认在华教会学校的合法性，但实际上放弃了对教会学校的管理，听任各国教会自由行使教育"治外法权"。从此，教会学校不在中国政府立案和受中国教育行政当局管辖之内的数目迅速增加。根据 1911—1922 年"中华基督教教育调查团"的报告，基督教教会学校（不包括天主教教会学校）在五四运动前夕有 7382 所，学生总数达 214254 人；天主教教会学校学生数为 146000 人（学校数不详）。

19 世纪以来，西方教会在中国先后设立了 10 多所高等学校，如东吴大学（1881 年）、圣约翰大学（1894 年）、岭南大学（1904 年）、震旦大学、沪江大学（1906 年）、华南女子文理学院（1900）、金陵大学（1907 年）、之江大学（1900 年）、齐鲁大学（1919 年）、燕京大学（1919 年）等，这些教会大学在 1952 年全国高等学校院系调整时全部更名或撤销。

民国初建，教育部陆续颁布一些学校教育法令，政府对于私立学校（包括外国人在华办学）有认可的规定，但是各校遵照手续备案的为数甚少。"五四"以后，我国人民掀起了一场反对帝国主义文化侵略的收回教育权的运动。一种观点认为对外国人在华办学应加以严格的限定，主要观点包括：（1）外国人在华办学须向中国政府注册与核准；（2）学校内不得传播宗教，不得在课堂上宣传宗教，也不许强迫学生信教礼拜；（3）课程及编辑受中国机关支配及取缔；（4）不许压迫学生，不许剥夺学生集会、结社、言论、出版自由。

另一种观点认为应该取缔外国人在国内办理教育事业，因为有以下四个弊端：A. 教育为一国最高之内政，外国人自由设学，不呈报不注册不受吾国考核，侵犯我教育主权；B. 各国教育各有其本义；C. 潜移默化，受何国教育爱何国，说何国好，近似殖民，独立精神全灭；D. 内容上多为宗教，有意政治侵略，忽略我国应有之学科。

北洋政府在 1926 年 12 月公布了《外人捐资设立学校请求认可办法》共六条，内容有：外人捐资设立各学校，须得教育部认可；学校校长须为中国人，如校长原系外国人者，必须以中国人充任副校长；学校设董事会者，中国人应占董事名额之过半数；学校不得传播宗教，不得以宗教科目为必修课。另外，国外办学在形式上要向中国政府注册，按统一课程标准进行教学。

国民党南京政府于 1929 年公布私立学校规程，1933 年加以修正，其中关于外国人在华办学有以下数条：

（1）基本原则之一：外国人设立之学校亦属之（私立学校）。

（2）第六条：外国人不得在中国境内设立教育中国儿童之小学。

（3）第七条：外国人设立之私立中等以上学校，须以中国人充任校长或院长。

（4）第八条：私立学校不得以宗教科目为必修课。

（5）第十四条：有特别情形须以外国人充任校董，但名额不得超过三分之一，其董事长须由中国人充任。

总之，国民党政府把外国人在境内办学纳入到私立学校法的管辖范畴，并加入几条专门规定。国民党政府去台后，制定的教育法规一直沿袭上述规定。台湾当局在 1961 年制定的《私立社会教育机构规程》，经 1973 年、1980 年、1982 年修正的《私立社会教育机构设立及奖励办法》再次重申："外国人得依办法之规定在我国境内设立私立社会教育机构，其负责人应以中国人充任之。"

关于一些国家对外国人在其境内办学的要求和规定，我们参阅了美国、日本、法国、英国、意大利、埃及等国对外国人在其境内办学的管理法规。

外国人在美境内办学的方式有两种，一种是独立办学，另一种是与美国学校合办。这些学校多为日本人为其侨民子弟开办的，其中中小学 20 余所，大专院校将近 10 所，像 ASHIYA 大学、OSAKA SANGYO 大学、美国东京国际大学、MUKOGAWA FORT WRIGHT 学院、帝京—POST 学院、帝京 MARYCREST 学院。外国人在美办校的手段包括在美国购置地产，然后修建校园或者收买现有的负有沉重债务的中学和大学使之成为日美合办学校。这些学校的办学经费来源主要靠学生的学费和私人捐赠。学校的校方领导多半为外国人聘任，教师大部分是在美国本地聘用的。学校的课程设置、教材选用、学生招收等，如果是他国单独建立的学校，方针政策则完全由他国决定。这些学校大多授予本科学士学位及准学士学位，少数还可授予硕士学位。但授予学位的课程须得到美国民间评估机构的认可和批准。

日本、英国、法国等国的做法是把外国人在其境内所设立的学校纳入私立学校的管辖范畴。日本的私立学校法规定私立学校的设立者必须是学校法人，外国的法人或学校如要在日本设立学校，必须先申请注册成立学校法人，然后再根据日本的有关法律和政令，向日本中央和地方政府教育行政部门申请设立正规的私立学校。但根据日本目前的法律和制度，外国人无法在日本注册成为学校法人，难以设立各类正规的学校。目前，外国人在日本设立的学校共有40所左右，绝大部分为美国一些大学的分校，性质多数是留美预科学校。学生大部分是将来准备赴美留学的日本高中学生，学校的主要教师是外国人，也有一部分是日本人。教材主要采用海外本校的教材。学生赴美留学时，可以把在日本分校获得的学分带入海外本校。

在英国，对私人办大学没有具体限制。但这些学校依照法律不得授予英国的学位或证书。外国人办的可以授予外国的学位或资格证书，但英国不予承认。

在法国，《私立高等教育法》中规定，外国人开设学校，除符合法律条文外，还必须经过所在地学区总长的批准。目前，由外国人开办和管理的学校寥寥无几。一个特例是1962年创立的巴黎美国学院，1988年改称为巴黎美国大学，学制为四年，可以颁发学士学位证书，但只在美国被承认。该校完全遵循美国大学教育体制，全部课程用英文讲授。注册学生1000人左右，其中美国学生占40%，法国学生占13%，其余为他国学生。该校除进行四年制正规教育外，还设有继续教育部，招收短期在职人员培训以及投考美国大学预备班，学校主要经费来源是学生的注册费以及各类短期成人教育的收费。

意大利对外国机构和个人开办学校依据该国颁布的1636号法律。审批的主要根据是：对欧共体成员国的机构和个人视同本国机构和本国公民，申报和审批只是从技术方面的因素考虑。对非欧共体机构或个人的申请，如果申报者所属国家同意大利之间订有双边协议并有关于开办学校、文化机构的对等条款，申报者要向罗马省督提出申请并附上申报者的法人代表资格证书和有关教学计划、教科书、教职员情况等技术报告。经罗马省督审批后，再报意大利外交部文化司审批，最后报意大利教育部核准。教育部派学校督察去学校实地核查后，如一切符合办学条件或要求，则核准办学。

埃及对外国人在其境内办学主要是依据埃及《宪法》第一百六十一条的规定，需由办学一方通过外交途径向埃及外交部申请，提供有关申请文件。埃及外交部商教育主管部门同意后，由教育主管部门与外方谈判，并签署协议。协议需由埃及人民议会讨论通过，并经总统批准后才具有法律效力。目前，外国人在埃及设立的学校有两类：一类是大学。现在只有一所开罗美利坚大学，1962 年根据埃美文化合作协定有关条款建立，教学语言为英语，该校以招收埃及学生为主，教师中埃及人占一半以上，美国人占 1/3 左右。另一类是普通中小学。目前，有美国学校、英国学校、法国学校、德国学校、巴基斯坦学校等。这些学校隶属于办学国驻埃及使馆。学校的校长、教师绝大多数是外国人，学生也以在埃及工作的外国人子女为主。

三　如何认识和对待改革开放以来境外机构和个人提出在华办学的要求

教育维系一个国家民族素质的培育、国力的强盛、政治制度的巩固、民族文化特性的延续与发扬。各国对外国在本国办学均采取十分谨慎的态度。因此，这样的实践在各国均不多见。我国解放前的北洋政府和国民党政府虽然对外国人办学提出了众多限制，但教育主权问题并没有实际解决。现在，如何在总结和借鉴我国历史上和国外经验教训的基础上，正确对待我国改革开放以来境外机构和个人提出的在华办学的要求，是制定处理这一问题正确对策的首要前提。为此，提出以下几点看法：

1. 经过 40 多年的发展，新中国已自立于世界民族之林，国力和在世界上的地位同满清政府、国民党统治时相比，已不可同日而语，在处理外国在华办学问题上，已完全可以掌握主动权。因为政权掌握在党和人民手中，外国机构和个人现在来华办学，是在我们的国土上，不会再受"治外法权"的保护，可以无视我国的体制和政策。无论是独立办学，还是合作办学和联合培养，都必须遵守中国的法律，接受和遵循中国的教育方针，向中国政府立案，受中国教育行政当局的检查和监督。合作伙伴由我们选择，立法规定由我们制定，校长由我们任命或征得我方同意，课程设置、教学计划和要求要达到我国同级同类学校的要求。因此，只要我们坚持以我为主，提出明确的限制条件，并建立和健全有关规章制度，坚持原则，按章办事，就不存在丧失教育主权的问题。

2. 社会主义要赢得同资本主义的比较优势，必须大胆吸收和借鉴世界各国，包括资本主义发达国家的一切反映现代社会化生产和商品经济一般规律的经营方式和管理方法。为了赶超发达国家，实现我国现代化目标，我国的经济生活和相当一批具体的制度、规章、标准等须尽快与国际上通行的要求接轨，加速培养适应这一要求的外向型人才。推动这一进程，已成为我国高等教育刻不容缓的历史任务。由于众所周知的原因，我国高等学校在这一方面的不少学科、专业，如国际经济法、国际贸易、金融、财务会计、保险、证券、房地产，以及某些前沿科学和技术学科，恰恰比较薄弱。改革开放 10 多年，虽然通过人员交流，考察访问，派出进修学者和留学生，发生了很大变化，但相当一部分学校的上述学科、专业本身目前尚未达到与国际接轨，被国际认可。因此，在坚持以我为主，为我所用的前提下，有条件、有选择地吸收外国人来华办学，尤其是合作办学和联合培养，借鉴为我所需、于我有益的教育内容和办学经验，不失为缩短我国高等教育某些方面与世界发达国家高等教育之间的差距的可供选择的一条途径。

3. 分析改革开放以来众多境外机构和个人包括外籍华人要求在华办学或捐资助学的案例，大致可分为四类：

（1）外籍华人、港澳台同胞和友好外国人士，出于爱国、爱乡，对中国友好，希望通过办学或捐资助学，表现爱心，或流芳后世。这是多数。

（2）一些国家政府或有政府背景的机构、基金会，用其对外援助或文化交流部分款项，与我合作办学、举办培训，既可收到智力援外的效果，又可达到在我国扩大其政治及文化影响的目的。这一类型的合作为数不少。除少数遇到一些麻烦外，一般反映效果还不错，我方合作单位一般都希望继续下去。但由于 80 年代以来，西方各国教育经费日渐拮据，本国学校叫苦连天，对外援助每遭削减，这一方面的合作难以希望有多大发展。

（3）一些外国学校或个人在本国面临着人口出生率降低导致生源下降，招生不足，同时又看到中国希望出国留学和上大学的人多，教育市场潜力大，希望在中国办学或设分校，利用本校闲置的人力、物力，明确讲其目的是图利。也有的希望与中国合作办学，是为了培养本国人才以便同第三国竞争。这一类尚属少数。

（4）个别人声称在华办学就是为了搞情报，以办学或合作为名，行文化渗透和搞和平演变之实。

以上情况说明，目前我国在某些教育层次和领域有条件、有选择地允许外国机构和个人办学主要是合作办学和联合培养，不仅是必要的，也是可能的。我们应当根据不同对象，区别对待。对于第一种人，我们应当持积极的、欢迎的态度，不可因为我们的制度和法规还不健全，或由于工作上的原因，挫伤了他们的爱国爱乡之心和对中国人民的友好情谊。对第二种情况，只要实践证明是有益的，就应当促其继续发展。对于第三种情况，我们不应完全拒之门外，如合作领域确系我急需，对我有益，即使对方可一时图利，也可从长远观点权衡利弊后定夺。对第四种情况，虽个别，却不可掉以轻心，失之大意。同时，我们应当相信我们有能力发现和制止这种情况的发生。

四　对策建议

新中国成立以后，境外机构或个人来华独立办学或设立分校，在国内还没有先例。目前的接触大多是在意向和征询阶段。另外，从国外和我国台湾的情况来看，他们把外国教育机构和个人在其国家或地区办学作为私立教育看待，纳入其国内或地区的私立教育法下进行管理。但是，我国的私立教育法尚在制定过程中。因此，我们认为近期要就外国机构和个人来华办学问题制定正式的法规性文件尚不成熟。为使目前处理各种个案有所遵循，拟先制定一个《暂行规定》。按此有选择地批准一些申请，进行试验，总结经验。现在，我们提出如下一些对策建议，作为起草《暂行规定》的基本指导思想。

1. 在指导思想上，要坚持以我为主，为我所用，区别对待，存利去弊。

2. 对境外机构和个人要求独立办学要非常谨慎，严格审批，在学校设置行政管理、教学计划和大纲、师资聘用、招生和经费等方面要作出明确和严格的限定。国家、地方各级人民政府和教育行政主管部门有权对国外机构和个人独立举办的学校进行监督和审查。鼓励国外机构和个人捐资助学，积极探索和区别对待各种形式的合作办学，如政府间的合作、企业与高校之间的合作、高校与高校之间的合作、民间团体与高校之间的合作等。

3. 办学历教育从严，办非学历教育从宽。

4. 不允许国外机构和个人在华开办或合办以招收中国少年儿童为就学对象的中小学。

5. 在办学科目和专业上，对我国教育急缺和国内难以开设的新兴专业可以优先考虑，适当放开，如一些外向型经贸专业（国际贸易、对外金融、国际投资、国际财务、房地产、保险、证券等）和部分高科技、尖端的自然科学学科和技术学科。文史哲等人文、社会学科原则上不搞合作办学，也不批准境外机构和个人独立办学。

6. 西方教会不得在我国独立或合作开办各级各类学校。接受不附加条件的外国宗教团体或神职人员的捐赠可予考虑，但须报国家教育委员会批准。

7. 办学者的资格、办学条件、申请程序和审批办法要规定明确、具体，便于操作。

8. 从长远看，为有利管理，外国机构和个人在华办学应纳入私立教育法下管理。一旦我国《民办学校条例》颁布或《私立教育法》出台，《暂行规定》应进行相应修改。

（此为本人参与并具体负责、撰写的一份调研报告，1992 年 12 月 27 日完成，并以此为据，在我赴教科文组织工作前，起草和提交了教育部关于《境外机构和个人在华办学暂行规定》初稿。负责此项调研的时任教育部政策研究室主任张天保同志和教育部外事局局长于富增同志在调研设计和报告撰写等方面给予了许多指导和帮助）

论西方市场经济国家的高等教育
运行机制及其借鉴意义

当代世界高等教育界一个十分有趣的现象是，无论东方和西方，都在讨论一个共同的问题，即是否可以和如何在教育运行机制中引进竞争或市场机制。社会主义和原社会主义国家，为了克服计划经济体制造成的弊端，希望从市场机制中寻求活力，这不难理解；西方发达国家的教育在市场经济的条件下，已经生存和发展了几百年，却仍在讨论引进市场机制问题，这就不能不使人提出如下这些问题：西方市场经济条件下的高等教育运行机制是否是市场机制？它的基本特征是什么？处于这一机制中的高等学校的自主权和活力来自何处？探讨和研究这些问题，对于改革中的我国高等教育运行机制的转换，具有现实意义。

一　西方市场经济条件下高等教育运行
机制和高等学校的自主权与活力

由于政治、经济、文化和传统方面的差异，西方市场经济各国的教育运行机制都不尽相同。但据我观察，从总体上看，其高等教育运行机制一般都是由功能大同小异的四部分组成的。

1. 国家

"国家"不仅包括政府，也包括立法机构和司法系统。其主要功能是：

（1）从国家利益出发，坚持教育的政治方向。美国国会 1958 年通过的《国防教育法》即是一例。由于美国宪法没有规定联邦政府的教育职责，历史上联邦政府在教育方面起的作用很小。20 世纪 50 年代，在苏联人造卫星的冲击下，美国政治家们认识到教育在赢得冷战中的战略优势，在此后的 20 年中，联邦政府通过的教育法令和所拨款项，超过美国历史上任何时期。《国防教育法》明确规定教育必须与国家安全紧密结合起来，以迎接苏联人造卫星带来的挑战。各国教育的价值标准，人的培养目标等一般都是通过国家立法作了明确规定。

（2）选择战略重点，采取措施。自 50 年代后期开始，很多西方国家把发展重点放在高中后教育及其多样化上；与此同时，逐步提高国民生产总值中教育投资的比重。到 1970 年，经合组织主要国家如美国、英国、日本、法国、联邦德国，教育投资都达到或超过了 1961 年经合组织于华盛顿召开的教育投资与国家政策大会提出的占国民生产总值 4% 的目标。当时，经合组织正式确定了 15 年内实现高等教育大众化的目标。到 70 年代中期，多数西方发达国家达到了这一目标。此后，战后人口高峰已过，面临严重的经济衰退，许多经合组织国家教育政策重点开始从数量发展转移到质量提高，应付教育经费的锐减，实行一系列紧缩政策。

（3）协调总体规模、发展速度和学校布局。

实现这一职能的手段是减少或增加向学校的教育拨款，规定某些热门专业的招生限额，中央教育投资和建校资助向一些边远或落后地区倾斜，缩小地区差别。一个英国大学校长可有开设一个新专业的自主权，但是如果过去的大学拨款委员会（UGC）或现在大学基金委员会（UFC）不给经费或认为没有必要，这位校长仍然很难或开不了这一专业。各国政策千差万别，但国家一级政策重点一般在以上三个方面。干预教育的主要手段一般是通过立法和拨款，并且经常是两者的结合。这一点，不管是联邦制国家还是中央集权制国家，无不如此，虽然中央集权制国家对教育的控制和干预的手段一般都比联邦制国家要多一些。

2. 市场

市场经济国家的教育运行机制是否是市场机制？一个人所共知的事实是，劳务市场在直接或间接地控制和影响义务后教育的数量和质量方面起着重要的作用。各国向公立高等学校的拨款，甚至一国之中各州的拨款方式都不尽一样，但一个共同的决定性因素都是在校学生人数的多少。正是在这一领域，市场功能或竞争机制发挥重要作用。一般的中学毕业生，选择学校时首先要考虑的就是该校的教育质量，学校及其文凭的声誉，在未来劳动市场上的就业前景，然后决定去向，即所谓"用脚去投票"，从而最终影响学校的兴衰。这对那些势单力薄，主要以学生学费为生的绝大部分私立学校尤为如此。美国70年代关闭144所学校，又新成立了269所学校，就是一例。这种机制的一个好处是：市场竞争的压力迫使学校及时地适应并恰当地对受教育对象的需求作出反应，提高管理效率、教育质量和学校名声，以吸引学生，在竞争中立足并取胜。它的弊端是可能引起部分毕业生失业、教育投资浪费、质量参差不齐或下降等。因为市场的作用是自发的，无序的，是一只"看不见的手"。当人们要利用市场机制的积极方面解决问题时，就必须同时准备处理它几乎是必然要带来的弊端，这就要求国家在宏观层次上进行干预。正因为如此，西方市场经济国家高等教育运行机制并不能简单地称为市场机制，而是有限的市场调节和适当的国家干预的结合。这不仅是必要的，而且是互补的。

3. 社会参与

社会力量通过参加国家和地区甚至社区教育咨询委员会、学校董事会、学校评议会等形式参与教育决策和管理，是一些西方发达国家的传统。由于20世纪60年代教育民主化浪潮和美国、西欧的民权运动、学生运动的推动，社会参与已经成为教育运行机制的一个重要组成部分，成为国家和市场以外控制和影响教育发展的第三种力量。这是一只"有形的手"。这里的"社会力量"一般包括学者、名人、雇主、工会、家长、学生及其有关组织。当然，不同国家社会参与的形式、领域和程度都不尽相同，但一般具有以下特点：

（1）参与教育宏观决策。社会各界，尤其是雇主和雇员代表参与同教育有关的重要决策。日本在这方面即是典型一例。1955—1975年期间，日本产业界主动提出要求教育改革的报告就达15份。英国于1988年通过新的教育改革法后，将已存在70年的大学拨款委员会（UGC）改为所谓大学基金委员会（UFC），其主要变化之一就是将这一政府与大学之间的"缓冲机构"中的工商界代表人士由三名增加到六名，以增加工商界人士在有关大学宏观决策中的发言权。

（2）参与制定学校大政方针。公立学校除经营受控于政府外，学校办学的大政方针，如选举或推荐校长，通过学校预算、人员编制、机构设置、科系调整等，一般由董事会（美国）或学校评议会（西欧）作出。60年代以来，不少经合组织国家普遍通过立法规定了各种社会力量在评议会中代表的比例。奥地利甚至对一个班级的学生和家长代表的产生都作了法律上的规定。

（3）直接参与学校课程设置、质量评估和证书认可。一般由各种行业协会直接参与对学校课程、教学质量的评估和认可。这些行业协会手中的一大指挥棒就是其掌握着本行业执业资格考试和职业资格证书的发放。不少国家的法、医、工程等学科毕业生取得学位和文凭以后，还要参加本行业举行的考试并取得行业认可的合格证书以后才能就业。这对学校专业的课程设置和教学内容不脱离实际起了一定的保障作用。当然，也一般夹杂着行业保护主义。

4. 学校

在简单勾画了国家、市场、社会在高等教育运行机制中的作用以后，对于高等学校在这一机制中处在何种位置，尤其是 60 年代以来高等学校所面临的形势如何，就不难想象了。这就是，学校一方面在"教育民主化"、经济和科技发展、市场机制激励与推动下，从政府得到了巨额拨款，度过了发展的"黄金时代"；另一方面又面临国家越来越多的宏观控制、市场机制中竞争的压力和威胁、民主化和社会参与浪潮的冲击和制约，新的技术革命的挑战，学校处于多面夹击、多方掣肘之中。学校的唯一出路就是在压力、推力和引力中求生存、求变革，在变革中，在为社会服务、求得社会认可的过程中求得自身的发展。这里有两个问题需要回答。

（1）学校还剩多少自治权？什么是自治权？大学自治是西方大学的一个历史悠久的传统，是大学自诞生以来处理与国家、与教会关系中全力捍卫的一条原则，是"象牙塔"式大学赖以存在的支柱。但是，随着社会进步，大学职能日益扩大，大学与社会之间相互依赖的关系日益发展，即使在西方，也已公认"象牙塔模式"已成为历史陈迹。60 年代以来的发展趋势说明，大学面临的外界控制越来越多，自治权越来越小，可以说，大学自治已退守到招生、教学、专业设置、学术研究和学校内部管理的最后阵地。即使在这块阵地上，如前所述，外界直接或间接控制的触角也开始伸进来了，大学里教什么和怎么教是教师的权力的信条已受到挑战。除此以外，对于占绝大多数的公立学校来说，实际上意味着或只剩下执行权、实施权。私立大学要比公立大学享有较多的自治权，但是它们在自治权上，也逃避不了面临步步退缩的形势。这是因为即使是私立大学较多的国家，无论是美国还是日本，私立大学财源的 20% 左右都是来自政府，要取得这些经费，就要满足政府提出的一定条件，使用这些经费就要受政府一定约束。私立学校的一切大政方针由董事会定夺。而董事会人员组成中常常包括来自政府或政府指派、推荐的人，包括来自教育部门以外的所谓"外行"。校长由董事会聘请，负责执行董事会的决议。

（2）学校还有没有活力？活力来自何处？我认为对第一个问题的回答是肯定的。不过，这种活力与其说是来自学校的自治权，还不如说来自政府、市场、社会的压力、推力、引力和学校的一定的自治权力的结合，来自于外力和学校一定自治权力的相互作用。那种认为西方大学自治意味着大学是一个完全独立的办学实体，有决定一切的权力，并以此作为我国高校改革和增强活力所追求的目标，显然是不符合实际的。当然，同时也必须承认，外因是变化的条件，内因是变化的根据，学校如果不能保留一定的、必需的自治权，即调整自身、适应社会变化和需求的能力、动力和潜力，并置身于一个运行灵活、有效、透明、公正的机制，即使有外界压力，也不可能发生人们预期的变化，西方市场经济国家高等教育60年代以来的发展变化也可能是不可想象的。

综上所述，已不难回答西方市场经济条件下的高等教育运行机制究竟是否是市场机制。我认为答案是否定的：不是市场机制，不是完全通过市场调节决定整个高等教育兴衰成败的机制，而是一种"混合"（Mixture）机制，是四个组成部分的有机结合和相互作用。因为在这一机制中，只是在学校招生、学生就业、专业设置和调整、争取科研项目、新教师和职工的招聘等领域中利用市场竞争的手段。西方发达国家二战后高等教育迅速发展的实践说明，对高等教育尤其是以公立学校为主体的高等教育体系兴衰起主导作用的是国家。国家不仅是出于经济考虑，而且也出于政治、军事、社会、文化方面的考虑制定战略和决策，即不单是根据制约市场经济机制运行的经济规律来决策。正因为如此，学校不像商品生产者那样以不断降低成本和追求利润为目标，即使是私立学校，国家一般也禁止其完全或主要以盈利为办学目的；毕业生不作为商品在市场上按成本加利润定价出售；公立学校经费大部分由国家统包，学生免费或只缴少部分费用，私立学校经费一般享受国家部分补贴；对一部分资深教授实行终身制。这四部分各有其存在的合理性，各司其职，通过国家的宏观协调，相互激励又相互制约，形成合力，推动着这些国家高等教育事业向前发展。如何评价这种运行机制的实际效果，这当然不是一篇文章能够说清楚的。但是，从二战后西方主要市场经济国家高等教育发展的实践看，至少可证明以下几点：

（1）战后40年中，这种机制促进了各国高等教育的大发展，高等教育毛入学率一般已达30%以上，进入了所谓大众化的阶段，每10万人口中大学生数达2000—5000人之多，是我国的6—10倍。少数国家，如美国、加拿大已超过60%，大大提高了劳动者队伍的整体素质。以联邦德国为例，50年代初期高等教育毛入学率还只有5%左右，目前已达32%。这在世界高等教育800年的发展史上是史无前例的。

（2）各国尝试教育规划的实践几乎都证明，市场机制下制定和实施教育规划是不可行的。但通过国家干预和市场调节的结合，在各国发展中，却很少发生长期的人才短缺现象。短时期的某种专门人才的短缺，一般通过市场调节和国家干预，能较快得到满足；某些专业的毕业生存在毕业后一段时期失业现象，但总的来说，大学毕业生失业率远远低于较低文化层次的人员的失业率，失业的时间也比较短。

（3）为适应市场需求，经常进行各种形式的"微调"，使学校科类和专业结构基本适应本国经济和社会发展需求，社会上出现的各种需求和问题，都能较快反映在学校的专业设置调整、教学内容的创新中，不至于出现如计划经济体制国家存在的长时期内高等教育层次和科类结构不合理，教学内容脱离社会生活实际而不被觉察，得不到调整，学校照样按照自身招生能力招生而安然无恙的状况。这种机制的形成不是偶然的，它既是资本主义政治制度的产物，又在不少方面反映了社会化大生产和科学技术发展对高等教育发展的必然要求，反映了人类社会的文明和进步。

形成这种机制的原因是多方面的，主要有以下三点：

1）自20世纪20年代后期以来，很多实行市场经济的国家为克服市场带来的周期性危机所造成的后果，纷纷采用多种形式增强国家对经济生活的干预。教育是国家和纳税人的一笔巨大投资，一般已占各国国民生产总值的6%左右，由此责任问题（Accountability）自然产生，即政府有义务检查并向议会和公众说明这一部分资金使用的合理性和效益。同时，教育在解决政治、经济、文化以及伦理道德等问题中具有越来越重要的作用，它同一个国家的交通、通信、能源等行业一样，已成为一个国家发展必不可少的"基础设施"之一，甚至是最重要的"基础"——人力资源与国民素质。如果投资大又无利可图，或短期内难以获利，无论从垄断资产阶级的利益出发，还是从全社会的利益出发，国家都不能不管。

2）国家干预和福利政策不能代替市场手段的作用，是西方市场经济国家高等教育运行机制发展变化的一个重要教训。社会主义国家在一定时期一定条件下的高速发展，曾引得资本主义国家前来"借鉴"。法国、联邦德国、北欧、南欧国家 60 年代兴起的、通过制定高等教育规划干预教育发展便是一例。但到 70 年代中期以后，这种规划的可行性便普遍受到质疑，以致很少有人再坚持下去，或者成了一种已没有数字的所谓"战略"规划。原因很简单，未来很难预测。两次石油危机，长时间走不出困境，谁也未曾料到。与其人才规划脱离实际，造成浪费和被动，还不如仍交给市场去调节。这便是教育规划在西方很多国家已经走过的大致历程。另外，很多国家大学普遍免交学费，只收少量注册费，学生普遍享受补助，这是西方发达国家 60 年代高教大发展时期普遍实行的一项政策。但后来发现，其弊端之一是并不利于调动学生学习的积极性，激励学生在合理期限内完成学业。因此，从 80 年代早期开始，很多国家改用市场手段，实行低息"贷款制度"。对学校实行"切块包干拨款"又是一例。英国的 5 年一次"切块包干"，曾使英国大学校长获得比各国大学都大得多的自主权，并为各国大学校长所羡慕。但这不利于激励素有"象牙塔"传统的英国大学适应不断变化的社会需求。因此，英国 1988 年教育改革法不顾大学的反对，改变了这一做法，把市场机制中通行的"招标"的做法引进了教育经费分配机制，迫使学校参与"竞争"，适应经济和社会发展需求。用市场手段克服已被实践证明的国家干预手段和福利政策中存在的弊端，是 70 年代后期以来西方发达国家高等教育改革中的一个重要趋势。

3）西方不少国家有捐资办学和社会参与管理学校的传统。此外，促成社会参与走上法制化轨道，并普遍实行起来，一个最重要的动因便是60 年代西方各国兴起的民权运动和学生运动。从法国，原联邦德国到美国，60 年代对本国高教制度产生重要影响，对社会参与的各种形式、比例和权限作了明文规定的很多法律，都是在这些政治运动压力下通过的。

二　转换机制，增强学校活力，是我国高等教育改革的关键问题

我国经济体制的改革，通过多年探索，现在明确提出了深化改革的重

点在转换机制——从计划经济体制向社会主义市场经济体制转变。我认为，这一结论同样适用于我国的高等教育改革。原因至少有三个：

首先，我国的高等教育改革的深化，关键也在于转换机制。教育体制总是依附并服务于一定的政治、经济体制，世界各国，无一例外。长期以来，我国教育体制是依附并为我国的计划经济体制的发展做出了重要贡献的，但这一体制给教育事业的发展带来的弊端也十分明显：学校作为国家教育行政机关的附属物，从国家手中取得经费，由国家确定专业设置、课程结构、招生数字，毕业生由国家统一分配，学校人、财、物由国家控制。学校只要有国家指定的任务，不愁招不到学生，不愁毕业生失业，不愁发不出工资，更不愁学校脱离实际或办不好会关门。因此，这一机制最根本的弊端就是国家包得过多，干预过多、过细，学校缺乏主动适应经济和社会需求发展变化的压力、动力和活力。现在我国的经济正在迅速地向市场经济过渡，教育体制面临着"皮之不存，毛将焉附"的形势；实际上，前几年人才需求的浮动已经向统招统分的体制提出挑战，依靠原有体制提出的"行业包专业，地方包生源"对付人才供求浮动的办法只能是权宜之计。随着经济体制的转轨，企事业单位用人自主权越来越大，劳动人事制度的配套改革，全员劳动合同制的普遍推行，人才流动增多和劳动市场上的选择和竞争越来越激烈，高等学校学生统招统分的体制和运行机制将越来越不适应我国改革和发展的要求。

其次，运行机制涉及整个体制、制度和这一机制的各个有机部分。机制的转换不仅要改革体制和制度，还要调整甚至改变各有机部分的功能，建立起新型的各个部分之间相互激励、相互制约、协调运行的新机制。不完成机制的转换，就谈不上从根本上"理顺"关系。我国10多年来的经济体制改革和高等教育体制改革的大量实践说明，不从大处着眼，创造条件，尽快完成整个机制的转换，任何单方面的改革都会因旧体制中多种相关因素的掣肘难以甚至不可能单方突进，取得成功。解放以后，我国经济体制改革和高等教育改革中不止一次仅以放权为中心进行的改革尝试，都导致了"一放就乱，一乱就收，一收又死"的恶性循环，就是例证。

最后，大学在传统上有保守的一面。在大学800多年的发展历史上，只是发展到了20世纪60年代，社会、经济和科学技术进步突飞猛进才迫使它走出"象牙塔"时代，建立起与社会和经济发展从未有过的相互渗透、相互促进的紧密联系。我国高等教育改革的理想目标是使学校"主动为社会主义建设服务"。要完成这一目标，使学校"主动"起来，并非易事，并非只靠发文件、做号召便能奏效。唯一的办法是赋予学校必要的自主权，与此同时，把学校置于相应机制中，使其面临市场需求与变化的压力，社会各界的推力，国家通过立法和拨款手段实施的具备一定强制性的宏观调控与引导，面临不进则退甚至出局的境地，理想目标中的"主动"精神才能产生，计划体制下的弊端才能克服。

三　西方市场经济条件下高等教育运行机制对我国的借鉴意义

社会主义市场经济与资本主义市场经济最大的区别在于前者以公有制为主，后者以私有制为基础。在运用价值规律，实行法人独立经营，鼓励竞争，优胜劣汰方面，有共同点。值得注意的是，大多数西方市场经济国家都拥有一定比例的国有制经济，即能源、交通、通信等私人难以承办、没有或很少盈利又为国家建设所必需的基础性设施，教育和一系列社会福利事业以国家为主来承办。在我国以公有制为主的社会主义市场经济中，基础设施和教育事业势必继续以国营和国办为主。因此，两种市场经济体制中的高等教育的宏观背景、地位、作用及其所属的运行机制，在诸多方面是相通、相近或类似的。在将要建立的社会主义市场经济条件下形成的高等教育运行机制中，不少方面可以从西方市场经济下形成的高等教育运行机制中得到借鉴，对于那些经过实践证明行之有效并反映一般规律的东西，应结合我国实际，大胆地实行"拿来主义"。我认为，无论是从市场经济条件下高等教育运行机制的实际效果来看，还是从社会主义的基本原则来看，社会主义市场经济条件下高等教育运行机制可以而且应当由国家、学校、市场、社会参与四部分构成，代替原来反映计划经济体制主要由国家和学校两部分构成的运行机制。当然，各部分的功能可视我国国情，作必要和适当调整。

（1）国家。无疑，国家干预应当坚持，但在职能上应作重大调整，在手段上应大胆借鉴西方市场经济国家的一些做法。过去的问题不在于国家干预存在本身，而在于干预过多、过细，在于宏观调控职责不明，手段不力；微观管理上则通过计划制订和执行、经费划拨和使用、人事任命、工资制度、审批专业、教学大纲、招生人数、对外交流等，注重对学校进行行政上的控制，管了很多应由学校自己决定、由市场调节、通过社会参与解决的国家管不了也管不好的事情，从而使学校失去了活力和动力。今后，国家干预应集中于宏观层次，逐步从取学校而代之的行政管理中解脱出来；应善于主要依靠和利用立法和拨款手段，因时因地制宜地辅之以有限行政手段，以保证教育发展改革的政治方向，调控教育发展的总体规模、速度、重点和布局，促进教育质量提升，保障教育公平；当前和今后一段时期，应把重点放在深化改革，完成运行机制的调整和转换；研究和制定发展战略，采取战略措施；建立和完善为学校服务的体系等，向学校提供人才市场需求信息，供学校参照的人才需求预测，为学生就业的咨询服务，为社会参与学校教育和学校选择办学面向和服务社会牵线搭桥；抓紧教育立法等。国家依法管理学校，学校依法办学，通过法律确定国家与学校的关系、学校设置和质量控制标准；改革学校内部管理制度和运行机制，增强学校适应社会需求变化的生机和活力等。

（2）在一定范围、一定领域引进某些市场竞争手段，将教育发展中不可能通过规划或计划解决的部分，交由市场调节解决。我国过去的招生计划虽为计划，但带有相当的主观随意性。学校根据自己的培养能力而不是经过调查，根据变化的社会需求提出本校招生数字。国家的招生总数则大体以学校所报的数字为基础。由于实行"铁饭碗"的人事制度，毕业生供需中的矛盾，毕业生学非所用等教育投资低效问题被掩盖了。在我国经济体制向市场机制转换、劳动人事制度改革以后，这一矛盾必将暴露，这一状况也不可能再继续下去。今后国家计划任务拟重点保证国家重点建设项目、国防建设、文化教育、基础学科和高技术、边远地区和某些艰苦行业所需要的部分专门人才。这一部分，包括国家所需要的基础研究项目，要改变传统的指令性计划的办法，实行国家调查和核定人才需求和研究项目，带经费公开招标，学校投标争取国家投资的招生和科研任务，按任务取得国家的经费；学生志愿报考这类公费生专业，同国家指定的用人单位签订合同，以此为据，享受公费待遇，毕业后到合同单位服务规定年限后方可流动。其余部分，如三资企业、乡镇企业已经实行自主经营、自负盈亏、产品由市场调节、自定人事编制的企业等方面的人才需求，则通过人才市场加以调节。

（3）建立、扩展和深化社会参与，使之法制化。我国教育发展的方针是教育必须为社会主义建设服务，社会主义建设必须依靠教育。但是，在原有计划管理体制及其运行机制中，从组织上来说，长期以来是"两张皮"，搞经济建设的人只知道要人，一般不了解、不关心人是如何和怎样教育和培训出来的，不关心教育的结构，教育内容、方法、教育质量和标准等；搞教育的则不了解、不关心经济建设不断的发展与变化对教育从宏观到微观各个层面提出的要求和影响。这种状况必然不适应正在建立的社会主义市场经济运行机制。随着我国教育的发展与改革的深入，国内和国际市场竞争的日趋激烈，企业将日益注重科技开发和劳动力综合素质的提高、人的教育和培养；学校不主动关心经济建设和人才市场，将面临越来越多困难，甚至会出现难以为继的局面。学校和社会之间从组织上建立有效联系的必要性，将为越来越多的人所认识。因此，从我国国情出发，借鉴西方市场经济国家建立各种形式社会参与的经验和教训，逐步建立、扩展和深化各种形式的社会参与，并使之制度化、法制化，应当成为我国高等教育改革和建立新的运行机制的一项重要任务。要注意的是，我们不应当只从形式上去考虑，而应当注意多探讨各种形式的社会参与中各部分的功能和作用、权限和责任，以便通过建立社会参与来形成一种我们希望已久的、真正的"服务"与"依靠"的互促机制。

（4）学校是办学实体，任何精心设计的教育方针、政策、战略、措施最后都要通过学校去落实；教育投资的效益最终取决于学校的最后产品——毕业生的数量、结构和质量，他们的创造力、责任心和适应性；取决于学校发现、创造、传播新知识、新技术、新技能的能力和效果。如果学校没有起码的、必要的自主权，使之能对不断变化的外部世界作出反应，学校就可能失去生机，教育的各种目标就必然落空。我认为，起码和必要的自主权应当包括：

在保证完成通过招标取得的国家投资的培养任务的前提下，学校有权根据学校自身条件，参照国家教育、人事、劳动等部门提供的人才和人力需求预测，适应劳动和人才市场需求，遵循或参照国家提出的增长幅度，自主决定招收委托生、自费生的数量，提供社会所需要的各种教育和培训服务；除国家重点投资、对国计民生有重大影响的专业外，学校有权调整、增减本校学科、专业、课程和选编教科书；学校有权决定学校管理结构、干部配备、任用等内部事务；除少数国家戴帽下达的专项经费外，学校有权调节使用从政府和非政府渠道取得的经费；学校有权对教授和少数有突出贡献的人员实行终身制，其余人员学校有权聘用或解雇；学校有权遵照国家有关法律，以独立法人身份与外界签订研究、开发、技术转让及和其开办相关产业的合同；学校有权依靠自筹经费，独立开展国际人员和学术交流。运行机制的转换涉及教育本身及其相关的政治、经济、科技、人事等体制、制度及其各个组成部分功能的转换与调整，非一日之功和轻而易举，需要通过试验，稳步前进。无疑，在这一转变中，借鉴西方市场经济国家的经验和教训是必要的，我们可以从中得到很多启示。

参考文献

1. OECD in Figures. Statistical on the Member Countries: 1988 Edition. OECD Paris, 1988.

2. Educational Trends in the 1970s. OECD Paris, 1984.

3. Educational Policy, An historical Overview of OECD work. OECD Paris, 1980.

4. Policy Conference on Economic Growth and Investment in Education. Washington, October 16 – 20, 1961. OECD Paris, 1962.

5. Policy for Higher Education in the 1980s. OECD Paris, 1983.

6. Universities under Scrutiny. OECD Paris, 1987.

7. Post – Graduate Education in the 1980s, OECD Paris.

8. Great Expectation and Mixed performance, the Implementation of Higher Education Reforms in Europe. Ladislav Cerych and Paul Sabatier, Foreword by Clark Kerr.

9. The Control of the Campus, A Report on the Governance of Higher Education. The Carnegie Foundation for the Advancement of Teaching.

10. Higher Education and the Labour Market, Edited by Robert Lindley, Published England, 1981.

11. University and Society, A Student's point of View, 7 compiled and printed by the International Union of Students (IUS), 1986.

12. OECD Employment Outlook. OECD Paris, 1987.

（载《教育研究》1993 年第 1 期）

教育改革中引进某些市场手段的辩证法
——来自西方发达国家的启示

教育周期长、效应滞后的固有特点，要求教育宏观决策和研究人员注意用战略眼光，预见和分析重大社会变革和发展趋势对教育可能带来的影响，超前采取对策，以便在我国未来的历史性的改革大潮中取得主动。我国社会主义市场经济机制的建立将会给教育发展与改革带来哪些重大影响，是否或应当导致教育市场机制的建立，使教育商品化、市场化，已引起不少教育科研人员尤其是一些中青年教育科研人员的极大兴趣，也是摆在一切指导教育发展、改革和革新的人们面前亟待回答的重大问题。它山之石，可以攻玉。了解和研究长期实行市场经济的西方发达国家教育走过的历程，尤其是二战以来的发展变化、主要趋势、未来走向及其原因，了解和研究其教育运行机制形成的背景、原因和根据，找出那些反映现代社会化生产和商品经济一般规律的原则和做法，经验和教训，对于研究如何从宏观决策角度估计、分析和对待市场经济机制对教育发展与改革可能带来的影响和对策，具有重要的参考价值，并可能有助于回答某些仅从经济和市场规律出发，或仅根据概念和理论推导回答不了或回答不好的问题。本文试图从国际比较的角度，就以上问题谈几点浅见。

一 市场经济机制对教育发展与 改革可能带来的重大影响

（一）市场竞争尤其是公平竞争的法治秩序建立起来以后，必然要求与之相适应的教育数量上有一个较快发展，质量上有一个较大提高。在我国加入关贸总协定，我国经济置身于激烈的国际经济竞争的大环境以后，这种要求势必更加迫切。我国教育一些方面数量和质量上的不相适应就将更加明显。20 世纪 60 年代既是西方发达国家经济增长的"黄金时代",也是教育发展的"黄金时代";70 年代后期起进入滞胀阶段以来,美国和西欧的一些政治家们一方面侈谈"教育危机",鞭挞教育失败和质量下降,使"国家处在危险之中";另一方面,在制定克服危机,解决失业问题,改变国际竞争中的被动状态的方案时,改进本国的教育与培训又始终作为根本出路之一。西方发达国家正反两方面的经验都说明了教育在市场竞争中的战略地位。我们应当按"三个面向"和参与国际竞争的要求筹划教育的未来发展与改革。

(二)以 70 年代早期形成的终身教育理论为指导,构建正规、非正规、非正式教育之间及其内部各个层次、各种类型之间相互沟通、反应灵活的大教育体系,是西方市场经济国家教育发展过去 20 多年中的一个重要趋势,是人类进入信息时代以后国际经济竞争加剧、科技进步加快、产业结构大调整的必然产物。它有利于人的知识和技术、技能更新,有利于解决结构性失业大军的岗位转换,有利于寻求解决人们越来越多的闲暇时间、就业方式的变化、失业时间的合理利用、新的退休安排等问题的替代办法,它符合"实践—认识—再实践"的认识规律,学习上可收到事半功倍的效果。正因为如此,这一思想一经提出,就被西方很多国家接受,作为教育改革和革新的一个重要指导思想,并通过立法和拨款措施加以实施。日本人提出的要建立一个学习的社会,布什在其《2000 年教育战略》中提出的使美国成为一个"人人都是学生的国家",意均在此。我国早有朴素的"活到老,学到老"的终身教育思想,我国的正规教育、非正规教育和非正式教育都有相当规模,如何以终身教育理论为指导,增强各部分教育自身的灵活性,同时又使各部分教育之间以及各部分教育内部不同层次、不同类型之间相互转换渠道畅通,形成具有我国特色的大教育体系,是我国想要在未来国际竞争大环境中取得主动必须解决的一个战略问题。

(三)人们对计划经济体制下形成的教育运行机制的种种弊端已无异议,问题在于如何建立一个适应社会主义市场经济需要的新的运行机制。由于旧的运行机制的某些部分已开始被打破,相应的新的运行机制尚未建立和运行而可能造成某些失控现象,就使解决这一问题更具有一定的紧迫性。在这方面,西方市场经济国家 60 年代以来逐步形成的教育运行机制有重要的参照价值。这一机制的基本特点是:国家通过立法和拨款手段起主导作用；市场主要是劳务市场对教育发展规模、速度、层次、结构、质量发挥调节和制约作用；雇主、工会、行会、专业协会等社会力量参与教育质量、规格、内容、方法的监督、评估和管理。学校依据法律保留对市场和社会需求作出灵活反应的必要的自主权，自主办学。四个部分相互激励，又相互制约，推动着教育向经济和社会需求的方向发展。这一机制代表了社会各个部分的利益，由各个部分代表参加，具有较明确和合理的分工，反映了现代社会中现代教育与国家、市场和社会相互作用的普遍规律。80年代以来，许多西方国家在教育改革中对各部分的作用及其相互关系有所调整，但很少有人对这一机制构成本身的合理性提出疑问。因此，在我国调整国家的职能及其与学校的关系、使学校获得必要的办学自主权，使市场参与调控、影响和制约教育发展，各种社会力量发挥参与功能，将是社会主义市场经济对建设我国新的教育运行机制的必然要求。

（四）市场经济形势多变，竞争激烈，人一生中一般会多次面临职业转换或失业危险。市场经济的这一特点必然要求革新教育思想、教育内容和教育方法，要求专业划分、课程设置和教学管理有相当的灵活性，要求革新教学方法，多用启发式，发挥学生学习的主动性，尤其要教会学生学会学习，使教育培养的人有宽厚而扎实的基础，有创造性、灵活性、适应性和主动性、责任心。虽然近年来不少发达国家由于一段时期内过分强调儿童的个性发展，有点"活"过了头，影响了基础教育质量，又重新提出统一要求，如英国、北欧一些国家设立"全国核心课程"，但以上各点，仍然是这些国家教育教学思想中的一些基本原则。我国要大范围地培养素质高、适应性强的劳动力和外向型、复合型的专门人才，就必须认真反思在计划体制下长期形成的教育教学思想、专业和课程设置、教学内容和方法中不适应市场经济要求的部分，下大力气纠正和克服我国学校考试制度带来的各种弊端和痼疾。

（五）市场经济和价值规律对教师队伍稳定、提高带来的影响以至冲击，不可轻视。当然，教师实际收入和大部分其他行业实际收入的差距产生的影响早已有之，留住中青年教师中的一些佼佼者，在有些学校或有些系科，已经成为相当尖锐的问题。可以预料的是，随着市场机制尤其是劳务市场机制的建立和完善，人才争夺、人员流动与择业机会的增多，收入差距进一步拉大，这种影响以至冲击还将加剧。在这里，只要教师劳动的价格同价值背离太大的状况没有得到基本改观，价值规律就会一直起作用，教师队伍的稳定就始终是一个问题。在发达国家中，像日本那样做到使教师职业成为人们羡慕的激烈竞争的职业的国家屈指可数，但教师一般能取得社会的中等收入，享受中产阶级的生活，舒舒服服，体体面面，收入虽比从商、从医、从事律师等行业低，但加上职业稳定、寒暑假长等好处，多数人心理上是平衡的。1989年，美国卡内基教学促进基金会向1000名大学教师进行抽样调查，询问"你如何评价你的工资"，结果79%的人回答很好、好和可以，只有21%的人认为差。即便如此，在一个学校中的商学、医学和法律专业教授的工资或实际收入可能仍然比其他学科同行高50%甚至1倍以上，不然，就不可能留住这些人，因为这些人到社会上工资会更高。

（六）市场竞争历来超越国界。50年代以来，经济和贸易发展区域化、集团化不断增强。欧共体统一大市场的运营，将使其会员国边界逐步失去经济屏障的意义。教育国际化的口号应运而生，并已为越来越多的国家所接受并作为指导未来教育发展的一条方针。虽然这一口号的内涵尚无明确的界定，但一般多从加强本国在国际竞争中的地位、加速培养适应这一需求的人才出发，更多地注意教育国际交流与合作，增加互派学生、教师以至行政管理人员；增设课程、增加内容；使学生较多地了解对象国的法律、文化以至风俗习惯，加强外语教学，要求学生掌握两种或两种以上外语；通过国际公约、双边谈判，尤其是通过学校间的接触和了解，促进相互承认学历、证书、文凭和学位。我国的市场经济要跻身于并在国际经济竞争的大环境中立足，实行追赶战略，以上各点，不可不予以更多的重视，并有新的举措和发展。

市场经济机制的建立和新旧机制的转换，可能是一个长期而复杂的过程，它对不同地区、不同层次和类型的教育、学校的影响也将不完全一样，以上各点只是就总的可能的趋势而言。

二　市场经济是否意味着或应当建立教育的市场运行机制

是否要把学校像企业一样推向市场，实行教育商品化，市场化？我认为，无论从理论上讲还是从长期实行市场经济的西方发达国家的实践来看，回答都应当是否定的。这是因为：

（一）教育的功能是多方面的，受经济发展的推动和制约，为经济发展服务，只是其一个功能。教育还有其政治功能、社会功能、文化功能等。把教育等同于经济，使教育按经济规律运行，或者只看到教育的经济功能，使其商品化，完全由市场调节决定其兴衰，等于否定了教育的其他功能。

（二）同样，各国教育政策的目标也是多方面的，虽然强调经济目标是经常的，但这不意味着可以忽视教育政策的政治、社会、文化等目标的实现。恰恰相反，为了缓和国内的阶级矛盾，也由于社会主义事业在一段历史时期内的强大影响，自50年代后期以来，西方发达国家十分重视教育的政治、社会和文化功能，重视实现教育政策中的政治、社会和文化目标，企图通过教育发展既促进经济增长又有利于政治安定，实现社会平等，保护和弘扬民族文化传统与特性。这些已成为这些国家50年代后期以来教育政策的一个共同特点。1961年9月，当时的白宫总统经济顾问海勒在由美国国务院在华盛顿做东召开的经合组织成员国"经济增长与教育投资政策大会"上讲，"为教育而战太重要了，不能只交给教育家们去进行"，他是既从经济发展的需要，也从东西方竞争和美苏争霸的政治目的讲这番话的。至于按教育民主化的口号确定和维持教育政策的社会目标，几乎成为西方发达国家有关教育发展与改革的每一项重大政策的出发点。正因为如此，在北欧、西欧和澳大利亚，人们看到的六七十年代的教育成倍发展，几乎都不是市场行为，即收取学费，通过无序的"看不见的手"配置资源的结果，而是国家行为，即国家不仅立法规定受教育是每个人的权利，规定教育包括私立教育不得以盈利为目的，而且拨出足够款项，保证每个儿童接受九年以上免费义务教育；大力扩建高等教育机构，合理布点。免收学费，只收少量注册费，同时设立助学金和贷款，保证每一个合格并且愿意上大学的中学毕业生能接受一定形式和程度的高等教育。美国的高等教育虽有较大的私立部分，但国家投资仍然占高等教育经费的46.3%（1981—1982年）。公私立学校的学杂费收入也只分别占13.5%和37.6%。虽然这些国家能否完全实现其教育政策中确定的通过教育机会均等消除社会不平等的社会目标还有待观察，但不能否认，这些国家在这一方面取得了一定进展，并一直坚持教育政策的这一目标。当然，其中很重要的一个制约因素是，任何企图放弃这一目标的政策，都将遭到选民的反对。法国1986年德瓦盖改革的失败就是一例。也正因为如

此，在一些西方国家尽管也有人探讨或提出教育完全收费，国家不予干
预，完全由市场竞争与选择，甚至在学校内部管理上也完全按市场机制运
行，如给学生发代价卷，学生按上课数交卷，老师按得卷多少领取报酬，
学生按使用学校各种设施的实际情况缴费等，但这些主张没有也不可能被
接受，至今也没有听说一个国家的教育或学校按这种机制运行。

（三）教育本身的特点和规律。教育活动周期长，既要注视市场变化
和科技、社会发展，又要求相对稳定，如专业和课程设置；教科书编写很
难按市场规律"随行就市"，市场上需要什么技能就让学生学什么技能，
因此各国教育尤其是高等教育对付市场的战略一般都是取通才教育思想，
拓宽专业面以至淡化专业界限，让学生有较大的自由度选修大量与自己专
业方向有关的课程，打下宽厚的基础，"学会学习"，增强适应性，以
"不变"应万变。同样，基础理论和一些人文科学学科，为国家长远利益
所必需，但市场需求不一定很多，也只能由国家加以扶持和保护，而不能
由市场调节决定取舍。

三　否定教育商品化、市场化，是否意味着在 未来的适应社会主义市场经济的教育 运行机制中将完全否定市场的作用

否。在未来的运行机制中，不仅不应当否定市场作用，相反，需要解
决的重大问题之一就是要从我国实际出发，探索在哪些领域、采用什么方
式、多大程度上发挥和加大市场调节的功能，引进哪些市场手段和竞争机
制。可以肯定的是，市场经济体制确立以后，市场主要是通过劳务市场直
接或间接地推动和制约着教育发展的规模、速度，人才培养的种类、规格
和质量。学校如果还像计划体制下只盯着国家指令性计划，不密切注视市
场变化和需求、社会、科技、文化发展的动向和趋势，必将难以为继。今
后国家计划任务拟重点保证国家重点建设项目、国防建设，文化教育、基
础学科和高技术、边远地区和某些艰苦行业需要的部分人才。这些需求，
包括国家保证的基础研究项目，拟采取国家调查和核定需求，带经费公开
招标，学校投标竞争取得任务和经费。其余部分，如三资企业、乡镇企业
和其他自主经营、自定人事编制的企业的人才需求可通过人才市场加以调
节。国家则通过立法、拨款，建立助、奖学金和贷款制度，提供需求预

测、就业信息、咨询等服务，进行宏观调控。教育规划不可能预测出未来的难以预料的变化和需求。东西方至今均无成功先例。因此，发挥市场的一定程度上的调节作用是完全必要的。不少西方发达国家80年代以来的所谓"以市场为取向"（Market Oriented）的教育改革，正是在政府规划失败，教育经费削减，庞大的公立教育系统长期依靠政府拨款运营缺乏活力的背景下提出的，其目的在于在教育运营的某些环节上，多使用一点市场手段或竞争机制以提高有限教育资源使用的效益和效率。

在我国和西方一些国家，都存在学校出卖咨询服务、科技产品、专利，利用闲置资金或基金从事证券活动以盈利等商业行为。我国中小学勤工俭学、高等学校校办产业规模和作用之大，已成为我国教育发展的一大特色。尤其学校办企业无论在发达国家还是发展中国家都不多见，但由于实行所有权与经营权分开，向学校上缴的利润用于教育目的，只作为国拨经费的补充，有利于教育的发展。美国公私立高校这一方面的收入分别占学校总收入的20.4%和23.8%（1981—1982年），由于西欧和北欧诸国高教经费90%以上都由国家拨给，这一方面比例则较小。

四　寻求计划（或国家干预）与市场相结合最佳模式过程中的辩证法

西方资本主义国家的政治家们在20世纪30年代大危机以后接受凯恩斯的理论，由崇尚自由放任到崇尚政府干预。一些社会主义国家领导人从50年代开始改革尝试，企图从市场中吸取活力，运用计划和市场两手，寻求二者最佳的结合模式，已成为东西方共同关注的课题。应当说，西方当政者们的探索实践早了几十年。他们是否找到了令他们满意的最佳结合模式，包括教育领域里的最佳结合模式呢？为回答这一问题，不妨引用一下西方教育界两位权威人士的话。一位是高等教育权威、美国加州大学洛杉矶分校的伯顿·克拉克教授，他说：一种形式的失败使人们转向另一种形式，"国家的失败"引起转向市场、"市场的失败"产生对国家权力的运动。另一位是总部设在巴黎的欧洲教育与社会政策研究所所长拉迪斯拉夫·塞里奇教授，他说：无论是集权制、分权制还是市场调节，当它们长期支配高等教育时，都会逐渐僵化；因此，控制形式的变化对改革的推动作用是暂时的。我看克拉克教授的看法是对迄今为止西方国家探索计划与市场结合模式的过程中，经常是两手交替使用，一个时期强调一种手段的实际状况的完全贴切的描述。塞里奇教授的话不仅是对造成这种状况原因的一个解释，而且道出了寻求计划与市场结合过程中的辩证法：计划与市场作为当代两种理论体系、运行机制根本不同的调节手段，既对立又统一；统一是相对的，这种相对统一只能在运动中取得。从这个意义上说，永恒不变的最佳结合模式是不存在的，我们只能寻求各种特定条件下的特定的结合方式，并因时、因地、因势利导，适时改革那被实践证明走向僵化、失去活力的结合方式。对于我国来说，逐步建立适应社会主义市场经济需要的，由国家、市场、社会参与和学校组成的相互激励，又相互制约的新型运行机制，是寻求计划与市场的动态平衡与结合的一个基本前提。

参考文献

1. 《国家处在危险之中　教育改革势在必行》，载国家教育发展研究中心编《发达国家教育改革动向和趋势》，人民教育出版社 1986 年版。

2. 《日本教育国家报告》（1986—1988，英文版），第 99 页。

3. 国家教育发展研究中心编：《发达国家教育改革动向和趋势》第四集，人民教育出版社，第 542 页。原文为 a nation, of stridents，书中译为《全民皆豢之邦》。

4. 王一兵：《论西方市场经济国家高等教育运行机制及其借鉴意义》，载《教育研究》1993 年第 1 期。

5. 《学会关心：21 世纪的教育——圆桌会议报告》，人民教育出版社 1991 年版。

6. 《英国 1988 年教育改革法》，载《发达国家教育改革动向和趋势》第三集，人民教育出版社 1990 年版。

7. 美国卡内基教学促进基金会：《教师状况》（英文版），1989 年。

8. 王一兵：《发展、机制与困惑——西方发达国家 60 年代以来教育发展述评和比较》，中国卓越出版社 1990 年版。

9. 《美国 1981—1983 年国家报告》英文版表 5。

10. 高如峰、张保庆：《法国高等教育改革动向与趋势》，载《当代国际高等教育教育改革的趋势》，高等教育出版社 1988 年版。

11. 王一兵：《论西方市场经济国家高等教育运行机制及其借鉴意义》，载《教育研究》1993 年第 1 期。

12. 《美国 1981—1983 年国家报告》（英文版）表 5。

13. 《八十年代的高教政策》（英文版），经合组织 1983 年于巴黎出版。

14. 王承绪主编：《高等教育新论——多学科的研究》，浙江教育出版社 1988

年版。

15. 薄一波：《正确处理计划与市场的关系（二十八）》，载《中国教育报》1992
   年12月22日。

　　（中国教育学会主办《中国教育学刊》1993年第2期发表，北京师范大学、
华东师范大学主办《高等师范教育研究》1993年第3期以"市场经济机制对教
育发展与改革的影响"为题全文转载。现以"教育改革中引进某些市场手段的
辩证法——来自西方发达国家的启示"为题收入本文集）

何谓学术水平——一个确实
值得反思的问题

——波伊尔教授新著《学术水平反思》评介

　　学术水平是评定高等学校、教师和科研工作者职称的主要依据和尺度。正因为如此，确定学术水平的内涵和标准，无论对个人努力方向和潜力发挥，还是对一个学校以至一个国家教育质量的高低和科研发展的方向，都具有重要的导向作用。问题是，何谓学术水平？其基本内涵是什么？不同的理解和由此产生的不同尺度带来的结果如何？无论中外，这些问题在教育界都似乎已司空见惯，且答案也已约定俗成。这就是，看科研成果、专著的数量及其论文质量和发表在什么杂志上。虽然各国教师职称评定中都列有一些其他规定，如教学要求、参与社会服务工作情况等，但前者看得见、摸得着、数得出，是硬的；后者看不见、摸不着、难以量化，是软的。因此，很多国家都存在重科研、轻教学，重理论、轻实践、应用、社会服务等，并由此导致一系列弊端。去年，美国卡内基教学促进基金会主席波伊尔教授推出新著《学术水平反思》（*Scholarship reconsidered*，普林斯顿大学出版社 1990 年版）一书，通过大量调查研究，从美国实际情况出发，提出应对何谓"学术水平"进行反思，正确地、全面地确定"学术水平"的内涵；并提出一系列建议，力图纠正由于对"学术水平"的种种片面理解及由此提出的衡量标准而导致的不正常现象，使"学术水平"这一尺度对学校办学和教师努力方向起到全面、正确的导向作用。波伊尔教授讲的是美国的情况，但读后不能不使人觉得，他的看法对很多国家包括我国都有相当的针对性，特在此作简单介绍和评价。

一　推出《学术水平反思》的背景

卡内基教学促进基金会是美国钢铁资本家卡内基于20世纪初为解决大学教师退休年金问题捐资建立的，现已发展成为美国相当有影响的研究教育政策的民间机构，其研究范围已超出高等教育，所研究课题多具有重大战略意义且比较具体和现实。担任该会主席的往往都是美高教界或教育界的权威人物，如前两届主席分别是美国高等教育权威、曾任加州大学校长的克拉克·凯尔和约翰逊时期的教育部长贝内特。现任主席波伊尔教授毕生从事教育工作，包括担任过12年纽约州立大学总校长和两年卡特时期教育部长，1979年开始任该会主席，在美国多次民意测验中被认为是对美国教育政策最有影响的几位人物中的一位。难能可贵的是，波伊尔教授对中国人民怀有友好的感情。1989年11月，他率团来我国访问，参加联合国教科文组织在北京举行的面向21世纪教育国际研讨会，并一直保持与我的合作研究关系。波伊尔教授是亲身经历了战后至70年代前期美国高等教育数量上的较快发展以后接任主持卡内基教学促进基金会的。可以说，从70年代后期开始到整个80年代，美国教育界人士和关心教育的各界人士辩论的核心问题之一是教育质量问题。纵观波伊尔教授上任后主持的重大调研活动，无论是他1982年出版的关于美国中学教育质量问题的报告，还是后来发表的关于高校管理、本科生教育的论著，可以说无不围绕着教育质量问题。美国的政治家们和教育家们对教育问题的看法不尽相同，但有一条是没有分歧的：从战后到70年代前期，高等学校数量上发展了，但质量下降了。据担任过13年新泽西州高教局局长的赫兰德（Hollanden）先生在我们1991年5月访美时介绍：新州大学新生中，读写不及格者占35%，计算不及格者占45%，代数不及格者占58%。新州是美国东部经济和文化、教育都比较发达的州之一，新州如此，可见一斑。当然，造成这一状况的原因是多方面的。有中小学教育质量下降，新生起点就低，有高等教育大众化以后同精英阶段相比新生质量难以避免的下降，而其中一条公认的原因是，由于教师职称晋升、终身教授职位确定和对教师工作的评估、奖励标准中，重科研，轻教学，主要看发表的论文、专著，不重视或缺乏有效的、具体的评价教学和教学效果的办法，导致相当一部分教师精力专注于搞研究和发表论文，对教学采取不负责任的态度，把低年级教学上的相当部分责任交给研究生。这种状况已引起各界人士的重视。这也是波伊尔教授进行这一调查并推出此本新著的一个重要背景。

二　历史的回顾

　　波伊尔教授首先回顾了美国高等学校教学、科研、社会服务三大职能的形成和高等学校教师工作重心逐步从教学转移到社会服务，再转移到研究的历史过程。从 1636 年还在英国殖民地时期创建哈佛学院直到 19 世纪中期，美国高等学校和教师工作的重点一直是放在教学上，培养牧师和行政官员。19 世纪早期美国工业革命的兴起，要求和推动高等学校为社会培养各种建设人才。1862 年《赠地法案》的通过，促成建立了一批直接为工农业生产服务的所谓赠地学院，1887 年《哈奇法案》的通过开创了联邦政府直接拨款资助高等农业院校、建立农业试验推广站的先例，使得为社会服务成为高等学校的一个正式职能，并造成了"高等学校把培养能为社会服务的毕业生视为理想产品"，以培养能为社会服务的人，出现了大学教授来到地头；玉米地里的农民，口袋里只揣着夏季打工的几个月工资就来到了大学，靠自我牺牲精神，一坚持就是四年（Wila Cather，1990）。直到 1903 年，斯坦福大学校长戴维·乔丹还预言，20 世纪整个大学运动的方向将是面向现实和实践。在美国学术活动的第三个方面——基础研究方面，相当长一段时间主要是以大学以外人士为先导，并主要在大学以外进行。如后来成为美国总统的托马斯·杰斐逊（Thomas Jefferson），数学家波迪奇（Bowditchl）、植物学先驱约翰（John）和威廉·伯特隆（Wittialn Bartramy）等。科学研究作为美国高等学校的一项重要职能是在 19 世纪后期以研究为方向的德国大学模式传入美国以后出现的。到 19 世纪 70 年代，宾夕法尼亚大学、哈佛大学、哥伦比亚大学和普林斯顿大学先后开始授予博士学位。1876 年约翰·霍甫金斯大学的建立标志着以研究为重点的大学的出现。但是，发展到今天，美国 3389 所高等院校中，所谓研究性大学也只有 100 多所，有博士点的大学也只有 1000 所左右，其余高校仍是以教学、以培养本科生和二年制的社区学院学生和为社会提供各种形式的服务为主。据波伊尔教授考证，甚至连"研究"（Research）一词也直到 1906 年才由创建霍甫金斯大学的吉尔曼（Daniel

Coman）介绍到高等教育中来。显然，波伊尔回顾这一历史过程的目的是为了揭示这样一个矛盾：高等学校职能在不断扩大，高等学校的层次、结构，服务方向，办学特点，教师承担的任务越来越多样化，但衡量高等学校尤其是教师工作的标准的所谓"学术水平"的内涵，却变得越来越窄，越来越片面，一定程度上脱离了学校和教师至少是绝大部分学校和教师工作的实际，使得不少招聘时以教学为主的教师不得不为此改变其工作重点；一些多年主要从事教学和服务推广工作的教师得不到承认、提升和鼓励。这种状况不利于正确引导学校和教师适应扩大了的、不断变化的社会需求，适应高等学校已经扩大的职能。妥善纠正这些偏向，就必须首先对何谓"学术水平"进行反思。

三　"学术水平"内涵新解

波伊尔教授认为，要使"学术水平"（Scholarship）一词准确、全面地反映高等学校学者（Scholar）工作的实际，就必须首先跳出"教学与科研的关系"这一长期论争的旧框框。"学术水平"固然意味着要从事基础研究，但是，"学者的工作还意味着要从调研中走出来，寻求事物内在的联系，要建立理论与实践之间的桥梁，要把自己的知识有效地教给学生"。具体来说，"学术水平"应表现在四个不同但又相互交叉的方面，即发现的水平、综合的水平、应用的水平和教学的水平，也即学术水平应有之内涵。

波伊尔认为，发现的水平，即学术上的探究能力。不论何种专业领域，皆处于学术生活的中心。当学者谈论"研究"一词时，首先指发现的学问和水平。研究人员的钻研精神被学术界视为无价之宝。探究新知识是学术界的最高原则。这不仅有利于人类不断地积累知识，而且有助于教师队伍保持活力，使学校形成浓厚的学术气氛。因此，不仅发现的结果，而且发现的过程，尤其这种钻研精神本身都有意义。因此，波伊尔反复声明，提出"学术水平反思"，决不意味着要削弱研究。

综合的水平要求学者对孤立的现象加以解释，注意各个学科之间的联系，把专门知识放到更大的背景下从整体上进行考察，并有所发现。这并不意味着要回到早期的"绅士学者"，或称为浅尝辄止的半瓶醋，而是要求进行严肃的、专业性的工作。它同发现的学问紧密联系。发现要提出的问题是：要知道什么？还有什么需要发现？综合提出的问题是这些发现意味着什么？能否对所发现的东西以超出本专业范围的更综合的方式加以理解和解释？这要求学者具有分析、批判和鉴别的能力。有了这个能力，并能正确运用，就能使通过发现得到的信息变成知识、发展成智慧。波伊尔教授认为，人类知识边界正在急剧地重新组合，研究人员比任何时候都更感到超出传统学科界限去看问题、与其他学科领域同事进行交流、发现学科之间相互联系的模式的必要。学术界应当给予综合的学问和水平更多的重视。1989 年，卡内基教学促进基金会曾就"跨学科工作是软的、不应被视为学术水平"这一观点在高等学校教师中进行问卷调查，结果是 75% 的人表示反对，只有 8% 的人表示同意，17% 的人持中立态度。

应用的水平。波伊尔在书中多次强调，任何知识的发现终究要同应用联系起来，终究是为了应用，这是不难理解的。波伊尔认为美国在这一方面有其好的传统，并引证学术活动的宗旨进行概括加以说明。波伊尔认为，英国人认为"学术水平"是一种手段和衡量自我发展的尺度，德国人认为"学术水平"是目的本身，美国人则认为"学术水平"不过是用于服务的武器。问题在于，学术界的价值观同社会上的看法有很大距离。一些大学反对视社会服务为严肃的学术活动。认为社会服务的工作一般会受到赞扬，但认为这只是做好事，不反映和代表"学术水平"，得不到重视。部分客观原因是，社会服务面广，有些活动同严肃的脑力劳动无甚联系。例如，参与校内各种委员会的工作，当学生俱乐部顾问，以至参与学校周围社区的各种社会活动。为此，波伊尔认为应把一般的公民服务活动同参加与学术水平相联系的项目服务区分开来。社会服务如果同自己的专业领域有直接联系、服务于并产生于专业性活动，必然要求传统上与研究活动相联系的严谨的负责的精神，应当视为"学术水平"的一个方面。波伊尔还根据理论与实践的辩证关系，说明实践应用可以促进理论发展，产生新的理论，因此同样具有学术意义。

教学的水平。教学工作要求教师精通本门和相关学科，广泛参与本门及相关学科的学术活动，了解本门及相关学科的发展。教学的目的在于培养学生积极的学习态度和毕业后继续学习的能力，鼓励学生的批判性和创造性思维，培养新一代学者，因此它不仅是一个周密计划、不断检查、有本学科特点的传授知识的过程，也是一个教学相长、改造和扩展知识的创造性过程。现在的问题是，"教学被视为教师的一项普通的日常工作，似乎任何人都可以做；教学活动和教学质量在评定职称、提升和确定终身教授职位等过程中无足轻重"。

波伊尔的结论是，没有生动、活泼、自主的研究和开放式的探讨，美国就不可能具备它所需要的解决全国和世界性社会、经济和生态问题的智力能力；学术界如果不能不断增加自己的知识积淀，它本身也就不可能保持活力。但是，狭窄的、主要是以研究性大学的标准来确定教师学术水平的内涵，就要排斥反映学术水平的许多其他重要方面。因此，波伊尔教授提出的这份报告的中心思想是，反映学术水平的其他方面——教学、综合和应用必须得到全面承认，必须放在与发现的水平同等的位置上。

四   问题和对策建议

卡内基教学促进基金会对目前状况进行了大量调查，发现围绕何谓学术水平，无论在认识上、政策上还是具体做法上，都存在一系列有待解决的问题。如前所述，美国研究性大学无论校数和学生数都占少数，大部分高校在科研经费、人员和设施方面差异很大。主要面向本地本社区服务的学校一概按研究性大学的模式评价和引导教师工作，显然是脱离实际的。但据卡内基教学促进基金会向化学、英语、新闻、经济学和商科五个学会最知名的学者和领导人就"在您的学科领域，有无人试验用替代办法来进行评估"这一问题进行的调查发现，被调查者都说，据他们所知，超越研究和著作评估教师的创造性实例很少。有些学校尤其是研究性大学还要看发表论文的杂志的声望，只有发表在本学科有名的杂志上才能算数。甚至1/3的被调查对象说，在他们学校，用于确定提级和终身教授的出版物，只看数量，不看质量。60%的教师认为教师职称提升应根据教学效果而不是出版物；研究性大学中60%的教师、有博士点的大学中77%的教师认为除出版物以外，应有更好的办法来评价教师工作。但实际情况仍在向相反方向发展。据俄亥俄州立大学理查德·米勒（Richardt Miller）教授等人于1990年向卡内基教学促进基金会提出的调查报告，现在只有很少的学校正在把重点转向教学，有博士点的大学正在把重点从教学和服务转向科研。

如何改变这种状况？根据美国的政治制度和高等教育管理体制，要通过联邦政府的直接干预解决不太现实；直接管理州立大学系统的州政府也难以有所作为，因为无论在美国或西方其他发达国家，教师学术水平评估、职务晋升、终身教授职务确定，是学校自治权的主要内容之一，是学校长期以来捍卫的重点领域。因此，波伊尔教授所提对策建议几乎都是面对学校校长、教师和能对学校这一方面施加影响的社会团体的。主要有以下四点：

1. 提倡不同层次和类型的学校应该办出各自特色，反对盲目攀比。教师奖励制度应反映本校的任务和特点，甚至要考虑不同系与不同人的特点。对于研究性大学，基础研究和出版物仍应视为基本要求和评价大部分教师的主要标准，但综合和应用知识也应得到重视，应大力支持教学，奖励那些以主要精力从事教学工作的教授。

对于有博士点的大学，部分教授以科研为重点，但从事综合、教学、应用的教师的工作应同样得到承认。由于这一类大学相当一部分主要面向地方，学校发挥面向地方的潜力和工作尤应在教师奖励制度中得到反映。文理学院传统上以本科教学为主，对这类学校教师工作的评估应以教学效果为主。由于文理学院教学内容的一大特点是学科间的横向联系多，要求教员有一定的跨学科的综合能力，以教学为主的评估标准不宜绝对化。社区学院的中心工作是教学。应当鼓励教师搞好教学的同时，从事一定的有关教学方法、教学效果和评估的研究，尤其要鼓励对来自不同阶层的学生的学习特点和教学进行研究。

综合性大学和学院不应一味去模仿研究性大学，应从本校实际出发，确定综合、应用、教学方面的重点，办出自己的特色。有的可鼓励开设跨学科课程，编写有关教材、召开跨学科研讨会；有的可发扬赠地大学的传统，突出学校与社区的联系和知识的应用，解决现实问题；有些从师范学院升格的综合性大学和学院则可以教学和教育研究为特色。教师奖励制度应反映这类学校的不同特点。

2. 建议实行创造性伙伴合作制度。波伊尔认为，一个人的才能可能是多方面的；人的一生从事基础研究、综合、应用、教学活动在不同时期可能有不同的侧重点；不同学科学者的学术生涯的高峰期也不一样。据研究，物理学家学术上的高峰期在 35 岁左右，天文学家、小说家则可能在 45 岁左右，同一时期用同一把片面、简单的尺子去衡量所有人，必然限制人的潜力和才能的发挥，影响学校学术队伍的活力。因此，波伊尔受某些学校现行做法的启示，建议实行一种创造性伙伴合作制度，即允许学校教师根据本校本学科和本人特点，根据需要与可能，每隔三到五年，在基础研究、综合、应用、教学四个方面转换一下重点，以发挥和保持学校教师的潜力、活力和创造性。

3. 按新方式去培养新一代学者。波伊尔认为新一代学者应有较广阔的专业基础，有一定的跨学科的研究能力，有较强的语言基础和能力。为此，波伊尔建议所有博士生都应学习历史观点，关心社会和伦理发展；应反对博士论文选题太偏太窄，应重视其研究过程；应请相关学科专家和校外专家参加博士论文评审；应鼓励博士生走出校园参加实践活动、应用知识，要鼓励研究生在教师指导下重视并参与教学活动；要从高中学生中选择培养少数民族学者的苗子。

4. 学校校长应利用自己的权力和影响，正确确定学校学术活动的重点，制定和掌握学校教师升级和确定终身教授的正确标准；学校教授握有确定课程和学生毕业要求、决定教学、科研等学术活动评估标准的一定权力。学校教师和教师工会应当协助校长制定和执行正确的评价学术水平的政策。各种学术社团，尤其是学术认可机构，在这一方面具有举足轻重的作用，应当带头提倡和实行灵活的、创造性的评估标准。

五　反响和对我国的启示

《学术水平反思》于 1990 年出版后，在美国高教界引起了热烈反响，第二年又出第二版。一些学会和大学的领导人对本书提出的问题表示了极大的兴趣。美国高教协会主席卢塞尔·艾格顿（Rassell Edgerton）说，这是多少年没有见过的一份及时的、令人激动的报告。说它及时，是因为教师工作重心不适应社会需要已成为公众关心的一个主要问题；说它令人激动，是因为报告顺着通常辩论这一问题的旧轨迹提出一个新方法。波伊尔强调，这不单单是一个对教学、科研、社会服务的比重进行平衡的问题，而是要重申构成所有这些活动的学术水平的共同基础。所有教师都是或都应成为学者的立场，为每一所学校确定何类学术活动最适合本校使命的特点提供了一个公式，为每一个有特长者和每一位教师打开了表现自己的大门。对此，应向卡内基教学促进基金会表示热烈祝贺。一些大学校长，如哈佛大学校长波克、斯坦福大学校长肯尼迪等都纷纷发表讲话，表示要在本校展开讨论，加强教学工作。

　　波伊尔教授此时此地提出对学术水平内涵进行反思，起因是为提高本科教育的教学质量。其根本目的，同80年代美国教育界和政府提出的众多的教育改革报告一样是为了保持和提高美国在世界市场上仍有的竞争力，是因为这一方面的问题已关系到美国的繁荣、安全和文明（见《国家处于危险中，教育改革势在必行》，美国高质量教育委员会1983年版）。但是，他关于学术水平内涵应适应时代发展和高等教育职能的多样化而予以拓展，衡量学术水平的标准应当全面、准确、符合实际，并在此基础上建立的教师职称评定、职务晋升、终身教授确定等奖励制度应当符合不同层次和类型的学校的不同办学特点等观点，一定程度上具有普遍意义。这是因为：第一，二战以来，世界各国高等教育几乎都经历了一个数量上成倍发展，高等学校的形式、结构、任务和职能与社会的联系和为社会提供的服务、教师的工作内容和方式越来越多样化的时期，只是时间先后不一。大学"象牙塔"时代的结束已成公认事实。第二，对学术水平内涵的理解，衡量学术水平的尺度远远落后于时代发展仍是普遍现象。据我了解，波伊尔教授提到的以论文和专著决定一切的实际情况，在西方很多国家都不同程度地存在。在很多发展中国家中有一定历史和影响的大学，几乎都是殖民地时代的产物，是按照原宗主国的某些大学如英属殖民地国家按英国伦敦大学的"模式"建立起来的，多有盲目照搬，服务于当时的殖民统治而脱离本国实际的烙印，评定教学和科研水平一般不看其解决实际问题的能力，而是只看其不仅能在本国或本地区的杂志上，而且更重要的是能够在牛津、剑桥、伦敦、哈佛或芝加哥等大学杂志上发表文章。因此，这种随时代发展而拓展了的学术水平的实际内涵同传统的、滞后的评价学术水平的尺度的矛盾有相当的普遍性。由于学术水平评估，无论在西方发达国家还是在广大发展中国家，都是学校自治的一个重要方面，是学校教授们竭力捍卫、不希望也不认为别人有能力插手的最后一块阵地，再加之对教学质量和效果、综合、应用等的评估确定一些量化或具体标准又绝非易事，所以解决这一矛盾会有相当难度。这也是二战以来各国高等教育运行机制和管理体制的诸多方面虽有不少改变，而在这一方面"象牙塔"遗迹尚存的一个重要原因。

　　我国高等教育曾经带有半封建半殖民地的烙印。解放后，经过40多年的改造、改变和发展，已经初步形成了有一定中国特色的社会主义的高等教育体系。在职称评定中，我国规定了政治思想、学识水平、工作表现等方面的具体要求，反映了我国高等学校的社会主义性质。但在具体实施过程中，对学识水平内涵仍存在一定的片面理解恐怕不是个别。虽然国家对高等学校教师职称评定规定了具体的教学时数要求，但对教学质量和效果的评价仍无比较具体的办法，造成不少学校职称评定尤其是高级职称评定最终取决于论文数量、有无专著，其他方面的种种要求只是一些"附加条件"。这种状况甚至波及中小学教师职称评定。有些地方甚至一个小学老师要评高级职称，也必须发表过论文。相当一批以从事社会服务为主的教师，常年风里来雨里去，为推广技术，促进农业生产发展做出了显著成绩。他们可以受到表扬，但评定职称时，往往被认为这些工作不体现学术水平，于评定职称无益，这是影响教师积极参与各种形式社会服务活动的一个重要原因。再者，我国所有高等学校中，真正称得上教学与科研两个中心的恐怕不超过40所，80%以上的学校是面向地方、部门，以教学为主；不同层次、不同类型的高校在教学和为社会服务的条件、内容、形式等方面有很大差异，并各有自己的特点，而且即便是够得上两个中心的高校，本科教育和教学也仍然是主要的。因此，如何根据时代和科技发展，根据扩大了的高等学校的职能和广大教师的实际职责，根据我国实际情况，全面、准确地确定学术水平的内涵，并据此制定有一定灵活性和反映不同层次、不同类型学校特点的职称评定和奖励制度，纠正实际工作中存在的用一把本身就很片面的尺子——主要看论文和专著来评估任务、条件、特点各不相同的学校教师学术水平的偏向，对于发挥高等学校教师的潜力，增强高等学校的活力，提升学校科研水平和教学质量，促进高校更好地为社会主义现代化建设服务，都值得认真研究。在这方面，我们从《学术水平反思》一书中可以得到重要启示。研究波文提出的问题和对策，对于我国有重要的现实意义。当然，提出问题本身常常为解决问题开辟道路，但毕竟不等于解决问题。要使反映学术水平的四个方面都在实践中具体化，并为人们所接受，仍需要时间。《学术水平反思》虽然提了不少对策建议，但在这方面，如同美国教育界80年代发表的众多研究报告一样，仍然停留在议论和分析阶段。在美国的体制下，在全国范围内，没有也不可能拿出一些全国通行的具体方案，这是一个人所共知的不足，也是美国关心这一问题的学人要完成的一项艰巨任务。

私立高等教育发展的"三步曲"

——在 1995 年 11 月 1 日于厦门大学举行的亚太地区第一次私立高等教育研讨会开幕式上的讲话

我很高兴并荣幸地代表联合国教科文组织亚太地区办事处主任维克托·厄端那斯博士欢迎你们，包括来自东道国的一批观察员，参加由亚太办和东盟高教中心联合召开的亚太地区私立高等教育研讨会。我还要借此机会向中国政府和厦门大学表示感谢。感谢它们捐赠了部分经费使这次会议能成功召开。同样，应当感谢同英博士、林校长、潘教授及厦大高教所所有同事在这次会议整个准备过程中的合作和贡献。

这次研讨会是教科文组织亚太办与东盟高教中心合作，响应 1993 年 6 月 21 日至 24 日在马来西亚吉隆坡召开的第三届亚太地区教育部长及经济计划部长会议对私立高等教育发展的关注所采取的第一个行动。私立高等教育在国际上和本地区已存在上千年。这次会议要提出并回答的第一个问题是如何重新确定私立高等教育在当前形势下的战略作用。当前形势包括：

*教育已被认为是一项基本人权，而与此同时，由于政府教育经费的大部分用于普及基础教育，无力提供足够的接受高等教育的机会，成千上万由于基础教育的发展所培养出来的合格的高中毕业生被排除在高校门外。

*人力资源开发已经成为越来越多国家增强在世界上的竞争力，迎接到来速度不断加快的信息社会挑战的主要途径。

*为克服公立高等教育的弱点，很多国家在高等教育和管理方面越来越多地引进某些市场手段和方法。

这次研讨会还要提出和回答的第二个问题是政府在这一过程中应起的作用。有趣的是，人们从历史背景的回顾中可以发现，政府与私立高等教育的关系主宰着私立高等教育演变与发展的整个史话，并在几乎所有国家都或早或迟要经历以下的"三步曲"：

*私立高校适应经济、社会或宗教要求应运而生，并在相当长时间内得不到政府承认。

*政府承认现实，通过立法和建立规章，控制其发展和质量，视其为国民高等教育体系的一个组成部门。

*随着政府财力的增强，或者有此意愿，开始或增加政府对私立高等教育的补助和贷款，与此同时，控制也在加强。整个问题似乎不在政府是否应当控制私立高等教育，而在于何时、何地、以何种方式和多大程度上政府来实施这种控制，以达到双重目标：把在市场驱动机制和环境中运作的私立高等教育可能产生的弊端减小到最低程度，同时又能使那些达到最起码要求的私立高校为了其生存和发展，及时得到认可，并能享有更多的自主权。这是一门政府管理的艺术，并常常成为政府政策选择的难题。好的质量、管理和财政状况，是任何希望在竞争性的高等教育体系中立足的私立高校所必须建立的三根支柱。我相信，这次会议安排的在全体会议上所作的分主题报告，将触及所有这些方面，并引导会议进行富有成果的讨论。

虽然由于经费原因，这次研讨会只有10个国家出席，但与会者来自本地区不同类型国家：有正在向市场经济过渡的国家，有私立高等教育产生多年，已经发达和决心建立或扩展私立高校的国家。与会者来自政府、著名研究机构和私立高校，代表性是广泛的。我完全相信，会议参与者的层次、不同背景和经历将保证讨论和对话的质量，标志着亚太地区私立高等教育发展和地区合作的历史揭开新的一页。

理论是灰色的，生活之树常青。我想，这对辽阔、多样和充满生机的亚太地区来说尤其如此。在这样一个地区，要帮助众多的会员国制定有关长期而复杂的私立高等教育政策问题，非一次性的研讨会就能奏效。我希望，在诸位的诚挚合作和积极参与下，这次会议将标志着为促进私立高等教育在新形势下在本地区健康发展而制定新的战略的一系列行动的开始，而不是结束。

最后，我想利用这一机会谈一下今天东西方高等教育文献中已普遍使用，并在这次会议上也可能用到的一个提法：高等教育私营化。这一提法可能有敏感的一面，甚至会引起争议。不过，人们今天一定会注意到它的实际含义。它主要不是指改变高校所有权的性质，如将公立大学改变成私立大学，而是一般指国家多渠道筹集教育经费的一种战略——国家与接受高等教育的人共同分担教育费用，或者作为克服完全或主要依赖政府资助的公立高等教育体系的弊端的手段。

（在亚太地区第一次私立高等教育研讨会开幕式上的讲话，1995 年 10 月 31 日，厦门，《厦门大学高等教育研究所会议文件汇编》）

开放式远距离教育的发展与前景

——在亚太开放大学协会 1996 年德黑兰年会上的讲话

受协会和组委会的邀请，参加并在这次年会上讲话，感到很高兴和荣幸。首先，请允许我代表教科文组织亚太地区办事处主任维克托·厄端那斯先生对大会开幕和东道主伊朗国立开放大学出色的准备工作表示诚挚的祝贺。

在接触本次年会主题——开放式远距离教育的革新之前，先看一看在还有三年人类即将进入 21 世纪之际的教育，尤其是开放式远距离教育面临的挑战可能是有益的。为此，正如你们所知，教科文组织成立了以前欧盟主席戴勒尔先生为首的 21 世纪教育委员会，进行反思，并对 21 世纪教育提出建议。该报告已于今春在巴黎发表。

戴勒尔报告的核心思想是：快速到来的信息社会要求人类相应进入学习型社会。在这一社会里，终身学习不仅成为一种必需，而且为此建立的新型教育体系向所有人开放，并以"学会求知，学会做事，学会生存和学会共处"为其四根支柱提供了这种可能。

这是否是一个乌托邦？戴勒尔及其委员会认为，如果是乌托邦，那么这是一个必要的乌托邦，如果你想在未来世纪里，在急剧变化的世界向"地球村"迈进之时，能在处理因此出现的众多矛盾中取得主动的话。这恐怕是一切教育体系在向学习型社会和终身教育体系过渡的漫长进程中，迟早都要面临的挑战和努力的方向：努力革新、改革、调整结构和重新设计自己。

毫无疑问，开放式的远距离教育，作为教育体系中最具活力的部分，在迎接并适应这一挑战的进程中，具有独特的优势：灵活性，开放性，反应快，依靠和对教育技术包括高技术的敏感，使一切被传统教育体系排斥的各种不利群体能重新受到教育等。而后者正是各国政府、国际组织和国际社会及教育民主化、人人受教育倡议关注的焦点。从这一意义上说，21

世纪对于开放式的远距离教育来说，更多的是机遇，而不是挑战。21 世纪将给开放式远距离教育带来光明前景。

与此同时，我们仍应看到开放式远距离教育确实面临着一些挑战，例如：

*先进的信息交流技术在开放式远距离教育中的作用越来越大，发达国家、发展中国家尤其是不发达国家之间在取得和实践这种技术中的不断扩大的差距，使用新技术的成本效益等，已经成为政府、学校和国际机构关注的问题。

*随着传统大学中部分时间制学生数量的增加并要求教学模式趋于灵活，随着决策人员对于开放式远距离教育对扩大招生以适应市场对技术人才需求的巨大潜力的认识，越来越多的传统大学开始使用远距离教学手段，制作便于开放式教学的教材，进行计算机联网，通过卫星传输课程等。这就提出两个问题：开放式远距离教育在新形势下如何与传统大学既竞争又合作？这种传统大学与开放大学在高技术面前的趋同现象将在未来把开放大学带向何处？

*社会对开放式远距离教育质量的怀疑仍然存在且强大，来自这方面的压力有时迫使开放式远距离教育走回头路，向传统大学靠拢，关上或开小已开启的大门，从而失去自己的特色与优势。

坚持革新，并采取适当的策略，是开放式远距离教育面对这些挑战并找到自己出路的关键。为此，需要处理好开放性、技术使用、网络以及质量观等问题。

开放式远距离教育的力量在于其开放性，能向希望学习但不可能从传统教育体制中取得这种机会的不利阶层提供学习机会。这是它与传统教育体制的根本区别。因此，开放式远距离教育的革新，应当是扩大开放性而不是相反。

在承认开放式远距离教育越来越依靠高科技的同时，几乎在所有国家包括发达国家，三代教育技术并存仍是现实。事实还说明，单项技术难以奏效，各种现有技术在特定条件下的适当结合反而行之有效。从这个意义上讲，技术使用中的革新是一种选择并使之一体化的艺术，从而使它们在一定条件下发挥最大效用。

开放式远距离教育学校通过全国、地区、国际一级的交流，包括通过网际网络实现网络化，不仅构成重要的相互学习交流渠道，实现成本效益最大化，而且在世界不少地方已经成为生活和工作的方式及必需。随着开放式教育愈来愈依赖于高技术，它们在这一方面将起带头作用，并成为通过革新实现远距离教育网络化的最大得益者。

开放式远距离教育的质量问题是公众关注并在各种地区和国际论坛上争论的一大问题，争论的结果往往难以说服外界人士承认此点：开放式远距离教育不应当被认为是二流教育，它服务于不同的对象，在不同条件下，用不同的手段和方式，为实现不同的目的工作，因而只是学习社会中教育模式的不同分工而已。从这些特点出发，我想提出一个问题：开放式远距离教育是否应当完全遵循传统教育模式的质量标准？举例说，中国通过这一方式向千百万农民和公民提供的各种就业实用技术的教育和培训，使不少人变富，提高了他们的生活质量，是否应当用取得文凭、证书多少来衡量其质量？我提出这一问题的目的在于，当我们设计革新、关注质量问题时，这应当成为我们的一个重要出发点。

联合国教科文组织是联合国系统中关注教育的专门机构，它十分重视开放式的远距离教育，视之为处理当代一系列重要教育问题的主要战略之一。教科文组织于1995年建立了一个超国界学习的新计划，目的在于建立一个世界性的开放学习体系。另一个例子是开放式远距离教育成为九个人口最多国家于1992年12月在新德里组织的首脑会议上建议进行合作以实现人人受教育目标的唯一一个领域。

教科文亚太总办事处始终为自己参与建立并与亚洲开放大学协会及其成员保持密切关系而自豪。我们除了与亚太经社理事会、亚洲开发银行、儿基会及英联邦远教机构合作组织了一系列活动外，还成功地建立并将在1997年在南亚、东亚、东南亚等地区继续建立开放大学网络，以促进本地区开放式远距离教育学校之间的革新与网络化，以实现超越国界学习的目标。

最后，我谨预祝本次年会在引导亚洲开放大学协会及其会员学校为进入21世纪制定新的革新战略方面取得成功。

（在亚太开放大学协会德黑兰年会上的讲话，1996年11月，中文稿发表在《中国电大教育》1997年第1期）

亚太地区高等教育国际化、私营化和法人化现象透视

亚太地区尤其是东亚和东南亚地区经济上持续发展和经济发展集团化、地区化及全球化的趋势，给各国高等教育的发展与改革，既提供了机遇，又提出了严峻的挑战。越来越多的国家在抓好基础教育的同时，把较多的注意力转到了高等教育发展与改革上。因为高等教育不仅对一个国家的经济发展至关重要，而且对一个国家政治稳定、社会和谐、文化继承和民族精神发扬光大等都有无可取代的作用。在迎接 21 世纪到来的过程中，国际化、私营化和法人化现象，已经成为人们议论的热门话题，立法和决策部门关注的新热点。

一　高等教育国际化

（一）背景

经济发展集团化、地区化和全球化是推动高等教育国际化的直接动力，欧盟实行经济一体化政策，允许资金、商品、技术和人才在各成员国之间自由流动，从而要求 10% 的大学本科学生在学习期间要有一年在欧盟其他国家学习的经历即是一典型例子。另外，现代信息技术的发展，尤其是世界范围内计算机的联网，使国与国、学校与学校之间知识和信息的传播，瞬息之间即可实现，为高等教育国际化提供了媒介和桥梁。搭上信息高速公路列车的国家、地区、学校或个人，在传播或接受知识方面，"地球村"已经成为现实。

（二）定义

何谓高等教育国际化？目前尚未找到一个人们普遍接受的定义。但从历史和现实的角度观察，可以得出以下几方面的结论。

高等教育国际化是一种历史现象，因为大学自产生以来，知识的追求和传播从来就是没有疆界的。

高等教育国际化已成为当代高等教育发展的一个新趋势。联合国教科文组织80年代中期以来中期规划和双年度计划中关于高等教育的主题词一直是质量、针对性和效率，但到去年发表的影响甚大的高等教育变革与发展文件中，已代之为质量、针对性和国际化。

高等教育国际化已成为一些国家高教发展的重要战略和政府政策方向。泰国政府四年前即召开了全国性的研讨会，把高等教育国际化作为一项重要的政策选择，并制定了加速泰国高等教育国际化的措施。

高等教育国际化的根本目的在于使毕业生不仅知己，而且知彼，不仅在国内，而且走出国门都有一定的竞争力。

高等教育国际化已成为当代衡量一个大学发展水平的尺度。很难想象，一所世界一流的大学，但国际化程度相当低。

（三）特点

很多人把国际化仅仅等同于学校之间或不同国家间的各种各样交流计划。确实，从形形色色交流计划的内容和形式来看，亦无太多创新。目前，高等教育国际化新的特点在于：

1. 速度加快，范围扩大。具体表现有：（1）外语教学普遍加强，要求普遍提高。学生本科毕业后不仅被要求能够阅读和理解外文资料，而且应当具备一定的交流能力。（2）以外语授课的课程、学科、学校增加。到1993年为止，泰国已有53所大学9种本科专业课、55所大学13种专业和硕士课程、19所大学5种专业的博士课程用外语授课。私立易三仓大学，其学位在国际上得到普遍承认，则全部课程皆用英语教学，教师大部分来自国外。（3）增设外国文化、历史、法律以至风俗习惯方面的课程和讲座。（4）合作办学增多，包括合作举办某一课程或学科。泰国作为自主权试验的新型大学 Suranaree 工业大学，与加拿大几所大学合办，学生在本校上两年，后两年则到加拿大完成学业。课程和师资则由双方统筹安排。（5）相互承认学位文凭的活动大幅增加。

2. 跨国组织与机构的出现，推动与具体实施高等教育国际化计划。欧共体1987年成立至今的 ERASMUS 计划即是为实现欧共体要求欧共体大学生中到2000年要有10%的学生毕业前有一年国外学习经历的一个专门跨国机构。亚太地区由澳大利亚、日本、韩国、泰国、新西兰等发起了

"UMAP"即"亚太地区大学生流动计划",自1990年以来,已组织过多次政府间会议,企图模仿欧洲的ERASMUS推动本地区高等教育国际化进程。由于亚太地区的APEC即亚太经济合作组织,在一体化方面要达到欧盟水平,尚有较长时日,UMAP发展成ERASMUS,也还有很长路程要走。教科文组织推动通过了亚太地区相互承认学位公约,以促进高等教育国际化进程。

二　高等教育的私营化

（一）背景

1995年底和1996年初,世界银行和联合国教科文组织分别发表了一份有关世界高等教育发展状况的报告,两份报告中虽有诸多不同观点,但一个明显的共同点是,都承认目前高等教育面临世界性危机,即高校招生数大量增加,规模迅速扩大,而高等教育经费投入严重不足,解决办法则各不相同。教科文组织的主张是,国家应当从长远利益,从经济发展、社会公平等出发,增加投资。世界银行报告则认为,解决这一危机的主要途径是实行高等教育的私营化。实际上,高等教育私营化已经成为越来越多国家走出高等教育危机的一种政策选择。

（二）概念

谈及高等教育的私营化,我们先要消除某种误解:中文中私有化或私营化,译成英文都是Privatization;同样,国外高等教育文献中普遍使用的Privatization的提法,既可译成私有化,也可译成私营化。值得注意的是,国际上目前使用此一提法时,普遍不同于经济体制改革中的私有化或私营化概念,即并非指将公立高等学校交由私人去办,而是指政府鼓励个人、团体和经营部门办学及国家与学生共同承担办学经费的各种政策、措施和办法所形成的一种趋势。

（三）原因

高等教育私营化问题的提出,主要有两方面的原因:一是高等学校教育经费短缺,国家面临扩大规模的压力,又无力投资,逼上梁山,情势所致;二是很多国家包括一些发达国家总结过去的经验和教训所得出的结论。具体说就是:对学生过多地补助导致学生学习的积极性不高;政府拨款人人有份。实际执行中发现,更多地有利于富有家庭子女,并未能实现高等教育机会均等的初衷,实行私营化,即可一箭双雕。

(四) 私营化的形式

高等教育私营化的形式主要有以下两种:

1. 由政府鼓励和支持私人、团体、私营部门办学。这一方面的政策和措施概括起来有三项内容:建立和健全法律、政策体系;设立精干管理机构,负责审批资助和质量控制;由政府通过贷款,设置奖学金及减免税收等对私人或私营部门办学提供财政资助。韩国、日本等国家及中国台湾地区等,据此实现了高等教育的大众化,已是不争的事实。印度尼西亚、泰国、马来西亚先后确定以此为追赶发达国家战略,并已卓有成效。泰国1995年决定投资380亿泰铢,相当于人民币130亿元,促进教育主要是高等教育的发展。其中约70亿元将用于支持新建曼谷以外的私立大学;另外60亿元将作为高中和大学学生的无息贷款以支持学生上学。任何高中、大学学生有经济困难者皆可申请,毕业就业后三年开始偿还,年息仅1%。

还有一些国家,也以此作为发展与改革高等教育的重要战略。不到200万人口的蒙古,有国立高等学校6所,而私立高校已达25所。越南私立高等学校的数量也在迅速增长。

考察了大部分国家和地区私立高校发展的道路以后,我们可以看到,很多国家私立大学的发展一般都经历从应运而生到国家认可,最终得到国家支持这样一个"三步曲"。有的国家走完这"三步曲"花了近百年,如日本;有的后来者只用了一二十年。

2. 公立大学经费来源的多样化。

公立大学经费来源的多样化,是各国各地区推进高等教育改革和发展进程中的一个共同举措。它主要是通过提高学费在公立大学教育经费中所占的比例,增加公立大学创收的途径以及改革旧有拨款和经费使用办法等途径来实现。在这一方面,中国虽然没有提出,也不一定接受私营化的概念,但在这一方面的探索,在某种意义上来说,已远远走在所有国家前头,为学校创收和争取经费自主作出了贡献的校办企业即是一例。而一般国家皆禁止大学办公司。而且,学校办公司亦为大学各界人士尤其是大学教授所无法接受。在改革拨款和经费使用办法方面,核心问题是如何应用市场手段和竞争手段以提高经费使用效率,通过拨款来提高质量。

（五）评论

世界银行报告以高等教育私营化来解决教育扩展和经费短缺的矛盾，作为发展高等教育的出路。相比之下，高等教育经费渠道多样化较易成为共识。关于私立高等教育的发展，有些国家对其利弊尚有争议或担心。其有利方面是能增加教育机会，促进高等教育的发展，同时减轻国家负担，对市场需求变化反应快；其可能弊端则是学校的质量参差不齐，学生的就业不能得到保障，一定条件下可能成为影响社会安定的因素。解决前述矛盾的关键在于国家如何通过法律和政策的手段加以引导，加强管理。一些国家发展私立高等教育的经验证明：只要立法、政策、管理适时、得当、有力，兴其利，除其弊，并非不可能。

三　高等教育的法人化

（一）问题的提出

在发展进程中，几乎所有国家的国立或公立高等学校都面临来自国家和社会既要扩大招生又要提高质量的不断增加的要求，同时国家投入却没有相应增加。在课程、系科设置、人事、财务等方面受到国家控制的学校，缺乏活力，难以走出困境。因此，调整国家与学校的关系，赋予学校主动发展的活力，以便能动地面对不断增长的压力和变化的市场，成为各国高教改革中一个重要课题。例如，《中国教育改革与发展纲要》第十八条提出，要"使高等学校真正成为面向社会自主办学的法人实体"。这里的问题是：高等学校怎样才算法人化？或者说，法人化的高校可以自主办学到何种程度？核心问题是国家如何通过立法，重新界定国家与高校的关系，制定公立或国立高校法人化的具体途径。对此，很多国家正在进行摸索，虽然有些国家明确提出、有些国家则没有明确提出公立或国立高校法人化的明确概念。

（二）泰国、马来西亚和中国的探索

1. 背景。

泰国和马来西亚是东盟中两个经济增长最快，发展势头一直不减的国家。马来西亚已明确提出 2020 年成为具有本国特色的发达国家。近 10 多年来，两国高等教育皆以每年 10% 以上的速度增长，但两国目前都为专业人才尤其是工程技术人才的短缺所困扰。据泰国发展研究院及渔业行业工会调查，1995 年，泰国缺工程师 3377 人，初级技术人员 5313 人，中级技术人员 7835 人，渔业劳工短缺达 106355 人，认为政府和经贸部门如不协调解决，将"影响国家短期的经济发展，自由开放贸易和投资及泰国在国际上的竞争力"。泰、马经济持续高速增长进程中如何调控高等教育发展速度的经验与教训，对处于同样进程中的中国具有重要借鉴意义。

泰国、马来西亚除了建立健全法律、政策体系，甚至准备拨出巨额贷款（泰国达 200 亿泰铢，相当于 60 亿元人民币），鼓励私立学校发展外，通过使国立学校法人化，挖掘国立学校的潜力，成为国家解决人才短缺的又一重要途径。

2. 做法。

马来西亚把国立大学法人化作为明确的国家政策。目前，各大学正按政府要求，制定本校法人化的具体方案和实施步骤。每校方案经多次协商，最后通过议会立法认可即议会通过修改后的学校章程，正式施行。其基本思路是：学校性质不变，仍为国立，即所有权仍属国家；国家负责基建投资；学校经费中国家部分目前占 80% 左右，以后国家不再增加，并将逐步减少。有的学校方案中准备减少至 50% 左右。与此同时，学校获得自主使用国家资产，使其增值的权力，如扩大招生、培训、委托培养和科研，包括从事租赁或其他盈利活动。

泰国没有提出明确的法人化政策，但泰国大学部实际上几年前就已开始朝这一方向努力。一般地说，行政部门对于放权总是慎之又慎。但泰国大学部几年前就主动向议会提出了当时的 18 所国立大学皆在行政上脱离大学部控制的方案，结果，反而在议会未获通过。泰国大学部仍在朝这一方向努力，在课程、学科审批、国际学术人员交流等方面，都放松了控制。与此同时，建立两所新型大学，进行自主权试验，即国家负责基建和提供一定的经费，学校由经过大学部批准的校董会决策，由校董会聘任的校长管理。

中国高校法人化进程也独具特色。中国已提出高等学校法人化作为改革高等教育的目标，但未见制定出一套具体的法人化实施方案和进程。而从实际情况考察，在某些方面和从某种意义上说，中国又是在这一方面已经走得很远的国家。以经费自立部分为例，马来西亚一些大学将国拨经费减到学校全部经费的 50% 作为奋斗目标，而中国的少数高校目前已经达到，甚至超过了这一目标。

　　大学法人化以后，国家的控制仍然存在，只是控制真正集中到宏观层次，控制的形式变了，即通过法规、拨款及审批和参与校董会等，不再直接干预学校日常行政事务。当然，法人化的具体实施，还离不开一个国家的国情、法制环境和法制的权威。

　　（三）结论

　　公立高等教育受控制过多，缺乏活力，是发达国家和发展中国家高等教育面临的共同问题。英国、荷兰、澳大利亚、北欧等一些国家近年来致力于引进某些市场机制，拨款制度一再改革，先从全包转变到投入以在校生数为依据，又从以投入为依据转变到以产出（完成学业人数及速度）为依据，其目的都在于解决公立学校的活力问题和投资效益问题。目前，这一进程正在进行之中，利弊如何，尚待观察。马来西亚、泰国和中国企图通过大学法人化的途径解决这一问题的探索，将会对此作出积极有益的贡献。

　　　　（载《教育研究》1997 年第 1 期）

亚太地区远距离教育的当前趋势与展望

一　引言

尽管实际上远距离教育已有几百年的历史，但关于"远距离教育"各种定义的争论却仍在继续。原因之一是远距离教育实践在不断变化，尤其在新信息技术的使用方面，给远距离教育知识传递方式、教师与学习者交互作用带来很大影响。然而，无论各种定义如何不同，获得公认的是，远距离教育过程中本质上相当部分教学是由在时空上远离学习者的人控制的。在詹姆士·泰勒（James Tellor）论述的远距离教育功能性定义范畴中，他认为远距离教育系统在世界各地发展方式略有不同，这一不同反映了各地在社会经济环境、教育和政治哲学、通信技术和特定个体的相关专门知识的不同。

人们认为非正规远距离教育在诸如中国、泰国这样的国家已有近千年的历史。但在现代意义上，亚太地区远距离教育教学方式的发展是缓慢的。二战后初期有一定发展，但直到20世纪60年代才开始迅速发展。各发达国家尤其是发展中国家政府日益关注远距离教育，主要是它们看到或认为远距离教育是满足国民日益增长的教育需求的经济有效的方式。因而在过去20年间，亚太地区远距离教育获得显著发展和变化。目前，远距离教育已是本地区国家教育系统的一个重要特征。亚洲和太平洋地区成为世界上开放大学最多的地区。由这一地区开放学习机构专业团体组织的区域性活动吸引着其他地区的同行。现在通过远距离的方式提供的课程数目的激增令人吃惊。同时，远距离教育面临来自新信息技术和公众要求增加的挑战，政策制定者们对其抱有很高期望，视之为解决许多教育问题的出路，也给远距离教育带来很大的压力。在这一意义上，可以说，本地区许多国家的远距离教育正处于十字路口。

二　主要趋势

1. 远距离教育的法律地位。

法律地位在此是指特定国家法律或政府法令、政策所规定的远距离教育的本质、功能、地位、机构和管理等。虽然不同国家赋予远距离教育法律地位的方式不同，但是各国都给予了承认，其法律地位在不断提高。可以预言，这一趋势将继续发展下去。

2. 不同教学方式的共存。

远距离教育的生命力首先在于其教育传递方式，通过它过去被传统教育系统忽视的各类型群体可以获得第二次机会。由于社会和经济原因，呈现在我们面前的确实是一幅生动、丰富多彩的图景。本地区多数国家的远距离教育始于 20 世纪前半叶的函授教育，其通常附属于一些传统教育机构。70 年代后期远距离教育在亚太地区开始迅速扩展，其显著特征之一是单一传递方式的开放大学大量涌现，它们一般独立于传统大学。有趣的是，前者并未为后者所取代而是两者共存，中国和印度都是极好的例子。

中国和印度的经验均表明，函授教育之所以仍能面对来自新出现的开放大学系统的挑战并与之共存，是因为其显著的成本效益。与其他远距离教育传递方式相比，它是最经济的方式之一，还因为其附属传统大学而具有的实力。它们使用相同的教学大纲，使用名牌大学的标志，因而更能为公众所接受。此外，在印度，学习这些函授课程的学生还享有易于从远距离教育系统转到传统教育系统的好处，且反之亦然。远距离教育的这种传递方式预计会继续吸引学习者。

澳大利亚的远距离教育，尤其是高等远距离教育代表了一种不同的双重模式。在 50 年代中期以后被广为效仿的新英格兰模式的本质特征就是校内生与校外生共存的双重模式结构。校外生所学课程与校内生的完全相同。在远距离教育质量仍受到怀疑之时，这两种模式之间的均等得到了保障。由于双重模式系统为校内、校外生提供同样的课程、同样的教师、同等考试和同等的交互机会，因而其意义深远。澳大利亚政府采用财政措施使独立的远程教育中心与相邻的普通高校合并，从而在全澳形成七大"远距离教育中心"，使这一趋势更得到了加强，其明显的优点是在校生和校外生同等。长远来看，我认为这一模式代表了远距离教育乃至整个高等教育模式的未来。这是因为：

（1）传统高等教育仍是当今普及各种知识和经验的主要模式，在社会上享有良好声誉，获得广泛认可。在发达国家，高等教育中部分时间制、年龄在25岁以上的学生比例在不断增加，他们需要一种灵活接受教育的方式，这就要求传统大学必须采用或融合远距离教育教学方式。

（2）在世界各国，教育迟早会成为一个终生的过程，在个人方便的时间和地点进行远距离学习将成为教育系统的一种常见方式。

（3）如果提供必要的基础设施，新信息交流技术将使得这一切成为可能。

三   扩展

20世纪70年代末期以来本地区远距离教育发展的主要特征是开放大学的发展。从过去20年间开放大学这一形式的远距离教育的发展中可以看到某些趋势：

20世纪80年代是开放大学数量迅速增长的高峰时期，本地区人口众多的国家如中国、印度对远距离教育更为重视。印度已经确定每邦建立一所开放大学的战略目标。不久的将来，印度会有更多的邦建立开放大学。泰国和中国远距离教育的进步是很明显的，特别是泰国，如果将其在校生数、毕业生数占全国高校学生数、毕业生数的比例进行比较，就会发现泰国远距离教育的进步尤其明显。

有明显迹象表明，目前还没有开放大学的国家对远距离教育的兴趣日渐浓厚，在不久的将来它们也会建立一些这样的大学。过去几十年间远距离教育发展的另一特征表现在其所提供的课程的多样化上。传统的远距离教育注重初等、中等水平的普通教育和高等教育水平的人文和社会科学。远距离教育对劳动力市场压力和学生就业期望的较强适应性和快速反应，使得数百种新的教育课程应运而生，如旅游和饭店管理、会计、市场营销、办公自动化、汽车工艺、计算机、儿童保健等，都通过远距离方式进行教学。

四   学生

通过对中国、印度、印度尼西亚、韩国开放大学的学生状况进行分析，揭示出某些趋势：男生和年龄在 30 岁以下的学生占大多数。日本国立多媒体教育研究所（NIME）的调查表明，女生人数百分比中很少有来自农村的，大多是来自城市弱势群体，如印度一些地区主要是未就业的家庭主妇。就学生背景而言，差异更大。

在中国，多数学生有一份工作。他们当中，工人占 59.4%，教师占 5.1%，国家公务员占 12.5%，白领工人占 12%。在印度，基于孟买远距离就业董事会提供的资料研究表明，学生中 10% 是家庭主妇，30% 是新生，60% 是职员和管理干部。安得拉邦开放大学则是另一番景象：男生中未就业者占极高比例，从 1983—1984 年的 28% 增至 1986—1987 年的 61%。尽管该大学最初设想主要为满足在职人员的需求，但以后的发展表明，它一直以来更主要的是满足传统就业系统无法再容纳的人员的需要。1983—1984 年手工工人和技术工人约占新生总数的 15%，但 1986—1987 年降至 3%。这类学生不仅相对数下降，而且绝对数也同样减少了，从 1983—1984 年的 793 人减至 1986—1987 年的 461 人。同样，农民所占比例从 1983—1984 年的 8% 猛降至 1986—1987 年的 1%。商业领域的学生也仅占学生总数的 2%。1986—1987 年公务员占较大比例，约为 13%。在印度尼西亚，75% 的学生有工作。韩国在职学生比例高达 60%。其中，29.3% 受雇于公司，8.3% 是教师，20% 是公务员，还有 3.2% 是现役军人。家庭主妇和其他类占学生总数的 38.7%。上面所反映的差异似乎与各个国家特定的社会、经济、文化和政治环境有很大关系。但是中国、印度、印度尼西亚、韩国的资料揭示了一个共同的特征，即大多数学生都有一份工作，除了本文印度一例中的学生之外。

五　远距离教育中的技术应用

远距离教育离不开媒体。据 Nipper 的论述，我们已经历并仍在经历着远距离教育的三个时代，每一代都以制作、分布和通信技术的发展为基础。第一代即函授教育，是到 19 世纪末期随着印刷和铁路交通的发展而普及化的，交通和印刷的发展使得大量教材得以生产并广泛分配，边远地区的人们也能得到。第二代的多媒体远距离教育使用广播、录音，并在一定程度上使用电视。交互式通信设备的发展，如计算机、电视会议，创造了第三代远距离教育。有趣的是，远距离教育中技术利用的趋势同先进通信技术有着日益密切的关系。今天，无可争辩的事实是，正是卫星技术使得远距离教育可能达到传统手段所没有或无法达到的世界的每一个角落。现在它已不是一个梦想，而是活生生的现实，不仅在一些发达国家如此，而且在一些发展中国家，如中国、印度、印度尼西亚，一些南太平洋岛国和泰国亦然。

现在再来看看亚太地区的现实情况，你会发现在远距离教育中技术使用上有两个极为有趣的趋势：

1. 上述三代的共存。各国远距离教育先进技术的使用程度有很大差别，一些发达国家如澳大利亚更广泛地采用了新信息技术。尽管如此，有趣的是"第一代"技术仍在远距离教育"家族"中占据支配地位。同样，据 NIME 的一项调查，本地区所有国家，包括澳大利亚在内三代共存的远距离教育主要传递方式仍是邮寄印刷品，加上广播、录音带，在不同程度上使用电视。在可预见的未来一段时期，这种三代共存于同一"家族"的局面在各国以及在本地区仍将继续。

2. 那些较贫穷、幅员辽阔或人口众多国家率先在远距离教育中使用新信息技术，如卫星。在太平洋 12 个国家这一辽阔区域中，通信系统是远距离教育的最重要条件，1972 年南太平洋大学（USP）在本地区率先将卫星技术应用于教育领域。印度远距离教育中也较早开始使用卫星技术。1975—1976 年，印度政府发起了卫星教学技术实验（SITE），使 6 个邦 20 个区的 2330 个村庄可以接收到由 ATS—t 号卫星直接转播的专门预录的电视节目，课程辅以教师指导。目前，印度国家卫星（INSAT）项目为小学儿童提供节目，还为 6 个邦的农村观众提供地区性节目。英迪拉·甘地国立开放大学 1994 年底开始使用卫星转播节目实验。

中国或许是世界上唯一一个有教育专用卫星的国家。1986 年以来，中国政府决定通过卫星转播师范教育节目。1987 年成立了中国教育电视台（CETV），目的在于使用卫星技术，将远距离教育送至全国每一个角落。至 1995 年 9 月，在 CETV 之下全国共有 948 个地方教育电视台，包括 10 个省级教育电视台，1000 多个转播站和 10000 多个接收与中转站，54039 个拥有播放设备的学习中心和 871 个地方制作中心。

六　远距离教育的经费

尽管人们普遍认为同传统教育系统相比，远距离教育一般而言成本效益更高，但它并非一剂廉价的灵丹妙药。一个运作良好的远距离教育系统需有良好的基础设施，其成本可能很高，特别是在使用高技术，如租用通信卫星频道转播节目的情况下。NIME 研究所进行的调查表明，根据筹资状况，可将远距离教育机构分为两大类：一类机构的大部分资金，从 50% 至 90% 不等，来自于政府，另有一些其他来源的收入作补贴；第二类机构预算的大部分来自于政府外的其他途径，如学生学费，另有政府补贴。

澳大利亚、中国、韩国、日本和其他一些国家可归为第一类。如澳大利亚，远距离高等教育的最重要财政来源是联邦政府。1990 年，高等教育的经费中，总预算为 43.90 亿澳元，其中 36.31 亿来自联邦政府，占 82.7%。另一类如印度、泰国。在泰国，素可泰·探玛堤叻开放大学（STOU）仅从政府获得占预算 15%—20% 的资助，其他费用则来自学费和外部资助。

近年来，私有化浪潮也冲击着远距离教育。其战略之一便是将更多的财政负担转移到学生身上。但远距离教育的独特作用就在于使各种处境不利的群体，贫困、居住偏僻或由于各种原因失去受教育机会的人群接受教育，因此这种做法可能会与以上政策目标相抵触。远距离教育中生均单位成本一般低于传统教育系统。这在很大程度上也依赖于使用何种技术手段、学生人数和其他各类受益者人数。然而，二者之比各国也不相同，澳大利亚为 0.95:1，中国为 1:3。

七　网络建设

在联合国教科文组织和亚洲开放银行的扶持和强有力支持下，亚太地区远距离教育网络的建设一直非常活跃，并且卓有成效。其间最重要的事件可以说是 1987 年 11 月 13 日亚洲开放大学协会（AAOU）的建立。其主要目标是：a. 扩大教育机会，使本地区所有人都能接受教育；通过交流管理信息、教材和研究成果，提高成员机构的成本效益。b. 通过远距离教学系统帮助提高教育质量，开发其潜力。c. 帮助提高远距离教育人员的职业和道德水准。d. 同直接或间接关心远距离教育的官方和其他组织协作。e. 为同其他地区性或国际性同类组织的合作提供便利。就在两年之后，远距离教育地区资源中心（DERRC）成立，其目的是促进成员机构间远距离教育资源、教材和经验的共享，以获取更高的成本效益，通过组织培训项目提高教学和技术人员的职业水准，促进成员机构间以及与地区性和国际性组织的相互合作关系。由联合国教科文组织亚太地区总办事处（UNESCO/PROAP）发起，并在英联邦学习共同体（COL）和联合国儿童基金会（UNICEF）南亚分部的支持下，南亚远距离教育发展论坛（SAFDED）正在筹建之中。该论坛将注重于实际行动，其活动主要集中于教学、研究和管理方面的材料、信息和经验的交流。促进教师和学生的交流，通过相互合作加强南亚地区远距离教育系统。每一个 UNESCO 远距离教席就意味着一个网络的存在。1995 年以来已经在巴基斯坦阿拉马伊克巴开放大学（AIOU）建立了一个这样的网络。在今后两年内，UNESCO 会在大湄公河地区、南太平洋和东亚建立更多的远距离教育方面的教席或 UNITWLN（教科文组织姐妹大学网络计划）。

八　展望

亚太地区远距离教育前景是极为光明的。因为它在迎接今日教育所面临的一系列挑战中具有独特的作用，同时各国政府和国际机构对远距离教育的兴趣也日益浓厚。今天，人们对 G7（西方七大工业化国家首脑会议）这个术语越来越熟知，但对 E9（九大人口最多国家普及教育首脑会议）却很少了解。E9 一词是 1990 年 3 月在泰国宗滴恩召开全民教育国际会议之后紧接着于 1991 年 12 月 4—6 日在巴黎举行的国际会议论坛（International Consultation Forum）上创造的，是指文盲人口总数占世界近 3/4 的 9 个国家——印度、印度尼西亚、中国、巴基斯坦、孟加拉国、尼日利亚、巴西、埃及和墨西哥，除巴西外，还被世界银行划入世界最贫困国家之列。

几十年来全民教育一直被列在国际社会的日程表上。世界大多数国家已普遍接受教育是一项基本人权的原则。1948 年联合国大会公布的《世界人权宣言》第二十六条指出："人人都有接受教育的权利。教育应是义务的，尤其是在初等和基础教育阶段……"然而，我们不得不忧虑地看到世界上存在着近 10 亿成人文盲，消除文盲依然是一个艰巨的挑战。此外，估计还有 1.3 亿小学适龄儿童不能进入学校接受教育而有可能成为 21 世纪的成人文盲。同样，妇女受到的影响更大。在发展中国家，近一半成年女性是文盲。在一些国家，这一比例高达 90%。在 9 个人口大国中有 5 个国家位于亚太地区，占 9 国人口总数的 85%。而亚太地区尚有约 5400 万小学适龄儿童未入学，约 2400 万小学生停学，其中多数属教育方面的处境不利群体，如女童、农村地区儿童，尤其是居住在边远、偏僻地区的儿童，贫民窟儿童、游牧部落种族和少数宗教、民族群体，如果这些教育方面处境不利群体仍处于边缘状态，那么全民教育的目的就不能成为现实。在这一共同事业中，不充分发挥远距离教育的作用就不能完成上述任务。因此，1993 年 12 月于新德里召开的 9 个人口大国第一次首脑会议上，远距离教育被视为实施和实现全民教育的主要途径之一。

《九个人口大国全民教育首脑会议行动纲领》（新德里）指出，必须更多地优先考虑通过创造性的可选择途径来接近那些被排斥的群体并服务于他们的学习需求。大量的人口和广阔的地域表明了在教育中利用通信技术和大众媒体之力量的特殊需要、机会和挑战，9 国中的多数国家已经认识到大众媒体的潜力须在远距离教育计划如开放大学和函授课程中予以广泛应用。当然，教育电台和电视频道已经开通，有些则利用卫星予以传送。然而，现有技术在教育中的全部潜力仍有待开发。

该行动纲领还提出了两项合作建议，其一是一项协议即"远距离教育联合创新计划"，指出 9 国同意就远距离教育创新计划共同合作，以加强教师和其他人员的培训，并使新文盲和边际群体更好地接受教育。该创新计划将依据每一国家的特定需要和传统，因地制宜，以推动现在的工作并利用各项新技术。相关的国际机构也将通过开展评价研究、召开会议、加强自身建设形式以及寻求财政援助等手段，随时准备支持、促进和协调这一创新计划。

除全民教育外，借助于新信息技术，远距离教育已经在中等教育的重建，缓解对高等教育需求日益增长的压力，在像中国、印度这样的国家中培训数百万来自广大农村地区的剩余劳动力，开展熟练和半熟练工人、工程师、经理人员等的再教育（回归教育）方面发挥重要作用，今后仍需继续努力。

（载《开放教育研究》1997 年 4 月号）

知识经济、信息社会与高等教育大众化

——中国面临的挑战和战略选择

从 20 世纪 50 年代后期至 70 年代早期，西方各国先后经历了高等教育发展的"黄金时期"。美国学者马丁·特罗提出，整个人口中，18 岁至 22 岁年龄段中超过 15% 的人接受不同层次和形式的高等教育，高等教育发展便进入了大众化阶段；低于 15% 则仍处于精英阶段；超过 50% 则可称达到"普及阶段"。这一划分法，一直被人们所采用。据世界银行 1994 年报告，经合组织各国高等教育平均毛入学率已达到 51%，跨入了普及化阶段。其中，据教科文组织 1995 年世界教育报告，北美（美国和加拿大）高教毛入学率 1992 年已达 82%，中等收入国家为 21%，低收入国家为 6%。1965 年到 1990 年，东亚地区从 8% 增加到 17%。70 年代到 80 年代末，全世界高等教育入学率从 8.5% 增长到 13.5%；发展中国家则为 8.3%。

1996 年，中国共有普通与成人本专科在校生 567.7 万人，18—21 岁人口大学毛入学率为 7%，每 10 万人口中有大学生 470 人，由此看出：中国的高等教育仍处在精英阶段，同发达国家相差两个阶段；中国的高等教育毛入学率低于发展中国家平均水平；中国每 10 万人口中大学生数在亚太地区仅高于巴基斯坦、孟加拉国、越南、柬埔寨和阿富汗（见附表）。

中国将于 2000 年和 2010 年把大学毛入学率分别提高到 8% 和 11% 左右，每 10 万人口中大学生提高到 500 人和 700 人，预计在 2020 年前后跨入高等教育大众化的发展阶段。

我经常比较这些数字，时时思考一个问题：中国高等教育发展速度能否适应 21 世纪经济、科技和社会发展需要和有助于中华民族跻身于世界民族之林的中上行列？现提出以下想法。

一　西方发达国家向知识经济、信息社会过渡的两点启示

1. 80 年代以后高等教育衰退的预言为何没有成为事实

众所周知，由于二战后经济的快速恢复与发展和人力资本理论的勃兴，20 世纪 70 年代中期，西方世界曾出现过一个高等教育发展的"黄金时期"。此后，由于两次石油危机的冲击，西方经济进入滞胀阶段，高等教育经费有所降低，战后"婴儿潮"高峰已经过去。西方高教界普遍存在一种悲观情绪，认为 80 年代开始，高等教育"发展已趋于停滞和收缩，大发展时期已成为历史"。西方高等教育专家们对高等教育发展面临的几个环境因素的预测是基本符合实际的，但他们的结论错了。发达国家的高等教育不仅没有停滞或收缩，而是持续发展了，且在整体上迈进普及化阶段后又前进了一大步。其中，美、加大幅度领先。

这是耐人寻味的现象。究其原因，过去的 20 年，高新技术，尤其是信息技术的快速发展和广泛、深入的应用，使西方世界发生了深刻的变革，社会急速向"后工业社会"即知识经济和信息社会过渡。人们发现，"欧洲工业同 20 年前一比，几乎已面目全非"。"知识的实际寿命越来越短，企业和大学工作的内容需要不断更新"，"从智能性机器中取得最大收益"，"要占据市场的制高点，就只有使劳动者掌握更多的技能。从长远来看，要保持我们的富国地位，唯一办法就是提高人民的生产力，这就意味着让他们受到更好的教育"。欧洲企业家们认为，"各国教育制度虽然多多少少有些变革，但都很快被新技术和社会发展的新趋势抵消。人们所需要的教育和实际所受教育之间的差距在扩大，并且存在着进一步扩大的危险。因此，必须大声疾呼：教育必须变革"。因为"以知识为基础的社会既依赖于知识的不断进步，更依赖于知识分子的再生产，正如工业社会依赖于资本的不断投资和有技术的管理人员和工人的再生产"。"以智能为代表的人力资本和以高技术为代表的技术知识成为经济发展的核心，人们越来越深刻地认识到经济增长比过去更明显地依赖于知识产生、传播和利用"，"全球的经济成长方式由此产生了根本性的变革：知识取代资本、劳动力而成为最重要的因素，知识的生产，即创新将成为人类最重要的活动"。美国是世界上信息化程度最高的国家，70 年代后期以来，90%

以上新增就业岗位都要求受过一定程度的高等教育。欧洲高等教育的发展和美国高等教育的普及化程度不断提升及劳动市场对求职者要求的提高可以说明：如果说高等教育大众化是农业社会向工业化社会过渡的必经之路，那么高等教育普及化则是知识经济和信息社会的必然要求。

2. 医治欧洲结构性失业顽症的良方何在

20世纪70年代后期以来，失业始终是困扰西方各国政治家的一个顽症。法、德、意、荷、瑞典等国失业率至今保持在10%以上，欧共体平均失业率为11%。因解决不了失业问题而下台的政府屡见不鲜，而美国克林顿总统把失业率降低了1个百分点，成为其得以两届连任的重要原因。失业之所以成为顽症，是因为其呈结构性，即工业化时代产生的大量制造业乘高新技术尤其是信息技术东风，升级换代，向资金、知识、技术密集型发展，需要的人越来越少，对人的要求却越来越高，造成大量知识和技能不能跟上这一调整的人"下岗"失业，不少新增职位因无合适人选而虚位以待的两难局面。在爱尔兰、西班牙、丹麦、比利时、英国、德国，受过初中和初中以下教育的人的失业率是受过高等教育者的2.4倍；后者失业率在2%—3%，属市场经济中可接受的状况。欧洲人士认为，失业带来两个明确信息：一是由于受教育水平低，可培训性差的劳动力处于被排斥于劳动市场的危险，这种危险仍在增长；二是教育的重要。为此，由46家大企业，包括壳牌、雀巢、飞利浦、菲亚特等一大批跨国集团组成的欧洲工业家圆桌会议于90年代初成立教育政策小组，并与欧洲大学校长会议（CRE）合作，发布了一系列报告，"大声疾呼"政府和社会各界要重视教育，提出要建立真正的学习型社会和"教育链条"论（即各级、各类教育之间相互衔接、开放、灵活，便于人实现终身学习的要求），要培养好公民而不是制造机器人，要注意教育与职业教育之间的平衡，高等教育大门应当开放，要调动教师积极性等一系列主张。欧洲企业家们表示，解决欧洲社会失业顽症最重要也是唯一的良方就是普遍提高劳动者所受教育与培训的水准。被信息社会排斥于劳动市场之外的一代人似乎已难以救药。重要的是，要通过提高教育与培训的水准，不再产生新的被劳动市场排斥的一代。

二　中国面临的严峻挑战与高等教育的任务

1. 国民经济工业化和信息化并举带来的双重挑战

历史时代已不容许中国用一二百年，按照农业社会向工业化社会过渡，再由工业化社会向信息化社会过渡的两步曲前进，而不得不将国民经济工业化与信息化并举。国家计委副主任王春正精辟地指出，"发展信息产业，加快国民经济各个领域的信息化进程，是改造传统产业，带动产业结构升级的重要手段，是转变粗放型增长方式、克服盲目重复建设和提高国民经济整体素质的必然选择"。因此，中国国民经济将实行工业化与信息化并举的战略，这一战略必将带来双重挑战。

（1）人才准备。中国国民经济信息化面临的问题：信息产业基础薄弱，集成电路产品多数属低档产品；信息服务业严重滞后于信息技术产业和通信业，导致设备利用率低或设备功能不能充分发挥；信息产品和服务的水平、质量低，开发软件产品的有竞争力的大型企业少；传统产业信息化步伐相对落后；中小型企业利用计算机辅助设计、管理和控制生产过程的仅占 15%—20%；企业要求信息服务的意识相对不足，仅 10% 的企业从市场得到满意的服务等。专家认为，信息经济和信息社会中，纵向的控制系统将减弱，中间管理将减少，个体活动将扩大，对第一线的专家的需求必然增加。个体必须具备在不断变化的信息海洋里独立摄取分析和利用自己需要的信息，即能力和技能，只接受高级中等教育，即使是良好的高中教育，也是难以胜任的。

西方后工业社会的另一个特点是：农业产值只占 5% 左右，制造业占 20%—30%；而第三产业比重越来越大，一般占 60%—70%。金融、交通、电信、旅游、信息服务、教育等第三产业的发展，也意味着具备高等教育学历的"白领阶层"的增加。欧洲企业家们在 1997 年发表的题为"向知识投资"的最新报告里明确提出，与信息社会相适应的"学习型社会要求高等教育向尽量多的人开放。我们再也承担不起把接受高等教育局限于少数人所带来的后果"。欧洲大学校长在 1995 年与企业家代表联合发表的报告里还提出，为适应信息社会的要求，大学生都应打好科学与技术、人文科学、经济学与社会科学三个"文化基础"，窄而深的专门化，应由博士生完成。

中国有 2000 多万个乡镇企业，几十万个国营企业，从中央到地方政府中有上百万个科室。设想一下，在规划与启动国民经济信息化阶段，每个企业、科室至少应有一名具备不同程度的三种"文化基础"的技能熟练的通才。具体数字当然需要另行研究，但因而可以肯定的是，国民经济信息化如果没有相应的人才规划，或用欧洲企业家们的话说，相应的"知识投资"规划为支撑、为主干、为先导，必然困难重重，事倍功半，甚或带来灾难性后果。

尽管我们已经培养了 2000 万大学毕业生，且他们仍在发挥重要作用，但应当看到的是：50—60 年代大学毕业生均年届退休、"文革"中一代因时代原因不少先天不足。更重要的是，任何学问家或专才，唯有不断学习和更新，才能跟上并跻身于快速到来的信息社会。拿过博士学位的大学教授，由于放不下架子重新学习计算机技能，被排斥于网络社会之外，无论在中国还是外国，都不乏其人。国民经济信息化预示着中国社会发展的一次跨越式的历史性飞跃，培养足够数量的、理解并具备参与这场飞跃的相应知识和技能的一代新人，是其最终实现的必要条件之一。

（2）失业顽症。从某种意义上说，中国面临着三重结构性调整，每一重结构性调整都将导致其特有的结构性失业。随着农业生产集约化程度的提高，越来越多的剩余劳动力将是农业社会向工业化社会过渡的必然产物；国民经济信息化，使现有产业部门效率提高，人员减少，将继续导致成千上万的"下岗"职工；此外，对计划经济体制的"减肥"和"消肿"已经并将继续导致相当数量的人员或失业或"隐性失业"，也具备结构性失业的特点。据新华社报道，目前上海劳动力需求总量趋于平衡，但结构不合理。一方面有 20 多万人下岗待业；同时，1997 年又有八成的岗位招不足人，相当一部分岗位技术人才短缺。这是中国社会进步不可避免的阵痛，成千上万失业和隐性失业人员由于受教育程度低，或所受教育不能适应结构性变化，导致可培训性低，也是历史造成的。问题是，这种过渡将持续几十年，三重结构性失业将长期存在，如何对症下药医治"顽症"？是被动接受一批又一批"可培训度低"的下岗人员，为他们在日趋紧缩的"夕阳经济"中安排岗位？还是加大教育包括高等教育改革与发展的力度，使新的一代人成为"技术熟练的通才"，具备较高教育水准和素质，具备"可培训性"和适应市场的能力，在一生中变换四五次工作（据说这是美国求职者的平均数）应付自如，视之正常，能适应产业结构调节可能带来的经济震荡？前者不免被动、消极、治标，后者才是主动、积极和治本。两次石油危机后，美国与西欧同遭经济滞胀厄运，但美国经济增长一般仍高于西欧，失业率也比西欧国家低一半以下，除了科学技术实力使其占有众多新兴产业制高点外，美国高等教育普及化的速度和程度大大超越西欧各国，恐怕不无关系。美国在历史上就尝过通过提高失业者的教育水准，既缓和了失业形势，又提高了人的素质，促进后来的经济发展的甜头。二战结束后，美国1200万人从部队转业，就业前景十分暗淡。当局力排众议，顶住"成何体统"之类的指责，通过了著名的《复员军人法》，使800万复员军人接受了培训，200多万复员军人拖家带小进入了大学校园。此举也使美国高等教育大众化和后来的普及化进程一发而不可收拾。

2. 中国经济参与世界经济一体化进程的必要条件

（1）外贸——主战场制胜的关键何在？无疑，外贸是世界经济一体化和中国融入这一进程的主战场。看中国外贸，亦喜亦忧。喜的是近年来的骄人成绩；忧的是仍处于粗放型增长阶段。以1997年中国对美出口为例，纺织品、鞋类、玩具等劳动密集型、附加值相对较低的产品几乎占一半。出口产品从研究开发、产品设计生产、营运都走在世界前沿，如长征火箭、北大方正者还不多。劳动力便宜的相对优势，随着劳动力成本的不断提高和面对发展中国家的后来者居上，将逐步减弱。只有发展高科技含量、高附加值、高质量的产品，才能在强手如林的世界市场中占有一席之地。可以预料，从中央到地方各级政府中一切与外贸有关的司、处、科、室，在所有与外贸有关的企业的各个部门里，如果没有1—2名掌握一到两门外语，能熟练操作计算机并从网上及时获得信息，懂得并能运用国内尤其是国外的"游戏规则"，具备起码的对象国家和地区的政治、经济、技术、文化的历史背景知识的"明白人"，就难以走出"大经贸"的路子。

（2）内贸——买方市场的形成和入关带来的重要信息。买方市场的形成，标志着中国走出了新中国成立以来的"短缺经济"，具有划时代意义。对于企业家，也许忧大于喜，因为这意味着企业要从不担心销售转变到关心销售，更多地依靠科技和科技人员，不断提高质量，不断翻新品牌去赢得消费者。到"下世纪初我国企业的科技水平与发达国家相比，仍有不小的差距"，并且"短时期内不可能消除"。中国不可能等待差距消除以后再入关，因此，入关对内贸来说，意味着中国企业面临着来自国内和国际方面的双重竞争，意味着中国企业在自身的科技要素明显处于劣势的条件下去与强手竞争。目前，"发达国家受过高等教育的人口占25岁以上人口的比重都在20%以上"，而中国"只有3%左右"，占中国经济半壁江山的2000多万个乡镇企业中，据1990年统计，每159个企业才有一名技术人员。1991年中国每万人中仅有科学家和工程师11.65人，而发达国家为200—300人。先进的装备只要有钱就可以进口，而人才只能靠自己培养。

（3）东南亚金融风暴的警钟。正当中国计划实行人民币自由兑换、开放资本市场时，东南亚金融风暴不啻是给中国上的价值难以估量的一课。教训尚待总结，但有两条已经明白无误：一是金融市场的开放可能吸引大量资金，也可能带来巨大风险；二是"魔高一尺，道须高一丈"。造成泰国经济危机的重要原因之一是财政、金融决策、营运和监管部门工作人员素质下降，在举借和使用外债、投资规划和方向、外汇市场开放、汇率政策和应付国际货币投机客等方面作了一系列错误决策，以至泰铢贬值前8个月遭到国际货币投机客至少三次攻击，中央银行花了230亿美元储备去捍卫泰铢汇率，损失了70亿—80亿，最后外汇储备几近枯竭，不得不实行浮动汇率制。我国要战胜无时无刻不在伺机获取暴利的国际金融投机家们，绝非易事。因为"在国民经济宏观调控中居于重要地位的金融系统，现有人员专业水平比较低，文化素质也不能达到基本要求。在中国人民银行系统内，地、州、市级行长中，有本科以上学历者占11%，初中以下占18%；县支行行长中，本科以上仅占3%，初中以下竟占23%"。如果人民币开始自由兑换，不仅所有各级行长必须具备相关专业的本科学历，所有允许从事兑换外币业务的大小分支，至少应有一名合格的本科毕业生，并且确实具备人们称之为当代大学生的三大基本功：外语、计算机和国际知识。没有必要的人才准备及相关条件，人民币自由兑换和资本市场开放也可能带来灾难性后果。

3."教育链"本身实现良性循环的必然要求

学习社会要求各级教育之间如链条，各类教育之间如网络，相互连接、开放，纵成链，横成网，呈良性循环。不分时间、地点，为一切想学习、进修之人，永开方便之门。从这个角度看当今中国教育，高教链太细瘦，基础教育底盘巨大但受制于高教细链。这两环之间的通道不畅，犹如盲肠。要实现良性循环，盲肠问题必须解决。

（1）素质教育。素质教育的思想符合终身教育和学习社会要求，对基础教育和对高等教育，都有指导意义。中国高等教育的"精英"性质，造成了一年一度的"千军万马过独木桥"——高考。12年寒窗在此一搏，望子成龙在此一举。它在100个青年中制造了95个失败者或自认为是失败者，扭曲了基础教育的目标、要求和方法，它为高等教育输送的并非一代又一代平衡发展的精英。问题是这种状况无根本性改变，高考指挥棒仍无声、无形地统治着学校、老师、学生、家长，高考依然战况空前，压力依然如故。不把这种过度的竞争降低到正常程度，就难以实行素质教育，也难以为高等教育提供平衡发展的毕业生。为此，必须将高等教育大众化尽早提上日程，使"独木桥"变宽。事实上，在中国能坚持到高中毕业的青年中，至少90%在智力上是符合升入高等学校继续学习的。高考"落榜"埋没了众多年轻人的潜力和梦想。

（2）师资水平与素质教育。中国普及小学教育的进展和成绩，举世瞩目，但同时应当看到，这种普及在大部分地方尤其是农村，仍然是低水平的。小学老师合格的标准只是中师或相当于高中毕业，而目前发达国家，小学老师资格一般是大学本科毕业再加一年师范或教育学方面培训，经考试合格后才能任小学老师；东盟诸国，小学老师一般都已达到大专水平或正在向此过渡。中国经济的跳跃式发展，对基础教育的素质教育及其实施者教师提出了更高的要求。老师如果只能弄懂课本本身，课本以外知之甚少，甚浅，素质教育本身的素质就是个问题。如何把500多万小学老师提高到大专水平，把100多万初中老师提高到本科水平，已经刻不容缓。

4. 高等教育大众化的政治意义和社会意义

（1）实现社会公平的重要一环。如何争取和实现社会公平，是实行市场经济国家面临的一个严峻挑战。西方60—70年代高等教育大发展时期，各国政策虽有差异，但都近乎免费上大学。任何一个高中毕业生，只要智力上达到接受高等教育的水平，提供位置和保证其不因经济困难而上不起大学，则是政府的责任。出发点便是促进社会公平，缩小不同阶层的差距。80年代以来，发现近于免费的高等教育，实际上更有利于富裕家庭子女，在做法上有所调整，基本政策并没有改变。目前，中国的城乡之间，地区之间，阶层之间，不少方面的差距在扩大，这在升入高等学校的机会上也有所反映。实现高等教育大众化，为各种不利地区、群体和阶层的子女进入高等学校提供更多的机会和实行一些特殊政策，保证他们在智力上合格而不致因经济上无力导致上不了大学，有利于缩小差距，实现社会公平，有利于社会的长治久安。在这一点上，社会主义市场经济应当优于其他类型的市场经济。

（2）变人口"包袱"为天下第一的"人力资源"。在中国，人口是制约一切的因素，从中央领导到县乡长，都不得不经常思考13亿（2000年）、14亿（2010年）、16亿（2030年）这些数字，一些外国人则预测中国如果解决不了仍在增长的庞大人口的衣、食、住、行问题，尤其是食，将面临动乱和灾难。由于文盲半文盲多，受过高等教育者只及发达国家的1/7，人们有一定理由怀疑如此素质的庞大人口在当今竞争愈演愈烈的世界上养活自己的能力。关键是如何扭转这种被动状况，将这一"包袱"和不安定因素通过教育和培训，包括实施高等教育大众化改变成"人力资源宝库"。国际大学校长协会主席格恩教授认为，工业化时代国家的财富是它的厂房、设备和制造能力，后工业社会国家的财富则是它的受到良好教育的人民和他们的知识水平。如果中国能在20—30年内实现这种转变，中国必将有条件成为世界上最富庶的国家。

三　中国面临的战略选择

1. 新一轮教育发展战略研究的必要

循序渐进是教育应遵循的一条原则，如普及了小学再普及初中，初中后高中，高中至少普及到一定程度再谈高等教育大众化。这也是西方发达国家大致走过的道路。问题在于，中国面临的挑战和所选择的工业化、信息化同时并举的战略已不允许中国如此按部就班地前进，中国不得不实行国民经济工业化和信息化两化、两步并进的战略本身就是例证。这对教育不仅是一个挑战，也提出了一个明确的要求：同步跟上并适度超前。

（1）质量观。高等教育大众化不应当意味着或重蹈历史不顾条件硬上，造成有数量而无质量的覆辙。为此，仅想说明以下几点：

＊质量是一个相对的概念，是分众多层次的。美国卡内基教学促进基金会把美国3500多所高等院校分成七个层次，实际说明美国高校质量上至少可分为七等。没有也不可能认为，只有都达到哈佛、麻省的水平，才

叫有质量。中国如此之大，高校质量分层当更加多样化。若抱定某几所名牌为标准，余皆质量低下或没有质量，此等质量观将束缚高等教育的发展。

　　*质量提高是一个积累的、渐进的过程。世人瞩目的哈佛大学，开办时只有十几个学生，一百几十个学生办了几十年，经过两个多世纪，才成为世界顶尖大学。到 1870 年，美国大学校均才 10 名老师，90 名学生。到 19 世纪中叶，美国还没有一个全国甚至一个地区认可的质量标准。在中国条件下，政府在为新校制定一些最低标准的同时，应当给予一所新诞生、新组建、新提级的学校一定的时间去探索、试验，从而在一定期限内达到顶定目标。政府的责任是制定规则，创造公平竞争、优胜劣汰的环境，扶持有希望的弱者。

　　*质量比较应在等质情况下进行。应当承认，总体上中国大学生质量是高的，可能不亚于任何国家，原因是高等教育尚处于"精英"阶段，即 100 个适龄青年中只能有 5—6 人"登科"，同已经大众化，甚至普及化了的国家相比，不是一种等质的对比。同样，如果有朝一日中国高等教育进入了大众化甚至普及化阶段，同自己的"精英"阶段比，也可能产生"今不如昔"的想法。

　　（2）是削足适履还是扩履适足——大学毕业生就业面面观。每年大学毕业生的工作安置，仍然不是一件轻松的事。大学毕业生失业可能影响稳定大局，是高教发展规划的制约因素。不过，部分大学生分配难并不反映实际上的供过于求，问题在于相当数量的工作位置被不合格的人占着，劳动人事制度改革的力度和正在建立的社会保险制度还不足以替换他们。我在某县调查时得知该县需要 60 名合格会计，待教育部门按计划培养出来后，位置已经全部被"占领"，合格的会计成了多余者。现在面临的挑战是：是按照目前中国不健全的人才市场上反馈出来的并非真实的信号来规划高教发展，削足适履，还是坚定地推进人事制度改革和社会保险制度的建立，面向必将面临的国际竞争和 21 世纪的挑战，重新审视中国高等教育的发展速度、按实际需要规划，扩履适足。在西方市场经济国家中，2%—3% 的大学毕业生在毕业后半年内一时找不到工作，属正常情况，甚至认为是必要的。因为，少量大学生短期失业或选择性失业所造成的压力，有利于逼着大学毕业生向乡镇企业流动，向基层流动，向某些相对先进的边远地区流动，真正让市场起到优化人才配置的作用。这种压力，加上企业出于提高质量的考虑，必然会有利于企业吸引人才，也有助于推动劳动人事制度的加速改革。

正确的政策和策略是党和国家的生命。有了正确的政策，十几户的小渔村深圳不到20年变成了国际大都市，荒凉的上海浦东20—30年内可能成为太平洋西岸的曼哈顿。如何走出穷国办大教育的困境和20年前中国作为穷国、大国如何实现现代化的命题，性质上并无差别。后者通过解放思想，改革开放走出了一条富国之路，再经过这场亚洲金融风波的检验，更为世人所肯定。沿着这条思路，同样能够走出穷国办大教育的困境。

中国有必要进行新一轮的教育发展战略的大讨论，再次从邓小平的理论中，找到走出穷国办大教育，包括实现高等教育大众化的路子和方略。这场讨论不应局限于教育系统，应如日本和西欧，由宏观经济决策部门、企业家组织和社会的参与、领衔和推动，作为实现科教兴国战略的"渡江战役"。

2. 扶持和引导私立高等教育发展——穷国高等教育大众化的必经之路

我曾经按每10万人口中大学生2000人以上、1000—2000人和1000人以下把亚太地区29个国家和地区分成三组（见附表）。第一组为韩国、新西兰、中国台湾、澳大利亚、菲律宾、日本、新加坡和泰国。这些国家和地区已实现高等教育大众化，甚至在向普及化迈进，走的是两条路：一条是大力发展公立高校，大众化和普及化的重任由国家包下来，新西兰、澳大利亚和新加坡较富，走的是这条路。另一条则是国家经费主要用于建立一支"国家队"，高等教育大众化甚至普及化，则主要通过调动民间的积极性，靠扶持和引导私立高等教育的发展，如韩国、中国台湾、菲律宾、日本和泰国。除泰国私立高等教育学生数占全国高校学生数50%左右且在继续增长外，韩国、中国台湾、菲律宾、日本此比例皆在70%甚至80%以上。这些国家和地区私立高等教育发展几乎都经历了"三步曲"：应运而生，得不到承认；既成事实，被纳入国民教育体制；国家补助，控制变严。通过这三步，有的走了上百年，有的只几十年，甚至十几年。国家经济起步、起飞急需人才，学生和家长有渴望接受高等教育的强烈愿望，社会上有办私教的传统、积极性和资金；同时，国家又不可能拿出更多的钱包揽下来，这些起始阶段的类似背景及其压力，导致国家迟早要对兴办私立高教开绿灯。

中国高等教育的大众化及普及化是没有条件走"新、澳、新"由国家全包的道路的。我们正面临与韩国、日本、中国台湾、菲律宾、泰国把高等教育从"精英"阶段推向大众化阶段的同样背景、挑战和机遇；区别在于，中国尚未作出办好"国家队"，扶持和引导私立高等教育的发展，作为实现高等教育大众化重要途径的战略选择。

我国宪法和教育法都有一条："国家鼓励企业事业组织、社会团体、其他社会组织及公民个人依法举办学校及其他教育机构。"这条大法无疑包括高等教育，但1997年8月9日颁布的《社会力量办学条例》又明文规定："国家严格控制社会力量举办高等教育机构。"这种同根本法相抵触的规章反映了对社会力量和私人办学"鼓励"与"控制"的矛盾。中国私人办学有着几千年的传统，中国庞大的公立高等教育系统仍有"肿"可消，有效率、效益、潜力可挖，愿意捐助私立高等教育的"富翁"也在增加；境外也有人对合作办学有兴趣；从美国到众多亚太国家或地区，已经和私立高等教育打了几百年交道，它们的经验或教训可资借鉴。这些都是中国兴办私立高等教育的有利条件。

3. 开放式和网络化的远距离高等教育——中国高等教育大众化起飞的又一翼

以信息技术为代表的高新技术的发展和引用，也对传统教育思想、教育内容、教育方式等提出了严峻的挑战，与此同时，"开放式"、"网络化"、"教育链"、"学习型社会"、"教育时间信用证"等新教育理念和模式应运而生，以至于教育上衡量许多问题的"标尺"也在变，要求人们重新给教育定向、定位、定法。开放式和网络化的远距离教育和高等教育，变得更加开放、灵活、针对性强、容量大，可以覆盖传统教育忽视和忘却的所有地方、角落和个人，是适应信息社会和学习型社会要求的最具有潜力的教育模式。欧洲企业家向大学校长们明确进言："如果高等学校希望在明天仍然具有竞争力，就必须把开放式的远距离教育，或者通过与开放式远距离教育学校合作，纳入其今日的现行结构中去。"近年来，传统大学在这方面的探索蔚然成风，尤其是利用国际网络传授课程，包括学位课程，计划筹组全国性、地区性乃至国际性的"虚拟大学"，已屡见不鲜。反过来，对开放大学又构成了严峻挑战：传统大学依靠其强大的学术优势，再加上远教、"虚拟"模式，将如虎添翼，自己优势何在？

中国45所广播电视大学，覆盖全国，是世界上最大的远距离高等教育网络系统，但是由于没有始终坚持开放性，发挥自身优势，甚至迫于教育界和社会上传统的压力，一再向传统大学靠拢，其潜力尤其是促进中国高等教育大众化的潜力尚远远没有发挥，也影响其地位、作用和声誉。中国远距离高等教育若能在以下三个方面进一步改革和发展，必将成为高等教育大众化一根有力台柱，起飞的又一翼。

（1）"正名"。开放式的远距离教育是一种新型的教育模式，是当今教育体系中同当代最新科学技术结合最紧，最具活力，最能适应未来学习型社会要求的部分，但长期以来，这一切统统被纳入"电教"的范畴。它只被看成是手段、方法问题，无法统领远距离教育体系。同样，"广播电视"大学也只强调手段，不反映特色，亦有正名必要。不少学校已经要求改名为"开放大学"。显然，通过正名，有利于明确这种教育模式的性质、特点和地位，有利于发挥其巨大潜力和战略作用。

（2）结合——新的一体化。远距离教育从函授开始，多为传统高校的一个组成部分，后来不少独立出来，成为单轨式的开放大学，现在有必要再和传统大学合作办学，以借助其雄厚的学术力量，提高自己的地位和声誉；同时，保留和发扬自身特点，并为传统大学的改革和发展作出贡献，这应当是互有需要，相得益彰的事情，势必是未来有生命力的高等学校模式。澳洲人20世纪70年代调整合并高校时，断然将8个独立的远距离高等教育中心并入相关大学，正是出于这种考虑。当然，这是一种优势互补，形式可多种多样，因校因地因时制宜，不应是简单的机构调整，也不一定意味着要重新合并。除此之外，还应当同一切有教育与培训需求的企业和单位建立合作，尽可能地满足传统教育体系顾及不到的群体和个人的要求，不拘一格，设计和传授"雪中送炭"的课程，承担建立学习型社会，弘扬终身教育的先锋角色。

（3）分工——网络化。国家宏观调控的任务之一应当是通过立法、拨款、贷款、审批学校、评估督导、信息咨询等手段，使中央和省市的"国家队"、私立高校和开放式远距离高等教育体系，各显其能，各有侧重。三大子系统之间，形成有机、沟通、互助、开放的网络，全国高教一盘棋。这是教育上的"集约化"。例如，开放大学应确实开放，一切愿意接受高等教育的人，都应允许登记作为视听生，修完一年或两年相关课程，考试及格，可转到有关高校，完成高年级课程；各类学校都可利用开放大学传播手段先进，覆盖面广的优势，把相当一部分基础课程尤其是人文、社会科学和部分理科课程，交由开放大学传授。部分高考录取的学生一年甚至两年不到校，在家通过远教完成学业，经学校考查合格后入校完成学业后半部分，不合格可保留学籍一年。这样，传统大学可腾出人手，重点做"半成品"加工，以增加培养人才的数量。开放大学通过与传统大学合作，请名家授课，保证质量。同样，稚嫩的私立高等学校也可借助开放大学的优势，同中央和地方的"国家队"建立咨询、互助、合作甚至挂靠关系，从中吸取营养，服务于又从大网中得益。当今飞快发展的网络联系，技术上已为此铺平道路，需要的是想象力，创造性和判断能力。

当然，开放大学要承担如此重任，必须首先强身，充分认识自己新时期的历史使命，培养新人，勇于探索、创新，扮演好历史赋予的促进教育体系开放、建立学习型社会的先锋的角色。

4. "国家队"仍有潜力可挖

在高等教育体系中，"国家队"是指从中央到地方主要由政府出钱举办的公立高等学校，总体上应包括所有学科，最强阵营的师资，其待遇、地位足以把最优秀的人才，尤其是把最优秀的年轻学者留在学校，同时在扶持私立高校和开放大学并与之合作方面，尽一定义务。

中国有公立高校1000多所，"国家队"似乎庞大一点。目前，公立高校的师生比虽有所提高，但同国外相比，仍有差距；教师每周授课标准工作量为6—8小时，同国外相差4小时甚至8小时；高校仍然没有走出学校办社会，包学生住宿的困境，否则招生量还可增加。通过改革仍有潜力可挖，为较快实现高等教育大众化立新功。例如：列入"国家队"的学校自身"消肿"挖潜，提高效率、效益；公立学校中未列入"国家队"者可允许一校两制，公"私"合营；选择中专佼佼者升格为"社区学院"；等等。

5. 教育投资占 GNP 的份额——国家重视教育程度的试金石

一个国家教育投资占其 GNP 的份额，是判断一个国家及其领导人的战略眼光和重视教育程度的试金石。1961 年，当西方各国在华盛顿召开教育部长和财政部长会议，决定加速高等教育大众化进程时，同时也决定将教育的 GNP 份额 10 年内提高到 4%。至 60 年代末，各国不仅达到且一般均超过了这一比例，史称西方高教"黄金时期"。

世界上大致现状是：经合组织（发达）国家低者占 GNP 的 5% 左右，高者 6% 左右，发展中国家平均近 4%。1990 年亚洲 22 个有统计数据的发展中国家平均为 4.45%，中国则为 3.05%，低于此地区发展中国家平均数近 1/3。90 年代以来，中国经济持续高速增长，但教育投资占 GNP 份额并无增长，却还呈下降趋势（1991 年为 3.02%，1992 年为 2.94%，1993 年为 2.76%，1994 年 2.52%，1995 年为 2.46%）。在教育投资上，两个问题同等重要。

（1）份额问题。按照终身教育思想，建立学习型社会，不仅是教育界，也将是全社会的必然选择。哪个国家能尽快地把自己的教育体系转变到这一轨道上来，就能在下一世纪取得主动。中国确立了"科教兴国"的战略，这是邓小平理论的重要组成部分。随着时间的推移，将愈显出他的高瞻远瞩和洞察未来的战略眼光。只有认真学习和领会邓小平同志的战略思想，才能解决长期存在于立法机关、教育部门与管钱、管物资部门之间的关于教育经费占 GNP 的份额争议，建立起"向知识投资"，"向未来投资"的新观念，使中国的这一比例尽快达到并超过发展中国家平均数，使科教兴国战略落到实处，使教育发展有一个起码的宽松环境。

（2）投资方向。教育投资方向的选择必须遵循并反映国家的教育发展总体战略，包括穷国实现高等教育大众化的战略。高等教育的发展不能也不应挤占基础教育经费。但教育"蛋糕"增大后，其份额仍应保持。建议按如下方向和顺序分配高等教育经费：①组建和强化"国家队"；②强化开放式和网络化远距离高等教育；③有选择、有重点地择优扶持私立高校；④建立奖学金、学生贷款和科研基金，向各类学校学生、教师开放，促进社会公平与竞争；⑤支持改制、改革试点，优化结构，建立高校间与高教子系统间互通、互助、互利和开放的网络。

历史和机遇都要求中国实行并进、跳跃式的发展战略，把西方发达国家按部就班经过 100 年或几百年走过的不同阶段综合起来，结合中国经济、科技、社会的发展特点，制定相应战略，不仅要"逼上梁山"，而且要"跳上梁山"。战略选择可以多样，笔者认为应当选择的战略是：

以目前公立高校为主干，筹组"国家队"作为"躯干"和"旗舰"，培养并为"躯干"装上两翼——私立高等教育和开放式远距离高等教育，用高技术建立起"躯干"与两翼和两翼之间的开放、互补、互利的"神经"网络，通过管理体制和管理制度的改革，使"旗舰"上的总指挥主要注重方向、规章，协调营造千帆竞发的环境，让每一所学校真正成为自主的、生机勃勃的办学实体。

　　我相信，从现在起中国用 10 年时间跨入高等教育大众化发展阶段是完全可能的。

附　表

亚太 29 个国家和地区每 10 万人所含大学生数

国家和地区	每 10 万人所含大学生数（人）	GNP（美元）	国家和地区	每 10 万人所含大学生数（人）	GNP（美元）
韩国	4253	10076	斐济	1076	2535
新西兰	4251	16880	印度尼西亚	1045	940
中国台湾	3325	12265	马来西亚	679	3430
澳大利亚	3219	19960	尼泊尔	558	200
菲律宾	2696	1130	印度	555	375
日本	2340	36315	斯里兰卡	504	660
新加坡	2050	26400	中国	477	540
泰国	2090	2680	孟加拉国	402	283
哈萨克斯坦	1733	1680	巴基斯坦	258	464
乌兹别克斯坦	1629	860	阿富汗	162	150
土耳其	1567	2540	柬埔寨	158	215
中国香港	1540	23200	越南	149	250
吉尔吉斯斯坦	1330	810	老挝	112	325
塔吉克斯坦	1283	480			
蒙古国	1267	325			
土库曼斯坦	1143	1270			

　　资料来源：联合国教科文组织 1993 年、1995 年等年度世界教育报告。

参考文献

1.《世界银行关于高等教育的报告》，1995 年。

2. 马约尔：《对未来的纪念》，1995 年。

3.《中国 21 世纪经济走向——省部级领导干部访谈录》，中共中央党校出版社 1997 年版。

4.《高等教育新论——多学科的研究》，美国加州大学出版社 1984 年版；王承绪 编译，浙江教育出版社 1988 年版。

5.《欧洲工业家圆桌会议报告：走向学习社会》，1994 年。

6.《欧洲大学——工业界圆桌会议报告》，1995 年。

7.《联合国教科文组织教育报告》，1995 年。

8. 教育部社会力量办学条例·中国·1997 年。

9. 中华人民共和国教育法·中国·1995 年。

10. 国家教育发展研究中心：《中国教育地图集》，上海科技出版社 1995 年版。

11. 经合组织统计·巴黎·1996 年。

12.《邓小平文选》（第三卷），1993 年版。

13. 郝克明、谈松华等：《社会主义市场经济与教育体制改革调研报告》，1993 年。

14. 谈松华：《跨世界中国教育的历史性转变》，1996 年。

15. 王一兵：《亚太地区高等教育一瞥及教科文组织的组织》，1996 年。

16. 王一兵：《在厦门亚太地区私立高等教育研讨会上的讲话》，1995 年。

17.《高等教育政策》，《国际大学协会季刊》1997 年第 3、4 期合刊。

18. 萧琛：《论中国经济改革：道路、接轨——从世界经济看中国》，北京大学出版社 1996 年版。

19. 波伊尔、黑钦格尔：《高等教育为国家服务》，卡内基教学促进基金会 1981 年版。

（载《上海高等教育研究》1998 年第 6 期）

开放大学面临的挑战和机遇

一　一场真正的教育革命迫在眉睫

未来学家们谈论和预测信息社会已经有几十年了。但是，信息社会在20世纪最后一个十年到来得如此之快，却出乎人们预料，使人们缺乏足够的准备。现在，以智能为代表的人力资本和高新技术为代表的技术知识已成为经济发展的核心，经济增长越来越明显地依赖于知识的产生、传播和利用。在发达国家，人们已明确把他们的经济称为"知识经济"，认为工业化时期一个国家的财富是厂房、土地、劳动力和资本，而在信息社会一个国家的财富则是其人民受教育和产生、利用知识的程度。

信息技术的广泛应用，不仅正在并将继续改变着社会的生产组织、产业结构和经济结构，而且正在并将继续改变着人们的生活方式和社会组织，从而对传统教育思想、教育模式以至整个教育体系产生革命性的影响，提出改革的要求，要求一个国家的整个教育体系以终身教育思想为指导进行结构性调整、革新和改革，使"教育链"的各个环节之间和教育网络的各个部分之间开放、沟通、互助、互利，以适应知识与技术的快速发展变化，适应人们终身学习的需求和为知识经济提供源源不断的知识与不断更新自己知识和技能的人才。这将是一场真正的教育革命。我深信，谁能将本国教育体系尽快地调整到这一轨道上来，建立起与信息社会相适应的学习型社会，谁就将在21世纪和快速到来的信息社会取得战略主动。

人们曾经认为信息社会是所谓后工业社会，与发展中国家相距尚远。世界经济一体化的进程尤其是国际网络的迅速扩展，已使得发展中国家不可能再按部就班地步发达国家先工业化，再信息化的后尘，不得不考虑实行工业化与信息化同步并进的跳跃式发展战略。中国前不久通过的"九五计划和 2010 年远景规划"正是按照这一战略制定的中国未来 15 年的发展蓝图。这一蓝图无疑将对中国的教育发展和改革，包括基础教育的质量和高等教育的大众化等提出新的挑战，并提供新的发展机遇。

二　开放大学面临的严峻挑战

开放大学本身应当具备的特点是开放性、灵活性、针对性和适应性等，是目前教育体系中最能适应终身教育思想和建立学习型社会要求的部分。只要思想上能摆脱传统教育思想的束缚，培养出一支勇于和善于开拓创新的队伍，加上新技术的武装，开放大学就应当并能够在这场为适应知识经济和信息社会的教育革命中担当先锋角色。开放大学尤其是发展中国家的开放大学，要抓住这一历史机遇，至少面临以下这些严峻挑战。

1. 转变教育思想

开放大学实际并不开放并非个别国家的现象，其中一个重要原因是受传统教育思想束缚和来自传统高等教育和社会上的巨大压力。我曾探寻过不少传统大学校长或教授们对开放大学的看法，赞赏者寥寥，不以为然者居多，主要是认为其只有数量而无质量。社会上也多认为这是一种没有出路的出路。这些压力经常迫使开放大学在办学的诸方面尤其是专业设置、课程结构、教材编写以至教学管理、质量评估等方面向传统大学看齐，和力量上无法与之匹敌的对手进行竞争，致使开放大学的特色不能显现，路子越走越窄。另外，开放大学的办学者大多来自传统大学，对传统大学办学方式驾轻就熟，也是一个原因。因此，要在按终身教育思想建立学习型社会的教育革命中充当先锋角色，开放大学仍然有一个思想转变和解放的问题。没有这个转变和解放，没有不拘一格去探索和开放的精神，开放大学不仅不能在这场教育革命中充当先锋，而且会面临插上开放、虚拟两翼的传统大学的竞争，有可能使自己落伍。

2. 置身新技术前沿，探索新技术与传统技术结合的战略

开放大学的活力与潜力来自于它用多种传播与交流技术武装起来的教学手段和网络。新信息技术的广泛应用，国际网络的迅速扩展为开放大学的发展开辟了广阔的天地并提出了新的要求。开放大学必须置身于其前沿，迅速掌握、开发和利用信息技术的新成果，拓宽开放大学服务面的广度和深度，努力使之成为教育体系中探索信息技术为教育服务的"龙头"。

令人不安的是，由于种种原因，不少发展中国家的开放大学在装备、开发和利用信息技术方面不仅没有起到"龙头"作用，而且落后于传统大学，仍然并在以后相当长一段时间内还会主要依靠书本、广播和电视、录音和录像等传统手段。这一现实又从另一方面给发展中国家的开放大学提出了挑战：如何既要重视以至跟上新教育技术前进的步伐，又要从本国本地区的实际出发，制定长时间的过渡时期下新技术与传统技术结合的追赶战略。

3. 开放大学与传统大学的关系——一体化新论

西方发达国家大学运用音像等传统手段提供各种课程，适应不断增长的成人和部分时间制学生的要求，这已不是新鲜事。中国和其他发展中国家虽然建立了开放大学，但传统大学仍保留和发展传统的函授教育，这仍然是普遍现象。网络技术的广泛应用，国际互联网的快速扩展给开放大学提出的新挑战是：越来越多的传统大学对利用这一技术和网络传播其课程，授予学位，建立地方、地区、国际虚拟大学等，表现出了浓厚的兴趣，取得了与日俱增的成果。而且一般地说，它们在学术和技术力量上，在设备、资金、社会联系与声望方面，常常是开放大学难以比拟的。那么，作为开放大学尤其是发展中国家的开放大学怎么办？

在发展中国家，远距离教育一般都曾是传统大学的一部分，只是从20世纪70年代开始，才逐步建立起独立于传统大学之外的开放大学，成为现代远距离教育的主要传播者。面对传统大学越来越多地使用新技术和互联网络，既传播传统教育课程又传播远距离教育课程，并明显拥有优势的形势，我认为开放大学只有两种选择：一是与插上开放与虚拟双翼的传统大学竞争；二是与其合作，探索新形势下一体化的机制和途径。若选择竞争，发展中国家的开放大学恐难以占到上风；合作则必将创造出一个新形势下和高水平上的优势互补的双赢局面。合作形式可以多种多样，不应当是一种机构的简单再调整，而应当是一种用新技术武装起来的相互开放、沟通、互助、互利的网络。

二　开放大学的历史机遇

一个与传统大学建立新型合作关系，既能借助他们的优势，又能发挥自身特点的开放大学，其必将在新的历史机遇中再显身手。例如：

1. 促进高等教育大众化

一般地说，高等教育大众化（即在 18—22 岁年龄段有 15% 以上的青年能接受高等教育）是进入工业社会的必经之路，高等教育普及化（即在 18—22 岁年龄段有 50% 以上的青年能接受高等教育）则是进入信息社会的必然要求。实行工业化与信息化同步并进战略的发展中国家，如中国，将不可避免地要把高等教育大众化尽快提上日程，开放大学应当成为这一进程中的一根重要支柱和一翼。开放大学除了自身真正实行开放办学外，可以利用传统大学的师资力量，提高教学质量，为传统大学人文、社科和部分理科一年级甚至二年级的新生提供基础课程，新生此时不一定到校，可在校外的开放大学接受远程教育。这样，传统大学可以把精力集中在对"半成品"的加工上，有利于多出人才。

2. 为缓解结构性失业作贡献

失业是当代西方发达国家的一个顽症。自 70 年代石油危机以来，西欧平均失业率约为 10%，法、德、意等国家均在 10% 以上，不少政府因此而下台，克林顿因将失业率降低 1 个百分点而成为其连任的一个重要原因。这一问题之所以难解决，是因为从工业化社会向信息化社会过渡期间，大量旧的工艺、旧的生产线遭淘汰，新的信息产业和以信息技术装备起来的产业，资金密集，需要人少，又对人的要求高，所以造成某些新岗位只能虚位以待，而同时又有大批"下岗"人员因为"可培训度"（Trainability）低，适应市场变化的能力（Marketability）差，长期无法就业，造成所谓结构性失业。实行从农业社会向工业社会过渡和从工业社会向信息社会过渡同时并进战略的发展中国家，无疑将面临双重结构性失业。中国由于还处于计划经济向社会主义市场经济体制过渡阶段，从某种意义上说，中国面临的结构性失业将是三重的。失业问题将关系中国改革、开放、稳定和发展的大局。开放大学如能与经济、社会有关部门密切合作，甚至"互联"，不拘一格提供各种培训课程，其必将会得到社会承认，并为学习社会的建立做出切实的贡献。

3. 促进素质教育的发展

强调基础教育的素质教育性质是适应未来教育的一项重要原则。但中国的素质教育是在升学竞争过分激烈，以致扭曲了基础教育目标的背景下提出的。因此，促进高等教育大众化，缓和并使这一竞争降到正常水平，为素质教育的推行营造一个比较宽松的环境，将是开放大学促进素质教育的一项贡献。

很多发展中国家尤其是中国普及基础教育的成就举世瞩目。同时，应当承认，这种普及还是低水平的，其中一个重要指数是师资水平。以中国为例，小学教师合格标准是中师或相当于中师，其中相当一部分人只能看懂课本，而对课本以外的知识知之甚少、甚浅。无疑，要依靠他们进行适应未来社会的素质教育会有很多困难。目前，把中国 500 万小学教师尽快提高到大专水平已刻不容缓。开放大学、电视师范和师范院校如能携手"联网"，大面积为小学教师开展学历补偿教育或岗位培训，必将为推进中国的素质教育作出新的贡献。

4. 满足老龄化社会的学习需求

中国正在迅速迈向老龄化社会。上海已经进入老龄化社会。开放大学的活力和潜力使其在满足老龄化社会公民学习要求上处于有利地位。开放大学应该设老龄化教育部门，探索适应老人发挥余热、应付社会保险、处理与子女关系、养生保健等方面的要求的教学内容和教学方式。这将是开放大学为实践终身教育思想，建立学习型社会，促进社会向前发展的切实行动。

（《开放教育研究》1998 年第 2 期发表，收入《国外远程教育的发展与研究》一书，上海教育出版社 2000 年版）

高等教育国际化
——背景、趋势与战略选择

一　新一轮高等教育国际化浪潮的背景

创新和传播知识与技能是各国高等教育的共同任务，历来超越国界。因此，高等教育国际化并非新的现象。20 世纪 80 年代中期，尤其是 90 年代以来，新一轮高等教育国际化浪潮的兴起，具有鲜明的时代特点，其来势之猛，拉力和推力之大，其发展前景和对高等教育、对各国经济与社会发展的影响，皆史无前例。了解这一浪潮的背景、趋势，分析本国的现状和面临的挑战，是制定正确方略的前提。

1. 世界经济一体化进程的必然要求

20 世纪末期，世界经济一体化进程加速，西欧、北美、拉美、亚太等地区跨国经济组织相继建立并运行，其中尤以西欧共同体完成向欧盟的过渡，世界贸易组织的建立，最具有划时代的意义。欧盟统一劳务市场的建立，管理和科技人员在各国间的自由流动，要求各国高等学校加速调整教学内容，增强彼此了解，相互承认学分、学历和学位，使高等教育国际化成为欧洲经济一体化的重要组成部分和实现区域人才自由流动政策的必要条件。如果说二战后美国通过《国际教育法》在促进高等教育国际化方面曾经独领风骚，那么 20 世纪末引领这一潮流的则是西欧。

世界贸易组织，实即世界贸易"政府"。它以促进世界经济一体化进程为己任，制定这一进程中的各项"游戏"（即竞争）规则。当今世界，任何想跻身于世界民族之林，不想落伍的国家，都不能不经常审视自己在这一进程中的位置。受到世人重视的瑞士洛桑国际管理学院发表的年度竞争力报告，列出 8 大类、250 多项标准、收集 4 万个数据来评估一个国家的竞争力，其中相当部分都同各国的管理、科技人才的数量与质量有关，与各国高等教育能否培养出足够数量的、不仅通晓国内也通晓国际游戏规则、在国内和国际上均具有一定竞争力的人才有关，与能否在科学技术领域为本国占领一定数量的制高点有关。因此，高等教育国际化能在多大程度上为本国在以知识为基础的世界经济竞争中提供人才与科技优势，成为制胜源泉和长期保持国际竞争力的因素之一。这次亚洲金融危机也从负面证明此点。亚洲开发银行 1998 年的展望报告认为，东盟一些国家遭遇此次危机的深层原因之一，是由于这些国家科技人才短缺，面对来自中国等劳动成本低廉产品的竞争时，未能及时调整产业结构，提高产品档次，取得更高层次的优势。

2. 网络社会和信息社会的兴起与推动

信息交流技术的快速发展，全国性、地区性和世界网络的形成，使国际间知识与技术的传播瞬间即成。因此，近年来，多由发达国家提供的跨校、跨国以至跨洲的学位课程越来越多，跨国乃至跨洲的网络（虚拟）大学正引起越来越多政府和国际机构的兴趣。可以预言，随着网络社会与信息社会的逐步实现，终身教育与学习型社会的形成，教育网络化将成为 21 世纪向知识经济与学习型社会过渡的一个重要特征。这不仅极大地推动了高等教育国际化，而且为其提供了有力手段与捷径。

3. 全球问题与未来一代的全球观

后冷战时代除了世界日益多极化和地区、种族冲突加剧外，人类面临越来越多的、共同的超越国界的影响生存的挑战，要解决任何一个问题，需要多国共同努力，需要人们，尤其是未来一代具有全球观点。各国教育尤其是高等教育担负着培养具有一定世界公民意识的未来一代的职责。从这个意义上看，高等教育国际化也是时代要求。

二　值得注意的新趋势

近年来各国都对加强高等教育国际交流高度重视，越来越多的国家，都把高等教育国际化作为本国发展高等教育的一项战略方针。据教科文组织统计，全世界的留学生人数也从 80 年代早期的 90 万人增加到 90 年代中期的 140 万人。国际间竞争的加剧和信息技术的广泛应用，为高等教育国际化提供了动力和新的渠道，出现了一些值得注意的新趋势。

1. 合作办学在高等教育国际化中的潜力正在显现

发达国家和一些发展中国家认为，高等教育也是一种产业甚至商品，也可以"出口"。发达国家借此解决其学额过剩，弥补经费不足，同时宣扬其教育制度、文化和价值观；发展中国家则认为这是借鉴发达国家办学经验，促进本国高等教育国际化的捷径，既可节省派送大量学生出国所耗费的外汇，又可因学生身在本国而少受西方文化和价值观的影响。一些西方著名高校增设专人，甚至专门机构，拓展海外课程，建立海外分校。一些发展中国家，如泰国、马来西亚等，则放宽限制，积极探索利用这种形式，促进本国高等教育国际化。在马来西亚 600 所私立高等学校中，1/3 左右采取与国外对口学校合作办学的形式，以提高高等教育质量与名声，争取学位得到国际上的认可。威杰·斯瑞沙安博士（泰国前大学部常务副部长、著名高等教育专家）在泰国政府支持下，五年前创办了苏拉那瑞工业大学（Suranaree University of Technology）并与加拿大四所大学组成了高校集团，合办课程，学分相通，师生按协议流动，学生文凭和学位获得泰、加两国承认，使这所最年轻的大学在五六年内成为泰国公、私立大学中的佼佼者。合作办学的潜力正在显现，势头方兴未艾。

2. 信息交流技术初露锋芒，前景广阔

随着信息交流技术愈来愈广泛的应用，信息社会的到来和学习型社会的形成，学校与学校之间，学校教育与社会教育之间，以至各级各类和不同地区、国家之间教育的网络化，将对各国高等教育国际化产生目前尚难以估量的影响。现在，一些发达国家在网上提供学位课程，如 MBA 学位课程，已司空见惯。国际间筹划提供虚拟课程，建立次地区、地区性的虚拟大学，已被越来越多的政府和组织提上日程。由亚太地区大学协会于一年前成立并得到教科文组织亚太地区办事处支持的"亚太地区远距离和多媒体教育委员会"（APDMEN），由 10 个国家的 16 所大学组成，正在筹划提供虚拟课程方面的合作，并已得到日本电报电话公司（NTT）的支持，免费利用其通信卫星一年，正在日本与四个国家之间进行实验。为了解决网络上的语言和文化的多样化，设在东京的联合国大学正在进行一项以此为目的的研究。世界银行已委托美国教育发展研究院完成一项远距离教育可行性研究，考虑多种方案，在 40 个国家中建立 441 处多媒体学习中心，并联网。1993 年成立的由全球 270 多所大学和学院参加的全球网络学院提供 1 万门以上课程，每天有 1.1 万人以上访问其网址。无疑，这些教育内容，提供的方式，受益的范围，合作主体，都是超越国界的，是教育网络化和国际化的现象。

3. 地区和国际间的推动与协调日渐活跃

高等教育国际交流，诸如人员流动、课程结构与内容调整、学分与学位互认、经费支持等，如果没有本国政府的有力支持，则会寸步难行；同样，没有地区一级和有关国际机构的推动与协调，也将步履艰难。正是在这一背景下近年来出现的地区级和国际间各种各样的合作计划、网络、学会之多，真如雨后春笋。欧洲各国大学虽彼此近在咫尺，但由于历史、文化与制度各异，自治制度根深蒂固，加上近年经费紧张，高等教育国际化同样并非易事。20 世纪 80 年代中期以来，西欧高等教育国际化之所以能在诸多方面引领世界潮流，是同它存在一个强有力的欧共体（即现在的欧盟），同它们的大力推动和协调分不可的。众所周知，自 1987 年开始实施"欧洲大学生流动计划"（ERASMUS）以来，已有 20 万学生，1.5 万名教师参与了交流。1500 多所高校参与了 2500 个以上的国际合作项目。相配套的还有加强外语教学，促进高校与企业界合作，同中、东欧高校合作，同拉美高校合作的行动计划。欧盟成立后，在总结前述计划的基础上，制订了新的行动计划，将国际化从高校扩大到中小学，并制订了中小学生交流计划。1997 年 4 月 11 日，30 个欧洲国家包括美国，还在欧洲已有的四个承认学历、文凭、大学入学资格公约的基础上，在联合国教科文组织的推动下，签署了新的欧洲地区承认高等教育学历公约。各国还相继成立了搜集信息，对外国学历与证书进行评估，负责执行公约方面的国际交流的专门政府机构或非政府机构。

促进高等教育国际化是联合国教科文组织高等教育计划的重点领域之一。除了通过其领衔发起并已有 120 多个国家签署批准的六个地区承认学位公约，及相应成立的六个地区委员会，积极推动各国高校相互了解和承认学位外，近年来，教科文组织投注全力，根据会员国大学的要求，建立和支持姐妹大学网络和教科文组织教席的活动。目前，已有 10 余个国家的 750 所大学成为 290 个教席和 30 个姐妹大学网络成员。有力地促进了南北之间和南南之间的合作，增强了发展中国家举办和管理高等学校的能力，加速新的知识和技术向发展中国家传播，防止人才进一步流失，受到会员国的欢迎。在教科文组织召开的有关高等教育较重要的地区和国际会议上，高等教育国际化几乎成了永恒的主题之一。

三 中国高等教育国际化面临的挑战

1. 何谓高等教育国际化

高等教育国际化似乎已成为一种时尚和讨论的热点，但是还难以找到一个公认的定义。不少欧美学者也往往把它等同于留学生的派遣与接收、学者访问、学术交流活动等。这有符合实际的一面，但未能较全面地反映其实质。我认为从近年来一些地区、国家和高等学校推动高等教育国际化的种种举措来看，其根本目的还在于通过高等教育国际化培养出在思想、知识、技能，对本国和对世界的了解诸方面，在国内和国际上都具有竞争能力的人才。手段包括：转变办学理念，瞄准目前国际上通行的标准和规则，从本国本校实际出发，制订相应的国际交流计划；扩大人员交流数量，调整培养目标、课程结构和课程内容；大力加强外语教学，使学生掌握一到两门甚至三门外语，加大课程中和学校活动中国际知识、国际理解和外国文化的比重；加强信息交流和情报网络期刊等基础建设；提高师资水平和教育、教学质量；为本校与其他国家学校之间学历学位的相互承认创造条件；选择优势学科重点扶持，提高国际知名度等。这些是新一轮高等教育国际化浪潮的主要内容。

2. 中国高等教育要不要国际化

实际上，邓小平在1983年关于教育要面向现代化、面向世界、面向未来的指示，已经作了明确而肯定的回答。而且，10多年来，中国经济的迅速发展和面临的愈来愈激烈的国际竞争，中国为加入世界贸易组织和参与世界经济一体化进程的努力和承诺，中国国际地位的提高和越来越多国家期望中国在国际事务中发挥更积极的作用，包括改革开放前闭关锁国政策对高等教育负面影响的显现，如中年以上业务人员中掌握一门或一门以上语言交流工具的甚少，对本行本业国际上通行的"游戏"规则知之不多，影响了中国在国际竞争和国际活动中的作用，都对中国高等教育国际化提出了紧迫的要求。毫无疑问，中国要在世界经济一体化的大潮中取得主动，推进高等教育国际化进程，培养出一批又一批在国内外均具一定竞争力的人才，应当成为高等教育发展的一项战略目标和战略方针。

3. 中国面临的挑战

高等教育国际化并非也不可能是一条坦途。目前世界经济一体化或常被简化为全球化的潮流并不均衡。不同社会政治制度的国家在高等教育国际化中的目的、目标不一，一些西方发达国家如英国、澳大利亚瞄准的是潜力巨大的世界高等教育市场，视高等教育为出口商品，有的借此传播其文化和意识形态，影响发展中国家政治、经济的发展。正如教科文组织总干事马约尔教授于 1998 年 6 月在欧洲第二届社会科学大会上所指出的那样：在全球化的进程中，少数人是全球化化人者，多数人则是被全球化。包括有些西方学者也担心，如果信息技术、网络设施及其控制过程过度集中，数字鸿沟不断扩大，也可能出现"新的信息或文化殖民主义"。不少发展中国家在独立以后，为改造殖民时代从宗主国移植过来的高等教育模式，实现本土化，强调民族特色，刚刚有所进展，又面临新的国际化的浪潮，要在两者之间求得新的平衡，感到实非易事，甚至茫然。中国实现高等教育国际化，同样面临一系列回避不了的挑战。

由于经济发展和科技方面的差距及其他种种条件的限制，中国仍然需要派遣年轻学者到国外深造，取得学位；同时，又不得不在较长时间内面对人才流失的挑战。除少数重点大学外，普通高等学校的相当部分教师的业务水平，尤其是外语和对国外的了解，同发达国家相比，差距甚大，还需要相当一段时间来充实和提高。

中国高校信息网络建设正不断取得进展，但要普及到教员与学生，开发其潜力为促进高等教育国际化服务，还有大量工作要做。中国高校大部分的学术期刊要走向国外，成为本领域学术争鸣的阵地之一，提升学术水平，跨越语言障碍，也需要相当时日。

国际教育交流需要一定的资金支持，这对经费拮据的中国高校来说，还不是短期能解决的问题。同时，如何把日渐增多的交流活动纳入促进高等教育国际化的轨道，针对不同层次、不同类别、不同地区的高校的实际情况，制定出目标明确、措施可行、效果可能较好的国际化办学战略，仍大有改进余地。

高等教育国际化意味着高等学校更加开放，不同地区、国家和社会制度的文化、思想、观点、信息的交流、交汇将大量增加。高等学校师生和管理人员不仅要在这种交流、交汇中具备鉴别、鉴赏的能力，而且应当有信心承担起维护民族文化特征、传播和弘扬优秀民族文化的责任。这既是挑战，又是在高等教育国际化进程中，也只有在这个进程中才能实现的目标。

四 中国高等教育国际化的战略选择

中国面临国际上日益加剧的竞争压力。高等教育国际化作为中国工业化与信息化同时并进战略不可缺少的组成部分，任务紧迫，又面临思想和政策准备不足、经费短缺和国际环境复杂多变等因素的掣肘。因此，选择适当的战略，更有效地利用有限资源，使整个高等教育外事工作服务并促进高等教育国际化进程，至关重要。现根据本人从事本地区高等教育国际交流合作的体会和对中国高校国际合作情况的有限了解，提出以下建议。

1. 合作办学

比较各种国际教育交流合作的形式，合作办学仍然不失为一种能较快促进学校、地区甚至一个国家高等教育国际化的形式。好处是：能较快地了解、吸取并实践国际上通行的办学模式、专业课程设置、师资培训、质量保证措施等方面的经验和教训，既有利于学生开阔视野，又因学生仍然生活在本国的大环境中，有利于学生建立比较平衡的中外文化观；学生学历文凭得到国际上的承认，既可培养出在国内外具有一定竞争力的人才，又可以减少人才流失；成本低于派遣学生出国，国家和个人可以节省大量外汇。当然，合作办学不会也不可能一办就灵，其成功或失败取决于多种因素，如国家适当的鼓励政策；慎选合作对象与专业；本国合作者的学术水平、国际经验及正确理解和处理合作办学过程中可能出现的中外文化差异等敏感问题的能力等。合作办学还应当包括鼓励有条件、有优势的学校走出国门与外国同行合作办学，这同样有利于推动中国高等教育国际化的进程。

2. 重点地区选择

无论从服务于本国经济、外贸和外交利益，还是从有效利用有限的资源的角度，在促进高等教育国际化的进程中，不同地区、不同层次、类型的高校在选择地区并寻求交流与合作对象上，应有所侧重，避免统统盯着北美、西欧几个大国。以东南亚为例，这里有相当一批国际化程度很高的大学，有来自于又有所发展了的英国、法国和美国的办学模式和管理经验，通过它们同样可以了解到很多国际最新动态和趋向；同时，这里邻近中国，一张去北美的飞机票钱，可派两个人到东南亚考察一周。中国一些邻近省份高校的国际交流，如能对这些地区有所侧重，无疑将事半功倍。

3. 有选择地参与地区和国际上政府和非政府组织的交流活动，善于利用国际资源，因应高等教育国际化的浪潮

在地区与国际一级，相应政府与非政府机构不断应运而生，有关国际机构如联合国教科文组织，也在积极推动这一进程。通过这些渠道，可以及时了解高等教育国际化的信息、动态、趋势，接触、了解和寻求合适机遇与对象，提出和协商解决国际交流面临的一些共同问题，包括取得可能的资助，发挥中国高校在国际化进程中的积极作用。要达到此目的，必须首先对有关组织和机构成立的背景、宗旨、组织、领导人员、经费来源、行动规划，甚至其工作程序等，有所了解和研究，并制定明确方针，在参与和人员派遣上，保持一定的连续性。

4. 加强几项基础建设

加快高校联网速度，研究网上交流的潜力，为师生提供必要培训，解决网上交流出现的问题，制定必要的行动计划与规则；利用部分对外宣传经费，资助和逐步增加高校英文版和其他国际通用文版的学术期刊，进行国际学术、教育交流，其效果和影响将优于一般的宣传品；加强小学、中学和大学的外语教学和在职人员的培训，尤其是对一些经常有参与交流活动任务的业务骨干的培训，扫除国际交流活动的语言障碍，仍有必要。

5. 培养骨干

一个专业、一个系科和一个学校国际化程度的提高，需要有带头人和骨干。有意识、有计划地培养一批有一定学术造诣和声誉，掌握一门或一门以上外语、有一定的参与国际活动能力和经验的骨干，这些也应当成为选拔大学校长、院长以至系主任的条件之一，并对他们的出国审批和次数的限制拟予放宽。

参考文献

1. 马约尔在欧洲第二届社会科学大会上的讲话，1998 年 6 月。
2. 马约尔在美国科学促进会年会上的讲话，1998 年 6 月。
3. 澳大利亚高等教育的国际化，《国际高等教育》，波士顿学院高等教育中心，1996 年第 6 期。

4. 《亚太地区私立高等教育》，教科文亚太办和东盟高教中心，1996 年出版。

5. 《亚洲高等教育的全球化与多媒体》，斯蒂芬·墨塞里，美国教育发展研究院院长，1997 年 4 月。

（载《教育发展研究》1999 年 2 月号）

历史机遇与教育决策

——论高等教育大众化的历史经验与
发展中国家面临的挑战

一 来自世界高等教育大会的信息与
发展中国家面临的挑战

由联合国教科文组织发起并于 1998 年 10 月 5 日至 9 日在法国巴黎召开的世界高等教育大会，是教科文组织和世界高等教育历史上的一次空前盛会，来自 183 个国家的 100 多名部长和 4000 名代表参加了大会。大会通过的宣言和行动计划明确提出：高等教育要按终身教育与终身学习模式发展，入学以能力为基础，为学习者提供最大的入学选择自由和进出这一体系的灵活性。这不仅要求各国政府、议会及有关决策机构要逐步把高等教育大众化以至普及化尽快提上日程，而且应按终身教育与学习型社会的要求，对高等教育进行改革和革新，使其多样、开放、灵活，以适应 21 世纪的挑战。大会宣言与行动计划的通过，反映了随着信息社会以及在此基础上正在形成的知识经济与知识社会的迅速到来，越来越多的发展中国家领导人对实现高等教育大众化的紧迫性有了新的认识，同时又使他们面临着一系列的两难选择和不可回避的挑战。例如：在人均国民生产总值尚未超过 1000 美元的国家，提出高等教育大众化是否过早？是否会导致高等教育同基础教育竞争十分有限的教育投资？是否会因高教投资捉襟见肘而牺牲质量，尤其是开放式远程高等教育的质量？是否会加剧失业尤其是大学毕业生失业的形势？等等。人们虽然有足够的实际原因提出以上问题，但是如果首先考察一下已经实现高等教育大众化并在向普及化迈进的国家的历史经验与教训，分析一下当前发展中国家高等教育面临的历史性挑战，认清21世纪来临之际高等教育改革和发展的机遇和潜力，以上问题也许不难回答。

二　来自已经实现高等教育大众化并向 普及化迈进国家的启示

发展中国家的决策者和研究人员，总是希望找出高等教育的发展速度与一国国民生产总值（GNP）之间的关联系数，作为决策依据。然而，当人们察看北美和西欧二战以来高等教育发展的历史时，就会发现，这里高等教育大众化的启动并非是超前研究的结果，或者是事先拟定的计划，而是从一些重要的历史事件中得到启示，及时作出战略决策，并付诸计划与行动的。请看美国20世纪30年代以来高等教育发展的进程（见下图）。

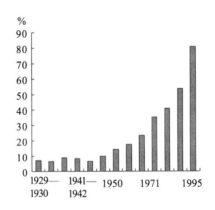

美国高等教育大众化和普及化进程——入学率

资料来源：美国教育120年，美国教育部，1993年。

上图和美国高教发展的历史说明，美国高等教育大众化的进程始于二战结束，是为了缓解1200万即将从战场上归来的复员军人的巨大就业压力而采取的一项战略措施，并非计划在先。此举不仅缓解了1200万人的就业压力，提高了劳动力素质，并从此开始了一发而不可收拾的美国高等教育大众化与普及化的进程。今天已没有人怀疑，美国强劲的经济，得益于它人口中有着比例最高的人接受了不同程度的高等教育，得益于其多元化和充满活力的高等教育体系和上百所世界著名的研究型大学。

再看看欧洲部分国家及日本 1954 年以来高等教育发展的进程（见下图）。

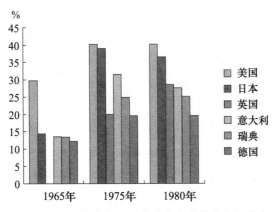

1965—1980 年欧洲部分国家及美日高等教育入学率

资料来源：经合组织 1986 年统计。

从上图可以看出，欧洲及日本高等教育大众化进程较美国晚了近 10 年。众多的西方高教文献记载，它的发生，受到另一个重要历史事件的影响：1957 年苏联人造卫星上天。这一事件震动了整个西方世界，并使之得出结论：西方高等教育和人才培养已落后于苏联。这一认识导致了经合组织（OECD）于 1961 年 10 月 16 日至 20 日在华盛顿召开了经济发展与教育投资大会。有趣的是，这样一个会议既不是由教育部门也不是由经济部门主持，而是由主管外交事务的美国国务院做东，当时的美国国务卿腊斯克主持会议并讲话，虽然有关国家的经济部长、财政部长和教育部长参加了会议。由此可以看出，冷战时期的西方政治家们在进行高等教育决策时不仅已经认识到高等教育的经济与社会功能，而且更重视其政治与战略作用。这次会议就西方高等教育发展作出了一系列重要决策，其中的一条是将各国教育投资占国民生产总值的比例，在 10 年内由当时的 2%—3% 提高到 4% 。后来的发展证明，到 1975 年，所有经合组织国家教育投资比例都已达到甚至超过了这一目标，高等教育毛入学率从 1965 年的不到 15% 提高到 20%—30% 。

如果说人们能从美国与西欧高等教育大众化的决策进程中得到有益启

示，那么北美和西欧高等教育普及化的进程就更加耐人寻味。众所周知，70年代末期和80年代早期，整个西方世界对高等教育发展弥漫着一种悲观气氛，西方众多高等教育权威预言，随着战后人口高峰的过去，两次石油危机引起的经济滞胀与失业率居高不下，高等教育发展将出现停滞甚至衰退，然而现实与权威们的预言正好相反，从80年代到90年代中期的现实说明西方发达国家的高等教育仍在继续发展，而美国与加拿大已跨过了马丁·特罗设定的高等教育普及化的门槛（毛入学率50%），后者甚至达到了102%（1995年教科文组织统计）。为什么？原因当然是多方面的，但根本性的原因，我认为有三条：

1. 在过去的20年里，发达国家经历了一场迈向信息与知识社会的结构性调整。在这场人们称之为静悄悄的革命中，成千上万的人失去了工作。同时，又出现了成千上万个新的就业机会。这些新的工作岗位要求人们必须受过一定程度的高等教育。

2. 结构性调整导致的结构性失业造成一个奇特的劳动市场。

一方面有大量人员"下岗"，他们由于所受教育水平低，难以培训以适应新的岗位，同时由于信息与知识社会的到来，对人的能力与技能提出了新的要求，又有许多岗位虚位以待。一张大学文凭成为在劳动市场上能较快获得一份较好工作的起码的通行证。当然，这也造成了所谓的"文凭贬值"现象。

3. 60年代以来的民权运动和学生运动，使教育民主化的口号深入人心，受教育包括接受一定程度的高等教育成为一项人权，并在众多国家获得立法保证和相应的财政资助。

三　亚太地区发展中国家面临的历史机遇

亚太地区发展中国家正在经历着一些性质类似的重大历史事件，问题在于，各国政治家们能否从这些历史事件中得到正确的启示，抓住准确的信息和机遇，并作出相应战略决策，下面仅举三例。

1. 东亚金融与经济危机的启示。

东亚金融与经济危机是在人们积极倡导金融自由化、经济全球化和企盼着亚洲世纪到来之时发生的，这一危机已在一些国家变成社会与政治危机，造成政府更迭，威权统治者下台。人们在检讨并纠正各种技术层面的政策失误的同时，越来越多地在思考与寻找形成这一危机的深层次的原因。例如：

亚洲开发银行指出，造成此次危机的根本原因之一是，泰国、马来西亚等国由于科技人员短缺，未能将其产品及时升级换代，在更高层次上与来自劳动力比其更便宜的国家的产品进行竞争。

香港汉龙发展公司总裁罗尼·陈指出，出现危机的国家的金融与企业管理不善，为短期流动资金创造了投机与袭击的条件和机会，造成经济崩溃。

泰国众多学者和业界人士指出，选举舞弊，政治腐败，利益集团操纵，在这种环境中产生的政府不可能及时纠正错误，是造成危机的最根本原因。

要解决以上这些问题，包括如何保证民主选举产生清明政府，没有一个发达的高等教育体系是不可想象的。当今世界如此复杂多变，选民要对政治家的主张作出正确判断与选择，并非易事。要求所有选民接受一定程度的高等教育似乎不现实，但一个乡村至少有一个这样的明白人起作用，则是期望通过选举产生清明政府的必要条件之一。

2. 多数亚太地区发展中国家正在经历从农业社会向工业社会的过渡。

少数佼佼者开始向信息和知识社会过渡，或已确立向工业化和信息化过渡并进的方针。柬埔寨、中国、缅甸、蒙古、越南都正在从计划经济向市场经济过渡。可以说，亚太地区发展中国家从总体上说，正在经历三重结构性调整，而且每一重结构性调整都导致成千上万人因为受教育程度低、可培训性低而失业。这将是一个长期的恶性循环和摆在各国政治家面前的一个致命挑战。把高等教育大众化尽快提上日程，是迎接这三重结构性调整、挑战的重要良方之一。在这方面任何重大战略和政策的失误都将造成严重后果。

3. 世贸组织成立及其运作发出的信息。

世贸组织犹如世贸"政府"，它以推动经济全球化为宗旨，制定并监督执行世界贸易中的"游戏规则"，使所有参与者，不论其大小与强弱，都置身于世界范围内进行竞争。在这一竞争中，没有人怀疑，起主导与支配作用的是正在向信息与知识社会迈进的西方发达国家。而实现了大众化并正在向普及化方向发展的高等教育体系则是其重要支柱之一。摆在发展中国家面前的挑战是：整个工业化时代存在的国际垂直分工（即工业化国家作为工业品主要生产基地，发展中国家则作为工业化国家产品销售市场和原料供应地），是否将继续在即将到来的信息与知识经济时代存在（即发达国家占领着信息和知识生产与分配的制高点，发展中国家只能在其下游产品生产与服务上求得生存）？不幸的是，此种情形很难避免。除非发展中国家的政治家们，视科技为第一生产力；或如西方政治家们在苏联第一颗人造卫星上天以后产生强烈的危机感，视高等教育与人才为政治与战略资源，把生产、传播与开发知识的高等教育视为最重要的产业，宁可勒紧裤腰带，少上几个项目，也要把高等教育发展真正放到战略位置上去，经过两至三代人的努力，使国民整体素质和知识劳动者的数量与质量在国际上具有竞争力，并在一些领域处于领先地位。我认为，这是时代向发展中国家发出的最重要的信息。可喜的是，抓住这一信息并准备付诸行动的发展中国家的政治家也不乏其人。例如，马来西亚总理马哈蒂尔遵循其2020年远景规划，正在建立一个宏伟的"超级多媒体走廊"（Super MultiMedia Corridor，SMC）。在位于该国首都与吉隆坡国际机场之间长40公里、宽15公里的地带，计划实施七大"旗舰"工程，即多媒体开发、电子政府、多用途电子卡、精灵学校、研究与开发、网上制造世界及跨国电子销售。其中精灵学校旨在从小培养"一代懂技术且具有头脑的劳动力"，计划全国设90所，4所设在SMC内，两年完成。整个中心思想是在这一心脏地带建立起一个全面、小型的信息和知识社会，将中央政府置于其核心地位，逐步向全国辐射，并争取成为亚太地区信息生产传播和示范中心。马来西亚虽遭经济危机，但此项工程并未停止。现已投资203亿林吉特，准备再投资254亿林吉特（约3.7林吉特等于1美元）。此外，马来西亚还采取以下措施：推动公立大学法人化计划，促进学校扩大招生规模；在国家投资逐步减少的条件下，让公立高校逐步实现经济自立，鼓励私立学校的发展；在亚太地区率先建立虚拟大学。

新加坡明确提出要把计算机联网延伸到每一个家庭，把本国建成"智慧岛"。家庭计算机联网不仅是为了取得信息，也将成为工作、学习和娱乐的重要手段。新加坡政府前不久还聘请国外专家对本国高等教育进行评估，并提出要把新加坡建成"东方波士顿"，把新加坡国立大学办成"东方的哈佛"。

中国实施《面向21世纪教育振兴行动计划》，其中包括"跨世纪素质教育工程"、"跨世纪园丁工程"、"高层次创造性人才工程"、"211工程"、"现代远程教育工程"和"高校高技术产业化工程"等，并将创建世界一流大学与学科和实现高等教育大众化列入 2010 年目标。这一计划以促进中国经济与社会的现代化、信息化、知识化为己任，以构建现代终身教育体系与学习型社会为目标，既高瞻远瞩，又脚踏实地，是一个真正的"面向现代化，面向世界，面向未来"的战略规划。它在最近发布的《中共中央国务院关于深化教育改革全面推进素质教育的决定》的指导下的全面实施，不仅将对中国的现代化进程产生深远影响，而且也将为发展中国家迎接信息和知识社会的挑战提供一个范例。

四　亚太地区发展中国家实现高等教育大众化的战略选择

亚太 29 个国家和地区每 10 万人所含大学生数

国家和地区	每 10 万人所含大学生数（人）	GNP（美元）	国家和地区	每 10 万人所含大学生数（人）	GNP（美元）
韩国	4253	10076	斐济	1076	2535
新西兰	4251	16880	印度尼西亚	1045	940
中国台湾	3325	12265	马来西亚	679	3430
澳大利亚	3219	19960	尼泊尔	558	200
菲律宾	2696	1130	印度	555	375
日本	2340	36315	斯里兰卡	504	660
新加坡	2050	26400	中国	477	540
泰国	2090	2680	孟加拉国	402	283
哈萨克斯坦	1733	1680	巴基斯坦	258	464
乌兹别克斯坦	1629	860	阿富汗	162	150
土耳其	1567	2540	柬埔寨	158	215
中国香港	1540	23200	越南	149	250
吉尔吉斯斯坦	1330	810	老挝	112	325
塔吉克斯坦	1283	480			
蒙古国	1267	325			
土库曼斯坦	1143	1270			

资料来源：联合国教科文组织世界教育报告 1993 年、1995 年等。

根据教科文组织 1981 年、1995 年的统计，按每 10 万人口中的大学生数，亚太地区的 29 个国家和地区可分为 3 组排列。从上表中不难看出，半数以上亚太地区发展中国家高等教育的毛入学率仍停留在西方工业化国家 50 年代后期和 60 年代中期的水平。纵观亚太地区各国高等教育发展的历史与现状，大致有以下四种战略选择：

1. 依靠公立高等教育体系实现大众化并向普及化迈进。

如新西兰、澳大利亚和新加坡。原因很简单，这些国家人口不多，经济富裕，支撑得起实现大众化和普及化的公立高等教育体系的开支。

2. 将部分国立高等学校作为教学与科研中心，同时鼓励建立并依靠私立大学和学院实现高等教育大众化以及普及化。

人们从韩国、日本、菲律宾、中国台湾、泰国的个案中便可一目了然，它们的私立学校学生占整个大学生的人数在 70% 甚至 80% 以上。很难想象，发展中国家如果摒弃发展私立高等教育的选择，能走新西兰、澳大利亚、新加坡之路，来实现高等教育大众化目标。当然，如何鼓励、管理和保证私立高等学校的起码质量，又另当别论。

3. 改革公立高等教育制度，引进某些市场管理手段，增加学校自主权，逐步减少或固定国家投入，鼓励学校创收和扩大招生，是越来越多国家的高等教育政策中的一个共同趋势。

中国近年来的高教改革和大学科技成果特别是高科技成果产业化的实践，马来西亚公立大学法人化计划以及泰国使所有公立大学在 2002 年完全自治的目标，都是这方面的典型例子。

4. 开放式尤其是以现代信息技术武装起来的远程高等教育，对促进发展中国家高等教育的发展和改革，有着巨大潜力。

中国的 45 所电大如能真正办成开放大学，并与传统大学挂钩、联网、合作，以建立高等教育的终身教育体系为目标，利用其开放、灵活、无时空限制的优势，捕捉和满足不断变化的社会需求，必将成为中国实现高等教育大众化及普及化和未来高等教育改革进程中的一支生力军。当然现代开放远程教育需要一批不小的基础投资，这取决于政治家们是否能把它看成是一项基础设施，是否能把当今对高等教育的投资看成战略投资。远程教育，包括现代开放远程教育的质量，常常是人们担心而采取谨慎态度的一个方面，这取决于人们是用传统的标准，只看取得文凭、学位的多寡，还是以终身教育与建立学习型社会的视野，来看待远程教育。应该看到，远程教育超过了时空和传统教育体系的藩篱，提高了人尤其是各种不利和弱势群体的能力、技能、素质，从而最终提高了其生活质量和对社会的贡献，同样实现了教育的真正目的。

参考文献

教科文组织统计，1993/1995。

（载《高等教育研究》1999 年第 5 期，获中国高等教育学会 2001 年论文一等奖）

新世纪人的素质基本要素
构成和素质教育实施

20世纪后期科学技术尤其是近10年信息技术的急速发展和应用，正在深刻地改变人们的生产和生活方式，推动人类向新的社会形态（信息和知识社会）迈进。这一进程向以形成并服务于工业社会，以分割、封闭、滞后及以考试为中心为特征的传统教育体系提出了严峻挑战，教育改革和革新成为世界和时代的话题。联合国教科文组织推出的"戴勒尔报告"，美国科学基金会提出的"2061计划"便是这一背景的产物。中国1999年颁布的《教育振兴行动计划》，以全面推进素质教育和鼓励培养创新人才为灵魂，七大旗舰工程，既高屋建瓴，又脚踏实地，为建立其新的教育体系，为振兴中国21世纪的教育，奠定了基础。如此气魄，在世界范围内尚不多见。它的精心实施，不仅将对中国在21世纪实现强国梦，并将在国际上产生深远影响。

要全面推进素质教育，并进而建立相应的以开放、沟通、联网、终身和以提高人的素质为中心为特征的新的教育体系，对何谓素质和素质教育，在理论界，决策层和实践者之间，必须建立起起码、基本和阶段性共识。然而，这不仅在中国，而且在世界上，仍然是一个极富争议，且莫衷一是的问题。这不仅因为素质或质量本身是一个相对的概念，具有不同政治、文化、教育、宗教、专业背景和处于不同发展阶段的国家和个人会有不同的理解、定义和要求，而且还由于新的社会形态还只是"初见端倪"，这就决定了推进素质教育，建立新的教育体系必将是一个长期的，在理论上、决策上和实践中不断探索、实验、校正、深化和完善的过程。我认为，理论界要为这一进程作出贡献，应当把重点从脱离具体时空的纯理论，结果将是莫衷一是的对概念和定义的探讨，转移到对这一进程具有实际指导意义的研究上来。为此，这种研究至少应当有两个特点：

1. 面向未来，面向世界，面对中国现代化进程中同时经历三重过渡（从农业社会向工业社会过渡，从工业社会向信息和知识社会过渡，从计划经济向市场经济过渡）的严峻而史无前例的挑战和机遇，探求 21 世纪中国人应当具备何种基本素质构成。

2. 据此提出的理论、建议、方案应当具有一定程度的可操作性。

本着以上精神，结合本人工作中聆听到的众家高见，就本文立题，发表以下拙见，以抛砖引玉。

由于新的社会形态（信息和知识社会）已"初见端倪"，这就已经为探讨这一形态社会对人的素质要求或生存于这一社会的人应当具有什么样的素质要素构成提供了一定条件和基础。由于发达国家在这一进程中已经先行一步，它们在这方面的探索对发展中国家来说，会有相当参考价值。据此，我认为 21 世纪人的素质要素构成可分为以下三个层次：基础层次、智力层次和伦理道德层次。每个层次都有其特定要求，现分述如下。

一　基础层次

它包括体能、情感、技能和能力四个方面素质要素。

1. 体能和情感。

发达国家向信息和知识社会过渡中，陈旧工作岗位逐步减少乃至消失，要求人们具有新的技能和知识的新的岗位不断出现，既具诱惑，又有令人不安的四高（高技术、高工资、高失业、高风险）社会，造成人与人、地区与地区、国家与国家之间的竞争越来越激烈。就业和社会急速变化，人们生活在日益增长的压力与紧张之中。经历多重过渡的发展中国家面临的挑战则更加复杂，变数和压力更大。不言而喻，这要求人们必须具有健康的体能和情感，这是养成其他必备素质的基础条件。所有学校体育课、课外活动、假期安排、家庭和学校生活，应考虑这一要求和挑战，进行改进和加强。

2. 技能。

信息和知识社会也可以说是一个技能型社会，人们需要掌握的技能越来越多。否则，就如人若欲过河而无桥梁，很难接近这一新的社会形态。因此，必须学会学习，学会生存、工作、生活和发展。学校和社会终身教育体系应当为人们提供至少以下四方面的技能教育与培训：

（1）学习技能。

信息和知识社会的一大特点就是，人们学会如何学习，如何获取知识，比掌握多少知识更重要。为此，计算机及相关基本技能，包括网上信息查询、交流、网页制作、病毒处理、虚拟环境中的学习及研究等，可谓技能基本功中的基本功。此外，还应包括各种工具书（包括电子工具书）的使用及简单调研方法等。

（2）生活技能。

信息和知识社会将是网络社会，网络联系成为人们工作、生活、社交的基本联系和方式之一。新的一代应当越来越多地了解网络、网络功能、掌握网上就业查询、购物、支付、从事金融活动及防范黑客、病毒、风险等技能。学校和社会教育与培训机构还应当使人们掌握其他相关电子工具，包括家用电器、常用器械等的使用与维修及汽车驾驶等日常生活所需要的一切基本技能。

（3）语言技能。

从通信交流、信息知识传播、交通快捷程度、全球贸易比重越来越大，各国经济发展相互依存度增强等意义上来说，全球村的到来已经不是梦想，而在相当程度上已经现实。国际了解和学会共存（"戴勒尔报告"）已成为未来全球村和平共处和安定团结的重要条件之一。人人掌握至少一门最好是两到三门外语的技能乃通向此道的必备之桥梁。西欧诸国十分重视外语技能培训，母语以外能同时会讲英法语者，日益增多，在全球化进程中因此受益匪浅。中华文化历5000年不衰，成为古代四大文明硕果仅存者，西方列强过去100多年中无法在中国建立起殖民文化，中华文化根植于、镶刻在非拼音的结构复杂的方块字中是一重要保障。过度担忧中国文化在世界全球化进程中受到侵蚀是对中国文化缺乏自信的表现。因此，21世纪中国新一代如果半数以上甚至人人能操一门以上外语，不仅是经济全球化进程中增强中国竞争力之绝对必需，也不仅不会有碍中华文化的传承与光大，而且由于上亿人口能参与沟通、交流，博采不同文化之长，将真正使中华民族在世界民族之林中立于不败之地。为此，大中小学外语教学目标和要求应当有所调整提高。在相应设定师资培训目标和计划外，应当充分利用现代电化教育手段，弥补教师力量不足。这在各种语言教学的语音阶段，尤为重要。具备条件时，应鼓励中外大中小学生多种形式的交流。

（4）交流和交际技能。

未来一代将面临中国改革开放的盛世，更高程度上的全球化经济和越来越浓的全球村气氛。掌握起码的交流和交际技能，已成必需。为此，应加强文明礼貌教育，加强对其他民族和外国文化宗教、礼仪、习俗的了解。这可以通过专门课程，也可以融入其他课程和活动达到目的。

总之，从小学高年级到高中甚至大学二年级，应当设置各种技能课。根据学生实际需要和科技进步，社会发展变化，确定和调整教学大纲和教材内容。

3. 能力。

当今学校教育作为终身教育的起始阶段，重点应当从只注重传授知识转移到既传授知识更注重培养能力，大学阶段尤其如此，这已成为共识。至于哪些能力为基本能力，众说纷纭，难有定见。较多人主张包括：终身学习的能力，批判、综合、发散思维能力，发现、应变、解决问题的能力，团队工作和国际理解合作的能力等。考虑到未来社会是信息和知识社会，搜集、存储、鉴别、管理、加工、利用并把信息变成知识，把知识变成智慧，应当成为核心能力，或者说，其他能力很大程度上是为达到这一目的服务。能力是一个人体能、情感、技能、智力、道德等素质要素的综合体现。因此，很难为此设立专门课程。各国较多采取的共同措施包括：

（1）转变教育思想，革新学校管理、考试、评估制度和方法，为素质教育实施，创新能力和精神的培养，创造必要条件和氛围；

（2）改革课程结构，革新教材内容和教学方法，同时大力提高教师队伍素质和要求，把能力培养作为重点，贯彻各门课程始终；

（3）加强实习、实践环节，把学生放到实际环境中，面对实际问题和挑战，进行锻炼；

（4）学校的各种社团、文化、讲座等活动同样可以为此目的服务。

二　智力层次

人们通常将此归结为知识传授、学习、应用问题。我认为，在未来信息和知识社会中，人的智力素质仍然可以划分为三个层次：

1. 信息的吸取、加工和利用。

信息是知识的原料和基础。学会和善于搜集、存储、鉴别、管理、加工、利用信息是构建本人知识基础的基本功和源泉。不到 10 年，网上已成知识海洋，人们可以不出家门，一般皆能得到所求信息。同时，信息泛滥，网上垃圾、犯罪、黑客、病毒等，不仅"初见端倪"，而且已成公害，去之并非易事。因此，在此海洋中遨游而达到自己设定的彼岸，并非易事。挑战在于，未来一代要学习、生存、发展，都不能不下此"海"。因此，这种接触信息并把孤立的信息加工和提升为知识的技能、能力的教育和培训，可谓开发人的智力的基本功。

2. 知识的继承、创造和利用。

虽然学生可以通过掌握必要技能和能力，自己获取信息和知识，学校教育的重点在培养学生的能力，但知识传授仍然是学校教育的主要任务之一。挑战在于，所谓"知识爆炸"和知识陈旧率日增，向学生传授的现行知识结构、体系和重点提出了严峻挑战，不对此进行根本性的调整和革新，能力和素质培养都将成为空谈。这种调整和改革，尤其是就基础教育的课程调整和改革，不应当由各学科专家按"铁路警察，各管一段"的办法分头和孤立来进行。美国"2061 计划"提供的重要启示是，应当邀集各有关领域的顶尖专家，共同会商，并从当代知识结构、体系和总量的发展和教育将终身化的趋势出发，探究学校教育中的知识结构、体系、分量、重点及相应的课程教材结构，体系和各学科之间的相互联系。同时，应考虑学生的能力培养如何作为核心贯穿其中。

大学阶段培养通专才之争并没有结束，通才主张渐占上风。从发达国家实际出发，欧洲大学校长协会和工业界圆桌会议甚至提出不分专业，而要求大学生掌握科技、人文、社会科学和经济学各主要领域的基础知识，打下坚实就业基础，注重培养学生的创造性、责任心和灵活性、适应性，学生毕业到具体单位后通过短期培训，即可很快适应特定工作，且潜力大，适应性强，是适应未来社会和就业多变挑战的根本出路。当然，要欧洲大学现在就按此付诸行动，仍并非易事。对于经济和技术发展水平差距尚大的发展中国家来说，专业设置、口径宽窄和通专才之争仍然不可回避，不过，明显趋势是：各国尤其是发达国家和新兴工业化国家普遍主张各科皆要加强人文和科技基础，专业口径拟越来越宽，学生双专业、多专业、跨专业学习日益增加，通专才界限日趋模糊。

学生接受传统教育过程中继承与创新的方程式正在起变化。如果说现存教育制度中学生的主要任务是继承现存知识体系，新教育体系中则为：

在要求学生继承的同时，注重并鼓励学生创新。

3. 智慧。

智慧是利用技能、能力和知识解决实际、疑难或前无先例的问题或挑战的才智，是人的智力的更高或最高层次。有了技能、信息和知识，不一定就有智慧。这可解释为什么一个单位可以有不少大学生，可谓有知识的人，但要选拔一位将面临一定难题，或要独当一面、开创局面的领导，常费思量。因为智慧除了包括更高的技能、能力和知识条件外，还需要更强的心理、情感和道德素质，例如兴趣、好奇心、想象力、灵活性、创造性，实践、创业精神，责任心、正义感、勇气和献身精神，预见、应变、危机、竞争、冒险意识等。

无疑，智慧是人的综合素质的最高体现，是创新精神和能力的基础和源泉，又是其结果。没有综合素质的全面提高，就难以开发人的潜在智力和智慧，创新精神和能力势必成无源之水，无本之木。因此，很难想象，创新精神和能力可以通过专门课程或孤立起来进行培养，而必须贯穿于所有课程和教育活动包括实践活动之中，必须要求教师实行启发式、讨论式教学，必须营造一种有利于小中大学生发展兴趣、好奇心、想象力、灵活性、创造性，培养他们的实践、创业精神，预见、应变、危机、竞争、冒险意识的宽松和谐的氛围。

三　伦理道德层次

科学技术的发展和信息与知识社会的快速到来，带来并将继续引起新的伦理道德问题。克隆羊的诞生使人的复制甚至批量生产未来在技术上成为可能，使许多人类社会现存人际、家庭、社区、社会伦理关系面临严峻挑战。为此，联合国教科文组织于 1993 年和 1997 年分别专门成立了由知名科学家组成的国际生物伦理委员会及世界科学知识和技术伦理委员会，作为这一领域交流思想和经验的国际智力论坛，对科研领域的伦理问题进行早期预警，就科技发展中发生的伦理问题向各国政府和国际组织提供咨询和建议等。

信息和知识社会是网络社会，网上黑客、犯罪、安全甚至信息战的发生，同样提出了信息伦理问题。

信息横流，为人们创新提供了充分的物质和智力资源，但是创新是为了什么？没有正确的价值观和伦理指导，没有适应新的社会形态的伦理规范的树立、提倡和约束，在这一社会中，一方面是信息横流，另一方面则可能会物欲横流、道德沦丧、犯罪高技术化，其后果可能难以想象。

伦理是人与人相处的道德规范，是一个社会稳定和和谐发展的必要条件。对个体来说，则是确立人生的方向和生活的目的，是人的素质要素中的最高层次。没有正确的伦理道德指导，没有正确的人生方向，缺少精神力量和道德勇气，一个人掌握的技能、能力、信息、知识和智慧难以发挥，而且掌握得越多，还可能危害越大。针对新出现的伦理道德问题，应当设立伦理道德课，如在有的国家大学中已开设普通伦理课、专业伦理课、科学知识和技术伦理课，或者穿插在有关学科的教材和教学中。如果已经设立了此项课程，则应当增加或提出这些新出现的伦理道德问题。

我认为上述是21世纪中年青一代生存、生活、工作和应变的必备、共同和起码的素质要素（见附图）。当然，不同领域、专业对每一要素会有反映其本领域和本专业特点的不同内涵和侧重，因此本文无意也不可能代替任何具体领域或专业设立共同素质标准。

正确理解和全面推行素质教育，注重创新精神和能力的培养，是时代的要求，是一场真正的深刻的教育革命，是中国在21世纪实现强国梦，从而在进入信息和知识社会的世界民族之林中立于不败之地的必要条件和基本保证，是一个需要全社会参与，牵动教育各个层次和所有方面的巨大系统工程。为此：

第一，建议进一步开展转变教育思想的大讨论，统一思想，这在从学校到政府的决策层尤其重要。

第二，邀请大学问家和顶尖专家，就当代知识体系、结构和总量发展趋势进行跨学科研究，指导改革和建立新的学校教育知识和课程结构体系，打破学科间人为壁垒，增强学科间的关联性，并充分利用现代教育技术，按终身教育和开放学习的要求，建立新的学校教育知识、课程体系，并编写相应教材。

第三，现代教育技术不可能取代教师，但是教师的作用将逐步从知识的垄断者和传播者转变为学生学习的指导者和辅导者。现在，当教师不是容易了，而是要求更高了。要求学生具备上述素质，教师必须首先具有之，而且应当达到较高或更高水平。要使师资队伍通过培养和培训达到这一要求，恐怕至少需要一到两代人的时间。这是实现素质教育目标必要也是最难以达到的条件，应有相应规划。

第四，各种技能培训的开展，学生教师和学校本身同社会生产生活互动的加强，课程结构和体系、教师教育教学活动方式的变化，对学校的硬体设施、技术装备、管理制度和方式方法、管理层的素质，都必然提出相应的使之适应素质教育的要求，都应当切实进行规划，逐步加以实现，为素质教育实施、创新能力和精神的培养，创造必要条件和氛围。

正确理解和全面推进素质教育，并进而建立相应的以开放、沟通、联网、终身和以提高人的素质为中心为特征的面向未来的新的教育体系，必将是一场深刻的教育革命，是一个巨大的社会系统工程。同时，过去的教育革新和试验一再表明，教育体系中任何单项、单科、单个层次、学校或地区的试验，如无整体配合，必将受多方掣肘，最终将难以为继。建议选择一个市和一个省进行推行素质教育、建立新的教育体系的综合和总体试验，为在全国范围内实施素质教育提供经验。这个市拟具备经济发达，外向型经济成分高，教育基础好，高等教育容量大，教育科研力量强等条件。所选省拟为中等以上发展水平，但有较好基础教育，高等教育容量较大，教育科研力量亦较强，以便其经验有较普遍的借鉴意义。中央政府拟像建立经济特区一样，为试验省市制定必要的特殊政策和措施。

新的教育体系和制度的建立，史无前例，关系国家和个人的未来，关系千家万户，如同建立经济特区一样，必要的舆论宣传和支持必不可少。如果把人力资源开发、知识创新和创新人才培养看成是国家竞争力的核心要素，看成是迎接迅速到来的信息和知识社会挑战的根本大计，它同以经济建设为中心的宣传方针应当是一致的，应当成为宣传中心的重要部分。

附　图

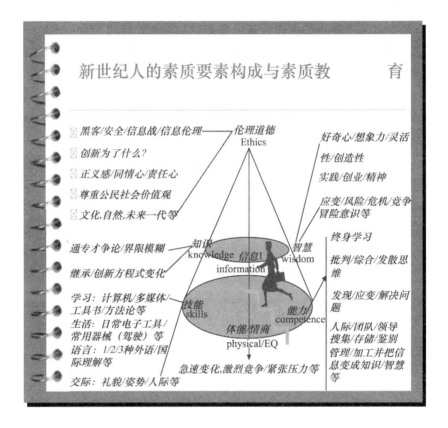

（本文曾载新华社内参，以记者答问形式载《瞭望》杂志 2000 年第 35 期，
以论文形式发表于苏州大学《教育论坛》2000 年第 1 期）

开放远程教育——当代教育体系中最具革命性的部分

——接受《中国远程教育》杂志记者邓幸涛访谈

　　信息技术的迅速发展正深刻地改变着世界，以现代教育技术为基础的现代远程教育在世界范围内的蓬勃发展，成为国际教育界的热点。在构建适应信息、知识社会的教育体系中，现代远程教育将扮演什么样的角色？在第十三届亚洲开放大学协会年会上，联合国教科文组织亚太地区总办事处高等及远程教育计划专家王一兵教授，就现代远程教育面临的挑战及发展趋势接受了本刊记者的采访。

　　记者：请您谈谈世界远程教育的发展趋势以及亚太地区远程教育发展状况。

　　王一兵：近10年来尤其是近5年，世界远程教育发展越来越成为国际教育界讨论的热点问题。其中一个原因是信息、知识社会迅速到来，要求建立新的教育体系，只有从整个教育体系面临的挑战出发，才能够看到远程教育的巨大潜力；另一原因是科学技术发展，尤其是信息技术发展使远程教育如虎添翼，现在网上教育的迅速发展就是一个证明。各个国家都很关注，国际上讨论此问题很多。1998年召开的世界高等教育大会宣言中，专门讲了关于教育虚拟化的问题，号召各国建立虚拟高等学校、虚拟教育体系。高等教育的国际化、网络化、虚拟化已引起全世界政治家们和教育家们的注意。很多国家的远程教育是从函授教育开始的，是传统高等教育的一部分。后来建立了越来越多的独立的开放大学，像中国的电大。现在的趋势是，越来越多的传统大学希望在保持传统教育优势的同时，增加开放式远程教育。随着信息技术的发展，越来越多的学校将课程上网，成立虚拟大学、虚拟校园。新加坡国立大学2000门课程中已有600门上网，目标是所有课程都虚拟化，使学生不仅在校园里可以按传统方式学习，也可以走到世界任何地方，只要跟网络联系起来，就可以继续进修。这是一个总的趋势。很多国家都在以建立社会化和终身教育为指导思想进行教育改革与革新，以使自己变得更灵活、更开放，适应未来潮流，迎接信息和知识社会挑战。这是一个趋势。这个潮流西方发达国家先走一步，亚太地区极少数国家已设定明确目标，如马来西亚已建立虚拟大学，新加坡确立了把全国建成智慧岛的目标，中国实施现代远程教育工程等。相当多的国家似乎还没有引起足够重视，至少还缺少行动。亚太地区是否搞地区一级虚拟大学，人们正在讨论。从技术上说不成问题，但网上课程超越国界，课程怎么编制，怎么管理，各国的文化差异、社会制度不同，怎么解决，关系着它的发展。

我认为，现行的教育体制已经不适应信息和知识社会发展的需要，因为现行的教育体系、教育制度是过去几百年工业化进程的产物。按知识社会对新的教育体系要求来看，现行或者说传统教育体系的特点是封闭、分割、滞后和以考试为中心，是只管人生的某一阶段，而即将到来的信息和知识社会要求的教育体系是开放、灵活、联网、终身和以提高人的素质为中心。按知识和信息社会的要求建立新的教育体系来看，远程教育具有巨大潜力，我认为是现行教育体系中最能够适应未来新的教育体系要求的一部分，是最具革命性的一部分。一个充满活力、具有革新精神，并且面向未来的开放远程教育体系，将在建立新的教育体系中发挥革命性的作用，应当是走在最前面的，领导这个潮流的，因为它本身的特点就是开放的、灵活的、联网的，是用现代技术武装起来的。

记者：中国远程教育在亚太地区远程教育总体格局中处于什么位置？

王一兵：我觉得，第一，中国远程教育是世界上最大的远程教育体系。它既包括高等教育，又广泛应用于基础教育、师资培训、燎原学校，发展规模是世界第一。第二，在技术应用上，一方面不断开发现有各种媒体的功能，同时十分注意开发利用新的信息交流技术的潜力，并正在向三网（天网——数字化卫星；地网——计算机和宽带网络；人网——服务体系和管理）合一的方向发展。中国有三个卫星频道传播远程教育课程，在亚洲以及在国际上都是较少的。三个教育卫星频道覆盖全国，东南亚地区都能收到。我在曼谷就能收看中国电大的课程。第三，成绩非常显著。无论是从培养的学生人数，还是从实用技术培训在农民中造成的积极效果来看，成绩都是巨大的。

当然，坦率地讲，中国的远程教育也走过了一些曲折的路，包括相当长时间并不是开放的。而远程教育不开放，就影响了它潜力的发挥，影响了它的功能。当然有种种原因。其中一个原因，我认为是传统观念和对质量问题的看法。开放大学、远程教育在各国都有逐步被社会承认的问题，教育界自己承认的问题。印度的远程教育也不错，但印度的传统大学就摇头，就不当回事，问题在于人们总是用传统大学观念和标准来看待远程教育的质量问题。我的观点：远程教育服务的对象不一样，从婴儿到七八十岁的人都可以是它的服务对象。学习的目的各种各样，不光是为了拿个文凭、证书，有些人学习就是为了提高自己的生产技能、生活质量。另外，远程教育的教学方法也与传统大学不一样，因此我认为，不应完全用传统大学的标准和方式来衡量远程开放教育的质量，那样，只能形成迫使远程开放大学向传统大学看齐，就必然办成远程但并不是开放的教育，不能发挥潜能。不幸的是，相当多的国家的远程教育仍然是这种状况。

我认为，对远程教育质量评估应反映它的特点。中国的农业广播学校和燎原学校为成千上万的农民提供了实用技术，使农民致富了，是不是质量？教育改变了人们的生产技能，提高了人们的文化水平、生活水平，就是教育的目的，就是质量。但如果用传统观念看，农民没有得到一张文凭，没有拿到博士、硕士、学士，就认为没有质量，这是错误的。对远程教育质量的评估不应完全遵从传统大学的模式、标准。

远程教育没办成开放，还有另一原因：搞远程教育的人都来自于传统大学，本身是传统大学培养的，是在传统大学办学的，很容易把传统大学的一套搬过来。所以我为什么强调远程开放教育要在未来建立新的教育体系中发挥革命性的作用，你本身必须转变理念、有革新的精神、面向未来和有活力。如果你本身是搞远程教育的，但思想是传统的、保守的，你就不能起这个作用，就只能循着传统教育的路子走下去，越走越窄越被动，因为你比不过传统高校的师资力量、技术力量、学校声誉等。

但是最近几年来，特别是近两年来，我觉得中国的远程教育办学指导思想有明显的变化，强调开放性和现代化。另外，国家把远程教育放到非常重要的位置，在投资上也作了很重要的决策。远程教育界的人思想都很活跃，并有很多非常好的探索和实践。

中央电大1999年10月主办的亚太开放大学协会年会和校庆展览十分成功，各国与会人数超过预计，日本国立多媒体教育研究所长、日本教育技术委员会主席坂元昂看了展览后对我说："太好了！"他要其他日本人来看。从总体上看，中国远程教育在亚太地区已处于前列。

记者：中国的远程教育已呈现多元化发展趋势，像电大这样的独立设置的远程教育开放大学应该如何面对这种形势？

王一兵：这个问题提得好，这是开放大学面临的挑战和机遇问题。传统大学越来越多地加上远程教育模式，把很多课程上网，搞虚拟校园，这就对国际上称为单一模式的开放大学提出了挑战。如澳大利亚远程教育有很好的传统，但是它没有开放大学，所有远程教育与传统大学联合，成为双轨制的学校。几年前，我曾提出这种双轨制可能代表高等教育的未来。因为知识经济和知识社会的到来，大家都希望变得开放，变得灵活。传统高校实行双模式、网络化是一个潮流。传统高校人才、技术有其优势，启动快。单一模式的开放大学怎么办？无非两种选择，一是合作，一是竞争。

要竞争过传统大学是很难的，三年前我建议电大应主动与传统大学建立合作关系。合作关系建立得越早越主动。在远程教育的课程编制、远程放送、网络组织、远教的管理和服务系统等方面，中国的传统大学起步晚。电大搞了20年，在这些方面仍有优势。你有优势，人家才有与你合作的兴趣。合作办学，可以优势互补，如中央电大与北京外国语大学合办外语专业，双方都有好处。我不是说所有开放大学都应与传统大学合并，而是合作关系，双方优势互补，减少重复浪费，定能发挥远程教育潜力，并对双方有利。中国在这方面已经起步了，是符合未来潮流的。

记者：作为高等教育的一个重要组成部分，开放远程教育在高等教育大众化、国际化、虚拟化、网络化的大趋势中应起什么作用？

王一兵：要讨论远程教育的作用，必须要从传统的教育体系面临的挑战来看。只有看到当前整个教育体系面临的挑战，才能看到远程教育的未来、革命性作用、战略性作用，才能真正找到远程教育未来的位置。不能只从教育技术使用和实用的角度看，这样不仅不能够找到它的正确位置，不能看到它的巨大潜力，而且也必然使教育技术运用缺乏明确的指导思想。这里，教育技术专家应当也是甚至首先是教育专家。

高等教育正面临几个大趋势，如大众化、国际化、虚拟化、网络化。我曾在国家教委研究部门工作，个人也一直认为中国高教发展速度很难加快。1993年我到联合国教科文工作，每天就是与各国的高教部门、官员打交道，与各国发展的数字打交道，各国对高等教育的重视使我思想上产生了变化。中国经济发展那么快，按人口比例的大学生数却很少，我们现在计算中国的高等教育毛入学率包括成人、自考为9%，中国两三年前确定的目标还是2010年达到10%，这意味着10年后中国仍把高等教育保持在精英阶段。而80年代西欧社会就跨过了高等教育大众化，西方大多数国家已达到普及化阶段，加拿大高等教育毛入学率已达102%，美国是82%，即使按经合组织现在提高了的标准，即高教普及化的门槛从学龄人口50%提高到80%，高等教育也已向普及化阶段发展。中国10年后还保持在精英阶段行不行？按我的想法：高等教育精英阶段只能适应农业社会和工业社会早期。北美西欧走过的道路已证明，工业社会必定要求高等教育大众化，而未来的信息社会、知识社会就要求高等教育普及化。

信息社会、知识社会快速形成，要求社会生产进行大量结构性调整，劳动力大量向第三产业转移。中国面临三重结构调整：农业社会转向工业社会，同时从工业社会向信息社会过渡，计划经济向市场经济过渡，每一层结构调整都甩下一大批人。结构调整不是十年八年的，中国将长期面临大批人员下岗、失业、转岗，最好的办法是提高这些人员的文化、教育程度和可培训性。美国经济一直保持增长，很重要的原因是二战后坚持和实现了高等教育大众化、普及化。

韦钰部长说过，越来越多的人接受越高层次教育越好。中国已计划在2010年把接受高等教育的比例提高到15%，跨进大众化的门槛。怎么跨？澳大利亚、新加坡、新西兰靠国家办大学，把希望上大学的人由政府包下来；日本、韩国等更多国家靠私立大学。中国有无能力完全靠国家实现高等教育大众化以至于以后的普及化？显然不可能。我认为，国家应集中力量办好国立大学，这是主干、旗舰。同时，放手让社会力量办学，另外一翼就是开发式、网络化的远程教育。用现代技术把主干和两翼结合起来，联网沟通，相互支持，相互促进，才能起飞。从中国1999年的《教育振兴行动计划》和决定来看，基本是这样一个思路：在大力办好一批国立大学的同时，放开社会力量办学，重视开放远程教育体系。从这个意义上说，远程教育在中国高等教育大众化、普及化中承担着重要任务，起重要的战略作用。

关于高等教育的国际化、虚拟化、网络化，这是国际上的热点。远程教育很多办学模式跟它是有关联的。在贸易自由化、全球化中间，人才流动国际化程度会加快，这牵涉到互相的学历、学位承认，要求高等教育国际化。我认为，发展中国家高等教育国际化最关键的一点是，你所培养的学生不仅在本土有竞争力，而且在国际上有竞争力。那样的学校就是一所国际化的学校。

现在的远程开放教育，尤其是高等教育开放化、网络化、虚拟化，已成为一个热潮。网上课程不存在国界，地区性虚拟大学、全球虚拟大学没有国界，现代信息交流技术更加快了国际化的速度。网上课程、新的知识、思想的交流，速度加快，开放式的远程教育，尤其是用现代信息技术武装起来的开放远程教育，是高等教育国际化的一个促进力量，起带头作用。

当然，虚拟化用现代信息技术武装，首先有个基础设施问题。各国政治家们愿不愿意花这个钱，取决于是否将其看作机场、港口、通信等基础设施一样头等重要。甚至认为是基础设施中的基础设施，这取决于各国政治家们有无这个远见。我认为中国政府已经具备这样的远见。国家已做出重要决策，将投入资金启动"现代远程教育工程"，已经有了行动计划，是很有远见的。

现代远程教育在建立新的教育体系中起的作用，也对远程教育学校的领导提出了更高的要求，要求他们首先要转变理念，要充满活力，具有革新精神，面向未来，能够看到信息社会迅速到来和整个教育体系面临的巨大挑战，远程教育将承担着战略的、革命性的作用。他们应当有能力、有素质承担这个责任。听说有的地方把电大校长、副校长仅仅作为安排干部的一个空缺，这将严重妨碍远程教育在建立新的教育体系中起到它应有的作用。这是一个很大的误会。也许还应当看到，并不是所有传统大学校长都一定能胜任开放大学的校长工作。电大校长不是仅有办好传统大学的经验就能胜任的，有时也会因为传统教育经验太丰富而把远程教育领向传统教育去发展，因为这是两种不同的办学理念和办学模式。

我个人的想法，中国要按《行动计划》和中央的决定，再加上广大远程教育工作者有不断革新精神，面向未来，充满活力，三到五年，中国的远程教育有可能走到世界前列，至少在发展中国家，将领导世界潮流。

记者： "中国远程教育"刊名在 2000 年正式启用，请您指导。

王一兵： 我一直阅读《中国电大教育》，关注这本杂志。办杂志在思想上、理论上要起引导作用。我认为，要看到现代开放远程教育在迎接信息技术的挑战过程中的革命性作用，视野应更广一些。要了解国内和国际上整个教育体系发生的事，有一定的分量来谈这些问题，使大家眼界开阔，站得更高，看到自己的重要性和潜力，也才知道朝哪个方面努力。另外，我的印象，中国远程教育体系做了很多工作，很多做得非常好，但是没有很好地宣传出去。要把成功的做法宣传出去，反映出成绩、革新精神和效果，让世人真正了解中国远程教育。我相信《中国远程教育》将会在这方面发挥重要作用。

（2000 年 2 月在《中国远程教育》发表，后整理成文转载于《开放教育研究》2002 年第 2 期）

开放教育与"教育的乌托邦"

      人类正开始向一种新的社会形态——信息和知识社会过渡，并经历着这一过渡的震动、阵痛和考验。西欧人失业率自第一次石油危机以来居高不下，欧元一诞生便疲软不振，便是发达国家经受过渡阵痛的一个例子。与此同时，美国恰经历着其历史上最长的经济增长周期，失业率一降再降。人们认为，美国新经济得益于其高科技，以及对它的迅速开发应用，得益于有一批充满活力、办学体制灵活的研究型大学，得益于比西欧整整早了10年的高等教育大众化和普及化进程，这提供了能适应结构性调整、高科技生产和应用的较高素质的劳动力。发展中国家与发达国家的差距以比之前更快的速度在扩大，同时又面临双重甚至三重结构性调整。建立失业保险、社会福利体系等无疑是重要的，但普及基础教育，同时尽快地把高等教育大众化并适时地把高等教育普及化提上议事日程，大幅度提高全体公民整体素质则是治本之道。开放式远程教育、开放式远程高等教育和开放教育体系的建立将是发展中国家实现教育跳跃式发展不可缺少的一环。经济全球化趋势和信息技术的广泛应用，正越来越深刻地改变着人们的生产、生活和学习方式，人们面临终身学习的压力与日俱增，即便是教授权威，不学习、不掌握必要的计算机和应用网络的技能，也便会渐渐落后于甚至难以指导自己的学生；工人不终身学习，一旦下岗，便一筹莫展；农民不学习改良品种技术并懂点贸易知识，就是丰收也可能会赔本。建立开放、沟通、网络化、终身教育和以提升综合素质为中心的新型教育体系，取代传统以封闭、分割、缺少沟通、以考试为中心的教育体系，使任何人在任何时间、任何地点都能学习所希望学习的任何东西，这似乎有点乌托邦，但这正如前欧共体主席、联合国教科文组织21世纪教育委员会主席戴勒尔先生所说的，这是一个必要的乌托邦，也将是未来教育发展的必然方向。哪个国家能将本国教育调整、改革成这样一个体系，哪个国家将会在未来世纪竞争中取得主动。开放性和灵活性，则是这一新型教育体系首要的和基本的特征。人们不可能期待教育投资产生速效。全民族素质提高需要两到三代人持之以恒的努力。日本二战后经济奇迹的再造，美国在迎接经济结构调整中主动地位的取得，得益于50年前的高瞻远瞩和此后持续不断的努力。发展中国家现在制定和实施跳跃式教育发展规划，建立开放、沟通、网络化、以提升学生综合素质为中心的新型教育体系，可谓"亡羊补牢，犹为未晚"，经过二三十年的持续不断的努力，必能取得意想不到并影响深远的功效。

上海电大陈东老师工作之余，潜心研究开放教育的概念、理论、模式、结构、课程、教学、评估等诸多方面，写出《开放教育》一书，不少见解颇为新鲜，也是目前尚不多见的就开放教育进行系统阐述的一本著作。除了陈先生本人的学识、毅力和勤奋，上海电大近10年来在黄清云校长和郭伯农书记领导下建立起来的、不断发扬光大的"求实、开拓、进取"的良好校风和环境，也为陈东老师写成此书提供了条件。陈老师工作之余，不分寒暑，笔耕不辍，其精神令人感动。近期赴沪参加上海电大40周年校庆暨国际学术研讨会，陈东老师请我为其书作前言，实难婉拒。每次回国，皆来去匆匆，行程总是排得满满的，只能在机场候机时草就此段以谢陈东好意。

（《开放教育》一书前言，2000 年 5 月 5 日于北京机场，2001 年 2 月上海教育出版社出版）

为上海电大向世界一流开放
大学迈进所提的建议
——2000 年 4 月 22 日在上海电大 40 周年
校庆大会上的讲话

上海电视大学在它成立 40 周年时，已成为中国广播电视大学系统中的典型。我个人提议和期望，上海电视大学在其成立 50 周年时，成为亚太地区开放大学的典型，这并不是不可能的事情。然而，要使这一愿望成为现实，要求具有新理念、新机制、新的课程和质量标准、新的人员队伍和管理、构建网络的新战略。

一　新理念

今天的人类社会正在迈向信息和知识社会，主导这一社会形态的是信息、知识、智慧，它取代了工业社会以物质和资本以及封建社会以土地和人力而占有支配地位的社会形态。各个国家都面临着如何建构学习型社会和确保它的国民具有 21 世纪所需有的技能、知识和学历的资格。经济和社会也正在日益变得以知识为基础，国民受教育程度成为经济繁荣、提升综合素质和增强社会凝聚力的重要杠杆和必不可少的条件。

21 世纪是创造和变革的世纪。它将比以往任何时候都更需要人员流动性。今天有了护照和机票就可以使人们走遍世界，以后人们流动的"通行证"将是教育和终身学习。这一通行证必须授予社会的每一个成员（G8，科隆，1999）。因此，未来的教育将是而且必须是开放的、网络化的、终身的和以提升人的综合素质为中心的。教育的未来是建立终身教育和学习型社会，这是由联合国教科文组织于 20 世纪 70 年代发表的"富尔报告"和 90 年代发表的"戴勒尔报告"中提出的共同结论。

即将到来的信息和知识社会，不仅要求基础教育也要求高等教育面向全民。正因为如此，一贯以基础教育为其使命的联合国教科文组织于1998 年在巴黎召开的世界高等教育大会，成为其历史上最大和参与级别最高的一次大会，有 5000 余人参加，183 个会员国和 150 多位部长与会。其宣言和行动框架提出高等教育必须面向全民，高等教育应在成绩的基础上向所有的社会成员开放，不容许有任何歧视，同时又允许学习者在进出高等教育体系时有灵活选择的余地。这已经是发达国家要达到的目标，它是否也应当成为发展中国家要达到的目标呢？答案无疑是肯定的，如果你真正想要培养一支不仅有技能，而且有知识和思想的劳动力大军，以制造出具有竞争力的产品，并且具备能够承受长期的结构调整和转轨所带来的失业和转换岗位的后果的能力，首先是停止、缩小，最后达到逆转穷国和富国之间的不断扩大的差别的话。

这就是为什么 1999 年在德国科隆举行的 G8 高峰会议决定 2000 年 7月在日本冲绳举行下届会议前，首先于 4 月召开 G8 教育部长会议的缘由，也是一贯把基础教育放在首位的联合国教科文组织在 1998 年 10 月通过的《世界高等教育宣言》中，要求高等教育面向全民的背景。同时它还是我本人认为的，如果上海电视大学要成为亚太地区开放大学的典型，要充分发挥开放与远程教育建构上海乃至全国终身教育和学习型社会的潜力，必须要有新理念的原因所在。

我这里提出的新理念，就是要更深入了解远程开放学习的作用，要看到它不仅是帮助教学的手段、克服地域障碍的工具、实现高等教育大众化的一翼，是传统大学变得灵活和开放的一种办学模式，而且也是使现有的教育体制变得开放、网络化、终身化和以提高人的素质为中心的革命性力量。只有站在这一高度，才能真正找到开放与远程教育的发展方向，在教育未来发展中的地位和最能发挥自身潜力的地方。

二　新机制

上海电视大学要想在有澳大利亚、印度、伊朗、韩国、中国香港、马来西亚等强大开放与远程教育同行和竞争者的亚太地区中成为开放大学的典型，必须要有新的机制。当前，上海电视大学的办学机制有两个方面需要加强：

1. 与各种服务对象的互动和合作。比如：成立一个不仅有教育专家也有既懂教育又对教育政策的制定有影响力的外部人员参与的能真正发挥作用的董事会；经常向不同行业、专业机构、政府和非政府机构人员咨询；建立包括校外同行评价在内的质量保证体制。

2. 与普通大学的交流和合作。比如：共享人力和物质资源；合作开展课程设计和教学；建立开放大学与普通大学之间的学分转换及联合开展本科以上层次的培训；组建集团共同体等。与享有威望和良好声誉的普通大学建立合作，对开放大学尤其是发展中国家的开放大学来说，不是一件容易的事。原因是这些国家的远程开放学习在高等教育体系中一般被认为是二流的，只是一个补充。上海电视大学不能坐等普通大学的到来，唯有在手段应用、办学网络及在飞速变革的社会中保持课程和培训的适应性和灵活性，以及远程开放学习管理中的经验上不断取得优势，才能吸引普通大学与自己合作。

三　新的课程和质量标准

今天，高等教育的质量是什么？这是摆在发达国家和发展中国家的所有大学校长和教授们面前的一个难题。高等教育要培养什么样的人才，人才应当具有什么样的素质才能满足快速变革社会的需要和受到社会的欢迎？不幸的是，人们在讨论这一问题时比较多的是谈论质量保证机制，却避而不谈质量保证标准。这就产生了这样的问题：建立机制的目的是什么？要保证的又是什么？虽然质量是一个相对的概念，且具体学科要求各一。但我这里要提出的问题是：在人类社会正在步入信息和知识社会之际，对大学毕业生的质量要求有没有共同性？

我把这种存在的共同性划分为三个层次：

第一，基本层次：它包括四方面：一是适应变革的健康身体。二是健全的情感，以面对日益加剧的竞争和压力。三是不分专业和学科，每个毕业生都应掌握各种必要的技能，如计算机技能，使用各种电子工具的技能，以及语言技能（熟悉一门、二门或三门外语）和驾驶技能等。四是包括一系列能力，如数据收集、评价和处理信息的能力，终身学习的能力，历史的、批判的和辩证的思维能力，鉴别力和解决问题的能力，把信息转化为知识和把知识转化为智慧的能力，国际理解能力等。

第二，中间层次：孤立的信息不等于知识，有知识不等于有智慧。因此，毕业生要具有把信息转化为知识、把知识转化为智慧的能力，具备创造性、灵活性、创新精神、想象力、创业技能和冒险精神等素质，这些都是产生智慧的源泉。从这个意义上讲，创新能力和智慧是人的综合素质的集中表现；反之，要培养人的创新能力，根本还在于提高人的综合素质。很难想象，创新能力培养可以孤立或设立专门课程进行。

第三，最高层次：崇高的伦理和道德标准是所有国家的教育政策对毕业生的绝对要求。问题在于如何结合快速来临的信息社会中出现的如黑客、网络安全、信息战、人工克隆生命等一些新的伦理问题，加强培养正义感、同情心、责任感、容忍性，遵从社会价值观等。

我所说的质量标准并不是要取代各个具体学科或领域中的具体标准，而是为提高远程开放学习质量提供一个普遍的指导原则。如果上海电视大学的毕业生具有上面提到的这些技能、能力、智慧、精神、伦理、道德等方面的素质，我将对他们在信息和知识社会及全球化社会中的适应力、就业力和流动性非常乐观，他们的质量将不会亚于普通大学毕业生。

四　新的人事政策

要把上海电视大学建成亚太地区开放大学的典型，最终将依赖于有创新和活力的教师和职工队伍。为此，必须要制定包括以下方面的新的人事政策：鼓励上海电视大学的专职教师和兼职教师、老年教师和青年教师、国内教师和外籍教师的合理组合；建立面向所有教师和职工的创新奖励制度。比如：对教学、研究、管理和后勤部门等人员在经过研究的基础上有创新行为的人员实行奖励政策；把定期的培训、更新知识和技能作为一项常规工作，以使上海电视大学本身成为一个学习和思考的组织。

五　建立联系网络的新策略

上海电视大学建立联系网络的新策略可以包括：

1. 与学校聘任的国外顾问、荣誉教授和兼职教授保持联系，通过电子邮件和会议等使他们了解上海电视大学的任何重大的发展变化及其面临的挑战，使他们对上海电视大学的工作保持持续的思考，并提出建议。

2. 与发达国家或发展中国家的一些同行在中国文化、语言、文学、转轨经济、商业和投资等具有优势的领域扩大开展合作办学项目。

3. 牢记向国内外的一些后进的兄弟学校等提供上海电视大学力所能及的技术援助，把它作为在全球化和地球村时代建立联系网络的一个重要方面。

4. 各个系、部门、机构都有一个、两个或三个外语熟练、能够从事国际交流和国际化办学的骨干。对这些人才，政府和上海电视大学对他们的培训和参与国内外会议应采取一些特殊的政策。

这是一个梦还是一个可以实现的目标？

我完全有信心相信，这是一个上海电视大学可以实现的目标。理由如下：

1. 上海现在以浦东开发而闻名世界。那么，上海为什么不应该在其向地区和国际经济、贸易和金融中心的转变过程中，以其开放大学而闻名？上海电视大学已经在成千上万的上海市民计算机应用能力培训和国际通用财会培训中起了不可替代的作用。上海电视大学完全有理由在其成为地区中心的努力中，得到中央和地方政府的有力支持。事实上，上海远程教育集团和高等教育共同体的组建正是上海市委和市政府推动和支持的结果。现在的问题是，上海电视大学如何在远程教育集团和高等教育共同体的组建中，扮演更积极主动的角色。

2. 上海市政府对教育系统和学校改革的强有力的协调是取得这一目标的基本保证。这是社会主义市场经济的比较优势，也是人类社会能否较为顺利地从工业时代迈向信息和知识时代的前提条件。

3. 上海电视大学已经在确立其全国典型的过程中奠定了坚实的基础，同时在过去的40年尤其是近10年中培养和造就了一支思想开放、富有创新精神的教师和领导队伍。要成为地区的典型也许就差一步，当然这一步并不容易，因为这一步是迈向地区和世界一流的一步，是每个普通大学和开放大学都梦寐以求的一步。

（载《开放教育研究》2000年第3期）

向全球化和知识经济过渡中的成人教育

一　全球化和知识经济中的决定性因素

全球化和生物、信息技术等革命和电子商务的出现，正急速地改变着人类活动诸多方面的衡量标准。在这一快速到来的新的社会形态里，起主导作用的将不是工业社会中的资本和原料，农业社会中的土地和权力，而是全球性的技能、国际理解、新技术、信息、知识和智慧。地球村已不再是一个梦想。在交通、国际化的生产分工、贸易、人员交流和思想、知识的传播等方面，已经是一个现实。我不想以越来越多的地区化集团为例，如欧盟、东盟、北美自由贸易区等，只想以世界 4 万家跨国公司为例，它们的产品占全世界的 40%，贸易占世界的 60%，直接投资占 70%，境外投资占 90%，科研开发活动占 80%。它们不承认任何国界或者谁是它们的祖国。在任何地方，只要具备便宜且教育、技术素质高的劳动力，有合适的投资环境，就是它们投资、生产的场所。这一社会形态对人的素质提出了全新的要求，向现存教育制度提出了严峻的挑战。

所谓的全球化技能包括计算机技能、一到两门甚至三门语言技能，对他国文化、历史、政治和各种所谓国际游戏规则的了解。你如果到过阿拉伯联合酋长国的迪拜机场，就会发现该机场的所有服务性工作几乎都是由菲律宾女孩占领的，而不是中国人、泰国人或印度尼西亚人，因为菲律宾人英语口语一般水平要高一些、对外国文化比较开放，这种技能使他们在劳务出口中略胜一筹。

同样，技能和知识的某些方面的优势，可以大大提高一个国家的国际竞争力和地位。印度的平均国民所得不及中国一半，是世界上的穷国之一，但印度是当今世界上发展中国家中唯一一个向发达的北美和西欧出口软件的大国。在美国，印度人只占全美移民人口的 2.7%，但却取得美国每年发放的技术工作签证的 20%，硅谷 1/3 的工程师职位，7% 的高级管理阶层的工作，以至于美国人戏说当今硅谷已充满了"咖喱味"。在美国的印度人声称，他们在美工作已不再遭遇"玻璃小鞋"。印度人公开的秘密是，他们不仅有五所国立工学院、管理学院可以和美国麻省理工学院媲美，印度工程师的英语口笔头能力和对外国文化的了解，都优于不少国家同类人员。这是当今印度软件技术人员成为各发达国家人才竞争热门对象的重要优势和重要原因。

教育程度和知识水平也可造成不同地区的重大差别。今年 3 月在葡萄牙里斯本召开的欧洲首脑会议承认，西欧在新经济方面落后于美国 10 年。无独有偶的是，当人们察看美国和西欧高等教育大众化进程时，美国跨进大众化门槛（18 岁至 22 岁进入大学的比例超过这一年龄段的 15%）为 1955 年，西欧则为 1965 年，也落后了 10 年。这两个 10 年差距是否纯属偶然？很值得人们研究与深思。

二　各国当今教育制度面临的挑战

全球化的知识经济必然要求建立一个能向所有人提供终身教育的学习型社会，这里，应当是任何人，可以在任何时候、任何地方学习想学习的任何东西。这是各国教育新的未来，是 20 世纪 70 年代早期法国前总理富尔主持的和 90 年代中期由前欧共体主席戴勒尔主持的两个教科文组织教育委员会得出的共同结论，也是目前发达国家正致力于实现的目标。同样，这也应当成为所有发展中国家和地区的目标。

如果一个发展中国家想要缩小与发达国家不断扩大的差距，首要任务就是要实现人人接受基础教育，培养一支有技能、有知识、有头脑的劳动力队伍，这样才能生产出有竞争力的产品。遗憾的是，10 年前在泰国宗迪恩确定的到 2000 年实施全民教育的目标并没有实现。2000 年 4 月，在塞内加尔召开的世界教育大会又将这一目标推迟到了 2015 年实现。

国际上对于高等教育的看法和氛围正在改变。教科文组织 1998 年召开的世界高等教育大会，吸引了共 183 个会员国 150 多名部长、5000 人参加，就是一个例证。会议宣言明确提出，高等教育应向一切有能力接受高等教育的人开放，并且高等教育体系和制度要开放、灵活，使人们进出方便。这要求高等教育不仅要大众化、普及化，而且要多样化，要开放、灵活，要进行彻底的革新和改革。经合组织认为，高等教育乃"人生必经之地，必备之经历"，并于1998年将其高等教育普及化的标准，即适龄人口入学率从50%提高到80%。戴勒尔认为，大学应向所有人开放。如果这是一个乌托邦，他认为这是一个必要的乌托邦。

有趣的是，世界银行在今年2月份新发表的《发展中国家的高等教育》报告里，修正了其过去的观点，即"投资小学教育，其个人和社会回报率都高于投资高等教育"，并提出了一系列重要观点，例如：没有一个更多更好的高等教育，发展中国家很难从知识经济中得益；如果现在不重视高等教育，那么将来所付出的代价要大大高于现在应当增加的投资；等等。应当说，这是人们对高等教育功能认识的重要的观念方面的转变。

同样，无论发达国家还是发展中国家，都发现现行教育体制是一个封闭、分割，只管人生的部分和以考试为中心的制度，它不能适应全球化知识经济的要求，并面临严峻挑战。未来新的教育体系，包括成人教育应当而且必须具备开放、联网、灵活、终身和提高人的综合素质为中心等特点。

三　面临新的环境和挑战的成人教育

在人类向全球化知识经济过渡的进程中，成人教育既面临着严峻挑战，又面临着难得的机遇。

1. 技能、技术和知识的快速发展，呼唤成人教育发挥其战略作用。且看各代英特尔技术主导市场的周期越来越短：

386	4 年
486	3 年
奔腾	2 年
奔腾 PRO	1 年
奔腾 Ⅱ	6 个月
奔腾 Ⅲ	3 个月

当今人们的职业生涯，已经成为与快速发展的技能、技术和知识的一

场竞赛。有效、及时、有针对性的成人教育，是帮助人们在这场竞赛中取胜的必要条件。

2. 劳动就业市场的急剧变化要求成人教育适应新的形势。

就业机会越来越多地从第一产业向第二产业，从第二产业向第三产业转移，从国营部门向私营部门转移，从全日制向部分时间制及短期工、转包工转移，职业的稳定性、安全性正在减少，技术要求不高的工作在减少；要求掌握计算机技能、复杂 IT 技能的岗位在增加等等，都说明成人教育愈来愈重要，要求成人教育的内容、教学方式、管理必须及时进行调整与革新。

3. 未来社会对人的综合素质提出了新的要求，也向成人教育的内容、课程和师资质量提出了新的挑战。

我认为人的综合素质可分为三个层次：

（1）基础层次：健康的体能和情感，这是适应日益增长的压力、紧张、竞争的必备条件；学会和掌握一切必要的技能，包括计算机技能、使用一切电子工具的技能、一到两门外语的技能和驾驶技能等；具备基本能力，包括获取、识别、储存、加工、开发信息的能力。核心能力是把信息变成知识、把知识变成智慧的能力。

（2）信息、知识、智慧层次：通才教育思想将愈来愈占上风。三年前欧洲工业家与大学校长圆桌会议的报告中甚至提出大学不再分科，建议所有学生掌握人文、社科、自然科学和技术的基本知识，向社会提供全面素质较高、可塑性较强、适应性较强的"半成品"。有知识的人不一定有智慧，因为智慧要求人们具备想象力、创新、创业和冒险精神等素质。

（3）伦理道德层次：克隆羊的诞生已使人的批量生产未来在技术上成为可能；一个中学生黑客的袭击，可以摧毁一个国家或地区金融甚至防卫系统，这些都可能给人类的传统价值观和社会安定提出新的挑战。各国伦理道德教育包括成人教育都必须面对这些挑战，提出新的要求、新的内容。

面对快速到来的全球化知识经济的新环境，成人教育应把自己看成整个教育网络、链条和体系的有机组成部分；向所有人提供终身教育的学习社会中的最具革命性的部分；教育体系中某种意义上的消防队和帮助成人缩小技能、技术和知识差距的必经之路。

成人教育要发挥上述作用，关键在于：要使自己具备开放化、网络化、终身化、需求推动、针对性强等特点；城镇地区在逐步将网上培训纳入成人教育的同时，仍应积极使用一切现有的教育技术，并制定既有前瞻性又切实可行的综合使用各种教育技术的战略。

参考文献

1.《到美国来》，《时代杂志》2000 年 3 月 27 日。

2. 王梦奎：《新世纪的世界经济》，《光明日报》2000 年 3 月 30 日。

3.《发展中国家的高等教育》，世界银行 2000 年 2 月出版。

4.《世界高等教育宣言》，教科文组织 1998 年 10 月巴黎出版。

5. 王一兵：《高等教育改革——国际趋势分析》，泰国朱拉隆功大学 2000 年 6 月出版。

6.《经合组织一九九八年教育政策》，1998 年 10 月巴黎出版。

（载《开放教育研究》2000 年第 5 期，《澳门成人教育》2000 年 10 月转载）

更新观念，发展远程教育

　　21 世纪将是人类社会向全球化知识经济过渡的世纪，也将是各国教育体系、模式、内容和管理发生重大变革，向开放式、网络化、终身化和以普遍提高人的素质和基本能力为中心的学习型社会过渡的世纪。无论发展中国家或发达国家，谁能较快地建立起这样一个学习社会，谁就最终会在这一过渡中走到前列。无疑，开放、灵活的现代远程教育是现有教育体系中最能适应这一时代要求，在革新和改革现存的和建立新型教育体系、模式的过程中最具活力和潜力的部分，必将越来越多地得到各国政府和国际社会的重视。

　　远程教育能否在这一进程中发挥革命性作用，除了政府的政策引导和必要经费支持外，至少取决于以下两点：

　　一、从事远程教育的人尤其是领导人，要有新的观念、新的思路，要认识到现存教育体系面临的挑战和现代远程教育的潜力，及时发现"新大陆"，即一切被传统教育体系忽略而又为建立终身教育体系和学习型社会所必需的空间，发挥现代远程教育开放、灵活的优势，勇于试验、探索，作出自己的贡献。

　　二、技术尤其是现代信息交流技术开发和使用的战略。没有各种适用技术尤其是现代信息交流技术的武装，远程教育就如一只没有翅膀的大鹏。把各种现有适用技术与现代信息交流技术因时因地有机结合起来，充分发挥其潜力并适时提升其水平，富有前瞻性，是制定一个成功的技术开发和使用战略的关键。

　　21 世纪也将是一个"重新洗牌"的世纪。观念新、看得远、敢探索的远程教育工作者必将走在时代的前列。

（《开放教育研究》2001 年第 1 期刊头词）

大学自主与大学法人化的新诉求

——全球化知识经济带来的挑战

　　20世纪，高等教育在世界范围内最大变化之一是：随着20世纪中期以来高等教育大众化进程的开始和加速，积累了数百年的大学象牙塔传统被打破，传统意义上的大学自主与法人地位遭到严重冲击与挑战，大学处于被动防守地位。怀念大学象牙塔传统的大学校长、教授们的竭力抵制，从未间断的保卫大学自主与法人地位的呼吁，都没有也不可能阻挡这一潮流。耐人寻味的是，自20世纪后期开始，维护大学自主权与法人地位的诉求与声浪渐渐高涨起来，在过去几十年中以立法、拨款、政策等手段打破大学象牙塔传统并对大学取得了诸多控制权以后，今日的政府又面临日益增加的对大学"放权"（Deregulation）的压力。1982年，美国卡内基教学促进基金会发表了一份题为"高等教育管理"的调查报告。报告分析了美国历史上主要是20世纪以来美国高等教育管理体制、政府、市场、行会与大学关系的演变历程以后指出，大学穷于应付各种官僚机构提出的形形色色的要求而难以自拔，自主决策空间甚微，也得不到鼓励。虽然这种趋势还要继续，但报告认为，管理学校的主动权、自主权应回归学校。联合国教科文组织在其1995年发表的高等教育政策文件中，在1997年11月第二十九届代表大会通过的《关于大学教师地位的公约》和《一九九八年世界高等教育大会宣言》中都呼吁各国政府维护大学自主权力和法人地位。国际大学协会在世界高等教育大会召开前夕发表了《学术自由、大学自主和社会责任》的声明，并受教科文组织委托成立了工作组，准备起草一份有关维护大学自主权力的国际公约。在一系列国际会议上，大学自主与大学法人地位一次又一次成为来自发达市场经济国家和向市场经济转型国家大学校长、教授们共同感兴趣的话题。中国早在10年前就在《教育发展纲要》中明确提出"要把高等学校办成独立自主办学的法人实体"，大学校长们则翘首以盼这一天的到来。在各国高等教育体制改革中，如何厘清大学自主、政府调控、市场调节和社会参与的互动关系与界限，经常成为政策制定者指导高等教育改革面临的一项进退两难、极富争议的难题。因此，探讨和了解大学自主和法人地位的基本内涵、变化，后期大学自主与大学法人化新诉求出现的背景、趋势与面临的挑战，是正确指导高等教育改革尤其是管理体制改革的必要条件之一。本文试图从国际比较的视角，对这一问题作初步探讨，以供决策者参考。

一 大学自主与大学法人化的本意与理想模式

西方流行的大学自主与大学法人化的本意是，大学应当免受政府的直接干预，依照法律独立处理办学事务，如确定学校机构、财务管理、创收、招聘教职员工、课程与专业设置和对学生要求，教学与研究自由。这种自主权应当通过议会为建立一所大学所通过的特定的学校章程即法律予以确立，并被大学和政府共同遵循，非经议会同意，政府和大学无权更改。认为只有这样，大学探究真理、创造和传播知识、客观公正的社会批判等功能才能得以维护。

康奈尔大学前教务长麦尔德·C. 纳斯罕（Malde C. Nesheim）最近描述了一幅大学自主的理想模式。他认为，大学自主的理想模式应当是：

1. 大学受校董会领导。校董会选择校长，审查预算，批准校长推荐的终身教授和教师职称提升，批准学校院长和大学行政人员，批准学校重要组织机构变动、监督和审计学校财务。

2. 教务长、副校长由校长任命，有任期。行政职务不实行终身制，按表现决定是否续任，多数应为有业务经历者。

3. 院长应任命而非选举产生，对校长或教务长负责。院长有任期，校长有权予以解雇，任命院长应通过招聘委员会，并征询教授意见；续任应经过评估。

4. 系主任由院长任命。任期3—5年，院长可予以解雇，系主任负责领导全系，管理资源分配、工资奖励和行政事务。

5. 教师是学校的核心，应通过广泛招聘予以雇用，最好不是本校毕业生。理想的教师任用制度应当是全日制，工资优厚，使其不必再从事第二职业。对教师要求应当明确。终身合同只有经过6年以上使用考核方可考虑。

6. 学校收入多元化：学费、公共拨款、基金收益、医学院门诊收入、个人及公司赠款、研究课题收入、来自校内产业（宿舍、食堂、书店等）收入、继续教育收入、专利和颁证收入等。

7. 通过谈判协商按年度确定预算，使学校行政有最大限度灵活性。按学生人数和所得学分分配预算，易于管理，但灵活性欠缺，并要求税收体系提供中央拨款；与其低学费（实际上补助了富裕家庭子女），还不如高学费而对来自贫困家庭学生实行补助。

8. 学校教师有自由探索、评估同行、选择学生的权利。

纳斯罕不否认，在其大学自主的理想模式里，大学同样应当承担起应尽的社会责任，如对学术负责、对学生负责、对国家和社会负责，并通过诸如董事会这样的机构接受社会监督。纳斯罕也承认，大学自主的后果之一，可能是公共财政支持的减少，或者说，期望公共财政支持的同时，期望保持大学的完全自主是不现实的，因为：公共财政拨款是面对诸多项目竞争所作的一种政治选择，学校使用经费时必须遵循；学费可由政府确定；学校创收要上缴；学校不得不接受一定中介、缓冲机构的间接控制。

国际大学协会工作组在其按协议向教科文组织提交的有关起草一份学术自由与大学自主公约文件的必要性、可行性及所含内容的报告里明确指出："简而言之，所谓大学自主就是要创造条件，使高等学校不受外来干扰管理自己的事务。不过，这仅仅是理论，在实际生活中，没有一个高等教育体系是完全不受外界控制的。而且，大学自主的概念本身也不是一成不变的。事实上，大学与政府、与社会的边界划分是常被重新界定和修改的，接受新的边界划分成为大学自主得以继续的必要代价。"可以说，这段话精辟、准确地概括了现代意义上，大学自诞生以来几百年中，大学捍卫其自主权，大学与教会、与皇室、与政府、与社会关系演变的整个历史。

二　大学自主与大学法人地位在过去一个世纪的变化

20 世纪发生的第二次世界大战结束以后的 20 年左右时间内，诸多因素促成了史称西方发达国家高等教育发展的"黄金时期"，这些因素包括：战后经济增长的需求与推动；民权运动高涨；教育民主化口号深入人心；人力资本理论的勃兴及战后形成的东西方两大阵营之间竞争的需要等。这一时期西方发达国家高等教育发展的最显著特点是：高等教育从精英教育向大众化发展；高等教育机构打破了大学一枝独秀局面，向多样化方向发展；为保证接受高等教育机会平等，政府拨款大量增加，与此同时，政府对高等教育的干预与控制也日益加强，市场调节与社会参与的功能渗透进来，并最终形成了高校、政府、市场和社会四个部分相互依存、相互促进并相互制约的运行机制。直至今天，这一机制仍无重大变化。这一过程，既是新机制建立的过程，也是大学象牙塔传统瓦解、传统意义上的大学自主和大学法人地位越来越多地受到政府、市场和社会制约，并在新的机制中重新定位，寻求活力与发展的过程。无疑，在这一新的机制建立过程中，政府起了决定性的主导作用。政府的主要手段包括：

通过立法，规定高等教育的政治方向，要它服务于本国国防建设、经济发展、社会公平的目标。如美国 1944 年的《退伍军人权利法》、1958年的《国防教育法》、1965 年的《高等教育法》、1978 年的《中等收入家庭学生资助法》等，都一方面规定了联邦政府向学校的大量拨款，又规定学校必须接受这些拨款的各种条件，接受政府的各种干预、管理与监督。

通过大量投资，确定高等教育发展的战略重点，制定教育发展战略规划，协调高教发展总体规模、速度与布局。无论美国与西欧，所有拨款都附有明确的政治、教育和社会目标，对专业设置、招生数量、对象、奖学金和贷款政策、教职员人数编制、要求等作出明确规定。

政府改革拨款方式，运用市场手段、引进竞争，迫使学校改变为学术而学术的象牙塔传统，面向社会需求办学。例如，国家助学金与贷款，随符合条件的学生流动，学生选择学校即所谓"用脚投票"，使学校直接面对市场竞争；科研和设置新的专业的经费分配，不再按比例逐校分配，而采取招标竞争的办法。

通过立法，对董事会的组成作出规定或政府直接参与董事会。与此同时，鼓励社会力量参与和监督高等学校运行。这些力量包括社会名流、雇主、工会、行会、家长、学生等几部分人。他们以各种方式参加学校董事会、评议会、审议会、拨款委员会、质量评估、职业资格认可等，参与并监督学校重大政策、规划的制定、教育教学管理，保证学校教育不脱离社会需要。

在这样一个机制中，学校一方面获得巨额拨款，在教育民主化口号、经济和科技发展、市场机制激励与推动下，经历了发展的"黄金时期"，同时又面临国家越来越多的宏观与微观两个层次的控制，市场竞争的压力和威胁，教育民主化和社会参与浪潮的冲击与牵制，科学与技术发展日新月异的挑战，处于多面夹击，多方掣肘之中。学校的唯一出路就是在压力、推力和引力中求生存、求变革，在变革中求发展。大学的自主权越来越小，即使在最传统的教学和科研领域，外界直接和间接控制的触角也伸了进来，大学里教什么和如何教是教授的权力的信条已受到挑战。对于占高校绝大多数的主要依靠国家拨款生存的公立学校来说，学校的自主权在一定意义上意味着或只剩下执行权、实施权和一定的应变的权力和能力。可以说，传统意义上的大学自治与维护这一自治权力的法人地位，实质上几乎荡然无存。

当然，西方各国国情不一，虽然几乎都经历了这样一个阶段，但发展过程、各种手段使用程度、具体机制、效果、影响又不一样。这里，不妨以英国和美国为例，稍加说明。

众所周知，英国有世界上最古老、最负盛名的大学，因而也是大学象牙塔传统最浓厚、最具代表性的地方。二战以后，随着英国殖民体系的迅速瓦解，英国为了挽救其日渐式微的"日不落帝国"的地位，所采取的措施之一就是加速高等教育发展，但大学满足不了这一需要。而且，大学根深蒂固的学术自主的象牙塔传统，很难按政府要求适应劳动市场与经济发展大量需要的培养职业和专业人员的要求，政府也不可能短期内改变这种状况。因而，接受了著名的罗宾森报告的建议，首创开放大学，建立大量工业专科学院，人为地建立起所谓高等教育"双重体制"，引进了体制内的竞争。与此同时，在过去的15年里，逐步改变大学拨款委员会人员组成，增加工商界代表成分和发言权；变革大学拨款办法，首先从五年一次性整笔拨款，大学自主使用这一最符合大学象牙塔办学模式需要的拨款方式，改变成目前使用的年度拨款，并迫使大学通过项目竞标取得拨款的方式；三年前，又将经历了二三十年发展，由地方当局拨款，但无独立授予学位能力的，在大学眼中为二等公民的多科技术学院，提升为大学，统一由大学基金委员会拨款，从而结束了英国20世纪第二次世界大战后高等教育发展历史上出现的所谓"双重体制"。通过以上这些措施，较彻底地破坏了英国大学中根深蒂固的象牙塔传统。

美国高等教育从 1637 年建立哈佛学院开始，继承了波罗尼亚、牛津和巴黎大学的大学自治和法人传统。后来建立的公立大学也取得了"公共法人"地位。历史上，联邦高等法院 1819 年通过达特茅斯学院案裁决，不少州法院，如密西根最高法院 1850 年对密西根大学地位裁决，伊里诺斯州立最高法院 1943 年关于州立大学的学院公共法人地位的裁决，都坚定地捍卫了大学自主权与法人地位。如果说英国政府是通过建立"双重体制"、改革拨款制度等办法，有意识地削弱英国大学传统的自治和法人观念和地位，美国高等学校的传统意义上的自主与法人地位则是在不断遭到国会、联邦政府、州政府和专业行会的蚕食中受到严重削弱的。

美国公立高等学校学生数从 1950 年的 110 万发展到 1980 年的 900万，州政府起了主要作用，其财政拨款从 1950 年的 4.9 亿美元增加到 1980 年的 176 亿美元，同时对州立高等学校的控制也日益加强。在 1982年，除三个州外皆成立了州一级高等教育管理机构，进行"协调"。在 60年代末，38 个州通过或起草了总体规划，对学校专业、课程设置、招生人数、学校编制、预算与支出，进行控制和监督。"美国大学各学院再也不是人们认为的完全自立的机构，而是成了全州的一个单位而已"（前述卡内基报告 39 页）。

联邦政府通过拨款执行复员军人法（1956 年止，55 亿美元），高等教育（机会均等）法（1981 年 1 年即 60 亿美元），尤其是对大学科研的资助从 1940 年的 4000 万美元增加到 1953 年的 1.38 亿美元和 1979 年的 34 亿美元，对本来属于学校自主范围的招生、专业、课程设置、学校管理、财务运行、科研安排、知识产权、学术自由、向政府及时提供执行报告等提出了明确要求和规定。否则，即使是哈佛大学，同样可以受到撤销政府拨款的警告。

美国国会通过民权法（1964 年）及其后来通过的修正案等（1972年），规定任何取得联邦政府资助的专业、课程，在招聘职员和招生时，不得有种族、肤色的歧视。国会 1974 年一项法律修正案还授予学生控制个人学校文档的权利。

教什么和如何教是大学自主的核心之一，但经过教育部批准的 51 个专业性行会，由于通过州政府掌握着发放专业开业执照的大权，对学校工、医、法等专业设置、课程结构、师资资格，甚至教学时数、课程长短、师生比例、人员变动都作出明确要求，并要学校遵循。曾经支持专业性行会介入的巴芙罗大学前校长 Capen 后来感叹道：今日美国大学究竟是要从学校章程和国家法律出发，按照校董会和管理人员的最好判断办学，还是任由专业性行会的竞争性讹诈主导？

美国联邦和州两级政府、国会和州议会、专业性行会对高等学校尤其是公立大学的干预和控制，一方面打破了大学的象牙塔传统，同时也使学校应当保留的自主权与法人地位受到了严重限制和削弱。以宾州为例，州政府控制着大学 1000 美元以上采购，所有合同，所有具有公务员身份人员的管理，电话费，计算机修理、咨询费，超过 2000 美元的酬谢。州政府还监督学校课程计划、规划、学费、财政补助项目的联邦赠款。这种多头干预和控制所造成的负担，也使学校不堪负荷。1980 年，纽约州立大学巴芙罗分校就接受了 18 个机构的分别认可，其保健科学中心还另加了 6 个机构认可。加利福尼亚大学一年要向 32 个联邦政府机构提交 229 份不同的报告。这种状况使得卡内基教学促进基金会的报告（1982 年）认为，"当今美国，真正有自主权的学校已不是普遍现象，而是例外"。

在这一时期，发展中国家的高等教育也在不同程度上有所发展。众多刚刚取得独立的发展中国家开始建立本国的第一所大学，构建本国的高等教育体系。不幸的是，发展中国家，尤其是新独立的发展中国家的办学思想和办学模式几乎都是从西方或宗主国传承而来的，教师和主要管理人员几乎清一色地由西方或原宗主国培养。因而，毫无例外地甚至完美无缺地引进了象牙塔传统。更具有讽刺意味的是，当宗主国的教育制度经历了发展与深刻变革，大学象牙塔传统已几乎荡然无存之后，相当一部分发展中国家大学的象牙塔传统，却几乎没有受到触动，大学教师对校园以外发展兴趣缺乏，大学教育严重脱离本国发展需要，政府在维护大学自治和法人地位的理论与传统面前难有作为。当英国为了打破大学象牙塔传统，在过去 20 年中已将其拨款机制改革得面目全非时，南亚地区的印度、巴基斯坦、孟加拉国、斯里兰卡和尼泊尔，过去从英国照搬过来的大学拨款机制，仍然原封未动，甚至名称也未变动。如果比较一下印度 1985 年建立的 Pondechery 中央大学和 1923 年建立的 Madras 大学学校章程，人们会发现，在办学思想和管理模式方面，两校几乎完全一样。这些国家高等学校管理体制上面临的众多挑战，各国在打破大学象牙塔传统上鲜有作为，就是一例。

也有一部分发展中国家，在坚持和尊重大学自主和法人地位的口号，保留校董会等形式之下，通过立法、拨款和直接干预，如教育部长直接参加校董会或由教育部长任命大学校董会或部分校董会成员，使大学实际享有的自主权大大削弱，使不少大学甚至认为它们从身份、拨款方式、经费使用、教师招聘、管理、待遇上看，已经成为"政府的一部分"。

在社会主义国家，高等教育成为计划经济体制的一个组成部分，学校没有自主权，也无法人地位这一说。20世纪后期实行改革开放的国家，如何建立高等教育新的运行机制，逐步增加高等学校的自主权，明确学校的法人地位，仍是一个在继续探索而尚未解决的问题。一些改变了社会政治制度的原社会主义国家高等学校有迹象向另一个极端发展，大学要求的是保证学术自由、学校自治与法人地位，实际建立或恢复起来的，可能是旧日的象牙塔传统。可喜的是，这一现象已经引起有识之士的反思。

三　全球化知识经济带来的挑战

大学发展的历史说明，大学既是新思想、新知识的发源地，有时也可能成为维护旧传统的堡垒。众多大学校长、教授对于传统意义上的大学自主和法人地位的丧失，接受政府干预、市场选择与竞争、社会参与，多为"逼上梁山"，对象牙塔传统的怀念，从维护象牙塔传统出发的抗争从未停止。本文重新提出大学自主与法人地位的诉求，并非为维护大学象牙塔传统，而是在对20世纪打破大学象牙塔传统过程中建立起来的新机制进行反思的基础上，着重探讨快速到来的全球化知识经济对大学自主与法人地位带来的新挑战，提出的新诉求。这一挑战与诉求越来越明显地集中在以下四个方面：

1. 快速到来的知识经济的一个基本特征是：知识在人类生产活动和社会发展中，越来越起主导作用；培养和争夺掌握新知识、新技术、新技能、新思想的人，成为市场竞争的重要焦点；新知识、新技术的出现与陈旧不断加速；新知识、新技术被应用于生产、生活的周期越来越短；与此同时，产业和就业结构的调整，各种职业尤其是新型职业对人的知识和技术素养的要求越来越高，已迫使人人包括教授权威成为终身学习者；用人部门重视的是要招聘的新员工的适应、学习和开拓的能力与基本知识、技术素养，而不是已掌握的知识量的多少。这些变化对学校确立的现行的甚至传统培养目标、专业、课程设置、教材内容、教育教学方式，包括政府在这些方面对学校的干预和控制是否合理，提出了新的严峻的挑战。学校则面临日益增长的压力，要求其根据知识、技术和经济、社会的发展变化，革新教育、教学思想，即时调整专业结构、课程设置、教学内容和方法。学校如果没有以上几个方面的必要自主权，并通过其法人地位加以保证，学校可能因此失去应变的活力，所培养毕业生在劳动力市场上可能没有竞争力，学校在未来的教育市场竞争上将处于越来越被动的地位，甚至终有一日被淘汰出局。事实上，意识到这一挑战的不少国家已通过拨款不与专业设置挂钩等改革措施，或重新确立学校法人自主权范围，将以上权力重新授予学校。政府比较主动、灵活的影响专业、课程设置的方式，应当是通过拨款改革，实行竞争招标的方式，保证国家希望保证的重点专业，其余专业增减、课程设置等，由学校自主决定。同时，国家则通过某些政策措施、评估、审计、要求学校备案等手段进行监督。

2. 在快速到来的知识经济与知识社会中，新的知识、新的技术，甚至新的思想、"点子"，都可成为商品。创新和传播新知识、新思想，传统上被认为是大学的主要功能之一。在新的知识经济和知识社会中，这一观念必将得到扩展，即大学应当拥有必要的自主权，不仅应当创造和传播新的知识，而且可以利用自己掌握的知识、技术参与市场竞争，直接创造财富，达到为自身发展和为社会服务的双重目的，从社会边缘走到社会的中心。

中国的校办企业是中国长期坚持教育与生产劳动相结合和国家实行改革开放战略的产物，即使在 10 年前仍为西方大学校长、教授们无法理解，认为这是"不务正业"，将使大学商业化；国办大学参与商业竞争是不公平竞争，为市场经济所不容等。经过近 20 年的实践与探索，实行"所有权与管理权分开"，新形势带来的诸多问题正在逐步得到解决，必将走上健康发展的轨道。我认为，学校坚持正常的有选择的勤工俭学和校办产业，不仅在相当长阶段缓和了很多学校发展所面临的经费短缺状况，带动了学校面向社会办学，有助于培养学生动手能力、接触生产和社会实际及造就新型人才，而且对于开创全球化知识经济时代学校和大学办学的新的模式是一个重要的探索。带来和不断出现一些新问题是任何探索中的正常现象，因此轻易否定这种探索是短视行为。我相信，中国高等教育改革的这一亮点，如能继续探索下去，必将逐步得到国际高等教育界的承认，并将为推动世界高等教育的改革创新作出贡献。可以预言，随着知识在经济发展中的主导作用的增强，各国限制高等学校出于探索新的办学模式，有选择地直接参与、从事某些生产、经济活动的种种理论、政策和规定，必将逐步被打破。事实上，马来西亚1996年开始的大学法人化（即通过议会修订大学章程，重新界定大学法人地位）的改革，泰国1998年通过的新教育法确定"2002年使所有公立大学成为自治法人"的目标，日本最近确定的2003年所有国立、公立大学都要成为"独立行政法人"的改革方向，都包括固定国家对大学的投资，同时允许和要求大学从事独立法人所允许从事的各种活动，包括一些商业活动，以解决学校发展所需要的经费问题，并推动学校面向社会办学。不幸的是，这些国家在这方面皆刚刚起步，并且都不可避免地遭到了相当多数教授们的抵制，步履十分艰难。

3. 全球化知识经济的兴起，同工业化等人类历史上任何重大社会变迁一样，既会带来福音，也必将经历阵痛。挑战在于，无人可以阻挡这一趋势。世贸组织的成立，国际资本、商品流动的加速，国际上对知识、技术和人才的竞争的加剧，要求高等教育国际化，要求高等学校在国际交流方面有较多的自主权。新的信息和多媒体技术，尤其是因特网在教育领域越来越广泛的应用，使得信息、知识和思想在国际间的传播瞬间即可完成，跨越国界的网上教育活动猛增；海外办学、合作办学方兴未艾；学校间、不同国家大学间学分互换、学历相互承认成为地区与国际高等教育合作的热点；按照国际上通行的标准、模式改革课程设置、内容和建立质量保证体系，名牌大学跨越国界的强强联合成为时尚。与全球化知识经济相适应的高等教育国际化，不仅已经成为高等教育国际合作的热点，并且成为不少国家指导高等教育发展与改革的一个重要战略方向。当然，不同社会、政治制度的国家，接受和实施这一战略的目的、做法各不相同。英国教育和就业国务秘书勃朗吉特在2000年3月的一次讲话中预计，世界高等教育这块市场大饼每年可达3000亿美元，提出要利用英国的高等教育与英语语言优势，抢占更大份额。澳大利亚则明确提出高等教育也是出口商品的战略，其每年因此获得的外汇收益已仅次于对外贸易。一些发达国家甚至改革沿用多年的学位制度，以适应国际高等教育市场竞争的要求。例如：英国新建立了所谓学习二年的"基础学位"；德国从没有到最近新设立了学士、硕士学位；日本缩短了社会科学取得博士学位的时限，以适应国际高等教育市场竞争的要求。发展中国家高等教育国际化的当务之急，除了传统的派遣留学生和访问学者一般访问交流外，应当通过增加实行既请进来也走出去的战略，增加合作办学、海外办学，按国际上通行并能够接受的标准改革、革新课程，建立质量保障体系，积极参与学分、学位相互承认，并在这一进程中在各学科中培养一批业务强、外语好、通晓有关所谓国际游戏规则的高等教育国际化带头人，为最终能培养出不仅在本国，而且在地区和国际上都有一定竞争力的人才这一目标服务。为此，学校拥有在对外交流方面的必要的自主权，是实现这一目标同时也是使自身能主动参与世界市场竞争的必要条件。国家宜通过立法、拨款、评估、备案等手段，保证国家签订的有关高等教育双边和多边合作条约的实施，保证对重点学校、学科的支持，适当控制和干预学校与涉及政治、外交敏感国家、地区的交流，其余则应当逐步放开，并大幅减少行政程序，使学校取得参与并有效组织国际交流的自主权、参与国际竞争并培养出有国际竞争力人才的主动权。

4. 面临快速到来的全球化知识经济，大学能否成为创造、传播并在一定条件下直接使用新知识、新技术的中心，参与国内与国际市场竞争，在促进全球化知识经济形成与发展的同时，完成自身的革新与改革，很大程度上取决于学校行政领导和教师队伍的眼界与素质，取决于能否建立起留得住、用得好，又能保持队伍活力的教师和领导人员队伍，取决于学校是否拥有为达到这些目的而探索建立新的人事和管理制度的必要的自主权。不同类型、不同等级、不同地区和面临不同使命的高等学校，各有特色，也要求学校有根据自身特点，在政府的原则指导下，建立适合自己特点的人事和管理制度。在通过重新界定大学法人地位、改革高等教育拨款制度的国家中，如马来西亚、泰国、日本等，一般都采取核定拨款总额，由学校自定编制和决定人员招聘、待遇，泰国甚至取消了教师原来享有的公务员地位，教师工资不再和公务员等级工资标准挂钩。

四　发展趋势

以西方人喜欢用的钟摆原理来形容大学与政府的关系，如果说 20 世纪政府通过各种手段控制了大学，在政府干预与大学自主的互动中，钟摆是向政府方向移动，那么自 20 世纪最后一个 10 年开始，钟摆又开始向大学自主倾斜。可以预言，这一趋势将在 21 世纪持续下去。不过，这绝不是恢复大学象牙塔传统，而是在新的条件下赋予学校自主与法人地位新的内涵，建立新的规范。例如，在重新定位学校法人地位的马来西亚、日本等国家，一般都用"公司法人"（Corporate），而不是英文中其他较为中性的法人概念，如 Leagal entity 或 Judicial person 等，以赋予大学法人可以从事一切合法商业行为的明确含义，并同象牙塔传统的大学法人概念划清界限。

在新的世纪里，大学必将取得更大的自主权，将变得开放、灵活、主动、高效，能较好地适应快速多变的科技与经济、社会发展，逐步走向社会的中心；但与此同时，大学也将承担更重大的责任，面临更大的压力，受到更多的监督。英国、澳大利亚、泰国、日本在放松对大学的控制，允许大学自主使用国拨经费的同时，都纷纷建立全国性的质量评估体系和经费使用审计制度等，以保证大学对社会负责，这一趋势也将继续下去。

在新的世纪里，大学将成为知识经济的火车头和直接参与者、全球化的纽带、市场经济条件下社会公正与正义的维护者，以及社会文化和民族传统、特色的传承光大者。厘清大学与政府、与市场、与社会各自的功能、职责和关系，按照全球化知识经济的要求，重新界定大学法人地位的内涵，创新并建立相应的运行机制，是大学在向全球化知识经济过渡过程中成功地实现角色转换，并在这场重新洗牌中取得主动权的关键。

参考文献

1. University Autonomy：What is it all about? Malden C. Nesheim, http：//wwwunix. oit. umass. edu.

2. UNESCO Policy Paper for Change and Development in Higher Education, Paris, 1995.

3. UNESCO World Declaration and Priority Framework for Action. World Conference on Higher Education, Paris, 1998.

4. The Universal University, Federico Mayor, Higher Education Policy, 11/1998.

5. IAU WORKKNG DOCUMENT-ANALYSIS：The feasibility of an international instrument on academic freedom and university autonomy, http：//193. 242. 192. 2/ngo/iao/tfaf feasibility. Htmal.

6. The Carnegie Foundation for the Advancement of Teaching, The Control of the Campus, a Report of the Governance of Higher Education, Princeton University Press, 1982.

7. 王一兵:《发展、机制与困惑——西方市场经济国家 60 年代以来高等教育发展述评与比较》,中国卓越出版公司 1990 年版。

8. 王一兵:《高等教育国际化》,《上海高等教育研究》1999 年第 2 期。

9. Rt Hon David Blundett MP. Modernizing Higher Education—facing the Global Challenge, a speech 15th February 2000, DFEE, UK.

10. Rroceedings of the 1999 Six – Nation Presidents Summit in Hiroshima, HIHE International Seminar Reports, No. 11, March 2000, Hiroshima University.

11. Report of UGC Committee Towards New Educational Management, UGC, New Delhi, 1990.

（载《高等教育研究》2001 年第 5 期）

建立合理、公正、透明、权威的高等教育质量保证机制——质量保证的保证

——国外趋势和中国面临的战略选择

自20世纪90年代中期以来，可以说世界范围内兴起了一个高等教育质量保证的热潮。据来自2000年3月于"印度硅谷"班加罗尔举行的第六次世界高等教育质量保证大会的消息，世界上现在已经有120多个国家和地区建立了质量保证机构。联合国教科文组织建立了高等教育质量保证机构的国际网络（INQAAHE）并支持它组织了六次世界性大会。教科文组织在1998年召开的世界高等教育大会宣言第十一条中专门论述了质量问题，并于2000年9月与世行、欧盟等联合召开了全球化对高等教育质量影响的国际研讨会。一些地区政府、非政府组织如欧盟、亚太经合组织会议及各地区大学协会、专业协会等都把高等教育质量问题纳入重要议事日程。过去的三年中，国际上还通过了旨在提高质量、学分互换和学历相互认可为目的的华盛顿宣言和曼谷宣言。这一热潮可谓方兴未艾。了解和分析国际上这一趋势的背景、原因、启示，对于高等教育正处于数量上高速发展，合理、公正、透明、权威的质量保证机制尚未建立的中国来说，具有极其重要的借鉴意义。

一　质保热兴起的背景

10年中，全球范围内的高等教育质保热的兴起不是偶然的。影响、促进和推动这一进程的至少有以下因素：

（一）科学技术的快速发展加速了信息社会和知识社会的到来，对各个层次、各个行业的劳动力的素质都提出了新的要求，对工业化时代形成的教育制度、学校课程内容、教学方法、培养目标、管理模式、质量标准

等提出了严峻的挑战。它带来的结构性失业和劳动力市场上就业及对具备新素质的人才和劳动力的激烈竞争，不仅使决策者和学校的校长、教师重新思考学校培养目标和质量标准，而且也使越来越多的普通劳动者感受到教育、教育质量的重要性。

（二）经济全球化进程一方面加剧了世界范围内的对知识劳动者的竞争和与之相适应的对他国学历、文凭和学位的认可，对他国高等教育及其质量的关注；另一方面教育服务的提供、开拓世界高等教育市场的潜力本身，又将成为全球经济一体化进程的重要组成部分。质量，其标准和实践得到国际上认可的质量，是进入这一市场的钥匙和取胜关键。

（三）信息、知识社会的快速到来和经济全球化进程的加速使越来越多的发展中国家在基础教育尚未有量有质地加以普及、财力尚难承受的条件下把高等教育大众化提上了日程，从而不得不依靠私立高等教育和远程教育的发展实现数量扩张，造成了教育界自身和家长、学生和社会各界对质量下降的担心，政府和学校都必须对此作出反应，制定质量标准，建立和健全质量保证机制。

（四）信息交流技术尤其是因特网的广泛应用，使现行教育体系、模式、内容、管理和国际合作正在发生革命性变化。远程教育因此如虎添翼；网上教育方兴未艾，超越时空、国界轻而易举；传统大学纷纷上网，双模式运行，以求开放、灵活。如何控制和保证迅速发展的远程和网上教育的质量，很多方面仍然被视为一个新的领域。

二　建立合理、公正、透明和权威的质量保证机制——质量保证的保证

在 20 世纪 90 年代中期以来兴起的质保进程中，从发达国家的英国、澳大利亚、日本到发展中国家的印度、印度尼西亚、马来西亚、泰国，无不把重点首先放在建立覆盖全国的高等教育质量保证机制上。这并非是因为它们有共同的行动计划，它们在质保起始阶段把重点都放在建立质保机制上，恰恰反映了高等教育质量保证的复杂性和一些特殊而又共同的规律。

第一，高等教育质量保证的对象，不是定型、定格、定量的物质产品，而是人，是可塑性极强的年轻人；是成千上万但各具个性的人，是来

自不同背景的具有不同基础知识、能力、技能,已养成有自己特点的人格、品格、将去面对当前和未来快速变化社会的人。因此,对学校教育质量、对学校"产品"质量的评价,是一个极其复杂的过程,必然要求众多方面,包括社会的参与。

第二,质量评价的重要对象是教师和教师的工作。大学教师是社会上最有知识的群体,是各个学科领域的专家。他们对来自外行,包括来自上级行政部门对他们专业本身的评价都会不屑一顾,使他们信服并真正能在以后工作中加以改进的只能是由独立或中立机构组织、由同行来进行的公正、透明和权威的评价和评估。

第三,高等教育质量评估与保证的学术性、对学校周期性认可评估和对其各系、科的质量评估所带来的巨大的工作量,都是教育行政部门,即使最庞大的教育行政部门也是无法也不可能承担的。何况,几乎所有国家都在一波又一波精减行政部门人员,主管拥有上百所甚至上千所高等学校质量保证的往往只有几名官员。因此,要保证高等教育体系的质量,首先要建立起一个合理、公正、透明和权威的全国性的质量保证机制,便成为当务之急,成为质量保证的保证。

三　国外高等教育质量保证机制的一些共同特点

美国高校的质量评估和认可有较长的历史并有其特色,已为人们所熟知。本文将主要选择过去 10 年中在高等教育质量评估方面做得较多、变化较大的英国、澳大利亚、日本、泰国、马来西亚、印度尼西亚和印度作为参照,综合分析国外的一些趋势。这七个国家各有特点,也有相当的代表性。英、澳、日为发达国家。澳、日按 OECD 1998 年新设标准,已完成高等教育大众化目标,正在向普及化迈进。英国是大学象牙塔传统的故乡,又是在过去 30 年中在高校结构、拨款机制、质量评估等方面发生很大变化的国家,并对世界上很多国家尤其是英联邦国家产生了巨大影响。澳大利亚则是西方市场经济国家,尤其是实行联邦体制的发达国家中在过去的 20 年中成功进行了高等教育结构调整、大规模并校、重新收取学费、尝试各种评估机制和做法等方面的改革和革新,这些都是其他西方发达国家想为而不敢为或想为而难为的事情。第二类国家为东盟的泰、马、印尼三个所谓新型发展中国家,高等教育在过去的 10 年中已先后进入大众化阶段，质量保证问题提上日程不久。印度为又一类，一个发展中大国，自称拥有世界上除美国以外最庞大的高等教育体系。印度继承了英国象牙塔传统、有至今仍变化不大的 256 所大学，所谓大学"挂靠"学院在过去的 10 年中，成倍膨胀，现在已达 10750 所，引起社会各界人士对质量问题的严重关切。从管理体制看，这七个国家又可分为两类：泰、马、印尼、日可谓政府直接控制和管理大学，虽然大学形式上也是所谓自治机构。英、澳、印则是国家通过特定缓冲机构而不是直接管理和控制学校。这些国家国情各异，高等教育发展的程度、水平、结构、传统、管理诸多方面皆有其自身特点，但当人们考察它们过去 10 年中建立的国家质量保证机制时却发现它们有着惊人的相似之处。研究它们的这些共同点，发现和参考一些反映普遍规律的东西，对于中国建立起自己的合理、公正、透明和权威的高等教育质量保证机制，有重要的现实意义。这些共同点包括：

1. 国家高等教育质量评估机构的独立、自治性质。这些机构无论是由国家专门立法建立（如马来西亚、泰国、印度尼西亚、日本），或由有关大学管理自治机构建立、衍生（如印度、英国、澳大利亚），也不论经费上尤其是人头费是否由政府补贴或者部分董事会成员由政府直接任命，皆明定为独立、自治机构，即质量评估标准制定、评估方式和评估结果的发表，皆不受政府的直接干预和控制。

2. 经费来源。评估活动费用，一般皆由被评估学校承担。人头和办公费用，印度、印度尼西亚、泰国、马亚西亚、日本皆由政府补助，英国则由所有高校分摊。

3. 领导和人员结构、素质。一般皆成立一个董事会或理事会作为决策机构，印度（高等学校）评价和认可理事会下还设有一个执委会，决定日常但重大问题。决策机构成员一般为著名教育家、校长和少量工商界代表或社会名流。澳大利亚新近成立的将从今年（2001 年）开始对大学进行为期五年的学术审计的机构——澳大利亚大学质量署，其 11 名理事会成员中，5 名由大学校长们选举，其中 4 名来自自治性大学，1 名来自非自治大学；2 名由联邦教育部长和 3 名由州教育部长提名，再加该署署长。办事机构主要负责质量评估、评价和审计的规划、组织、资料收集、对有关人员进行培训、结果发布等事务。人员都较为精干，从几人（澳大利亚）到几十人（马来西亚）不等，但专业人员必须素质较高。这种决策机构、人员组成和素质，是保证质保机构的权威性的重要条件之一。

4. 各国质量评估、评价和学术审计过程、步骤。各国在这一方面大同小异，基本指导思想则惊人的一致，即整个过程的最终目的是促使学校练好提高和保证质量的"内功"。无论是对整个学校工作进行评估，还是对某一专业、课程进行评估，一般第一步皆为要求学校或有关系、科提出自我评估报告，包括学校或学科本身质量保证的机制及运行状况。第二步为组织或同有关学校、系科协商后组织同行专家队伍，在研读学校或系科提交的报告基础上，甚至还就评估指导思想、方法、指标体系及其运用等方面进行一定培训以后，赴实地考察、查核。第三步为准备评审报告。这一步中一个重要特点是，报告稿定稿前要呈送被评学校提出意见，合理者加以吸收；否则，可将学校保留意见附上。最后一步几乎都是正式公布评审报告。一些国家要求所有学校皆必须参加（英、澳、日、泰），一些则实行所谓自愿原则，或者在自愿名义下通过各种手段迫使学校接受评估（印度、马来西来、印度尼西亚）。

5. 评估类型与周期。一般有两类，对整个学校的运行、管理、质保机制、成果、问题进行认可性评估和对某一专业、课程进行质量评估。评估周期和认可有效期一般为五年（澳、日、泰），也有三年（马、印尼）或六年（印）的。

6. 评估等级划分和结果使用。对新设课程、专业、学校的评估一般为认可性质的评估，评估结论为达到最起码质量标准者，将是行政部门批准这些课程开设、学校开办的基础（马、印尼）。对于现有学校运行和课程、专业质量的分层评估，印尼分为优秀、良好、满意三个等级，印度就七项评估内容经权重折算按 100 打分。75 分以上为 A，75—65 分为 B，65—55 分为 C，55—45 分为 D，45 分以下为 E，报告除分数等级外还要附上质的方面的评价。评审报告结果尤其是对所评学校打分、分层甚至排队的结果的公布，关系到被评学校的声誉和前途；对于行政决策部门来说，则是一个监控和促进高等教育质量提高、促进国家高等教育在数量和质量两方面平衡发展的重要杠杆和取得对某些学校、学科进行重点投资建设依据的重要途径之一，这也可能是各国热衷于高等教育质量评估的根本目的之一。正因为如此，也极富争议甚至反复。围绕评估结果使用的核心问题是，要否和如何奖励优秀者，要否和如何与拨款挂钩，要否和如何"处罚"不及格者。英国的 QAA 明确宣示，其六年一期的评估对"成功者"将无直接的财政奖赏，所得"好处"是 QAA 的"少光顾"允诺，即在未来的六年里同行评估和学校自查可大量减少；自查报告不实者，同行的光顾和评估相应增加。澳大利亚 1993—1995 年期间，在对学校进行排名的同时，制定了明确的拨款奖赏制度，取得学校评估分层六层中最高层次的学校，将获得相当于拨款总额 3% 的额外奖赏。由于这种全国大小学校统一分层引起的反响太大，尤其是大大挫伤了中下层次学校的积极性，也影响了澳的教育声誉和出口，后来这种排名和奖惩已不再继续。印度尼西亚通过两种手段使用评估结果。一是认可有效期上的差异。得优、好等级者认可有效期为五年，得满意者只有三年。二是学校如希望提高等级，并有实际行动改进者可申请再评估。对于不被认可者，给予三年宽限改进期，并可再进行三次评估，如仍无改进，政府则可令其关门或停办相关专业、课程。

虽因国情不同，各国高等教育质量保证机制中仍有众多差异且各具特色，但仍不能发现其共同特征，即国家通过立法、拨款资助建立或扶持一个独立、自治的机构，由该机构以促进学校建立质保机制和自评为主要目的，制定标准、要求、计划，组织和培训同行专家对学校和专业、课程进行外部评估，利用评估报告和结果，保证和推动高等教育质量，为政府决策提供较为准确和科学的依据。这种机制有利于增强人们对质量评价、评估和学术审计活动的客观、公正、公平、透明并具有一定权威性的信心，又使政府既可通过立法、拨款、批准和任命评估机构部分决策组成人员等保留自己的主导、监督、奖惩的作用，又摆脱了自己不可能承担也承担不好的一项战略任务。

四　中国面临的挑战和战略选择

中国终于在 20 世纪的最后一年驶入了高等教育发展的快车道。这是中国经济持续高速发展的必然要求，也是中国在快速到来的信息、知识经济和经济全球化时代欲跻身于强国之林的必经之道。现在面临的挑战是，数量大幅扩张的同时如果没有质量的保障和相应提高，它带来的问题最终将再次制约着数量的发展，从而也达不到数量扩张的根本目的，影响中国强国梦的实现。1000 多所民办学校，正在扩张的远程和网上教育固然引起人们对其质量的关注，即使是进入"211"工程的学校和少数以建设世界一流大学为目标的学校，建立按照所在层次理应达到的、与其取得的投资相称的质量、质量保证和认可机制，也仍然是一个挑战。更重要的是，中国还没有来得及参照"国际游戏规则"建立起一个合理、公正、公平、透明和权威的高等教育质量保证机制，作为质量保证的保证。这种被动状况，不仅使政府穷于应付层出不穷的质量问题和社会各界对质量问题的关心和质疑。而且，也影响中国高等教育的总体质量在国际上得到认可，加速中国高等教育的国际化进程。为此本人提出如下建议供决策者参考：

1. 应当说，在高等教育质量评估机制方面，中国尚未走出计划经济时代的基本框架，即仍然由政府主导并直接制定标准，规划和组织评估活动。一方面，高等教育体系变得越来越庞大，结构越来越复杂，数量高速扩张后提出的质量问题越来越多，与此同时，政府机构精简，具体管理质量问题的官员所剩无几，无法也无力承担起直接组织全国上千所公立学校和上千所私立学校的评审、认可工作。改变这种被动状况的唯一出路在转变其职能，把政府工作重点转移到建立一个合理、公正、公平、透明和权威的高等教育质量评估、认可的机制上来，并通过立法、拨款奖惩，参与独立评审机构决策、任命部分评审机构决策人员等手段，主导和影响评估进程。应当争取在三到五年内达成这一目标，完成这一转换。

2. 建立独立、自治的专门评估、认可机构。其独立、自治地位应通过立法或国务院行政令的形式予以保证。它应当有权在有关法律指导下确定评估标准，有权选择和培训评估专家并建档，有权在系统评估后独立作出自己的结论，不受行政干扰。其决策机构——理事会的组成、选择和任命，秘书处少量专业人员的素质要求和聘用，它的工作程序、规范、作风，都必须有利于人们对其合理、公正、公平、透明和权威树立信心。目前中国尚无真正独立的中介评估机构，一些专业性学会目前的状况恐难承担起专业性评估的责任。应当允许专业性的中介评估机构出现。经过国家评价、认可机构的认可，可在其指导下参与和完成特定的评估任务。应从实力较强的高等学校高教研究院所，有合适人选的专业学会、社会团体中培养、衍生出一些专业评估机构，成为这一机制的组成部分。

3. 建立分层、多元评估体系。中国的国情和近年来的发展与改革造成并促进了中国高等教育在投资主体、办学模式、体系结构、培养目标、质量标准等方面，越来越向多元、多层次发展，任何单一的或一统的标准都不可能奏效。评估体系的建立，必须从这一现实出发。其方案有二：一是坚持建立一个全国统一的独立、自治评估、认可机构，下设几个分委员会，针对不同学校群体组织评估、认可。二是针对不同学校群体建立的评估认可机构可皆为平行的独立、自治机构。我认为前者更易于协调，但分委员会应当有相对独立性。建议按以下五个学校群体来建立评价、认可分委员会。

（1）5—10所接受国家巨额资助、以办成世界一流为目标的大学，应由国内和国外的专家，甚至以国外专家为主建立评估专家组进行评估。首先进行办学评估，再逐步进行专业、课程评估。聘请国际知名专家进行评估是国际上名校的一个通常做法。也只有通过这种评估，才能真正找到自己在世界上的位置，明确具体的奋斗目标，同时也将在这一进程中逐步并最终得到认可。与其探讨众说纷纭的、抽象的何谓世界一流大学并以此确定奋斗目标，不如从聘请国际知名专家评价开始，并参照名家评估，有针对性提高办学水平和质量，更有利于人们不断具体确定和修正目标，增强办成世界一流大学的信心。也只有这样，才能使少数名校面临压力，其他学校服气，纳税人对这种因名校而给的巨额投资觉得币有所值。

（2）从投资力度，办学条件、水平和未来目标等角度衡量，部属院校和各省市"211"高校应为评价和认可的第二学校群体。这些学校几乎都是有相当实力和潜力的综合性大学或正向综合性大学发展，国家和地方政府都有相当大的投资，它们是中国高等教育的主干，应按这一特点确定评估目标、标准、规划和奖惩制度。在这些学校评价、认可的某些环节或领域，也可考虑吸收一定数量外国行家参与。

（3）中国几乎每个省都建立了一个比较完整的高等教育体系。这一层次学校的评价、认可，可考虑由各省建立相应的独立、自治评价、认可机构，在全国评价、认可机构指导下，对本身各类高校进行评价、认可；或者几省联合建立大区评价、认可机构进行。

（4）全国46所电大和众多的网络学院，是中国开放、远程教育群体，在服务对象、教与学模式、管理、技术依托与使用等方面，有其自身特点，应设立专门委员会，作为一个独立院校群体进行评估。

（5）私立高校发展迅速，目前达1200多所，是中国实现高等教育大众化的重要一翼，但面临着认可和信心危机，目前仅70多所获得认可。走出私立学校发展面临的困境的重要措施之一是尽快建立私立高校评价、认可专门机构，制定规划，诱导私立学校建立自我质保机制，确定努力目标，分期分批对其进行达到最起码标准的认可评价。

4. 制定相应规划、政策、重点。中国拥有世界上仅次于美国的真正规模庞大、结构复杂、多元的高等教育体系，要建立国际认可并实现这一质量保证机制的有序转换，必须制定出建立健全这一机制的分步实施规划，根据不同学校群体，确定出不同工作重点，同时对这一体系的分工、人员素质要求、招聘、培训，评估专家的条件、使用、待遇、评估收费、国家补助、评估结果发布及使用、奖惩等方面制定出明确的政策。

5. 校园评估文化的养成。没有人愿意被评估，被认为是掌握某门高深学问的大学教授、教师更是如此。评估无论在发达国家还是在发展中国家的大学里都是不受欢迎的事情。由于政府使用诸多杠杆和越来越大的社会压力迫使越来越多的学校不得不面对这一挑战，包括一些实行所谓自愿参与原则的国家，大势也是如此。从已有大量实践的国家的经验来看，除了评估是否合理、公正、透明，结论是否令人信服，奖惩是否适当、有益，是影响大学教师和管理人员接受评估的诸多因素外，如果评估带来的工作量太大或者缺乏规划，形形色色的评估对一个学校"轮番轰炸"，也会造成学校教师和管理人员对评估的反感。当然，学校的弄虚作假，评估人员自身不正，更应绝对防止，并通过制度创新来严格执行，建立评估信誉。总之，逐步形成学校、教师、管理人员重视自评，正确对待和配合校外同行进行评估的校园文化，是评价、认可工作能否顺利进行并达到预定目的的条件之一。

参考文献

1. Mechanism for Quality Assurance: the intersection of national and national and institutional perspectives on quality assurance in Higher Education – Standards, Mechnism and Mutual Recognition, 8 – 10 Nov. 2000, Bangkok, by Carole Webb, Head of Academic Administration, University of West of England, Bristol, United Kingdom.

2. National and Institutional Approaches to Quality Assurance in Australian Higher Education, Richard James, Quality Assurance for Higher Education in Asia and the Pacific, Published by UNESCO and SEAMEO RIHED, 1999.

3. Quality Assurance in Higher Education in India, Madan Mohan Jha, Quality Assurance for Higher Education in Asia and the Pacific, Published by UNESCO and SEAMEO RIHED, 1999.

4. Quality Assurance in Higher Education in Indonesia, Sujkadji Ranuwihardjo, Quality Assurance for Higher Education in Asia and the Pacific, Published by UNESCO and SEAMEO RIHED, 1999.

5. Quality Assurance in Higher Education in Malaysia, Mohamed bin Suleiman, Quality Assurance for Higher Education in Asia and the Pacific, Published by UNESCO and SEAMEO RIHED, 1999.

6. Country Report of United Kingdom by Cloud Yun Howlett – Bai, Recent Reform and Perspectives in Higher Education, Published by National Institute of Educational Research (NIER), Tokyo, 1998.

7. Australia's New Quality Assurance Model for Higher Education, paper at the 6th Biennial Conference of International Network for Quality Assurance Agencies in Higher Education, 19 – 22 March 2001, Bangalore, India, by Collen B. Liston, University Secretary, Cuirtin University of Technology, Perth, Western Australis.

8. New Quality Assurance System in Japan: What Should be done by the National Institute for Academic Degrees? Paper by Akira Tochi, Professor, National Institute for Academic Degrees and Akiyoshi ZYonezawa, Associate Professor, Research Institute for Higher Educatioh, Hiroshima University, Japan.

9. Quality Assurance in Higher Education in Thailand, Dr. Tong – In Wongsothorn, Quality Assurance for Higher Education in Asia and the Pacific, Published by UNESCO and SEAMEO RIHED, 1999.

10. Quality Assurance in Indian Higher Education: Lessons Learnt on Benchmarking by Dr. Antony Stella, Proceedings of the International Conference on Quality Assurance, in Higher Education – Standards, Mechnism and Mutual Recognition, 8 – 10 Nov. 2000, Bangkok, Published by Ministry of University Affairs, Thailand and UNESCO Bangkok Office, 2001.

11. 杨晓江、严正广等:《高等教育评估制度的改革和建设》,《中国高等教育评估》2001 年第 2 期。

（在中国高等教育学会 2001 年年会上的主题讲话，2001 年 5 月 24 日，武汉。载《高等教育研究》2002 年第 1 期,《新华文摘》2002 年第 5 期全文转载）

高等教育网络化现象浅析

——在中国现代远程教育国际研讨会上的主题演讲

随着高等教育大众化、国际化已经成为一个世界性的趋势，高等教育出现了网络化现象，并且近几年来的发展十分迅速。何谓高等教育网络化？它是否是一个值得注意的趋势？决策者和高等学校的领导人应当如何对待这一趋势？这些问题已引起人们的关注，很值得研究。本文仅就已经出现的现象作一些粗浅的探讨。

一　高等教育网络化现象的出现与加速

近几年来，国际上高等教育网络化有以下几种模式：

1. 传统大学向双元制模式过渡中的远程化、网络化战略。

信息社会、网络社会、知识社会和学习型社会的到来，人们终身学习需求的增长，以及工业化时期形成的封闭性教育体制的弊端，正在迫使教育决策者和学校管理者们加速教育改革和革新的进程，使教育体制和学校变得开放、灵活，满足人们随时随地都可能产生的各种各样的学习需求。这不仅促进了远程教育的发展和进一步开放，而且即使封闭的传统大学，包括处于教育宝塔顶部的精英大学，也面临着如何使自己变得开放、灵活的压力。下面，我仅举三例：

澳大利亚地广人稀，远程教育已有 100 多年的历史，到 20 世纪 70 年代，全国有七大远程教育中心，但 20 世纪 70 年代后期联邦政府发动的学校重组行动中，这七个远程教育中心皆合并到传统大学中去了，利用传统大学的师资、课程优势，教授同样的课程，颁发同样的学历文凭，同时又使传统大学变成双元体制，开放、灵活，较好地满足了人们日益增长的终身学习需求。我多年前曾在不同场合指出，澳高等教育这种普遍的双元制模式也许代表了高等教育发展的趋势。

美国哈佛大学，可谓世界级名校。它建立的夜校，实行开放招生，年招生量达13000人。它提供50门学科中的550门课程。其中，32门课程只通过网上提供。学生背景各种各样，有的已获得博士、硕士、学士、副学士学位，有的则什么学位也没有。大多数学生的目的是来学一到两门课程，学点新东西，或提高职业技能，也有的是来完成未竟学位课程。教师则大多来自哈佛本校，很多文理科教师所授课程同他们白天所授课程完全一样。

清华大学可谓中国的"麻省理工"，但近年来，远程教育、网上教育课程发展甚快。学校领导提出"一个主体，两个侧翼"，即办好其主干——"精英教育"，在创一流大学的同时，把促进科技产品转化、办好校办产业及通过开放式远程和网上教育，向社会提供更多、更好、更活的非学历、非学位的培训教育，作为学校发展和贡献社会的两翼。目前，学校已在全国除西藏外的所有省区建立了102个校外远程教育站，并使用因特网、数字卫星广播网和有线电视广播网相结合的传播形式，覆盖全国。网上已提供49门课程，其中研究生课程27门，专升本课程22门，注册研究生6434人，专升本2491人。清华大学还为中国西部注册学生实行专升本学费减半、研究生进修学费下浮30%政策，向着缩小中国东西部数字鸿沟的正确方向迈出了重要一步。

2. 校际、校企联合办学的新模式。

网络技术的快速发展，网络社会的到来，促进了高等学校之间和高等学校与企业之间通过网络化实现联合办学。美国的国家技术大学（The National Technological University，NTU）提供了一个极好的范例。NTU 1984年由美国科罗拉多州立大学工程系主任雷尔内·巴德温（Lionel Baldwin）教授提出并联合七所大学建立，后来发展到52所美国名牌大学加盟，其中包括一半来自全美排名前25名的工程院系，加盟NTU的还有美国200家大公司，其中包括IBM、惠普、摩托罗拉和众多的政府部门。1998年，NTU又同美国公共广播公司所属的提供教育和培训课程的商务和技术网络合并，组成NTU公司（NTUC），后于2000年11月改名为斯特迪斯学习释疑（Strates Learning Solutions），以强调其推行的远程、网上学习战略。Stratys每年提供20000小时以上课程，课程达1300多种，其中包括19门硕士学位课程、500门以上专业培训课程，其中200门以上课程或专业通过网上提供，几百门课程已制成光盘，200家以上著名大公司和政府机构已以此作为本公司和机构培训的主要基地。Stratys提供的学术和专业学科包括：化学工程、计算机工程、电子工程、工程管理、环境系统管理、信息系统、技术管理、制造系统工程、材料科学与工程、企业管理硕士、机械工程等，各种专业性培训进修课程更是多达66种。

Stratys将各种媒体技术有机结合起来使用，包括卫星、因特网、录像带和光盘。Stratys组成了一个庞大的网络，包括与学术单位的网络，与专业培训机构伙伴的网络，全州性网络，国际传销网络和组成网络的网络。

3. 高等学校跨国网络的发展与高等教育国际合作的新形式。

（1）学校自身推动与自愿组合。

学校自愿组合，通过网络，实行联合办学，已成为时尚。马来西亚有近100所新成立的私立高等学校，以此为战略，提高其授课质量、学校知名度和竞争力，改进学校管理，使学校文凭尽快在国内和国际上得到认可。1997年自愿联合组建的所谓大学法人社团21又是一个典型例子，它由来自10个国家的18所名牌大学，包括中国的北大、复旦、香港大学，加拿大的麦吉尔大学，英属哥伦比亚大学，美国的密西根大学、弗吉尼亚大学，英国的伯明翰大学、格拉斯哥大学、爱丁堡大学、诺丁汉大学，澳大利亚的墨尔本大学、昆士兰大学，新加坡的国立大学等，是一种典型的高等教育国际合作中的强强联合，借助其名牌实力、效益和质量保证机制，培养国际上认可的一流人才；增强其在国际高等教育市场上的竞争力；并通过和大公司的合作，探索建立全球性的网上大学。该集团由各国主要行政负责人和秘书处主任组成的董事会作为决策机构，每年举行一次会议。董事会闭会期间，由执委会授权秘书处主任处理日常事务。其秘书处设在澳大利亚墨尔本大学。前不久，该集团和汤姆森学习公司达成协议，由该公司出资5000万美元，合伙筹办全球网上大学（Globle University）。香港大学的生命和环境科学学院还和伯明翰大学的生态和生态多样化系达成协议，合办"生物多样化虚拟学院"。

（2）政府推动联网。

推动高等学校联网和网络化，成为一些国家政府促进高等学校之间合作办学，做到优势互补，避免重复浪费、提高教育、教学质量，建设和赶超世界一流大学的重要战略。

日本政府从 1995 年起，每年耗资几千万美元，通过卫星传输，建立了所谓的"空间合作体系"（Space Colaboration System，SCS），将全国 120 所国立、公立、私立大学和国立科研院所联网，以共享优秀教师讲课、信息、资料和各校举办的国际活动。

东盟各国由政府出面于 1997 年签署协议，除老挝仅有一所国立大学参加外，各国推荐两所著名大学，组成东南亚大学网络，拟通过网络，实现资源共享，制定共同质量标准，联合培养学生，促进师生交流。由新加坡政府推动，新加坡国立大学和南洋理工大学与美国麻省理工学院（MIT）组成了所谓"新麻联盟"（Singapore MIT Ailiance，SMA），共同培养硕士和博士研究生，为新加坡迈向知识社会培养未来的企业领导人。合作学科包括：微型和纳米系统的先进材料，工程系统中的高性能计算机，制造系统和材料革新，生物和化学系统分子工程和计算机科学。所有授课和学生研究辅导，都由新方的大学与麻省理工的教授共同制定、承担。师生网上交流，则是辅助麻省理工教授面授课程不足的主要手段。其间，学生还安排两周半时间到麻省理工直接聆听大公司的技术创新、创业陈述和由三校选出的教授的密集讲课，以亲身体验其学术和研究的氛围。学生一旦被录取，就取得奖学金。

（3）国际机构推动。

众多国际机构一方面认识到迅速扩大的"数字鸿沟"有可能严重威胁到人类社会的发展与安定，同时也看到了利用信息交流技术（ICT）缩小这一鸿沟的巨大潜力。并根据自身宗旨，纷纷制订在这一领域的行动计划。教科文组织作为联合国系统唯一的一个以促进各国间智力合作为宗旨的机构，更是责无旁贷。早在 1992 年，就提出和实行了一项"姐妹大学和 UNESCO 教席计划"。到目前为止，已在全世界建立了 400 个以上的跨国大学合作网络，100 多个国家的上千所高等学校成为各个学科网络的成员，更多的学校参与了这些网络的活动。由于经费限制等原因，虽然目前有些网络进展还不太令人满意，但这些网络的活动，促进了各国大学之间的了解和合作，并衍生了众多的双边和多边合作项目，包括利用网上进行合作的项目，为高等学校跨国合作及高等教育跨国网络的形成和发展，种下了无数的种子。

教科文组织的促进作用还体现在它促进签署的七个地区学位相互承认公约。高等教育跨国网络的发展，必然出现一个学分、学历、学位相互承认的问题，解决不好，将阻碍网络化进程。教科文组织通过执行这七个公约的一系列活动，促进了各国高等学校之间对不同国家高等教育制度、学位制度、学校认可制度、质量标准、评估，各国教育国际合作的政策、伙伴的相互了解，为解决网络化进程中学分、学历、学位相互承认的有关问题，不仅提供了法律框架，也提供了一个有益平台和氛围。

世界银行 1997 年推动建立的非洲虚拟大学（Africa Virtual University，AVU）是国际组织推动高等教育跨国网络形成的另一个典型例子。这一项目由世界银行提供资助，包括捐赠其淘汰下来的计算机，后来并逐步得到不少其他西方发达国家的各种形式的资助。它首先于 1997 年在肯尼亚的肯雅塔大学试点，现已扩大到非洲 12 个英语国家、7 个法语国家和 3 个葡语国家，25 个办学站点，学科领域包括因特网应用、电子线路、数学、物理、化学、统计等。课程一般由发达国家如美国、爱尔兰、加拿大等国的大学准备，通过卫星送到参与的非洲大学。欧盟也提供了相应的财政和技术资助。与此同时，发达国家为此协助建立了电子图书馆，免费提供 1700 种期刊。

二　高等教育网络化是否会成为一种必然趋势

基于以下四方面的理由，我认为答案应当是肯定的：

1. 信息社会、网络社会和知识社会正以比人们预期更快的速度日益贴近和融入我们的生产、学习和日常生活，改变着人们生产、学习、生活的内容和方式，创造着一种新型的文化。它们的到来必然衍生，或把社会改造成一个学习化社会，即每个人包括已经拿到了大学文凭的人，要在这些新的社会形态里求得生存和发展，都必须成为终身学习者，工业化时期形成的各种教育机构，包括以"培养精英"为目的的传统名牌大学，都不能不考虑这一庞大市场压力和需求，实行灵活、开放的办学政策，否则终有一天要处于被动位置。办学网络化则是实行这一政策的最佳形式。

2. 新的信息交流技术（ICT），已经并必将继续为高等教育网络化提供极佳的手段与平台，这也正是过去的 10 年中高等教育网络化进程迅速发展的重要背景和条件。正在研发中的纳米技术和人工智能技术，更是潜力巨大。当然，使用新技术的成本巨大，尤其是在起始阶段，并造成了各国间和一国内不同地区之间令人忧虑的"数字鸿沟"。但人们不可否认的事实是，随着科技的进步，使用新技术的成本同样在迅速下降。1970 年从波士顿传输 1 万亿比特信息到洛杉矶要花费 15 万美元，今天只要花 12 美分即可。毋庸争辩的事实是，这种趋势一直在继续，为人们最终使用具有巨大潜力的各种新技术，为更加便捷的网络化办学，提供了广阔、光明的前景。

3. 高等教育大众化以至普及化乃信息社会、网络社会和知识社会的必然要求和趋势，但实现这一目标的经费负担，即使发达国家，也感到难以胜任，对于基础教育尚未普及的发展中国家来说，更是不堪重负。因此，无论发达国家还是发展中国家，都在推行高等教育市场化战略，即缩减或稳定政府对高等教育的投资，同时运用市场手段，促进高校间的竞争，促进高校创收、降低成本、提高效益和效率。在这种背景下，越来越多的传统高等学校，在保持其"精英"特点的同时，实行开放办学，既满足社会上众多的新的而过去未予以重视的学习需求，同时又通过竞争扩大市场份额和收入。与兄弟院校联合办学，利用网络技术在本地区、本国甚至跨国设立众多办学网点，使办学网络化，则是适应高等教育市场化趋势和追求较多收入、较好成本效益的必然选择。

4. 经济全球化已经并将继续引起一些利益冲突，但其发展已势不可当。高等教育国际化趋势，应运而生，同时又借助于网络技术，进程在加快，各种网上学术合作项目，跨国跨地区校际网络如雨后春笋般建立。同时数字鸿沟的扩大已引起世界政治家们的关注，促进各国学校间的合作，包括通过网络进行合作，建立高等学校跨国网络，以加强发展中国家 IT 人才的培养，缩小这一差距，已经并将继续成为政治家们的战略。世界银行促进建立的非洲虚拟大学，教科文组织亚太地区教育局正在研讨中的湄公河地区虚拟大学，正是向这一方向发展的两个例子。我相信，在不远的将来，必将还有更多的这样的网络出现。

三　挑战与机遇

网络化不是目的。网络化的根本目的是利用现代信息交流技术，改革工业化时期建立起来的封闭僵化的办学体制，实行开放、灵活办学以适应快速到来的信息社会、网络社会、知识社会和学习型社会的要求，完成自身的改造。因此，如果说网络化只是一种手段，这将是一个具有战略意义的手段和巨大潜力的手段，关系到一个学校的未来，它既是挑战，又是机遇。能否抓住机遇，求得新的发展，主动迎接挑战，至少取决于以下几点：

1. 转变观念。

历史证明，大学既是新思想、新理论的发源地，保护、传承本民族、本国优秀文化的堡垒，又可能是守旧、维护过时传统和意识的中心。要实行网络化的开放、灵活的办学体制，适应快速到来的信息社会、网络社会、知识社会和学习型社会的要求，就必须改变工业化时期建立和积淀起来的一系列传统的、封闭的办学理念、质量观念、师生关系、学校管理、对外合作等方面的理念，树立开放、灵活、网络化、终身化和提高人的素质为中心的办学理念，没有决策者理念的转变，就不可能有高瞻远瞩的行动计划和行动；没有学校教授和管理者理念的转变，再好的行动计划也不可能得以实施，并得到预期效果。时代在变，行事标准在变，人们的生产、生活方式在变，为这一切变化服务的学校必须改变、早变，否则就必然落伍。

2. 学校应当制定明确的网络化办学的目标和战略。

设定目标和制定战略应至少考虑以下几点：

（1）适度超前战略。纳斯达克科技股泡沫的出现，并不是对科技潜力的否定，而是反映人们的预期过高，脱离了现实。这对学校设定学校网络化目标和制定战略有重要借鉴作用，即既要保持一定的超前意识，又不能脱离本校、本国、本地区的实际，只有适度超前，才能保证网络化的先进性，不断向既定目标滚动前进；只有从实际出发确定超前的速度、模式，才不至于因期望过高而受挫。

（2）技术应用。网络化离不开新信息交流技术的应用，离不开越来越依赖因特网的应用，但是，无论是来自发展中国家还是发达国家的实践均表明，这不意味着排斥现有的、任何尚实用的现存的技术，如书本、广播、电视、录音、录像带、光盘等多媒体，关键则在于如何把最先进的技术和现有各种仍在使用的媒体有机结合起来，满足学习社会中的上帝——学习者或教育消费者的需要，则是最根本的原则。中国提出的"天网、地网和人网的结合"，就是一个富有创意的技术应用战略。

（3）合作伙伴选择。高等教育网络化战略的实施，离不开在本地、本国甚至国外选择合适的合作伙伴。选择的标准应包括：看政治上、文化上是否有一定的共同语言，办学理念、课程结构、内容、质量标准，教学、交流语言使用、学分相互认可、技术使用等方面是否有合作基础和空间，最终通过网络化实现联合办学，以提高优势互补，提高双方教育教学质量和成本效益。

（4）办出特色。网络化办学是未来趋势，是很多学校的共同战略，学校之间的竞争已经并将日趋激烈。一个学校要想在竞争中取得优势，就必须在办学思想、课程设置、传授方式、网络和技术应用、网上授课、面授辅导以至于管理和收费等方面，皆办出自己的特色、强项。

3. 师资与课件——网络化办学成败关键。

网络化办学的核心在于通过办学网络化，把学校改造成适应学习型社会需要的，以开放、灵活为特点的新型教育机构，它要求学校教师和管理人员，不仅要改变观念，而且要掌握网上教与学的一切必要技能、能力和知识，要求有经过改革和革新了的适应终身学习需求的开放、灵活的课程、教材，并通过网络等手段使学生能方便地取得。这些课程只能由教师和技术专家组成的团队完成。这些课件不应当是传统学校课程的翻版和照搬网上。因此，网络化的教育实际上呼唤着新一代的教师和各种专业团队。加紧改革和革新师资培养、培训体系和内容，已成当务之急，并关系到高等教育网络化的成败。很多国家的实践说明，只要筹到了经费，网络化的硬件设施几年即可解决，培养或培训出适应这一新型办学方式的教师和管理人员，可能需要一到两代人的时间，不能不予以优先考虑。

参考文献

以下论文选自 2001 年 1 月 8 日由联合国教科文组织亚太教育局与华南师范大学在广州联合举办的网上教与学国际会议。

1. Lessons Learned in Managing USA Distance Learning Programs: A Case Study by Steven F. Schomberg, Ph. D.

2. Pundit: An Animated Pedagogical Agent in Web – based Intelligent Learning Environment for Digital System (WILEDS) (296 – f) by Kazi Sabbir Ahmed, Ashraf A. Kassim and Surendra Ranganath.

3. Virtual Lifelong Learning in the University of Tartu – Challenges for Teachers, Students and Managers by Aune Valk, Teet Seene.

4. On – line Education and Cross – Cultural Problems by Cary A. Duval.

5. E – Learning in Malaysia (275 – f) by Datuk Dr. Syed Othman Alhabshi.

6. Trends in Virtual Education in the United States: A Snapshot at the Transformation of Distance Education (238 – f) by The – yuan Wan, Ph. D.

7. A Comparative Analysis of Learning Experience in A Traditional vs. Virtual Classroom Setting by Rahim Ashkeboussi, Ph. D.

8. Maintaining Choice: Electronic University Education and Diversity by Jacqui Taylor and Dan Diaper.

9. Strategies for Future Collaborations IGNOU's Experiences by Pendyala P. Rao.

（在中国现代远程教育国际研讨会上的主题演讲，江西井冈山，2001 年 8 月 15 日，载华东师范大学《全球教育展望》2002 年第 1 期）

亚太地区发展中国家高等教育大众化面临的瓶颈和战略选择
——在厦门大学高等教育大众化政策和战略研讨会上的发言

按照马丁·特罗（MartinTraw）和后来 OECD 修正的定义①，亚太地区 44 个教科文组织会员国高等教育的发展大致分为三种状况。少数国家主要是发达国家，如澳大利亚、日本、新西兰、韩国及发展中国家菲律宾，正在接近或向高等教育普及化的目标前进。相当一部分发展中国家已经跨入高等教育大众化发展阶段的门槛，如阿塞拜疆、伊朗、哈萨克斯坦、蒙古、韩国、塔吉克斯坦、泰国、马来西亚、印度尼西亚、新加坡，多数国家，包括中国、印度、巴基斯坦、孟加拉国，这几个人口大国，除中国已制定了明确的大众化目标外，都面临着要否和如何实现高等教育大众化的严峻挑战。科学技术的飞速发展，信息社会和知识社会的快速到来，经济发展全球化的趋势和愈来愈激烈的国际竞争，使这些国家领导人面临着与日俱增的发展高等教育的压力和一系列瓶颈挑战。在过去的 10 年中，尤其是围绕教科文组织筹备和召开的世界高等教育大会前后的 5 年中，亚太地区发展中国家的决策者和教育家在发展高等教育的理念、战略、政策等诸方面，都有很大变化，并有许多新的做法。总结和交流这一方面的经验，有助于各国解决面临的一系列瓶颈。

---

① 马丁·特罗（MartinTraw）提出高等教育入学率占学龄人口年龄段 15% 以下为精英高等教育；15%—50% 为高等教育的大众化阶段；50% 以上为普及化阶段。OECD 1998 年高等教育改革政策文件正式提出高等教育普及化的门槛应为 80%。

一　理念的转变

高等教育办学理念正在世界范围内发生着深刻变化。随着工业化的实现，早已进入高等教育大众化阶段的发达国家正在从高等教育是为多数人向为所有人的理念转变。广大发展中国家工业化刚刚起步，正在或尚未迈入高等教育大众化阶段，便又面临着把高等教育从为少数精英转变成为多数人的挑战。戴勒尔认为大学应当是一个向所有人开放的地方。他说，如果这是一个乌托邦，那么这是一个必要的乌托邦。OECD 1998 年高教政策文件明确指出，高等教育是人生必经之路，必备之经历。甚至曾经明确提出投资小学教育的回报率明显高于投资高等教育的世界银行，在其2000 年正式发表的报告里也明确修正了自己的观点，指出发展中国家如果不能提供更多、更好的高等教育，它们将发现要从知识经济中获益会变得越来越困难，高等教育不再是奢侈品，而是一个国家社会和经济发展的必要条件。世界银行还警告发展中国家：高等教育带来的好处越来越明显，因高等教育落后而要付出的代价也会增长。在教科文组织于 1998 年在巴黎召开的有 183 个会员国近 5000 人参加的世界高等教育大会上通过的宣言中，把接受高等教育作为一个人的基本人权，提出高等学校应当向一切智力上合格的求学者平等开放，不得歧视。

不幸的是，由于传统观念的掣肘，基础教育还远远没有普及的现实，严峻的高校毕业生就业形势等，使相当多的发展中国家的决策者们虽然理解这一理念，但还没有接受这一理念，并用这一理念去制定相应的战略和政策。但是，也有越来越多的国家，如中国和东盟诸国，已经或正在制定相应的跨越式发展的战略和政策，使高等教育在过去的几年中呈现高速增长。

二　实现高等教育大众化道路的选择

选择什么道路来实现高等教育大众化，是高等教育大众化进程成败的关键之一。已经实现这一目标并正在向高等教育普及化目标前进的国家的实践表明，只有两条道路：一条是依靠国家提供近乎免费的高等教育，如澳大利亚、新西兰、新加坡，条件是国家有钱；一条是日本、韩国、菲律宾长期以来走过的和目前泰国、马来西亚等正在走的道路，主要依靠鼓励和发展私立高等教育实现高等教育大众化的目标。现在，这些国家私立学校在校生占全国大学生数均在75％—80％及以上。

过去的20年中，开放式远程教育的长足发展和信息技术的广泛应用，又为发展中国家实现高等教育大众化提供了第三条途径。据泰国大学部2000年统计，在泰国全国1103888名大学生中，两所开放大学就有606350个学生，占全国学生数的55％。泰国快速发展的私立学校有在校生201555名，占全泰大学生数的18％。无疑，发展中国家实现高等教育大众化最大的瓶颈是教育经费十分有限，而有限经费又一般主要用于普及基础教育。但是，如果决策者能从以上三条道路中受到启发，制定出正确的总体战略，如集中国家有限财力办好一批国立大学，使它们成为主干，同时实行两翼放开，或下决心筹集并向世界银行和亚洲银行借贷，支持和发展私立高等教育和开放式远程教育，并以此作为实现高等教育大众化的重要途径，高等教育大众化在发展中国家中同样是可以起飞的。可喜的是，这已经成为中国、越南、印度、马来西亚、印度尼西亚等发展中国家实现高等教育大众化及高等教育一定程度的跨越式发展的重要战略。当然，也有部分国家，由于政治因素或学生运动的反对，无人敢言及发展私立教育，造成了穷国却提供免费高等教育，因而使高等教育只能始终停留在为少数人的精英阶段，无法向大众化目标前进。

三　经费紧张和经费渠道多样化

经费短缺、紧张是发展中国家高等教育大众化的最大瓶颈，因此经费渠道多样化已成为公认的出路，办法主要有二：一是征收和增加学费；二是通过所谓"私营化"和"法人化"，扩大学校自主权，允许学校从事过去不被允许的各种创收活动，包括出租学校设施和商业活动。在这两个方面，中国都做了不少尝试。而在南亚各国，由于政治因素和强大的学生运动的反对，或尚无人敢于，或从政治家们自身利益考虑愿意提出和实行这些政策措施。几年前，高等教育完全免费的斯里兰卡的一所大学的一位系主任曾主张收取学费，竟被游行学生打死。如果说，南亚各国对这一战略是想用而不敢用的话，东南亚诸国则是想为而难为。早在1995年，马来西亚就开始实行大学"法人化"（Corporatization），即要求学校修改学校章程，提出本校"法人化"发展规划，重新经议会批准以扩大学校自主权，允许学校决定和收取学费，从事创收、商业性活动，并要求学校的创收在一定期限达到学校经费的20%。泰国本着同样的指导思想，1999年通过新教育法，要把大学变成所谓的独立于行政官僚体系的自治法人，希望逐步减少或者至少不再增加国家投入，要求学校实现财务自主和独立。2001年，印度尼西亚已选定5所国立大学进行这一方面的试验。由于这些改革不仅触及了广大学生的利益，而且对教师的地位、收入和长期形成的工作方式及象牙塔传统，都有很大影响。例如：法人化后，泰国国立大学的教师将失去公务员地位和公务员所享受的各种特权；教师的收入有所增加，但面临的各种压力增加了。由于教师对这一改革缺乏热情，不少尚未法人化的学校又处于观望中，已经走出了这一步的学校则处于停滞状态。法人化后的马来西亚的国立大学有权确定征收的学费数额，但碍于种种因素，大学校长使用这一权限十分谨慎，学费实际增加很少。

高等教育既是准公共产品，又是一个个人投资和取得回报的领域。它的双重性决定了向个人收取一定费用是合理的。决策者们面临的挑战是，如何在这一过程中掌握好适度并坚持社会公平的原则，保证通过奖、贷学金和低息、方便、还贷不会成为一个严重负担的贷款制度，使一切学业上合格的大学生不致因经济原因失学。

四　数量增长与质量控制

数量增长总是带来人们对质量的担忧，这也是影响发展中国家高等教育大众化进程的一个瓶颈。相当多的人，尤其是持大学精英阶段的传统质量观的人，主张宁可停留在精英阶段，如果数量增长不能保证他们认为的"质量"的话。这里有两个问题必须回答：一是何谓质量；二是能否用高等教育精英阶段的传统的质量观来衡量大众化的高等教育质量。

质量首先是一个相对的观念，不同国家、不同类型的学校、专业和不同历史时期，不可能有同一的质量标准。大众化阶段高等教育办学主体和学生来源的多元化，办学模式、培养目标、教学手段、人才市场需求的多样化，决定了质量规格和标准的多样化和多层次。质量提高是一个漫长的积淀的过程，需要时间。正因为如此，在对新学校认可的过程中，或者在实施质量保证的起始阶段，人们只能先制定某些"最低"或"起点"标准。现在面临的挑战是，在过去的 10 年中，科学技术的飞速发展，信息社会和知识社会的加速到来，经济全球化进程的加快和竞争加剧，对高等学校培养人才的规格、质量提出了越来越多的新的要求，甚至对学校多年来通用的标准提出了挑战。当今用人单位当然希望大学毕业生掌握较多专业技能，但更希望他们具备深厚的知识基础，具备灵活性、适应性、可培训性和责任心、主动性等素质。欧洲企业家协会与大学校长联席会议（1996 年）甚至主张将来大学不分专业，让学生学好人文、社会、经济、科学和技术诸领域的基础知识，向用人单位提供优质"素材"。这样的毕业生经过短期培训，即可适应某一具体工作，且能较主动地适应就业市场和经济社会的快速变化。我认为，如果各个层次的高校，结合本校本专业的培养目标，都能使学生具备我列出的 21 世纪人的各种素质要素，这样的毕业生会具有极强的适应性、竞争力，不仅在本地、本国，即使到其他国家，以能力、素质而论，也不用担心找不到工作。因此，现在谈论高等教育大众化进程中的质量问题，必须首先看到质量标准和标尺的变化，树立新的适应高等教育大众化时代和已经变化了的社会要求的质量观。传统的质量观，不仅有碍高等教育大众化的进程，而且也可能误导其质量提高和质量保证。

高等教育质量保证远比商品生产的质量保证复杂得多。这不仅是因为这是人的培养，而且高等学校处于创造和传播知识、技术、技能的前沿，又有很强的学术自由和自治的传统，不可能通过政府的直接干预、监控解决高等教育的质量保证问题。因此，可以说在世界范围内，无论发达国家还是发展中国家，在近几年兴起的高等教育质保热中，各国首先做的一件事都是建立一个各方接受的、合理、公正、公平、透明和权威的高等教育质量保证运行机制。从英国新建立的"量保质证署"（Quality Assurance），澳大利亚的"大学质量署"（Australian Universities Quality Agency），日本的"国家学位研究院"（National Institute for Academic Degrees），到印度的全国评估与认可理事会（National Assessment and Accreditation Council，NAAC），马来西亚的国家认可委员会（National Accreditation Board，LAN），泰国的全国质量保证中心（National Quality Assurance Centre），都有以下三个共同特点：第一，国家主导而不是国家直接干预和组织质量保证中的各种具体的评估活动。国家通过立法建立一个独立、自治的机构，制定这一机制的"游戏规则"，规范其目的、目标、程序，利用手中的经费，直接或间接对评估、审计、认可的结果进行奖惩。第二，由政府认可或资助的或在社会上自然形成的有一定学术水平和声誉的各种学术中介团体、机构实施和组织不同类型学校和学科的具体评估、审计和认可活动。第三，鼓励和要求学校建立自我评价、评估的质保机制、制度，与外部评价、评估配合，保证学校的教育质量。政府机构在精简，同时高等教育大众化进程在加速后质量问题又必然引起学生、家长和全社会的关注。建立这样的机制，不仅有助于落实政府靠自身的直接干预、组织所无法完成的监管任务，调动社会中介机构和学校的积极性，而且保证了评价、评估和认可工作的客观性、公正性和一定的权威性。这也是众多国家近几年新建立的高等教育质量保证机制都具备以上共同特点的根本原因。这对尚未建立一个全国性质量保证运行机制的国家，尤其是对社会主义和原社会主义国家，具有重要的借鉴意义。

五   教师职业面临的挑战

高等教育大众化进程不仅要求教师量上的增加，而且21世纪高等教育大众化进程已经并将继续对教师的素质（知识、能力、技能）提出新的要求。要使学生通过几年的学习具备前述素质，教师就必须具备更高的素质，就必须通过进修、培训，完成角色的转换，从知识的垄断者，从以自我为中心、传授知识为中心，转变到学生学习的指导者和以学生为中心。对教师的要求不是降低了，而是更高了，它要求教师要有广博的知识，富有革新精神，能在面对科学技术、经济和社会快速发展、变化的环境中做好教学、科研和服务的全面能力和技能。要使高等教育大众化不致输送出一批又一批素质、能力、技能都不适应不断变化的劳务市场需求的求职者、失业者，而是一批又一批适应性强、可培训度高的有竞争力的求职者和创业者，必须培训、培养出新一代的教师队伍。完成这种转换，至少需要一到两代人的时间。

在对教师素质要求提高，教师面临着参与学校创收的压力的同时，人们发现相当多的国家，如泰国、印度尼西亚、马来西亚及日本的教师地位和收入受到经济改革或危机的负面影响，实际收入相对下降，教师不得不花更多的精力从事第二职业，很难再有精力从事教学改革、革新、科研；

而向信息社会、知识社会过渡中的大众化高等教育要求所有高校教师都必须不断通过进修、培训更新自己的知识和技能，并具备一定的科研能力、改革和革新教学、课程的能力。这是一个人们尚未予以足够重视的瓶颈和挑战。中国高校通过学校创收和国家提高教师工资收入等多种途径，成功地在较短时期内较大幅度地提高了教师的收入和社会地位的做法，是本地区在这一方面的亮点，对于众多发展中国家具有借鉴意义。

六　政府控制与学校自主的新诉求

当人类进入 21 世纪的时候，发展中国家高等教育大众化的进程与西方发达国家 20 世纪 50—70 年代经历大众化进程时比较，面临着新的环境、新的挑战和新的机遇。如果说众多西欧和北欧发达国家依靠国家大量增加的拨款实现了高等教育大众化的目标，发展中国家现在则必须实行办学主体和经费来源的多样化，其中包括：鼓励和要求学校创收；改革拨款制度，引进某些市场机制，让高校通过一定程度的竞争取得政府拨款；建立评估、评价、审计制度，促使学校改革和革新课程和教学，以适应快速变化的环境。这一切都要求学校享有必要的自主权，以便能及时、有效、能动地调整学校办学模式、专业及课程设置、人事政策、组织机构和经费使用，对社会要求的变化及时作出反应。政府过度的控制，将削弱高等学校应变的活力，阻碍高等学校的知识创新、传播和使用的进程，是 21 世纪高等教育大众化面临的又一瓶颈。因此，近年来本地区不少国家，如马来西亚、泰国、印度尼西亚及日本，产生了新一轮高校法人化现象，并具有相当多的共同点。一方面，国家通过新的立法如泰国 1999 年通过的教育法，由学校修改自己的章程，经议会批准，重新界定学校的法人地位和自主权；另一方面，则让国立、公立高校脱离与政府的直接隶属关系，停止增加或逐步减少国家拨款，要求学校逐年增加其预算中自己创收和征收学费的比例。

这是一种新的尝试，新的趋势，新的潮流，并将对 21 世纪高等教育发展的诸多方面产生深远影响。这一进程在本地区部分国家还刚刚开始。从有限的实践来看，进展并不顺利。在一些地区，阻力主要来自大学的根深蒂固的象牙塔传统，如南亚诸国。这些国家的大学几乎清一色地继续了原宗主国——英国的象牙塔传统。不幸的是，当英国在过去的 20 年里为了打破大学的象牙塔传统进行了一系列改革，包括建立新型工业专科学院，创立双元体制，运行几载再进行并轨，在经费分配、学校科研、评估、管理等方面引进不少市场竞争机制，使象牙塔传统大大削弱时，而在南亚诸国，由于诸多原因，象牙塔的理念、传统和管理体制几乎没有任何实质变动，甚至当英国已几经改变其拨款机构名称和职能，南亚各国大学拨款机构（University Grants Committee，UGC）的名称仍沿用至今。更重要的是，大学教师对校园以外的变化不感兴趣，必要的改革和革新常常在维护大学自治与自主的名义下遭到抵制。东南亚的马、泰、印尼等国政府已有明确方针，但由于这些改革使学生、教师的某些利益受损，大学悠闲安逸的校园文化和大学教师传统的工作、生活方式受到冲击，实施中遭到抵制，步履艰难。本地区社会主义和原社会主义国家，学校自主，学校与国家的关系，与市场、社会互动的机制，仍然是处在艰难探索中的新课题。总之，根据21世纪的新形势重新界定大学与国家、市场、社会的关系，建立起四者相互制约又相互支持、激励的新的运行机制，以扩大大学的自主权，增强学校的应变能力与活力，是新时期发展中国家高等教育大众化成功的一个重要条件。

七　国际化战略与合作伙伴选择

21世纪发展中国家高等教育大众化进程面临的社会和国际环境，同发达国家开始推动这一进程的20世纪50—70年代相比，或者说同马丁·特罗提出这一阶段划分的时候相比，发生了巨大变化。用一句话说，就是时代变了，即人类已开始从工业化社会向网络化社会、信息社会和知识社会迈进，贸易、经济发展全球化趋势势不可当，资本、知识、技术、人才的竞争超越国界，愈演愈烈。虽然这一进程极度不平衡，并有可能造成不同地区、国家和社会阶层之间更大的鸿沟，但其对人类社会，尤其是对面向未来的教育事业发展的影响却已开始显现并难以估量，与此同时，新的信息交流技术的快速发展和超越地区与国界的广泛应用，为不同地区、国家高校的合作提供了快捷的手段和平台。因此，高等教育网络化、国际化，不仅有贸易、经济和国际范围内资金、知识、技术和人才竞争的强烈要求与推动，而且又具备了历史上从未有过的便捷条件，其势将不可阻挡。国际交流和国际化，不应当只是少数精英学校的专利，大众化的高等教育同样应当将其作为自己的一个重要战略，以适应时代的要求。

如前所述，发展中国家实现高等教育大众化目标，只靠国家办学是不可能的，鼓励和发展私立高等教育及开放式远程教育、网上教育乃必经之路，必用之道。如何尽快提高迅速崛起的私立学校和远程教育的质量是人们关注的焦点和成败关键。一些国家，如马来西亚、泰国允许和鼓励私立学校和远程教育实行与境外伙伴合作办学的事实说明，只要国家有明确的立法、政策和适当的管理，合作办学对于私立学校和远程教育较快、较好地提高质量、声誉，学习和改进学校管理，以至了解和掌握高等教育国际合作中的必要的游戏规则，提高高等教育国际化程度，最终能培养出不仅在本地区、本国，而且在国际上亦有一定竞争力的人才，都是有益的，甚至不失为一条捷径。如果说招商是为了引资，合作办学则是为了引智。引资引智，当相辅相成、相得益彰。当然，同经济发展中的开放政策一样，这里也会有，甚至面临更严峻的"打开窗子，进来苍蝇、蚊子"的挑战。20年的改革开放的实践说明，没有这个担心和设防，将带来预料不到的后果，因为担心苍蝇、蚊子进来而不实行符合时代潮流、要走强国之路不能不实行的开放政策，更是绝对不可取的。应当承认教育的特殊性，即它不仅是以知识、能力、技能武装人，还影响和疏导人的人格、性格、品格，这是引智和引资之间一个最大的差别，但教育是否应当特殊，答案应当是否定的。我认为关键在于明确的立法、恰当的管理及提升合作办学学校本身管理层的素质、能力、对高等教育国际游戏规则的了解和对本民族优秀文化的掌握和信心。通过各种形式的培训，及时总结经验教训，引智同引资一样，同样可以有骄人成就。

组织好有益、有意义的各个层次、各种形式的交流活动，选好合作伙伴，是合作办学乃至推行高等教育国际化成败的关键。选择伙伴应当从自身需要和可能出发，有明确的目的、目标和要求；要对对方特点、潜力、优势和可能带来的问题事先有较好的了解，要有一定的交流作为基础；要依靠可靠的中介机构，如政府，国际组织，如联合国教科文组织和长期在国外学习、工作的教师和学生；要做好必要的、充分的软硬件尤其是软件方面的准备，如领导层、管理层和教师的外事、外语、高教合作中的国际游戏规则等方面的培训、考核。对发达国家来说，经济全球化趋势无疑是机会大于挑战的潮流。在高等教育国际化的浪潮中，它们一般具有学术、语言、资金、人才、办学经验等方面的优势，参与高教国际化进程的动机亦多种多样：有的是为了出口教育，争夺市场；有的是为了扩大文化、宗教影响力；也有大量的是政府、国际或民间机构援助，或大学寻求学术上互补而实行的项目。趋利避险，选好合作项目和合作对象，才能使高等教育国际化向有利于发展中国家的方向发展。

（在厦门大学高等教育大众化的政策和战略研讨会上的发言，2001 年 9 月 22 日，载《东南学术》2002 年第 2 期）

关于我国国际职员培养和管理的建议书

尊敬的教科文组织全国委员会秘书长先生：

您好！

尊嘱就国际职员问题谈点想法，提几条建议，有的想法和建议也许宽了点或者超出了全委会甚至教育部的管理权限。如果有点用，仅供您参考。如果您觉得离题太远，请扔进纸篓。

我于 20 世纪 80 年代中期在中国常驻联合国教科文组织代表团做过几天国际职员的工作，1993 年以来作为教科文组织的职员已近 10 年，在不少场合也曾就这一问题发表过一些看法。您刚上任，马上关心这一重要问题并给我提供发表意见的机会，十分感谢。现将我的基本想法概括如下：

一 政府和国人拟从大局着眼看待国际职员问题

虽然参加联合国工作像在国内入党一样要宣誓忠于联合国，不能再忠于自己的国家。但人们都心知肚明，国际职员维系本国的情感，明里暗里维护本国利益的努力，是不会被宣誓割断的。因此，各会员国对此皆十分重视，千方百计选择和推荐本国人占据该组织的各种重要岗位。从一定意义上说并在一定条件下看，他们可以起到如下作用：

一是各国伸向管理全球村各个要害部门的触角和神经。每个国际职员尤其是专业技术人员，都掌握一定的可以或多或少影响一个国家或一个地区甚至全球的信息知识和资源，是各国了解各个领域动态发展和战略意图的不可替代的渠道，是每一个会员国的宝贵资源。

二是站在最前线维护国家利益的卫士。以我为例，我在多次国际会议上，在教科文的出版物上和文件中，据理避免了"两个中国"或"一中一台"的出现和争执，使这些影响国家政治利益、有可能影响中国与教科文组织关系、影响教科文组织的活动正常进行并经常颇费周折的问题在萌芽状态就较轻易地得到了解决，有效地维护了本国的也是教科文组织的立场、利益和形象，以使国际活动得以顺利进行。

三是本国形象和亲善大使。国际职员一年到头忙于出席无数次的大大小小的地区和国际的会议活动，范围大，曝光率高，接触面广。他们的知识、能力、文化素养、口才和风度，自觉或不自觉地在世人面前承担着其国家的形象大使的职责。

二 机制、培养和政策

要使国际职员或者说相当一部分国际职员能够起到以上作用，不是没有条件的。这些条件就是：

1. 建立有利于合格人才脱颖而出的比较公平和透明的竞争和选拔机制。中国人力资源丰富。关键是人事制度和机制要保证最合适的人有机会脱颖而出。建议：

——国际职员职位空缺和招聘应该在报纸杂志上公布。

——明确候选人条件要求，通过考试或面试竞争筛选。

——像教科文组织一样，建立有主管单位人事部门，甚至有监督机关参加的小型专家委员会进行评审，从竞争者中选出 3—6 人的候选人小名单，由有关部门领导定夺后参与教科文职位的竞争，并由政府全力支持。

2. 培养。

占领职位当然越重要越好。中国人似乎至今还没有人当过联合国及各专业机构的一把手。中国国际地位的迅速提升，中国在国际事务中越来越显现的独特作用，要求较快改变这一状况。教科文系统两位中国人（分别来自某中央科研机构和中央外事部门）就职高位的经历说明，取得高位不易，要保住高位更不易，核心是在竞争激烈、责任重大且众目睽睽的国际组织中占领高位的人必须具备占领高位的一系列必备素质，缺一不可。来自科研院所的这位科学家是高干，人品好、科学文化素养高，但是外语不过关，在就职时对国际组织运作和国际游戏规则知之甚少。来自外事机构的这位有长期国外留学、外事工作和与国际组织打交道的经历和经验，外语也可以说已过关，但缺乏领导和当一把手的魄力，缺乏在教科文的政治游戏格斗中较快适应和立足的能力，缺乏在大小会议场合面对会员国的各种质询从容应对的自信和技能。最后，他们都不得不从已经争得的高位上退下来，并都给中国和中国人的形象带来了一定的负面影响。通过竞争机制，就能发现具备各种素质的人才。当然，由于历史的局限性，我想当代中国具备这样全面素质的人才仍然是凤毛麟角。因此，有必要进行适当规划，长期培养。具体建议如下：

（1）全委会、常驻团和人事部门应搜集教科文组织重要岗位或者国家有兴趣的岗位及其任职人员的情况和资料，锁定一定数量的职位，遴选人才进行竞争。

（2）按锁定目标要求通过公开竞争，遴选一定数量的后备人才。

（3）对后备人才提供较多机遇，重点培养，例如：

——实行协理专家选派制度，由国家按照国内驻外人员待遇送到教科文有关组织工作 1 年、2 年或 3 年，既了解了教科文组织，教科文组织又了解了他。既为今后加入教科文工作提高了素质、知识、能力和经验，又使教科文组织招聘时易于接受。日本、韩国已实施多年此种制度。

——打破出国轮流和一年一次的限制，为培养对象提供较多的参加国际会议和参加培训的机会。

——在国内定期对后备人员组织一定的培训、讲座，并在此基础上对他们实行一定的考核、考察和淘汰制。

——放长线钓大鱼。瞄准某些重要领导职位的后备人员，拟另订专门方案。如到教科文任职几年，回国提拔重用一段时间后，再去争得更高职位。如此往返几次，重要领导职位必有望既拿得下又保得住。届时，必有中国人在联合国及其专业机构担当大任。

三　政策

对现任和未来的国际职员，应当从大处着眼，制定明确的政策。国际职员实际上取得了退休后在全球范围内的迁徙自由，向政府索求也不很多，因此国家政策重点应在争取人心。只要他们心系祖国，就能或多或少地起到前面提到的作用。

1. 工作上的配合与默契。

国际职员一方面要利用合法手段和用适当方法传递信息来维护其本国的利益，同时又要遵循忠于联合国、保持对本国和其他国家一律平等的原则和形象。政府在利用国际职员提供的资源时一般会考虑到保护和不至于伤及提供资源的国际职员，并在工作上给予他们适度的支持配合和默契。

2. 对国际职员提升、调动的适度支持。

具体一个国际职员的调动与提升，从理论和原则上讲是秘书处的内部事务，会员国不应干预。但教科文组织毕竟是政府间国际组织，现实生活中，会员国通过各种途径方式明的暗的干预本国任职职员的提升和调动比比皆是。如原亚太办从事职业技术教育的某位专家临退休提了一级、退休后延长 6 个月又提了一级，但其无任何突出政绩。没有其当时任教科文执行局主席的一位该国权威人士的干预是不可想象的。对国际职员的提升和调动尤其是对某些重要职位的提升和调动，用适当方式表示适度支持，不仅有利于取得重要职位，又毋庸置疑地拉近了国际职员与祖国的关系。

3. 和使领馆、常驻团的关系。

使领馆代表国家处在与国际职员打交道的第一线，过年过节的一些活动，由于种种原因，一些使领馆常常不知道把国际职员究竟划入哪一类型，是与外国人同乐，还是与华侨华人同乐，能否与使领馆和国内各部门驻外机构人员同乐，常常似有为难之处。有时干脆把他们划入"另册"，单独举行活动。活动也有，但在他们思想上却容易渐渐产生疏离感。我认为，应该明确规定使他们参与使领馆和国内各部门驻外机构人员、教师、留学生的集体活动。

4. 房子。

有些部委和单位实行国际职员一经录用便退掉房子"扫地出门"的政策。几十平方米甚至上百平方米的老房子，值不了多少钱，可通过适当政策议价解决。收回或不收回几套旧房对国家无伤大雅，但一经录用就"扫地出门"，却让这些国际职员在获得国际职位的同时，就立即在感情上与他们的国家产生了疏离，断了在祖国热土上的根，一加入国际组织便要现实地考虑在国外购房和定居问题。我认为，"扫地出门"的政策弊远大于利。两年多以前人事部、国家计委和外交部制定的关于国际职员购房的政策比较合适和公平，亦很具体，如能得到贯彻，将有助于这一问题的解决。教育部抵制了"扫地出门"的政策，并在房改初期对国际职员购房考虑了一些区别对待的政策，暖了国际职员的心，但是时过两年多对是否执行上述三部委的政策，如何解决少数几个国际职员的购房问题，至今仍举棋不定。

5. 退休。

对国际职员退休的相关规定拟进一步完善并得到执行，以有利于更多的国际职员回国定居而不是移民他国。[①]

> 王一兵
>
> 联合国教科文组织亚太地区教育局
>
> 2003 年 1 月 20 日于曼谷

---

① 上述提出的程序和退休两个具体政策问题至本书出版时皆已解决。

技术是答案也是问题

——《国际论坛：现代远程教育的
理念与实践》序言

　　本书收集了 12 篇反映远程教育和开放学习领域内不同观点和见解的学术论文。这些论文的作者来自不同国家和地区，有着不同的学术和行政背景，不同程度地参与了远程教育实践。虽然该论文集的主题是远程教育和开放学习，但是书中几乎所有的作者都不约而同地讨论了信息和通信技术在远程教育和开放学习的主要领域内的运用与影响，为我国教育领域内正致力于教育信息化的政策制定者、教育者以及实践者提供了一本优质的参考书。

　　人类正开始迈向一个知识密集的、互相依存的和国际化的社会，这种转变为迅速发展的信息和通信技术所驱动，要求我们通过发挥信息和通信技术的巨大潜力，改革现行的传统教育体系并建立一个更加开放、更加灵活的为所有人提供教育机会的学习社会，达到使任何人能够在任何时间、任何地点学习任何知识。从长远的观点来看，这种对教育体制转变的要求以及信息和通信技术在这一进程中的作用将具有革命性的意义。

　　信息和通信技术具有巨大的潜力，但要实现这一潜力，完成现行教育体制的变革和建成学习型社会，却绝非易事，它需要几代人几十年甚至上百年的努力、规划、研究和实践，以及争论与反思。从这一角度来看，现在我们所进行的争论和反思还仅仅是这一过程的起点，它仍然处在襁褓阶段，这场教育革命需要上百年时间的演变方能完成。

　　如今，没有人能够承担因忽视信息和通信技术在改革传统教育系统和建立终身学习社会过程中的巨大潜力而要付出的巨大代价，对那些期望采用跨越式的发展来缩小知识差距和数字鸿沟以及对"地球村"中贫困状况不断恶化备感忧虑的人们来说更是如此。同样，如果忽视这一过程的复杂性，不切实际地期望它的快速实现，也可能让我们付出昂贵的代价。约翰·丹尼尔提出了略带讽刺意味的警示性问题：如果技术是答案的话，那么什么是问题？丹尼尔在文中讨论的前两个以字母 B 开头的议题和詹姆斯·泰勒就电子学习的复杂性的提醒，为所有电子教育的狂热鼓吹者们提供了一剂及时的清凉剂。信息和通信技术的飞速变化和发展为教育政策制定者和教育实践者就如何采用正确的技术政策形成了越来越大的压力，并常带来一个两难的局面：选择最好的技术还是最适合的技术？抑或最好的技术与其他一切能够获得的技术相结合，从而才能真正有效地运用于某一特定国家、地区或院校？没有一个正确的技术政策，信息和通信技术的泡沫同样能在教育领域内发生。事实上，这一情况已经在某些地方出现了。比如说，电子学习被过分简单化，认为购买一些硬件及软件，简单地对教师进行培训，让他们仅仅知道如何将教科书剪贴到网上，就算实现了电子化学习。这导致了花费相当宝贵的教育投入，换来的却是对购买或捐赠的设备的极低的使用率。卡恩强调了使用适当技术的重要性，他总结道："运用更先进的技术的唯一前提是，它能增进学生的学习机会，提高教学效果，同时还能降低成本。"这一总结值得我们的政策制定者和教育实践者回味。詹姆斯·泰勒在其文章中指出，远程教育作为一个专业领域，一向是由实践而非理论来推动其发展。我相信，在通过实现信息和通信技术的潜力来建立终身学习社会的奋斗过程中，未来属于那些在远程教育领域内不断实践，既清楚地知道他们的远期目标及信息和通信技术的潜力所在，又了解本地、本校的具体情况和特点的教育工作者。这里，引用 2500 年前的我国北方哲学家晏婴的一段教诲，可能对我们有所启示："婴闻之，橘生淮南则为橘，生于淮北则为枳，叶徒相似，其实味不同，所以然者何？水土异也。"每当我参与讨论如何借鉴外国的知识或检验一个先导试验结果的普遍性时，我总忘不了引用这段哲言。

我对中国远程教育杂志社和香港公开大学张伟远博士在收集、编辑以及出版这本论文集中所付出的努力表示赞赏。事实上，通过不同渠道与外界进行远程教育的理论和实践的学术交流，能及时了解远程教育发展的新动态、增进相互间的学习并总结以往的经验和教训，是保证远程教育的成功和有效性，包括在实现信息和通信技术的潜力过程中达到良好的成本效益，从而顺利地变革现有的教育系统和成功建立终身学习社会的前提之一。张伟远博士和张爱文副主编邀请我为此书撰写前言，我感到不胜荣幸。

（《国际论坛：现代远程教育的理念与实践》序言，中央广播电视大学出版社 2003 年版）

一次创造远程教育历史的会议

2003 年 11 月 6 日至 7 日于中国上海举行的世界巨型大学（MEGA –
UNIVERSITY）峰会取得了圆满成功。这次会议的双主席、印度英迪拉·
甘地国立开放大学校长迪克谢特和联合国教科文组织交流与信息部门助理
总干事阿布杜拉·汗博士在闭幕式上同声称赞这是一次创造历史的会议。

听到这一评论，我松了一口气，也为此感到自豪。会议结束后，仍有
祝贺和赞扬从曼谷、新德里和巴黎传来。这一评价不是没有道理和根
据的。

首先，巨型大学是约翰·丹尼尔博士在其专著《巨型大学与知识媒
体》中提出的。他认为大学招生超过 10 万，传授高等教育学历课程，以
远程教学为主，可称之为 MEGA – UNIVERSITY。这次会议是这一类型的
大学校长们第一次聚在一起，交流发展战略，展望前景，共商交流合作大
计。它们不是普通的开放大学，它们是当代远程开放教育海洋中的旗舰，
它们的规模、活力、革新、声誉使它们在这一领域有巨大的影响。丹尼尔
认为："巨型大学的出现代表了教育领域内的一场革命，实现了教育史上
一直令人困惑的一个目标，即如何使更多的人受到更好的教育，且成本不
高。"巨型大学正在对教育入学机会、成本和质量发生巨大的影响。但直
到这次上海峰会召开前，作为这一类型和层次的开放大学，它们还没有聚
集到一起过。这次会议也因此受到了联合国教科文组织不同寻常的关注和
支持。

MEGA – UNIVERSITY 一词在国内译法上存在歧义，英文的原义是巨
型大学，因此文中用英文表达。教科文组织总干事松浦晃一郎亲自批准了
这一会议的召开。教育部门和交流信息部门的两位助理总干事亲临会议指
导，发表演讲。我曾作为教科文组织在亚太地区的高等及远程教育计划专
家在曼谷工作了 10 年，组织和参加了 127 个国际和地区的会议。这样一

个人数不多的会议，受到教科文组织的如此重视，至少在我的经历中还是第一次。同时，中国政府及其教科文组织全国委员会，也对会议的顺利召开给予了及时且有力的指导和协调。教育部章新胜副部长参加了开幕式并作主题演讲。丹尼尔先生第二天在北京受到教育部周济部长的盛情接待和陈至立国务委员的接见。一周后我在新德里的一次国际会议上遇见丹尼尔先生时，他对这次会议的成功、圆满的喜悦心情，仍是溢于言表。

从一定意义上说，这次会议对远程开放教育的未来影响可能现在尚难以估计。这次会议用众多的已举办了的一系列领域里的硕士甚至博士课程，尤其是英国开放大学的案例雄辩地证明了一个结论：开放大学由于其开放性、灵活性、革新精神和追求质量卓越，可以成为大学大家庭中的平等甚至优秀的一员。但是，在英国开放大学诞生近40年以来，每一所开放大学都经历了艰辛的年代，为得到认可和克服学术界、社会上的怀疑及偏见进行了不懈的努力。不幸的是，怀疑和偏见在大多数国家仍然存在，开放大学被认为是高等教育领域内的二等公民，是二流质量甚至是质量低下的代名词。这次峰会标志着在这一方面的一个重大突破。在由英国政府任命的独立评估机构作出的按课程质量对英国100多所大学排名的报告中，英国开放大学2001年居于第十位，2005年则名列第五，排在第六位的是牛津大学。丹尼尔在其主题演讲中，更通过对英国开放大学的实践分析，充分肯定了巨型大学在打破他所谓的教育中的永恒三角定律，即入学机会、成本、质量的相互制衡和恶性循环、实现信息和知识社会对保障大众受教育的权利中的战略作用，论证了巨型大学的出现是过去50年中最重大的教育变革。这一结论将是对所有从事远程开放教育的人们的一个巨大鼓舞，将对远程教育的未来发展产生深远影响。当然，一个具体学校要达到这一目标，有很长的路要走，而学习英国开放大学的经验，学习一切成功的实例，无疑将是有益的。

说这是一次创造历史的会议，还由于这次会议取得了丰硕的成果，从而保证其对未来远程开放教育长远及可持续的影响。这次会议通过并签署了上海合作宣言及行动计划，正式建立了巨型大学的全球网络，并选举上海电视大学校长张德明教授为首任主席，印度英迪拉·甘地国立开放大学校长迪克谢特为副主席，通过了2005年峰会在印度新德里举行的决议。会议还决定成立三个分委会，并从与会大学提出的几十项具体建议中选择三个领域，即课程开发和课件交流、信息交流技术及培训，质量保证，学分互认和研究中的联合行动及政策制定，分别提出研究与合作课题。在教科文组织亚太地区教育局和巴黎总部的帮助下，网络还将与有关资助机构建立联系，寻求对后续研究课题的资助。使我印象深刻并有点出乎意料的是，与会者在会前准备和会上提出了许多具体的合作领域和课题，对巨型大学之间未来的合作表示了极大的兴趣和强烈的愿望。

所有这一切都使我相信，这将是一个有活力、有内容的网络，并将避免当前高等教育国际合作中出现的那种由于缺乏热情和后续活动，网络建得快也消亡得快的不幸现象。

最后我想强调的是，没有上海电视大学和远程教育集团在人力、财力和智力方面的巨大贡献，这次会议的成功举行将是不可能的。它们从起始阶段到会议圆满结束，从未松懈过的认真工作，保证了会议的几乎每一个细节的圆满，并得到所有与会者的满意和赞赏。我从开始作为教科文组织专家为此提供技术指导，到 2003 年 7 月退休后应邀担任上海电大峰会组织委员会秘书长，同上海电大和远教集团合作成为我一段愉快经历。

以张德明教授为首的上海电大和集团领导班子的开放胸襟、领导水平和魄力，电大和集团同人向国际化迈进的强烈愿望和兴趣，办事效率及无怨无悔昼夜奋战和虚心学习一切新鲜事物的精神，都给我留下了深刻印象，也是这次峰会及同时举办的亚太地区远程开放教育政策制定者国际培训班取得圆满成功的重要原因。与此同时，我也十分高兴地看到，这两大活动的举办，对上海电大和集团全体员工来说，又是一次提高其组织大型高层次及综合性国际会议基础能力的有益且收获颇丰的难得的学习过程，是学校和集团迈向国际化进程中的一个重要举措和成果。它们实现了这一目标。它们创下了一定纪录，它们应当被记录在巨型大学全球网络历史的金色首页上。

[会议名称为 "2003 世界巨型大学峰会"（World Summit of Mega – Universities），国内称为 "世界开放大学校长会议"。此次会议为首届，第二届于 2005 年在印度召开。本文为《创新与合作——2003 世界巨型大学校长峰会文集》前言，上海高教电子音像出版社 2003 年版]

数字鸿沟与数字机遇
——面向农村的思考

中国远程教育杂志社记者：中国正在从农业国同时向工业化和信息化社会过渡，您如何看待农业、农村和农民在这一过渡中面临的挑战？

王一兵："三农"问题关系到国家、社会的长治久安。既要解决农民当前现实的增收问题，又要从"三农"在中国的双重过渡中面临的历史性挑战出发，制定长远战略，才能取得最终主动，帮助农民渡过数字鸿沟，这是主题之一。

我们说知识经济时代已经初见端倪，那么端倪体现在何处？始于哪里？其实，中国和世界都处在社会转型的过程当中，也就是人们经常谈论的从工业社会向信息社会、知识经济时代的过渡。我们如何看待这种过渡？比如，这一过程有多长，在过渡过程中，中国会经历怎样的矛盾与阵痛，将面临哪些挑战和机遇？

人类从农业社会向工业社会的过渡，从19世纪英国工业革命开始至今，经过了200多年，过渡的结果如何呢？我们看到，有30个发达国家是已经完成从农业社会向工业社会过渡的国家；有49个最不发达国家，基本上还是农业社会，或者说刚刚与工业社会搭上边；世界大多数国家还处在过渡之中。也就是说，两个多世纪以来，农业社会向工业社会的过渡，只有少数国家完成了，大多数国家还没有完成。更加值得注意的是，现在还出现了差距越来越大的状况：根据联合国的统计，1991年世界上的最不发达国家有41个，到了1998年，这个数字达到了48个。可见，农业社会向工业社会的过渡，时间很长，可以世纪来计算；过渡过程又是非常复杂的、不平衡的。从某种意义上说，两次世界大战都是其不平衡的反映。从工业社会向信息社会过渡，这个过程也将是长期的、复杂的。

当然，过渡的快慢、成败取决于多种条件和因素，教育普及的程度和快慢则是重要因素。20世纪70年代发生了两次石油危机，此后，世界上几乎所有高等教育的权威都预言说，从80年代开始，西方发达国家的高等教育将不会再出现增长。但是，现在的事实证明，他们的预言都没有得到证实。美国60年代的高等教育毛入学率为34%，而1996年已经增加到82%，欧洲也是如此，虽然大学毕业生失业问题一直存在，但高等教育仍然持续增长。这就是因为发达国家当时已经开始向信息社会过渡，人们认识到，随着信息社会的到来，知识、技能成为国家竞争力的主要因素。世界银行专家提出"国民财富新标准"，认为目前全世界的人力资本、土地资本和货币资本三者的构成约为64：20：16，这意味着人力资本是全球国民财富中最大的财富。

钱学森先生在10多年前曾提出，到2021年，我国应当"为每一个青年接受高等教育建立必要的体制"。他警告说，再不放弃陈旧的观念，再不认识人民素质提高和公民教育水平的重要性，就要犯大错误。对于钱学森先生的这番话，当时不少人不以为然，今天看来，这个"预言"不是没有道理的。

从这个意义上可以说，中国双重过渡中的最大挑战是"三农"，"三农"在这一进程中面临的最大挑战是"三农"问题的主体——农民在受教育程度、知识、能力、技能方面的巨大差距，是如何较快提高其教育、知识、能力、技术水平。

记者：您有一个提法，称网络远程教育是农民渡过数字鸿沟的"金桥"。那么，解决农村数字鸿沟问题的重要性和现实性，您觉得可以从哪些方面来认识？

王一兵：中国农民的受教育状况是比较令人担忧的。从农民中间的大学生人数来看，具有大专以上学历的仅占0.5%；而在发达国家，24—64岁的农业人口中接受过高等教育的，澳大利亚占24%，德国为23%，瑞典为28%，美国为33%，英国为21%，挪威为29%，新西兰为25%，加拿大为47%。中国农民在受教育方面的差距制约着农业劳动生产力的提高，也制约着中国的总体竞争力。据瑞士洛桑国际管理学院近年发布的历次《全球竞争力报告》，中国的竞争力排名虽然是在上升，但在几十项指标当中，拖后腿的往往是教育和科技。

在走向信息社会的进程中，人们必须拥有获取、加工和使用数字信息的知识、能力和技能，必须有教育的大面积普及和教育水平的普遍提高。

从某种意义上说，数字鸿沟就是知识差距、教育差距。而在全世界范围内，农民都处于数字鸿沟的最底层，尤其是不发达国家的农民。

正是从这样的思路出发，我非常关注的一个问题就是：怎样为处于数字鸿沟最底层的农民做些实事？如何使网络远程教育成为农民渡过数字鸿沟的"金桥"？从现有实践看，这不仅是必要的，也是可能的。

我十分赞赏北京市农林科学院农业科技信息研究所开展的"北京农村远程教育及信息服务工程"。这一工程利用卫星综合网络开展农村远程教育与信息服务，做了一个可贵的尝试。比较而言，北京市农林科学院所开展的工作，更加贴近农民的生活，更符合农民的需求，农民能够及时得到技术的、知识的、政策的实用信息。利用卫星宽带进行传送，跨越了山脉、河流的阻隔，适合国内的地域状况。这项工程的技术起点比较高，但建设成本并不算太高，不用花很多钱，就能为农民尤其是边远山区农民渡过数字鸿沟搭一座金桥。2003 年"非典"，2004 年禽流感流行中，它发挥了无可取代的作用，得到了政府和社会的好评。事实证明，对于农民，数字鸿沟是可以克服的。从北京农林科学院的试验中可以看到，只要达到小学以上文化程度，经过必要的简单培训，农民就能够走上这座"金桥"，获得自己所需要的知识、技术和政策信息，成为从信息社会得到好处的人，而不是远离信息社会的人，更不是被信息社会远远抛到后面的人。凡是来看过的国外一些相关机构和人士，都给予了很高的评价。

还应当看到，在农村开展网络远程教育，使农民也能搭上信息化的快车，其作用不仅有利于农民在经济上脱贫致富，这样一个网络对农村建设小康社会、建设新农村，实现物质文明、精神文明和政治文明，帮助农民实现跨越式发展也都将发挥重要作用。

记者：从全社会范围看，网络远程教育也还是一个比较新鲜的课题，也有不少需要解决的现实问题。直接面向农民的网络远程教育是不是更会面临一些困难呢？

王一兵：通过卫星宽带网开展农村远程教育，直接服务于农民，在发展中国家，多处于试验阶段，需要深入研究很多问题。这里简要地提出以下几个方面的问题：

第一，农民们不见得都能很快认识到网络远程教育的意义，认识到渡过数字鸿沟的"金桥"已经搭建在家门口。如何让农民充分利用这个网络，积极接受远程教育，还需要做大量的工作，并不断总结经验，在技术上、内容上更加贴近农民，使更多的农民理解这是一座什么样的"桥"。

第二，要下大功夫对农民的实际需求进行调查研究。这需要有人一直在最基层跑，努力了解农村的需求，掌握需求的变化。反馈应该及时，把不同地区、不同文化程度的人群的需求以及需求的变化，把农民的应用程度，把工作中出现的问题，反馈到学习资源的制作上。

第三，远程教育的内容要尽量大众化，更贴近农村特定的受众。农民需要"大白话"，要使用农民听得懂的语言，图文并茂，增强视听效果。课件的文字、语言、图像，都要生动活泼，让农民喜闻乐见，一看就懂，一看就喜欢。在这方面，需要在实践中积累课件的开发经验，需要投入人力、物力。我们的对象是农民，其中有很多是中老年人，是妇女，所以不能摆出一副给学生上课的架势。

第四，在技术上应当不断开发，尽量降低成本，减轻基层和农民的负担。这对农村、农民非常重要，也希望政府机构和全社会给予足够的重视，作为扶贫和解决数字鸿沟问题的重要战略，给予大力支持。

第五，各方面的协调、合作也很重要。比如，"两基"实现、三教统筹、农科教结合、农村小学一校多用、星火计划、燎原计划、教育系统网络、农业系统网络等，如何结合起来，实现平台的、资源的整合，避免重复浪费，都是值得研究和解决的问题。

总之，我认为，通过卫星宽带，为农民搭起渡过数字鸿沟的"金桥"，把数字鸿沟转变为农民的数字机遇，现实意义和历史意义不可估量，不仅是应当的，也是可行的。希望社会各方能够对这方面的事情给予持续的关注。

记者：数字鸿沟已成为全球关注的话题，您能否讲一讲国际上的一些重要动向？

王一兵：数字鸿沟已经成为国际社会关注的一个热点。2003 年 12 月 10 日国际电讯联盟（IUT）与联合国教科文等组织合作，召开了第一次世界信息社会首脑会议（WSIS），联合国秘书长专程到会讲话。消除数字鸿沟是会议通过宣言的一个重要内容。如果说这一次会议重点放在宣言和相关战略、政策探讨上，那么 2005 年在突尼斯召开的第二届首脑会议就将制定具体行动计划和项目，朝着填平数字鸿沟方向作出切实的努力。

数字鸿沟也是 2000 年西方七国首脑冲绳会议的重要议题，会议决定将这些国家对外援助的一定比例用于帮助发展中国家克服数字鸿沟。

有关联合国机构，如联合国开发署、粮农组织、教科文组织、国际劳工组织、世界银行等，都在各自管辖的有关领域内，启动了数字鸿沟问题的研究和试验项目。

联合国教科文组织驻北京办事处已决定与中国全委会、保定农村教育研究与培训中心合作于2004年10月召开国际研讨会，探讨通过农村教育的革新和伙伴关系的建立，把数字鸿沟转变成农民的数字机遇。此议一出，立即得到驻京有关联合国机构的响应。可以想象，10月的会议将是一次交流经验、扩大合作的会议，也将是帮助处于数字鸿沟最底层的农民走出数字鸿沟途径与战略的一次盛会。

数字鸿沟各国皆有，美国也不例外，只是程度不同，对这一问题的解决开始较早，由于在通信等基础设施方面城乡差距已不是很大，解决起来较发展中国家相对容易一些。值得注意的是，发展中国家并非都无所作为。一些发展中国家正在制订雄心勃勃的行动计划，要把数字鸿沟转变成数字机遇，从而实现真正的跨越式发展。印度的一些研究机构和公司，针对农村、农业和农民的需求，已经进行了几年的研究和试验，有些试验项目如斯瓦米纳登研究基金会在印度南部发起的农民数字广场（e‐chau-pal），马来西亚的"多媒体超级走廊"（MSC）计划和在广大乡村推动的信息化建设，更是以在信息化方面赶超发达国家为目标。国际上的动向说明，中国要实现城乡均衡发展和跨越式发展，不可不把"三农"面临的数字鸿沟问题提上重要议事日程。

（载《中国远程教育》2004年4月上）

中国远程教育对外交流的
窗口、平台和桥梁

这是一所中国大学——中国中央广播电视大学出版的英文刊物《中国远程教育》，这是其历史上的第一次，值得庆贺。出版这本英文版杂志可以有三个功能：

一　观察中国开放远程教育发展变化的一个窗口

中国改革开放以来发生的变化包括教育领域发生的变化令世人惊诧。仅仅五年时间，中国高等教育毛入学率就从 9% 增长到 2004 年的 19%，学生数达 1900 万，从世界第三一跃成为第一。由于语言障碍和英语媒体少的原因，外人很少知道这些变化是如何、何时和为何发生的。这本英文杂志代表了中国教育工作者希望真诚地搭建一个为国外同行了解和研究中国教育改革开放发展的窗口。

二　为中外开放远程教育与开放学习同行搭建一个交流信息和切磋讨论的平台

这既是一个对实现全民教育、促进高等教育大众化乃至普及化潜力巨大，又是政府决策者关注、国家投入巨资的领域。远程教育对于培训成千上万的中国教师，推进中国高等教育大众化的进程的作用已得到世界银行、联合国儿童基金会和教科文组织的认可。当然，中国中央和省市电大都面临着进一步实行开放办学、改革课程和进一步提升教育质量、提升技术使用的针对性和有效性的挑战。中外同行之间交流这些方面的经验和教训将对双方有益。

三　为中外开放大学和个人之间的
接触和交流搭建一座桥梁

团队合作常常是研究项目成功的一个条件。当代远程教育和开放学习领域亦是如此。技术进步和经济全球化的加速正推动开放远程教育很多课程成为一种无国界的事业，其质量保障、学分、文凭和学位的互认，没有相关国家学校和教师之间的了解和合作，没有桥梁实现这种了解和合作都是不可想象的。

本集收入的论文由专门建立的专家委员会从相关杂志上已发表的稿件中选出，反映中国开放远程教育的重要方面，如政府政策、学校战略、教学与研究、改革与革新、试验项目、国际合作等。杂志用英文印刷出版，也有电子版。

早在我加入联合国教科文组织作为亚太地区高等及远程教育专家之前，我就有过一个梦想，希望有朝一日我国能有一份英文的教育报纸或期刊，作为中外教育工作者相互了解和交流合作的窗口、平台和桥梁。今天，在中国中央广播电视大学领导的支持下，这个梦想终于实现了。能被邀请担任该刊编辑委员会的顾问并撰写前言，我感到十分荣幸。

（《中国远程教育》英文版期刊发刊前言，应编辑委员会邀请撰写，2004 年
中国远程教育杂志社出版）

高教扩招、毕业生就业和质量
保证中的观念转变问题

当今高等教育大众化的问题来自规模上已实现了大众化但理念仍停留在精英阶段的体制。

——瓦格纳（OECD，1955）

一　高教扩招和毕业生就业

中国高等教育经历了过去几十年的随政治波动而起伏，严格按照经济发展计划而缓步前行后，经过几年连续扩招，今年高等学校在校学生数已达2000万，开始了世界上最大的发展中国家的高等教育大众化进程，在中国高等教育历史上写下并翻开了辉煌的篇章。这一历史性的发展也引起了国际社会的注意。联合国教科文组织在其2003年于巴黎召开的第二次世界高等教育大会的文件中宣布，当今世界最大的高等教育体系在中国。但是，随着第一批扩招的大学生毕业面临严峻的就业形势，不能百分之百或绝大部分毕业即就业，社会上包括教育工作者，对扩招带来的这一新形势和数量扩张后的质量两大问题表示了深切的关注。学生、家长和社会难以接受这样一个现实。教育行政部门面临巨大的压力，调整发展速度、毕业生就业和质量保证成为高等教育发展和改革日程上的重中之重，甚至有的新闻工作者提出了"是否扩招闯了祸"。然而，走出国门，人们不难发现，相当比例（10%，20%或30%）的大学毕业生在半年，一年，甚至两年内不能就业，已经司空见惯，成为高等教育大众化进程中一个近乎正常的状况。但学生、家长和社会对高等教育的热情不减，高等教育大众化和普及化的进程也没有因此而停滞，也很少听到学生因为毕业后未能马上就业而闹事。无疑，出现这种差异的背景和原因是多方面的，而对高等教育的不同观念或理念则是其中最重要的原因之一。我国的长期计划经济体制，强调高等教育主要是为经济建设服务，其发展规模和速度应当与经济增长同步或适度超前。即使在改革开放多年以后，探讨高等教育发展与国家 GDP 增长的正相关或逆相关，仍然是高等教育决策研究的一个重要领域，这是必要的，也仍然是国际教育经济学家依然关注的一个课题。但与此同时，也出现了众多的、有说服力的、被越来越多的国家引为高等教育发展和改革指导方针的新理念，这些理念导致了不同的政策趋向和氛围，引导着相关国家的高等教育面对挑战，创造出既有相当共性又各具特色的各国的高等教育体制。这里，我列举三个在过去并且现在仍对国外高等教育发展与改革有着重要指导意义的理念。

（一）教育民主化，教育机会均等和人权的理念

教育民主化和教育机会均等是 20 世纪 60 年代西方民权运动和学生运动的产物，后来成为教科文组织会员国普遍接受的原则，也是发达国家和众多发展中国家 20 世纪六七十年代教育立法和政策措施实施的一个重要出发点，是西方各国开始和加速高等教育大众化进程的一个重要理论依据。公民不具有一定程度的教育，不具备对纷繁复杂的政治、经济、社会和国际关系发展的起码判断力，民主政治和参与就会只是一句空话，甚至意味着被愚弄。近年来，随着经济全球化的加速及信息和知识社会的来临，国际社会又提出接受一定程度的高等教育是一项人权。联合国教科文组织于 1998 年在巴黎召开的有 182 个国家参加的高教大会通过的宣言重申了联合国人权宣言的观点，再次明确提出，一切成绩合格的个人都应当有权接受高等教育。正如前欧共体主席、教科文组织 21 世纪教育委员会主席戴勒尔所说的："接受高等教育，已成为当代人人生必经之道，必备之经历。"因此，在接受并立法实施这一原则的国家，任何限制而不是扩大人们接受高等教育机会，包括一些旨在提高经费使用和办学效率、效益，但有可能限制和妨碍人们按自己的兴趣和生涯计划接受高等教育权利的政策措施，都很难或不可能实施。

中国是联合国人权宣言的签字国，参与通过了 1998 年巴黎世界高教大会宣言。中国宪法包含公民有受教育权利的条款。中国前不久通过的宪法修正案加进了人权的条款。中国的人权观强调生存权和发展权，而当今世界，受教育权，尤其是接受一定程度的高等教育的权利，则既是生存权，又是发展权的应有之义。人权的理念，应当成为中国高等教育发展和改革的理念之一。

（二）终身学习和学习型社会的理念

在改革和革新现行教育制度的基础上，建立终身学习体系和学习型社会，是应对快速到来的信息和知识社会的挑战的唯一正确的选择。1998年巴黎世界高教大会宣言中号召大学应当最大限度地为学生提供进出学校大门的方便，使之成为学生终身学习过程中一个有机部分而不是终结。终身学习并不是新概念。承认和接受终身学习和建立学习型社会的理念是一回事，要按照这一理念去触动过去几个世纪工业化进程中建立起来的现代教育体系中的众多的"约定俗成"，打开一道道封闭的大门，打破妨碍人们进出的壁垒，置换其中众多的陈设，调整学生、教师、领导之间，学校、市场、国家和社会之间的复杂关系，使其开放、灵活、多样、优质，则是一个历史性的巨大的社会系统工程。应当承认，西方发达国家在这方面已经先走出了一步，如学分制的普遍实行、学籍管理、专业转换和课程选修灵活、宽松、奖、贷学金的充足和优厚，传统高校纷纷提供远教课程，向更加灵活的"双模式"发展，越来越重视继续教育，吸收社会代表参与学校重大决策，等等，都使高等教育向这一方向迈进，也有利于受教育者得到充分的机会实现自己受教育的权利和挖掘自身潜力，有利于学生规划自己的生涯，有利于受教育者自身学习、求职、流动和升迁的良性循环。

解放后的中国高等教育是按照苏联模式改造和构建的，政府对学校管理之细和控制之严某些方面甚至比苏联模式有过之而无不及。改革开放20多年来，已有不少重大变化，如管理体制、专业、课程结构的调整，综合性大学的恢复和加强、重点学校、学科的确立和建设、经费渠道的拓宽和经费的增加、教师地位和待遇的提高、学校硬件设施的改善、部分权力的下放等，但按终身教育和建立学习型社会的理念和要求，改革和革新现行高等教育体制，使高等学校办学变得越来越开放、灵活，所采取的措施仍十分有限，学校办学和应对环境急剧变化的挑战仍缺乏必要和足够的动力、活力和激励，更缺乏必要的自主权力，虽然促进终身学习和建立学习型社会已经明载于不止一个国家教育部的发展规划的指导思想之中。

（三）国际竞争的考量

近来出现一个新的动向，一些发达国家发表的关于高等教育的重要报告，纷纷从保持和加强国家竞争力的角度来审视高等教育带来的挑战，提出改革措施，以应对经济全球化的快速发展和国际间日益加剧的竞争。教育发达和一国人民受教育的程度是国家竞争力和每一份国际竞争力报告的一个重要方面。如果说中小学教育是教育大厦的基础，高等教育则是其支柱和灵魂。在竞争力诸多因素中同政治变化，因政党轮替而变化的法治、体制、政策、经济结构、经济和进出口增长率等相比，国民素质所体现出来的竞争力，是最稳定又具活力和最能动和创造奇迹的竞争力，是一个民族、国家经得住挫折、灾难和战争考验的最有力的保证。人们如果读一读瑞士洛桑国际管理学院发表的国际竞争力报告，中国在所选择国家的排行中，靠前的项目往往是中国改革开放所推出的众多政策措施和环境、劳动力成本、经济和进出口增长等，排名靠后的是中国的科技实力，最靠后的往往是教育尤其是有关高等教育的指标。我们获得了"世界工厂"的美誉，但完全拥有自主知识产权的高科技产品仍然有限。我们有世界最大的高等教育体系，但还不是最强、最具活力的高等教育体系。按人均计算，我们又只能排在后面，这是值得我们深思的。中国正在实行跨越式发展的追赶战略，提高我们全面的竞争力，是实现这一战略的关键。高等教育应当为此做出贡献，高等教育影响中国竞争力的状况应当改变。如果以上理念和考量是能够被接受的，中国高等教育大众化的进程应当坚定不移地进行下去，并按终身学习和学习型社会的理念革新和改革高等教育。如果经过二三十年的努力，中国高等教育毛入学率达到和超过50%，又有一个开放、灵活、多样、优质的高等教育体系，世人对中华民族的素质和潜力必将刮目相看，中国才能最终跻身并屹立于世界富强民族之林。这需要众多的条件，其中之一是国家对教育的投资要尽快达到已经承诺的占国民生产总值4%的目标，达到发展中国家教育投资的平均水平，并在此基础上逐步上升。

二 扩招后的质量和质量保证

在高等教育中，质量是一个既古老又新鲜的永恒话题，是一个相对、分层，并因时、因地而异的概念。在过去的10年中，全球出现了一个高等教育质量保证热，同时以我的观察，它又是一个极具争议和极易使人被误导的领域。说它热，是因为据教科文组织支持的国际质量保证机构网络秘书长称，10年中，已有近百个国家开始了质保行动；说它易使人被误导，因为何谓质量、什么标准、谁的标准等等，都是众说纷纭、莫衷一是的话题。一些国家的实践证明，对一些关键性问题缺乏共识和前瞻，没有建立一个合理、权威、公正、透明的评估机制，质量评估往往不一定能达到初衷，甚至成为误导。

高等教育的数量扩张，尤其走上大众化的不归路以后，一般都会引起对质量的关注和争论。但过去 10 年中出现的全球质保热却更多的是由于经济全球化的加速和人类开始向信息和知识社会过渡对经济结构、就业市场和对人的素质要求带来了新的挑战而引发的。大学赖以生存和服务的环境变化之快使众多的大学校长和教授们感到茫然，究竟要把大学生培养成什么样的人，才能适应如此快的环境变化，对于有着长期办学经验的校长和有教学经验的教授，也成了一个问题、一个众说纷纭的问题。新挑战面前的质量问题，新形势下质量标尺的设立，质量保证机制的建立，说服清高的教授们接受、习惯和配合不受他们欢迎的种种评估并建立相应的校园文化等，成了大学和教育行政部门新的关注点。

中国高校扩招后质量下降是否有根据和佐证。人们担心教室、宿舍、食堂紧张，老师负担加重等，都不是没有根据的。不过，这是否一定导致质量下降，仍然值得商榷。英国开放大学十几万学生，没有相应的教室、宿舍、食堂，也很少面对面地进行课堂教学，但它在全英大学 2003 年教学质量评估中，荣获第五名，竟排到了堂堂牛津大学前面。如果说数量扩招后可能对质量产生影响的话，我更关心的是课程和教材革新是否已经到位，足以使学生得到他毕业后做事、做人和继续学习的必要的能力、技能和知识；我们的学分、学籍和学制的管理是否已有相当的灵活性，使学生能较从容地完成学业，并有机会参与社会实践，了解和积累同劳动力市场打交道的经验，学会规划自己的学习和职业生涯；方便校内学生灵活学习，远程系统及相应课件是否已经开发和运转良好；老师是否有足够的机会更新自己的知识和技能，有足够的热情、权力和责任革新教学内容和教学方法，在自己的教学中及时反映快速的社会变化等。有以上条件，即使扩招带来了硬件上的一些暂时困难，质量仍然有可能得到保证。

要使质量行动真正达到保证质量的初衷，首先要有一个全面的、前瞻的质量观。质量评估是一个指挥棒，它应当引导大学向前看，注重评估大学应对新的挑战的能力、实践和成果，而不应该着重检查大学是如何完美地奉行正在过时的种种陈规。高等学校各个学科的质量保证本质上是学术性极强的活动，应当由有关的学术机构和团体去承担，依靠同业同行评估，政府的主导作用应当体现在制定游戏规则、建立必要的保障监控机制和奖惩尤其是奖励措施，而不是直接组织和参与。相应的体制创新是质量保证的保证。

教育部已决定五年内对全国高校评估一遍。为此，我谨提出两点建议：

（1）高等学校是分层的，质量和质量评估也应当分层。

八到十所国家花巨资投入、瞄准建成世界一流的大学，应当拿到国际上去评估，或者请国际上知名专家来评估，找出在此水准上的差距，并通过这种方式，使它们的成功之处逐步得到国际认可，这也是建设世界一流大学的一个现实的切入口。把它们与国内其他院一起进行所谓的合格评估或优秀评估，将没有多大意义。

"211"工程学校应由国家一级评估，如果可能也可考虑吸引一点国外专家参与，省、市管院校的评估由省、市组织实施。电大系统和私立高校也各自单独分块评估。

（2）中国公、私立高校数量大、板块多、差异大；加上评估的理念、机制、程序和游戏规则正在逐步同国际上公认的一些原则衔接起来，应当区别情况，选择重点评估领域，逐步推进，不宜齐头并进。瞄准世界一流的少数大学，应重点评估其建立世界一流大学的战略和规划的制定、执行、效果和问题；"211"工程学校着重在"211"项目的执行、效果和问题上。普通学校可选择有战略意义的一定领域，如学校课程改革和教学，学生能力和技能培养，学校创新体制、队伍和文化建设等。电大系统评估应放在课件制作、多种技术的综合应用、电大教育的开放性和灵活性等上。私立高校重点放在合格和认可评估上。

三　对发达国家高等教育危机感的解读——理念的差异

全球化的发展和新的社会转型的到来，使世界高等教育又走到了一个新的十字路口，有远见的政治家们和教育工作者都在审视本国的高等教育的理念、活力、体系和制度能不能跟上并引领这一变化。值得注意的是，此时此刻我们一直注意借鉴甚至追赶的一些发达国家，纷纷表达了它们对其高等教育体系的某种危机感。

　　澳大利亚联邦教育、科学和培训部部长尼尔森博士说："高等教育的全球化和大众化，信息时代的革命和终身学习的需要，使澳大利亚的大学完全置身于变革的风暴之中。""不进行改革，澳大利亚的高等教育将处于风险之中。""澳大利亚和澳大利亚的高等教育经不起落后了。"

　　日本前文部科学大臣町村信孝认为："科学技术的日新月异，经济的全球化信息化等，使社会发生了巨大变化，原有的教育体系已经远远落后于时代和社会的发展。""我国教育正面临前所未有的危机。"

　　德国北莱茵—威斯特法伦州专家委员会的报告认为，德国的高等学校学习缺乏与英、美体制的兼容性，缺乏吸引力。争夺"最好大脑"的全球性竞争，使德国大学面临着落伍的危险。

　　一向以本国文化和教育而自豪的法国人，近来对自己的高等教育大加挞伐。法国高教改革委员会主席雅克·阿达利先生认为法国高等教育系统作为社会复杂性的一面镜子，在逐渐变得混杂无序、官气十足、缺乏平等。如不进行改革，国家将一点一点地步入不可逆转的衰退之中。（以上评论均引自国家教育发展研究中心组译，人民教育出版社 2004 年出版的《发达国家教育改革的动向和趋势》第七集。）

　　应当说，中国同上述各国面临着同样的挑战，一个显著的不同是，我们起步更晚，差距更大，我们是否面临着某种危机，或者说我们是否应当有一种危机感呢？当然，中国人对危机一词分量的理解可能与外国人稍有差别，不过，对外国人来说，这也不是一个可以轻易使用的词汇。无疑，对高等教育具有不同理念和观念的人，将对此做出不同的回答。

　　（在 2004 年 11 月 8 日于苏州召开的高等教育与社会发展研讨会上的发言，载《湖北招生考试》2005 年 2 月号下半月）

开放大学的成功与高等教育的未来模式

——AAOU 第 18 届年会提出的挑战和重要启示

  我自 1993 年担任教科文组织上述职务后，几乎每年都要代表本组织参加 AAOU（亚太地区开放大学协会英文简称）的年会。2004 年 11 月 27 日至 30 日由上海电视大学主办的十八届年会，可以说取得了巨大的成功。两年前在汉城成功取得本届年会主办权后，上海远程教育集团主任同时又身兼上海电视大学校长的张德明教授，动员集团和全校员工要把这次年会办成 AAOU 历史上令人难忘的一次年会。现在可以说，这一目标已经达到，且有过之而无不及。

  在 AAOU 年会历史上，这次年会创下了多项令人难忘的纪录：国外来宾最多的一次，境外代表 193 人，来自 33 个国家和地区；从亚洲以外各大洲来的国家和人数最多的一次，共 16 个国家 36 人，使一个地区性的专业协会真正成了一个国际性论坛；参与的层次最高，中外校、院长 80 余人；从取得的经费和技术支持看，这次年会的国际权威机构来得最全，有联合国教科文组织、英联邦学习共同体（世界上最大的政府间的远程教育机构），此外国际开放与远程教育协会都出资支持或派总裁、主席到会；主题报告人数之多，权威、层次之高，内容之新颖，皆历届难比；AAOU 下届主席选举会前竞争之激烈，会议期间选举又如此顺利、平和地进行，结果出乎意料得好，又始料未及，前所未有；会议组织之严密、有序、创新；会议气氛之活跃、友好、和谐；会议成果之丰硕、具体，都使人难以忘怀；会议期间，对上海电视大学总校和浦东、闸北分校考察参与之热情、认真，要求和上海电视大学建立合作、交流关系之应接不暇，与会者对会议组织成果的高度评价，都胜过以往。这次年会对提高 AAOU 学术水准和声誉，对促进其成员学校之间的理解与合作，对会后不断提高 AAOU 年会的组织水平和学术水平，都将产生积极而深远的影响，将成为上海远程教育集团、上海电视大学和中国远程教育同人对亚洲及世界远程教育事业的一个重要贡献。

AAOU 年会本质上是一年一度的学术活动，是人们了解本地区和国际远程教育领域最新动态、趋势、经验、教训和探讨合作、交流的难得机会。人们在为会议的成功举行度过的一个个不眠之夜中，很难再有精力集中到会议的学术层面上来。从这个意义上讲，会议学术文选的编辑出版，既是会议成果的一个具体体现，同时又意味着对会议学术成果进行研究、消化，是其为发展本校和中国远程教育事业服务的进程的开始，也是我们花费大量人力、精力组织如此大型国际学术活动的根本目的之一。如前所述，这次会议收到的论文和主题演讲文稿之多，涉及范围之广，内容之丰富，前所未有。仅以我在会前读到的部分论文及会议期间听到的演讲为限，不少思想、论点、经验和实践，对正处于严峻挑战和众多机遇之中艰难前进的中国远程教育及高等教育的改革与革新，都是有相当的针对性和参考价值的，既具挑战性又给人以启示，如果我们能在会后静下心来，对这些成果进行一番探讨、咀嚼和消化的话。国情不同常常是我们不愿在会后再花费很多精力对会议文献、学术成果进行研究的简单而确实的理由，但人们不应忘记，过去 25 年中许多改革和革新的举措，在历史上或一定时期，都曾被认为不合国情而被拒绝甚至抵制，但如果这些举措反映了人类社会、经济、教育发展的共同规律，它们或迟或早总要被不同国家和不同社会接受、利用。依本人浅见，这次会议至少在如下一些领域，值得远程教育及高等教育同行们继续给予关注。

一 高等教育的未来模式

未来，高等学校的理想模式究竟是什么样的？随着越来越多的顶级名校开始接受双模式，增设远程、线上、开放课程，高等学校双模式作为一种趋势在国际上已渐趋明朗，争议已越来越少。人们也许还记得 1998 年在上海电视大学主办的一次国际会议上，本人与约翰·丹尼尔先生有过一场不大不小的争论。当我提出澳大利亚高校普遍实行双模式可能代表高等教育的未来，一旦流行于中国，可能对单模式的中国广播电视大学构成挑战时，丹尼尔先生曾提出传统大学应专注于自己的事情，不应插手远程开放教育。人们注意到，丹尼尔先生这次在 AAOU 十八届年会上的讲演，已经提醒开放大学同人，必须注意传统大学与开放大学趋同的现实。国际开放与远程教育协会主席、澳大利亚南昆士兰大学副校长詹姆斯·泰勒博士，以其本校多年的双模式办学实践和成果，向人们展示了这一模式的生命力；其灵活、开放、弹性的办学模式正吸引着日益增多的澳洲海内外学子，正在证明这一模式将是最能适应知识经济和学习化社会时代不同背景、阶层人们学习要求的高等学校模式。国人以为，67所网院的建立，标志着中国高等学校双元办学体制的诞生，实乃误会。高等学校的双元模式意味着传统高校保持其传统优势的同时，面向所有学生，实行更加灵活的学制和管理，除面授外，越来越多地提供远程、线上、开放课程，以适应人们不断变化的终身的学习需求和快速到来的知识经济及经济全球化趋势。中国一些大学的网络教育学院是一个学校的双轨，而不是双元。双轨并不同道，传统轨道甚至担心网络轨道可能有损自己的名声。中国高校向双元模式过渡，在转变观念及革新体制、课程、管理等方面，还将有很长的路程需要求索。这一进程无疑对中国开放远程高等教育的发展环境、体制、课程、师资和合作机制，都将产生重要影响。应当说，AAOU十八届年会提供了来自不同国家的丰富案例和理论探索。

二　开放大学的成功之道

英国开放大学以其全英大学教学质量排名压倒牛津列为第五的事实，向全世界说明，开放大学能提供一流教育，并在办学体制的灵活、开放和成本上，优于传统大学。一辈子献身于远程高等教育，并担任英国开放大学校长11年，带领该校走向如此巅峰的丹尼尔爵士，用一个代表入学规模、质量、成本、相关性和领导体制五个矢量的五边形，总结和概括出开放大学成功的五大要素。应当说，每一要素都是一门学问，一个研究、探索的重要领域，一个影响远程教育体制和开放大学成败的关键。这五大要素又是相互影响、相互制约的。领导者不仅要熟悉并在每个领域有所建树，而且要把握每一局部与整体的制约与协调，才能导演出一个生动、精彩的开放远程教育体系或一个开放大学的全剧。丹尼尔认为，开放大学应当珍视、滋养和发展自己的开放性，即使在高等教育越来越双元化的环境中，也要将开放性保持为自己的一种独特的理念。开放大学在为教育弱势群体和成人提供优质教育方面应当是先驱者和强者。开放大学可能运行良好，也可能完全不运行，关键取决于有无一个具有远见卓识、充满精力和活力的校长。开放大学不能没有研究。开放大学永远不应在质量前沿放松自己的努力。要重视影响教与学系统的效益和成本效益的诸多因素，等等。深入研究和进一步探讨他的这些经验之谈，对于解决中国远程教育改革、革新与发展中的诸多战略和政策问题，都会有参考意义。

三　现代远程教育中的技术应用

技术是远程教育的支柱，是其升级换代的推动力量，影响其入学、质量、成本、相关性及领导管理诸多要素。ICT 在教育中的运用已经成为全球时尚，教育信息化已经成为中国教育发展和改革的一个重要目标。现在面临的挑战是，一些地方出现了我所谓的"教育中的 IT 泡沫现象"，即：IT 使用中硬件和软件的失衡；技术的先进性与技术使用者开发、利用能力之间的巨大差距；网络的开放性与课件的稀缺、管理滞后的矛盾所造成的投资高但效益甚差的状况。人们的一个认识误区是，以为所采用的技术越先进，就以为所代表的教育、教学质量越先进。在这次年会的总结会上，会议特邀总结人、英联邦学习共同体前总裁、中国香港公开大学前校长邓立真博士指出，在决定使用某一种技术之前，我们应当先问一下自己的目的是什么，这个问题提得真是一语中的，切中时弊。我体会他的言下之意在于，能达到你目的的技术就是好技术。本人在尼泊尔调研时深切感受到，当因特网在许多地方尚不普及时，一个小小的收音机仍是许多不发达国家边远、落后地区最实用、最有效也最省钱的传送知识和技能的最实用技术工具。丹尼尔也主张，应当将技术混合运用，不同的技术对独立的和交互的学习有不同的作用，要注意新技术的不同成本曲线，使用前要做好充分准备。需要申明的是，我借用年会上的这些观点，提出"教育中的 IT 泡沫现象"，绝不意味着我认为应当放弃在教育中尤其是开放远程教育中开发 IT 潜力的努力和试验，相反，我认为，我们对德斯蒙德·基更博士提出的所谓的"移动学习"的观念和实践，应当给予足够的重视。如果说，他在 2000 年上海电视大学成立 40 周年国际研讨会上提出从 E - Learning 到 M - Learning 时还仅仅是一个概念，五年后的今天，他向年会提出的已不仅仅是一个他所谓的第三代远程教育——移动学习的概念，而是五个已经付诸实施的移动学习案例。其中四个是欧洲委员会资助的项目，一个在非洲。国家涵盖爱尔兰、英国、意大利和南非。内容包括在个人数字助手（PDA）、智能手机、移动电话上开展远程学习的可行性、局限性和前景。他的结论是未来属于无线。我认为，我国有条件的地方和学校，不妨搞一点研究，做一点试验，以免有朝一日发现我们又落后了一代。在ICT使用上，这次会议提供了很多的案例，既提醒人们注意技术使用的目的性、可行性和成本、效益，又聆听了最前沿试验的报告，可谓这次会议的又一成功之处。

四　课程开发——远程教育质量的关键领域

在上海电视大学主办的2003年世界巨型大学峰会上，英国开放大学教学质量在全英大学中排名第五的消息鼓舞了全世界的开放大学同人。严格、科学的课程开发是获得这一排位的关键之一，同时这又是众多开放大学面临的疑点、难点。因此，上海电视大学精心安排、组织了这次年会的会前讲习班，专程请来英国开放大学负责课程开发的副校长琳达·琼斯博士和阿兰·泰特院长，向与会者报告了他们进行课程开发的思路、规划和过程，包括其市场调研、成本估算、课程设计、团队组合、媒体选择、学生支持、评估反馈、课程生命周期、学术性与商业性结合等诸多方面的理念和实践，使人们窥见了一所成功和顶尖开放大学的"内功"及一丝不苟的科学态度，了解了其成功秘诀。同时，自然地对照出了自己的差距。在课程开发方面颇得国际好评的印度英迪拉·甘地国立开放大学也报告了其经验。结合本国、本地、本校实际，研究和吸取他们的经验，使自己开发的课程和出版的课本像英国开放大学的教材一样，成为不仅是本校学生，也是传统大学学生争相购用的教材，在教学质量评估上与传统大学站在同一起跑线上，应当成为各国开放大学的一个目标。我相信，这次年会和会前研讨将为这一进程奠定基础。

这次年会对于中国广播电视大学同人具有划时代意义的一个成果是，中央广播电视大学校长当选为亚洲开放大学协会主席，任期三年。这是该协会成立以来我国开放大学校长的首次任职。这次会议还在上海电视大学声明全力支持中央电大竞争、自身不再竞选执委的情况下，仍然被协会继续选举其继任执委，这在地区和国际非政府组织的历史上都是少有的。这是亚洲地区开放大学同人对中国的信任、信心和期待，也是中国国际地位和声誉的提高在远程教育领域中的反映。我相信，从来没有进入过中国的 AAOU 秘书处，在三年以后将向全会交出一份满意的报告，以自己的敬业精神、革新和贡献，在 AAOU 的历史上留下难忘的一页。

这次大会的成功，再一次表现了上海远程教育集团和上海电视大学在以张德明校长为书记的一班人领导下所体现出来的战略眼光、献身精神以及勇于创新、团结协作、一丝不苟的良好作风和传统；表现了上海电视大学组织、运作大型和高层国际活动的能力和潜力，以及努力使学校向国际化迈进的决心和毅力。他们在近年来的国际交往活动中所体现出来的热忱、真诚、大度、大气、好学、敬业和平等待人的精神及作风，已经深得亚洲地区同行和国际社会的普遍认可和赞扬，为他们今后加强国际交流，取百家之长，争办一流开放大学，创造了一个良好的国际环境和条件。

我为有幸再一次置身于这一团队之中感到自豪。

（《AAOU 第 18 届年会文集》前言，上海电子音像出版社 2005 年版）

关于加强上海电大国际学术
交流与合作的几点建议

2005 年，上海远程教育集团确立了把上海电视大学办成国内一流、国际有影响开放大学的战略目标，并认为加强国际学术交流与合作是实现这一目标的一项重要措施。

2005 年 3 月 30 日至 4 月 1 日，我应邀专程来沪与国际学术交流项目组成员研讨如何加强国际学术交流与合作工作。4 月 1 日上午，张德明校长听取了我的意见和项目组汇报，并给予充分肯定。我所提基本意见和设想如下：

一、充分重视国际学术交流与合作的作用，规划好近几年的国际学术交流项目，为实现集团战略目标服务。

办成国内一流、国际有影响的上海远教集团和开放大学，这是集团既定的发展战略目标。2003 年巨型大学峰会和 2004 年 AAOU 年会的成功召开，增强了教职员工的信心，提高了集团在国内外的声誉和影响，成为集团实现战略目标的一个重要开始。建议从 2005 年起，集团争取每年组织一次 100 人左右的中等规模国际学术交流活动，内容力求务实，突出教学领域中的热点和难点问题，吸引和惠及更多的教师、技术人员、研究人员和管理人员参与，并使他们从中得益，直接为教学一线服务，并使之成为一个有影响、有特色的系列化国际学术交流项目。同时要尽早准备，力争三五年内申办国际开放与远程教育协会（ICDE）的顶级学术会议。

二、建议继续争取联合国教科文组织的支持，合作主办"联合国教科文组织远程教育姐妹学校网络国际研修班"，使之成为一个有影响、有特色的系列化国际学术交流项目，国际研修班系列主题暂定为：

（1）2005 年：教学设计/课程开发/质量保证的案例分析；

（2）2006 年：教学管理/学习支持服务体系的案例分析；

（3）2007 年：教育技术应用/成本/效益/效果评价的案例分析。

国际研修班的预期目标是：

（1）邀请和组织国际远程教育相关领域的一流专家讲授成功的典型案例，与会者分享成果、经验；

（2）通过案例分析和深入讨论，培养学员应用先进理念和科学方法，积极投入远程教育学科教学的实践和革新；

（3）促进远程教学有关学科课程人员之间会后的合作和网上交流，提供国际学术交流与合作的服务平台。

国际研修班学员：以国内为主，立足集团，服务全国电大和网院；争取国际资助，量力而行，适当吸收和资助发展中国家相关人员参加，以体现联合国教科文组织项目姐妹学校网络计划的宗旨。

国际研修班特色：系列专题，内容务实；案例分析，方法实用；鼓励双向交流和学员主动参与，注重提高学员教学革新能力和操作技能，注意活动的连续性。

2005 年 10 月要力争办好 2005 系列国际研修班，具体方案另列。

三、积极申办国际开放与远程教育协会（ICDE）的顶级国际学术会议，力争使集团国际学术交流再上新的台阶，使上海电视大学成为公认的国际远程教育学术交流中心之一。

国际开放与远程教育协会成立于 1938 年，是唯一的全球性远程教育专业组织。据了解，ICDE 有三个不同层次的会议。最高层次的 ICDE 世界大会，一般 2 年一届；其次是 ICDE 校长代表会议，一般也是 2 年一次，与世界大会交叉隔年召开；第三层次 ICDE 国际会议，根据不同主题和区域不固定地召开。

申办和组织 ICDE 会议，最能体现主办学校在国际远程教育领域的地位和影响。考虑到各种因素，集团可设立 3 个不同层次的申办目标：

第一目标，力争申办 2008 年的 ICDE 第 23 届世界大会；

第二目标，力争申办 2007 年或 2009 年的 ICDE 校长代表会议；

第三目标，力争申办 2008 年或 2009 年的 ICDE 国际会议。

据有关资料分析，实现第一目标的难度很大，主要是中国内地还没有召开过 ICDE 的任何一种形式会议，香港公开大学也仅在去年召开过一次 ICDE 第 21 届世界大会。另外，其他电大很有可能受到启发而与我校竞争 ICDE 会议在中国内地的首办权。所以，建议按不同的目标实行不同的申办策略。

首先追求第一目标，可以主动争取中央电大支持，联合在上海主办。其次如第一目标达不到，则全力争取独立实现第二目标或第三目标。

借鉴 AAOU 年会申办成功的经验，应尽早起步开展 ICDE 会议的申报筹备工作，了解掌握 ICDE 活动的信息和有关章程，准备资料，有针对性地进行公关，重点是与秘书长沟通，制定行动方案，锲而不舍，千方百计地争取申办 ICDE 会议的成功。

四、充分利用联合国教科文组织远程教育姐妹学校网络计划，推动国际学术交流与合作，不断提升上海电视大学在国内外的声誉和影响。

联合国教科文组织在全球设立了 600 多个教席和姐妹学校网络，这些教席和网络都是有影响的学校和教授经联合国教科文组织审核认同的，其中国有 8 位，包括清华、北大等名校教授。上海电视大学张德明教授（以前是黄清云教授）获得中国乃至亚太地区唯一的远程教育教席，这是集团和电大值得自豪的荣誉。

联合国教科文组织设立教席和网络的主要目的，是通过教席和网络的影响和示范作用，争取有关机构支持和资助，开展相关领域的国际学术交流与合作，促进发展中国家相关教育领域的发展。

联合国教科文组织教席和网络的作用过去我们认识不足，现在应该予以重视并利用好这一宝贵的资源和平台，密切与联合国教科文组织的联系，以便更好地推动国际学术交流与合作，加强对外宣传，进一步提升上海电视大学在国内外的声誉和影响。

五、筹备编辑出版一套有影响的《国际远程教育发展与研究系列丛书》。

主要面向国内读者，利用顾问教授、客座教授和上海高教电子音像出版社等丰富资源，也可结合系列国际研修班和主要国际学术会议，将近年来世界远程教育发展与研究的最新成果编辑出版成系列丛书。这不仅可以使国内同行和广大读者受惠，而且有助于打造上海远程教育集团的品牌。

（我于 2005 年 4 月 5 日提出的以上建议初稿由汪洪宝同志整理。值得高兴并令人欣慰的是，以上建议不仅为集团和电大全部采纳，而且后来的发展证明，由于张德明校长和他的领导集体的重视及全校教职员工的同心协力，我建议的活动全部成为现实，而且一般效果和影响几乎皆超出预期）

素质教育：只有走出理念误区，才能破解困局

——从日本、美国之间教育比较说起

素质教育推行 20 余年，理论界和实践中仍然有点莫衷一是。一个至今仍在提出的问题仍然是素质教育的真正内涵究竟是什么。耐人寻味的是，在描述当前素质教育所处的状况时，人们的用词几乎雷同："困惑"、"困境"、"困局"、"夹缝"、"两难"、"骑墙"、"尴尬"、"迷失"，等等。造成这种状况的原因当然是多方面的，但多年来理论上和认识上自觉或不自觉地所营造出来的一些误区是主要原因。要破解困局（2005 年 10 月 31 日新华网新华校园标题），必须走出这些误区。我想借鉴日本、美国之间的教育比较，提出我国推行素质教育中的几个理论误区所在和走出误区、破解困局的方略。

经合组织（OECD）国家之间有一个好的做法：请经合组织派国外的专家对本国教育进行评估，提出改进建议，供决策参考。1970 年，日本就这样做过，并开始了日本历史上自明治维新、二战失败后的第三次教育改革的大辩论。1983 年，中曾根首相和时任美国里根总统商定，组织本国教育部内和部外的专家对对方的教育进行研究，以相互借鉴。经过三年的组队、考察、研讨，各自提出了对对方教育的考察报告。20 年后的今天，研读和思考这两份报告，不仅仍然有助于人们深刻了解日本和美国教育的理念和实践及其产生的文化、历史和社会背景，而且对走出我国当前推行素质教育中的几个认识误区、理清思路及摆脱人为的迷惘、压力、浮躁和尴尬，会有重要启示。

一   何谓素质教育

各国教育尤其是基础教育无不以提高本民族和本国各民族的基本素质为宗旨，从这个意义上说，不管一个国家有没有提出素质教育的口号，各国国民教育尤其是基础教育性质上都是素质教育，只不过在不同发展阶段、不同文化、宗教、历史和社会背景下，不同国家对国民素质教育的定义、内涵、具体要求、实施机制、战略、政策和面临的问题、挑战不同罢了。日本教育和美国教育可以说分别是东西方文化的典型代表。日本第三次教育改革面临并且至今仍在探索的众多挑战，始终围绕着如何克服日本教育体制的"划一"和"僵硬"，如何发展学生个性，如何克服"教育荒废"和"考试地狱"即高考带来的过度竞争等，以培养创新人才，适应信息社会、知识社会和经济全球化的要求。日本人热衷于同美国人搞比较，潜意识里是希望从美国教育中得到解决上述难题的启示。出乎意料的是，报告出炉后，时任美国教育部长的贝内特先生却认为，美国的很多教育理想在日本教育中得到了更好的体现，提出美国教育应当向日本学习的有12条之多，并且从总体上给日本教育以极高的评价：日本教育是成功的。它虽然并非完美，但在为现代化的日本提供一个极富竞争力的经济、一个有高度文化的人民、稳定的民主体制、犯罪或暴力相对其低的文明和一个有着良好、可靠技术基础的功能性社会的进程中，取得了无可争议的成功。应当说，贝内特的评价是符合日本发展尤其是二战后的发展历史的。更重要的是，也在客观上提出了各国国民教育或国民素质教育所要达到的基本目标。同样可以得出结论的是，虽然日本教育也饱受"考试地狱"等难题的困扰，但人们不能否认的是，它并没有改变日本国民教育的素质教育性质；明治维新以来的日本教育在提高日本国民素质，实现国家现代化进程中功不可没；不能否认，日本教育是一种成功的国民素质教育。我国教育尤其是基础教育饱受过度升学考试竞争之苦，把"素质教育"作为一种理念提出，引导教育改革和革新，以逐步缓和和克服过度考试竞争带来的弊端是对的。但提出"由应试教育向素质教育转轨"，无意中将我国现行基础教育过于简单地概括为"应试教育"，并且作为素质教育的对立面；或者要求全面推行素质教育而不明确现行教育尤其是基础教育的素质教育性质所造成的一个误区就是，似乎所谓的"应试教育"，或者更准确地说，受到高考竞争严重困扰的我国目前的基础教育，性质上已经不是素质教育，或者脱离了"素质教育"的轨道，因而需要"转轨"。"转轨"后的"素质教育"则意味着一套全新的理念、体制、课程等。不走出这一误区，就不能使广大教育工作者尤其是奋斗在教育第一线的广大教师、校长们从由此带来的迷惘、混乱和压力中解脱出来。

二　何时实现素质教育

素质教育是我国在特定条件下提出来的，与国际上流行的"quality education"、"excellence of education"（优质教育）等相通但并不完全相同。正因为如此，素质教育推行 20 余年，至今没有一个合格的、外国人听得懂的英文翻译。"素质教育"作为一个独立的概念，同"终身教育"、"开放教育"、"博雅教育"一样，表达的是一种教育理念和教育理想。它强调国民教育尤其是基础教育，重在培养公民的道德、文化、知识、能力、体能、技能等基本素质，而不是与社会上的某一特定要求的"无缝对接"。没有国民教育体系的高度发达，没有学校教育、社会教育及企事业、机关培训系统的广泛发展、相互配合、沟通和认可，就很难全面实现这一理念。探索和实践素质教育的理念，不可能不受到时代和环境的制约，不可能脱离现实，不可能不受到各种困扰，并且总是在和多种困扰的互动中逐步实现自身目标的。因而，一个国家、一个地区的教育即使重起炉灶，也不可能是完美的。这将是一个没有止境的因地因时的探索、改革和创新的过程。从这个意义上说，何时实现素质教育，既有期又无期。日、美从 20 世纪七八十年代起的教育改革有一个共同点，即都认为本国教育面临危机，都强调改革要有利于学生的个性发展和培养学生的创新能力，同我国倡导的素质教育所要达到的目标是相通的。为此，美国自1983 年发表震惊全国的"国家处于危险之中"的教改报告以来，历届总统直至现任布什总统，几乎都自称是"教育总统"，都亲自召开州长会议，商讨教改大计，通过新的立法，增加拨款，实施一系列项目，以求改进。20 年后，美国克莱特基础教育工作组发表后续报告，题目仍然是："我们的教育与我们的未来：我们仍处在危险之中吗？"细读全文，可以看出报告认为美国并没有走出这种危险。日本自 1983 年起，成立直属总理的多个临时咨询、审议机构，在全国集思广益，四年间连续发表四份审议报告。几乎历届首相都把教改作为大事列入议程，通过新的立法、增加拨款，可谓不遗余力。但18年后，2001年，日本政府正式提出的"二十一世纪教育新生计划（彩虹计划）"仍然认为，"放眼现今的教育状况，全民和社会对教育信赖程度大幅降低，我国教育正面临前所未有的危机"。虽然西方人和日本人除大选外很少讲"大好形势"，对"危机"的定义和程度的理解与我们有相当的差距，但仍喜欢用"危机"来强调所及问题的重要性和严重程度。尽管如此，这并不意味着两国政府和人民在过去20年中为走出他们所谓的"教育危机"无所作为，没有成绩。只能说明，立足本国实际，追求一种新的教育理念，提高本民族的素质，是一个不断探索、不断发现问题和解决问题的没有止境的过程。教育上的重大决策或举措、革新或改革的功效，往往需要一两代、两三代人的努力才能作出判断，无法急功近利或整齐划一。提出教育"转轨"、学校"转型"带来的又一个误区是，没有也不可能定出"转轨"、"转型"的标准和全国统一的行动计划，如此偌大国家何时和如何"转轨"、"转型"，"转轨"、"转型"必须具备哪些条件，而只是要求人们"转轨"、"转型"，使广大教育工作者处于一种自己也说不清道不明的夹缝和压力之中，造成一种"欲罢不能却又欲说还休"，"人人有责"变成"人人无责"、"人人有理"、"人人喊冤"的尴尬局面，形成迷惘、浮躁的氛围。

三　如何走出困局——从素质教育与 所谓的"应试教育"谈起

　　有教育，就必然有人的差异；有社会竞争，就必然有考查、评价和竞争。从这个意义上讲，没有一种没有考试的国民教育，也没有一种国民教育制度不面临考试、考查、竞争所带来的种种问题、困扰或挑战；同样，也不能、实际上也很少听说某国因此否定本国国民基础教育的素质教育性质。区别在于，如何把这种考试尤其是高考所带来的过度竞争控制在正常水平、一定范围和一定阶段内；同时，创造必要条件，减缓由此带来的压力和各种负面影响，而不是希冀于"转轨"到某种理想的"教育"能不产生或回避这一难题或者能处理得尽善尽美。美国和日本都面临这一问题，日本则更有"考试地狱"之称。不过，已经跨过大众化并已进入普及化的美国和日本的高等教育，已经把大多数中学毕业生从首先求得一个接受高等教育机会的第一层次竞争中解脱出来，使竞争缩小到一部分有志向、有潜力、有财力角逐名牌大学的青年学子之间。与此同时，考试可多次举行，学校包括名牌大学录取学生常常不以入学考试分数为唯一依据，甚至有时拒"高考状元"于门外，从而减轻了考试带来的压力及其负面影响。更重要的是，整个高等教育体系在学籍管理、专业转换、转校、学分管理、互认及与企业和社会培训系统的沟通、合作和互认等方面，变得越来越开放、灵活，为广大年轻学子在"一次龙门失足"后提供了再次实现自己人生价值和潜力的多重机会，大大缓解甚至解除了广大学生和家长"一考定终身"的压力和恐惧，也为追求素质教育理念的教育实践提供了较为宽松、有利的环境。应当承认，美国的教育发展及其灵活、开放的高等教育体制较好地解决了这一问题。因此，人们很少看到美国众多的教改调研报告仍然涉及这一问题。对日本来说，由于其独特的文化、用人制度及高等教育大众化和普及化进程起步较晚等原因，这仍然是一个现实的挑战。但众多的日本官方的教改审议报告透露出来的信息和解决这一问题的思路就是借鉴美国。在义务教育阶段，美国和日本都以均衡和机会均等为坚定不移的原则，避免按学生能力和成绩区分、编班、补课、选修，实行自动升级，政策上不造成"优质教育资源"和非优质教育资源之分。虽然日本相当一部分义务教育阶段的学生仍然到私校补课，但校内仍保持为一片净土，不营造压力和竞争，以利于学生全面发展和综合素质提高。倡导素质教育的理念，探索克服过度升学竞争负面影响的途径是必要的，但带来的又一个误区就是，素质教育能否回避和如何对待"应试"，应试"和素质教育是否完全对立，素质教育本身能否克服过度的升学竞争压力，或者更彻底地说，素质教育本身能否解决亿万青少年和广大民众愈来愈强烈的多样化、个性化的教育需求与社会主义初级阶段教育供给不足，或者体制缺乏灵活、过于统一的根本矛盾。反之亦然，没有这一根本矛盾的缓解和解决，过度的升学竞争压力能否缓解，理想中的素质教育能否实现？不回答这些问题，没有一个整体的、分步的、因地制宜的改革方案，就会使第一线广大的教育工作者无所适从，使学校深陷两难、"骑墙"、"观望"、"抱怨"境地。

　　现在是回答"素质教育究竟是什么"，这个人们至今仍在提出的问题的时候了；是走出误区，自我解脱，回到现实，破解困局，从长计议素质教育大计的时候了。

要走出误区，破解困局，就应当明确，素质教育是各国国民基础教育的共同性质，基础教育就是素质教育。在我国，在特定条件下针对过度升学竞争提出和强调素质教育理念的同时，并非亦不应该否定我国现行的国民教育尤其是基础教育的素质教育性质及其巨大成就，这并不意味着广大教师、校长和教育工作者离开了提高国民素质的教育轨道，他们从事的日常教育教学活动已经不是素质教育，而是所谓的"应试教育"，要"转轨"，而是以此理念为指导，探索克服国民素质教育中过度升学竞争带来的负面影响的因应之道，进一步普遍提高我国国民素质教育的水平和质量。需要指出的是，教育理论界包括一些相当有影响的人士把这一概念复杂化并任意延升和拔高，并进一步根据拔高了的理念和标准，既否定了我国现行基础教育的素质教育性质，又否定了工作在第一线的学校和教师从本校本地实际出发按照素质教育理念进行各种探索的可贵实践，使他们手足无措，使已经营造出来的众多认识误区更加扑朔迷离。理论上的混乱是人人呼喊迷失，又人人说不清迷失在哪儿的首要原因。

从长计议就是要承认在我国推行素质教育理念的长期性、艰巨性和复杂性，承认过度的升学竞争在我国恐怕还将存在相当长时间。只有国家真正把教育的战略地位落实到财政拨款上，使我国的教育投资尽快达到《中国教育发展改革纲要》提出的教育经费占国民生产总值4%，进而尽快赶上并超过世界平均水平的5%（1998，UNESCO）[①]的目标，扩大教育总供给，包括持续推动高等教育大众化进程，打破计划经济体制长期遗留下来的高等教育体制的僵化和封闭，逐步推进高考入学制度、学籍制度、学分制度、转修和转学制度及学分、学位互认和社会用人制度等改革，义务教育中严格执行均衡、平等的原则，建立起学校之间，学校与企业培训、社会培训之间相互沟通、合作、认可的开放灵活的终身教育体系，这种过度高考升学竞争带来的负面影响和对实施素质教育的干扰，才能逐步缓解，素质教育的理念和理想才能随着条件、社会要求和社会环境的变化，逐步得到推行和提升。因此，强调和推行基础教育的素质教育理念，必须中央和地方分工合作，按照社会系统工程的原理，因地制宜，分阶段、分步骤，定出有限目标和相应措施，作为一个真正的世纪工程；必须

---

① 根据联合国教科文组织1998年世界教育报告提供的130个国家教育投资占GNP的比例数据推算（5.0123%）。其中，有106个国家为发展中国家。

给予地方政府尤其是第一线的学校、校长、教师更多的自主和灵活性，鼓励他们因时因地地探索和创新。希望短期内取得整体上的重大突破不太现实，浮躁情绪只能增加不必要的压力和困惑。

全世界的教育工作者几乎都是理想主义者。人们在不同条件下，不同环境中对素质教育理念和理想的各种追求、探索和实践，应当受到鼓励和支持。政府的责任是逐步加大投入和体制、制度的改革力度，创造条件，创造一个相对宽松、公平的环境，承认和尊重多样性，支持成功，保护失败，适度引导、解惑，不当学术问题上的裁判员。这样，也许能营造出一个实施素质教育的更加生动、活泼的局面。

参考文献

1. 潘文新：《素质教育迷失在哪里？》，《中国教育报》2005 年 11 月 26 日。

2. 国家教育发展研究中心编：《发达国家教育改革的动向和趋势》（一、二、七集），人民教育出版社出版。

3. 王策三：《认真对待"轻视知识"的教育思潮——再评由"应试教育"向素质教育转轨提法的讨论》，《北京大学教育评论》2004 年第 3 期。

4. 沈世发、梁书斌：《全国第八次课程改革处境尴尬》，《参考消息》2005 年 12 月 29 日。

5. World Education Report, 1998, UNESCO, Paris.

（载《教育发展研究》2006 年 5a）

中国电大的定位和走向世界
一流开放大学的道路
——国外经验和国际比较的视角

作者附记

　　我在联合国教科文组织工作 10 年，作为其亚太地区的唯一的一名高等教育及远程教育计划专家，负责与亚洲开放大学协会联系并支持其活动，是我的工作之一。这使我有机会与本地区的开放大学包括中国的电大有较多的联系，对远程教育和开放大学在各国的地位、作用、模式、机制、问题和面临的挑战有了较多的了解，从而为我的比较研究提供了难得的条件。在各种不同场合，我一方面为中国电大取得的骄人成就感到高兴，同时又总感到中国电大在中国教育体系中的定位和享有的自主权限，与本地区的兄弟院校相比，面对教育发展的国际大潮和趋势，仍然是一个值得进一步探讨的、对于中国电大未来发展和能否在世界上争得一席之地具有决定性影响的问题。我在曼谷工作时因为忙，几次动笔未成，直到退休后 2005 年底终于成文。2009 年参加第二次世界高等教育大会，看到远程教育和开放大学的地位在国际社会又有很大提升，又逢国家正在制定新的规划纲要，言犹未尽，于是又写了一篇《再论中国电大的定位和未来——来自 2009 世界高等教育大会的启示》，似乎成了姊妹篇，一并收入本文集，供读者参考和指正。

一　一个有点令人尴尬的事实

　　1995 年 8 月 18 日国家教委转发《关于广播电视大学贯彻〈中国教育改革和发展纲要〉的意见》，明确提出电大发展的目标是"努力建设成为具有中国特色的现代远距离教育开放大学"。《2003—2007 年广播电视大学发展规划》提出今后的发展目标之一是：建设世界一流的开放大学。

中国的广播电视大学代表了中国人对建立开放大学的探索和追求，这种探索和追求并非始于 1979 年中国广播电视大学的正式建立，而是从 1960 年北京、上海和广州建立广播电视大学就已经开始。严格来讲，中国的广播电视大学在世界开放大学行列中应该是历史最长的。中国广播电视大学过去培养了 425 万毕业生，现在拥有 266 万在校生，其规模居世界第一亦无可争辩。但是，当我把 14 个国家和地区的 15 所有点影响的开放大学排列起来，并在办学层次上比较了一下，却不能不发现一个多少有点令人尴尬的事实：中国电大资格最老、规模最大，却层次最低（见下表）。

学校名	成立年份	非学位科目	学士科目	硕士科目	博士科目
巴基斯坦国立开放大学	1974	多学科	18	29	14
孟加拉国立开放大学	1971	多学科	7	5	
埃米白的伽开放大学	1982	多学科	7	10	2
印度英迪拉·甘地国立开放大学	1985	多学科	14	12	8
韩国国立开放大学	1972	多学科	21	6	
马来西亚国立开放大学	2000	多学科	13	7	5
伊朗国立开放大学	1988	多学科	27	21	3
泰国素可泰国立开放大学	1978	多学科	60	21	
中国香港开放大学	1989	多学科	91	28	28
斯里兰卡国立开放大学	1980	多学科	11	5	
日本放送大学	1981	多学科	6	4	
菲律宾国立开放大学	1995	多学科	2	8	4
印度尼西亚国立开放大学	1984	多学科	17	5	
英国开放大学	1969	多学科	19	20	9
中国中央广播电视大学	1978（1960）	多学科	75		

资料来源：AAOU Handbook, 2004, KNOU, Seoul.

在上表所列 15 所开放大学中，除中国电大外，所有开放大学均具有学士学位授予权和硕士学位授予权，并有 8 所有博士学位授予权；而中国电大从严格意义上讲，还没有独立的授予学士学位的资格，即国际上一般认为能号称"大学"的起码资格。

这种多少有点简单化的比较可能会立即引起此类比较有无意义、有无必要的争论，或者以中国国情不一或特殊对这一事实不屑一顾。不过，我认为正视这一现实，而不管这一现实多么令人不愉快，并进行一番反思、总结和比较，或许对明确中国电大的历史作用和定位，探讨其未来发展的道路，并采取必要的切切实实的行动向世界一流开放大学的目标迈进，不仅无法回避，而且有益。

二　殊途而未同归的原因探究

孙中山先生有句名言："世界潮流，浩浩荡荡，顺之者昌，逆之者亡。"中国改革开放的总设计师邓小平为中国教育发展与改革指明的大方向之一是"面向世界"。我理解面向世界至少有三个层次。第一，要面向世界，首先要了解世界，了解世界上究竟发生了什么和自己现在所处的位置；第二，了解世界潮流中哪些是反映了人类社会发展客观规律的，世界各国迟早都要遵循的；第三，正确认识本国国情，并在此基础上实行"拿来主义"。以上便是我列表比较的初衷，也是本文的出发点。

开放大学作为一种理念和实践，不过50年的历史。中国在探索和实践这一理念的进程中，可谓先驱者之一。所列中国以外的13个国家（或地区）国情各异，差别甚大，但在探索开放大学这一新型办学模式中，在办学层次上，却殊途同归，都把开放大学办成了完整意义上的大学，拥有直至硕士、博士学位的授予权。遗憾的是，中国殊途而没有同归。双方的原因都值得探究。

自20世纪六七十年代起，信息和知识社会悄然走近，发达国家经济结构的调整、升级带来了长期的结构性失业顽症；为适应工业化社会建立起来的、总体上已经僵化封闭的传统教育体系，无论在数量和办学形式上都已越来越难以满足人们不断增长的、多样化的、终身的教育需求；教育民主化、教育机会均等成为广大民众的诉求；终身教育作为一种科学的、完整的教育理念，成为越来越多国家改革和发展教育的基本指导思想。这些信息、思潮和实践，通过国际组织、论坛和交流，不胫而走，也影响着广大发展中国家。开放大学的理念和实践应运而生。

国外开放大学在办学层次上殊途同归的原因似乎并不复杂，主要有三。一是大学的定位、开放的理念受到法律的保护。大学的建立，一般均由国家或省、州级立法机构通过相应办学章程规定。章程对学校的办学理念、目标、管理体制、职责和自主权力等作出规定。章程一旦经立法机构通过就是法律，就是学校办学的依据，也是学校和政府在其相互关系中共同遵守的准则。只要定位于大学，就享有独立授予学位权，并受法律保护。二是在学科和专业的划分、设置、课程结构和安排、学籍管理、学位授予等方面拥有自主权，同样受法律保护。自主权是任何一所大学的生命力的源泉。对于要以新的模式和方法应对日益增长的极其多样化并越来越个性化的教育需求的开放大学来说，更是如此。开放大学没有这些方面的自主权，就失去了追求开放教育和终身教育理念的空间和可能，也失去了它和传统高校的本质区别。三是有一位专职的，不仅有一定的普通高校管理经验，而且对开放和终身教育信念执着，并在学界、政界有相当声望的人当校长。道理很简单：开放大学是一种全新的理念和模式，而来自家长、社会、学界、政府的传统观念和偏见根深蒂固，没有一个强势领军人物，势必步履艰难，甚至最终不得不重新向传统高校看齐，步入尴尬。且不说英国丹尼尔爵士改变自己专业，把办好开放大学作为自己毕生追求，使英国开放大学教学质量名列全英第五，超过牛津大学[*]。印度英迪拉·甘地开放大学前三任校长，不仅都来自名校，而且都对开放教育理念执着，一旦上任，全身心投入。第一位校长还曾是印度大学拨款委员会主席，全国高校的领军人物。2000 年后担任校长的托克瓦勒博士退休后被请去担任印度全国大学认可和评估理事会主席。在亚太地区有相当影响的泰国素可泰开放大学第一任校长是辞去大学部常务副部长职务的威吉特博士。并且，他们都是专职，而不是挂名。

中国电大殊途而未同归的原因可能很多，我能看到的有如下几条：

（一）号称大学而并未真正取得大学的定位。名为大学，实乃高等专科学校或高等教育学院。这同我国相当长一段时间对大学的定义未同世界接轨有关。定位"向下、向下、再向下"，应是面向农村、基层、边远地区、劳工大众之意，而不应被误认为"办学层次应当越低越好"。

---

[*] 2004 年，按全英所有大学 1995 年以来获得优秀课程数占整个被评估课程比例排名。评估由英国高等教育质量保证署组织同行专家进行。英国开放大学向所有人开放，2004 年有本科生158000 人，其中 1/3 的人入学时学历低于普通大学入学要求，有残疾人 7653 人，最年长毕业生94 岁。另有 25000 名研究生，不注册自学者 29838 人。

（二）终身、开放或孔子的"有教无类"的理念，是开放大学最核心的理念和生命力所在，是区别于传统教育体制和高校的最本质的特征。可惜的是，电大成立后按照这一理念所进行的探索，不久即被主管教育行政部门，更确切地说，被传统的办学理念和僵硬的计划经济体制无情地扼杀了：自1987年起，自学视听生、单科生、双科生制度停止；电大招生纳入全国统一高考；招生数纳入计划指标。当这一理念和实践早已被全世界广泛认可后，时至今日，中国的"开放教育"仍处于"试点"。当日本的放送大学（开放大学）将93岁的老妪在该校毕业作为喜讯向国际上报告时，中国电大要求学生八年内完成学业的要求，比欧洲有的国家普通大学要求本科学生毕业的时限还要短。

（三）缺乏得到法律规定和保护的办学的基本自主权，很难能比传统院校更加灵活地因应不断增长的、多样的教育需求，更说不上办出特色、办出声誉，从而逐步改变社会偏见。

（四）领导层不仅缺少有相当威望的领军人物，更甚者，不少地方甚至把电大当成部门间干部升迁的去处。有时有的领导兼任，工作忙，无法深入角色，对国外的趋势和电大实情又不甚了了，却又一言九鼎，往往并无太大帮助。

三　中国电大建成世界一流开放大学的希望和道路

世界一流开放大学意味着世界一流的办学理念、一流的师资、一流的课程和课件、一流的领导、灵活的体制、严格的管理和一流的成绩单等。世界一流当然不意味着学位授予权越大越好。但可以肯定的是，没有独立的学位授予权，甚至最起码的学士学位授予权，断然不能在国际上自称是一个完整意义上的大学，更谈不上是世界一流。当然，我也不认为，一流开放大学很容易就能建成，或者行政部门点头，换块牌子，一夜之间就可以成为开放大学。真正重要的是，总结国内、国外的趋势、潮流和经验，将已经走过的路程、缺失和建成世界一流开放大学的希望进行明晰而不是含糊其词的反思，对不同省市、不同条件的电大建成开放大学的不同方略，世界一流开放大学必须具备的条件、必须跨越的几道门槛，拿出一个上下统一、切实可行的行动计划。

应当承认，中国电大在过去国家规定的层次上的办学取得了巨大成功，也为以后办成世界一流开放大学带来了希望、奠定了基础。这些包括：

（一）建成一个覆盖全国的世界最大的远程教育体系、网络；

（二）有一支相当专业化的队伍，包括领导管理层、教师及研究、技术人员和辅导队伍，并都已积累了相当的经验；

（三）已开设了十大学科 580 个专业以及几千门课程和相应的教材、课件；

（四）已经进入世界一流的技术应用；

（五）有一张在本层次上办学的优异的成绩单；

（六）在国际上已有相当影响，并建立了广泛的联系等。

我认为，中国电大人及其领导者有根据、有能力、有信心更上一层楼，并争取早日加入到世界一流开放大学的行列。

毋庸讳言，在向这一目标迈进的道路上，依我之见，有一些门槛必须跨越，有一些重大行动必须采取。这些包括：

（一）由人大立法或以国务院令的形式颁布中国开放大学章程，以法或令的形式规定其办学理念、宗旨、目标、机构、管理等，保证开放办学和终身教育的理念和实践不会因为探索进程中难以完全避免的一些失误、失策、事件、事故，或者领导或领导机关兴趣的变化而中断。这种保证大学办学理念、宗旨和办学稳定性、连续性的立法措施，通行于绝大多数国家，是高等学校发现和传播知识、追求真理、实现文化传承和客观的社会批判功能的性质所要求的，是大学办学最基本的自主权，如专业、课程设置，人员聘用，学生学籍、学分、学历管理，经费筹措与使用等方面自主权的根本保证。学校要办成一流，就必须办出特色。如果要中国上千所不同类型、不同层次的高校皆各有特色，但全国只有一部《高等教育法》，恐怕引导和规范出的更多的是趋同、雷同，甚至清一色，而不是希望的各具特色。如果真的要把中国电大办成世界一流开放大学，不妨以此在我国开一个先例。

（二）中央电大和少数有条件的省、市电大集中一定资源，既分工又协作，逐步选择和建立一些优势学科并培养学科带头人，面向基层和诸多不利群体，提供研究生课程，以提升办学层次和学位授予层次，扩大在国内和国际上的影响。应当指出的是，提升办学层次与重心向下和四个面向不仅并不矛盾，而且可以提升其质量和效益，反映开放大学奉行终身教育理念、服务全民的办学特色。

（三）真正办出中国特色。问题是何谓中国特色？大，不是。国际上巨型大学越来越多。开放、网络、新技术应用、国内外合作办学、面向多种弱势群体等，都已成为各国开放大学的共同之处，也很难列成中国特色。从中国国情出发，有两点倒是有可能办成中国特色，如果能得到政府部门认可和支持的话。一是高等教育双模化（Doual Mode）上当个带头兵、开拓者。不少发达国家高校学生自 20 世纪七八十年代起 40% 以上已是成人或在职人员，面授和使用多种远程教学手段已经混合使用。西欧、北美 50% 以上、澳大利亚甚至 100% 的高校都已经接受了这种"双模式"的办学模式。近年来成为时尚的所谓混合式学习（Blended Learning），不过是"双模制"办学和学生学习方式变化的又一个提法。我国改革滞后的高等教育体制似乎对此尚未予以注意。我国 67 所传统大学建立起来的网院，同母校是各行其道的"双轨"，而非带动母校办学模式改革的"合二为一"的"双模式"。高等学校办学"双模式"的发展方向和混合式学习的兴起，同样给开放远程教育带来了机遇。素可泰等开放大学几十年前建校时明令不准建任何教室的比较极端的做法显然已经过时。有趣的是，中国电大在向传统高校办学模式"看齐"的窘境中，几乎所有省级电大都有一批住校、面授和同时接受远程教育的学生，但办起来似乎有点理不直气不壮。今天看来，也许是歪打正着。如果条件许可，不妨保质、保量扩大这一部分教育，让中国的"双模制"办学始于电大，也许电大能在中国成为探索这一模式的先行者和开拓者，从而办出电大的一个特色。二是逐步建立一个上不封顶、下不封底的所谓"顶天立地"的多元、多层、互通、开放、立体的终身教育体系。国外开放大学在其功能延伸、办学规范等方面，仍然守着传统高等教育的边界，鲜有越过雷池的。中国电大纳"燎原学校"、不少地方的电视中专和众多技能培训于一体，已为这一体系的构建，提供了某些雏形。遵循开放和终身教育的理念，大胆创新，将这一点延伸开来、发展下去，也许能构成又一中国特色。

（四）大一统的体制和大体上齐步走的政策实行 20 多年，优势特显，弊端亦露，有向心之力，亦有分离之势。新的章程应根据新的形势和面临的新的挑战，调整电大系统的内部关系，尤其是中央电大和省级电大的关系，发扬系统的优势，克服已经出现的弊端，扶持省市电大独立办学，激发系统新的活力。

（五）招聘一位权高位重、一言九鼎，同时又对开放大学和终身教育理念执着追求的政界人物或学界泰斗任全职而不是挂名的校长或校务委员会主席。

四　历史角色和历史机遇不可错失

中国正在经历跨越式发展，希冀 21 世纪中叶赶上和超过中等发达国家。物质上和硬件的赶超，几乎可以通过 GDP 的增长算出实现目标的大致年代。但软件上，诸如国民教育、国民综合素质、文化、科技、文明、伦理道德提升等，则要经过几代人的努力才有可能见到成效，并且无法通过 GDP 的增长来衡量，也很难说，这些会与 GDP 的增长一定成正比。正因为如此，一些石油富国 GDP 已达到一些发达国家的标准，但联合国并没有把它们列入发达国家行列。新加坡 GDP 已达发达国家水平，但新加坡认为其全民教育、文化素质差距尚大，并不认为其已进入发达国家行列。在联合国的国家分类中，新加坡仍列在发展中国家或欠发达国家名单上。从这个意义上讲，我们同发达国家最大的差距在人才和人才培养，在全民族的素质，尤其是占人口 70% 以上、已被正规教育体系拒之门外的广大民众的素质上。中国需要赶超的最大鸿沟不是物质，而是全民素质。提高广大民众素质的任务，历史地落到开放远程教育体系的肩上。如果说正规教育体系面对的是 2 亿—3 亿人口，开放远程教育则是面对 8 亿—10 亿的人口，承担的是一个功在千秋、别人无法取代的历史角色。有中国特色的、中央和省市两级的开放大学，将成为完成这一历史任务的主干和龙头。不应认为这里只有下里巴人式的需求。随着城乡一体化和经济的发展，农村人口的大幅流动、转业，广大城市、农村中尤其是年青一代中，希望通过提升自己的教育学历、学位从而一步一步改变和提升自己的经济和社会地位并且政治参与的愿望必然增强，希望能通过"学得起"、"放得下"、"捡得回"、"用得着"、"见效快"的教育方式达此目的的人数必将增加，开放大学的开放将重新激起无数被"一考定终身"而终身失落的有志求知者的希望，开放大学应责无旁贷地满足这些正当要求。这不仅为提高民族素质，而且也将为我国实现社会公平、构建和谐社会、促进国家长治久安做出贡献。如果谈论国情，这就是摆在我们面前的且与办好开放大学密切关联的国情。当然，缺乏诚信、学术腐败、弄虚作假等现象的存在，无疑会对开放大学的管理、质量和声誉构成挑战和威胁，也是不能不正视的国情。但这只是立法、办学过程中加以克服的现象，而构不成开放大学在中国此路不通、可有可无的理由。如果由于理念、体制和用人上的原因，使中国电大这一已经积累和建立起来的庞大体系得不到及时提升、延伸、充实和扩展，在构建我国终身教育体系和学习社会中发挥其独特的、巨大的潜力和活力，并使其在国际上真正占有一席之地，将是一个历史性的缺失。开放大学面向大众和开放、灵活的办学模式为其自身生存和发展提供了强大的生命力。各国开放大学政府投入有限但取得的教育、文化、社会、经济、政治效益显著，已是不争的事实，也是越来越多国家和国际援助机构青睐开放大学的一个重要原因。上海电大不花国家一分钱，自筹经费，买下了市区内的昂贵地皮，建成了堪称世界一流的电子化校园，便是一例。我相信，在中国建设世界一流开放大学的进程中，电大人可能会在重大行动的起始阶段，希冀政府一定的启动资助，更多地希望于政府的可能是办学理念、立法保障和相关政策上的理解、支持与呵护。这也许是中国电大实现建成世界一流开放大学目标的首要条件，也是中国电大走过的 27 年历程中得出的一个重要结论。

参考文献

1. 2004 AAOU Handbook, Published by KNOU, Seoul, 2004.

2. 王铁军：《电大 25 年》，《中国远程教育》（资讯）2004 年第 9 期（下）。

3. 吕瑶：《广播电视同大学的战略选择》，《中国远程教育》（资讯）2005 年第 10 期（下）。

4. 王一兵：《高等教育大众化、国际化、网络化和法人化》，云南大学出版社 2002 年版。

5. 邓辛涛、冯琳：《广播电视大学：直面挑战 规划未来——访中央电大党委副书记、副校长于云秀》，《中国远程教育》2006 年第 2 期（上）。

6. Human Development Report, 2005, UNDP World Education Report, UNESCO, 1998.

（载《中国远程教育》2006 年 4 月上）

走上四重过渡立交的中国高等教育

能够生存下来的物种，既不是那些最强大的，也不是那些最精明的，而是那些最善于对变化做出反应的物种。(*It is not the strongest species that survive, nor the most intelligent, but the ones most responsive to change. — Charles Darwin.*)

——查尔斯·达尔文

一 扩招——一石激起千层浪

经过 1999 年以来近 6 年的扩招，中国高等教育终于改变了它自诞生百年以来的精英教育性质，进入国际公认的大众化阶段。它不仅每年为数以百万计的青年学子提供了可能改变他们一生命运的圆梦机会；而且，对我国从根本上促进社会公平，变人口大国为人力资源强国，增强总体竞争力，保证中国经济稳定、健康和持续地发展，实现建设小康社会、和谐社会和创新型社会的宏伟目标，具有重大战略意义。不管当时的驱动因素有哪些，决策程序有何缺憾，发生于中国现代化进程不断加速，国际竞争日益激烈，老百姓迫切希望通过获得满意的教育改变其经济和社会地位背景下的扩招，将以金色的一页，载入中国教育发展的史册。

然而，一石激起千层浪。连续几年的扩招带来了部分大学毕业生就业难和失业的状况，引起全社会的高度关注。深受"学而优则仕"和计划经济体制下考上大学就等于当上国家干部，就是当然的"社会主义事业建设者和接班人"的思维定式影响的学生、家长、媒体和社会，对此缺乏思想准备，难以接受这一现实。有调查显示，甚至 34.7% 的毕业生因为毕业时找不到工作而后悔上大学。[①] 劳动就业中重关系、人情，缺乏公

[①] 中国青年报社会调查中心开展的一项由 8777 人参与的调查，结果显示，34.7% 的受访者在谈到自己的大学生活时，都觉得后悔（资料来源：《中国青年报》，2006 年 8 月 14 日）。

平竞争的环境，使来自弱势群体家庭的毕业生更加感到失望。政府官员因此担心这种状况持续下去会影响社会安定，并将每年毕业生就业率作为考核学校的一项重要指标，致使有的学校和毕业生不得不以作假应对。热衷于炒作社会新闻，过度商业化，并常常对一些特定领域里的特定问题缺乏真知灼见的一些媒体（包括某些具有官方色彩的媒体），对扩招只看负面，不及其余，甚至于质疑是否扩招闯了祸。

为此，这里有必要首先回答的一个问题是：以数量扩张为特征的扩招是否有必要，是否错了？高等教育走出精英阶段，向大众化和普及化发展，在世界范围内已经不是一个有争议的问题。1998年联合国教科文组织颁布的《世界高等教育宣言》就是一个明证。它提出，只要学业合格，人人应当享有接受高等教育的权利，并重申这是当今一项基本人权。它呼吁各国教育体制应当通过改革变得开放、灵活以方便学生进出。不应忘记的是，一年后中国政府作出扩招的历史性决策时，中国经济已经经历了20多年的持续高速发展，快速从农业和不发达工业社会向工业化、信息化和全球化经济转变。而中国高等教育仍停留在为农业和不发达工业社会服务的精英阶段，在亚洲各国高等教育毛入学率中的排名，仅高于几个不发达国家，如不丹、尼泊尔、孟加拉国；同中国立志追赶的已经跨过大众化并向普及化发展的发达国家相比，则整整落后两个时代。中国扩招决策不是早了，而是迟了；不是错了，而是顺应潮流、反映历史发展规律的英明之举。即使从控制高等教育发展速度的传统理论角度来看，此次扩招也无可厚非。如果说中国过去25年的经济平均增长率为10%，以1983年全国普通高校和成人高校在校生数233.52万人为基数，并以相同口径和年增长率10%计算，2006年中国这一部分的大学生数应为1900.91万人，现在实际为1997.85万人。这说明，20多年来高等教育发展平均速度与经济增长平均速度基本持平。1999年后的跨越式发展速度多少带有对以前历史性缺失的补偿。

二 扩招激起和催化了中国高等教育面临的深层次矛盾

扩招决策有无缺憾？古今中外，凡影响未来子孙后代的重大决策，总难免有缺憾，在目前中国的决策机制和环境中更是在所难免。回顾过去，扩招决策最大的缺憾在于，对数量的大幅扩张并由此引发中国高等教育的深层次矛盾缺乏深入的研究、预想和相应对策。深入剖析扩招后引起的就业、质量和公平三大热点问题，人们不难发现，不触动和解决中国高等教育面临的众多深层次矛盾和问题，就难以找到从根本上解决矛盾和问题的出路和办法。

1. 就业

毕业生就业成为全社会关注的焦点和热点。毋庸置疑，毕业生就业难既与经济发展规模、速度、结构、技术含量、市场的发育和劳动制度有关，又是一个十分复杂的社会公平、文化和心理问题。从高校的办学理念、自主、活力和管理体制进行反思，人们不得不面对一个令人尴尬和不解的现象，一方面相当比例的毕业生找不到工作，另一方面又有相当多的用人单位招不到合格、合适和满意的毕业生。北京华风科技公司人事干部赵锴认为："有人说，中国的大学生找不到工作是因为人太多了，而就我个人的就业经历和曾经招聘过几百人的一点点经验告诉我，人多远远不是问题的核心，因为你发现现在 10 个公司中有 9 个公司说找不到好的人才、适合本企业的人才、一看就喜欢上的人才。"麦肯锡公司 2005 年 11 月对 80 多位人力主管调查后的结果显示，只有不到 10% 的求职者符合外资公司的会计、财务、工程等岗位的要求。大多数人缺乏的是语言和文化沟通能力。由此可得出结论，除了水资源、能源和基础设施之外，人才仍然是中国经济增长的最大瓶颈。

中国经济高速运行 20 多年，经济结构已发生重大变化，民营经济已占半壁以上江山①，外资合资企业举足轻重，劳动力市场的结构、行情与要求与过去已不可同日而语，当代大学生求职必须经受市场的挑选和检验。然而，中国高校为毕业生做好准备了吗？它是否了解并认真考虑了校园之外的快速变化，并在专业、课程、学校管理、学生能力和人格的培养、师资素质提高和培训等方面做出了必要的调整、革新和改革？学校是否有应对变化的足够的自主权？不触及并解决这些深层次的矛盾，相当比例的毕业生失业的状况就会一直存在。

---

① 2006 年民营经济蓝皮书《中国民营经济发展报告（2005—2006）》预测，"十一五"（2006—2010 年）时期，中国民营经济将持续高速增长，占国民经济的比重进一步提高，全部民营经济将可能达到 GDP 的 3/4。2005 年，民营经济占我国 GDP 总量已逾六成（资料来源：新华网，2000 年 9 月 21 日）。

2. 质量

人们普遍认为，扩招导致中国高等教育的质量下降。其根据是短时期内的数量扩张造成了教室、图书馆、实验室和师资等资源紧张，教育部并为此发起了对全国高校五年一轮的类似资质认证的质量评估。但是，当今质量和质量保证问题还远远不止这些。虽然质量是一个相对的、常常是极具争议的概念，在中国高等教育服务对象和赖以生存的环境发生了深刻变化，人类社会开始向信息社会和知识社会过渡的今天，谈及高等教育质量，首先仍要弄清楚以下问题：何谓质量？是什么社会、什么时代的质量理念、观念和标准？质量评估的指挥棒要把学校引向何方？入门资质认证是一回事，日常质量评估和质量保证与之又不完全是一回事。没有必要的理念和体制创新，能否为当今中国高等教育的质量保证提出富有前瞻性的思路、标准和建立相应的公正、公平、透明和权威的评估机制？

3. 公平

尽管扩招为不同社会群体提供了更多的入学机会，促进了社会公平，但在机会成本和社会可承受能力之间又出现了新的公平问题。据报道，目前维系中国高等教育正常运转的经费大约需要4000亿元，而国家现有的实际投入只有800亿元，高校现在向银行借贷的总金额已经超过了1000亿元，差额部分靠各高校收学费填充。高校生均每年所需费用，高的超过1.4万元，低的在1万元左右，按25%提取，每个学生每学年的学费定在3500元。如果按照每名贫困大学生每年平均支出7000元计算（含学费、生活费和住宿费），一个学生本科4年最少花费2.8万元，相当于贫困县一个农民35年的纯收入，这还没有考虑吃饭、穿衣、医疗等费用。高等教育成本由国家、学生、家长、社会共同分摊，是当今世界各国普遍接受的原则。问题在于：（1）成本分摊不等于国家可以抽身或逐步降低自己的份额和责任。（2）经费分摊机制必须考虑社会尤其是不利群体的承受能力。经济合作与发展组织（OECD）衡量成员国在高等教育中的公平状况用了两个指标：一是各国高等教育大众化和普及化的程度及机会的公平性；二是各国国民接受这一机会的成本和能力，即一个国家的学费和上学的其他费用扣除所有形式的资助的净成本占人均国民生产总值的比例。瑞典、芬兰、荷兰等国这一比例低于10%，美国、加拿大17%，英国25%，新西兰33%，日本44%。如果将4000亿元，扣除国家拨款800亿元后的经费由2300万名学生分摊，中国人均分摊的经费可达13913元，相当于 2004 年人均国民生产总值的 113%；如果与年收入不超过 3000 元的农民家庭比，此比例即使不是世界最高，也是最高之一。因此，要解决公平问题，需要回答如下问题：高等教育究竟是什么？它在实现我国所确立的一系列战略目标，如建设小康社会、和谐社会、创新型社会、提升国家的竞争力及维护社会公平和稳定等进程中的地位和作用是什么？国家的责任是什么，是否已经到位？财政拨款是否应当有章可循和有章必循？政府、学生、家长、社会分摊的比例应如何确定和控制，公平如何得到保证？

三　四重过渡——中国高等教育面临的众多深层次矛盾的源头

扩招凸显和激化了中国高等教育众多深层次矛盾，但它并不是矛盾的源头。源头是中国高等教育先后开始了它的四重过渡的进程，即：性质上从精英教育向大众化高等教育过渡；服务对象从不发达的农业和产品经济向开放的面向全球的外向型经济过渡；高等学校的地位从社会边缘向社会中心过渡；其赖以生存的体制从中央集权的计划体制缓慢地向适应市场经济的体制过渡。每一重过渡都向中国高等教育的现行办学理念、体制、运行机制、教育和教学内容、师资和管理水平等提出新的要求和挑战，都触及中国高等教育与此不相适应的众多的深层次矛盾。

大众化首先意味着数量的扩张，而且这一扩张将是一个不短的进程。毛入学率跨过 15% 只是这一进程的开始，重要的是我们应认识到，量的积累必然引起质的变化。马丁·特罗在 20 世纪 70 年代提出大众化理论时就曾提醒人们，量的增长必将引起教育观念的改变，教育功能的扩大，教育模式多样化、学术方向、课程设置、教学方式与方法、入学条件、管理方式以及高等教育与社会关系等一系列的变化。北美和欧洲发达国家高等教育大众化的历史表明，旧有的适应精英高等教育的办学模式难以完成而且也不应该由它们来承担高等教育大众化的使命，必然并且实际上创造出了新的办学模式，新的拨款机制和运行机制，新的五花八门的专业、课程，适应服务对象的更加开放、多重、紧密的互动和联系，体制内的沟通、互认和为每个人提供多重流动、深造机会的立交体系，这些创新有些是政策设计的结果，有些则是民权和教育民主化运动逼出来的。其中有一点是值得肯定的，没有这些相应的创新和变革，大众化就不可能顺利进行。经济合作与发展组织（OECD）瓦格纳博士说，当今高等教育大众化的问题来自于规模上已实现了大众化，但理念上仍停留在精英阶段的体制。高等教育内在的理念、目标和行动的变化没有及时跟上其近来发生的规模、结构、经费和管理的外在变化。此论实乃点睛之笔。

面向产品经济的精英高等教育的专业、课程设置和评价标准等可以多年不变，铁饭碗制度保证了每个毕业生成为"社会主义事业的建设者和接班人"。现在，市场经济体制已经成为我国经济的主导运行体制，毕业生就业都要经过市场检验、筛选和锤炼。市场经济中劳动力市场的普遍特征是变化快、起伏大、要求越来越高。而且，随着技术含量和自动化程度的提高，经济增长并不总是意味着就业岗位的相应增加，导致竞争日益激烈。中国经济对外开放和对外依存度的大幅提高①，又对大学毕业生和高校教学提出了新的要求：受聘者除了具备专业知识和技能外，还必须具备一定的对外交流能力，包括语言和沟通能力，对国外文化和社会的了解和理解能力，了解国际上本专业和行业中一些基本的游戏规则等。中国已经走上了市场经济的不归路，已经大幅度融入了并在继续融入世界经济，已经感受到了这些变化对大学生素质和中国高等教育改革提出的强烈要求及压力。但是，我们尚未做出足够的相应的改革，远远不能适应已经快速变化了的服务对象和劳动市场的要求。这也正是一方面大学毕业生求职难，同时又有众多中外用人单位招不到合格和满意人选，一些跨国公司仍然认为人才是中国发展的一个瓶颈的根本原因。

中国经济持续 20 多年的高速发展归功于市场机制的最终建立和坚定不移的对外开放政策，这也使高校赖以生存的环境和服务对象发生了质的变化。由于历史原因和政治考量，教育领域的计划和管理体制改革步履缓慢。计划经济时代对高校的控制、计划和管理模式没有得到根本性改革，学校应当享有的自主权没有得到落实，使得已经走上四重过渡的学校严重缺乏顺应潮流，对社会环境和服务对象的急遽变化及时、适度做出反应的能力、动力、活力和潜力，从而总是处于被动地位。这也是毕业生就业难

① 对外依存度是各国广泛采用的衡量一国经济对国外依赖程度的一个指标，是用一国进出口总额除以该国的 GDP。中国 2004 年的对外依存度为 70% 左右。2005 年，我国进出口总额达 1.4 万亿美元，对外依存度还在上升，规模化的"中国制造"至少为国内新增了 6000 万个就业岗位（资料来源：《世界财经报道》，2005 年 12 月 8 日）。

问题看似明晰却长期得不到解决的一个重要原因。

四 更新理念,深化体制改革——化解深层次矛盾的根本之道

四重过渡的产生有早有迟,进度有快有慢,每一重过渡引起的深层次矛盾既相互交叉,又互联互动。如果说向新的体制过渡的主体既包括政府又包括高校,其余三重过渡的主体则都是高校。不同过渡引起的深层次矛盾的背景、内涵、要求和深度不一定相同,但有一点是共同的,这就是都从不同层面、不同视角、不同方面要求过渡的主体在办学理念、模式、管理、专业、课程、师资、评价、学校与政府的关系、学校与社会的联系和互动、科研和科研成果的转化、国际合作与交流等方面进行革新和变革,要求对高校赖以生存的管理体制进行改革,从而为高校的革新和变革创造条件,培育和激活高校的活力、动力、能力和潜力。从这个意义上讲,高等教育的体制创新和改革,尤其是政府控制和管理高等学校的体制的自身改革,是其他三项过渡能否顺利进行和成功的首要条件和保证。中国高校今天面临的种种困境和深层次矛盾说明,它们已经自觉或不自觉地踏上了四重过渡的征途,走上了四重过渡的立交。由于体制改革和过渡的滞后,高校没有或缺乏足够的自主,以便当机立断,确定和变更自己的方向和速度。犹如坐在各自校车驾驶员位置上的校长,他可以点火、启动、运行,但方向盘、油门、刹车却由一个并不在他们车上的人控制。这种"游戏"的尴尬和危险是可想而知的。

因此,深化体制改革的根本目的就是要让政府适应已经变化了的环境,从根本上改变计划经济时代对高校的控制模式,学会在市场经济条件下通过立法、执法、拨款和监控、信息服务、咨询等硬软两手对高校发展方向、速度、规模、质量进行宏观调控和引导,培育高校应对快速变化环境的动力、活力、能力和潜力,把决定一个具体学校的办学理念、方向、模式、专业、课程、招生和招聘的权力和责任交给学校。即国家应当通过体制创新和改革,重新划定高校与政府之间的管理权限和责任,把"方向盘、油门、刹车"交还给高校和校长。同时,政府要做好以下工作:建好"立交",保证质量、互通和安全;标明方向,及时提供"路况"信息,进行引导;建立规则,奖惩严明,保障畅通。

中国经济体制改革的每一步深入，首先都有理念上的突破，得益于内有邓小平"不改革死路一条"的"棒喝"和人人对僵化的经济模式都有一定的切身感受，外有来自与发达国家拉开的巨大差距的压力和苏东剧变的震撼。邓小平关于教育要面向现代化、面向世界、面向未来的呼吁，应当视为我国实现现代化的整个历史进程中教育发展和改革的总方针，但并没有在教育界引起足够的反思和反响，尤其是缺少以此为指导，对计划体制下长期形成的与三个面向的要求、经济全球化和知识社会加速到来的挑战不相适应的理念和体制进行深入的解析，形成共识，以明确教育改革的方向，指导和推动理念的革新和体制的改革。影响之一是高校校长们容易产生一种学校方向和大事等待上面决策，自己无能为力的被动心态，坐在驾驶员位置上却无权完全掌控方向盘成了一种常态。走上四重过渡立交的高校校长如果真的要掌控"方向盘"，恐怕最重要的事首先是更新理念，以便选准前进的方向，即知晓世界高等教育发展和改革的大趋势、大方向，并从本国、本地区、本校的实际情况出发，确定本校的办学理念和战略，以便制定出本校的"GPS 路线图"。综观世界大势，结合中国高等教育面临的四重过渡的特殊矛盾，我认为了解和认识全球范围影响各国高等教育发展和改革的四大理念，对于中国高校顺利踏上四重过渡，具有相当的针对性和指导意义。

1. 高等教育大众化

当前摆在高校和教育行政部门面前的一个需要明晰的问题是：高等教育大众化进程是否应当坚定不移地稳步进行下去？答案应当是肯定的。而且，无论是从我国建设学习型社会、小康社会、创新型社会和和谐社会的四大战略目标出发，还是从国际比较的角度来看，仍然应当有一定的紧迫感。看看我国周边的日本、韩国，以及我国台湾地区，高等教育基本普及，招生趋于饱和，其人口中学历层次的大幅提升对提升本国、本地区的竞争力和产品技术含量、质量、档次，提升本国和本地区公民的生活水平、总体素质和文明程度、适应和迎接信息社会和知识社会的挑战，都产生了正面效应。① 当前，毕业生就业难问题并没有从根本上影响人们接受

① 日本、韩国25—34岁人口中接受高等教育的比例已超过50%以上（资料来源：Education at a Glance，OECD，2005）；我国台湾地区高等教育普及率已达60%（资料来源：A Model of University Incorporation in Taiwan：From Trend of University Governance，Szu//Wei Yang，President of National Taichung University，2006 Conference）。

高等教育的强烈愿望和要求。我国扩招引起的一些问题并非其本身特有和必然的，通过总结经验教训，可把扩招变成一个不仅是数量扩张，也是一个学校明确定位、方向，更新理念，提升质量和深化管理体制改革的过程。随着我国经济总量的增长，发展战略的调整，人事、劳动制度改革的深化，劳动力市场的完善，社会文化心理的演变和进步，这些问题是可以克服的。

2. 高等教育国际化

虽然不同国家、学校和个人对国际化的理解、定义、期盼可以大相径庭，但一个不争的事实是，经济全球化的加速发展和各国经济相互依存度的提高，一方面带动和加速了人才和劳动力的跨国流动及跨国办学和研发活动，学分、学历、学位的互认，不同管理文化的接触和碰撞；另一方面又对人才和劳动力的素质提出了新的更高的要求，激化了各国和高校之间教育、教学改革的合作和竞争。不管承认与否，高等教育国际化的要求和挑战已经现实地摆在我们面前，区别在于是主动、有序地迎接挑战，还是被动应付。发展中国家尤其是处于后进和劣势的国家普遍担忧，接受这一理念可能意味着教育主权的丧失，意味着国外、境外文化和意识形态的侵入以及本国文化和传统的削弱等。这种担心当然并非空穴来风。但具体到一个主权国家是否一定会发生，是否一定是消极面大于积极面，则取决于一个国家的具体立法、政策和高校知己知彼，取其长补己短的眼界、水平、知识、能力和智慧。对于我国及发展中国家来说，我认为，接受国际化理念的根本目的是从本国实际出发，了解和借鉴国际上被实践证明是先进的办学理念、模式和管理技术，以提高我们的办学水平和质量，把我们的学生培育成不仅在国内，而且在国际上也具有一定竞争力的人才，即如果国内找不到工作，有能力到国外劳动力市场上争得一份工作。如果一个大学能有 1/3 以上的毕业生具备这种素质和能力，它可以宣称自己已经是一所国际化了的大学。全球化时代的大学都应当有这样的目标，这对中国和发达国家的大学都是挑战。中国的"资本"要走出去，如果没有大量的由高等学校培养出来的具备这种素质和能力的人才做后盾，恐怕拿着钱出去容易，能赚着钱回来不易。这就要求我们要参照国际上通行的要求和标准，改革和调整学科、专业和课程的设置，加强外语技能的培训并提高学生对外国文化的理解、交流和沟通能力，加强国际学术交流和合作办学、合作研究，吸引和增加外国留学生并在校内营造出不同文化相互接触、相互碰撞的氛围；同时，大幅度提高教师和管理人员的素质和水平。若非如此，我们就不可能实现将人口大国变成人力资源强国的目标。

3. 高等教育多模式、网络化和终身化

信息社会和知识社会的临近使终身教育理念成为指导各国教育包括高等教育改革和发展的共同理念。信息网络技术的快速进步和广泛运用为高等教育的多模化、网络化、终身化提供了理想的手段、桥梁和途径。中国是终身教育理念的发源地之一。中国已经提出了建设学习型社会并在不同类型和层次学校之间建立起立交桥的目标。但实际状况是，由于教育体制改革的滞后，适应大众化高等教育的办学模式，特别是在发达国家已通行多年的开放灵活的双模式办学理念和实践在中国尚未引起人们的注意；便于终身学习和成绩累积的学分制尚未普遍推行；国内学校之间的学分、学历互认尚需时日，实现终身学习的诸多环节还受到种种限制。对绝大多数的普通高校来说，接受终身教育和学习型社会的理念，意味着办学不能仅面对18—21岁年龄的青年人，还要灵活开放，走多模式、网络化和终身化道路，满足千家万户、不同个体的学习需求。美、澳、加近乎100%，欧洲50%以上的高校已实行双模式办学多年，这些国家接受过高等教育的人口比例是我的6—11倍。[①] 当然，不同类型、层次的高校实践这一理念的途径和方式应因时、因地、因校而异。

4. 高等学校的法人化

我国高等学校法人化的口号已经提出，并作为一个目标写进了1993年颁布的《中国教育发展与改革纲要》。需要认真反思的是：（1）一些国际机构和早已确立法人地位并享有比我国高校多得多的自主权的众多国外高校近年来为何重提法人化。一个重要的原因是，工业化时期形成的机制和享有的有限自主权已经不能适应今日快速变化的环境。任何束缚高校手脚，不利于高校活力、能力和潜力发挥的体制和政策，都与时代的要求背道而驰。过去的几年中，一向对高校办学、人事、财务等控制极严的日本科技文部省，不顾学校和社会上相当一部分人的反对，把日本国立大学转变为所谓的"独立的行政法人"，把真正的办学决策权力和责任下放给了

---

① 据2005年全国人口调查统计，我国具有大学程度（指大专及以上）的人口数为6764万，占我国总人口的5%。据经济发展与合作组织2005年的教育统计，一些主要发达国家24岁以上人口中接受过高等教育的已占30%—55%不等（资料来源：Education at a Glance, OECD, 2005）。

大学，就是一例。（2）中国高校的法人地位至今没有或者没有完全确立。以追赶世界一流为己任的 9 所重点高校校长 2005 年在南京聚会时仍在呼吁高校应享有自主权。其根本原因是长期形成的计划管理体制对高校的控制模式没有得到根本的改变，成为高校接受新的办学理念，奋力革新，争得主动，以适应快速变化环境的体制性障碍。已经踏上四重过渡征途和走上四重过渡立交的中国高校，如果不能完全操控本校"校车"的方向盘，决定自己的车速，"道上"和"桥上"的事故必然频发，学校被动，"交通管理部门"和"交警"同样或更加被动。实际上，这种状况已经显现。

　　总之，更新理念，才能明确方向。深化高等教育管理体制改革，才能培育和保证高校迎接四重过渡挑战的动力、活力、能力和潜力，实现中国高等教育不仅在量的方面，而且在质的方面的一次历史性飞跃，带来实现从高等教育大国到高等教育强国的希望。

参考文献

1. 王一兵：《高等教育大众化、国际化、网络化、法人化——国际比较的视角》，云南大学出版社 2002 年版。

2. 教育部：《中国教育成就（1949—1983）》，人民教育出版社 1985 年版；教育部：《2005 年全国教育事业发展统计公报》，2006 年。

3. 《环球时报》2006 年 8 月 16 日。

4. 教育部副部长张保庆：《高校学费偏高　超过百姓承受能力》，《中国青年报》2005 年 9 月 8 日。

5. 《中国优秀特困高考生调查报告》，《新京报》2005 年 8 月。

6. MAUREEN WOODHALL. GUNI World Higher Education Report，Barcelona，2005.

7. 李平：《下一代互联网，快 100 倍》，《环球时报》2006 年 9 月 29 日。

（载《高等教育研究》2006 年第 11 期，《新华文摘》2007 年第 6 期全文转载，收入《中国科学院研究生院名人演讲录》2009 年 11 辑，科学出版社 2009 年版）

高考改革、教育公平与国家的政治意志
——接受《新京报》访谈

《新京报》：高考恢复 30 年，但在基本招生模式上，仍将录取指标分配到各省。由于没有明确的指标分配标准，教育资源雄厚的京沪等地高考录取率远高于其他地区，针对教育不公平的批评声不绝于耳。2006 年，中国政法大学打破惯例，按各省人口分配招生指标；时过一年，在"知易行难"的当下中国，此举颇显曲高和寡。如何看待"吃螃蟹者"的举动？

王一兵：中国政法大学为解决高等教育机会起始阶段的公平带了一个好头，但这一问题的最终解决，不能仅靠个别学校的行动。教育公平是社会公平最重要的内容之一，是西方成功的市场经济国家调节社会关系的最根本亦是最有效的手段，是国家长治久安和国力长盛不衰的基本条件。在我国，现在已经到了下大决心解决教育包括高等教育机会不公平问题的时候了。

《新京报》：作为前联合国高等教育问题专家，你能否从国际经验中提供一些解决问题的办法？

王一兵：从国际经验来说，办法主要有二：一是国家加大对教育资源薄弱地区的教育投入。具体体现在，新学校的建立要优先考虑地区平衡，增加薄弱地区高等教育的数量，同时新增加教育投资应尽量向薄弱地区倾斜，以提高这些地区现有高校的办学质量和水平。二是国家通过强制手段，保证现有公立、国立学校为弱势地区或阶层保留一定比例的招生名额。

《新京报》：是否有先例可循？效果如何？

王一兵：先例不少，其中之一是印度。该国 2006 年通过修改宪法，强制性要求所有公立、国立大学，包括印度人引以自豪的培养精英软件和科技及管理人才的国立工学院和国立管理学院，必须要有 49.5% 的招生名额留给那些低种姓者和经济贫困者。这项举措不仅在印度引起了很大争议，在国际上也引起了反响。甚至有美国学者对此提出质疑，认为低种姓者和经济贫困者的子女，在学习成绩上与家庭出身比较富裕的阶层和经济发达地区精英子弟有相当差距，同登一堂，如何办学，印度究竟还想不想办世界一流大学？但印度官方仍然通过修改宪法强制执行了。有学者抱怨，这是政治决定。不过，它反衬了一个道理，即重要教育问题的解决需要政治的视角和政治意志的介入，否则很难解决。

《新京报》：恢复高考 30 年以来，考试模式逐渐由全国统一走向地方自主命题；有观点认为，今后高考应给高校以自主权，实现大学组织高考或联考，以利于高校选拔适合自身特色的人才。

王一兵：30 年来，有关高考招生的讨论从未间断，并成了每年两会的一个热点。各种建议汗牛充栋，地方自主命题和大学命题联考是其中之一。高考招生制度改革，现在已到了不改不行之时，单纯从技术性层面或某一方面寻求突破已不再可能奏效，因此必须要有一个整体的综合的方案。在这个方案中，与其争论以谁为主，还不如就改革方向达成共识，明确中央、地方、高校各自应有的功能和职责，形成一个中央、地方、高校合理分工、互动、互补和互相制约的体制。

衡量和筛选任何建立这个体制的建议的标准应有四条，即：看是否有利于高等学校自主选拔学生；是否有利于考生最大限度发挥自己的潜能；是否有利于推进中小学素质教育；是否有利于促进社会公平公正。

我主张国家组织全国学生素质能力统一测试，不分文理和课程，着重考查基本知识、基本能力、基本素质，每年可举行两次甚至三次，考生自愿参加，以最好成绩为最后成绩。保持全国统考的好处在于，保持全国一定的同一性，有利于全国各族人民向心力、凝聚力的形成和发展；同时也可以通过这个统考，看出各地教育发展水平的差别。全国统考成绩作为高校录取学生的依据之一，而不是唯一依据。

地方（主要是省级）政府的主要任务，是把好中学各门课程的日常考核成绩记录或毕业统考这个关，保证对学生中学学习的情况，包括学生在学校的表现、特长、社会活动都有可靠记载。这样做的好处是可以解决学生偏科问题，又可以为大学招生录取提供较全面的第二个依据。

高校可以根据本校办学特色和要求，对学生进行某些方面的测试或面试，综合前面两项依据，实现自主招生。

我认为，这一方向和体制框架符合以上四条要求。

《新京报》：全国统考是否会增加有关部门人员的工作量，从而导致考试变成不可能？

王一兵：这个问题不难解决。可以公开透明地选择一定数量教学、品德、作风比较突出的中学、大学教师，建立一个全国或大区范围的保密的专家库；用时实行随机抽样，行程任务保密，从而保证公正性。

《新京报》：恢复高考 30 年来，招生门槛仍实行学籍与户籍双重认证。但随着人口流动的加剧，不少考生出现了学籍与户籍相分离的现象；由于各地政策不一，导致有的考生无法报名。另外，我国是《经济、社会及文化权利国际公约》缔约国，根据该公约第十三条第二项丙款规定，高等教育应根据成绩，以一切适当方法，对一切人平等开放，特别是要逐渐做到免费。今后高考改革会不会实行学籍单独认证，从而进一步拓宽高考门槛？

王一兵：中国已经签署了《公民权利和政治权利国际公约》和《世界人权宣言》，参与和通过了 1998 年世界高等教育宣言。这些文件都提出，接受教育（包括高等教育）是一项基本人权，评定一个人能否接受高等教育只能依据学业成绩，而不是其他。中国的宪法、教育法都明确了受教育是公民的基本权利，国家尊重和保护人权。形成于计划经济时代的已经过时的户籍制度，阻碍了公民受教育的平等权利的实现，应当尽早改变。

（此乃时任《新京报》记者陈宝成先生 2007 年 5 月采访稿，由于版面原因，后仅仅取用报纸需要的部分，无法反映我的全面看法，特将全文收入本集）

呼唤远教立法

——接受《中国远程教育》采访

《中国远程教育》编者按：关于远程教育立法话题的讨论，虽然一直不是很热，但近几年来始终存在，并且逐渐变得更加受人注意，越来越多的研究者对其表现出了兴趣。王一兵教授是联合国教科文组织高等及远程教育专家，是国内最早关注远教立法问题的学者，他的观点对后来者产生了很多启发。现在各行业各领域有一潮流，遇到难以解决或较多的问题时，人们便开始寄希望于立法。所以，记者约见了王教授，请他谈谈远程教育立法究竟是否有必要，立法需要解决的主要问题，以及立法的实际可能性。

远程教育需要立法

记者：您当初开始关注远程教育立法问题，到底是因为看到了什么问题？在种种立法呼吁此起彼落时，远程教育立法有非立不可的理由吗？

王一兵：我觉得，远程教育立法已经到了必须解决的时候。这样讲主要有两个根据：

其一，中国远程教育发展的曲折路程、经验和教训，以及中国远程教育未来的健康发展，都要求把立法摆到议事日程上来。远程教育从函授教育开始就是为了向失去了接受高等教育机会的人，尤其是社会弱势群体提供重新接受高等教育的机会。开放是它的基本理念，也是它的基本特征，是它与普通高校的主要区别和优势。一代又一代信息交流技术的发展，使远程教育的这种理念、优势得到了越来越充分的发挥，成为现行教育体系中应对知识社会挑战，建设学习型社会进程中最具潜力、最具个性、最具活力的部分。

　　中国的电大是邓小平当年与英国首相希思会谈的结果，还专门学习了英国开放大学的办学理念和方法，所以中央广播电视大学从一开始就坚持了开放教育的理念，像注册视听生、学分制、学分积累达到要求可取得文凭、自主组织招生考试，等等。但是到了1987年，因为教育行政部门一纸文件，就不让再搞注册视听生，不让再搞单科选修和学分积累，不让自主招生。到1988年，又出了一个广播电视大学管理暂行规定，把广播电视大学完全纳入与普通高校一样的传统的计划管理体制中去了，使两者主要的差别大概只有教学手段不太一样。广播电视大学最初具有的开放的理念、灵活的特色、有限的自主权，就这样被扼杀了。

　　远程教育又是一种新的教育模式，每前进一步，都要面对传统办学理念和社会偏见的挑战。在探索中不可能不出现一些问题或失误。只有通过立法手段，才能保证不致因为出了一些问题或领导人的兴趣的变化、视野的局限而不得不放弃或中断基本理念和特色。

　　其二，国际上，从英国开放大学到发展中国家印度的国立开放大学和泰国的素可泰开放大学，都是通过议会立专门法，即学校章程建立的。论国情和文化，三国差异很大，但做法却一样，一个共同点是在立法中都首先明确和肯定了开放教育的理念、特色和办学方向。任何一个有远见的教育家都会相信，开放远程教育是一只肯定会登上教育大雅之堂的丑小鸭，无疑，它成长进程中需要一定的保护。这恐怕也是各国都首先采取立法手段发展远程教育的原因之一。不是国情问题，而是远程教育的特点、性质和未来前景使然。

　　法治社会是市场经济，包括社会主义市场经济的必然要求。管理如此庞大、覆盖全国又不同于常规高等教育的一个新的、要求不断创新的体系，没有一个合身的法律框架，新问题多而处理起来决策随意性大，就可能出现不少不应有的曲折，使它很难健康成长。

　　记者：但是，不立法，远程教育发展到如今，不是一样做出了巨大贡献，并且呈现着积极发展的态势吗？

　　王一兵：确实，自中央电大成立以来，电大远程教育发展至今已近30年。据我十分有限的接触和了解，任何人看待远程教育形势，恐怕既要肯定已经取得的巨大成就，又要正视面临的危机和挑战。巨大成就，是指它在为促进高等教育大众化，促进社会公平，为各行业包括中小学教师提供职业技术培训、农业技术传播推广等方面，作出了巨大贡献。不要忘记，这些贡献，是在不少限制下发挥出来的，它恰恰证明了远程教育的巨大潜力。反过来说，如果没有那些不应有的曲折，也许贡献会更大更好。说面临着严重的危机和挑战，是指开放办学的理念近来虽有所突破和进展，但还没有得到立法上和体制上的保障，历史经验表明，这是不牢靠的。这是其一。

二是中国电大的定位问题没有很好地解决，号称大学，并未按或并未允许它按大学定位和发展。全世界发达国家和大大小小、国情各异的不少发展中国家都适时建立并真正办成了完全意义上的、具有独立授予各种学位自主权的开放大学，难道唯独中国"国情特殊"，只能办成一个没有独立授予任何学位自主权的高等专科学校？其实，中国办学中碰到的问题其他国家同样碰到过，区别在于决策者的理念、眼界不同，所取态度和办法不同，导致了最后不同的结果：中国电大在世界上资格最老、规模最大，但是层次最低。电大定位上的国情论，是一个很值得商榷的问题。由于以上两个原因，不少电大人缺乏方向感，不知道"奔头"在哪儿，加上体系内部长期以来积累的利益、机制和协作方面的矛盾没有得到解决，电大系统的向心力在下降，谋求独立的趋势在增长，有些地市县分校正在被兼并甚至慢慢瓦解。因此，我认为，说电大面临并应当正视挑战和危机并不为过。

记者：是不是一立法，就能解决"三最"这一尴尬局面？

王一兵：不可能。立法只是关键措施之一。不过，真的要从长计议，走出这种尴尬局面，法律保障则是必不可少的第一步。以印度的英迪拉·甘地国立开放大学为例，它的大学章程是议会通过的法律；英国开放大学的大学章程，也是议会通过，女王签署的法律文件。因此，它们的办学理念、基本架构和运行模式就不是哪个官员和政府能够随意改变的。为什么国外无论发达国家或大大小小的发展中国家都普遍以通过立法机构批准大学章程的做法作为宏观上管理大学的一个根本手段？因为大学作为人才培养及知识生产和传播的智力机构，它的这一性质要求保障其起码的必要的自主权、自由度、稳定性和连续性。大学的特色和文化不可能在短期内形成，需要不止一代人的努力；真正的人才培养的质量需要一代又一代人的努力和积累。远程教育又是一种新型的、在传统和偏见中摸索前进的教育模式，更需要法律的规范、支持和保护。

考虑到远程教育的特殊性，别国的经验和我们过去的教训，中国电大要走出尴尬，除了必要的合身的立法外，还需要有分量的对远程教育有明确、坚定的信念、理念和观念的人领衔，以通过改革和创新，通过成绩和事实，逐步克服一些应当克服的传统办学理念和社会偏见。

印度英迪拉·甘地国立开放大学，已为世界 36 个国家提供其课程，除了它的英语优势、开放和国际化的理念、议会立专门法等因素外，它的领军人物都是教育界名人，其中多任专职校长都是曾经主管过全国高等教育的官员，有的校长任期结束后又去管理全国高等教育的质量评估。要保证远程教育电大稳定、有序地发展，立法保障绝非可有可无。在尚未从人治完全过渡到法治的国家则更加现实和重要。

相比我国，不少地方电大被当作不同部门之间官员升迁甚至养老的地方。它折射出的不仅是人事制度上的缺憾，在某些管理部门决策人心目中电大的无足轻重，也是开放远程教育的法律保障地位的缺失。

远程教育立法重点的选择

记者：从注重实际效果出发，远程教育立法，到底应该立一种什么样的法？民办教育立法后，好像实际上并没有完全实现立法的初衷，法律中不少关键的内容在现实中成了空头支票。远程教育立法怎样才能避免重蹈这一命运？

王一兵：开放远程教育立法，有两条路可走。

一是我国通常的做法，立一个笼统的行业法，如《远程教育法》，里面规定上好多条。这种路子能够解决一些问题，但是它很难具备什么针对性和可操作性。我们的开放远程教育，有大学层次，有中专层次，还有各种各样非学历的培训，而且跨部门。各层次各系统情况差别极大，笼统搞一个《远程教育法》，到底针对哪一层次哪一类呢？没有针对性，如何执行？我国的一些教育立法，常常定一些十分抽象空洞的条文，到了现实中理解不一，执行不一，难以操作，结果实际意义相当有限。

如果远程教育立法有望提上日程，我主张不要走前面那条路。我认为，可以试着从给广播电视大学系统或者未来的中国开放大学立法开始，立法通过一个中国广播电视大学或中国开放大学章程，将其开放、灵活的办学理念和必要的相关的运行体制、机制用法律的手段确立起来。可能按照我们惯常的思维，有人会说，连北大、清华都没有立这样的章程，广播电视大学系统何德何能，敢想这样的事？我倒要问：为什么不能呢？没有人规定任何事都要先从清华、北大开始。在中国，电大系统是一个新的庞大的特殊的存在，它与清华、北大的办学理念和运作机制差别甚大。各自章程不能互相替代。从这个意义上讲，从哪个学校开始并不重要。电大作为章程立法试点，同样可以开一个风气之先，除非中国决定将来不走这条路。

记者：国人的脑海中，好像对大学章程概念很模糊，大家对它也并不太重视。您所说的有法律效力的大学章程，到底是一种什么样的面貌？

王一兵：国外真正的大学章程，其实都是一部独立的法律，经过议会批准生效。大学章程的作用，就在于保证大学的稳定性、连续性、自主性和自由度。立法通过大学章程，是大学本身的性质和本质所要求的。中国的大学，想要办成世界一流大学，除了经费、大楼、大师、规划外，恐怕就是明确各自的理念、特色并通过立法即章程法获得立法保护，然后经过长期的一代又一代人的探索、积累、总结、坚持，才能形成自己的特色，成为一流大学。恐怕这也是各国名校或世界一流大学之所以成为名校和一流大学的共同经历。

当然，法律是可以修改的，英国开放大学之类的学校，它们的章程也有 2005 年、2006 年修订版。但这种修改是有非常严格的程序的，可以防止管理和决策上的随意性和某些领导人个人的兴趣转变及视野局限的影响。

远教立法要解决的问题

记者：大学章程，一般来说大致包含哪些内容？各学校的情况不同，章程也应该各具特色吧？

王一兵：其实，国外各大学的章程，基本框架都差不多，虽然具体规定的详细程度不一。英国开放大学章程分为两个独立部分：一是章程；二是章程的实施规定。章程一般规定学校的办学理念、自主权、体制和运作的基本框架；实施规定则规定得很细，涉及学校的基本架构、内部各部分组成、结构及相互关系，教授们的待遇、奖惩等，都要有清楚的规定。印度国立开放大学的章程，连从校长到最底层工作人员的工资待遇的具体涨幅都有明确规定。凡是章程授予的自主项目和事务，政府无权干预，政府的主要影响手段就是手中的钱（拨款）和通过立法程序修改大学章程。

记者：如果您所说的开放大学章程能够真正立起来，那么除了对于这所大学本身之外，还有什么更广泛的意义？

王一兵：如果一个具体的广播电视大学章程能够作为法律立起来，那么除了广播电视大学本身以外，其他类型高校和开放远程办学机构也能从中得到启发。此例能成，必开风气之先，将能极大地推动中国高等教育法治化的进程。

记者：在这个章程里，主要应当解决哪些问题？

王一兵：

1. 要明确规定开放大学的开放、灵活和面向社会大众、弱势群体的办学理念。理念不同，普通大学的校长未必就能当好开放大学的校长。对于开放远程教育必须具备基本的、明确的信念、理念和观念应当是开放大学校长的必备条件之一。只有将开放大学的办学理念确定下来，才能保证开放大学的持续、健康发展。

2. 规定开放大学的自主权和责任。英国开放大学的章程有 7 页半，28 章，其中第 4 章用了近 2 页列出 27 条来规定开放大学有哪些自主权，即有权做什么。国际上有学者警告，当今世界，没有自主权的大学终将成为"朽木"。我认为此论并非危言耸听。对于电大或开放大学来说，失去了起码的自主权，就等于失去了生命力。新的立法如果不能实际解决自主权问题，则无多大意义。

3. 明确开放大学与政府的关系；开放大学系统内部各级学校和合作伙伴之间的关系。

4. 开放大学的运行机制由四个方面组成：政府、学校、市场、社会。开放大学应该是自主的，但它不是也不可能是封闭的，上有政府的宏观调控，周围有急速的市场变化和挑战，还有各类社会机构与力量的参与。开放大学只能依靠享有的自主权，牢记自己的社会责任，在同政府、市场和社会的互动中求得生存和发展。无疑，章程应对这一机制的相互关系做出基本规定。

5. 对开放大学的质量观和质量评估、控制机制应当有所规定和阐释。我们已习惯于传统校园教育的质量观。开放大学的理念、办学面向、培养对象、目标和运行模式同传统高校并不一样。套用传统教育的质量观来评估开放大学，既不合身，也不应当，其后果只能是引导和迫使开放大学向传统大学看齐，最终是逐步丧失开放大学的特色和生命力。例如，电大系统的各种各样的实用培训课程和项目，如传播农业技术，农民们早上听的广播下午就下地用上了，增产了，生活改善了，实现了教育促进社会发展和社会公平的目标，算不算质量？如果仅看拿了几个学分、文凭和学位，无成绩或质量可言。所以开放教育的质量观、质量标准和评估机制及办法，必须按照其自身办学面向、办学特点和培养目标由一个法来界定。

　　记者：您所说的开放教育的质量标准，是指宏观的基本精神，还是具体的评估标准？

　　王一兵：写在章程里的，应当是对开放教育的质量观、质量标准和评估机制及办法做一些基本规定。它再细也不可能替代具体的评估，尤其是学科领域的评估。具体到学科，要真正有说服力并达到提高质量的目的，必须由行业内本学科同行专家来进行，通过建立一个权威、透明、公平、公正的评估机制来实施。

立法的前景

　　记者：现在教育界被认为是计划色彩最浓的领域之一，您认为这种立法的倡议实现的可能性实际上有多大？

　　王一兵：实话说，从现实来看，让人乐观的理由不是太多。远程教育立法，可能还要经过一段时间才可能提上日程。而且如果真要立法，我所说的第一种情况可能性会更大，就是立一个粗线条的行业法即《中华人民共和国远程教育法》，可操作性有多大，能产生多大实际影响难说。不过，我依然认为，由大学章程入手，或者在立粗线条的行业法的同时，重点放到立具体的大学章程，也可考虑。即使第一部章程被将来的历史证明仍是一个丑小鸭，它仍将是中国高等教育史上一个新的里程碑并标志中国高等教育进入了一个新的依法办学和治校的发展阶段，使中国高等教育，尤其是开放远程教育与国际同行有了更多的基本领域里的共同语言。

　　记者：远程教育立法有没有希望提上日程，到底取决于什么因素？

　　王一兵：我认为取决于三个条件。一是大环境，即我国，包括教育系统，由人治向法治过渡的进程。

　　二是个取决于中国整个高等教育面临的理念更新和体制改革深化的进程和进展。我最近在《高等教育研究》发表后经《新华文摘》转载了的一篇文章，提出中国高等教育走上了四重过渡的立交：高等教育的性质由精英教育转向大众教育；其服务对象由传统农业和不发达工业社会的内向型经济转向现在以出口为导向的外向型经济；高等教育的地位由社会的边缘逐步转向社会中心；高等教育所处的环境，由计划体制缓慢地向市场体制环境转变。如今在高校毕业生就业困难的同时不少用人单位又抱怨找不到合格人才，造成这个尴尬局面的一个重要原因是，控制高等教育的传统计划体制没有得到根本的变革，使已经走上四重过渡立交的高校缺乏必要的自主和活力、动力来主动改变学校的专业、学科、课程、师资、教学和管理等，以适应已经变化了的并仍在不断变化的环境。更新理念，深化体制改革，是我国高等教育，包括远程教育顺利通过四重过渡的要求和条件，已刻不容缓。

三是取决于电大人自身心态的改变和抓住机遇的主动性。

（载《中国远程教育》（资讯）2007 年第 4 期）

联合国教科文组织与远程教育
（1997—2003）
——《联合国教科文组织远程学习报告及国际会议主题演讲选编》主译者述评

本集分两部分：第一部分是联合国教科文组织关于远程教育的一份重要文件——《开放远程学习：趋势、政策和战略思考》；另一部分收入了八篇著名演讲。

上述教科文文件发表于 2003 年，是 1997 年出版的文件《开放远程学习：前景和战略思考》的修订再版。了解一下联合国教科文组织发表这一文件的背景，对于理解这一文件的内容会有帮助。这首先要提到教科文组织发表的对会员国教育改革和发展具有深远影响的两个历史性文件：20世纪 70 年代的"富尔报告"，强调终身教育应当成为各国教育发展和改革的指导思想；90 年代的"戴勒尔报告"，重申教育是一项基本人权，号召保证人人享有和接受教育包括接受高等教育的权利，建立教育的"乌托邦理想国"。普及教育首先是基础教育，这是联合国教科文组织追求的首要目标，远程教育（现在称之为开放远程学习）被教科文组织视为实现这一崇高目标的重要战略手段。教科文组织主办的 2000 年达喀尔世界全民教育峰会指出了这一点，其后于印度新德里举行的九个人口大国全民教育峰会的决议中，专门通过了在这一领域进行合作的条款。还有一个无法忽视的组织上的因素，这一时期教科文组织两个重要部门（教育部门和信息交流部门）的助理总干事，分别为约翰·丹尼尔和阿布杜拉·汗，分别来自英国开放大学和印度英迪拉·甘地国立开放大学，他们两人的到来促进了教科文组织这两个部门之间从未有过的合作，并共同出席了2003 年在上海举行的巨型大学峰会，也开创了过去没有的先例和教科文组织历史上远程教育的一段黄金时期。

联合国教科文组织是联合国系统中负责教育、科学、文化事务的专门机构，有185个会员国，因此教科文组织的任何重要文件都必须考虑建立在大小、发达和不发达国家的基本共识的基础之上。虽然这份报告的起草人是美国人迈克尔·穆尔教授和英国开放大学的泰特教授，也不可能不具有这样的特点。这使人们领会这些文件，发现其亮点，常常是见仁见智。以下是我认为的一些亮点：

从远程教育到开放远程学习。教科文组织经常认为其自身特点之一是其思想实验室的功能，经常通过它自身的文件、决议、出版物或者它资助的研究报告和专著提出一些新理念、新观点、新提法。这本报告的题目可以作为一个例子。报告"自始至终都使用了开放远程学习的术语，认可了大家所熟悉的术语"，"作为远程教育的同义词进行使用"。但报告指出，它"更全面、准确"，受建构主义教学理论的影响，从重视教到更多地重视学，从以教师为中心向以学习者为中心转移，是教育改革和革新中全球性的趋势。这本来就是远程教育的一个特点，也是它同传统课堂教育的一个基本区别。在人类社会正在向信息和知识社会过渡、终身学习已经成为每个人的需求、传统教育不得不应对这一挑战时，远程教育更应当强调这一特点。因此，有理由认为，这不仅是一个术语的变化，反映的是教育理念的变化和新的教育发展和革新的趋势。

一　开放、灵活、快速反应和个性化
——现代远程教育的基本特点

报告在不同部分强调了以上特点或要求。开放远程学习的主要对象——各种弱势群体和当代社会有各种终身学习需求的人，都要求远程教育具备这些特点，远程教育的理念和已经能够达到的各种技术手段在各种特定条件下的结合也使远程教育完全可以做到开放、灵活、反应快速和个性化。在一个具体的国家或学校能否做到，取决于决策者和办学者的理念，是用开放远程学习的理念和实践逐步突破传统教育的理念、陈规和社会偏见，还是用传统教育的理念和实践改造和规范开放远程教育；如何正确处理入学机会、质量和成本之间的辩证关系等。无疑，具备这些特点的开放远程学习事业必然有光明前景；不具备这些特点的必然步履艰难，甚至有朝一日被淘汰出局。

二　成本效益考量中的政治抉择

我国和英国等国家的远程教育实践证实，开放大学的生均成本大大低于传统高校。本报告全面分析了影响开放远程学习的各种成本因素，包括使用新技术后出现的一些新的办学模式的复杂因素，通过实证研究提供了成本效益的多个案例，得出了如下结论：开放远程学习并不一定是成本效益比最佳的途径——也没有理由一定要求如此。远程教育也许是使某些目标对象受益的唯一途径，在这种情况下，降低成本并不一定是其目的所在。此外，远程开放学习的基础设施建设阶段，办学初始，新技术运用等都需要大量投资等，都需要从政治和战略角度考量作出决策。

三　教科文组织与开放远程学习

教科文组织认为，在快速到来的知识社会中，重大机会和真正风险同时存在，接受教育和终身学习是一个公民的基本人权，人人都应学会求知、学会做事、学会生存、学会共处。因此，它把开放远程教育和学习看成是实现以上崇高目标的战略手段，予以特别重视和支持。无论是2000年达喀尔世界全民教育峰会及其后续的九个人口大国全民教育宣言，还是1998年教科文组织召开的世界高等教育大会通过的宣言，都把发展远程教育，实行开放远程学习，加强会员国之间在这一领域的合作，作为实现教育民主化和人人享有受教育包括接受高等教育的权利的重要途径及重要模式。除了发表研究报告，支持远程教育的国际合作和活动外，还在莫斯科成立了教科文组织教育技术研究所，由其教育部门和信息交流部门合作建立了开放远程学习知识网站。人们有理由相信，开放远程学习将会在教科文组织的议程上占有越来越重要的位置。

这一集第二部分精选了八篇主题演讲，以反映开放远程学习领域里的最新理念、趋势、动态和实践。人们如果要了解当今世界和人类社会发展面临的巨大挑战，为什么没有开放远程学习就不可能建立知识社会的道理，不妨拜读一下联合国教科文组织信息交流部门助理总干事、印度英迪拉·甘地国立开放大学前校长阿布杜拉·汗的全面深入和雄辩的分析（第八章）。几乎是同一个主题，加拿大多伦多大学麦克唐纳教授则从担任英联邦学习共同体工作 10 年之久、参与和观察英联邦峰会的自身经验，揭示知识社会可能带来的巨大挑战、教育的战略位置和面临的尴尬，以及政治家们包括西方政治家们对于教育地位尤其是远程教育地位的忽视，提供了十分透彻的富有哲理的分析和决策建议，同样值得人们一读（第十四章）。

丹尼尔教授是人们熟悉的国际知名开放远程学习界的权威人士之一。他毕生从事和贡献于这一事业，把英国开放大学办成了各国开放大学的楷模。他认为，过去 50 年间没有哪一项教育革新在解决问题的影响力方面可以同大规模的远程开放大学相比。他在 2003 年上海电大召开的世界巨型大学峰会上用机会矢量、成本矢量和质量矢量组成的三角形，后来在他的印度之行以后在三角形基础上增加了由体制矢量和针对性矢量组成的五角形来概括远程教育发展改革和革新面临的根本问题及其相互依存、相互制约又相互促进的关系，总结了远程教育发展和变革的经验及教训，是任何从事远程教育发展、改革和革新决策及管理的人不能不思考和关心的决策学问和领导艺术（第七章及第十三章）。

德国哈根开放大学校长霍亚教授在 2005 年新德里国际远程教育理事会校长会议上的演讲，澳大利亚南昆士兰州立大学副校长、前国际远程教育理事会主席泰勒教授在 2005 年上海亚洲开放大学协会年会上的演讲以及挪威富兰特兰德和朗穆思塔德的研究报告，提供了三个不同的案例。如果说哈根大学和南昆士兰州立大学分别代表了远程教育中单模式开放大学和双模式开放大学办学的理念和成功实践，挪威的报告则提供了一个十分有趣、独特的模式：一个在挪威特定国情里建立的、既不是大学也不是开放大学的所谓挪威开放大学，一个由国家出资、协调和学校、团体及社会共同参与的开放学习联合体。这三个报告反映的理念和实践各有特色，无疑都值得一读。

如果说开放远程学习或远程教育领域中同样存在一些前沿研究和探索的领域的话，德斯蒙德·基更教授领军的关于移动学习的五个研究和试验项目无疑独领风骚。他通过试验，对 PDA、智能手机、移动电话在开放远程学习领域中的具体功能、未来潜力和需要进行的进一步研究和试验，作了详细的分析，并明确提出，有线设备的一个令人尴尬的地方是处处都要让位于无线连接。这种趋势目前正影响着教育和培训，未来属于无线；移动学习是下一代开放远程学习。任何一个关心开放远程学习和教育技术未来发展及革新的决策者、实践者和研究者都无法无视这一领域里的这一前沿课题。

　　参与本集翻译的有以下同志：联合国教科文组织文件部分：王一兵（第一章及以前概论、前言、导言），宋颉（第二、三、四章），魏奇（第五、六章）；著名演讲部分：丁兴富（第七章），徐辉富（第八章和第十一章），魏志慧（第九章），徐辉富（第十章，根据李明同声传译整理），黄复生（第十二章），翁志华（第十三章），杨东（第十四章）。除教科文文件魏奇译稿由宋颉审校外，全书由王一兵审校并撰译者述评。我想强调的是，没有本丛书主编和教科文教席张德明教授的领导和大力支持，没有教席办公室汪洪宝等同志和上海高教电子音像出版社林晓英等同志的大力协助，没有翻译者集体的努力和协作，此书能在一年中出版是难以想象的。由于时间短，该领域出现的目前还难以统一的新名词、新提法较多，也由于译校者水平有限，译稿中错误难免，欢迎读者指正。

　　（《世界远程教育经典文丛》：《联合国教科文组织远程学习报告及国际会议主题演讲选编》主译者述评，上海高教电子音像出版社 2008 年版）

穆尔教授的远程教育系统论
——简介与述评

  迈克尔·穆尔教授的专著《远程教育：系统观》和中国读者见面了，这是一件值得庆贺的事。迈克尔·穆尔教授是在美国和世界上享有盛誉、具有开拓精神的开放远程教育专家。他在这一领域创造了多个第一：他于20世纪70年代中期在威斯康星大学第一个开设了远程教育课程；他创办了美国第一本远程教育杂志；开设了第一套研究生课程；创立了第一个远程教育全国研究会和研究所。作者的视野是全球的，对全球远程教育发展和重要的国别情况作了综述，但本书的大部分内容和资料仍然是取之于美国远程教育的历史和实践，对美国远程教育发展的历史沿革、现状都作了较详尽的描述和分析。这本书的出版，不仅可以帮助我们了解国际上这一领域里的动态、理论、观点、经验和教训，而且也必将有助于中美两国学者和学人的相互了解和交流。

  这本书的第一版曾于12年前在台湾翻译出版。本书是其2004年的第二版。无论内容、篇幅还是结构都有很大变化。更重要的是，正如作者所说，在过去的10年，远程教育的技术，远程教育的组织方式，学习者及其教育方式，以及国家和学校的政策，变化太大。同时，过去10年的研究和学术都有发展，具体体现在正规的系统的知识、发表在期刊上的文章、出版的专著和论文以及网上资源，都有大幅度增长。正因为如此，我们选择重新翻译新版。

  这本书的最大特色是什么？答案可能见仁见智。但读完全书，人们不能不得出结论：系统观，即用系统的观点研究和审视远程教育的历史、现状和过程是本书的最大特色，也是本书的精髓和逻辑架构，是穆尔教授对这一领域的重要贡献。在世界范围内，在实践和研究领域，随着过去10多年中互动交流技术的到来，人们对此的兴趣出现了爆炸性增长。这使很多教育工作者感到迷惘，少数人感到可怕，然而很少有人能对此熟视无睹。教育的地位随着一个民族和社会的文明程度的提高而提高。在不发达社会，教育经常是一门有争议的软科学，而远程教育又是其中的边缘，鲜为人知，社会上，包括教育界内部，都形成了一系列对远程教育的近似约定俗成的偏见，或者无视其复杂性，决策和实施简单化，正如穆尔教授所说的，对于远程教育中的良好实践与学风的最大威胁之一就是新来者对这门学问究竟有多深的共同无知。人们对此的兴趣的爆炸性增长并没有太多地改变这一现状，这种共同无知甚至还有所增长。因此，穆尔教授用系统论的观点对远程教育的历史、现状和过程进行审视，便是选择了一个最好的切入点，把远程教育是一门完整的学科的道理，通俗易懂地展现在读者面前，指出了人们包括不少决策者和不从事远程教育的许多教育行家对于远程教育存在的偏见或片面简单的观点，实在不能不让人信服。他反复强调以下几个观点：

整体的观点。他通过两个例子来说明。一个是人的身体每一个部分都有一定的作用，以保证身体的有效运行。有些部分可以去掉，身体仍能运行，但很多部分是必不可少的，少了它们，不管剩余部分多么健康，人的身体都要停止运行。不太重要的部分去掉，整体的功能也会下降。另一方面，修复某一部分而不顾及其余，也可能对整体产生伤害。一个健康的体魄意味着身体每个部分都健康，并且在整体中发挥着自己的作用。这就是一个系统的主要特征。他还把现代开放远程教学和现代飞行进行比较。商业航空早期，顾客直接走到飞机旁买票上机飞到目的地。现代航空的飞行员离开了一个复杂庞大的系统，已不可能独自把飞机飞上天。不言而喻，任何从事现代开放远程教育决策、管理、教学、技术、支持服务等方面工作的人，如果只强调某一部分而忽视其余部分，包括被认为那些不重要的部分如电讯会议现场协调员，都可能影响远程教育的整体运行、质量和成败。由于缺少专业培训和专家指导，在现实生活中，这种现象经常发生，如认为远程教育就是教师加技术手段，把教材或课堂贴到网上即开始了网络教育等。

团队的观点。开放远程学习的特点决定了其教材必须适应不同于传统校园学生的大多为成人学习者的需求。英国开放大学质量评估能居于牛津之上，其中一条是其高质量教材。这些教材不仅满足了本校学生的需要，也受到当今鼓励学生自主、独立和灵活学习的传统高校学生的青睐。这种教材远不是传统教材的翻版，更不可能由授课教师单独完成，而是如穆尔教授强调的，必须也只能由一个团队来完成。这个团队要包括教学内容专家、教学设计专家和图表设计者、网页制作者及其他媒体专家。只有这样的团队才能科学地决定课程目标、内容及图表布局、音视频的恰当运用、哪些内容要通过何种特定技术才能有效播出，从而最终把教学实践专家和内容专家的理念变成优质的课程材料和课程计划。没有团队的观点，或者只追求经济效益而舍弃高质量专家的参与，牺牲的将是课程和教学质量，以及学校和远程教育事业的声誉及长远利益。

技术选择取决于课程目的的观点。远程教育同传统教育比较一个明显的特色是，它从起始阶段就同技术的发展联系在一起。现代信息技术的飞快发展和运用，使人们尤其是不少发展中国家的决策者和教育家，希冀通过最新技术的应用实现跨越式发展。由于缺乏相应的基础设施、人员素质和培训等因素，大量宝贵投资得不到预期的效果。穆尔教授总结了远程教育中应用所谓各代教育技术的历史经验和教训，强调指出，在面临众多技术选择的情况下，选择哪一种具体的技术或一组技术的结合来传授课程，取决于要教的内容、学习对象和在什么地方学习。教学媒体的设计取决于内容、传送技术要求互动的类型和学习环境。他指出，不幸的是，大多数教学组织以发展远程教育为目的引进新的组织和教育子系统显得有点盲目。趋势是增加新的交流技术，而其余的子系统基本不变；提高技术而不触及其他子系统，说得好算是一种平庸的做法，说得不好可以算得上是一场灾难。

穆尔在中文版序言中强调，远程教育的历来使命是向所有无法享受教育和培训特权的社会成员开放教育机会，并提出，我们已经进入了一个时代：同因特网到来之前的多个世纪中较稳定和准常态的组织机构比较，人类的所有事业将越来越多地在具有灵活、开放和快速反应特点的组织系统中进行。因此，远程教育的变化发展和革新，是全球社会中史诗般巨变在教育领域的体现。如果说人类赖以生存的组织系统都趋于灵活、开放和快速反应，远程教育无论从其服务对象要求，独特运行方式和依赖技术程度及其承担的历史使命，其灵活、开放和反应快速程度均应走在前列。任何使当今开放远程教育不开放、不灵活及对快速多变的环境和学习需求无法做出快速反应的理念、体制、制度、法律、规章、管理、课程、支持服务等都在改革和革新之列。

　　这本书值得一读，值得所有决策者、管理者和从事远程教育教学某个方面工作的人一读，尤其是值得那些希望从事或涉及此项工作的人在工作开始之前一读。

　　本书在选用以后，国内的编委开会讨论了翻译中可能遇到的一些共同问题，如术语、人名、地名等，确定了一些原则。参与此书翻译的有以下同志：王一兵（第一章及以前部分），翁朱华（第二章），翁朱华、李娟（第三章），李娟（第四章），魏志慧（第五章），魏奇（第六、七章及词汇表），赵晓丽（第八章），林晓英（第九章），刘宏春（第十章），宋颉（第十一、十二章）。王一兵负责全书审校并拟译者述评。最后，我想强调的是，没有本丛书主编和教科文教席张德明教授的领导和大力支持，没有教席办公室汪洪宝等同志和上海高教电子音像出版社林晓英等同志的大力协助，没有翻译者集体的努力和协作，此书能在一年中出版是难以想象的。由于时间短，该领域出现的目前还难以统一的新名词、新提法较多，也由于译校者水平有限，译稿中错误难免，欢迎读者指正。

　　　　（《世界远程教育经典文丛》，上海高教电子音像出版社 2008 年版。穆尔教授的系统论为其中一个分册。本人任该书主译，本文为其前言）

亚太地区高等教育为人文和
社会发展服务面面观
——新挑战、新功能与新机遇

一　亚太地区高等教育的一些特点

亚太地区是全球最大也是最多样化的一个地区。它既是人类最古老文明的发源地和世界上经济发展最快的地区，又是全球文盲和贫困人口最多及紧张局势和冲突发生的地方。在我们分析全球化对高等教育服务地区人文和社会发展服务的影响之前，有必要先分析一下本地区高等教育演变的一些特点：

亚太地区现代意义上的高等教育皆来源于西方。西方高等教育的不同模式在这里都可以找到它们的身影。有趣的是，这种"吸纳和模仿"可分为两种。一种是来源单一化。典型的是原英国殖民地国家和地区，如印度、巴基斯坦、斯里兰卡、孟加拉国、尼泊尔，包括马来西亚和中国香港。具有讽刺意味是，这些国家和地区的大学的某些特色，如象牙塔传统、大学拨款体制比起当今英国，有过之而无不及。而在它们的来源地英国，在过去的50年里，在这些方面却发生了深刻的变化，以适应变化了的社会需求。这种影响一直持续到今天。另一种是来源多样化。日本人首先选择了法国拿破仑大学模式进行试验，然后则引进了德国模式。日本在二战被打败后，由美国军事占领当局推行了美国教育与学术模式，虽然后来日本过去的传统又有所恢复（Kaneko，2004）。越南、柬埔寨和后来的老挝，在法国殖民时期接受了法国高等教育模式，独立后则遵循的是苏联模式。向菲律宾出口高等教育的，1989年前是西班牙，以后则是美国。中亚各国几乎是清一色的苏联模式（Altbach，2004）。中国古老的文明和文化传统使中国的吸纳和模仿西方学术模式自有特色。18 世纪中期，曾有西方人向中国推介西方科学与技术，但遭到了清朝皇帝的拒绝。一直到 1840 年后两次鸦片战争中和 1894—1895 年中日甲午战争中被多次打败，中国才开始认真思考如何向西方学习建立现代大学制度。此后一直到 1949 年，中国吸纳和试行了来自欧洲和美国的不同模式。1949 年中华人民共和国成立后，通过院系调整和改革，几乎全盘接受了苏联高等教育模式。可以说，一直到了 28 年前实行改革开放以后，才明确提出要建立具有中国特色的高等教育制度。亚太地区高等教育的历史可以说就是一部不断吸纳和按照外来大学模式发展自身的历史，既反映了高等教育自身的发展变化，也与各自国家政治、经济、文化和社会发展变化紧密相关。

亚太地区近 200 年来接受高等教育是少数精英的特权。除了澳大利亚、新西兰、日本、韩国早在 20 世纪六七十年代就开始了高等教育大众化进程外，高等教育大众化对于本地区多数国家来说是不久前才发生的现象。殖民地时期的大学主要任务是培养少数精英为巩固殖民统治服务，而不是为了被殖民国家的人文和社会发展。现在正在发生的从精英阶段向大众化进程呈现三大特色：一是明显的两极分化。一些国家高等教育仍然维持在精英阶段，另外一些国家大学如日本和韩国，则因人口出生率下降，出现学校招不足学生现象。与此同时，绝大多数发展中国家则面临发展高等教育、扩大学校招生规模的压力，以满足不断增长的接受高等教育的需求。二是很大程度上依靠私立高等教育实现这一目标，尤其是高等教育进程较快的国家，如菲律宾、日本、韩国、印度、蒙古和几乎所有中亚国家。三是面临普遍的数量快速扩展和质量下降的两难（将在以后章节中具体谈及）。

大学自主在很多国家仍然是一个奢侈品。一个大学享有自主权的程度决定着它在多大程度上能对不断变化的多样化的社会需求作出适时适度的反应。从一开始，亚太地区大学在取得自主权上就处于弱势。殖民当局对在殖民地建立的大学实行了众多限制。政府控制严格，大学自主和学术自由有限。殖民地的大学并不具备宗主国大学的许多特点（阿尔特巴赫，2004）。这些历史上形成的弱点构成了今天面对各种挑战的不利局面。没有成为殖民地国家的似乎也并不比原殖民地国家强多少，如日本和泰国，由于大学财政主要依靠政府拨款和由此导致的政府的过度控制，大学自主同样有限。比较突出的是以下一批国家，如中国、越南、老挝、蒙古、朝鲜和各中亚国家，全盘接受苏联模式，大学成为计划经济体制的一个部分和政府的一个部门，自主权更是有限。在不少国家中，自主权至今仍然是一个有待解决的问题。

二 1988 年世界高等教育大会以后发生的变化

数量扩张与大众化进程。只要成绩合格就应当接受高等教育是 1997 年亚太地区高等教育大会声明和 1998 年世界高等教育宣言中的一个基本原则。自世界高等教育大会以后，大多数会员国都经历了一个高等教育招生人数快速扩张的过程。中国大学生数从 1988 年的 640 万增加到 2004 年的 2300 万，成了世界上最大的高等教育体系（MOE，China，2005）。印度大学生数从 1992—1993 年度的 620 万增加到 1999—2000 年度的 930 万，哈萨克斯坦大学生数从 1995 年的 272700 人增加到 2001 年的 442400 人，孟加拉国从 1998 年的 801733 人增加到 2001 年的 862567 人（UNESCO，2003）。

高等教育入学人数的扩张带来的一个重要的人文和社会影响是女生人数和大龄学生的增加，是人们对终身学习和提升专业能力重要性的认识。2001 年，澳大利亚和马来西亚，高校学生中女生分别占 55% 和 60%。相比之下，同样的比例在韩国只有 38.5%，在印度为 36.25%，孟加拉国为 38%。在相对富裕的国家中，越来越高比例的全日制学生从事部分时间制的工作。招生人数扩张又经历经济转型的国家大学毕业生失业和欠发达国家面临专业人才短缺已成为常态。

私立高等教育的作用。私立高等教育在韩国、日本、泰国高等教育扩张进程中的作用前已述及。此外，不少国家包括正在从计划经济体制向市场经济体制转轨的国家，正在鼓励建立一个私立高等教育体系，以减缓政府因为财政紧张无力扩大招生面临的压力。在过去的 10 年中，马来西亚私立高校数量从 100 所增加到了 690 所。孟加拉国、蒙古、尼泊尔分别增加了 100 所、46 所和 20 所新私立高校。中国在 1998—2001 年期间，私立高校增加了上千所（UNESCO，2003）。

私立高等教育的发展向政府提出了一个重要的政策问题。政府面临的最大挑战和两难是：一方面是要依靠私立高等教育扩大高校招生人数，为此，必须通过相关立法，鼓励私人投资私立高等教育；另一方面又必须顾及高等教育应当是公共产品的原则，维护社会公平、保护消费者权益等。

经费来源多元化和法人化。高等教育扩张的压力和经费不足的两难迫使很多国家改革国家拨款制度并调整与大学的关系。经费来源多样化成为改革的一项重要内容。

中国的高等教育经费来源改革的开始同学苏联的一项遗产有关。中国学习了苏联高校尤其是理工科高校模式，一般附设多种实习和试验工厂。改革开放以后，学校可以利用自身的知识、技术和某些设备优势，直接为市场生产和提供产品，赚取利润，补贴学校经费不足。国家则通过适当减免税收等措施加以支持。一段时间，高校校办工厂和企业如雨后春笋般涌现。其中北大的方正激光照排曾占领国内市场的90%和国际市场95%的份额，员工达20000人（Founder，2006）。校办产业无疑一定程度上缓解了政府和学校的财政压力，但同时也引起了剧烈的争论，如依靠校办产业来支撑和增加学校经费的合理性问题，不少学术带头人要花相当长的时间学习商业、经营和管理，学校能否承担得了校办工厂尤其是校办企业上市运作后的巨大商业风险及此举可能给学校带来的后果等。针对以上问题，中国政府和大学已经进行了重要的政策和战略调整，如实行校办企业所有权和经营权的分开，即学校拥有一定的所有权，校办企业成为独立法人，自主经营，独立承担商业风险。此外，学校开始并逐步增加收取学费，通过竞争争取更多科研经费、提供各种培训、咨询服务、校友捐赠等途径增加学校收入。国立重点大学从这些渠道获得的经费往往超过学校总经费的50%以上。

从1996年开始，马来西亚政府通过公立大学法人化和高等教育私营化对本国高等教育实行结构调整。1995年，马来西亚首先修改了大学和大学学院法，规定了公立大学法人化的框架。法人化把公立大学从政府的严密的官僚控制中解放出来，并获得了像商业法人一样办学的权力。法人化后的大学可以参与与市场相关的活动，如参与有商业风险的活动，设立捐赠基金，建立公司。马来西亚政府继续享有公立大学绝大部分的资产权，继续提供新课程的发展经费，负责昂贵的基础设施建设。但法人化后的大学要自己筹措部分学校办学的日常经费，政府则逐步减少此类经费。目标是学校日常经费的20%由学校自筹。如果同澳大利亚和中国比较，这并不算高。因此，马来西亚国立大学的法人化只涉及管理而非经费

（Molly，2004）。马来西亚国立大学法人化的理念和做法已经对印度尼西亚和泰国产生了明显的影响，人们发现，印、泰两国已经对大学相关的法律进行了修改，推动本国大学实行类似的改革。由于国情不一，效果各不相同。

澳大利亚为减少政府对大学日常经费的资助采取了同样的办法。现在，学校日常经费的50%以上已经由学校自筹，自筹的渠道包括对国内和国外生收取学费，获取研究经费，学生贡献高等教育计划渠道，商业活动，投资盈利和捐赠。结果是，澳大利亚联邦政府已将澳大利亚高等教育正式定性为是"由政府补助而不是由政府包揽的高等教育"（UNESCO，2003）。与此同时，澳大利亚的做法也提出了一些需要探讨的根本性问题，如平等问题，高等教育的社会效益和个人收益问题，国家和个人投入的成本和比例问题等。

"世界一流"的目标和实践。在数量扩张以后，在地区范围内，人们表示了对质量和质量评估的关注。过去10年中出现的一个现象是部分国家提出了建设"世界一流大学"的目标。1996年，新加坡总理提出要把新加坡建设成为"东方波士顿"，把哈佛大学和麻省理工学院作为新加坡国立大学和南洋理工大学建成"世界一流"大学学习和追赶的榜样（Jason Tan，1999）。中国的特色则是由中央和地方政府共同资助两大项目向这一方向努力，其中之一是1995年开始的"211"工程。其主要目标是把100所大学或学科建设成为国家学术中心。另一个项目是1998年5月开始，称之为"985"工程，选择9所顶尖的研究型大学，由国家投入大量资金，把它们建设成为世界一流大学（中国教育部网站）。2001年，日本文部省提出高等教育结构调整计划，建议按照国际标准指定30所顶尖研究型大学为全国学科中心，后来又改为21世纪学术中心建设计划，在全国200所公私立大学的10个学科领域建设200个学术中心（Kaneco，2004）。韩国为了在21世纪把韩国高等教育尤其是自然科学中的某些学院和学科提升至世界水平，通过了"21世纪大脑开发计划"（Sungho H. Lee，2001）。此事在发起过程中并非没有争议。争议集中在可行性和如何选择、如何资助此类大学上。尽管如此，它仍然反映了亚太地区领导人对当今知识和技术重要性的认识的提升，追赶发达国家的决心。

学生流动、过境办学和相互承认。在学生流动方面，中国和印度是世界上两个最大的留学生派出国，澳大利亚则视高等教育为很有竞争力的出口项目。2005 年，澳大利亚称为海外学生的人数已达 235495 人，占澳大利亚全国大学生数的 25% （AEI，2007）。澳大利亚海外学生主要来自本地区。自 1990 年 1 月开始，澳大利亚对海外学生收取全额学费，由此产生的年收入达 20 亿澳元（UNESCO，2003）。

本地区外国人办学也日益增加。如中亚国家哈萨克斯坦就与土耳其举办了哈萨克—土耳其大学、莫斯科大学分校和哈萨克斯坦—英国技术大学（Wolanin，2002）。马来西亚近年来私立高校发展较快的一个原因就是 690 所私立高校中的许多课程都是与外国人的合作办学（Molly，2004）。

跨境办学的新形式之一是信息交流技术推动的开放远程学习和电子学习课程。除了来自其他地区的电子学习课程外，来自本地区提供的网上学习课程也在增加。印度英迪拉·甘地国立开放大学在本地区和阿拉伯地区、非洲地区 30 个国家提供远程教育（IGNOU Website）。

经济全球化要求劳动力和专业技术人员掌握可以面对不同文化、语言的相关知识和技能，要求解决学分转换和学术、专业资格的互认。在这一方面，联合国教科文组织 1983 年在曼谷通过的亚太地区学历、文凭和学位互认公约发挥了重要作用。随着 1998 年世界高等教育大会的召开和印度、老挝、菲律宾三国的加入，现在参加该公约的国家从 10 国增加到了 20 国。通过公约机制取得了一系列进展。如建立了亚太地区学术认可信息网络（UNESCO – APQN），编辑跨境高等教育质量管理手册，修订出版亚太地区高等教育学历、学分、文凭、学位、证书互认手册等。教科文组织亚太地区教育局在促进这一领域的合作中发挥了关键作用。

三　经济全球化对亚太地区人文和社会发展的影响

当约翰·乃斯比在其 1995 年出版的《大趋势》一书中预言"亚洲世纪"到来时，中国的外汇储备仅仅为 760 亿美元，印度 1993 年通过软件出口所得收益只有 3. 25 亿美元（Naisbitt，1995）。仅仅过了 10 年，这两个数字到 2004 年已经分别为 12000 亿美元（成为世界第一），和 174 亿美元（Mittal，2005）。这两个数字有力地反映了所谓亚洲增长模式的特点：通过提供廉价劳动力、土地，加上税费减免、审批程序简化、吸引外资、努力把人才外流变为人才回流和实行出口导向型经济发展战略等。根据联合国经社理事会 2006 年报告统计，与全球发达和发展中国家 2002—2006

年期间发展的平均速度相比，亚太地区发展中国家的经济发展速度是最快的（UNESCAP, 2006）。不过，这些增长都是在经济全球化的环境中实现的，也并非没有代价。相反，这些代价和影响，无论积极的或消极的，无论是对地区人文和社会发展，尤其是对高等教育作用的影响，都是巨大的。

价值观危机。经济全球化并不局限于货物和服务在不同地区和国家之间的流通。相反，它们总是伴随着产品和服务生产、使用和享受的生活方式，即经济全球化非显性的一面——文化而发生的。文化产品如光盘、影片等不仅通过货物交换，也通过网上自由流通。年青一代经常很快地接受西方生活方式。这些经常被认为是家庭价值观的弱化、离婚率上升、吸毒人数上升和不良性行为增加的主要原因。本地区很多决策者尤其是文化、教育、传媒、体育和宗教领域的人士对此的关注常常超出了他们对贸易盈余或赤字的关注。实际上，这类争论和警示在政府接受自由化经济政策、选择面对经济全球化战略的一开始就发生了，即应不应当失去国家的内源文化特性或所谓的亚洲价值观。不过，这场争论在东西方之间、在本地区不同国家之间，对于何谓核心价值观，何谓亚洲价值观、西方价值观，何谓一个具体国家的文化特性、现代化与西化，积极面与消极面等，都有点莫衷一是。尤其是在过渡经济体、社会主义国家或者曾经是社会主义国家里，这种争辩更加激烈，原因可能是在所谓后苏联时代，一些思想意识领域里的真空需要填补，或者当一个社会主义国家决定对外开放以便融入由西方人主导的经济全球化时，发现两种不同的价值观差别太大。这种经济全球化进程中带来的价值观危机向所有教育决策者和所有大学及中小学校提出了严峻挑战，并使他们处于两难境地，即用什么样的价值观对学生进行教育，既服务于国家的现代化目标，又保护好国家的特色和文化传统。

伴随高增长而来的社会不公。亚太地区虽然在经济增长和摆脱贫困方面取得了重要进展，但仍然是一个差距大和社会不公问题严重的地区，按一天1美元的标准，仍有6.79亿贫困人口。2003年，就业人口中每天收入低于两美元的比例仍然相当高，南亚达88%，东南亚达59%，东亚达49%，原因之一是创造的工作机会少。1992—2002年期间，东亚失业人口从400万增加到900万，东南亚及南太平洋地区从550万增加到1460万。南亚同期失业人口则增加了700万。有证据证明，有些国家的经济高增长伴随着社会不公发生。例如，中国和印度就是这样的高速增长的经济体，这种状况也发生在中等收入国家如韩国和泰国，以及越南、老挝、格鲁吉亚和菲律宾、尼泊尔、斯里兰卡。很多国家社会不公的一个重要方面是享受医疗保健和接受教育的不公。按已经取得的进展，要在 2015 年实现人人享有教育和女童入学平等等千年发展目标已成为一个严峻挑战。大量的贫困人口的疾病得不到治疗，艾滋病发病率增加（UNESCAP，2006）。

增长的人类环境成本。人们的困惑和担忧越来越集中到这种增长模式对各国持续发展和人类未来生存的代价。2007 年联合国环境署评估报告对亚洲地区生态系统的变化及其后果的描述相当灰暗。该报告称，由于前所未有的气候变化及其后果，很多生态系统的恢复要到 22 世纪才有可能实现。报告预言：在亚洲，喜马拉雅山的冰川将继续融化，带来洪灾、泥石流，影响以后 20—30 年的水资源。由于气候变化加上人口增长、人们生活水平的提高，中亚、东亚、东南亚和南亚将发生淡水资源短缺，到 2050 年，可能影响到 10 亿人口的生活。到 21 世纪中期，东亚和东南亚的粮食产量可能提高 20%，但南亚和中亚则可能降低 30%。当然，造成全球气候变化的因素很多，早期的工业化国家对此要承担更多的责任。经济发展的后来者，由于经济发展常常采取粗放式管理和资源的过度消费模式，也对此负有一定责任（UNEP，2007）。

和谐的全球化。虽然经济增长取得巨大进展并仍有增长潜力，亚太地区的安全形势仍然是动荡和令人担忧的，缺乏一种地区共同体的精神。历史问题、边界划分、政治和经济体制、民族、宗教、文化传统等方面根深蒂固的分歧阻碍地区各国命运共同体的形成。各国相互之间对市场、能源、资源的竞争，对某些具有战略意义的地点的控制和争夺，使不少双边关系处于紧张状态。亚太地区也许是世界上可能导致潜在冲突、边境紧张甚至战争热点最多的地区。

因此，在地区合作和一体化方面，亚太地区落在了其他地区的后面。幸运的是，各国对地区未来的和平与发展取决于地区共同体和一体化建设的共识在增长。亚太经合组织（APEC）、东盟＋3（ASEAN＋3）、东亚峰会等的出现，不仅说明这类经济合作以外的体制性的合作是必要的，也是可行的。现在，需要具有更加具体、更富前瞻性的地区合作计划，如增加地区各国之间的学生交流、学校之间的更多的合作计划，以增进各国人民尤其是年轻人之间的联系、了解、理解和友谊。

四　经济全球化对高等教育的影响

高等教育作为公共产品的理念受到挑战。高等教育作为公共产品的理念在本地区现实中和全球化的大环境中面临着严峻的挑战。首先，这一理念与目前国际上越来越占主导地位、主张私营化、市场化、商品化和法人化为政策和改革公共管理及社会服务的出发点的新自由主义是相悖的。新自由主义主张公民按市场价购买服务而不是由国家供给，以降低公共服务如教育的成本，减少政府在高等教育经费中的比例，通过竞争分配经费，改变高校人事政策等都是在这一理念影响下出台的举措（Mok. K. H.，2007）。作为经合组织在本地区的成员国，澳大利亚早在20世纪90年代开始就首先实行了这一政策，对本国学生收取20%成本的学费，称之为"对高等教育的贡献计划"（对海外学生则按照成本全额收费）。其次，本地区的一个实际状况是，绝大多数国家是发展中国家。高等教育是公共产品的理念很有吸引力，只能作为长期目标，但无力在目前阶段成为实际推行的政策。因此，为减少扩大高等教育入学机会的压力，放松对高等教育的控制、鼓励私立高等教育参与高等教育大众化的进程，开始收取并逐步增加学费、大学治理和管理推行法人化，鼓励大学争取预算外经费等，成为很多国家的高等教育政策选项。在国际上，虽然仍有争议，但世贸组织已经把高等教育纳入可以交换的服务类产品，更加强了这一趋势。

以上趋势引发的越来越受到人们关注的质量和社会公平问题、校园文化腐败、毕业生失业等方面的后果和教训，都要求人们对此进行反思。不幸的是，这些问题似乎还没有严重到引起决策者的足够重视。也许这正是本地区面临的挑战。

对课程、教学和研究的考验。亚太地区的失业与其欣欣向荣的经济增长形成鲜明对照。本地区失业的一个令人头疼的特点是失业集中在15—24岁的年轻人中。2004年，该地区的总失业率为4.4%，但东亚达7.5%，东南亚达17.1%。南亚失业青年则达到1450万，失业人口最多（UNESCAP，2006）。

经济全球化使得本地区许多经济体面临两难局面。一方面，高等教育入学率大增，同时毕业生失业率高企；另一方面，毕业生素质无法满足用人单位要求，同时大学则无权对变化了的用人单位要求作出及时反应。过时的课程和课程内容无法提供学生工作后劳动力市场所需要的知识、能力和技能。中国作为本地区也是全世界经济发展最快、一个正在转型的出口导向型经济体就是一个例子。根据中国教育部的统计，中国每年有超过500万以上的大学毕业生在劳动力市场找工作，毕业后半年之内找不到工作的约有30%，给毕业生、家长、学校和政府造成了很大压力。与此同时，不少用人单位尤其是合资、外资企业又抱怨招不到合适的毕业生（Wang，2006）。

高等教育的运行机制对面临挑战—反应的活力不足。如果说上述高等教育与社会需求脱节反映在课程、教学和研究等方面的问题仍然是表面问题的话，那么由于缺乏能力、活力、潜力，一个国家的高等教育运行机制无力对经济全球化引起的深刻变化作出反应，暴露出来的则是高等教育的改革与革新滞后于已经变化了的环境，是更深层次上的问题。在不少亚太地区的国家，人们发现大学的自主权仍然有限，政府部门对学校的直接控制过度、过严，使学校基本上没有权利自己作出有关学校专业或课程、招生人数、师资招聘的决定（Wang，2006）。一些非过渡经济体国家如马来西亚、泰国和日本，大学自主权由于实行法人化，使大学自主权有了一定程度的增加。

在现实生活中，学校是否享有自主权是一回事，有了自主权能否用好往往又是一回事。这很大程度上取决于一个校长的智慧和能力。一般地说，本地区一个大学校长常常是某个领域的知名教授。很多事实表明，一个好的教授不一定能成为一个好的校长，因为一个好的校长不仅需要在某一个学术领域里有很好的名望，而且还应当有良好的国际活动记录和声誉，对社会环境的变化、大学功能的演变、国际上高等教育改革和革新动向趋势的深刻理解，与政府、企业和公民社会的良好合作，开放心态、远见卓识、有行政管理和经费筹措的能力并能动员和说服教授们积极参与学校改革和革新等。如果以此衡量一下校长，也许是本地区高等教育中一个很值得研究的问题。高等学校与工商界的互动是保证大学能对后者的需求适时作出反应、保证毕业生获得必要的就业素质和能力的重要一环。不幸的是，在本地区不少国家的高等教育运行机制中仍然缺少这一方面的制度和体制安排，也很少有大学与工商界对话的报道。本地区尚无如欧洲20世纪就出现的大学与工商界对话的圆桌会议对话模式。学生要找一个企业公司实习也并非易事，包括不要任何补贴的实习机会。

学术文化和校园文化受到污染。全球化进程中随着经济环境的变化发生的一个不幸的事情是大学学术文化和校园文化受到严重污染。学术腐败的报道时有所闻。这种现象并不限于过渡经济或经济增长很快的国家，如中亚国家和中国，也包括一些发达经济体，如韩国，工资相当高，但学术不轨现象同样引起人们高度关注。高等学校不可能与周围环境和社会隔离。学术腐败是社会弊病的一种表现。阿尔特巴赫指出，在过去多个世纪中形成的学术职业的内涵正在受到威胁。传统上，人们把学术生涯看成是一种号召力，远远超过了一个仅仅是谋生的职业。其理念是，教授是献身于"心灵生活"的人，是其专业特征的一个部分。在面向市场的21世纪中看起来有点古怪或者天真浪漫（Altbach，2006）。他的描述和评论是就全球一般性而言，但以此审视亚太地区的情况也有很强的针对性。

由于国情差异，亚太地区学术腐败的手段和形式各国之间虽不尽相同，但相同之处很多。如吉尔吉斯斯坦，学术腐败包括：出卖入学名额、分数、学位、窃取有价资源、学术文凭造假、合同签署中拿回扣等（Wolanin，2002）。在韩国，学术腐败主要发生在研究合同签署、教师招聘、咨询服务等领域玩忽职守，只顾捞钱，手段包括贿赂、以背景和社会关系取人，而非真正的公平竞争（Lee S. H.，2001）。在中国，经济快速发展中的腐败现象已经蔓延到社会生活的所有领域，成为一大困扰和社会公害。中国学术腐败的手段和形式与韩、吉两国大同小异。特点之一是校长、副校长涉入案件的时有发生，尤其是在校园改造、新校园建设中接受贿赂、用公款投机炒股造成损失等。

造成学术腐败的原因深刻而多样。在中国，经济的快速发展一方面为高等学校提供了获取大量国家拨款、从银行取得大量贷款建设教室、实验室、图书馆、职工住宅和购买昂贵的设备的机会，另一方面也形成了贪腐的土壤和空间。在过渡经济国家，管理如此大量现金流的某些政策真空使得腐败有机可乘。在地区范围内，法人化提供了法律环境，法人化后的大学可以参与有选择的商业活动。掌握了有实用价值的新知识尤其是享有专利权的教授被鼓励参与盈利、创收并分享红利。教师工作绩效的评估越来越多地取决于筹措的经费多少、在顶级刊物上发表论文的数量、招收研究生的人数等量化手段，也在一定程度上助长了学术腐败的产生。还有一些最不发达国家，如柬埔寨，教师不得不从事一些商业活动或课外辅导挣钱养家，因为每月40—50美元的工资收入，即使按照柬埔寨的生活标准，也很难过上一个中产阶级家庭的生活。

诊治学术腐败这样一个社会痼疾，恢复社会对学术界的尊重并非易事。有一点可以肯定的是，如果学术界、政府和整个社会不共同努力扭转这一风气，学术界对社会的公正的批判功能和高等教育对人文和社会发展的作用必将受到进一步削弱和损害。

五　未来要考虑的战略和行动——国家的功能

重新定义和定位高等教育的必要性。当高等教育被要求在经济全球化和向知识社会过渡进程中发挥中心作用时，来自某些国家政府和国际机构的信号却令人混淆，使从事高等教育的人感到尴尬。高等教育一方面被要求在经济、技术、社会和人文发展进程中发挥越来越重要的作用，与此同时，在政府拨款中的重要性和地位却在下降，有时甚至存在被边缘化的危险。以下是某些例证并支持对高等教育进行重新定义和定位的原因。

政府、大学、学生、家长分担高等教育成本在新自由主义理念和经济全球化进程中似乎已经是一条公认的原则。但在现实中，某些国家政府以此作为减少政府对高等教育拨款、减轻政府负担的一条出路，办法是把公立大学法人化，鼓励建立更多的私立高等学校，作为实现高等教育大众化的途径。这些因素可能是不少国家如印度高等教育拨款停滞甚至削减的重要原因（Tilak，2002）。

——普及教育是当今所有发展中国家的头等大事，也在联合国教科文组织的双年度计划和中期计划中得到全力支持。问题在于，不少国家的通常做法是，切分教育投资这块蛋糕时，以牺牲高等教育为代价增加普及教育的份额。通常的理由是，基础教育是国家义务和责任，而高等教育不是，接受高等教育的成本应由个人负担。

——某些政治家和决策者的短视。他们只看到高等教育的经济功能，制定政策时忽视了高等教育的人文、文化和促进社会发展的功能。这种状况在从计划经济向市场经济的转化过程中尤其明显。可以中国为例。在过去七年的高等学校扩招中，较多地考虑的是通过扩招拉动消费，而不是因为认可高等教育是公共产品，接受高等教育是一项基本人权。

——在过去的几十年中，世界银行和某些国际机构还推行一种理念，认为投资基础教育比投资高等教育会有更好的效益，导致一些重要的资助机构忽略了高等教育，对有些国家高等教育政策的制定产生了负面影响。幸运的是，近来世界银行发布了一份新的研究报告，纠正了上述观点，强调没有对高等教育的深刻而恰当的承诺，一个教育体系是不可能正常运行的（Wolfensohn，1998）。联合国教科文组织在过去的八年中持续减少已经很少的高等教育经费同样传送了一个错误信号。

六　重新定义和定位高等教育的战略和行动

——制定新的法律或修改相关法律，以保障大学的自主权，保障逐步增加大学拨款，坚持高等教育的公共产品属性，作为防止高等教育商业化和保证高等教育改革及革新进程中促进社会公平的指导方针。

——国家教育经费分配应当有明确的战略和重点，包括保障社会公正，保障公立大学和私立大学的学生有获取国家奖助学金的平等权利，资助一些不会立竿见影带来市场效应但对人文和社会发展必要的学科或专业，建设一批在向全球化和知识社会过渡进程中有重大作用的学术中心。

——国家应当明确面向未来的高等教育结构调整战略。如果一个国家希望改变自身的地位，在向知识社会转型中追赶发达国家，就必须把建立一批对国家未来发展有重大战略意义、有本国特色的优秀的学术中心或重点大学提上日程。国家还应当鼓励建立面向未来的、开放、灵活、包容、终身、双模式或多模式及对社会变化包括社会发展和人文变化反应灵敏的办学理念和办学模式。

——国家应当从质量保证的日常组织者中摆脱出来，把重心放在建立公正、公平、透明、权威的国家高等教育质量保证机制，严格要求学校建立有效的内部质量保证制度和机制、相关激励政策、培育有利于质量管控的校园文化。要以质量提升为中心，指导高等学校进行面向未来的改革和革新，提升学校创新和办学能力，保障毕业生获得必备的知识、能力、技能，促进本国本地区的经济、人文和社会发展。

七　未来要考虑的战略和行动——来自
　　　高等学校自身的主动

高等学校自身采取主动行动的必要性。在全球范围内，知识的爆炸式增长和知识产生、传播、利用的专业结构及扁平化的网络组织形式，使得传统的大学运作模式遭到质疑。今天，无论欧洲还是北美的名牌大学都面临越来越大的改革的压力并已开始了课程、教学等方面的革新进程，以回应未来的发展趋势（UNESCO, 2005）。受多种因素影响，本地区高等学校在这一方面的改革和革新总的来说落后于发达国家。造成这种状况的原因，包括殖民地时期遗留下来的大学象牙塔传统，缺乏回应社会变化的动力和对变革的抵制等。过时的课程和教学内容使得毕业生在知识、能力、技能等素质方面不可能满足雇主的要求，更谈不上参与并对本国、本地区的人文和社会发展作出贡献。在一些过渡经济体中，计划经济时代形成的对高等学校的控制模式尚无实质性变化，高等学校回应社会变化缺乏自主、活力、主动和潜力的痼疾仍然存在（Wang, 2006）。可以毫不夸张地说，没有来自高等学校自身的主动性和积极性，任何高等教育的改革都不可能成功。

八　行动领域

调整使命、愿景，培养自身特色。曾任经合组织教育部门负责人的阿南·瓦格纳对于发达国家高等教育大众化开始后面临的尴尬曾做过一个十分精辟的分析。他认为，高等教育大众化后面临的一大问题是，体系规模进入了大众化，体制和制度的价值观仍然停留在精英高等教育时期。此论真可谓一语中的。高等学校内部管理的价值观、学校办学的使命、目标和培养方向、教育内容和教学模式，并没有因为经济全球化和社会向知识经济过渡而膨胀了的学生人数、经费收入、学校机构和管理的变化而随之变化，后者的变化必将更大更深刻。无论大学还是学院，都必须了解和面对经济全球化及向知识经济过渡带来的挑战和机遇，对自身的优势和弱点有一个切实的分析，制定本校面向未来的改革、革新的规划和未来发展的愿景。世界上没有一所大学有资格声称自己的所有专业、学科都是最好的。记住这一条，对于制订学校未来发展规划包括追赶世界一流大学的规划的一个发展中国家的大学十分重要。一个学校最好根据自身所处的环境、地理位置和文化、历史传统，选择本校有一定比较优势和特色的专业或学科争创一流。公立和私立学校都应当根据本国本地社会和人文发展面临的挑战调整使命和发展战略。

重新构建未来学习模式。世界上现存教育制度一般都是按照工业革命时期的要求而建立起来的。有些教育制度还是建立在适应农业社会的基础上。本地区所有高等教育体系和高等学校面临的共同挑战是，如何使自身适应变化了的和仍在不断变化的世界，一个两极分化急剧扩大的世界：一方面是科学技术和经济高速发展，经济发展奇迹发生；另一方面是贫困人数庞大，经济、社会不公和政治边缘化扩展（Khan，2006）。一个教育决策者和所有教育家需要回答的一个简单问题是，如何使教育成为所有人而不是少数人的学习渠道，成为获取信息、知识和技能的途径。幸运的是，亚太地区在这一方面有良好的基础，不需要从头开始。这里已经存在几种新型学习模式，并具备发展成为未来学习模式的巨大潜力。

——开放与远程教育的单一模式。本地区大约有 70 所开放大学和相当大数量的中等职业技术教育开放与远程教育学校。世界上 17 所学生超过 20 万、能授予学士学位以上课程的巨型大学中，11 所在本地区。本地区的孟加拉国、中国、印度、印度尼西亚、韩国、泰国、越南等国的案例有力地证明，这种模式是最方便于各种不利人群接受教育的学习模式，是消除贫困、促进社会公平和满足知识社会终身学习需求最实用、最有力的教育类型，虽然他们仍然面对来自传统高等学校和社会上的偏见，学历、学分的承认仍然遇到障碍。当然，要使开放远程学习真正被认可为未来学习模式和解决人文及社会发展最实用的途径，还需要很长时间。不过，它已经展现出来的活力、动力、开放性、灵活性、方便性必将逐步引导这种模式成为未来人们最易接受、针对性最强、最易生效的学习模式。

大学的双模式和混合模式。不断变化和增长的学习需求正在迫使传统大学变得开放、灵活，以满足来自不同年龄段和不同社会背景人群的学习愿望。今天，传统大学提供开放远程教育和最近越来越多的课程上网在发达国家已经不是个别现象，而是越来越普遍。在这一方面，澳大利亚提供了一个很好的先例。澳大利亚地域辽阔，人口稀少，远程教育有很久的传统。20 世纪七八十年代，澳大利亚并校过程中，把所有独立的远程教育中心都合并到传统大学。这样做，不仅使从事远程学习的学生可以学习传统大学一样的课程，取得传统大学教师的指导，获得传统大学的文凭、学位，而且使得传统大学变成双模式办学，能更好地适应快速到来的知识社会中不断增长和不断变化的学习需求，也增强了澳大利亚的国际竞争力。

当然，这在本地区还不是普遍现象。值得注意的是，受全球趋势的影响和快速进步的信息交流技术的推动，越来越多的大学出于不同目的，包括以此增加学校收入，开始把课程上网。不过，中国的网络学院，在教学模式上，与仍然按照传统理念和模式运行的本校并无联系，是两张皮，双轨制，而不是整个学校办学的双模式。

创业型大学模式。在欧洲、北美或者亚洲，创业型大学的成功案例都说明，创业型大学培育了更积极的行动能力和校园文化，因而能更好地面对来自不断增长的全球化知识经济及企业雇主、政府的需求与挑战。今天，创业型大学代表的是一种新的理念、新的机制和模式、新型学术管理、新的校园文化、新的质量观和质量标准、新的教师和新型毕业生的形象。向创业型模式发展已经不是一个选择问题，而是探索未来办学模式的一条必经之路。大学领导人和国家教育决策者如果忽视这一启示，有可能面临把大学变成"朽木"的危险。

本地区高等教育中的创业教育发展势头良好。在澳大利亚、中国、印度、马来西亚、巴基斯坦、菲律宾、新西兰和新加坡，越来越多的大学在研究生阶段开设了新的课程、专业，建立新的相关的研究中心。值得注意的一个情况是来自本地区的一批年轻企业家与美国斯坦福大学合作，于2001年4月在斯坦福大学建立了一个亚太地区学生创业研究会的常设论坛，已经分别在斯坦福大学和亚太地区的一所名牌大学举行了两次峰会。与会代表为来自亚太地区名牌大学的优秀学生，峰会演讲者为政府官员、知名教授、企业精英，包括毕业于名牌大学的成功的年轻创业者、来自硅谷的成功的企业家、回到国内的成功创业人士。峰会核心价值观是传播企业精神，促进决心开创未来的年轻企业家联网合作（www. ases. stanford. edu）。

建立创业型课程、专业和成功组织创业型活动是一回事，把建立创业型大学作为学校改革创新之路则是另一回事。这取决于组织创业型活动的目的是什么。中国再次成为一个重要案例。从规模和效果看，中国在这一方面是最早开始探索并取得巨大成功的国家。据教育部统计，到2004年底，全国592所高校拥有4463家校办企业，总产值达960.93亿元，向国家纳税48.6亿元，向所属学校贡献17.5亿元，企业净利润49.9亿元。如前所述，中国校办企业不久前实行了所有权与管理权分开，以避免校办企业给学校可能带来的负面影响。问题在于，处理两权分开的指导思想是作为一个商业运营模式的改革，以保证学校既盈利又避险；还是解决探索中出现的问题和挑战，继续坚持校办企业向有益于建设创新型大学的方向发展。也许可以预言，一旦以前者为指导的两权分开的改革完成，学校管理校办企业的负担减少了，但校办企业作为学校探索建设未来企业型大学模式的潜力也将削弱甚至丢失。

课程革新与开发。本地区发展中国家普遍存在的招收人数增加和毕业生失业率升高的尴尬局面揭示了课程更新、提高学生能力和社会交流技能、增强学生的创业精神和灵活性、应对来自全球化社会和劳动市场的挑战能力的紧迫性。学生应当具备应对不确定性的能力，有兴趣并做好终身学习的准备，掌握所需要的社会交流技能、团队工作精神、责任心、创业精神，通过对不同文化的了解能面对劳动市场的国际化，掌握跨学科、跨文化的基本知识和技能（WCHE，1998）。一所课程过时了的大学未来难逃成为"朽木"的命运。这样的大学不仅不能为经济、社会和人文发展做出贡献，反而会带来问题，如毕业生失业、公共和私人投资的浪费和社会的不安定。

仅凭高等学校自身很难完成上述任务。它要求政府的强有力的支持，如转变理念、放宽政策、提供必要经费、更新课程结构和内容，以及帮助学校了解、分析和找到应对全球化经济和向知识社会过渡带来的挑战的办法。它还要求高等学校在国家、地区层面与工商企业和公民社会建立良好的伙伴关系。高等学校还应当不失时机地利用不断发展的信息交流技术推动课程改革和创新，推动办学开放、灵活，易于所有学习者学习和中小学教师、校长进修。

如果要使一个国家和一个地区面临的挑战反映在革新后的课程中，课程革新和开发的主动性必须来自本国和本地的学校。中国同本地区其他国家一样，考虑到高等学校1999年扩招后面临的质量问题，采取了很多措施，其中之一是借鉴麻省理工学院的做法，由政府资助推出网上供免费使用的"精品课程"。其做法是，由教授和学校自己推荐课程，经省市政府同意，报教育部审核通过后，取得10万元人民币资助，课程经修改、配套、核定后放到教育部统一网站上使用五年。原定该项目共开发1500门课程，2007年到期，现在决定延长到2010年。

更新和提升课程需要互利的国际合作。欧洲发起的"亚洲联系项目"的模式与战略提供了一个重要案例。这是欧洲委员会为加强欧洲与亚洲发展中国家高等学校之间的合作发起的一个合作项目，包含155个伙伴关系项目，来自欧亚的 700 所高等学校参与。课程开发是该项目合作的主要领域之一。德国汉堡大学与丹麦阿尔博格大学、中国华东科技大学、越南国立经济大学和外贸大学一起作为协调单位。课程开发的具体领域聚焦于硕士层次欧亚人力资源管理课程。项目从 2006 年 2 月开始，建五个课程模块，三年完成。五个模块包括：亚欧商务国际战略管理，欧亚环境中的国际财务管理，欧亚环境中的组织管理，亚欧商务法律等。欧洲委员会正在审议于 2006—2007 年度资助另外 20 个项目（www.ec.europa.eu/asia - link/）。

研究—绝对的必要。当今竞争激烈的全球化经济中，科学、技术和创新的能力不再是少数富有的、经济充满活力的经济体享有的奢侈品，而是任何一个希望摆脱贫困、走向富有和追赶发达国家的国家必须具备的条件之一。关键的问题已经不是要不要培育这样的能力，而是如何制订提升科学、技术和创新能力的行动计划（World Bank, 2007）。毫无疑问，在本国高等学校培育和增强科学、技术和创新能力是关键。这要求国家和政府采取必要措施，营造有利于学术繁荣的社会环境、增大资金投入，提升高等教育质量，包括改善学校基础设施和实验设备、从国内外吸引优秀人才（WCHE, 1998）。成功国家的经验同样表明，高等学校的科学研究只有证明对解决国家面临的政治、经济、社会和人文发展挑战与问题相关和有效，才能继续得到国家和政府的支持。为此，高等学校也许需要考虑以下重点研究领域。

——发展理论、模式和实践。发展是一个过程，是一个多维度的概念。世界上不存在一个放之四海而皆准的模式。高等学校应当根据本国本地的实际情况，借鉴国外有益经验和教训，探索和提出适合本国本地特点的发展理论、模式，供决策者和选民参考。

——脱贫致富。亚太地区仍然有 6 亿人口生活在贫困线以下。更有甚者，有时有些地方的经济增长不仅没有减少反而扩大了贫富差距，影响了社会安定。

——人文和社会挑战。亚太地区仍然是世界上文盲最多的地区，存在严重的男女不平等、儿童生存率低、营养不良、清洁水短缺、卫生条件差和艾滋病蔓延等挑战。

——探索和建立良好的高等教育运行机制。在这一机制中，高等学校、政府、市场和公民社会各得其所，既相互激励，又相互制约，推动高等教育发展，为解决经济、人文和社会发展作出贡献。

九　国际合作与国际组织的作用

有效的国际合作是发展中国家尤其是低收入国家和最不发达国家达到高等教育改革和创新目标的必要条件。

十　与本地区高等教育国际合作相关的国际机构和组织

——曼谷，联合国教科文组织亚太地区教育局（UNESCO Asia and the Pacific Regional Bureau for Education，Bangkok）。作为联合国系统中与教育相关的专门机构，其优势首先是其在高等教育领域的专业能力，与政府、大学的直接联系、对话与合作，作为亚太地区学历、文凭、学位互认公约秘书处，联系和协调教科文组织建立的 12 个姐妹学校网络和教席的活动，筹备和组织国别的地区的各种政府间和非政府间的研讨会和大会，与本地区众多政府、非政府组织的联系等。

——亚洲开发银行和世界银行［The Asian Development Bank（ADB）and World Bank］。这两个机构是本地区发展中国家脱贫和发展，也包括高等教育的改革、发展和基础设施建设获得贷款和技术援助的主要来源。亚洲开发银行每年贷款额度大约为 60 亿美元，外加一年 1.8 亿美元的技术援助。世界银行对东亚及南太平洋地区和南亚地区的年贷款数分别为 29 亿和 50 亿美元。其中用于人文和社会发展的分别占 40％ 和 18％。

——东盟教育部长会议组织（The Southeast Asian Ministers of Education Organization，SEAMEO）。该组织成立于 1965 年 11 月 30 日，旨在通过其建立的 12 个学术中心包括一个高等教育中心，促进东盟各国之间科学、文化和人力资源开发领域的合作。合作重点在农业与自然资源、信息交流技术、脱贫、卫生预防教育、教育质量与公平等，是位于曼谷的联合国教科文组织亚太地区教育局在高等教育领域合作的一个重要伙伴。

——亚洲开放大学协会和亚洲大学协会［Asian Association of Open Universities（AAOU）and Association of Universities of Asia and the Pacific（AUAP）］。这两个组织都是在联合国教科文组织与亚洲开发银行、国际

大学协会和泰国政府共同努力下建立和发展起来的。亚洲开放大学协会的年会参与者不仅来自亚洲地区，而且每年有相当比例的与会者来自世界其他大洲，已经成为国际上远程教育领域一个有影响的平台。

十一　经验和教训——对国际合作价值的建言

人文和社会发展越来越成为本地区国际机构和政府、非政府组织的关注重点。不幸的是，很多机构在某个地区或国家的项目基本目的是大同小异甚至相同，但每一个机构都想自搞一套、包揽天下、缺乏合作和协调的状况仍然没有根本改观。要使地区和国际合作对对象国真正产生实际效益，每一个国际机构都应当看到自身的优势和局限，充分了解受援国的国情，充分认识到自身工作的总目标是提升受援国的能力，而不是去包办代替。所选项目应当是受援国能力建设最急需，同时又是最能发挥本组织催化剂效用的领域。项目设计应当有长远眼光，有一定的连续性。来自本地区相似背景下成功案例的收集和总结，也许比来自国际上的理论和模式分析对于本地区的决策者具有更实际的参考作用。每一个机构都应当认识到，如果大家援助的是同一个国家，互补应当代替竞争，受援国会感受到，不同机构的合作和协调会使该国收益更多，不同组织在同一国家的竞争将使该国成为有限资源浪费的受害者。要实现国际机构造福会员国的目标和愿景，很大程度上取决于这些国际机构领导人的远见、智慧、意志、勇气和合作精神。

参考文献

1. Altbach，P G. and Toru Umakoshi（2004），Asian Universities – Historical Perspectives and Contemporary Challenges. The Joins Hopkins University Press.

2. Altbach，P G. & Todd M. Davis，Global Challenge and National Response，International Higher Education，The Boston College Center for International Higher Education，Number 19，Spring 1999.

3. Altbach，P G.（2006），Academic Careers，Salaries and Corruption，International Higher Education，The Boston College Center for International Higher Education，Number 19，Spring 1999.

4. Country Report Submitted by Australia Education International（AEI），Department of Education，Science and Training，Australia to Ninth Session of the Regional Com-

mittee of the Regional Convention for Mutual Recognition, 22 – 23 May, 2007, Seoul, R. Korea.

5. Gilton Eun – Jun Lee, Korea 21—A New National Policy Initiative, International Higher Education, The Boston College Center for International Higher Education, Number 19, Spring 2000.

6. Jason Tan, Recent Development in Higher Education in Singapore, International Higher Education, The Boston College Center for International Higher Education, Number 14, Winter 1999.

7. John Naisbitt (1995), Megatrends Asia, Nicholas Brealey Publishing Ltd.

8. Kaneco, Motohisa (2004), Japanese Higher Education – Contemporary Reform and the Influence of Tradition, page 115 – 144, Asian Universities, The Joins Hopkins University Press.

9. Khan. A. W. (2006) Distance Education for Development, paper at ICDE SCOP Conference, Norway, 2006.

10. Ministry of Education, China, Education Statistics, 2005, www. moe. gov. cn.

11. Mittal S. , 2005, National Association of Software & Service Companies (NASS-COM, http：//it. sohu. com/20050228/n224457313. shtml.

12. Mok. K. H, (2007), When Neo – Liberalism Colonizes Higher Education in /Asia：Bringing the "Public" Back in the Contemporary University, paper submitted at International Conference held at Zhejiang University, 2 – 4 April 2007.

13. Molly N. Lee (2004), Restructuring Higher Education in Malaysia Published by School of Educational Studies, University Sains Malaysia, Penang, Malaysia, 2004.

14. Sungho H. Lee (2001), Ethics and the Korean Academic Profession, International Higher Education, The Boston College Center for International Higher Education, Number 23, Fall 2001.

15. Tilak, J. G. G. Privatization in India, International Higher Education, The Boston College Center for International Higher Education, Number 29, Fall 2002.

16. Thomas Wolanin (2002), Changes in Kyrgyzstan, International Higher Education, The Boston College Center for International Higher Education, Number 26, Winter 2002.

17. UNEP, Climate Change 2007：Climate Change Impacts, Adaptation and Vulnerability, 2007, www. unep. org.

18. UNESCAP report：Economic and socials survey of Asia and the Pacific：2006, www. unescap. org.

19. UNESCO, Asia and the Pacific Regional Bureau for Education, regional report submitted to Meeting of Higher Education Partners, Paris, 2003.

20. UNESCO, Towards Knowledge Societies—First UNESCO World Report (2005), Paris.

21. Wang Y. (2006), Chinese Higher Education on an Overpass of Four – fold Transitions, Higher Education Research, No. 11, 2006 and Xinhua News Digest No. 6, 2007.

22. World Bank (2000), Poverty in an age of globalization.

23. WCHE 1998, The Thematic Debate: The Requirements of the World of Work, Paris, and UNESCO.

24. WCHE 1998, The Thematic Debate: Higher Education and Research: Challenges and Opportunities, Paris, UNESCO.

25. www. unescobkk. org, UNESCO Asia and the Pacific Regional Bureau for Education.

26. www. unescap. org, United Nations Economic and Social Council of Asia and the Pacific.

27. www. unep. org, United Nations Environment Programme.

28. www. moe. gov. cn/English, Ministry of Education of the People's Republic of China.

29. www. apqn. org, Asia – Pacific Quality Network (APQN).

30. www. seameo. org, Southeast Asian Ministers of Education Organization.

31. www. founder. com, Founder Group, China.

32. www. ignou. ac. in Indira Gandhi National Open University.

33. http://ases. stanford. edu/ the Asia-Pacific Student Entrepreneurship Society.

34. http://ec. europa. eu/europeaid/projects/asia-link/index_ en. htm, EU Asia link programme.

[本人为联合国教科文组织支持的世界大学革新联盟 1998 年世界高等教育报告亚太篇撰稿人，报告主题为"高等教育为全球人文和社会发展服务面临的新挑战与新功能"（Higher Education: New Challenges and Emerging Roles for Human and Social Development），英文，英国麦克米伦出版社 1988 年版。此文为本人英文原稿（英文版报告第 226—236 页），由本人译成中文，以"亚太地区高等教育为人文和社会发展服务面面观——新挑战、新功能与新机遇"为题收入本文集]

上海板块与全球脚步的对接

——2008 世界开放与远程教育论坛和 ICDE 常设校长会议述评

由联合国教科文组织（UNESCO）巴黎总部、国际开放与远程教育理事会（ICDE）、中国联合国教科文组织全委会、上海市教育委员会和上海远程教育集团、上海电视大学联合主办的 2008 世界开放与远程教育论坛和 ICDE 常设校长会议圆满落幕了。ICDE 主席弗雷茨·帕尼库克先生称这是一次开放远程教育界的"奥林匹克"，因为与此同时，还有 ICDE 的执委会、东亚教席会议、中国教席会议和上海终身学习周同时举行。讲到这次会议的成功、周到和圆满，ICDE 助理秘书长、自始至终代表 ICDE 参与策划和筹备这次活动的安娜小姐不止一次说的话就是：与会的人们对于会议的成功和圆满已经无法用语言来表达。协办本次会议的亚洲开放大学协会主席、印度尼西亚国立开放大学校长苏帕曼教授每次见到我则总是拍拍肩膀，连竖大拇指。一年多来为此付出辛劳和作出贡献的上海远教集团、上海电大的每一位领导和员工有理由感到自豪和骄傲，他们为来自全球五大洲的同人提供的热忱、慷慨、周到和近乎个性化的服务以及帮助，使与会者看到了富裕起来的中国和中国人愿与世界各国人民和谐共处、分享的高尚情怀，带回了对电大人、上海人、中国人的美好印象和友情。如果说这次盛会不仅是一次重大学术活动，也是一次成功的人民外交，并非夸张。

一

判断一个重大国际学术活动的价值，首先应当看它传递了哪些重要的信息，听听全球同人尤其是那些领军人物的脚步声，从而回眸一下自己的位置，调整自己的战略，争当世界大潮中积极而清醒的一员。这次活动由联合国教科文组织和 ICDE 领衔，聚集了全球五大洲开放远程教育界的精英，几乎所有引领当代潮流的开放大学校长和国家、地区及世界级组织的领军人物，是一次名副其实的开放远程教育界高层次聚会。忽视这次论坛发出的信息，无论对决策者还是对实践家们而言，都将是一个损失。当然，汲取、分析和借鉴这些信息需要时间。我的述评也是本次会议文集的序，仅就我会前阅读的材料和会议期间的聆听和接触，对此作一次尝试。

灵活性。现在的 ICDE 成立于二战前的 1938 年，开始时名称为国际函授教育理事会，直到 1982 年才改名为国际远程教育理事会，简称 ICDE。后来，由于开放已经成为远程教育的基本特征和取向，故 80 年代后期在其名称中增加开放（OPEN）二字，但缩写不变。近一段时期以来和这次会上，又一个新的主题词重复出现在 ICDE 的官方网站、领导人讲话和正式文件中，这就是灵活性。现在的 ICDE 网站介绍自己时，开宗明义的第一句就是 ICDE 是一个促进灵活教育、灵活学习和灵活教学的全球组织。明年在荷兰举行的 ICDE 世界大会的主题也是"人人享有灵活教育"。从 ICDE 主席在本次会议上的讲话和 ICDE 最近的一系列文件中，人们都可以发现在开放远程教育的前面加上了"灵活"二字。这是偶然的吗？这是否是一个重要信息、动向和趋势？我的答案是肯定的。如果说 20 世纪 80 年代在 ICDE 名称上加上开放反映的是 20 世纪六七十年代兴盛起来的终身教育和教育民主化的思潮，那么现在有意识地强调开放远程教育的灵活性，反映的则是教育尤其是开放远程教育在满足人类从工业社会向全球化的知识经济社会转型中越来越多样化和个性化的教育需求的必备品质和特色。谁抓住这一信息并付诸行动，谁就掌握了先机，取得了主动；谁墨守成规，或被捆住了手脚，谁就可能落伍。

技术——挑战与希望并存。当代开放远程教育的革新与发展几乎无不与技术的进步和使用相联系，这是论坛好几个主讲报告的重要部分。英国开放大学校长布兰达·格丽教授的演讲令人尤为耳目一新、印象深刻。她指出，全球化市场的驱动和技术进步促成的革新，创造了一个奇特的世界：世界从来没有像现在这么繁荣，技术如此令人眼花缭乱，如此多的人健康长寿，如此高的平均教育水平，又从来没有这么多人如此贫困、死于本可以预防的疾病、面临种种威胁，从来没有这么多人需要教育。这一进程向传统的教育观念、教育规则、教育结构、教育模式、教育成本、学习方式和教学方式提出了挑战，同时又孕育了"网络一代"，他们有着多种多样的学习兴趣、越来越多个性化的学习需求，其网上生存、汲取信息和知识的技能以及能力往往高于自己学校的老师们；众多采用全新教育理念和教育手段与现存教育实体进行竞争的新的实体，如企业大学和众多通过网络提供各种适时的教育与培训的市场化机构，激励了麻省理工学院开创的、方兴未艾的网上公开课件活动。更重要的是，网络技术的突飞猛进，网上资源的日益丰富和质量提升，网上各种兴趣性社群的发展，将使个性化的学习和教学成为可能，将把人们带入一个"全新的世界"。数字技术带来的是挑战与希望并存，留给人们的是一个艰难的理念和行动的选择。

开放课件运动。网上开放课件始于麻省理工学院，现已有 10 个国家 200 多所院校跟进。由于联合国教科文组织、欧盟、英联邦学习共同体、ICDE 等国际权威机构的加入和促进，现已在国际上成为一个"运动"。这无疑是一个善举，是国际社会对日益扩大的"数字鸿沟"及其引起的一系列经济、政治和社会问题的关注和反应。但推行七八年以来，人们从各个方面提出的问题甚至质疑似乎远远超过了对它的兴趣。这些问题几乎都是由于不同发展水平包括教育发展水平、技术基础设施发达程度、不同体制、意识形态和文化等因素造成的。但这些都没有太多地影响和减少国际社会克服众多障碍、寻找各种可行方案的热情。ICDE 2007 年刚刚建立了开放课件工作组，并提交了一份初步报告，其闭门校长会议和这次论坛发言的一个重点或热点问题就是开放课件。ICDE 主席、加拿大阿萨巴斯卡大学校长弗雷茨·帕尼库克教授不仅在会上作了相关发言，会后还专门给张德明校长寄来了专题报告。在这份报告里，他不仅对开放课件兴起的背景、进展、反应、面临的诸多问题及可能的解决之道进行了详尽的、客观的、有说服力的分析，而且在总结已有经验与教训的基础上，提出了一个重点明确、具有更大操作性的合作项目：全球大学一年级网上的、免费的、最优基础课，如社会学、统计学、外语、物理、化学、生物、经济、英语写作、心理学、世界文学、历史等。他从十个方面，如课程选定、地区和国别文化敏感问题、教育理念、学生准备、教学模式、成绩评定、国内和国际合作、可持续性、可操作性、事业模式，分析了可能遇到的问题及解决办法。如针对发展中国家普遍担忧的文化差异，如人文社会科学中势必以欧美为中心等敏感问题，他就提出，各门课只是保障其核心内容，并附有多种模块以供不同地区和不同文化选择和使用。例如，一门课可以提供一些理论框架，同时提供五到六个适应不同文化的具体模块供选择使用。使用者有权修改并反馈到发布课程的学校，丰富已有课件。他诚恳地邀请上海电大进行合作试验。

办学模式创新。社会转型时代必然是社会变革与创新的时代，是新旧理念、传统、制度、模式较量的时代，也是各种"丑小鸭"被孵化、诞生的时代。无疑，代表未来的灵活、开放教育模式如能与拥有优质资源、权威专家、教授和学术声誉的传统教育模式相结合，将是资源配置、降低成本、普及教育的理想途径。然而，来自发达和发展中国家的情况都说明，理想是理想，现实仍然是现实。前不久，英国花巨资撮合英国几乎所有传统名牌大学共建的所谓电子大学，很短时间内便以失败而告终，这便是例证之一。但是，这并不能说明这种模式和理想已没有生命力。这次论坛上的两个报告告诉我们，人们探索办学模式的创新的热情并没有减退。马来西亚国立开放大学成立仅仅七年，招生人数已从几百人发展到7万多人，入学群体已扩展到邻近的新加坡、印度尼西亚和阿拉伯国家。学校有完整的学位授予权，而它实际上是一个马来西亚11所传统大学的联合体。成立于1994年的印度共生远程学习中心则是运用双重模式提供从幼儿园教育到研究生教育的综合实体，已有分布在42个国家的20万学生。该中心灵活而严谨的管理、与大公司合作开发电子课程、方便灵活的学生自评自测体系等各种技术手段的混合运用都给人们留下了深刻印象。人们只知道印度已有13所联邦和州一级的开放大学，却很少听到有关该中心的故事。该中心此次与会，是约翰·丹尼尔教授专门推荐的。

二

上海板块。这次论坛的一个特色是所谓的"上海板块"，即集中两个多小时的时间，由上海市政府、上海电大和上海电大的学员代表，从不同的视角，向与会者报告上海市建设学习型城市的背景、战略、政策和一系列措施；上海电大的办学理念、革新行动、成果和贡献；在职职工、农民工、外国商贾的切身体会、希望和要求，提供了一个全景式的画面，满足了与会者尤其是来自五大洲的外国同人希望全面了解上海建设学习型城市情况的愿望，给与会者留下了难忘的印象，得到了一致好评，达到了设计的目的。上海市的经验说明，市政府的宏观指导、统筹、布置和适时、到位、具体的支持，开放大学的坚持开放的"为了一切学习者、一切为了学习者"的理念，紧跟上海市经济和社会变革的步伐，通过革新和技术开发，即时、有效地提供优质课程和优质服务；受压力和激励双重驱动的市民旺盛的学习需求和愿望，是上海市成功建设学习型城市的重要因素。这三者的有机结合和互动，就意味着质量、高效和可持续发展，人们可从中得到许多启示。

这次"奥林匹克"的成功举办，不仅使我们听到了世界五大洲开放远程教育界各路精英和领军人物的理念、思路和迈向未来的脚步声，它也与上海电大 2008 年取得的一系列其他国际交流与合作的重大成果一起，反映了上海电大国际化进程已经取得了令人鼓舞的成就，正面临的可喜形势，包括要否和如何持续前进的挑战。

作为上海电大的一名顾问教授，从一种既是参与者又是旁观者的视角，我觉得上海电大作为在中国环境中的一所电视大学，它在国际化道路上取得的成就，是令人欣慰和值得人们羡慕的。这至少包括以下几个方面：

队伍、人才的培养和组织、管理水平的提升。最近十几年尤其是 2000 年以来，上海电大几乎每年都主办和组织一次高层次、高水平的国际学术会议或培训，直到发展到这次六大国际的和地区的活动组合在一起外加同时接待一个近 20 人的挪威政府代表团，一切都进行得井然有序，整个学校和集团像一台高度智能化的机器，按照预先设定的程序、指令有条不紊地运转，效果皆达到或超越预定目标。经过这一系列重大国际活动的磨炼，上海电大和上海远教集团领导集体开阔了眼界和思路，提升了组织和驾驭多种大型国际学术系列活动的信心、能力和经验，并初步和成功地培养出一支较熟知国际游戏规则，在国际活动的策划、选题、规划、组织、联络、宣传、公关、集资、文件准备、印刷、会场设计、布置、同声传译和会务翻译、后勤保障、交通安全等多个方面都已有相当能力、技能和经验的队伍。更可喜的是，从会前、会上和会下发生的一个个感人的故事中，人们看到了电大人和集团人，从每一位领导到每一位员工，那种坚守岗位、不完成领导交办任务誓不罢休的"钉子"精神，每一个细节都要做到完美无缺、万无一失的追求完美的精神和互相支持、补台、无间的大局精神和团队精神；看到了电大人和集团人参与后的成就感、自豪感和凝聚力；看到了当今难能可贵的健康向上的校风和校园文化。应当说，这些是学校和集团的宝贵财富，是学校和集团的软实力，是学校和集团的竞争力，也是任何一所大学——无论是一流与普通的，还是传统与开放的——应对经济全球化和高等教育国际化浪潮的必备条件。

国际活动与学校办学、学术水平的提升。2008 年上海电大国际化进程的一个重要进展和特点是国际活动向纵深和实质性领域发展：促进学校办学和学术水平提升，走出了国际交流仅是"外事活动"、热闹一场、扩大点影响的俗套。以下三件事可以佐证：一是在这次论坛上由 ICDE 主席颁发的上海电大通过 ICDE 质量评审的证书。这是中国高校第一个"吃螃蟹"者，开了一个好头，是任何希望办成世界一流大学或者希望在国际上或本地区有一席之地的大学迟早要做的一件事。二是在中国和世界远程教育历史上，第一次作为系列用中文出版了八本远程教育领域的世界名著，即《世界远程教育经典文丛》。这些书经国际知名专家组成的编审委员会认真、严格筛选，由国内知名学者领衔翻译，代表和反映了国际学术界一些主要学派、思潮、理论和实践的经验，将对我国开放远程教育的研究、实践和政策制定产生重要影响。三是越来越多的学术骨干被中国联合国教科文组织全国委员会指派参与国际学术交流活动。

国内、国际影响力的提升。大学的声誉是一所大学的硬通货、软实力，其在国内和国际上的影响力则是其声誉的最好见证。上海电大在强手如林的上海，在成人教育招生不太景气的背景下，五年来招生连年增长，2008 年达到 46246 人之多。这是市场的认可，是社会的选择，是其国际影响力在国内的显现。早在 2004 年 AAOU 年会上，还发生了一件我与教科文组织和其他国际组织打交道 25 年闻所未闻的事：公开声明自己退出竞选并全力支持中央电大竞选 AAOU 执委的上海电大，仍然在全委会上通过无记名投票被推选为执委。2008 年，经中国政府推荐和国际评委的审核推荐，联合国教科文组织总干事松浦晃一郎正式批准，上海电大在信息交流技术在教育中的使用方面，在 47 个国家所申报的 67 个竞争项目中获得教科文组织巴林国王奖的头名。如果说前者说明了上海电大在本地区得到的认可，后者则佐证了其在国际上的竞争力、影响力和知名度。

广阔的合作平台与合作前景。经过了 10 多年尤其是近八年的积累，上海电大可以说已经朋友遍天下。其实质意义是：（1）国际上这一领域几乎所有的权威学者都接受了上海电大的邀请，成为学校的名誉教授或顾问教授，其中不少人以实际行动为学校的学术进步和国际合作做出了贡献；（2）从 AAOU、ICDE 到 UNESCO，上海电大与地区的和国际的政府、非政府的领军组织都建立了密切的、彼此信任的交流合作关系，学校教科文教席活动成为全球 600 多个教席中的佼佼者；（3）认识、了解并随时可以与五大洲知名开放大学和他们的领导人沟通和联系。事实上，不少学校都在不同场合表示了与上海电大的合作意向。ICDE 主席、加拿大阿萨巴斯卡大学校长弗雷茨·帕尼库克教授会后不久就给张德明校长来信，除了对校长会和论坛成功的一再的溢美之词外，就是附来两份最新的报告并建议在课程开发、合作研究、学术出版和课程提供四个方面与上海电大合作。上海电大要在国际化的道路上继续迈进，伙伴关系已经形成，平台已经建立，前景相当广阔。

三

2008 年是我们的祖国多难与兴邦如此紧密交织的一年；对于全世界来说，则是全球化进入"深水区"，开始显露其既不可逆转又难以预测的挑战性特征的一年；对于上海电大和上海远教集团来说，2008 年却无疑是丰收的一年和风光的一年，是国际化进程无论在广度、高度和深度上都提升到了一个新的阶段的一年。但是，对于社会转型来说，对于处于社会转型进程中的一个大学和单位来说，一年或者十年又可能仅仅意味着一个漫长的历史进程的开始。经济全球化和高等教育国际化正是这样一个漫长的历史进程。从这个意义上讲，对于上海电大和上海远教集团来说，在其已经开始的国际化进程中，要持续前进，并在"深水区"同样作出成绩，仍有不少挑战需要面对，不少工作需要深化、提升和完成。例如：

巩固和深化学术与教学领域的国际合作。国际合作进入学术与教学领域并为其服务，尤其对中国高校来说，无疑是进入了国际合作的"深水区"。这一领域的成绩和成功应当是判断国际交流活动成效，每年付出一定人力、物力、财力是否值得的重要依据之一。它要求项目选得准、人员配得好，同时保持较好的连续性。例如，ICDE 评估，拿到了证书和报告，过程尚未完结，后续工作仍需更好地完成，实际影响需要评估，报告中的合理建议有待采纳和落实。ICDE 主席明确希望上海电大评估成为这一方面的"排头兵"。再如，加拿大阿萨巴斯卡大学已经明确提出了在开放课件方面与上海电大合作，是否和如何有选择地参与，无疑是在考验上海电大有无自信和能力参与国际开放远程教育界的这一前沿课题，能否为国际开放远程教育的发展作出自己的贡献。国际社会似乎对此抱有相当大的期望。还有 Web 2.0 已经把全球网民从"全民冲浪"的 Web 1.0 时代带入了"全民织网"的时代，将使虚拟学习的模式更加具有吸引力和竞争力，将使个性化学习和教学安排变得更加可能和易行，对开放远程学习的教学和对终身学习、学习型社会建设的影响将不断显现，并已受到国际同行们的高度关注。

更加注意学术骨干的参与和培养。拥有自己的各学科的骨干甚至"大师"，是中国电大尤其是上海电大提高学术水平和教育质量、社会信誉和认可、办成名副其实大学的必要条件。有目的、有选择、有连续性地参与国际合作交流是培养学术骨干，包括造就"大师级"人物的最重要途径之一。当然，这首先是各学科的带头人，有潜力、有活力的年轻教研人员，也包括技术开发、支持服务、后勤保障的管理人员。

国际学术交流水平的提升与持续。要使上海电大国际化的进程和势头持续下去，并不断取得新的突破和成就，加强研究力量和研究，势在必行。及时了解、鉴别和利用国际开放远程教育的新动态、新趋势、新经验，整理、消化和吸取从组织和参与大量国际交流活动中得到的大量信息和资料、经验和教训；保证和保持国际活动选题的前沿、组织的成效和影响、重要学术报告的准备和有针对性的对外宣传等，都要求有相应的研究工作作为基础。要提升水平和扩大在国际学术界的影响，有待突破的又一个重要难点是按照国际水平、编辑要求出版学术成果。很多学校学术交流活动组织得很成功，由于学术成果不能正式出版，最终无法在世人公认的学术文献中留下任何痕迹，常常引为憾事。当然，由于语言的障碍和文化的差异，这对中国高校来说，更富于挑战。

2008 世界开放与远程教育论坛及 2008 国际开放与远程教育理事会常设校长会议的文集即将在中国用中英文出版，张德明校长要我写一篇序，希望以上的观察与感言能够充数。

（世界开放与远程教育论坛及 2008 国际开放与远程教育理事会常设校长会议的文集《新挑战、新机遇、新战略》前言，上海高教电子音像出版社 2008 年版。原题为"全球的进步与上海电大的国际化进程"，现题目改为"上海板块与全球脚步的对接——2008 世界开放与远程教育论坛和 ICDE 常设校长会议述评"收入本集）

国际交流活动与国际化办学的分野

——上海电视大学国际交流活动
特色分析（1993—2010）

　　上海电视大学，中国44所省市广播电视大学中的一员。在过去的18年中坚持走国际化办学道路，迎来八方朋友，创造了众多的神奇与亮点，迅速成长为国际远程教育界的明星。一所省市电视大学，成为联合国教科文组织东亚远程教育大学姐妹学校网络的掌门人，世界高等教育大会的特邀代表，两个联合国机构大奖的获得者，六次吸引世界级领军人物参加、教育部领导赴会致辞的重大国际活动的组织者，一个申明不参加竞选却仍然被亚太开放大学协会会员学校选任理事会成员的大学，一个出现在教育部从全国1000多所普通高校中选拔出来与非洲大陆合作的25所高校名单中的唯一的一所电视大学，一个校长到了巴黎因众多远程教育界朋友希望会面和宴请而日程排不过来的学校，一个在联合国教科文组织总部会议大厅里，由总干事主持、教科文组织高官和各国常驻使节参加的授奖会上校长讲话引起了经久不息掌声的学校。人们不禁会问：这是偶然的吗？显然不是。作为上海电视大学的顾问教授，既是一定程度上的参与者，又是一个旁观者和见证人，我希望我的这篇论文通过对上海电视大学国际交流活动和国际化办学道路的特色的归纳和分析，能对以上问题有所回应。

一　新潮涌动——上海电视大学探索国际
化道路的国际和国内背景

1. 国际上新潮涌动

　　高等教育国际化是一个自高等教育诞生以来就存在的历史现象和进程，是不同国家之间文化交流的组成部分。自20世纪末以来，高等教育国际化再次成为国际间一个热点问题，一个根本原因和不争的事实是，信息社会和知识社会的快速形成、经济全球化的加速发展和各国经济相互依存度的提高，一方面带动和加速了人才和劳动力的跨国流动，跨国办学和研发活动，学分、学历、学位的互认，不同管理文化的接触和碰撞；另一方面又对人才和劳动力的素质提出了新的更高的要求，激励了各国和高校之间教育、教学改革的合作和竞争。同时，科学技术的发展尤其是因特网的出现和越来越广泛的使用，冷战的结束和国际关系的缓和，为高等教育国际交流和合作提供了从未有过的条件、环境和机遇。不管承认与否，不管有无对策，高等教育国际化的要求和挑战已经现实地摆在每一个国家、每一所学校面前，区别在于是主动、有序地迎接挑战，还是被动应付。

2. 国内环境——犹疑中摸索前进

从历史和政治的角度来看，高等教育国际化在中国都是一个相当敏感的课题。近代中国几百年的闭关锁国被西方的坚船利炮轰开后终于发现天外有天和已被时代抛到后面的残酷现实。此后提出的"中学为体，西学为用"，对国人吸取国外先进的文化和理念，更多的不是鼓励，而是警示。近半个多世纪以来，特别是"文化大革命"期间，对西方文明和文化的不加分析的全面否定，对从事这一方面研究的学者的错误批判甚至迫害，后果至今难以完全消除。改革开放以来，中国高等学校和国外的交流合作包括合作办学飞快发展，国人出国留学、研究和考察访问创历史新高，然而高等教育国际化作为一个理念、一个目标、一个标准、一个战略至今并未见诸国家的正式文件，领导人讲话也鲜有提及和加以阐述，大学包括一些名牌大学亦很少明确以此为办学理念之一。究其原因，恐怕不能不与我国国情有关。

现在，市场经济已经成为我国经济的主导运行机制，毕业生就业都要经过市场检验、筛选和锤炼。市场经济中劳动力市场的普遍特征是变化快、起伏大、要求越来越高。而且，随着技术含量和自动化程度的提高，经济增长并不意味着就业岗位的相应增加，导致竞争日益激烈。中国经济对外开放和对外依存度的大幅提高，又对大学毕业生和高校教学提出了新的要求：受聘者除了具备专业知识和技能外，还必须具备一定的对外交流能力，包括语言和沟通能力，对国外文化和社会的了解和理解能力，了解国际上本专业和行业中一些基本的游戏规则等。

上海电大作为一所市级电大，要走国际化办学道路，同全国省市电大一样，面临众多掣肘。上海电大敢于提出探索国际化办学道路，一个优势就在于它在上海，一个中国最早接触西方和外国文化的工业经济中心，这里的人们较少保守，追求新潮，爱好探索，又注重实际和现实。随着改革开放尤其是浦东的成功开发，上海立足国内、面向世界的定位和功能的确立，又为上海高等学校的国际化进程提供了广阔的空间和众多的机遇。新的海派文化的兴起，激发了上海人尤其是各级领导干部的潜力、活力和创造性、灵活性，使得在同样政策环境和条件下，取得了一般认为难以取得的成绩和进展。

了解这一背景，就可以发现，上海电大过去17年探索国际化办学道路进程中的每一个成功和辉煌，不足和缺憾，都多多少少能从这一背景中找到直接或间接的相关因子和根据。

二　上海电视大学国际交流活动特色分析

上海电视大学从1993年第一次主办上海国际远程教育研讨会到2010年先后成为联合国教科文组织东亚远程教育大学姐妹网络的协调单位，世界高等教育大会的特邀代表，两个联合国机构大奖的获得者，两次被选为亚太开放大学协会理事会成员，六次成功组织吸引世界级领军人物参加、教育部领导赴会致辞的重大国际活动，四次国际培训班的举办，出版《世界远程教育经典文选》和《中国学者经典文丛》共八卷，出版国际会议文集六册。学校创建了海外教学基地，学校领导和教师、管理干部几百人次参与上百个国际会议和活动，与国外十几所开放大学签署了合作协议。不仅硕果累累，成效一次高于一次，而且特色鲜明。我总结出如下八大特色：

1. 高起点

2003年，上海远程教育集团和上海电视大学与联合国教科文组织总部及其亚太地区办事处等合作，并经联合国教科文组织总干事亲自批准，共同发起并于2003年11月6日在上海举办了"2003世界巨型大学峰会暨校长论坛"。主题为"创新与合作：为远程教育的明天共同行动"。这是全球拥有10万人以上在校学生规模的远程教育巨型开放大学校长历史上首次聚会，也是世界远程教育界一次最高层次的会议。因此，联合国教科文组织总部和中国教育部给予了高度重视。来自英国、西班牙、美国、南非、土耳其、印度、巴基斯坦、印度尼西亚、泰国、伊朗、韩国和中国的 17 所巨型开放大学校长应邀参加会议，并在校长论坛上发表演讲。中国教育部副部长章新胜、联合国教科文组织破例派出两位助理总干事——教育事务助理总干事约翰·丹尼尔和通信事务助理总干事阿布杜拉·汗出席会议，并发表主题演讲。我国部分省级电大校长、普通高校网络教育学院院长及有关专家应邀列席了会议。会议讨论并签署了《上海合作宣言》，决定成立全球巨型开放大学网络，上海电视大学校长张德明教授被推选为该网络首任主席，印度英迪拉·甘地国立开放大学校长迪克谢特教授为第一任副主席。

本次峰会主要成果和影响：（1）为世界各巨型开放大学校长们提供了一个论坛，以探讨远程教育和终身学习前景及创新、合作与发展的行动策略；（2）探索了巨型开放大学国际合作领域、途径和形式，以加强它们之间的信息交流和网络联络；（3）展示了中国特色的远程教育成果，扩大了上海远程教育集团和上海电视大学在国内外的影响。值得一提的是，此次会议是由联合国教科文组织总干事亲自批准，两位助理总干事同时亲临会议并演讲，在联合国教科文组织历史上皆为罕见，故我称之为"一次创造历史的会议"。

借助"世界巨型大学峰会和校长论坛"之机遇，上海远程教育集团和上海电视大学协助联合国教科文组织亚太教育局于 2003 年 11 月 3 日至 7 日在上海举办了"联合国教科文组织亚太地区远程教育政策制定者国际培训班"。来自马来西亚、柬埔寨、印度尼西亚、乌兹别克斯坦、蒙古、吉尔吉斯斯坦、孟加拉国、越南、尼泊尔、泰国、巴基斯坦、老挝、印度和中国 14 个国家的政府教育部门高级官员参加了培训。联合国教科文组织亚太教育局局长谢登、联合国教科文组织总部高教处项目主管斯达明格、上海市教育党委副书记翁铁慧等出席了培训班开幕式。日本国际基督大学、孟加拉国教育部官员、印度尼西亚开放大学校长、泰国斯帕侄大学、越南河内开放大学、蒙古教育部官员及本人等分别作专题讲座。上海电视大学副校长陈信向培训班成员作上海电大实施远程教育的案例介绍。学员们对培训班取得的成效表示了肯定与赞扬，并在培训班结束后以观察员身份出席了"2003 世界巨型大学峰会暨校长论坛"。

哈佛大学是公认的世界极少数顶级名牌大学之一。在中国，则是少数几所重中之重的大学的合作对象，电大一般望尘莫及。World 课程是哈佛大学教育学研究生院面向全世界推出的一个以新型教育理念和教学方法为核心的专业课程，不受时空限制，面向全球进行开放远程教育，该课程已先后在世界各地推广和普及。2005年底，上海远程教育集团和上海外国语大学与美国哈佛大学联手，通过运用现代远程教育和网络技术，引进世界优秀教育资源，将培训的课程用课件的方式建立在上海远程教育集团的网络平台上，借助于上海外国语大学的外语辅导力量，从2006年1月开始至4月，对来自上海市19个区（县）的近250名中小学校长、幼儿园园长和骨干教师，进行包括双向视频在内的全网络课程培训。参加了全球课程学习，该项目是"上海市普教系统名校长名师培养工程"重要成果之一，通过全网络教育课程的学习，为今后上海普教系统师资培训模式改革进行了全新的探索。这次是哈佛课程第一次远程登录中国内地，受到上海市教委和各区（县）教育主管部门的重视，也受到学员们的欢迎。3个多月中，学员们学习热情饱满，克服远距离学习和语言上的障碍，取得了优异的成绩。学员出勤率超过80%以上，为World Wide课程全球各培训点出勤率最高地区之一，得到美国哈佛大学的赞誉。学习结束后，77%的学员参与课程结束时的问卷调查，其中99%的学员认同课程提高了他们的专业实践水平，增进了人们对美国先进教育理念的了解，并为国内和国外的基础教育工作者提供了可资借鉴的资料。

2. 大手笔

2008论坛和ICDE网站上海电视大学与ICDE及联合国教科文组织合作，于2008年秋季在上海举办"2008国际远程教育理事会常设校长会议（ICDE/SCOP）暨世界远程教育论坛"。这是ICDE在中国内地第一次举办世界级的远程教育大学校长常设会议。本ICDE/SCOP会议暨世界远程教育论坛将设立同一主题，即"建设学习型城市：新挑战、新机遇、新战略"。

这次会议根据SCOP会议的传统，ICDE/SCOP校长常设会议将限定60名左右校长或特别代表参加，闭门交流和讨论；世界远程教育论坛是较大规模即约400人参加的开放式学术会议，除上述校长和代表参加之外，主要邀请境外其他从事远程教育的高校校（院）长和专家代表，国内高校网络教育学院和省级以上电视大学领导及专家代表，各省市教委及有关部委大型企业培训机构领导代表等参加；同时邀请联合国教科文组织、中国教育部、上海市政府的官员，以及国内外有关机构代表和著名专家学者作为嘉宾出席。会议暨论坛既有名人专题报告，又结合实地考察，内容形式上有所创新。这次活动由联合国教科文组织和 ICDE 领衔，聚集了全球五大洲开放远程教育界的精英，几乎所有引领当代潮流的开放大学校长及国家、地区和世界级组织的领军人物，是一次名副其实的开放远程教育界高层次聚会，是 ICDE 历史上最令人难忘的学术盛会之一。

这次活动的一大特点和难点是七个国内的、地区的和国际的活动同时组织，相互交织。除了上述两大活动外，还有 ICDE 的理事会、东亚远程教育教席工作会议、中国联合国教科文组织全国委员会教席工作会议、与会外宾参与上海市终身学习周活动和接待挪威远程教育代表团访问及与会，犹如一次远程教育的博览会。上海电大认为这是学习借鉴、多做贡献、锻炼队伍的好机会，主动建议、毫不犹豫地承担下来，并把一切组织得井然有序，整个学校和集团像一台高度智能化的机器，按照预先设定的程序、指令有条不紊地运转，达到或超越了所有会议的预定目标，得到了全体与会人员的高度好评。一个几百人的电大操办如此规模和复杂的不同层次、不同性质的国际活动，不可谓不是大手笔，这需要勇气和大气，自信和实力，奋发和有序。上海电大人和集团人做到了。

3. 海派风

上海有 1800 万常住人口，是中国经济最具活力的城市之一。自改革开放以来，上海在经济、社会、文化建设等各方面取得了巨大进步，特别是浦东新区的开发开放，使上海国际大都市建设以前所未有的速度实现了历史性跨越。据国家统计局 2007 年 1 月公布的最新数据显示，上海的经济已经连续 15 年保持两位数增长。在此期间，上海建成了世界上第一条商用磁悬浮运营线，成功举办了亚太经合组织领导人非正式会议（APEC）、《财富》全球论坛、世界工程师大会、F1 汽车赛等一系列在国际上有影响的重大活动，申办成功并着手筹办 2010 年世界博览会（EX-PO）。在这些重大事件的推动下，国际化大都市的集聚效应逐步显现，上海城市的国际地位大大提升，与之相适应的上海国际交流与合作的政策、环境和条件日趋完善，这一切不仅为上海高校国际学术交流与合作提供了良好的发展平台和环境，创造了难得的历史机遇，而且培育和形成了海纳百川、有容乃大的新的海派文化和气度。通过张德明校长的领导，通过上海电大领导集体和全体员工的团结奋斗，忘我、持续和开创性的工作，通过 2000 年以来一系列影响重大而久远的国际交流活动，这种改革开放带来的海派文化和海派气度在上海电大和上海远程教育集团得到了完美的体现，并把上海电大的国际化办学提高到了一个前所未有的新水平、新高度、新境界。作为一名顾问教授，作为上海电大2000年以来一系列重大国际交流活动的决策、筹划、组织的参与者，我认为这一段的活动具有如下三个特点：

上海远程教育集团和上海电视大学的大气还体现在抓住一切机会向国际远程教育界学习的同时，不忘向国际社会作出自己力所能及的贡献。受ICDE委托，上海电大免费为ICDE承建和管理国际远程教育理事会（ICDE）中文网站（http：//www.icde.org.cn），为中国远程教育院校机构与ICDE沟通联系，是中国远程教育工作者了解ICDE的主要窗口。上海电视大学还同时自行建立联合国教科文组织东亚远程教育教席中英文网站（http://www.unescochair.org.cn）。联合国教科文组织通信事务助理总干事阿布杜拉·汗为此发来贺信，殷切希望这两个网站"能够发挥平台作用，促进中国与世界各国在开放远程教育领域中的交流、相互理解与合作"！国际远程教育理事会执行总裁兼秘书长雷德·罗尔也为ICDE中文网的开通专门致函表示祝贺。

哈马德国王奖引来的不仅是荣誉，还引来了一段佳话，一条上海电视大学未来走向世界的路子。一场数字革命正在全球范围内发生，并急速改变着人们的生产、生活、学习和教育方式，改变着整个社会。国际社会在看到其革命性作用的同时，对不同国家之间和一个国家的不同地区之间由此引起的差距，即所谓的数字鸿沟表示严密关注。如果在各大洲之间比较一下，无疑，全球最大的鸿沟存在于非洲和其他大洲之间。当张德明校长代表上海电视大学于2009年1月14日在联合国教科文组织总部大会堂举行的、由各国常驻使节和教科文组织高官参加的仪式上接受总干事颁发的哈马德国王奖时宣布，上海电大将把所获25000美元全部贡献出来，并再从本校预算中增加同等数目的经费，专门为非洲高级教育官员举办一次开放远程教育方面的国际交流和研讨活动，受到了教科文组织总干事和全体与会者的高度赞赏和热烈欢迎。这一主动建议同样立即得到了中国联合国教科文组织全国委员会的首肯和支持。2009年7月，张德明校长又荣幸地应邀参加世界第二次高等教育大会并发言，与教科文组织高教处达成协议，将应允于2010年举办的非洲班作为这次世界高等教育大会"非洲重点"的后续活动之一。因此，这次高级研讨班最后的主题确定为："开放远程教育与信息交流技术使用：人人享有高等教育的新动力"，并由联合国教科文组织、中国联合国教科文组织全国委员会和上海电大联合主办。

张校长从巴黎一回到上海，就立即开始了研讨班的准备工作，学校领导班子进行了部署。这一领域的这一活动不仅在上海电大与非洲关系史上，而且在中国与非洲的教育交流中都是第一次。在教科文总部和中国教科文全委会的及时指导和支持下，一切进行得十分顺利。促成这一活动成功的因素很多，不能不提及的，一是非洲同行的参与的积极和热忱，二是张德明校长一贯的精益求精的理想主义的工作作风和他的领导集体、他的各部门的同事的日日夜夜的忘我工作和奉献，并使这次研讨班具有如下特色：

（1）参与层次高。

来自非洲大陆的每个次地区，国家包括佛得角、埃塞俄比亚、肯尼亚、莫桑比克、南非、尼日利亚、塞内加尔、坦桑尼亚、赞比亚、突尼斯和四个地区性组织。他们不仅是学术机构的领导人，如南非开放大学校长、坦桑尼亚开放大学校长、埃塞俄比亚教育部课程协调员，还包括几乎所有的非洲地区和次地区一级远程教育机构、协调机构和支持机构的负责人或代表，如非盟认可的非洲远程教育理事会主任、非洲发展银行赞助的非洲教育发展的非洲教育发展协会秘书长、非洲虚拟大学教学计划协调员、非洲法语国家大学协会代表等。一位非洲与会者感慨，这一层次的聚会，即使在非洲组织一次，亦非易事。

（2）国际顶级专家莅会演讲。

这次研讨班从国际领衔的组织成功邀请到了顶级专家到会就全球远程教育及信息通信技术使用领域的历史经验和当前热点问题作主题演讲，他们包括约翰·丹尼尔爵士、阿布杜拉·汗助理总干事、迈克尔·穆尔教授及里根前总统科技顾问团成员、教科文组织哈马德国王奖国际评委会主任来斯塔教授等。也邀请了教育部和微软公司有关部门负责人、国内专家和上海电大各主管领导，分别做专题讲座，以便使非洲同行对于中国经验和上海电大的探索有一个较为全面和深刻的了解。

（3）有深度的中非交流与对话。

这次交流的一大收获是，中国同行从非洲同行的介绍中认识到，非洲远程教育并非一张白纸，非洲同行创造并实践了不少相当成功的远程教育模式，其中一些并不亚于其他同行，如南非开大，比英国开放大学历史还长，实际上是全球最老的开放大学（基根研讨班演讲）；已运行13年、培养了40000多名毕业生的非洲虚拟大学，在撒哈拉以南的非洲建立了包括30个国家开放教育机构和高等教育机构的网络，在跨国家、多语言、多文化、各种条件差异极大的环境中培养专门人才方面积累了很多经验；非洲远程教育理事会是非洲联盟承认和指定的该领域的协调和指导机构；非洲教育发展协会理事会由10个国家的教育部长和18个地区发展与合作机构代表组成，它们在地区一级有较强的协调能力。毫不夸张地说，通过这次研讨班，中非双方建立了前所未有的相互理解和众多共识，为今后进一步合作打下了坚实的基础。

在非洲同行的主动要求下，会议在闭幕前专门安排了一段时间讨论今后合作的领域和路径，列出了今后几年进行进一步接触、磋商合作的计划。在此以后，上海电视大学几乎每次重大活动都不忘邀请非洲同行参加，也多次应邀赴非参会和访问，包括到巴黎参加教科文组织召开的中非大学对话与合作会议。这段佳话和故事仍然在继续。没有一点胸怀和气度，这个故事是不会发生的。

4. 敢为先

电大开大办学存在众多挑战。长期挥之不去的一大挑战是其质量长期以来受到业内业外的普遍质疑和关注。形成的原因是多方面的。有电大自身的原因，更多的是长期以来存在而没有得到及时解决的理念、定位、体制和政策方面的因素。改变这种状况，树立开大、电大的质量信誉，是电大转型和开大建设、可持续发展面临的严峻挑战，是开大电大、政府和社会必须正视和面临的共同的长期的任务。上海电视大学一贯视质量为生命，得过教育部教学质量一等奖，在国内远程教育界和电大同人中也有相当好的口碑。要再上一层楼，请国际同行共把质量关，即成为中国第一个"吃洋螃蟹"者，考验着上海电视大学领导和全校的勇气和多少有点冒险的精神。学校经过反复斟酌，终于下定决心，决定请ICDE国际学术局对自己开展质量评估认证。根据协议和意向书，上海电视大学进行了充分准备，在已完成的国内远程教育教学质量评估基础上，参照ICDE国际质量标准局的评估认证标准，全面推进远程教育教学综合改革，进一步提高教学质量和教学管理水平，于2008年上半年迎来了国际远程教育理事会国际质量标准局组织的国际质量评估认证，同年下半年ICDE发布评估结果，对上海电视大学的质量保证体系、制度、机制、工作程序、实际效果等予以充分肯定，同时提出了一些十分有价值的希望以后进一步改进的意见，并申明将每隔五年进行一次检查。这是国内第一所远程教育开放大学接受国际远程教育理事会组织的权威性国际远程教育质量评估认证，不仅极大地鼓舞了全校师生对进一步保证质量的信念和信心，而且对上海乃至中国远程教育健康持续发展产生积极的促进作用，并将激励和增强中国和上海远程教育走向世界的决心和信心。

2004 年 11 月 28 日至 30 日，上海电视大学受亚洲开放大学协会委托，在新落成的上海电视大学国顺路校区举办了"亚洲开放大学协会（AAOU）第十八届年会"。来自亚洲及其他各大洲的 32 个国家和地区的 400 余名远程教育专家学者参加会议。本届年会主题是"人人享有优质教育：开放大学新的使命与挑战"。年会在形式上有多项创新：除了开幕式和大会通过卫星视频传输与悉尼、新疆两个分会场实时同步进行外，还邀请华东师范大学与上海外国语大学各组织两队学生，围绕本次会议主题，用英语进行正反观点的激烈碰撞和交锋，反应的快速和敏捷，英语口语表达的流畅，给与会代表留下了难忘的印象。学生参会并登台演讲、辩论，并非国际会议的大雅之堂一般愿意接受的。这一安排在会上获得了奇效和极其强烈的反响。英国开放大学副校长甚至表示要把这一场辩论作为一个教学案例带回英国开放大学。

5. 创品牌

国际活动的组织与参与中，同样有品牌效应。因为有了钱，随意选个题，追求一点轰动效应，在实际效果上，总是事倍功半，甚至收效甚微。上海电视大学充分发挥联合国教科文组织姐妹学校网络协调员单位的作用和潜力，以此为名义连续组织的开放远程教育培训班为建立具有一定品牌意义的活动打下了良好的基础。

自 2003 年以来，上海电视大学与联合国教科文组织亚太办（曼谷）和驻东亚办事处（北京）合作，举办了三次联合国教科文组织东亚远程教育姐妹学校网络系列国际研修班。培训班以当前远程教育的热点问题为主题，以案例分析和交互讨论为主要方法，面向国内和周边发展中国家远程教育机构的教学与管理骨干人员。目前，已成功举办了 2004 年、2005 年、2006 年三届国际研修班，取得了良好效果。

上海远程教育集团和上海电视大学"亚洲开放大学协会（AAOU）第十八届年会"之际，主办了以"远程教育发展现状与趋势及课程设计开发"为主题的国际远程教育讲习班。英国开放大学副校长琳达·琼斯教授和教育与语言研究学院院长阿兰·泰特，印度英迪拉·甘地国立开放大学桑托西·潘德教授，香港公开大学远程教育研究中心研究员张伟远博士，华南师范大学远程教育研究所所长、博导丁新教授等应邀就远程教育课程开发与课件制作、中国及国际远程教育现状与发展趋势等方面为学员分别作了精彩的专题讲座。AAOU 主席曹圭香，AAOU 第十八届年会组委会主席、上海电视大学校长张德明，AAOU 秘书长 Soon – Jeong Hong 等130 余名来自海内外的远程教育专家学者参加了讲习班。

2005 年 10 月 22—25 日，上海电视大学与联合国教科文组织亚太地区教育局、联合国教科文组织东亚办事处联合主办 2005 东亚远程教育姐妹学校网络系列国际研修班：品牌课程开发案例分析。参加本次研修班的共有 80 余名代表，其中国外代表 16 人，来自泰国、越南、马来西亚、蒙古、朝鲜、韩国、英国、印度和联合国教科文组织；国内代表中普通高校约占一半。除英国、韩国、印度、中国 5 位中外专家讲课和 4 位国内代表优秀案例展示交流外，中国教育部高教司远教处处长刘英应邀作了专题报告，联合国教科文组织亚太局专家 Molly 博士和马来西亚国立开放大学代表曼苏（Mansor）教授作了亚太地区远教网络知识库的应用讲座。

本期研修班主题务实，参加的对象大多是教师和专业骨干人员，圆桌会议厅整整 3 天都坐满了人，交互讨论热烈，充满了浓厚的学术交流和自由研讨气氛。

2006 联合国教科文组织远程教育系列姐妹学校网络国际研修班，以"教学模式与学习支持服务"为主题，仍然坚持以务实和案例分析为特点，特邀英国开放大学副校长保尔·克拉克、印度尼西亚特布卡开放大学质量保证中心主任艾米鲁汀·祖哈利博士、马来西亚虚拟大学人文社会科学学院院长艾哈麦德·拜祖宁教授、韩国国立开放大学 E – learning 中心主任李性澈博士、中国华南师范大学网络教育学院院长丁新教授、中国高校远程教育协作组秘书长及清华大学教授严继昌、上海电视大学副校长陈信等专家围绕这一主题，根据各自国家或学校开展远程教育教学过程中的实践经验和特点，分别作了主题演讲，并与学员进行了充分讨论。来自英国、泰国、马来西亚、印度尼西亚、韩国、阿拉伯联合酋长国、朝鲜、蒙古等国代表参加了研讨。

应当说，每次培训班都获得了极大的成功，其中一个标志是，每次都吸引几名国内兄弟院校的校长、副校长与会并真的留在会场听讲。几届培训班的经费，主要由上海电大投入，教科文组织仅提供象征性的资助，用于发展中国家特邀代表的国际旅费。连续几届培训班的成功举办，以典型案例分析为主的特色，学员与主讲人之间的交流和互动，浓厚的学术氛围，已使培训班成为上海电大一个新的品牌，成为发挥教席功能，促进国内和国际间远程教育合作交流的一个重要平台。

6. 抓队伍

最近十几年尤其是 2000 年以来，上海电大几乎每年都主办和组织一次高层次、高水平的国际学术会议或培训，直到发展到这次六大国际的和地区的活动组合在一起外加同时接待一个近 20 人的挪威政府代表团，一切进行得井然有序，表现了国际会议组织上的相当高的专业水平，保证了会议的圆满和达到甚至超过了预期的目的。近年来，如此盛大而复杂的国际会议的组织已经发展成为一种昂贵的商业性外包服务，花钱就可以省力。学校没有走这条捷径，而是通过一次又一次的活动组织和提供的学校所有有关人员参与机会，终于"铁杵磨成针"，成功地培养出一支比较熟知国际游戏规则，在国际活动的策划、选题、规划、组织、联络、宣传、公关、集资、文件准备、印刷、会场设计、布置、同声传译和会务翻译、后勤保障、交通安全等多个方面都已有相当能力、技能和经验的队伍。到了 2010 年 ICDE 大会期间六个会议同时举行时，整个学校和集团似乎像一台高度智能化的机器，按照预先设定的程序、指令有条不紊地运转，使在国顺路校园里同时举行的六个会议皆达到或超越预定目标。经过这一系列重大国际活动的磨炼，不仅上海电大和上海远教集团领导集体开阔了眼界和思路，提升了组织和驾驭多种大型国际学术系列活动的信心、能力和经验，更可喜的是，从会前、会上和会下发生的一个个感人的故事中，人们看到了电大人和集团人，从每一位领导到每一位员工，那种坚守岗位、不完成领导交办的任务誓不罢休的"钉子"精神，每一个细节都要做到完美无缺、万无一失的追求完美的精神和互相支持、补台、无间的大局精神和团队精神；看到了电大人和集团人参与后的成就感、自豪感和集团、学校的难能可贵的凝聚力；看到了当今难能可贵的健康向上的校风和校园文化。应当说，这些是学校和集团领导高瞻远瞩、把队伍组织培养放在首位带来的宝贵财富，是学校和集团的软实力，是学校和集团的竞争力，也是任何一所大学——无论是一流与普通的，还是传统与开放的——应对经济全球化和高等教育国际化浪潮的必备条件。

7. 记宗旨

上海电大国际化办学进程的一个重要进展和特点是国际活动向纵深和实质性领域发展：促进学校办学和学术水平提升，走出了国际交流仅是"外事活动"、热闹一场、扩大点影响的俗套。除了敢于通过 ICDE 质量评审建立学校的质量信誉、有意识地通过国际活动组织锻炼和培养队伍外，学校还通过以下战略步骤践行国际活动为增强学校国际化办学能力、学术水平和师资、员工队伍素质的根本宗旨。

纳天下英才。自 1998 年举办上海远程开放教育国际研讨会等重大学术活动以来，上海电视大学先后邀请到联合国教科文组织教育事务助理总干事、英国开放大学前校长约翰·丹尼尔爵士，联合国教科文组织通信事务助理总干事、印度英迪拉·甘地国立开放大学前校长阿布杜拉·汗博士，原国际远程教育理事会主席、世界远程教育终身成就奖获得者瑞典的博瑞·霍姆伯格博士，德国哈根远程教学大学首任副校长、荣获世界远程教育终身成就奖的奥托·彼得斯博士，爱尔兰远程教育研究和应用中心主任德斯蒙德·基更教授，国际远程教育理事会主席、澳大利亚南昆士兰大学副校长詹姆斯·泰勒教授，美国宾夕法尼亚州立大学远程教育研究中心主任、《美国远程教育》（AJDE）杂志主编迈克尔·穆尔教授等一批世界远程教育权威专家来上海作学术报告，并特聘他们为上海电视大学顾问教授。这批德高望重的顾问教授给上海和中国带来了国际先进教育理念和远程教育最新研究成果及实践经验，帮助上海电视大学引领国内远程教育界风气之先。以这批权威专家为核心组建的顾问教授团，成了上海电视大学最珍贵、最重要的智力库。鄙人不才，亦充数其中。

译名著经典。在中国和世界远程教育历史上，第一次作为系列用中文出版了八本远程教育领域的世界名著，即《世界远程教育经典文丛》。这些书经国际知名专家组成的编审委员会认真、严格筛选，由国内知名学者领衔翻译，代表和反映了国际学术界一些主要学派、思潮、理论和实践的经验，学术交流活动。其中包括：

——巨型大学与知识媒体：高等教育的技术战略》（英国　约翰·丹尼尔）

——《技术：开放学习与远程教育》（加拿大　托尼·贝茨）

——《远程教育基础》（爱尔兰　德斯蒙德·基更）

——《远程教育：系统观》（美国　迈克尔·穆尔）

——《变革中的远程教育》（德国　奥托·彼得斯）

——《远程教育的规划与管理》（印度　桑托西·潘德）

——《21世纪的电子学习：研究与实践框架》（加拿大　兰迪·加里森/特里·安德森）

——《开放与远程学习：趋势、政策与战略考虑》（教科文组织和ICDE等主题报告）

丛书首批八本经典著作基本代表了当今世界远程教育学术研究最高水平，在国际远程教育领域具有重大而深远的影响。这套丛书在中国首次出版，将对中国远程教育改革和发展起到积极促进作用。学校还计划将国内知名学者的代表性论文编成系列出版。

重学术骨干。学校领导十分明确，国际活动本身不是目的，目的是促进学校办学能力包括国际化办学能力、师资队伍学术水平和员工整体素质的提升。学校搭建的广阔平台带来了大量的难得的机遇。越来越多的学术骨干被中国联合国教科文组织全国委员会指派参与国际学术交流活动，成为学校领导赴国外考察和与会的代表团成员，成为与学校有合作关系的国外学校的访问学者。一个省市电大竟然拥有合格的符合专业水准要求的同声传译也曾引为美谈。我经常既羡慕又感到惋惜的是，机会找不到合适人选或无人敢于面对机会挑战而出征的情况也时有发生。

8. 重细节

一个省市电大，要在自己不太大的校园里同时主办六个不同主题、国际层级的会议，整个校园秩序井然，一切如计划进行，最后每个会议皆取得圆满成功，不重视细节是不可想象的。当今，细节决定成败，已被人们普遍接受。18年前，即1998年当我与当时的上海电大讨论当年的国际会议的准备工作时，我提出要重视细节，只提到细节体现你的水平，细节反映你的质量，我们中国人在国际活动组织中往往不太重视细节。我还记得我举了一个例子：我们组织国际会议时总有一次欢迎宴会，排场常常很大，花费不少，但往往是会议结束时口头通知一下，晚上几点在什么地方集合赴宴。而国际上在正常情况下，一般得提前多少天准备和印好专门设计的精致的邀请函，注明赴宴的服装要求，桌次和座位安排有序。前者是吃一顿饭，后者使接到邀请函的人觉得是一种待遇、礼遇，精致又有特色的邀请函常常是一个纪念品，效果常常大相径庭。

现在人们到上海电大参加一个国际会议会发现，会标设计新颖，文件皆成系列，日程、场所、交通、住宿、接站、负责人员皆安排得井井有条，甚至会议的就餐券都精心设计，是会议文字材料或标志"系列"之一。今天，重视细节不仅成为上海电大的会风，也成了上海电大的文风、校风，学校发展进步的一种精神力量。

三　成绩与辉煌背后的不足、缺憾和隐忧

1. 语言的短板

国家解放初期语言政策上的"一边倒"的偏颇造成了我国两三代人语言交流能力和国际沟通能力的薄弱。语言的障碍又是一个不能在短期内克服的困难。这给国际交流活动质量和影响力的提升，把国际交流活动引向国际化办学的轨道，甚至国人在国际舞台上作用的发挥，都构成了一个难题和掣肘。上海电视大学悉尼分校的发展受此制约就是一个典型例子。由于语言问题，尽管双方做了很大努力，但在教育规模上一直难有满意的突破，虽然，上海电视大学领导后来采取了不少措施，充分发挥了悉尼分校作为中澳民间文化教育的窗口、海外师资培训基地的职能的重要作用。

语言短板还使我们失去了不少可以在更广阔的国际舞台上显身手的机会。凭我对不少政府和非政府组织的了解，凭上海电大在地区和国际上建立起来的知名度、信誉、威望，上海电大领导或一些知名的学术带头人要竞选担任某个组织或某些特定专家组的领军者，只要选好时机，事先做点工作，就不会有什么困难。这样的机会不止一次地出现过，我也曾动过建言的念头，但一考虑到语言问题，都最终放弃了。

把国际交流活动引向国际化办学，必然要逐步渗入到学科领域，必然要求国际交流活动角色的转换，即由在学校层次大舞台上活动的学校领导转换为学院、系和相关学科的带头人和教授教师唱主角。这里的语言交流和国际沟通能力则最终决定学校签署的与国外同行的合作协议能否落实、多大程度上落实、可否继续下去，包括学校为此花了大钱，最终效果效益如何和是否值得。

2. 领军人物的稀缺

一个大学要走国际化办学道路比较理想的状况应当是，在学校各个部门、各个系科和专业，都应当有至少一名领军人物或带头人。这些人熟悉

全球范围本领域、本学科的理论和动态，有国际视野，在本国本领域本学科有一定或相当影响，能用比较流畅、合乎规范的语言交流和沟通（各种场合下能够演讲和即席回答问题，参与讨论和辩论），并逐步在本地区和国际上建立较广泛的人脉。有了这样一批人，学校国际化办学，不愁没有机会，不愁合同落实不了，不愁雪球不能越滚越大。应当说，上海电大领导这些年是重视带头人培养的，我也眼见不少年轻和中年骨干成长很快，但十年树木、百年树人，要达到比较理想的状态，还有较长的路要走。

3. 研究的薄弱

国际学术交流水平的提升与持续，要使上海电大国际化的进程和势头持续下去，并不断取得新的突破和成就，加强研究和研究力量，势在必行。及时了解、鉴别和利用国际开放远程教育的新动态、新趋势、新经验，整理、消化和吸取从组织和参与大量国际交流活动中得到的大量信息和资料、经验和教训；保证和保持国际活动选题的前沿、组织的成效和影响、重要学术报告的准备及既有中国特色又在国际上具有普遍意义的新理论、新观点、新视觉和有针对性的对外宣传等，都要求有相应的研究工作作为基础。要提升水平和扩大在国际学术界的影响，有待突破的又一个难点是按照国际水平、编辑要求出版学术成果。由于学术成果不能正式出版，最终无法在世人公认的学术文献中留下任何痕迹，常常引为憾事。更重要的是，要制订学校国际交流活动计划，要项目选得准、人员配得好，保证较好的连续性，知己知彼是前提，没有研究无从谈起。对于一个省市电大来说，从人员编制和人员日常工作担当来说，不拿出并保证一定的人员和时间来从事这项工作，不坚定地把国际化办学作为学校办学理念和方向，是难以做到的。

4. 体制的掣肘

上海电视大学近年的国际合作也难免遇到了不止一次好事难以办成的尴尬。一个最新的例子是，2010 年举行的 ICDE 峰会上，英开校长和ICDE主席在总结了麻省理工学院课件免费上网后近 10 年的经验和教训后，提出了一个他们认为可行性较大的合作编辑、推出大学低年级基础课免费上网的倡议，得到了与会人士的高度赞同。会后不久，ICDE 主席、加拿大阿萨巴斯卡大学校长立即准备落实此项倡议，并致信上海电视大学校长张德明教授，希望在开放大学英语基础课开放课件方面与上海电大合作。我听说后十分高兴，觉得这既是上海电视大学为全球网络课程作出贡献，在"世界扬名"的好机会，也有利于我国大学的英语基础课的教学和水平提升。不幸的是，最后因为碰到了体制和体制内的制约，即学校缺乏选用教材的自主权和不经上级同意，学校和学生选用的教材不能参与统一的考试并拿到相应学分而作罢。

四　国际交流与国际化办学的分野

国际化自古以来就是高等教育的一个办学理念，当代高等教育发展的一个重要趋势，又是当代众多国家引领高等教育改革和发展的一个重要战略。国际化必然要加强国际交流活动。这里，很值得探讨的问题是：国际交流活动是否能简单地等同于国际化和国际化办学？国际交流活动越多，是否就是国际化办学越好？显然并非如此。国际化必然意味着国际交流活动的增多，但缺乏明确目的的国际交流活动不一定等于国际化办学，因为国际化办学的内涵包括相应的理念、专业、课程、师资、管理和办学体制等众多方面，国际交流活动只有由以互相了解、建立联系、追求声势、影响为目的的活动逐步深入到并影响上述学科、课程、教学、科研、师资、管理等办学领域，才能对一个学校的国际化办学产生实质效益，也才能称为国际化办学活动，而不仅仅是"外事活动"。这是国际交流活动与国际化办学的分野，也是界定一个学校的国际交流活动仅仅是一些活动还是国际化办学举措的分水岭。

从上海电大十几年来的国际交流活动可以看出，他们在把各种国际交流活动引向国际化办学相关领域方面做了不懈的努力，也取得了不少成绩，如尽量让教师、干部参与、利用活动建立的渠道签订相关业务领域的合作协议，建立国外培训基地，一批又一批派出教师、干部出国交流培训等。上海电大的实践也说明，真正要进入学科、教学、科研领域，即进入了国际化办学的"深水区"，就必然要与我国现存的具体规定、政策、体制发生碰撞，就必然要求相关的政策和体制进行必要的改革和创新，为学校的国际化办学创造一个宽松的开放的政策和体制环境。非如此，国际化办学一旦进入"深水区"就难以继续前行。

国际化办学同样要求学校要有必要的起码的关于专业设置和教材选用等方面的自主权，非如此，国际化办学则难以进入"深水区"，进去了也无法前行。从这个意义上讲，国际化办学是一个社会系统工程。当今，中国在世界的位置已要求中国高等教育国际化刻不容缓。在创建相适应的政策和体制环境方面的任何怀疑和犹豫都将无法适应当今中国在世界地位和影响力提升的要求。相应的政策和体制创新如不能跟上，我担心国际化人才和人才国际化素质的缺失仍将是困扰中国崛起的一大问题。

（原文题为"上海电视大学国际化进程透析——中国特定环境中一个案例"，后以"国际交流与国际化办学的分野——上海电视大学国际交流活动特色分析（1993—2010）"为题收入《今日之上海电视大学》，上海高教电子音像出版社2010 年版）

关于教育改革的改革

——从大学自主权谈起

过去 25 年我国教育改革的历史告诉我们，要使这次改革和发展规划的制定取得成功，教育改革本身应当做一点改革。

一　改革与法治

温总理在国务院科技工作领导小组讨论制定教育改革和发展纲要时提出要搞一次在历史上能站得住脚的教育改革与发展规划。这既是对这次教育改革的要求，也为评判过去多次教育改革的经验和教训提出了一个重要标准，提醒人们要看看过去几次动作较大的教育改革，哪些东西站住脚了，经验是什么；哪些东西没有站住脚，为什么，这次制定改革和发展规划如何避免重蹈覆辙。以近来被学者们视为"呼吁最强烈、进展最慢的高校自主权"下放或回归这一至今仍然是高等教育改革与发展的一个瓶颈为例，不回顾和总结一下，恐怕这次仍然找不到能取得实质进展的办法。早在 25 年前发布的中共中央关于教育体制改革的决定就明确提出了要在八个方面扩大高等学校自主权，到了 1992 年，国家教委还发了专门扩大高校办学自主权的文件，提出从 16 个方面更加全面地扩大高校办学自主权。1993 年中共中央和国务院发布的《中国教育改革与发展纲要》，明确提出"使高校真正成为面向社会自主办学的法人实体"。到了 1998 年 8 月，第九届全国人民代表大会常务委员会第四次会议上通过了《中华人民共和国高等教育法》，该法明确规定"高等学校自批准之日起取得法人资格"和在招生、专业设置、教学、科研、对外交流、人事和经费使用七个方面享有自主权。这意味着高等学校应当享有办学自主权已经不仅是一个中央文件或中央政府作出的决定或号召，而且已经成为法律，或者说，解决高校办学自主权问题的途径和手段，过去已经达到了最高层次：通过立法予以明确规定。不幸的是，这一问题至今仍未解决。如果不总结一下，问问立了法都没有解决问题的原因在哪儿，而这次仍按照老套路行事，找点儿新词，再写上一大段，重申和强调一下自主权多么重要，高等学校可以享有哪些自主权了事，就很难提高人们通过这一次规划的制定解决高校办学自主权问题的信心。何况这只是一个规划，力度难以超过立法和已有的法律。所以，教育改革要改革的第一条就是，不要一开始就列出和钻进上百个大大小小的现实问题中，而是先总结一下过去历史上教育改革站住脚和没有站住脚的原因、经验和教训，不要重复已经证明是解决不了问题的套路，并形成起码的共识，对保证这次教育改革的成功绝非可有可无。

二　领导与理念

当今教育面临问题之多，社会反应和关注之程度、期望之大，领导重视和花费精力之多，恐怕都是史无前例的。此轮规划起草小组一开始提出来要调研的所谓较大问题就有 36 个之多，行家知道，这里的每一个问题又可以衍生或再发现十个二十个相关或更具体一点的问题，加起来是多少，恐怕会是上百个甚至几百个问题的单子。这次要制定的是一个 13 亿人口大国国家一级的宏观层次的规划，仅 10 年时间，能解决人们翘首以盼的、普遍征求意见提出来的所有这些大大小小、可能是上百个几百个的问题吗？恐怕难。因此，用得上一句老话，掌控这次规划起草的决策者和专家们起始阶段的一大甚至最重要的任务，就是首先要弄清楚当前我国教育改革和发展面临的主要矛盾和矛盾的主要方面，才能找到关键点并在关键点上着力，才有可能假以时日、逐步化解、解决这上百个几百个具体的矛盾和问题。主要矛盾在哪儿？什么是主要矛盾的主要方面？当然，仁者见仁，智者见智。

本人的看法和不少人的看法并无二致：主要矛盾在体制，在主导这一体制的人的理念。再以大学自主权为例。本人在一篇分析一方面大学毕业生找不到工作，另一方面用人单位又埋怨招不到合适的毕业生的原因和深层次矛盾的短文中曾有过分析、打过比方：中国高等教育面临的众多深层次矛盾，源头是中国高等教育先后开始了它的四重过渡的进程，即：性质上从精英教育向大众化高等教育过渡；服务对象从不发达的农业和产品经济向开放的面向全球的外向型经济过渡；高等学校的地位从社会边缘向社会中心过渡；尤其是其赖以生存的体制已从中央集权的计划体制基本完成了向市场经济体制过渡。教育系统一方面通过学生分配制度的改革，单项突进，很快把学校抛向了市场，与此同时，却没有进行相应的进一步的改革，有序地放开学校手脚，让学校拥有面对难以预测的市场变化起码的和必要的自主，总体上仍然没有走出计划经济体制下管理高等教育的理念、体制、机制，造成在上面提及的各重过渡中的教育体制改革进程不仅缓慢、滞后，而且越来越被动。因此，源头是严重滞后的教育体制、机制和制度的改革。已经自觉或不自觉地踏上了四重过渡的征途，走上了四重过渡的立交的高等学校，由于体制改革和过渡的滞后，没有或缺乏足够的自主，以便当机立断，应对时变，确定和变更自己的方向和速度，犹如坐在行进在四重立交桥上的各自校车驾驶员位置上的校长，他可以点火、启动、运行，但方向盘和速度却由一个并不在他们车上的人控制。这种游戏的尴尬和危险是可想而知的，不被动、不出"事故"才是不可思议的。一些学者认为，今日自主权对于大学来说，不是给，是"还"，因为大学办学自主，大学本质使然，各国无不如此。尤其当今，要大学适应并引领急速变化的世界和社会，要大学培养创新型人才，要我国的大学能在强手如林的世界上占有一席之地，没有必要的办学自主权，实如缘木求鱼。中国大学自主权长期失落，并非正常情况，也非某个单一部门的责任。不过，从1985年中共中央、国务院关于教育体制改革的决定算起，一直到通过立法手段明确高等学校要享有七大方面的自主权，至今没有较好兑现，已经"拖欠"了25个年头，当然应当说"还"更恰切。

原因何在，似乎相当简单：有法不依，人治也。如果如此，不通过改革解决人治问题，不管这次的规划在自主权问题上怎么许诺，用词多重，到头来或过了风头，又会按照计划经济体制下一放就乱、一乱再收的规律办事，找点"理由"，过一段一切照旧。当然，人们应当现实一些，从人治过渡到法治，需要时间，改革进程又不能也不应停顿。还应看到，人治向法治过渡中，不等于不能改革，相反，恰恰需要通过改革，才能加速这一过渡进程。关键在于实施人治的人相信不相信改革，有无自己的思想和理念，是否敢于触动和改革已经形成的既得利益格局。人们往往想到，要推动改革就要换人。我认为，换思想、换理念比换人更重要。如果思想和理念不换，如果都是在相信和熟悉计划体制及其管理模式，相信一放就乱、一乱还得再收，相信只有"大一统"式掌控才能保证平安无事和"健康发展"的人之间换来换去，或者自己有要改革的理念和信念，进入角色后听了内内外外"说客"的说辞和"警示"，无能为力、难有作为，人换得再多也不会起太大的变化。相反，人不换，思想和理念真的变了，事情也可能起变化。例如，一个坚信大学自主就是大学生命的人掌控了改革的大权，高等教育法规定的大学自主权就可能一步一步"还"回大学。当今世界，有思想和理念对于领导教育和管理学校的人至关重要，甚至是必备条件。教育非一日之功，教育改革不会立竿见影，也并非人人皆可操控。

一个教育制度的优劣，一项教育改革最终是否成功，往往要经过一两代、两三代人的检验才可能有个定论。以我国 20 世纪 50 年代"一边倒"的外语教育政策为例，到了 30 年后的改革开放、国人纷纷走向世界时，才发现其后果是造成了一两代人语言和国际交流能力上的"残疾"，常常使个人、国家的利益和颜面受损，以至于时至今日，诺贝尔经济学奖得主蒙代尔教授谈到上海建设世界金融中心面临的主要挑战和瓶颈时，仍将语言能力列为其中一项。可惜的是，我们的组织人事部门遴选和任命一个学校或更高的教育行政部门决策人时，可能对候选人的背景、政绩、能力、品行、作风、爱好、家庭、子女、社会关系等诸多方面进行考察，唯独不问的可能就是此人是否有自己的教育思想和教育理念，或者说得更直接一点，对教育面临的重大问题和挑战有没有一点儿自己的而不是道听途说、人云亦云的思想和理念。我们提出了让教育家办学的口号，但如果送上领导岗位的"教育家"没有或者也不要求他们有自己的明确的与时俱进的科学的教育思想和理念，附托于他们肩上的教育改革重任，就要落空，大学自主权还会停留在纸上。总之，没有理念上的突破和更新，就难以恰如其分地估计已经取得的成就，就难以发现教育改革和发展面临的真正挑战，就难以确定未来改革和发展的正确方向和战略。

三　承诺、目标与科学发展

大凡大一点儿的教育改革方案，尤其是中长期规划，总要设定一些目标，以解决问题、推动发展、鼓舞人心。目标实现了，人们总是会记住这是某项改革或某个文件推动的结果。如果目标当时鼓舞人心，后来无法兑现，甚至反过来认为当时确定这一目标时并未经过充分讨论、科学认证，并未在政府部门之间、行政与立法之间、中央和地方之间达成广泛共识，对这类目标就会失去兴趣和信心，文件、决定、目标就失去了意义和严肃性。1993年正式颁布的《国家教育改革和发展纲要》就有不止一个这样的例子。其中一个是提出到20世纪末国家教育投资要达到国民生产总值的4%。16年过去了，离达到这一目标还有相当一段距离，成了一张人们已经没有多大兴趣再去谈论的空头支票。我相信，这次规划一定会有不少雄心勃勃、鼓舞人心的承诺和目标，而且主管部门有的领导在人大政协会议时已经放风，如高校自主权会有大动作等。是科学的、可行的目标，还是又是空头支票，人们不应当只是拭目以待。总结一下我们过去确定的一些重大目标为什么成了空头支票的实际的经验和教训，再看看和借鉴一下一些其他国家实施教育改革，既高屋建瓴又不说空话的务实的、已被历史一再证明是成功的做法，在此次教育发展规划制定中防止空头支票式的承诺和提出发展目标是可以做到的。第一，目标要实，就是首先要调查，要拿出具体目标、具体数字，说明推行某项政策需要采取多少实际步骤，包括要多少经费保障；第二，目标要明确、具体、有限，有实现的明确路径、范围、责任人和责任单位、完成期限、奖惩措施等；第三，相关部门和各级政府达成共识，通过人大立法、立项；第四，明确措施，树立法治权威。再有有法不依现象，通过司法途径解决。过去那种先定宏伟目标，通过和正式颁布后再去搞"实施办法"，开始"实施"后才发现具体问题，才发现原来目标中什么可行，什么并不可行的"粗放式"的确定目标的做法应当改一改了。

同样，解决学校自主权问题本身和本质首先是一个改革问题。下放或"还"给学校自主权并非简单宣布行政领导部门从何年何月开始不再管哪些事情。下放自主权是一个重大而复杂的改革过程，是一个巨大的社会系统工程。它包括重新调整国家、学校、市场、社会之间的关系，调整中央、地方和学校之间的关系和权限，改革旧体制，建立适应前述四重过渡的新的体制、机制和制度，包括探索建立新的机制等。它需要一系列的制度、体制和机制的创新，需要时日。过去那种不触动计划体制教育宏观管理的基本理念、机制、体制和制度，压力大了放一点儿权，放了就乱，乱了就收的做法应当改一改了。在不在体制、机制和制度创新上动脑筋，下功夫，一步一步为学校自主权下放创造条件，保证平稳过渡，是考验下放自主权是否真的想通了的试金石。

四　专家意见与专家遴选

当今世界，从东到西，从南到北，行政部门要搞点改革甚至一个具体项目，没有不先请专家拿意见和提建议，作为决策的依据。理由很简单。这个世界的经济、科学、技术、教育、生活、社会关系、国际关系变得越来越复杂，政府公务员不可能通晓一切、洞察一切。从工业社会向信息社会、知识社会过渡和经济全球化加速造成的一个尴尬是，全世界的大学校长、大学教授常常说不清楚究竟要把学生培养成什么样的人，小到一所学校，大到整个教育，究竟需要什么样的改革和革新才能正确应对如此快速的变化。开起会来，常常是仁者见仁，智者见智，争得面红耳赤，结果莫衷一是。要在这里"统一意见"、要在这里判断个是非，绝非易事。不依靠专家是不行了。于是，依靠什么专家，如何依靠专家成了大学问。有礼贤下士、善于包容和听取不同学派、流派、主张意见、求得真知灼见办好事情的。也有"掌控"一批专家，打着"专家意见"之名贯彻自己"意图"的。正因为如此，温家宝总理在动员这次规划纲要制定开始时，就明确要求，这次专家要求、聘请过程、最后结果、名单要公开、透明。但到目前为止，专家早已聘完，能够"透露"出来的信息只是两个数字：一共请了多少名专家，其中包括几名外国专家。至于标准、过程、最后入选名单，统统无可奉告。本人前不久有幸碰到一位被吸收进专家组、来自某名牌大学的教授，出于对高等教育改革的兴趣，随便问了一句专家组里的专家们对大学自主权问题有何高见。这位教授脱口而出："谁敢提！"这让我一下子有点反应不过来，因为我本想听听这些特邀的专家们对此有几种意见，会支出何种真招帮助国家兑现法律和政府早已作出的承诺。有点诧异之余，我也理解这些专家们的苦衷，这不能完全怪他们。这三个字真正使我感到惊诧的是当下专家使用上的潜规则对这次国人寄予厚望的教育改革和规划可能造成的影响。至于专家遴选的标准、过程和结果为何不予公开，似乎也不用问了，这三个字已经回答了。这正是这一次改革和发展规划制定需要改革的一个重要环节。补救的办法还是有的。例如，拿出有关行政部门为这次规划制定所拨专项经费的 1/10，并公开无须保密的信息和资料，包括国家可能为今后 10 年教育改革和发展提供的资源，通过招标的方式，支持民间研究结构、民间人士包括主管教育行政部门以下和以外的研究院所搞出一两份规划草案，同现行专家组的草案一起公示，征求社会意见，制造一点空间和条件，以便让不同观点、不同思路、不同路径、不同方案有个见面、碰撞和比较的机会，也让国人有个选择的机会，最后殊途同归，造福国家和百姓，皆大欢喜。

（本文为作者在国家教育发展 2010—2020 年规划制定期间发表的一篇博文）

再论中国电大的定位和未来

——来自 2009 年世界高等教育大会的新启示

中国电大的诞生和它过去 30 年的发展、成绩、辉煌和局限总是与国际社会对开放远程教育的探索和国内教育理念的变化、教育体制改革的进展紧密联系在一起的。中国广播电视大学的诞生起始于邓小平与希思的会谈，本身就是中西文化交流的硕果，是一种积极的果断的立即生效的"拿来主义"，是国际上高等教育大众化进程中办学主体多元化和办学模式多样化的必然趋势和规律在中国的反映和见证。中国电大的实践还有力地说明，凡是规律，早认识、早行动、早得益；过去如此，今后仍将如此。作为 44 所省市电大之一的江苏省电大，从 11 个人两个房间开始，经过 30 年的努力和奋斗，建成了教科文组织认可的全球近 20 所之一的巨型大学，以比传统高等学校低得多的成本，培养了 50 万毕业生，提供了 780 万人次的各种实用技术培训，有力地支援了地方建设和人文、社会发展。如果要搜集中国特色社会主义的典型案例的话，电大的发展历程和成果无疑是最有力的案例之一。但是，毋庸讳言，中国电大走过的道路是艰难而曲折的，用一位毕生在电大岗位上耕耘并从事领导工作的教授的话来说，30 年是"熬"过来的。拿到国际上比较一下，我在第一篇论中国电大建成一流开放大学时曾经把 14 个国家和地区的 15 所有点影响的开放大学排列起来，并在办学层次上比较一下，发现一个多少有点令人尴尬的事实：中国电大资格最老、规模最大，却层次最低。根本原因之一是对电大没有一个科学的与时俱进的定位，管理电大的决策部门受传统办学体制和思想的影响，没有始终如一地坚持开放教育的理念。30 年过去了，又逢国家制定未来 10 年的教育改革和发展规划，电大的定位和未来仍然是一个尚未解决和不可回避的问题。

一　来自2009年世界高等教育大会的新启示

联合国教科文组织2009年于巴黎召开的第二次世界高等教育大会与10年前召开的第一次世界高等教育大会相比，一大变化是开放远程教育和信息交流技术在推动当代教育改革和革新中的战略地位和功能得到了充分认可。大会通过的43条声明中有6条与此有关。更为突出的是，前后有6位开放大学校长和3个最大的全球开放远程教育组织领导人在大会全会和专题会上作主题或典型发言。教科文组织信息部门助理总干事阿布杜拉·汗博士在强调开放远程教育的作用时发出警示，传统高等学校如果继续按老套路办学，将再也无法解决高等教育需求增长中的平等问题、大学上得起的问题和针对性问题。仅靠高等教育的传统体系已无法面对挑战。他还提出一个有点语惊四座的问题：当今大学如不改革会不会变成明日的恐龙？

应当指出，开放远程教育地位的变化不是偶然的。根据经合组织的统计，西方发达国家高等教育正在向普及化阶段，即适龄人口中50%以上要接受不同类型和层次的高等教育方向过渡，面临的两大难点和挑战：一是如何满足各种各样的弱势群体的需求；二是如何应对不同年龄段的学习者接受高等教育的越来越多样化和个性化的要求。显然，工业化时期形成的教育理念、教育体制、制度、教育模式已经难以适应新的形势。2009年大会重申了接受高等教育是基本人权的理念；从普及基础教育提出来的全纳教育理念（Inclusive Education）被高等教育界接受，成为2009年世界高等教育大会讨论问题的基本出发点。适应这一要求和趋势的灵活、开放和宜于终身学习、全民学习的开放教育和开放大学得到青睐。发展中国家虽然过去的10年向高等教育大众化过渡中取得了可喜的进步，但是从高等教育的数量和质量上比较，与发达国家的差距和由此形成的所谓数字鸿沟仍然是巨大的，甚至仍然在扩大，发展高等教育仍然任重而道远，发展开放远程教育是重要政策和战略选项。

如前所述，工业化时期形成的教育理念、教育体制、制度、教育模式面对快速到来的信息社会、知识社会和学习社会的要求，不断受到挑战，同时新的教育理念、新的教育模式不断出现，人们把当代国家之间的竞争概括为归根到底是人才培养的竞争，教育改革和创新的竞争。因此，开放、灵活、全纳、终身已经不仅仅是开放远程教育的特色，而是整个高等教育体系改革和革新中所追求的目标。所谓的混合式学习已成为当代年轻人求知和立身的共同要求和特点，已经成为他们的重要的最感兴趣的学习方式和生活方式。正因为如此，发达国家中越来越多，有的国家甚至百分之百的大学都提供远程和网上教育课程，传统高等教育正迅速向双模式发展。美国人称之为美国唯一的一所国家或国立技术大学（NTU）的解体就是一个鲜活的案例：各合作伙伴本身越来越多采用双模式办学和混合式学习，出于自身利益考量，挤占了NTU的市场，并最终挤垮了合作共建的母体。我国高等教育管理体制对于这些新的趋势基本上是无视的。各省市电大都曾有过一些在校全日制学生，实行面授和远程相结合的教育模式，本来是试验双模式高等教育的歪打正着，应当作为高等教育体系中一种新的模式让其试验下去，给予必要的扶持和指导，结果，却突然遭到决策部门一刀切的封杀。传统高校可以举办网络学院，电大尤其是明显有条件的电大为何不能试验新的教育模式呢？从我国建设创新型社会、学习型社会和和谐社会的目标出发，为充分发挥开放远程教育和信息交流技术的潜力和优势，电大不仅应当允许逐步发展成完整意义上的开放大学，而且应当允许它探索各种面向未来的新的教育模式，真正成为满足不同年龄段、不同群体尤其是各种弱势群体多样化、个性化学习需求的、超越传统教育人为地划分的阶段和板块要求、覆盖面极广的开放、灵活、全纳、终身的独立综合办学实体。

二　决策者理念的转变并变为政策和付诸行动

如前所述，中国广播电视大学的诞生，不是教育行政部门本身教育理念更新和主动改革教育体制的结果，而是向西方学习的一种拿来主义，是自上而下强势推行的一项成功举措。决策部门这种理念和管理经验上的先天不足成为电大以后30年发展和改革进程中的主要瓶颈。主要表现为对开放教育理念的摇摆，导致电大从一开始的开放到1987年以后至1999年的相当程度上的封闭办学；用计划经济体制下管理传统高等教育的模式控制和管理电大运行，限制了电大开放、灵活和包容的潜力和特色的发挥，使其路子越走越窄，直到1999年重新对"开放教育"进行试点，使电大的办学理念再重新回到开放办学这一当代远程教育基本和核心的理念上来。电大办学理念上的变化和发展中经历的曲折是教育行政部门决策者对于开放教育理念的变化和政策的相应变化的具体反映。在人治仍然重于法治、计划体制管理模式仍然没有得到根本改变的情况下更是如此。因此，没有教育主管部门教育理念上的与时俱进的更新并转变为国家意志和可执行、可操作的政策（例如：如何认识和对待高等教育中双模式、多模式办学和混合式学习发展趋势；如何认识开放远程教育和学习在改革和革新现行高等教育体制和教育模式、学习和求知、求职及生活方式中的影响和潜力，把开放远程教育看成仅仅是按传统观念划分的成人教育的一部分或者传统高等教育的一个补充，还是中国高等教育探索新的模式、路径和方法的先行者，电大面临的紧迫问题是正名为开放大学，还是为其科学定位并制定相应发展改革规划等），没有一个明确的考量和因应，就不可能对电大作出正确定位和规划其未来。这应当立为关键的第一条。

三　大学办学自主权的回归

当今世界，没有自主权的大学不可能成为真正的大学；没有自主权的大学不可能对知识创新做出实质性贡献；没有自主权的大学不可能培养出创新型人才，更谈不上杰出人才和大师级人才；没有自主权的大学会不断面临生存危机，迟早会难以为继。这些放之四海皆准的规律不仅对于开放大学同样适用，而且更加重要和具有特殊意义，因为没有必要的和起码的自主权，开放大学就不可能发挥其特色、潜力和不可替代的作用。同样，中国各省市之间经济、教育和文化发展差异很大，各省市电大要在各自特定的环境中定好位，发挥好作用，没有一定的独立自主办学的权力，也是不可想象的。

四　现代大学制度的建立

中国电大能否取得正确定位，并逐步办成完全意义上的开放大学，还取决于现代大学制度能否最终在中国建立起来。这一制度的核心是，每一所大学和高校的建立和运行、使命和方向、组织和架构、自主和管理、校长和教授遴选和招聘及学校与政府、学校与市场、学校与社会的关系等，都通过具体立法，即国家或省市立法机构批准的学校章程，予以规定和保障。章程建立的"游戏规则",政府、学校和社会都必须遵循。政府主要通过立法、拨款,包括参与学校董事会、理事会,对高等教育进行宏观调控,引导高等教育健康发展,但不能干预章程已经赋予学校的权力范围之内的事务,尤其是招生、专业和课程设置、教授和职员招聘、学校内部部系和机构设置等被认为是一个学校是否能够自主办学的核心领域。这一制度确立了,大学包括开放大学独立自主办学权才能得到立法、体制和运行机制上的保障,并最终确立。

五 为电大科学定位的前景

要谈电大能否被科学定位的前景,人们有理由期望正在进行的2010—2020年教育改革和发展规划的制定能解决围绕电大定位长期以来没有解决的问题。但这并不意味着电大在决策者视野中长期被边缘化的状况已经改变,教育部出台的为制定规划提出调查研究的36大问题中仍然难见电大的踪影。当然,这更不意味着列入单子的问题,如与电大定位关系极大的高等学校自主权问题,就都能解决。我的看法是,要像温总理要求的"要使这次规划的制定在历史上能站得住",教育改革本身需要进行必要的改革,电大长期被边缘化的问题和科学定位问题才能有解决的可能。

参考文献

1. 王一兵:《中国电大的定位与走向"世界一流开放大学"的道路——国外经验和国际比较的视角》,《中国远程教育》2005年第11期。

2. Unesco Report on 2009 World Higher Education Conference at Unesco Website: Will ICTs make the traditional university obsolete? 09 – 07 – 2009.

3. 蔡建中、丁新:《美国国家技术大学三次转折对我国远程教育的启示》,《开放教育研究》2006年第3期。

4. 王一兵:《换理念比换人更重要》,《中国社会科学报》2009年11月17日第3版。

(载《开放教育研究》2010年第16卷第1期)

对教育发展纲要(2010—2020)公开
征求意见稿的几条修改意见

2010 年 3 月 18 日

1. 关于高校改革、大学章程和所谓"大学去行政化"问题

大学去行政化被部分学者和媒体炒得很热,但我并不认为这是高等教育改革的核心和深层次问题。如果以为只是简单地取消学校行政级别,尤其是被定为副部级学校的级别,就会破解改革难题,也许会带来更多的问题。高教改革的核心问题是如何从我国实际出发建立现代大学制度,通过有效的立法监督和保障,明确界定政府、市场、社会和大学的关系与边界,建立学校内部行政、教学、科研、学术、人事、财务、学生管理、对外交流、社会参与的民主决策和相互制约的决策机制,确保大学自主办学的权力、健康运行和发展。"去行政化"将是其中一个环节,也只有这样,去行政化才有意义、才有可能。

文稿提出各高校要制定学校章程,这触及建立现代大学制度和保证大学自主权的一个核心问题和举措。国际上无论发达国家或发展中国家,一个大学的章程一般都是通过国家或省、州立法机构批准的,一部学校章程就是专门为一所特定学校制定的一部法律,即以法律的形式规定了相关学校的办学方向、使命、特色、自主权、控制和管理机制和模式等,也是政府、学校、市场和社会处理相互关系时必须共同遵守的法规,学校保护自身利益和办学自主权的法律防护墙。一个学校的领导如果是真正通过公开、公平有序的竞争上来的,是有理念、有学问、有能力、有威望,又有应当具有的自主决策权力的人,作为一个大学的领导,是不会也不必依靠行政级别来获取社会地位和活动空间的。这也是为什么世界上哈佛、剑桥和成千上万的名校并没有级别,但不少校长的威望甚至高过本国教育部部长,更没有听说过有人提出级别问题。要求学校制定章程而不明确章程的

性质和制定程序，赋予章程的法律功能，其意义甚微甚至没有意义。同样，一般作为学校章程中关于学校内部管理机制最重要部分的大学董事会或理事会的建立，也只有作为具有法律功能的学校章程的一部分，才有实质意义。

2. 关于"党委领导下的校长负责制"

文稿重申"坚持和完善党委领导下的校长负责制"，没有正视和分析10多年来坚持这一体制过程中出现的问题和挑战，也没有针对问题和挑战提出如何完善的具体路径和举措，对一个影响学校改革和发展全局、使命、活力、功效，关系到现代大学制度能否最终在我国建立起来的重大问题采取了回避。校长负责制曾经进行过试点，后因一场政治风波止步。其实，要保持学校安定和谐，需要做好政治思想工作，尤其是学生的政治思想工作，但更需要学校做好与学生切身利益紧密相关的教学、行政、后勤、生活保障等，保证学生所受教育的质量和有效提升学生综合素质、求职竞争和生存能力。建议改成"进一步完善党委领导下的校长负责制，选择少数地区和学校继续试行校长负责制"。

如果原文不作任何改动，建议至少在表述方式上调整一下，因为这两层意思放在一句中，构成了明显的文字上和逻辑上的不通。

3. 建议加上"受教育是基本人权"

强调和努力实现教育公平是文本一大亮点、民众期待和政府施政重点，建议加上"受教育是基本人权"，以增强教育公平的理论和伦理基础。理由如下：

（1）我国强调人权首先是生存权和发展权。未来一代将是越来越完全意义上的"天生的数字化一代"（2009年世界高等教育大会），面临的将是越来越全面的信息社会和知识社会，没有有保障的受教育包括接受一定程度上的高等教育的权利，就谈不上生存权和发展权。因此，受教育包括接受一定程度上的高等教育的权利是取得生存权和发展权的前提和条件，应当承认和写上教育是基本人权。

（2）这一观点来自国际人权宣言和联合国教科文组织1998年世界高等教育大会宣言，中国是签字国或参与通过的国家。

（3）这与我国宪法相关条文是一致的。

为此，应淡化义务教育是政府责任，非义务教育则主要是个人责任的观念。私立学校和私立学校的学生的权益应当同样得到政府保护。

4. 关于引进国外评估

文稿提出"教育国际化"和"培养国际化人才"是与时俱进的又一大亮点，是办学和人才培养理念上的一个突破。提两条具体建议：

（1）试行邀请国际知名专家团不定期地对我国教育整体或某一层次、某一类型教育进行评估，评估报告供我国决策参考，可发表，亦可不发表。

（2）要求和鼓励负有争办世界一流大学任务的学校或其他有志于此的学校，试行请国际同行评估，可从学科评估开始，逐步扩大到系、院甚至全校。没有这个自信和勇气，如何争当世界一流和在国际上有一定影响？

国际评估会引起某些争议，但我相信，中国教育发展到今天，是经得住国际评估的。我们应当有这个自信。

5. 关于体制改革目标的实现和实现教育现代化的定义和基本标准

文稿第三条提出建设"充满活力、富有成效、更加开放"的体制、第三十一条再次提出"体制开放、机制灵活、渠道互通、选择多样"的目标，十分必要，也非常诱人。没有这样一个体制，要让学生全面发展、要建设世界一流大学、要培养创新型人才和杰出人才、要建设人力资源强国、要发挥教育的战略作用，甚至要减负，都很困难。应当承认，这些基本思想在1993年的纲要中都曾提及，这次又作为2010—2020纲要的目标提出，也从一个方面说明，由于教育体制改革的严重滞后，1993年提出的教育体制改革的目标远远没有达到。当然，这个目标恐怕很难在一个10年达到，但未来10年取得重要进展和在大部分关键点上有所突破，应当是有可能的。为此，纲要有必要弄清过去体制改革滞后的基本原因，并在此基础上提出明确的实现这一目标的具体路径和时限，例如：

——设定完成考试制度改革和全面推行学分制的期限。

——改变中国几千年来和计划经济中延续下来的"全国大一统"的治理理念，教育部只做应当做、能够做和做得好的事情，同时通过分权，大力增强省市统筹能力和体制创新活力，鼓励教育向多样化方向发展。

——允许和鼓励有条件的省市在本省市范围内、在教育部分层次、部分类型中和部分学校之间推行学分、学历和文凭互认，逐步扩展到在全省市范围内各层次、各类别和所有学校之间互认。

——允许和鼓励发展程度相近的省市之间谈判，逐步实现省市之间和一定区域内的学分、学历和文凭互认。

——下大力气突破中等和高等职业教育与普通教育、普通高等教育之间的学分、学历互认和互通，为高考不佳而进入职业教育轨道、私立学校的年轻人提供重拾信心、重新选择的机会。可参考美国社区学院的经验，同时应当在普通高校开设相当数量的必修和选修的职业教育和技能课程，既可以提升普通高校毕业生就业能力，又增加了共同和互认的领域，等等。

文稿提出 2020 年基本实现"教育现代化"的目标而没有对何谓教育现代化进行定义，并提出几条标准。建议对此提出定义，并从教育理念、教育体制、教育管理、教育设施、师资水平、教育普及程度等方面提出一些可评估的标准。这样，也有利于各省市和地区确定努力目标，分批进入现代化阶段。

(送纲要起草办公室建议，载《中国民办教育协会高等教育专业委员会简报》2010 年第 2 期)

得奖和得奖后的大气

——从哈马德国王奖到非洲高级研讨班的佳话

一 哈马德国王奖和非洲研讨班的来历

一场数字革命正在全球范围内发生，并急速改变着人们的生产、生活、学习和教育方式，改变着整个社会。国际社会在看到其革命性作用的同时，对不同国家之间和一个国家的不同地区之间由此引起的差距，即所谓的数字鸿沟表示密切关注。如果在各大洲之间比较一下，无疑，全球最大的鸿沟存在于非洲和其他大洲之间。当张德明校长代表上海电视大学于2009年1月14日在联合国教科文组织总部大会堂举行的、由各国常驻使节和教科文组织高官参加的仪式上接受总干事颁发的哈马德国王奖时宣布，上海电大将把所获25000美元奖金全部贡献出来，并再从本校预算中增加同等数目的经费，专门为非洲高级教育官员举办一次开放远程教育方面的国际交流和研讨活动，为克服数字鸿沟做出一点贡献时，受到了教科文组织总干事和全体与会者的高度赞赏和热烈欢迎，掌声经久不息，原因可能正在于此。这一主动建议同样立即得到了中国联合国教科文组织全国委员会的首肯和支持。2009年7月，张德明校长又荣幸地应邀参加世界第二次高等教育大会并发言，与教科文组织高教处达成协议，将应允于2010年举办的非洲班作为这次世界高等教育大会"非洲重点"的后续活动之一。因此，这次高级研讨班最后的主题确定为："开放远程教育与信息交流技术使用：人人享有高等教育的新动力"，并由联合国教科文组织、中国联合国教科文组织全国委员会和上海电大联合主办。

二　研讨班的特色

　　张校长从巴黎一回到上海，就立即开始了研讨班的准备工作，学校领导班子进行了部署。这一领域的这一活动不仅在上海电大与非洲关系史上，而且在中国与非洲的教育交流中都是第一次。由于过去联系不多，要选择合适的参加对象，要准备有针对性的会议内容和活动，要邀请有声望又对非洲有一定了解的名人演讲，甚至要把来自非洲大陆不同地区的贵宾在同一时间安排到上海聚会，对于上海电大的年轻员工来说，皆非易事。但在教科文总部和中国教科文全委会的及时指导和支持下，一切进行得十分顺利。促成这一活动成功的因素很多，不能不提及的，一是非洲同行参与的积极和热忱，二是张德明校长一贯的精益求精的理想主义的工作作风和他的领导集体、他的各部门的同事的日日夜夜的忘我工作和奉献，并使这次研讨班具有如下特色。

　　1. 参与层次高

　　根据教科文组织高教处、中国教科文组织全委会和教科文组织非洲教育能力建设研究所的推荐，有广泛地域和性别代表性的12位非洲高级教育官员应邀与会。他们来自非洲大陆的每个次地区，国家包括佛得角、埃塞俄比亚、肯尼亚、莫桑比克、南非、尼日利亚、塞内加尔、坦桑尼亚、赞比亚、突尼斯和四个地区性组织。他们不仅是学术机构的领导人，如南非开放大学校长、坦桑尼亚开放大学校长、埃塞俄比亚教育部课程协调员，还包括几乎所有的非洲地区和次地区一级远程教育机构、协调机构和支持机构的负责人或代表，如非盟认可的非洲远程教育理事会主任、非洲发展银行资助非洲教育发展的非洲教育发展协会秘书长、非洲虚拟大学教学计划协调员、非洲法语国家大学协会代表等。一位非洲与会者感慨，这一层次的聚会，即使在非洲组织一次，亦非易事。

　　2. 国际顶级专家莅会演讲

　　这次研讨班从国际领衔的组织成功邀请到了顶级专家到会就全球远程教育及信息通信技术使用领域的历史经验和当前热点问题作主题演讲，他们包括约翰·丹尼尔爵士、阿布杜拉·汗助理总干事、迈克尔·穆尔教授及里根前总统科技顾问团成员、教科文组织哈马德国王奖国际评委会主任来斯塔教授等。围绕介绍中国远程教育发展和信息通信技术使用的历史经验尤其是上海电大50年的实践，也邀请了教育部和微软公司有关部门负责人、国内专家和上海电大各主管领导，分别做专题讲座，以便使非洲同行对于中国经验和上海电大的探索有一个较为全面和深刻的了解。

3. 有深度的中非交流与对话

南非开放大学校长皮特亚那教授应邀作了主题演讲。此外，研讨班还在22日和23日分别组织了两个专场，由非洲同行介绍他们国家和非洲远程教育发展和信息交流技术使用经验，讨论共同关心的问题。三天的讨论交流和两天的实地考察，为非洲和中国同行之间就各自远程教育发展的经验和教训、热点问题、成功实践、全球趋势、未来前景、合作交流等提供了充分地进行深入探讨和交流的机会。这次交流的一大收获是，中国同行从非洲同行的介绍中认识到，非洲远程教育并非一张白纸，非洲同行创造并实践了不少相当成功的远程教育模式，其中一些并不亚于其他同行，如南非开大，比英国开放大学历史还长，实际上是全球最老的开放大学（基根研讨班演讲）；已运行13年、培养了40000多名毕业生的非洲虚拟大学，在撒哈拉以南的非洲建立了包括30个国家开放教育机构和高等教育机构的网络，在跨国家、多语言、多文化、各种条件差异极大的环境中培养专门人才方面积累了很多经验；非洲远程教育理事会是非洲联盟承认和指定的该领域的协调和指导机构；非洲教育发展协会理事会由10个国家的教育部长和18个地区发展与合作机构代表组成，他们在地区一级有较强的协调能力。毫不夸张地说，通过这次研讨班，中非双方建立了前所未有的相互了解和众多共识，为今后进一步合作打下了坚实的基础。这本集子将收录本次研讨班上的所有主题演讲以及来自非洲所有地区、次地区、国家和中国方面的报告，并于年底前用中英文出版，以便使更多的人和机构可以较全面地了解非洲远程教育及信息交流技术使用的历史和现状，分享这次会议的成果。

4. 研讨班活动的多样和丰富

这次研讨班的组织有选择地与上海电大50周年庆典的一些精彩活动相结合，内容互补，效果更佳，又克服了一般为期一周的研讨会冗长、沉闷、疲乏的弱点。

——所有研讨班成员应邀参加了50周年校庆组织的国际大讲堂，聆听了来自全球的权威专家的演讲，了解了全球范围内远程教育和信息交流技术使用领域里的挑战和趋势、革新、发展和前景，并获得了与众多名人进行面对面交流沟通的机会。

　　——参加了 5 月 21 日晚于上海大剧院隆重举行的上海电大 50 周年庆典。由于专门为非洲班安排了相当成功的同声传译，来自非洲的同行几乎听懂了庆典精选和编导的、反映上海电大成长、壮大、创新、改革的一个又一个动人又感人的故事，从中了解了上海电大的过去和现在、成就和面临的挑战、上海电大人为建设学习型城市和为上海市民提供终身教育的创业艰辛、探索历程和获得成功后的喜悦，成为理解研讨会上听到的来自上海电大各种报告的一个绝妙补充。

　　——在会议期间考察了位于国顺路校区的上海电大信息中心和上海教育资源库后，非洲同行被安排到电大闵行一分校考察。这里是最能体现上海电大"一切为了学习者，为了一切学习者"办学理念的"一站式服务"发源地。这里为不同年龄、不同背景、有着不同需求和兴趣的学习者提供的服务周到、细心、耐心，这里为学习者服务的各种设施的齐全、实用和现代，这里学习者学习和求知愿望的强烈、取得的丰硕成果和师生互动的交融，对非洲客人的大方、友好和热情，给非洲同行留下了非常深刻的印象和难忘的回忆。

　　——集中于参观非洲馆和中国馆的世博一日行和周末杭州一日游，对于不远万里来到中国的非洲朋友来说，尤其是对于绝大部分第一次来到中国的非洲朋友来说，对于了解远程教育以外的中国、中国的发展和现状、中国人民的生活与中国和非洲的联系和情谊，无疑是不可或缺的。

三　非洲同行主动提出的后续活动建议

　　从非洲同行中得到的关于这次研讨班的反映和评论非常积极。他们认为，这次研讨班为他们了解世界、了解中国、了解中非远程教育发展和信息通信技术使用的特点、特色，未来合作的领域、模式和前景，建立共识和渠道，提供了十分难得的机遇，对中非今后在远程教育领域里的合作将产生重要影响。他们向上海电大为达到这一目的而精心组织和安排一系列活动所做出的努力表示由衷的感谢。在非洲同行的主动要求下，会议在闭幕前专门安排了一段时间讨论今后合作的领域和路径，并在闭幕式上通过了如下建议。

　　——与会者希望，中非在远程教育和信息通信技术领域合作的连续性，将使 2010 年上海远程教育研讨班成为今后中非在这一领域合作的新起点。

——建议成立非洲工作小组，并利用下列机遇，逐步形成和提出中非在远程教育和信息通信技术领域合作的具体计划：

（1）2010 年 9 月由南非开放大学和国际远程教育理事会在比勒陀利亚共同组织的大学校长常设会议；

（2）2011 年 7 月由非洲远程教育理事会和坦桑尼亚开放大学于坦桑尼亚首都联合举办的非洲开放大学校长会议；

（3）将于 2011 年 12 月于布吉那发索举行的非洲教育发展大会。

中国在这一领域的同行将应邀参加这些会议，以便共商中非在这一领域未来合作的具体计划。

闭幕式在张德明校长和非洲同行代表的热情洋溢、依依不舍的讲话后和对于未来合作充满憧憬的强烈愿望中结束。

四　来自中国政府和联合国教科文组织的令人鼓舞的信息

中国政府和中国联合国教科文组织全国委员会对这一活动十分重视。上海市教育委员会主任沈小明先生和中国全委会秘书长方茂田先生参加了研讨班开幕式。中国教育部副部长、中国联合国教科文组织全委会主任郝平博士专程来到上海电大，会见非洲同行和会议主题演讲嘉宾，并向上海电大转达了一个十分重要的信息：中国政府已经与联合国教科文组织签订了新的合作备忘录，其中一条是加强中非在高等教育领域中的合作。双方将各自选出 25 所大学进行对口交流与合作，他已建议将上海电大列入中方 25 所大学之中。这一信息令人鼓舞，也成为由这次研讨班开启的中非、上海电大与非洲同行在这一领域合作的连续性的一个有力保障。同样可喜的是，教科文组织高教处明确表示，他们将提出相关计划，保证中国和上海电大与非洲同行的伙伴关系持续发展下去，以取得更好的成效。

这个序本来应由张校长写。同其他重要外事活动一样，对非洲班，他同样事必躬亲、精益求精、追求完美，花费了大量精力。张校长坚持要我准备这篇前言，可能因为我同这一活动有点儿脱不了的干系。我退休后选择为上海电大做点儿事，一个原因是看到上海电大的领导，尤其是张校

长，对要否和如何开展国际交流活动，站得较高，看得较远，也比较大
气，没有那种急功近利甚至想通过国际活动取得"盈利"的考虑，虽然
他对外事活动的成本和预算同样抓得很紧、很严。这一看法使我有信心在
张校长去巴黎领取哈马德国王奖前夕，提出了可否考虑领奖后捐出奖金，
为受到国际关注的非洲做件好事的建议。果然，张校长毫不犹豫地立即接
受了。钱不多，也不可能以此解决非洲教育的多大实际问题，但他在巴黎
国际和外交舞台上展现的是富裕起来的中国人的大气和对世界弱势人群的
关注，也许这是那天教科文组织大会堂里反响十分热烈的又一个更深层次
的原因。现在看来，这件事的影响超出了原来的预计。它不仅进一步提升
了上海电大的国际声誉，也开辟了上海电大尤其是最近刚刚宣布成立的上
海开放大学未来国际合作的一个新舞台、新方向、新机遇。因此，我没有
太多犹豫，接受了这一任务，于 8 月酷暑中赶写了中英文序各一篇。两篇
序内容一致，只是中文序中多了这最后一段。

（《非洲国家高级教育官员研修班暨开放教育国际大讲堂文集》序（中文），
上海高教电子音像出版社 2010 年版）

向浙江大学赠书致浙江大学
教育学院院长信

浙江大学教育学院徐小洲院长：

我自 1981 年从北京外国语大学调入教育部、1993 年起到联合国教科文组织工作以来，一直利用出访、开会和接待外宾的各种机会，尤其是作为教科文组织专业人员工作的 10 年，收集了近百个国家、机构的出版物和资料，包括购买了少量学者专著。我们这一代是经过了几十年的封闭以后走出国门的，所以这些出版物、资料和专著，为我打开了一个十分宽广的窗口，使我一下子看到和了解了外部世界几十年的变迁和变化，为我的思考和研究提供了从未有过的丰富、新鲜的营养和强烈的刺激和激励。我在过去的二三十年中写过的一些有点儿自己的思想、人们认为多少有点儿参考作用的文字，都从以上资料中得到了启示和根据。我收集这些资料时曾经有过一个壮志，想退休以后把它们好好看看，做点儿进一步的研究，写点儿东西，自得其乐。退休八年，仍然忙忙糟糟，此想证明是一个奢望。随着年龄的增长，要想再次钻进故纸堆几年并顺利爬出来，已非易事。这样，这些一箱箱、一袋袋从各国、各种会议上收集而来又随我坐着飞机漂洋过海带回国内的"宝物"，让我既爱不释手、利用之又力不从心。浙大教育学院乃我国比较教育教学与研究重镇。我不时听到研究生的课题聚焦到某个国家，尤其是不发达国家或小国，研究题目出得很好，资料收集常常是一道难题，我的资料无疑可以帮点儿忙，但躺在我的家里，用起来甚为不便，这使我萌生了把资料捐赠给浙大教育学院的决定。资料运到后，学院十分重视，专门买了六个专用书柜存放，并由辛越优同学花了大量时间整理编目。现在，这些资料不仅来到了最适于它们居住的地方，而且有了用武之地，我想，它们会和我一样是高兴的，是要感谢浙大教育学院的。

衷心祝愿学院蒸蒸日上！

王一兵

浙江大学客座教授

原联合国教科文组织高等教育专家、

国家教育发展研究中心研究员

2010 年 5 月 5 日

附：赠书名册（略）

关于上海电大"十二五"规划国际
交流部分的几点建议

2010 年 6 月 21 日

一 指导思想

中国已经融入世界，上海正在加速成为中国和世界经济、金融、交通国际交流活动的中心城市，进一步提升上海市民及各级各类从业、专业和管理人员的国际化知识、能力、技能、视野和总体素质已刻不容缓，也是上海电大发挥自身灵活、开放、速效、高质优势，为上海经济和社会发展、成为国际上三大中心作出新贡献，把上海电大建成国内一流、国际上有重要影响的完全意义上的开放大学的重要机遇。在过去 15 年取得的成功经验的基础上，继续深入探索新形势下国际化办学的新思路、新领域和新模式，使国际交流活动成为实现学校战略目标的重要组成部分和推手。

二 主要目标

1. 进一步巩固与联合国教科文组织（总部、地区和全委会）、国际远程教育理事会、英联邦学习共同体、亚太开放大学协会等国际组织和国际上有重要影响的开放大学的合作关系，选择和聚焦重点合作领域，使合作内容更具针对性，更能反映双方的关切，有更大的国际影响。

2. 国际交流和合作逐步向学科专业和课程领域发展。选择条件较好的专业或学科，与对应的机构或学校就课程、课件内容和制作探索进行合作，尤其要鼓励和支持与上海改革开放关系密切的相关课程和专业参与。

有选择地参与国际开放课件和开放资源建设活动，成为其合作伙伴。

3. 继续有重点地培养一批包括引进一些专业和管理骨干，使他们成为各部门各专业国际化办学的带头人。他们应当有较好的专业和学术背景，了解本领域的国际交流活动的基本情况和游戏规则，能够或者通过强化学习可以用外语进行学术交流，能够带动本专业、本部门的交流活动，提升国际化水平。"十二五"结束时，争取80%以上的专业和部门都能拥有一到两名这样的人才。

4. 了解和研究发展中国家重点是非洲开放远程教育发展面临的挑战，应中国政府要求，与相关国际组织合作，探索与之合作和提供培训活动的有效途径和模式，并培养相对稳定的团队。

三　战略平台

东亚远程教育姐妹学校网络（教席），这是联合国教科文组织授予的在中国和东亚唯一的一个远程教育领域的、从事开放大学之间合作的网络（教席），是已被教科文组织认可的最有成效和影响的教席之一，是上海电大从事、参与和组织国际交流活动的一个重要平台。应使网络（教席）专业化，并有一到两名专业研究人员，使教席的研究、研讨、咨询和培训活动更有计划性和针对性，发挥更大作用和影响。

（内部信函，未出版，未发表）

为在澳门开好国际会议致澳门
开放大学校长的信

澳门开放大学 Y. Z. 校长：

　　谢谢回复和邮来的即将在贵校组织的开放大学会议的相关信息。应您的要求提出如下几点思考供您决策参考：

　　1. 随着信息社会、知识经济和学习需求的快速增长，教育体制和模式，包括高等教育体制和模式，变得越来越开放、灵活，高等教育学校越来越多采用双模式、多模式办学已成全球趋势，对于单一模式的远程教育构成了生存挑战。

　　2. 开放远程教育的特色、潜力和活力，以及与现行的传统高等教育体制的重要区别，就在于其开放性和灵活性。谁能突破传统高等教育的办学理念、体制和模式，从一个具体国家或地区的实际出发，把开放远程教育的开放性、灵活性充分发挥出来，谁就能取得主动，开辟新的局面。

　　3. 澳门的变化正提供历史性机遇和新的学习需求，过去留下的教育基础比较薄弱，澳门开大如能弄清澳门社会各种各样的和现行教育体制忽视并无法完成的学习需求，通过发挥本身优势和特色，革新和创造新的教育模式，满足这些需求，就将为澳门建设学习型社会作出别人无法替代的贡献，这次会议应该为此目的服务。

　　4. 澳门开大与国内电大比：国内电大在服务中国国情条件下各种教育需求方面有很多创造和成功实践，可为你们提供良好参考。但国内电大受传统和僵化的办学体制束缚，没有办成完整意义上的开放大学（附本人 2006 年和最近的拙文两篇供参阅）。澳门开大在澳门环境里享有较大自主权，得天独厚，可以也应该有更大作为。

　　5. 澳门开大与亚太和国际上开大比较：亚太地区和国际上的开大，包括赫赫有名的英国开放大学，囿于传统办学理念和社会压力，办学上注重与传统大学比较，向传统大学看齐；相对忽视所谓的各种各样非正规教育需求和培训。上海电大的成名，很大程度上是因为其适时到位的几百万人次的各种非正规教育和培训，及时满足了不同人群和上海社会不同发展阶段的学习需求，弥补了上海改革开放的智力和人力资源的不足，而不是其学位教育课程。不知澳门开大的状况如何？

6. 为此，我建议本次会议大的主题不变，通过改变副标题把会议内容和讨论聚焦一下，具体一点，以有助于达到我们的目的，即：

学习型社会建设与开放远程教育
——学习需求的增长和变化与开放远程教育模式的创新
英文为：
The Building of a Learning Society and
the Role of Open and Distance Education
—The Growing and Changing Learning Needs
and the Creation of New ODL Models

祝一切顺利！

王一兵
2010 年 11 月 9 日

推荐授予斯里兰卡总统获得北京外国语大学荣誉博士学位信

　　马欣达·拉贾帕克萨总统出身于斯里兰卡著名政治世家，从小受到父亲的熏陶，怀有远大理想。作为律师，早在1970年，他就当选为斯里兰卡历史上最年轻的国会议员，历任劳工和职业培训部部长、渔业资源部部长。2004年担任政府总理。

　　马欣达·拉贾帕克萨总统非常重视中斯关系的发展，曾多次访问中国，与中国领导人商讨双边关系的发展。在他执政期间，中斯进一步加强了政治、经济、文化等各领域的交流和合作，取得丰硕的成果。另外，拉贾帕克萨总统还领导斯里兰卡人民结束了长期困扰斯里兰卡经济发展的民族冲突问题，扫清了斯里兰卡走向腾飞之路的最大障碍，为实现斯里兰卡未来的繁荣富强奠定了重要的基础。

　　拉贾帕克萨总统十分重视和支持我国僧伽罗语专业建设，曾亲自邀请并接见北外赴斯里兰卡全体学生。

　　北京外国语大学自1961年开设斯里兰卡官方语言僧伽罗语专业，在促进中斯友好关系发展和教育文化交流等方面发挥了重要作用，与斯里兰卡高等教育机构之间有着长期合作。我相信北京外国语大学授予马欣达·拉贾帕克萨总统名誉博士学位将有利于促进中斯两国教育文化交流以及中斯友谊的发展。我曾经作为该专业的第一批学生和后来的教师，愿意郑重推荐马欣达·拉贾帕克萨总统为北京外国语大学名誉博士。

　　以上意见仅供学校参考。

　　祝学校蒸蒸日上！

王一兵

浙江大学客座教授、原联合国教科文高等及

远程教育专家、国家教育发展研究中心研究员

2011 年 5 月 18 日

关于联合国教科文组织农村教育研究与培训中心未来三年振兴战略的几点建议

中心负责同志:

中心已经走过了不平凡的 17 年。现在,无论天时、地利、人和,都已到了其历史上最好和关键时期。未来三年,即到了中心 20 华诞,可谓其发展和提升的战略机遇期。根据中国政府和联合国教科文组织建立中心的初衷与理事会的要求,如能制定出既高屋建瓴又切实可行的方略,再经过三年努力,在国际农村教育领域占有一席之地、有一定影响,在教科文组织内得到普遍认可和较高评价的可能是存在的。为此,我提出如下几点建议:

1. 活动内容和方式注重针对性、可行性、连续性、创新、质量和可能产生的影响

中心过去组织了上百次活动,每一个活动都做得很认真,也都收到了一定成效,并不乏亮点和好主题,但在教科文组织圈内外的总体影响,不如预期。就项目和活动的计划和执行来说,可能原因有二:缺乏明确的重点和所谓的拳头产品;缺乏连续性,没有把重点和拳头项目连续做下去,做出成绩、做出影响、做成品牌。建议召开一次小范围的专家会议,总结过去的成功经验和教训,从针对性、可行性、连续性、创新、质量和可能产生的影响等维度,对现有计划设想进行审视,提出 2011 年和明后两年的活动计划或重点项目。

一个具体建议:每年举办一期(如果 2011 年不行从明年开始)高官和高端研讨培训班。对象为非洲、亚洲甚至拉美最不发达国家教育或人力资源开发部门司长和常秘一级负责官员,时间长一点儿,三个礼拜到一月左右,人数不超过 10 人,介绍内容、授课人员、考察地点精心选择、准备,要有深度,有针对性,在点上不要限于走马观花,不仅要看,还要有充分提问和实地研讨,后期要有一段时间,结合参与者所在国国情,深入探讨,

谈出或写出心得，心得中包括其回国后可能提出的战略和政策建议。总之，这种班，尤其是如果能长期坚持下去，形成品牌，可能真正对参与国决策产生一定影响，这正是教科文组织和中国政府建立中心的初衷，也是中心本职和追求的效果，是提升中心在教科文组织内外地位的基础。

2. 国内尤其是国际上伙伴关系和合作网络的建设

当今世界，"三农"问题不仅是中国，也是全世界关注的重点、热点和难点。关注农村教育的，有联合国系统、各国政府、银行、大学科研机构、慈善机构和无数的非政府组织，可谓强手如林。要想在国际上于这一领域占有一席之地，有点影响，有点呼风唤雨的能耐，没有几个有点分量的合作伙伴，没有自己的合作网络，是不可想象的。"教科文组织"和"中国"这七个字，在当今世界还是有吸引力的，是中心建立这样一个网络的强有力的条件。经过精心选择，主要通过未来三年的活动，如合作研究、共同发起和组织一些重大会议和行动，尤其是依靠我们项目和活动的水平、质量、创新、想象力和特色，把有点名气和影响的合作伙伴吸引过来，建立起这样一个网络是可能的。有了这个网络，通过网络成员间尤其是我们领衔的一系列活动的举办、报道、报告、宣言、文件，中心的声音就会有更多的人听到，中心的影响和知名度自然水涨船高。届时，教科文组织乃至国际社会对中心的认可和支持，将不再是一个问题。

3. 出版物质量与价值的提升

"研究"的定冠意味着中心至少是一个准学术机构，"国际"的称谓要求其水平、视野超越本国、本地区，反映中心科研水平、活动质量、理论反思和开拓的出版物应当有一定学术价值和保留价值，成为国际农村教育界、学术界重要信息和参考资料来源。中心过去积累了大量资料，其出版物质量在国内应属上乘，但距上述要求，尚有距离。为此，我建议：

（1）考虑国际社会关注的重大中长期热点问题，选定一两个或两三个课题长期并跟踪研究下去，并组织相应的活动。

（2）反映上述研究成果的出版物应当成为系列，有连续性，成为精品甚至经典，有学术和保存价值。除重大课题可以成为特定系列出版物外，建议另外可以考虑的两个系列是：中国农村教育与中国农村社会的转型与发展，向外推介和分享中国经验；发展中国家农村教育促进农村社会转型与发展的成功案例，促进各国间的交流与借鉴。

（3）入选论文和报告可以来自中心专业人员、特邀专家、会议论文或合作伙伴，但都必须注重质量、规范，中英文必须过关，达到出版水平，最好由各地区的比较权威的专业人士组成编委会，推荐和审查入选论文和报告。

（4）应由正规外文出版社精心设计、出版，取得书号。

4. 自身能力建设

没有自身能力建设，中心工作人员不达到一定水准，以上各项都难以实现。从中心的实际情况出发，我建议：

（1）争取一年内按实际需求和经费可能，按少而精和宁缺毋滥的原则，完成专业人员和行政人员的招聘、队伍充实和基础培训。

（2）通过合作研究、活动组织、完成特定任务、访问学者、咨询专家等形式，充分利用国内国外的人才资源，包括国内外离退休专业人员，以保证中心完成各项活动和活动质量，达到预期目标。尤其是在难以组织好自身团队的今年，可能是完成中心诸多任务的不二途径。必须按具体项目要求，尽快组织好不同的临时团队。即使中心人员满员以后，这支已经相互了解、可以长期合作的编外专业人员队伍，仍然是不可或缺的。

（3）中心需要三方面素质的人员，或者最好一个人具有三方面的素质，即对中国农村教育有一定研究和功底；对发展中国家农村教育面临的挑战和出路有相当的了解；外语能说能写，有一定的国际联系、活动能力和组织国际活动的经验。招聘中，三者具二，应当是起码条件，不足一面应令其通过工作或自学进修，在一定期限内弥补，并作为一个招聘条件。

（4）作为教科文组织在农村教育领域里的一个唯一的二级研究机构，应当出思想、出新论、出点子。这不仅要求中心选择和使用好专家，也要求中心专业人员必须不断提高自身专业水平。应当通过组织和参与自己的和其他机构组织的各项活动，通过在职和业余的进修，达此目的，并在发表的论文和讲话中，在为中心起草的文稿中体现出来，成为专业人员考核的一个重要方面。

我对中心的过去和现状的了解有限，只是根据本人在教科文组织工作时的经验和退休后在其驻京办帮忙分管中心一段时间的有限接触，提出以上几点建议，可能说到点子上的东西不多，偏颇不少，仅供参考。

王一兵

2011 年 2 月 12 日

关于联合国教科文组织农村教育研究与培训中心项目和活动聚焦的建议

中心负责同志：

　　自应邀担任中心顾问近三个月以来，我提出了两个建议：一是关于中心的活动如何办出成效和影响，书面的，涉及其里；二是关于如何从细节做起，改变中心的形象，口头的，涉及其表。九华山庄会议已就第一个建议进行了初步探讨。受中心主任委托，我已和中心几位同志就第二个问题进行了几次研讨，不久将提出具体建议报领导考虑。

　　我 2009 年第一次赴非是作为世界银行的专家到莫桑比克，近日又随上海电大领导赴肯尼亚和南非考察访问。两次赴非考察，感触颇深。其中重要一点是，非洲作为中心活动的主要方向之一，请非洲精英到中国考察学习，甚至培训，宣传中国经验，是完全必要的；但如果认为传授好中国经验就能为非洲各国发展面临的诸多独特的挑战提供答案，由于巨大的发展、历史、文化，尤其是制度上的差异，可能是脱离实际的。推而广之，牵涉到中心制定不仅涉及非洲，也包括其他发展中国家，甚至发达地区的农村教育国际合作交流项目时应当确立的基本指导思想问题。具体来说，中心号称"联合国教科文组织"、"国际"、"农村教育"、"研究"与"培训"、"中心"，面大眼高，但财力不足百万美元，人力资源相当薄弱，能做成、做好的事必然十分有限，因此中心每当制定年度、双年度及长期规划时不可回避而又必须弄清的一个问题是，究竟应当聚焦何处，选择哪几件事来做，才能事半功倍；才能做到单位小、影响大，国际上知名度不低；才能避免由于目的、目标笼统、模糊，聚焦过广，活动针对性不强，造成"本来雨点不大不多，又下到了空地上"的可能状况。因此，我对中心的第三个建议是有关中心项目和活动的聚焦问题的。

　　中心项目和活动的聚焦除了要考虑到中心有限的财力和人力因素外，

教科文组织和中心自己为自己定冠的六大头衔的特色（"联合国教科文组织"、"国际""农村教育"、"研究"、"培训"、"中心"）和由此对中心提出的要求，也必须予以恰当考虑，在自己项目和活动内容、模式、对象的选择上有所体现。为此，我建议中心项目和活动聚焦于以下三个方面：一是能力建设；二是教育促进农村人文与社会和谐和可持续发展的理念与实践；三是农村教育改革与发展成功案例的征集、评价与传播。现分别阐明如下：

1. 能力建设再聚焦

对象：能力建设涉及诸多内容。建议进一步聚焦到一点：发展中国家农村教育决策者的交流、考察和培训。这里的"决策者"包括：教育、财政和人力资源部门的相关司长、副部长以上人员，省、州以上教育主管，议会常设机构中教育部门负责人，各国教育领域有影响的知名和权威专家，对全国有影响的知名大、中、小学校长等。

内容：中心议题是教育促进农村人文与社会和谐和可持续发展的理念与实践。不同对象、不同时期的研讨班、培训班可以有不同侧重，如政策与战略、改革与革新、管理与质量等。

前提条件：

（1）需要立项的研究课题：

——全球化、信息化、城市化发展进程中农村人文与社会发展的趋势和面临的挑战——全球的视角；

——农村教育发展与改革、人力资源及其开发与农村人文和社会和谐及可持续发展；

——选择少数亚太、非洲、拉美有代表性国家的案例研究。

（2）招聘一名具有以上至少一方面学习、研究和项目执行经历的中青年专家作为项目专家。

活动频率：视中心财力和人力确定。

2. 教育促进农村人文与社会和谐和可持续发展的理念与实践

（1）以能力建设项目中的研究课题为基础；

（2）通过能力建设活动了解和确定合作课题研究对象国和具体试验项目；

（3）中心资助少量"种子钱"，取得主导权，同时争取通过与有关国际机构合作，取得资助，又扩大影响；

（4）与项目聚焦互动互补，并由项目聚焦专家一并执行，又为聚焦提供成功实践案例。

3. 农村教育改革与发展成功案例的征集、评价与传播

（1）以聚焦项目一和二的研究和活动成果为基础，收集案例的具体内容、范围又不限于以上项目；

（2）收集到的案例经过中心专家组评审然后决定取舍；

（3）成功案例要成为中心最重要的系列出版物之一，长年累月，坚持下去，必出影响；

（4）中心信息部拟招聘一位对国际农村教育方面有一定学历背景、英文较好的编辑。

4. 如此聚焦的合理性

如此聚焦，可以形成中心项目和活动的一个中心和三根支柱，目标明确，重心突出，项目集中。内部既有明确分工，又由于项目内在的联系，三个项目必然和必须互联、互补、互动、互助，浑然一体。

5. 分工和立项准备

（1）如果中心设立项目部、信息资料出版部和行政办公室，聚焦一和二可由项目部承担，聚焦二由信息资料出版部承担；

（2）以上建议如果有一定可行性，拟于9月中旬以前在内部进行讨论，进一步细化，包括加入预算匡算和职位招聘计划，并有选择地征求一下国内外专家的意见并征得全委会同意；

（3）10月定稿，并正式成文呈年末理事会批准；

（4）如果聚焦点明确了，中心与聚焦点无关或关系不大的活动的组织或参与拟减少并从严控制。

以上建议，仅供参考，并请抄送中国联合国教科文组织全国委员会秘书处。

王一兵

2011 年 7 月 19 日

开放大学如何办出高质量的开放教育

开放大学与电大的一个本质区别在于它应当是一个完整意义上的大学并提供大学层次上的高质量的开放教育。上海开放大学是在上海电视大学基础上建立的，应当是一次质的提升和飞跃。要办出大学层次上的高质量的开放教育，既可以依托上海电视大学过去几十年的成功的办学经验的有利条件，又面临着众多新的挑战，需要付出新的努力。

1. 理念转变与提升。质量包括开放教育的质量是一个相对的、动态的、发展的概念，总是与一定的理念相联系并带有时代的烙印。开放大学是以终身教育为其基本理念，开放、灵活、全纳终身为其本质特征，依托先进的和一切有用的技术手段构建广阔、优质、方便的教育和学习平台的新型大学，是最适应人类社会向信息社会和知识社会过渡时期大众化、多样化、个性化、终身化学习需求的新的教育模式，是现存高等教育体系中最具改革和革新精神因而最有生命力的先进成分。开放大学反映时代特征的先进理念是其提供高质量教育的方向引导和重要保障。虽然谈论开放大学的诸多质量维度时，人们很难发现它和普通大学有多大的差别，但是在检测同一维度具体内容时，它先进的办学理念、有教无类的面向及独特的教育、学习和管理模式、不同的绩效评估内容和方式等都将与普通高校有许多差异甚至质的不同。开放大学只有转变和提升自己的办学理念，牢记自己的历史使命，在学制、管理、专业设置、课程结构、教材建设、成绩考核、办学效益评定等方面坚持改革，敢于创新，包括按照终身和全纳教育的理念及自身特点，建立、开创自己的质量观和质量标准，才能为提升开放教育质量确定明确的方向和富有前瞻性的战略。

2. 体制创新。判断开放教育的质量，很大程度上就是判断它为满足当代社会各种学习需求所提供的教育的适切性、针对性、方法的灵活性、先进性和对个人终身学习与学习型社会建设的贡献和效果。适应工业化生产要求建立和形成的传统高等教育体制、制度、模式已经越来越难以满足大众的、多样的、终身化并越来越个性化的学习需求。以满足上述要求为己任的开放大学只有通过体制创新、制度创新、模式创新，才能克服传统高等教育的种种弊端，承担其自身的历史使命，提供高质量的开放教育。为此，开放大学的建立和运行应遵循现代大学制度，拥有经过立法程序审查通过的章程，借此享有充分甚至较之普通高校更多的、有专门法律保障的办学自主权，才能彰显特色，突破现有的不利于开放、灵活、终身、全纳办学的诸多束缚。这是完成这一使命的必要条件，对于在长期存在于计划体制管理模式下的中国电大基础上建立起来的中国的开放大学来说，就是一个首要条件。

3. 学科建设。学科建设薄弱，学术地位不高，是中国电大和众多国外开放大学长期被传统高等教育界乃至社会上视为"丑小鸭"的一个主要原因。相反，英国开放大学在全英大学教学质量评估中，连续三年压倒鼎鼎大名的牛津大学，按照完整意义上的大学的要求，花大力气重视学科建设和学术带头人的招聘和培养，从而在英国学术界争得一席之地是根本原因。英开的案例不仅说明开放大学不是二流质量的代名词，同时也提供了开放大学如何制定提升质量、追求卓越乃至敢于赶超普通高校中的名校的战略的重要参考。即将建立的中国的开放大学，要想为社会提供高质量的开放教育，应当设定明确的学科建设目标，制订可行的行动计划，并争取在不太长的时间内，以优质的课程、课件、教材、优秀的学科带头人和师资、一流的服务和管理，享誉学界和社会。

4. 技术支撑。依托和充分挖掘先进的和各种现存技术的力量和潜力，构建方便学生实行混合式、个性化、开放、灵活、终身学习、覆盖全国尤其是可以到达边远、山区、后进等地区的广阔平台，是开放大学的一大优势和一大特色，是落实开放教育先进的办学理念和质量保证的有力支撑。快速发展的技术和技术应用正在把人类社会快速推向信息社会和知识社会，既为开放教育发展和质量提升提供了动力和机遇，也在这一领域中造成了"稍纵即逝"、"不进则退"的挑战。上海开放大学有必要也有条件跟踪前沿技术发展变化，重视开发、试验和利用新技术，如已经看到一定潜力的云计算、移动终端及即将实现的电信网、广电网、互联网三网融合等，以不断提升开放教育质量。上海开放大学在这方面应当走在全国前列，并在世界上占有一席之地。当然，这不等于追求技术越先进越好。在实际操作层面，先进的与各种现存技术的因时、因地甚至因人而异的恰当组合，常常是最佳政策选择。

5. 走国际化办学道路。当今中国已经成为世界第二大经济体，第一大外汇储备国，经济对外依存度高达60%以上，"走出去"投资已成为国策。中国已经深深地融入了国际社会，而且面对越来越全球化的经济和越来越信息化、智能化的社会生活，当今世界的经济、政治、军事、安全形势和国际关系变得越来越难以预测。接受国际化作为一个不可或缺的办学理念，保证受教育者具备必要的国际化素质，是衡量无论普通高校还是开放大学教育质量高下的一个重要层面。这对于地处中国改革开放前沿、正在快速向世界经济和金融中心城市迈进的上海的开放大学来说，尤为重要。上海电大在过去的10多年里，努力探索国际化办学的道路和战略，结交了众多的合作伙伴，吸取了一系列新的理念和经验，既极大地提高了学校在本地区和国际上的知名度，又提升了自身的管理水平和教学、教育质量。如何把这种势头进一步引向学科建设和学术带头人的培养，进一步深入到学校教学、科研和社会服务领域，是上海开放大学面临的一项挑战和重要政策选择。

6. 接受国际评估。应当说，建立并实行严格的校内质量保障制度，是上海电大过去成功办学的重要举措，已得到教育部、中央电大、国内同行尤其是上海市民的充分认可。难能可贵的是，上海电大敢于为天下先，在中国电大系统中，第一个邀请国际远程教育理事会质量评估局选派专家对自己的质量进行评估，并获得通过。此举使全校领导和员工既直接了解了国际上远程教育发展的动向和趋势，看到了被国际专家充分肯定的成绩，增强了信心；又听到了一般难以听到的国际同行指出的不足，从而进一步明确了努力方向。在当今中国和当今世界，获得经过国际同行严格、认真评估后的国际认可，不失为判断一个学校质量高低的最重要的试金石之一。我相信，上海开放大学无疑将珍视这一"无形资产"，并能发扬光大。

（载上海《文汇报》2011年7月27日）

学校教育与多变人生

——我的个案和反思

    当今世界，经济全球化、科学技术发展进步和经济、职场和生活变化之快、之大，使人眼花缭乱。人类社会正开始快速向信息和知识社会过渡，这种变化向各国高等教育提出了严峻挑战，如何使学校教育尤其是大学教育为年轻学子将要面临的多变人生做好准备，或者说，究竟要把大学生培养成什么样的人才能适应如此快速变化的市场、社会和环境，常常使无数有丰富办学经验的大学校长和教学经验的大学教授们感到茫然，成为众多国际学术论坛的一个不变主题，也是教科文组织众多高教合作项目和我的工作的重要领域之一。适应工业化发展要求、以培养社会精英和管理阶层为己任的传统高等学校，正面临着办学理念、办学模式、学科、专业、课程分化和重构、教师聘用和学生管理等方面的大幅度改革和革新的挑战。我想以此为主线，把我自己作为一个个案分析一下，看看学校教育与多变人生能否和如何才能良性互动。

    我于 1961 年进入北京外国语学院学习僧伽罗语，后来没有用上专业到斯里兰卡，却去了巴黎、曼谷，职业生涯从学校教书开始，到改行做行政工作，又放弃专业去了教育部，又从教育部到联合国教科文组织担任高等教育专家。我通过个人竞争在先，政府认可在后取得教科文组织职位，在国内和教科文组织内部众多的怀疑眼光中站稳了脚跟，做好了工作，为自己，也为中国人争了一口气。我从学习一个稀有语种开始，最终弃之成为一个专业的教育研究工作者，或为一位国际公职人员。可以说，我离开学校 30 年先在教育部后到联合国教科文组织所从事的工作，与我所学的专业可谓风马牛不相及。这些变化，每一个都是我个人人生中的一次艰难选择，都是一次充满挑战的重大转折，而且没有一个是我预料到和能够预料到的。我不时反思一个问题：我经历的时代的大学教育究竟给了我什么和什么素质？这些素质如何助我经历了如此难以预料的人生变化？我们这一代人经历的东西和教训是否对当代学子和学校教育仍有一点参考价值？北京外国语大学现在正处于从一所单科性语言院校向多科性综合性大学方向探索和发展阶段，并迎来了其 70 周年华诞。我学习和工作过的亚非学院也正逢 50 周年庆典。值此，我从一个教育研究工作者的视角并以自己的经历为个案进行反思，希望能够为学校正在进行的教育改革和革新，为如我 50 年前一样抱着美好憧憬来到外国语大学的年轻学子，增添一份思考学校教育与未来多变人生之间关系的个案参考资料，同时也作为我对母校 70 周年华诞和亚非学院成立 50 周年的献礼。

一　难以预料和不可预期的多变人生

我出生和成长在农村。既无书香门第的背景，更谈不上有何天赋，9 周岁后才开始上学识字。不过，从小经历的刻骨铭心的贫穷和饥饿使我发奋学习，企求改变自己不幸的人生和一贫如洗的家庭状况，因此，我的成绩从初小毕业开始到大学，一直名列前茅。我的其他表现常常不是那么循规蹈矩，不时还受到老师不指名的批评，但 1958 年在大丰县初中毕业时，我却成为班上唯一的一名被学校保送到省立盐城中学的学生，这是我第一次没有料到和预期的经历。

1961 年在盐城中学高中毕业时，我的家庭不可能给我有关我的志愿选择和未来发展的任何指导。我仅凭自己的兴趣和一个农村孩子的十分幼稚狭隘的眼界，想当然地选择报考了北京外国语学院西班牙语专业，认为使用它的国家多，憧憬着有朝一日可以坐着飞机周游列国。当我考上并到外院报道时，我发现学生食堂墙上贴的、用红纸写的各专业新生名单上，我的名字写在"僧伽罗语"下面。我一下子蒙了，因为从来没有听说过。不过，这在当时属"国家分配"，个人不可能而且也没有想到要讨价还价。这是我一进大学的第一个、人生的第二个意想不到。

僧伽罗语学了两年，我被借调到中联部工作三个月。该部对我印象不错，希望我到那儿工作，我本人也有兴趣。1964 年秋，中联部正式持函来商调，没有料到的是学校闻风已先走一步，未经国家规定的任何程序和手续，暑假里将我调出当了一名拿着学生证在外院工作了 17 年的老师。我未曾想到，当时思想也不太通，但二话没说服从了。

教了两年书，还入了党。不料，史无前例的"文化大革命"发生了。因为学习好，是系里有名的"尖子"，"文革"一开始就当了一段"修正主义苗子"，后又被打成"反革命"。在自以为看准了"文革"确系毛主席、党中央发动之后，开始投入了"造反"，继而转为"保守"、"左倾"，经受"大风大浪"。到了后期，还成为外院党委一名领导成员六年，未曾料到，也从未想过。

1981年，外院在其历史上第二次从外交部划归教育部，外交部批准了我在党委六年任期间的第三次要求辞职的报告。我当时有三种选择：一是按组织分配去外交部；二是调到一个科研单位；三是去教育部。最后，我选择了放弃我的语言专业，去了教育部。

我在教育部政策研究室工作六年，从事国内外教育政策的综合调研，当为领导起草讲话和文稿的"笔杆子"，并有幸两次随教育部领导出席世界教育大会。1986年，我被派到中国常驻巴黎联合国教科文组织代表团任参赞。学僧伽罗语开始，结果来到了讲法语的国家和英、法语为主要工作语言的联合国教科文组织，始料未及。

1989年春，我奉命回国，到了教育部政策研究室一分为二后的国家教育发展研究中心工作。由于种种原因，我想换个工作。1992年，我参与竞争了联合国教科文组织亚太地区办事处高等教育计划专家的职位。竞争者近200人，来自东西方国家，竞争者不是博士就是教授。最后，我和来自加拿大、爱尔兰、马来西亚、孟加拉国等国的五名竞争者列入了小名单，我排在第一，并最终获得了这一职位，成为我退休前职业生涯中最后一次从未预期和也不可能预料的经历。

我简要列出我的这些难以预料和未曾预期的经历，无炫耀之意，也无炫耀之处，目的只是想从一个教育研究工作者的专业视角说明一点：人生苦短，变化无常，大学生也不可能预料或预期自己走出校门后一生中会面临多少变化和挑战。我们这些计划经济体制下培养出来、自己常常掌握不了自己命运的人尚且如此，当今学子面临的未来，只会有过之而无不及。四五年的大学生活的主要目的在为未来面对这种难以甚至不可预料的变化和挑战准备必要的知识、能力、技能和体能、心理、人格上的素质。掌握一门甚至两门专业、外语固然必不可少，某种意义上更重要的是通过不长的大学生活，尽量多地学会做人，学会做事，学会共处，学会学习，学会应对多变的人生和社会（见联合国教科文组织21世纪教育委员会报告）。

二　在联合国教科文组织中过四关

我最后的 10 年职业生涯（1993—2003 年）是在联合国教科文组织（UNESCO）度过的，是该组织在亚太地区唯一的一名高等及远程教育计划专家。10 年中，我组织和参加了 127 次高等教育国际会议，包括 1997年在东京召开的亚太地区高等教育大会和 1998 年及 2002 年于巴黎召开的两次世界高等教育大会。我成功地促成了亚太地区大学协会和多个高等教育合作网络的建立。我的工作得到了我所在的教科文组织亚太地区教育局和巴黎总部的充分肯定和赞许，并在人员紧缩和鼓励提前退休的气氛中延长了我的任期。教科文组织亚太地区教育局长谢菲尔博士在多个场合，包括在有中国政府代表参加的 2002 年于曼谷召开的亚太地区世界高教大会后续委员会会议和前述在巴黎召开的世界第二次高等教育大会上，离开他的讲稿，专门表扬了我为促进亚太地区各国大学间合作所做的努力和贡献。甚至我退休五年后，他仍在亚太地区的国际会议上，讲述他在从儿童基金会来到教科文组织后如何因为我的工作改变了他对教科文组织高等教育合作项目的看法和态度。泰国大学部为我颁发了促进亚太地区高教合作的奖牌。这些夸奖远远超出我的预料，不过，倒是对于我 10 年辛勤耕耘的一个充分肯定。这 10 年是在压力、紧张和充满挑战中度过的，因此也使我在学校的求学和日后工作过程中积累的潜能得到了充分的发挥。我带着一种成就感于 2003 年 7 月从教科文组织退休。

联合国教科文组织是联合国系统跨越教育、科技、文化、交流几大领域的专业机构，同它打交道的是这些领域里的名人、专家、教授，不同的政治、文化和教育机制，各国专业部门的高级官员，讨论和决议的是各个领域中影响全人类的前沿的、时常是有争议的、意识形态味极浓的重大理论、学术或非学术性问题，它对其专业人员的要求之高是可想而知的。一般合同两年一签，如不能胜任工作，第一个合同期满即可解雇。我当时面临的挑战是，我既无充分的相应的专业准备，又要在一个陌生的、对我充满狐疑眼神的环境中生存、工作和取得主动。现在回想起来，我在第一个合同期间，努力过了我总结的四关，才最终在此机构中站稳了脚跟。

1. 语言关。教科文组织要求其雇员掌握英、法语，总部外如亚太局仅英语也可。联合国系统是一个巨大的文牍工厂，每年耗纸上万吨。事无巨细，不是撰写文件、报告，就是提交备忘录，教科文组织尤甚。我面对的常是各国教育部长、大学校长、教授，文件、函件中一字之差，一个标点的错误，都是不能允许的。另外，秘书处成员和各种国际会议的参加者来自不同地区和国家，讲的英语南腔北调，差异甚大，同时由于发言时间限制，发言者一般讲的速度很快，不过听说关，必如堕云雾，无法参与，更无法指导，回去也无法交代。能否跨过这道门槛，对我而言无疑是第一个考验。

我的英语基础甚弱，只是大三时作为二外学了不到一年，后来在学校党委工作时，又到英文系听了梅仁毅教授几节课，真正下功夫学还是1981年到了教育部以后，即当我已41岁时真正开始的。我主要靠自学。我的主要办法有三：

（1）读烂一两本书，即选好一本书（主要是小说）后，读它五遍到十遍，直到弄懂其中每一个词、每一个句子、每一个段落和章节，直到读到书页变黄、边页变烂。这是我学习僧伽罗语的办法，我发现学英语也同样有效。它可以帮助你在无法到所用语言国的条件下，了解和体味该语言的用词、句型、结构、语意、语感、风土、人情、社会及语言学者们总结出来的语法在实际生活中的状况等。我觉得这是学习一门语言的一个行之有效的办法。

（2）抱住收音机。要交流，首先要听得懂。我的办法是抱住一个收音机，由浅入深，由慢到快，坚持数年，必能解决问题。当然，如果事先对要听的内容读点资料，有所了解，比硬听效果会更好。我在学校时，每晚定时必到收音机前。1981年调教育部后在《人民日报》登了篇短文，得了19元稿费，用其中13元买了个无锡产的红灯牌小收音机，每天早上从语言学院骑车到西单教育部上班的一小时路程，便是我戴着耳机练听力的时间，春夏秋冬，风雨无阻，坚持了至少三年。

（3）勤说多练。有了前面两条，开始说用就有了一点基础。加上我到教育部后，接触和开始翻译国外传来的大量英文教育资料和文献，慢慢了解和熟悉了国外教育中常用的一些词汇、术语、套话以及理论和动向。同时，也有了越来越多的参与国际活动，包括接待来访的英、美等国教育界同人，用英语进行交流、讨论的机会。十年磨一剑，到了我1993年到曼谷工作时，我已能比较自如和流畅地用英语交流我的专业领域内的各种问题。到了1998年在上海的一次国际会议上，当我用英语作完主题报告、坐到饭桌上与不相识的中国同行用中文交流时，他们发现我原来不是"外国人"。

（4）文件起草循程式。联合国系统繁文缛节盛行，但有一定格式、要求、套语。合作良好的秘书一般能提供一个样本，你只需要把内容写准确，程序弄清楚，时间长了便可取得主动。

2. 专业关。教科文组织要求它的专业人员对所执行项目有扎实的专业基础，广博的知识背景和相当的行政经验。我的较长时期的教学和行政、学校和中央部委、国内和国外的工作经历是我职位竞争中胜出并在以后能较快地胜任工作的重要原因之一。我的专业背景得益于我在学校和教育部工作时的思考和研究，也得益于我80年代在巴黎工作期间利用教科文组织与经合组织两大总部均在巴黎的条件，花相当精力对西方发达国家20世纪60年代以来的教育发展及其运行机制做了近两年的探讨和研究，并在回国后写成几万字长文发表，获得国内学界好评，还因此由外院带出来的讲师，被由教育部人事司专门组织的、由国内知名专家组成的评审委员会越级评为研究员。我也曾利用参加每两年一次于日内瓦召开的国际教育大会搜集到的各国教育报告，编辑出版了《七十国教育发展概况（1981—1984）》。但到曼谷后，仍发现对世界最大又最多样化的亚太地区各国高等教育体制和高校结构、管理、文化、来历、传承等之间诸多差别了解不多、不足、不细。不补上这一课，我就和这些国家的同行们缺乏共同语言，在这些国家组织活动就缺乏针对性，就不能产生预期影响和受到欢迎。为此，我一方面选读了有关论著，同时借出差和开会的机会，进行实地考察和探讨，经过两年左右，基本上弄清楚了多数国家高教体制、模式的来历、演变及后来形成的差别，目前面临的热点、挑战和正在进行的改革、参与教科文组织及其活动的状况、态度，相互之间的敏感领域、话题等，从而在项目执行上，如会议主题、主办国、参与范围、邀请方式、议程安排，领导出席、主讲人、文件准备、会议选举事项和候选人提名、酝酿、经费安排的决策和选择等上取得了主动，保证了工作的顺利进行并能取得一定的预期效果。这是一个不断学习、探讨和进取的过程，也是一个不断丰富和充实自我、增强自信心的过程，可谓其乐无穷。

3. 人际关。自教科文组织亚太地区办公室（2000年后改称教育局）于20世纪60年代早期建立之后，我算是第一个真正从中国内地来的国际职员。我明显地感觉到我的周围对一个"初出茅庐"的中国人能否在短期内学会纷繁复杂而细致的国际游戏规则，能在第一个合同两年期满不重蹈前人覆辙——被炒鱿鱼"重返故里"有一种怀疑的眼光。在政治上和外交上，当时的东盟和不少南亚国家，与中国的关系，也才刚刚解冻，对一个来自中国的国际职员，也还不太信得过。不改变这种状况，就很难组织较大的国际活动和有积极的参与和效果。我的办法是：第一，通过档案，了解到了有关国家与组织与教科文组织的联系人和他们的专家，因为我的前任已于两年前退休，我期盼一个代管高教项目并来自友好国家的官员就如何做好我的工作给予我长篇介绍和"辅导"，结果仅谈了三分钟，只提供了几个数字，使我大失所望，也认识到仅剩一条路可走，即埋下头来读几十本天书一般的档案，找出过去的线索，学习如何展开工作。第二，以诚待人，主动登门拜访，寻求合作。通过合作实践，取信于人。第三，先从曼谷开始，把总部或秘书处设在曼谷但彼此不相往来的以几个地区或次地区高教组织联合起来，开展合作，逐步向外扩展。第四，注意尊重、约请和发挥亚太地区，尤其是在曼谷的高教知名人士和学者的作用。经过两三年的努力，我在多数国家都认识和结交了一批有关政府官员、大学校长、教授和一些高教政府与非政府组织头面人物，并做到了在多边活动时，相互配合、支持，并达到相当的默契。我之所以能在两三年内把会员国要求教科文组织协助建立的亚太地区大学协会在耽搁了17年之后组织起来；能将与日本文部省、联合国大学和亚太大学协会于1997年在东京联合召开的，有300名部长、大学校长和教授参加的亚太地区高教大会组织得井井有条，从主席选举到文件起草、修改、通过，从开幕到鼓掌闭幕，一切均按计划进行，未产生任何重大歧义，一定程度上皆得益于此。

4. 能力关。我的工作是在亚太地区44个会员国执行教科文组织的所有高教项目，与有关国际和地区的政府与非政府组织联系，为一年两次的执行局会议和两年一次的大会报告提供本地区高教方面的资料，编制亚太地区双年度计划和单年度执行方案，承担亚太地区高教学历文凭学位互认委员会等组织秘书工作，为会员国提供咨询服务，回应来自会员国单位和个人提出的有关问题等。平均一个月组织和参与一次以上地区或国际会议，仅是我的一项工作。问题是一个会议对于我来说，就意味着如下工作：构思、选题、确定主办国、参与范围、目标、机票、住宿、交通、经费预算方案、起草会议设想、有关文件、邀请、领导讲话、本人论文、出差报告、寻求合作单位、制定后续活动方案等，而且容不得半点差错。头绪多，压力大，成天处于紧张状态。这就要求国际职员至少具备下面这三方面的能力。

（1）阅读、构思、创新、写作的能力。教科文组织号称是国际智力合作组织，重视的是新的思想、观点和以此为指导的革新活动。会员国也总是希望从教科文组织的活动文件中和它的专家讲话、文章中看到一定亮点，受到新的启发。此事无捷径可走，唯一的办法是能在忙乱中挤出时间，静下心来阅读、研究、思索，在了解相关领域现状、成果、争议、问题的基础上，通过比较、总结，提出有根有据、言之成理的新视角、新观点，并撰写成文。一个例子是，我加入教科文组织不久就提出和宣扬澳大利亚在 70 年代的高教重组中建立起来的传统大学和远程教育的混合模式可能代表着高等教育未来的模式，并在 1998 年上海举行的远程教育国际会议上与当时的英国开放大学校长、后来成为本组织教育助理总干事的约翰·丹尼尔爵士发生了一场争论，当时，我提出混合模式是一种不可阻挡的趋势，电大和开放大学应尽早思考应对策略，利用尚存的优势，与传统大学合作办学而不是竞争。丹尼尔当时认为传统大学办远程教育是不务正业。当然，现在这一趋势已是不争的事实，丹尼尔爵士随后也改变了自己的观点。

（2）规划、组织、沟通、协调的能力。我一个人加一个秘书的工作量和工作面，涉及亚太地区 44 个会员国和众多地区、次地区组织，放在国内，也许相当于一个局，至少是一个处的工作量。工作千头万绪，没有至少提前一年对一年后的活动进行缜密规划，就会被动；没有精心组织，活动就不能落实，目标就不可能达到；没有良好沟通和有效协调，整个工作就可能一步被动，步步被动。这方面的能力还应包括相当的政治敏感和处理好爱国同效忠联合国之间的关系。加入教科文组织时，要在巴黎宣誓忠于它而不是忠于自己原来的国家。要爱国，又要做得有根有据、合情合理。我的 127 次活动，至少有 20 个以上是经亚太局和中国政府同意在中国举办的。其中，台湾问题经常是多边国际活动中碰到的一个敏感、复杂而难办的问题。1995 年在新德里主办的亚太开放大学年会上，主办方同意台湾开放大学用了 "R. O. C"（中华民国英文缩写）名义，中国中央电大五人代表团为了抗议，准备不参加会议返回。我当时觉得五个人长途跋涉，并花了五张国际机票的钱，如果会场也不进，只是表示一下抗议，有点可惜。我一方面劝阻了他们回国，并建议他们积极向主办方提出交涉；

同时，又以教科文组织代表身份同主办方沟通，讲明本组织正式立场。结果，会议纠正了台湾与会者用名问题，中国五位代表也参与了会议全过程。回程中，我又安排他们住在我家里，并考察了泰国素可泰开放大学，电大同人，甚为高兴。第二年，在我的推动下，亚太开放大学执委会在德黑兰按奥林匹克模式，就台湾空中大学与会名称问题，专门做了一个决议，从此明确解决了其与会的名称问题和参与问题。

（3）保持健康、活力和毅力的能力。我的头两年，几乎没有休过周末，在办公室走路近乎小跑。我希望多找合作伙伴，多方筹措经费，但这意味着更多的协商、沟通、妥协；我办事过于认真，不放过每一个细节，因为质量经常体现在细节上。这些都使我办一件事，比别人花双倍的精力。在如此千头万绪、高度紧张和面临巨大压力的 10 年中，我的工作没有出现任何较大失误。除了精心做好双年度和年度计划外，我还有两条。一是每周一和每天早晨来到办公室，第一件事就是拉出一个一周、一天要做的事的长长的清单，事无巨细，做完一样，划掉一样，突然想起一件，马上添上，这样，忙乱中我从不担心也从未出现过忘记某一细节的情况。二是回家再晚，也要和夫人打一场乒乓球，大汗淋漓，又叫又跳，将办公室的烦恼忘得一干二净，睡个好觉，第二天一早再精力充沛地开始新一天的忙碌。10 年中没有住过院，只有两次感冒，并从未请病假影响工作。2003 年初夏，正当中国发生 SARS，全世界看见中国人都想保持点距离时，我在要赴吉尔吉斯斯坦组织中亚一个大学校长会议时感冒初起，流鼻涕、咳嗽不止。由于泰国与中亚航班因 SARS 统统取消，我得乘土耳其航空从曼谷飞一夜到伊斯坦布尔，第二天再飞一夜，从伊飞到吉首都比什凯克，住两宿开两天会后，循原路飞回，即出差六天，四个晚上要在飞机上度过，不能睡好觉，而我重感冒在身，又忘记了带药，最需要的就是休息却不能休息。幸好我在伊市停留一个白天，自我桑拿了一下，出了一身大汗，轻松了不少，来去六次进出三个国家的机场，检查时体温均显正常。否则，如果作为 SARS 嫌疑被扣他乡，后果可能不堪设想。从吉返泰为周末，去了趟办公室，到医院要了点药，又咳着飞往巴黎参加第二次世界高教大会，办理退休手续，10 天后仍咳着回来，始终未发烧，过了几天，好了。

三　学校教育、文化、环境和我个人基本素质的养成

大学是人生度过最美好年华和求学道路上的最高学府，是养成人的世界观、人生观和基本素质的决定性阶段。虽然我所学专业后来未能用上，但外院的几年大学生活，包括我后来在外院的工作经历，仍然对我的世界观、人生观和基本素质的养成产生了重要甚至决定性的影响。现在可以说，如果没有在外院的历练和打下的基础，我要成功面对以后如此多变的人生，也可能是不可想象的。

1. 关心和针砭时政的习惯。外院两度属外交部领导。学生以当外交官为自己的未来目标。我读书期间，陈毅副总理到学校操场作形势报告，学校经常请驻外大使、国内外名人来校讲演，学校常年活跃着众多的外国专家和留学生，始终营造着一种让人关心时政、关心国内国际大事、大势的氛围。外院毕业生身上的政治细胞总是比其他院校的毕业生多一点。这会使人看问题视野广一点，视角高一点，分析事物深一些。要做好一个合格的国际职员，要较为主动地面对当今多变的世界，较高的政治敏感和判断能力则是一项不可或缺的素质。

2. 自学能力的养成。我们专业从学字母开始就由外国人执教。他称他的教学方法是违背一切循序渐进的常规的，把所有学生放到"大森林"里去，然后由你自己爬出来。思想不能说没有新意和大胆，但对于自晋朝法显和尚以来第一批学习这一语言，既无课本又无任何参考书籍和文献的中国学生来说，实乃是一次冒险性极大而又苦不堪言的学习之旅。我算是最早爬出这一"大森林"的一个，在提前毕业调出当了本班一年老师，帮助仍在"森林"中挣扎的同学走出来，也因此在"文革"一开始就被扣上"修正主义苗子"的桂冠。这个方法后来被否定了，但它逼着人学会自学，也成了好事；而当今世界，学会学习，已经成为人必备之能力和素质，成为任何大学培养学生中的一个极其重要的方向和目标。当然，外院外语教学本身一贯都提倡学生多读、多讲、多练，并创造环境，提供机会，自学气氛一般较浓。我的专业素质和智商中的诸多要素，几乎都是通过自学取得的，同我在校的学习经历、学习环境和养成的自学习惯和能力密不可分。

3. 博览群书与知识面拓展。外院图书馆藏书不少，与当时其他大学

图书馆的一大不同是，这里有上万册外文书籍和上百种外国期刊，为学生和老师提供了涉猎更宽广的知识领域的窗口，为师生眼界和视角一般能够超越国界创造了难得的条件。我从初中开始就喜欢钻图书馆，并且什么杂志都看，到外院后更是如此，这对我的知识面的拓展起了重要作用。当今世界，一个人有了广博的知识面，跨学科的专业背景，多方面的工作经历，就会在多变的劳动市场和社会生活中处于主动地位。他挑工作，而不是工作挑他，往往都是这些人。

4. 潜力、能力和毅力。学界关于智商与情商孰轻孰重的讨论，对于从事学校教育的人来说，无法置身其外。一个不争的事实是，学生进入社会以后的成功程度并不一定与在校期间的学习成绩，或者说取得的智商成正比，相反，成绩一般甚至很不理想者，取得了事业上和职场上的更大成功，常常不乏其例。人在学校取得的潜力、能力或智商，进入纷繁复杂的社会生活以后能否发挥出来，除了取决于社会可能提供的平等机会以外，还常常取决于一个人的判断力、领导能力、管理能力、活动能力、社交能力、共事能力、意志力、进取精神、一定的冒险精神等所谓的人的情商素质。就业市场上用人单位常常注重学生在校曾经担任过哪些社会工作或职务，作为衡量学生情商的一个依据，正是这个道理。我在学校党委工作的六年，对于我个人的情商诸要素的培养和提升，无疑是一次正面的历练，为我到教育部和后来的联合国教科文组织并较快地熟悉了工作，用较短时间取得了工作上的主动，打下了一个良好基础。

5. 做人准则的熏陶。过去的学校常被人视为"清水衙门"，人们主要关心的是学术、学问、学生和学业，市井社会的种种弊端，在这里市场不大。学校里的人走到社会上办事也常被人讥为"书生气"。我的看法是，如果"书生气"是指学校的知识分子对围墙外的社会现实缺乏足够、深刻的了解，不无道理。但我以为，"书生气"中的"气"则不宜理解成贬义，它可能指知识分子的"节气"、"骨气"、一定程度的"清高"和与市井社会种种弊端保持的一定距离。市场经济条件下，大学，一般说也只有大学往往被要求发挥一定的客观、公正的社会批判功能，道理也正在这里。我承认，我在外院20年，学校里的这种校园文化和清新氛围对我的熏陶，对我离开学校以后整个人生道路的选择、职业生涯和工作转换、做事、做人都产生了深刻的正面的影响。我希望，面对当今市场大潮的冲击，高等学府中的这种"清"和"气"能在新形势下得到保留和发扬。

过度地融入市场化甚至商业化的大潮，无异于自废其履行客观、公正社会批判功能的"武功"。

四　两点建议

1. 学校改革和创新当永无止境。记得我 1981 年刚到教育部工作，就不断地听到来自深圳等改革开放前沿地区的强烈反应，说他们最短缺的人才就是既懂专业又懂外语的人才，而不是要么外语好不懂专业，要么懂专业而外语不行的人。面对这种压力，全国的外语院校先后开始了向多学科、综合化办学方向发展的改革和革新进程，如增设外语以外的相关专业、拓宽学生知识基础、提升学生复合和全面素质，再加上越来越多的回国留学人员，一定程度上缓解了这种状况。应当承认的是，这种状况并没有从根本上得到改变，甚至外语是否是当今国内从事各种行业的专业人士的必备技能和综合素质要素之一，仍然是一个有争议的问题。当今中国已经成为世界第二大经济体，第一大外汇储备国，经济对外依存度高达 60% 以上，"走出去"投资已成为国策。一句话，中国已经深深地融入了国际社会，对世界的影响和其生存、经济、国防、安全乃至普通百姓的社会生活受国际社会变动的影响和制约程度与日俱增。而且，面对越来越全球化的经济和越来越信息化、智能化的社会生活，当今世界的经济、政治、军事、安全形势和国际关系变得越来越难以预测，稍有不慎或缺失，贸易、金融、对外投资瞬间可以损失惨重，甚至血本无归。要能在这里立于不败之地，恐怕没有综合素质的大幅提升，仅仅掌握好专业和外语，有可能又跟不上形势了。而且，如果说 30 年前，国家只是急需一批既懂专业又懂外语的管理和技术精英，仍然事关少数人，现在，恐怕一切与国际政治、外交、军事、贸易、金融、安全、旅游、交流、劳务、留学等行业有关的人们，从政府高官、一般官员到普通民众，从国企老总到零售商贩，都得有一点较为准确观察国际风云和应对变幻莫测的素质和能力。高等学校如何让学生在学好专业加外语的同时，具备应对未来多变人生和急速变化的社会包括国际社会的综合素质，就是学校教育面临的一个迫切而永恒的挑战。理论常常是灰色的，生活之树常青。这里没有一成不变、一劳永逸的答案，对此的探索、试验、改革和革新，应当永无止息。

2. 希望在联合国系统看到更多的北京外国语大学的毕业生。令外院人感到自豪的一件事是，走到世界上哪个国家的中国使领馆，你都能碰到一两个外院毕业的学生，异国他乡，一见面亲切感便油然而生。但一到联合国系统，尤其是其各专业机构，除了语言翻译系统，却不是这种状况，至少就我个人经历来说，见到的不多，占据高位者更是凤毛麟角，与同是发展中国家的印度相比，常令人汗颜。我 2003 年退休回国后曾向有关部门提出过国际职员培养长远方略方面的建议。2004 年 5 月初教育部人事局招聘联合国后备人员，从 100 多人中通过笔试选出 60 人面试，请我参加，结果发现的状况仍然是，语言好的如外语院校毕业的，缺乏专业背景；有专业背景的，外语很少达到应用自如的程度。解决至今仍困扰着中国越来越开放和越来越国际化的劳动和人才市场的这一问题，牵涉到中国高校办学理念的转变、专业结构和课程调整，学制和管理甚至中小学教育的配套改革、大学师资结构与水平的提升等深层次问题，不在本文谈及范围。随着中国联合国会费份额的大幅增加，中国可进入联合国各机构人员的名额也在大幅度地增长。建立公开、公平选拔、储备制度固然重要，从源头上解决培养问题则更加重要。北京外国语大学当责无旁贷。我想向学校提的另一个较为具体的建议是，可否考虑在学校研究生院或研究生阶段，建立一些面向各联合国机构的硕士专业学位，学制两年，招收已有大学外语本科学历的人来学专业，已有大学本科其他专业的人来学外语，同时两种人都学习有关国际政治、外交、联合国的历史、功能和工作要求等课程，包括派到联合国各专业机构去见习一段时间。人文、社科学校有条件可独办，理工科等院校可考虑同国内外有关院校合办，同时取得与联合国有关机构及国内相关部委的支持。除按硕士学位招生外，也可对有关部委所选预备人员进行培训。三五年后也许能在各联合国专门机构的语言翻译部门以外，开始见到越来越多的北京外国语大学的毕业生的身影。

（谨以此文献给亚非学院成立 50 周年暨母校北京外国语大学 70 周年华诞，收入《树人　致知　怀远——北京外国语大学亚非学院创建 50 周年纪念文集 1961—2011》，五洲传播出版社 2011 年版）

转变观念、抓住机遇、明确战略

——从云南电大到云南开放大学的必要条件

一　观念转变与办学体制创新

开放大学办学者同样存在一个理念转变与办学体制创新的问题。一是因为长期在计划体制模式下工作自觉或不自觉地形成了的惯性思维，二是一个不可回避的事实是，电大系统多数教员和干部尤其是领导干部来自传统高校，熟悉的是传统高校的办学理念和章法，不经过学习和一定培训，往往难以建立起对开放远程教育的理念、特色、优势、潜力的认识和信心及按此开拓进取的勇气和精神。因此，对于地处边陲、基础并非十分强大的云南电大的转型升级，我提出如下行动层面的建议供学校参考：

1. 开放大学建立和办学体制创新，建议从开放大学章程立法开始。

——通过建立章程，明确学校性质、目标、方向、自主权限和与政府关系、管理模式、校长遴选、经费来源、保障、使用等；

——章程应由省立法机构审议通过成为法律，成为学校保障自身权益、自主办学和处理与政府、市场、社会互动关系的准则和法律依据。

2. 要立足已有基础和优势，按照大学的要求办学和提升自己。

——逐步建立和发展自己有特色的强势学科和专业；

——逐步招聘和培养一些有一定影响的学科带头人；

——选择有优势、有潜力的领域开展学科领域的研究并取得成果，得到学界认可；

——以质量取胜：建立严格的校内外质量保障机制，具备条件后，申请国际同行和专业机构评估。

3. 要有使命感、自豪感。

人类生产、生活、生存、交流、交往越来越信息化、技能化、知识化、全球化，充电和学习已经成为人们的日常需求，开放、灵活、混合式教育模式和学习模式及以探索这种模式为己任、为特色的开放大学无疑代表教育的未来。应当允许和鼓励开放大学在专业设置、课程开发、双模式办学、教学管理、考核发证、学分互认、社会服务等方面改革创新，并不以一时之得失、成败论英雄。政府应当赋予开放大学这种使命，开放大学应当有这种使命感、自豪感。

4. 要有危机感、紧迫感。

1998年在上海电大举办的国际研讨会上，我曾与时任英国开放大学校长的丹尼尔爵士有过一次公开争论。考虑到双模式办学在发达国家越来越蔚然成风和国内传统大学可能很快会利用信息交流技术开展网络教学，我提出电大可能面临来自传统大学开放办学的竞争和自身和传统大学比较时的诸多不利因素，应早做预案，应对挑战。丹尼尔爵士当即表示不同意见，认为传统大学应当做好自己的事，不应该到这里发展。我坚持认为，这将是一个不可阻挡的趋势。后来的国外和国内的形势发展，很快给这一争论画上了句号。

以我的观点，现在又是发出这一提醒的时候了。我国大学取得自主权的进程的确相当缓慢，但我认为，这是一个不可阻挡的进程。当我国高等教育体制改革一旦取得突破、高等学校普遍获得纲要中允诺的六个方面的自主权以后，网上课程、网络学院、双模式办学、混合式学习将成为大学自主决策范围内的事项，有可能如雨后春笋般席卷而来并成为常态。届时，没有实力、没有强项、没有质量、没有特色的电大和开放大学必将又一次面临严峻的发展甚至生存危机，包括被淘汰出局的可能。电大人和开放大学追梦者必须要有危机感和紧迫感。但愿我的话只是一次危言耸听。

二 抓住机遇 明确战略

云南开放大学筹建列入国家试点方案为云南电大办成开放大学提供了难得的历史机遇。云南开放大学应当是一所真正面向未来、面向世界、面向所有人，并反映云南地域和区域特色的大学；是一所从传统高等教育办学理念和诸多成规、束缚中走出来，并为高等教育体制和机制改革和革新不断进行探索和试验的新型的开放大学。云南开放大学虽地处边陲，但可以成为中国与东南亚、南亚、西亚以至更远地区交流合作的桥头堡；云南省政府和领导对云南开放大学的建立高度重视并给予有力支持；云南高等教育发展的相对落后和赶超形势及战略为其发展、定位提供了难得的历史机遇；云南电大与全日制的云南国防职业技术学院的联姻为未来的云南开放大学自主探索新型办学模式提供了独特的实体和优势；云南开放大学不是从零开始，云南电大几十年来的人力、物力、办学经验、广泛的国际联系的积累为办好云南开放大学奠定了一定的基础。只要充分利用上述有利条件，更新办学理念，制定高瞻远瞩又切合实际的战略，用十到十五年的时间，把云南开放大学建成理念先进、特色鲜明、国内一流，在东南亚、南亚有一定影响的开放大学是完全可能的。

云南开放大学办学应当具有如下特色和战略：多模化、网络化、区域化和国际化。

1. 多模化。

多模化就是要实行混合模式，根据不断变化和发展的情况、要求和条件，把传统模式、远程模式、双模式、多模式有机结合和融合。如前所述，与国防科技学院的联姻为此创造了绝佳的条件和机遇。

学生学习应当实行混合式、学分制、立交桥和终身化。这就意味着开放大学必须实行学分制、学分的终身有效积累和尽快做到与越来越多的学校之间的学分互认，为学生自主选择和安排自己的学习时间、学习内容、学习方式、工作和生活提供了充分的自由。

2. 网络化。

要在省政府的领导和统筹下，通过网络，实现全省远程教育、成人教育、社区教育、行业教育和普通高校之间的联网、共建或合作，通过网络，建立和发展与国内西南六省、东南亚、南亚、西亚等地区的合作。

3. 区域化。

要充分发挥地域优势，逐步创造条件，开设和增加针对东南亚—南亚—西亚地区的研究、课程、专业，大量吸引来自这些地区的留学生，开展与这些地区的师生和管理人员的交流，扩大学校在这一地区的影响。

4. 国际化。

要把国际化作为一个必备的办学理念，在以与东南亚、南亚和西亚地区合作为特色、为中心的同时，根据办学需要和可能，建立广泛的国际联系、网络和伙伴关系。美国、加拿大、欧洲、东亚和俄罗斯等都有很强的有关东南亚、南亚和西亚的学科、研究和力量。从这里引进一定数量的人才，加强与这些地区的交流与合作，应当成为云南开放大学实行和增强区域化、国际化办学能力的一个重要战略。

（收入《开放办学　服务终身》文集，云南大学 2012 年版）

中国大学的国际化
——一杆标尺和一张路线图

一 设立大学国际化标尺和确立国际化路线图的必要性

1. 大学国际化问题的紧迫性

经过 1999 年以来的扩招，中国高等教育终于改变了它自诞生百年以来的精英教育性质，进入国际公认的大众化阶段。它不仅每年为数以百万计的青年学子提供了可能改变他们一生命运的圆梦机会；而且，对我国从根本上促进社会公平，变人口大国为人力资源强国，增强总体竞争力，保证中国经济稳定、健康和持续发展，实现建设小康社会、和谐社会和创新型社会的宏伟目标，具有重大战略意义。扩招将以金色的一页，载入中国教育发展的史册。

扩招也带来了一系列挑战，其中之一是人们不得不面对一个令人尴尬和不解的现象，一方面相当比例的毕业生找不到工作，另一方面又有相当多的用人单位招不到合格、合适和满意的毕业生。外资、合资等涉外部门的反映则尤甚。麦肯锡公司 2005 年 11 月对 80 多位人力主管调查后的结果显示，只有不到 10% 的求职者符合外资公司的会计、财务、工程等岗位的要求。大多数人缺乏的是不同语言和文化间的沟通能力，并由此得出结论：除了水资源、能源和基础设施之外，人才尤其是具备国际化素质的人才仍然是中国经济增长的最大瓶颈。

这种状况绝非偶然。高等教育服务的主要对象——中国经济已高速运行 30 多年，经济结构已发生重大变化，民营经济已占半壁以上江山，外资合资企业举足轻重。更令国人咋舌的是，其融入全球化的速度、广度和深度，皆出乎国人甚至世人预料：当今中国，外汇储备全球第一，2010年已达2.8473万亿美元，经济对外贸的依存度为60%以上；2009年中国对外直接投资分别占全球当年流量的5.1%，位居发展中国家、地区首位。中国对外直接投资连续八年保持了增长势头，年均增长速度达到54%。中国已成为全球第三净资本输出国，政府鼓励"走出去"。当今中国经济已经成为面向全球、依靠并受制于全球经济，同时也越来越多地、直接和间接地影响全球经济的外向型经济。反映这种经济需求的中国劳动力市场的结构、行情与要求与过去已不可同日而语，必然要求越来越多的企业家、管理人员和雇员了解世界、具有国际视野、懂得国际游戏规则；要求为其提供人力资源的高等教育国际化，并相应改革和革新专业、课程、管理和办学体制，提高师资和管理水平。因此，接受国际化的办学理念、推动高等教育国际化进程已经刻不容缓，成为当今我国高等教育改革和革新的一个十分重要的战略方向。

2. 2010—2020年教育发展规划纲要的重大突破——接受和提出教育国际化口号

改革开放以来，高等教育国际化一直是中国学界探讨和推介国际趋势的一个重要方面，但中国教育行政部门对此提法一直采取了十分审慎的态度，在其指导高等教育改革和发展的正式文件中，一直没有出现过这一口号或提法，直到2010年2010—2020年教育发展规划纲要第四十八节提出要"加强国际交流与合作。坚持以开放促改革、促发展。开展多层次、宽领域的教育交流与合作，提高我国教育国际化水平。借鉴国际上先进的教育理念和教育经验，促进我国教育改革发展，提升我国教育的国际地位、影响力和竞争力。适应国家经济社会对外开放的要求，培养大批具有国际视野、通晓国际规则、能够参与国际事务和国际竞争的国际化人才"。无疑，这是中国政府高等教育办学理念和发展战略上的一个重大突破，并明确指出了教育和高等教育国际化的根本目的和要求，但还有许多问题文件没有回答，例如：究竟什么叫国际化？国际化是否意味着只是加强国际交流与合作？高等教育国际化究竟对高等教育和高等学校的改革和革新提出了什么要求？如何通过国际交流与合作实现教育国际化的根本目的，防止国际交流中常常发生的流弊：花了大钱，轰轰烈烈，却没有对学校教学、科研水平和学生国际化素质的提升产生多大影响？回答好这些问题，对于指导好重要而又昂贵的大学国际交流与合作活动，并非可有可无。

二　高等教育国际化的定义与国际化标尺的选择和设立

1. 高等教育国际化内涵的多样、演变与定义之争

知识和人类追求知识的活动从来不受国界限制，大学国际化是伴随近代和现代大学的建立和发展同时产生的现象。应当看到，大学国际化在主权国家之间，又常常是一个敏感的问题。一个不争的事实是，不同历史时期、不同国家、不同人都有不同的定义、不同的理解和抱有不同的目的。

历史上，高等教育国际化曾被欧洲国家用来在其亚洲、非洲和美洲的殖民地推行欧洲高等教育模式，巩固其政治、文化、经济及学术上的统治地位，其影响一直延续到今天。当今欧盟推行一系列重大欧洲学校交流合作计划（如 COMETT and ERASMUS），旨在促进欧盟各国在科研、技术和教育领域的合作，已经把高等教育国际化的重心从政治转移到经济领域。虽然政治上的目的并未放弃，即通过这些活动，培养各会员国年青一代的欧洲意识。冷战时期，高等教育国际化则成为两个超级大国用来谋求各自的政治影响的领域。

当今世界，经济全球化迅猛发展，世贸组织的成立和运行，已经把高等教育国际化作为服务贸易的一个方面提上了国际社会政府间组织的谈判议程，使高等教育国际化正式带上了政治、官方和商业化的色彩，也使高等教育国际化进入了其历史上一个新阶段。当今的挑战在于，不管承认与否，理解与否，高等教育国际化的要求和挑战已经现实地摆在每一所高校和各国政府面前，区别在于是主动、有序地迎接挑战，还是被动应付。当然，人们仍然应当看到，这一进程中的高等教育国际化仍然是一个并不完全、并不平衡的进程。联合国教科文组织前总干事马约尔教授有过一个极妙的评论，说这一进程依然是一个一部分人化人，一部分人被化的进程（马约尔，1998）。一些发达国家包括美国的大学，一谈国际化往往就是如何接受和扩大培养留学生，到海外办学，弥补教育经费的不足。澳大利亚则明确提出把高等教育作为一种出口商品。因此，相当多的发展中国家尤其是处于后进和劣势的国家普遍担忧，接受这一理念可能意味着面对教

育主权丧失的风险，意味着国外、境外强势文化和意识形态的侵入、本国学校难以抗衡外国教育机构的竞争及本国文化和传统的被削弱等。这种担心并非空穴来风，但并非一定发生。具体到一个主权国家这种状况是否一定会发生，是否一定是消极面大于积极面，则取决于一个国家的具体立法、政策和政府主管部门、高校知己知彼，取其长补己短的眼界、水平、知识、能力和智慧。

2. 一个具有可操作性的定义和标尺

我赞赏一位西方学者（Jane Knight，1999）下的一个比较中性的定义。他提出：高等教育国际化就是将国际的和跨文化的层面融合进学校教学、科研和服务功能中去的过程。前不久，世界贸易组织（WTO）和国际劳工组织（ILO）从各自的立场出发，在其2007年度联合报告中提出，大学要使"毕业生具有积极参与全球化社会的能力，具备能够进行有效沟通和交流的语言技能和技术技能，与不同机构、不同文化打交道的技能"。可以说，世界贸易组织和国际劳工组织的立场，准确地反映了当今国际经济界和国际劳动力市场对全球化浪潮中高等教育改革和革新，对提升大学毕业生国际化素质的具体要求。

高等教育国际化是联合国教科文组织高等教育活动中的一个重要领域，是我1993年以后在教科文组织工作中组织的不少国际会议的共同主题或重要议程。面对众多校长和学者争论国际化的定义时，我给出过一个十分通俗的"定义"，既具体也较易操作：同一个企业的产品在国内外市场上的竞争力可反映企业的一切一样，毕业生的素质和在国内外劳动力市场上的竞争力同样是检测一个学校办学成效包括国际化程度的最佳尺度。我说，如果您的学校每年能有一个相当百分比的毕业生，因为国际化素质较高，在本地找不到工作，可以到外地找，在上海找不到，可以到曼谷找，在亚洲找不到可以到非洲、美洲找，在纽约找不到，可以到巴黎找，您就可以对外宣称，您的大学已经是一所国际化了的大学。这就是我为发展中国家大学包括中国大学国际化建议设立的一杆标尺。这是一杆用实践即大学的"产品"检验国际化办学成效的标尺，以此为准，可以检测一所大学的主要和最终产品——毕业生的国际化素质及其在国内和尤其是在国际劳动力市场上被认可的程度；以此为切入点，还可以明确大学国际化的具体目标，确立大学国际化的重点领域，鼓励和保障教师和学生——国际化主体的积极参与，正确制定国际化方略；可以作为评估大学国际交流与合作活动的针对性和有效性的依据和标准。

三　大学国际化路线图的绘制和落实

1. 路线图的绘制

如果接受以国内和国际两个劳动力市场对毕业生国际化素质的认可程度为衡量大学国际化成效的标尺，那么一个学校国际化路线图的绘制就会顺理成章，因为要使毕业生成为"具有国际视野、通晓国际规则、能够参与国家与国际事务和国际竞争的国际化人才"，就必然对国家的宏观教育决策和对学校的支持和控制程度，对学校的领导、管理、专业设置、课程、师资结构和水平、学校经费使用以至校园、图书馆建设等提出挑战和十分具体的要求，学校的国际化进程必将是学校全面改革、革新和提升的过程，以下层面所构成的路线图就是符合逻辑的、可以操作的甚至是可以量化的。

（1）路线图 1

1）国家政治意志层面

国家为支持高等教育国际化进程建立较为宽松的法律和政策环境。例如，适度加大课程设置、国外教材使用的灵活性，促进与国外对口大学的学分、学历、文凭的互认，为学校提供准确信息、推介合适合作对象等。同时，提供必要的专项的财政资助，尤其是对不发达地区大学的资助。

2）学校领导层面的国际化

除了学校领导成员良好的学术背景尤其是多学科的背景外，领导班子中应当逐步增加具有以下经历和技能的成员：

——在国外学习、教学或做过行政管理的经历。

——对本国文化特性和环境有深刻了解；对经济全球化及其对教育的要求，国家和高等教育面临的机遇及挑战，有清楚认识；有较为广泛的国际联系和选择合适合作伙伴并从多方筹措经费的能力。

——掌握一到两门外语等。

（2）路线图 2：教师队伍的国际化

——逐步增加有过在国外学习或从事过教学工作经历的教师的比例；

——增加有双语技能，尤其是能用当今世界主要学术语言授课的教师的数量；

——实行开放的教师招聘政策，保留一定数量的职位招聘经过精心选择的外国人，包括已经离退休的专业人员和志愿者；

——逐步增加在自己的学科领域有广泛的国际联系，具备把国际和跨文化层面吸收、消化、融合到课程教材和教学中来的能力的教师数量；

——骨干教师逐步掌握制定国际合作项目、多方筹措活动经费的能力。

（3）路线图3：课程国际化

——用相关学科的最新成果更新和革新现有课程，组成新的课程模块；

——创立新课程，反映相关学科的新发现、新进展；

——选用一些原文、原著，用于课堂教学，或作为师生教学、学习参考资料；

——加强师生外语技能培训和课程比较研究，提高利用网上资源尤其是开放教育资源的能力等。

（4）路线图4：选择合适合作伙伴和专业、院系，实行联合培养、合作办学

联合培养和合作办学不失为提高学生国际化素质和学校国际化办学水平的捷径，关键是：

——要知己知彼，在本校有一定实力的领域内，从发达或发展中国家选择合适的合作伙伴，实行合作培养或联合办学；

——要增强民族自信，妥善处理在合作过程中不同政治理念、办学理念、文化、宗教可能引起的歧义，以保持合作的连续性；

——善于充分利用合作办学中取得的人力、智力资源，改进和提升办学能力和水平，尤其要善于利用现代信息技术和远程、网络模式，节省成本，追求合作办学效益最大化。

（5）路线图5：留学生、外教及相关讲座数

——接收外国留学生的数量、来自的大洲数、国家数，与中国学生同班学习人数等；

——聘请外教的数量及占教师数量百分比；

——聘请国内外专家做国外政治、经济、法律、文化历史、风俗习惯和各行各业各领域内的所谓"国际游戏规则"等方面讲座数，学生参与数等。

（6）路线图 6：积极但有选择地参与地区和国际学术组织的活动

当今高等教育国际化的一个明显特征是形形色色的跨国、跨地区的学术机构和网络的增加和活跃，它们的活动在一定程度上反映了学术活动和办学上的理念的变化和趋势。一所希望国际化办学的大学完全置身于其外是不可想象的。积极但有选择、有目的、有准备地参与其活动并保持一定的连续性是必要的。通过这条途径，可以：

——较快了解国际上高等教育改革和革新、相关学科领域发展的新动向、新趋势、新经验和新案例，以增长见识，开阔视野，转变理念，提高办学水平；

——结交朋友，通过接触，了解对方，选择合适的合作伙伴；

——通过发言、交流，宣传自己，宣传中国，促进相互了解，为未来的合作交流建立基础等。

（7）路线图 7：建设一个有利于中外学生、教师和研究人员相互接触、交流、交互的校园环境、学术和文化环境

这包括宿舍、餐厅、图书馆、道路、路标、标识、管理、制度等。留学生和外教再多，如果管理和设施的许多具体措施都不利于中外学生教师接触交流，希望通过聘请外教和扩大招收外国留学生达到的效果就会大打折扣，甚至收效甚微。

2. 路线图的落实和检测

路线图提出的方向、行程是具体的，因此一个大学在国际化的道路上已经走了多远，或者说国际化的程度，是可以检测、比较的。例如：

（1）计算一下

——有多少毕业生在国外获得了工作或进行创业？

——有多少毕业生在国内的外资或合资企业、研究机构、银行获得了工作？

——有多少毕业生应聘或通过自主创业从事其他与外贸、外事有关的工作？

——有多少毕业生到境外、国外深造？

（2）看领导班子的构成是否有利于国际化办学，则检查

——按建议的标尺，看学校制定的国际化办学规划取得的成效；

——领导班子成员掌握外语技能的进展；

——在国外学习、教学、研究和行政管理经验、经历的积累情况；

——路线图1对领导班子提出的关于国际化办学知识和能力提高的程度。

（3）检查教师中

——有过在国外学习或从事过教学工作经历的教师的比例增减；

——有双语技能，尤其是能用当今世界主要学术语言授课的教师的数量变化；

——教师招聘政策的变化和招聘外籍教师的数量；

——在自己的学科领域有广泛的国际联系，具备把国际和跨文化层面吸收、消化、融合到课程教材和教学中来的能力的教师数量的变化；

——掌握制定国际合作项目、多方筹措交流活动经费的能力的骨干教师数量。

（4）课程国际化，检查

——用相关学科的最新成果更新和革新现有课程，组成新的课程模块的数量；

——反映相关学科的新发现、新进展，创立的新课程；

——选用用于课堂教学，或作为师生教学、学习参考资料的原文原著的数量；

——师生外语技能培训和课程比较研究，利用网上资源的能力提高的程度等。

（5）看联合培养和合作办学的水平和质量

——合作对象在其国内和国际上的声誉，如排名位置，投入合作的师资数量和职称，授课课程、课时和学生反馈等；

——听课学生数、毕业生数和就业情况，本校教师和管理人员参与与外方合作的数量、授课时数；

——合作年限，未来规划，对学校办学影响。

（6）检查参与地区和国际学术组织的活动的成效，看

——建立了联系并参与过其活动的地区和跨地区国际组织与机构的数量与层级；

——结交并建立了较为稳定联系的国外、境外学校校长、教授数，尤其是最终导致与之建立了不同形式合作交流关系的人数；

——在参与的国际会议上作主题演讲、全会发言、分会发言、典型报告的次数，论文被收录和最终发表的等级；

——被邀请主持全会、分会的次数和被选为会议主席、主持和有关组织理事会、执委会和承担地区、跨地区组织秘书处、秘书长、秘书功能的次数等。

（7）学校有利于国际化办学的校园物质、学术、文化环境的建设和改进，检查

——过去学校设施和管理规定中不利于中外师生接触交流交互的地方和条例减少的数量；

——国外图书期刊增加的数量等。

四　中国大学国际化面临的几个挑战

如上所述，国际交流与合作要变成国际化办学，就必须以培养学生为中心、提高学生国际化素质为宗旨，就必然要触动一个学校的课程、师资、管理、制度甚至校园建设等，必然提出学校在所有这些方面究竟有多大的自主权或回旋余地。因此，我认为，高等教育法和纲要规定授予大学的自主权能否落实，是国际交流与合作能否转变为国际化办学的关键，是大学国际化面临的首要条件和挑战。

国际化办学能力亟待建设。这包括国际化办学需要对国外教育发展尤其是希望与之合作的对象国的教育发展、教育政策、优势与劣势有相当的了解；学校领导和教师对本校国际化办学的方向和方略、计划、合作伙伴的选择有相当的共识；领导和教学骨干具备必要的政策水平和合作交流技能。可能是每所学校都希望接受国际化办学理念，恐怕具备国际化办学能力者，仍数量有限。

选择合适的合作伙伴并非易事，这不仅需要自身能力的提高，还需要政府的指导、专业团体和人士的必要咨询，以保证少走弯路。

一个学校国际化进程的连续性和可持续性受诸多因素制约，经常是学校国际交流活动中遇到的问题。缺乏连续性和可持续性，常常使国际交流事倍功半，甚至花了大钱，收效甚微。解决好以上问题，将有助于国际化办学可持续发展，达到预期目标。

五　几点结论

1. 高等教育国际化是经济全球化和人类社会向信息社会和知识社会过渡进程中的不可逆转的趋势。

2. 国际化不等于一系列甚至大量的国际交流活动的总和。国际化首先是当今引领高等教育改革与发展的一个不可或缺的理念，是当代大学生应有的一种素质，是考核当代一个国家高等教育竞争力的一个极其重要的层面；也是发展中国家或后进地区实行高等教育跨越式发展的必备战略，是一项系统工程，是各国教育决策当局无法回避的一个政治和政策选择。

3. 增强自信，知己知彼，目标明确，为我所用，长期坚持，就能逐步在不平衡的国际化浪潮中取得主动，达到提升自己、跨越发展的目的。

4. 大学国际化必然要求国家建立宽松的法律和政策环境，并提供必要的财政支持。

5. 大学国际化必须有明确的目标——提升教师水平、教学质量和学生国际化素质；必须鼓励和增加国际化主体——教师和学生的参与。

6. 大学国际化必然对学校和校园生活所有方面，从领导、管理到教学、科研、后勤保障，提出改革、革新和提升的要求，学校的国际化进程必将是学校全面改革、革新和提升的过程。

7. 大学领导和教授对中外文化的深刻理解，对高等教育国际化的积极作用和可能出现的挑战有清醒的认识，具备选择合适合作伙伴、形成有效合作项目、正确理解和妥善处理合作交流中可能产生的歧义的能力，是一个学校国际化能否成功的关键。

8. 大学国际化的进展和成效是可以量化和评估的，如果其国际化路线图是具体的、明晰的、科学的和可持续的。

参考文献

1. 王一兵：《走上四重过渡立交的中国高等教育》，《高等教育研究》2006 年第 11 期；《新华文摘》2007 年第 6 期全文转载，收入《中国科学院研究生院名人演讲录》2009 年第 11 辑。

2. 《环球时报》，2006 年 8 月 16 日。

3. 《2009 年国民经济和社会发展统计公报》，新华社，2010 年 2 月 25 日。

《中国人民银行 2010 年金融统计数据报告》，《金融时报》，2011 年 1 月 12 日。

4. 马约尔：《在欧洲第二届社会科学大会上的讲话》，1998 年 6 月 16 日。

5. Hans de Wit Changing Rationales for the Internationalization of Higher Education International Higher Education，Spring 1999.

6. ILO and WTO Report 2007，titled "Trade and Employment － challenges for policy research"，printed by WTO Secretariat，8.13.07.

　　（此文原为本人 2007 年 11 月 12 日代表浙江大学提交世界大学网络于伦敦召开的"全球化大学的建成与实现国际会议"的演讲稿（英文），中文载《高等教育研究》2011 年第 4 期，《世界教育信息》2011 年 5 月号全文转载）

国家开放大学的国际化及
其实现战略路径

一　正确理解国际化的基本要求要回答两个重要问题

《国家中长期教育改革和发展规划纲要（2010—2020 年)》（四十八节）（以下简称《纲要》）的一个重大突破是，接受了教育国际化的观点、提出了提高我国教育国际化水平的明确要求，并指出其目的是：借鉴国际上先进的教育理念和教育经验，促进我国教育改革发展，提升我国教育的国际地位、影响力和竞争力；适应国家经济社会对外开放的要求，培养大批具有国际视野、通晓国际规则、能够参与国际事务和国际竞争的国际化人才。《纲要》要求加强和开展多层次、宽领域的教育交流与国际合作，坚持以开放促改革、促发展。这里需要提出和回答的问题是：究竟什么是大学国际化？无疑，国际化需要加强和增加教育国际交流与合作，问题是：增加国际教育交流与合作是否就等同于大学国际化？回答好这两个问题，对于正确理解国际化的基本要求，达到大学教育国际化的初衷和目的，并非可有可无。

1. 究竟什么是大学国际化

（1）大学国际化是大学的本质特征

自现代意义上的大学产生以来，作为其根本使命的知识和技能生产、使用、传播，真理追求，文明、文化、传统保存、发扬、交流，教师与学生的流动，历来没有国界、超越国界。这是由大学的根本使命和功能决定的。

（2）大学国际化是当代大趋势

如果说工业化时期以前，大学国际化主要由知识发现、传播、真理追求的学术动机推动，当代大学国际化的更有力的驱动力量则是世界政治、经济、军事、外交、社会的越来越快速的全球化发展。各领域的全球化、地区化、集团化趋势、组织的出现和越来越强的支配作用，成千上万跨国公司的运作及对世界经济、政治、军事、外交的巨大影响，信息化、网络化社会的实际形成已经常常使民族国家的主权边界黯然失色，大学国际化程度和它所培养的人才的国际化素质在所有上述领域起决定性作用。大学国际化是当代大趋势。

（3）大学国际化是竞争力

当代世界，一国国民的国际化总体素质是一个国家的基本竞争力之一。国家各个层次的决策者的国际化素质决定着处理各种复杂和越来越难以预见的国际问题的水平和效果，常常关系到能否有效保障国家和民众重大利益、一个国家在世界民族之林中的位置；精英阶层的国际化素质常常决定着一个国家的生产力发展水平和在国际上的地位。例如，在过去几十年中，中印大学生国际化素质的差距是形成后来中印软件人才和软件产业差距的一个主要原因。我国的出口导向型经济，出国从商、旅游、定居的人口大量增加，使普通民众的国际化素质同样无时无刻、无处不在地影响着中国的形象、硬实力、软实力。

（4）大学国际化是大挑战

大学国际化和国际化了的大学意味着大学在发现、传播和应用知识、技术、技能和培养人才的国际化等素质方面与世界知识体系的相通和互动，是与之处于同步甚至前沿水平的条件；意味着大学在国际学术界的一席之地、影响和力量。当今世界，若有任何大学实行封闭办学，若一个大国的高等教育在原子、中子、激光、网络、海洋、航空、航天、材料等前沿领域如无一席之地，必然意味着落后，意味着国家竞争力的衰退，意味着挨打和出局。世界贸易组织的建立和运行，使主权国家参与全球化和大学国际化的进程带来了一定的强制性。这就是：不参加，吃亏、出局；不懂，受骗、受损；不守规，被动、受罚。

（5）大学国际化是当今大学的一个不可或缺的办学理念

工业化时期形成的传统教育理念、教育体制、制度、教育模式受到挑战，人类社会正在向信息化、网络化、知识化、全球化社会过渡，大学无论从其功能还是其定位都必须走在这一进程的前列。把大学国际化仅仅看成学校的"外事"，仅仅是增加国际和外事交流活动是片面的、肤浅的，甚至是一种误解。不把国际化作为一个重要的办学和指导学校改革和革新的不可或缺的理念将是一个战略性和历史性错误。

（6）大学国际化是大学自身改革和革新的一个重要领域

大学国际化就是将国际的跨文化的层面融合进学校教学、科研和服务功能中去的过程，也是实现大学国际化的条件之一（Jane Knight，1999）。因此，大学国际化必然要求大学进行自身的全面的改革和革新，包括大学领导和管理水平、师资水平的提升及课程、教学、科研、服务的革新等。

（7）大学国际化必然是中外文化相互理解、碰撞和磨合的过程

既然是中外文化互相理解、碰撞和磨合的一个过程，那么这对领导和教授们如何正确和妥善处理中外合作共事中必然产生的歧义和纷争的技巧、能力和智慧的检验，往往是一些重大合作项目能否持续和取得成效的关键。

（8）大学国际化是发展中国家高等教育实现跨越式发展的必备战略

当今世界，发展中国家与发达国家的差距归根到底是人才差距，是知识差距，是教育差距，是大学之间的差距，是大学办学理念和治理的差距。要实现追赶战略，实行国际化办学是必经之道。因此，大学国际化是手段，也是目的。

2. 开放大学（电大）要不要国际化

可能没有说"不要"的，但我认为只说"要"，这样的回答并不充分和确切。正确的答案应当是更要。为什么？很简单，理由有二：一是开放大学、电大学习者大多是过去接受过一定教育的成人；二是由于我国国际化和国际化素质的教育长期以来没有作为办学理念明确提上日程。开放大学、电大的受教育主体是成人学习者，是国际化素质教育失落的几代人，电大更快地落实国际化办学的理念和战略，是为他们补课、补偿，是为改变他们在国际化、全球化大潮中的被动状态助一臂之力，这是开放大学和电大国际化的特殊性和特殊任务。

二 国家开放大学国际化办学的几个战略路径

中国教育改革经常呈现的一个挑战是，认识到一个问题、理念是一回事，解决问题和把一个新的正确的理念付诸行动又是一回事。开放大学、电大不仅要看到国际化办学是大学包括开放大学的本质特征，是大趋势，

是竞争力，是大挑战，还必须把国际化作为一个办学理念，一个学校改革和革新的重要领域，一个学校赶超先进的战略，从实际出发，制订科学、可行、务实的行动计划并付诸行动，才能使国际化办学成为现实。无疑，在国家层面，建立宽松的法律和政策环境，保障学校办学的基本自主权，是政府的责任，也是国际化办学的必要条件。对于学校来说，国际化办学则意味着一个牵涉到从领导到每一个员工、学校每一个部门的改革和革新的系统工程。不同学校的战略路径无疑将因校而异。作为国家开放大学，建议考虑至少如下战略路径：

1. 强身战略

国际交流与国际合作归根到底是一种国与国之间、校与校之间的互通有无、等价交换。一个学校的吸引力归根到底取决于学校的分量和质量，取决于学校领导和教师、员工的知识、能力、特色、眼界、视野、智慧。否则，随着中国的发展和强大随之而来的众多机遇只能从我们身边擦肩而过，或者送上门来的机遇也因为缺乏自信和能力，或者不具备因应国际合作必须具备的起码的自主权而失之交臂。

因此，要在高等教育国际化浪潮中成为有吸引力、有竞争力的一方，首先必须制定和实行强身战略，方能进入和自信、自如地行进在高等教育国际化的轨道上。对于经历过较长时期闭关锁国的中国高校和长期处于边缘状态的电大来说更是必要。

强身战略拟至少包括如下方面：一是观念转变；二是学校领导层面的国际化；三是教师队伍的国际化；四是课程国际化；五是学校管理与环境的国际化。

2. 品牌战略

何谓品牌？学校的品牌就是一个学校的强项、特色、质量、影响，品牌就是一个学校的竞争力、影响力、吸引力、凝聚力，是一个学校开展国际交流与合作的资本。它可能是一门课程、一个专业、一项培训，也可能是某种有持续影响力和知名度的活动、管理模式或标志等。

开放大学的强项、品牌在哪儿？也许就在我们身边。品牌是比较而言并且通过一定权威机构比较、评估、认可后确立的。因此，树立品牌意识，创立品牌、发现品牌和发展品牌必须有国际视野和国际比较的视角。否则，也许可能的、已经具备品牌特征的东西就在我们身边，我们却不能发现。有些具备实力的学校或单位与国际上某些奖项擦肩而过，道理就在这里。

中国开放大学/电大从国际比较的视角看有无强项？强项在哪儿？回答是肯定的。举例来说，中国电大建立50年以来，以"农"字为中心开创的课程、专业、项目、活动、创新、成果等，为一个13亿人口的大国，对全世界脱贫、扫盲事业进展都举足轻重的中国农村、农业、农民的发展、提高做出了突出贡献，其典型和案例、其实践和经验、其成绩和影响，如能从国际比较的视角加以审视、研究、总结、提升、评估、宣传，在国际层面上形成一个品牌是完全可能的。同样，信息通信技术在中国开放远程教育中的应用，丰富多彩、有声有色、千奇百态，作为整体、作为某个方面、某个地区、某个学校，都有可能产生和培育出品牌。国家开放大学中枢的重要任务和职责之一就是用国际比较的视野发现、培育、激励和宣传、推广系统的品牌。

3. 区域战略

云南开放大学的建设规划中明确提出了发挥区位优势和区域特色、面向东南亚/南亚的国际化办学战略。云南是中国唯一一个属于湄公河次区域的省份，与越南、老挝、泰国、缅甸为邻，与东南亚和南亚联系方便，陆路、航运和航空交通日益发达，从曼谷到昆明仅不到两个小时的飞行距离，人员交流、贸易往来日益增多，是云南开放大学实行国际化办学的独有的区域特色和区域优势。以中国之大，难道只有云南开放大学具备独有的区域特色和区域优势吗？显然不是。西部一些省市与西亚、中亚邻近，北京、天津、上海、广州等中心城市，沿海地区、中部地区同样有自己的区域特色、区域优势，同样可以在此基础上形成自己的国际化办学战略。这就提出了中国开放大学/广播电视大学实行国际化办学的区域特色、区域优势和区域战略问题。

无疑，不同区域都可以发挥区域优势，逐步、有序、有特色地开展学生交流、师资交流、培训、网络课程、学分、证书互认探索、合作办学、管理人员交流、次地区开放大学和电大伙伴、网络、网上孔子学院、组织国际活动、专题论坛等。

国家开放大学的责任和任务包括：

其一，指导、扶持、激励、培育省市开放大学/电大的国际化办学的区域战略。各地区、省市开放大学/电大具有区域特色的国际化办学战略的形成、实施和成功，将标志着中国开放大学真正有中国特色的国际化办学发展战略成功了至少一半。所谓扶持、激励、培育，可以包括咨询、指导、信息服务、人员培训、穿针引线、经验总结、宣传推广和资金支持等。

其二，制定和明确自身国际化办学战略重点和实施路径。

其三，在地区和国际组织中占有席位，扩大影响、为自身和各省市开放大学和电大争取合作伙伴、合作机会和合作项目。

其四，选择和打造由国家开放大学直接设计运行的品牌项目等。

4. 伙伴战略（Partnership Building）

从某种意义上说，外交和国际交流活动就是寻求建立不同领域、不同层次、不同深度的形形色色的伙伴关系，以达到既定目的。没有伙伴和伙伴关系的建立，外交和国际交流活动就容易成为盲目的、无持续效果的资源浪费。没有伙伴和伙伴关系的建立和持续，就没有合作办学和国际化办学的战略空间、机遇和平台。

具体伙伴对象的选择取决于选择具体伙伴的目的：如果要追求地区和国际舞台上的活动空间和影响力，就应当注意参与地区机构、国际政府和非政府组织的活动。随着中国国力和影响力的快速增强，中国学者和学校参与这些组织并发挥一定作用的机会越来越多。重要的是，要较快地提升参与人选的素质和能力。同样，出于开发品牌战略目标、推行国际化办学区域战略和强身战略，选择伙伴学校和同行的层次、地域、类型等都会有不同的差异和考究。

伙伴关系发展要能相对稳定、持续才有意义。关键是选择比较准确，相互有一定了解、理解、信任和共同追求，并且要争取合作成功，取得双赢效果。

5. 文化语言战略

当今的全球化、国际化进程仍然是一个一部分人化人和一部分人被化的不平衡的十分敏感的进程，弱势国家担心其已经是弱势的文化和语言受到强势文化和语言的新的冲击是自然的。国际化办学的成功和持续发展不能没有明确的文化和语言战略及考量。对于中国这样具有几千年文明的古国，在越来越复杂、敏感、多事的地区和国际环境中生存和崛起的大国，更有必要。我主张：社科、文化领域里的国际合作办学拟低调进行、注重实用；合作中拟多倾听、了解、理解、考虑对方的意见、感受和反馈，善于在不违背大原则的前提下取得妥协、持续和共赢；注意开设周边国家语言、文化甚至国情课程，交流活动中和条件具备时尽量使用合作国家的民族语言。

（此文系作者应邀于 2011 年 12 月 27 日在国家开放大学国际化课题组会议上的讲话，载《中国远程教育》2012 年第 4 期）

开放大学建立与发展的五大问题
——国际比较视角

纲要中办好开放大学六个大字和"2+1"的历史性突破为中国电大人实现开放大学梦带来了希望，也带来了实际行动，带来了新的生态。看看国家开大校长的办公室就会感觉到今天的国家开放大学和昨天的中央电大已经不太一样，已经身处在新的竞争机制和面临新的竞争压力，已经激发出新的活力和新的面貌。同时，新的形势也带来新的理念、新的挑战、新的发展、新的争论和新的期待。我把这些理念、争论和期待归纳为五大问题：理念与定位，功能与特色，质量与标准，改革与创新，挂牌与强身。

一 理念与定位

我为什么首先提理念和定位的问题呢？我参加了"2+1"的评估，第一次会议上就有专家提出来，究竟什么是开放大学。后来走到哪儿直到现在都不断有人问，而且有时是管电大的人问：开放大学跟电大究竟有什么区别？电大变开大是不是就是换块牌子，或者就是取得几个学科的本科办学权？围绕开放大学定位的问题还包括，开放大学是不是仅仅是成人或继续教育的一部分，如何看待发达国家高等学校普遍向双模式、多模式和混合模式发展，开放大学和电大代表的办学理念和模式在我国高等教育改革和革新中的位置和作用是什么，等等。这些问题，无法回避。厘清理念、准确定位是电大转向开放大学的首要问题。

德斯蒙德·基更博士曾把整个远程教育的历史划分为三个阶段：1870—1970年的头100年是远程教育饱受质疑和批评的年代；1970—1990年的20年是开放大学大发展的年代；1990—2010年则是远程教育的

黄金时代。网络学院、虚拟大学、双模式教学、混合式学习、移动学习、泛在学习、企业电子大学、开放教育资源、开放教育资源大学等新理念、新模式层出不穷。开放远程教育中每一个新理念、新模式的出现，都与信息交流技术每一个新的发展紧密相连。

可以认为，现代意义上的开放大学的出现和发展，是信息交流技术推动教育改革和创新的产物和有力证据；是对信息社会、知识社会对人的技能、知识、智慧素质要求的提升和学习需求多样化、个性化、泛在化、国际化的演变的必然回应；也是教育包括高等教育大众化、普及化、民主化、均衡化、人权化浪潮推动教育创新的一个成果。

开放大学是以终身教育为其基本理念，开放、灵活、全纳、终身为其本质特征，依托先进的和一切有用的技术手段构建广阔、优质、方便的教育和学习平台的新型大学，是最适应人类社会向信息社会和知识社会过渡时期大众化、普及化、多样化、个性化、终身化学习需求的新的教育模式，是现存高等教育体系中最具改革和革新精神，因而最有生命力的先进成分。我不太同意说开放大学仅仅是继续教育或者仅仅是成人教育的一部分，它首先是高等教育的一部分，而且是最具改革和革新精神、最有生命力的先进成分。

开放大学首先应当是一所大学，一所完整意义上的大学。开放是其理念和模式。这所大学与普通大学的不同之处在于，它以终身教育为其基本理念，开放、灵活、全纳、终身为其本质特征，依托先进的和一切有用的技术手段构建广阔、优质、方便的教育和学习平台的新型大学。

开放大学与电大究竟有什么区别？仅仅是换换牌子吗？或者仅仅获得几个本科学科的独立办学权吗？我认为，电大还不是一所完整意义上的大学，还没有世界上普遍认可的一所大学起码的资格——独立举办本科高等教育的自主权，学科建设、学科带头人培养、学科和科研、社会声望等尚为短板。电大成为开放大学是战略转型和质的提升。因此，电大变开大不仅仅是换块牌子，也并非就是取得几个学科的本科独立办学权，虽然取得一定数量的本科独立办学权是电大成为开大的一个重要前提和条件。

开放大学仅仅是成人继续教育的一部分吗？最近我要了几个数据，即中央电大到目前为止在籍生 3430775 人中，18—25 岁，即普通高校生在校生年龄段的 1501670 人中，占中央电大学生总人数的 43.8%。这个比例在江苏电大是 47.35%，在广东电大则达到 57%。据我 20 年前研究和从经合组织获得的数据，西方发达国家普通大学 25 岁以上的学生 20 年前已经占到高校学生数的 50% 以上了，按照我们的这个标准是不是就可以把西方国家的普通大学统统划分为成人大学，认定为成人教育和继续教育？我们 18—25 岁的学生在电大和开放大学学生中的比例还在变化，所以对于开放大学和电大进行准确定位，是一个很值得研究的问题。没有准确定位，甚至究竟把它放在教育部的什么地方，放在成人司还是放在高教司，还是放在什么地方，都可能是一个问题。更重要的是，没有理念更新、准确定位，就不可能制定一套适合于开放大学包括电大办学理念和办学模式的具体政策。原来电大办学面临的一系列政策瓶颈也不可能因为少数电大变成开放大学就自动消失。要解决问题首先要从定位开始，即明确究竟什么是开放大学。希望提出这个问题和探讨这个问题仅仅是开始。

如何看待发达国家高等学校普遍向双模式、多模式和混合模式发展，开放大学和电大代表的办学理念和模式在我国高等教育改革和革新中的位置和作用是什么？教育包括高等教育是基本人权，是进入信息社会和知识社会的不可或缺的通行证，开放远程教育是实现全民教育和高等教育大众化、普及化，保护各种弱势群体受教育平等权利的最佳教育形式，其开放性、包容性、针对性、灵活性和及时性代表了教育改革和创新的方向和未来。因此，联合国教科文组织 21 世纪教育委员会主席、前欧共体主席戴勒尔讲，面向未来，每一所大学都应当成为"开放大学"。原联合国教科文组织信息技术部门助理总干事阿布杜拉·汗甚至在 2009 年的第二次世界高等教育大会上警告，当今传统高等高校如果不改革，有可能成为明日的恐龙。现在的教育对象更不要说孙子辈，已经是所谓的"天生的数字化原住民"，四五岁就知道上网，我们的教授如果仍然只是靠一支粉笔，一本书和一个黑板能吸引和激发他们的学习兴趣吗？

要办好教育，尤其要办好开放大学首先要转变理念。没有理念的转变和观念的更新就不能明确地估计已经取得的成绩，就不能发现和正视面临的问题和挑战，设计的出路也经受不住历史的检验。举个例子，如何看待中国高等教育大众化的成绩和面临的挑战？据世界银行 2012 年最新发表的对东亚和太平洋地区高等教育的研究报告，我国近邻韩国，一个我经常称之为"学习外国和实施追赶战略优等生的国家"，高等教育毛入学率接近 100%。13 亿人口的大国高等教育毛入学率达到 26%、开始了高等教育大众化的进程无疑是值得庆贺的一件大事，但"面向世界，面向未来"

一看，与邻国一比，仍须努力不懈。

发达国家都已经普遍进入了高等教育普及化的进程，入学率占60%乃至65%，如何评价改革开放以来高等教育改革发展取得的成绩和面临的挑战，同改革开放前一比，成绩巨大，尤其是越来越多的高校在硬件设施方面，已赶上甚至超过了不少发达国家。但是，从普及程度和质量上一比，我们还有相当大的差距；再以全纳教育的理念和面向未来、面向世界的角度审视一下，我们仍然只是开了个好头，同时又出现了一些新的甚至又在拉大的差距，我们改革、发展、创新的路程还很远。

没有理念的转变或观念的更新，就不能正确地认识开放大学、电大教育模式在当代高等教育体系中的地位及其在高等教育改革和创新中的作用，就不能对其进行正确定位；没有理念的转变或观念的更新，就不能找到和正视"办好开放大学"面临的诸多问题和挑战；因此，也就不可能制定出办好有中国特色与完整意义上的开放大学并经得住历史检验的方略。

总之，没有观念的转变和理念的更新，就不可能在电大转型和建立有中国特色与完整意义上的开放大学上取得共同语言，进而解决长期以来用管理普通高校的理念和方式管理电大而形成的一系列体制和政策瓶颈，就不可能建立起有利于这一改革试验的体制和政策环境。

二 功能与特色

究竟什么是开放大学，电大或者开放大学的功能和特色是什么？让我们放下理论的抽象的概念的方法，用解剖一个案例尤其是发生在身边的案例来回答。例如，通过提出和回答已经由国务院确定作为开放大学试点的江苏电视大学究竟是什么来回答什么是开放大学。无疑，已经运行了30多年的江苏电视大学或即将在电视大学基础上建立起来的江苏开放大学，在办学理念、办学实践、技术使用、服务社会、办学基本条件等方面，已经是一所特色鲜明的高等学校。它的特色在于：

它是江苏高等教育大众化进程的积极推动者和贡献者。它是地地道道的人民身边的大学。它是解决江苏尤其是苏中、苏北地区人才短缺问题的无可替代的一支生力军；它是地方经济和社会改革和发展所需应用性人才培养的重要渠道；它成为本省高等教育新理念、新模式、新机制的最有潜力的追随者、探索者和开拓者、创造者。它是信息技术、网络技术、数字技术用于教育目的的探索者和先行者。可以断言，在南京所有的高等学校当中包括"985"重点高校，没有哪一所大学在与教育信息技术融合，在应用信息技术于教育目的的广度、深度和创新上能够超过江苏广播电视大学。虽然有少数大学建立了网络学院，但是网络学院跟大学建设是两张皮，两轨制，非办学的双模式。

江苏电大和即将在江苏电大基础上建立起来的江苏开放大学的特色和魅力还在于，它不仅仅是一所大学，它还是江苏省终身学习和学习型社会的推动者和建设者。江苏电大是江苏社会和谐和文明发展的助推器和稳定器。它常常又是干校、党校，是几乎包罗万象、无处不在的培训机构；它为人生提供多次选择的机会，是素质教育所需宽松教育环境的建设者；它是教育均衡发展和教育公平的促进者和实践者；它是大学，又是一所具有多种功能、巨大发展潜力和改革活力、最能适应终身教育和建设学习型社会要求的独特的综合性教育实体。

江苏电大的这些功能和作用在中国各省市电大，包括在座的每一个学校都以相同或不同形式、不同程度地存在并且经常是各具特色的。

总之，江苏开放大学或电大的最大和最基本的特色是，它不仅是一所特色鲜明的高等学校，它还是在江苏奉行终身教育理念最坚定、最彻底，覆盖面最广、最大，手段最开放、最灵活、最先进，教育和培训内容几乎无所不包又针对性极强，对普通民众和各种弱势群体无法满足的学习需求反应最快、最贴近的一个终身教育的庞大载体和完整体系。我的主张是，开放大学的主干和核心无疑是一所完整意义上的大学，它可以有自己感兴趣的或相关的学科领域的研究，包括高深研究，并争取在国内和国际上占有一席之地；但它的教育覆盖的领域和层次，应当上不封顶、下不保底，既可顶天，又可立地。它可以放下大学的身段，利用自身的开放、灵活、反应快、针对性强的特点，关注和涉足它可以作出贡献的任何社会问题，如特定地区的城镇化、农村空巢化、农村基层干部素质、农业技术推广、和谐文明社区建设、乡村改造等，并及时提供相应的教育和培训。

开放大学从事、研发和创新的一切教育、培训和试验活动，只要有利于终身学习和学习型社会的创造和培育，有利于人的技能、知识、能力和素质的提升，有利于地区经济繁荣、社会安定、文明提升，都可以不拘一格，都应当得到肯定、支持和鼓励，都应当在遇到体制、政策掣肘时，允许和鼓励它进行必要、适时的体制创新，包括面对强大的，来自新闻、舆论的社会偏见、探索过程中不可避免会出现的某些失误或偏差，政府应当进行正确指导和有力的舆论引导。

这样的大学和教育实体，也许会带来并且实际上一直存在着严重的定位问题和管理问题，使教育行政部门和研究机构，包括使用联合国教科文组织已经经过几次修订、国际上仍然普遍认可和采用的现行教育分类标准，很难对其进行分类，因而很难对其进行归口、管理、评估。中央电大和现在的国家开放大学在教育部究竟放在哪个司局，是直属机构还是直属大学等？不过，对于面向未来的改革和创新，这并不重要。重要的是看它是否针对、回答和解决了当今社会和教育面临的重大、紧迫而现有教育机构没有兴趣、难以回应或不予回应的问题和挑战，是否反映甚至代表教育改革和发展的未来趋势。世界上本没有路，走的人多了，小道会成为通衢、一种创新和创造。中国的开放大学应当成为并且实际上已经成为一个不同于国外开放大学包括英国开放大学、真正富有中国特色的创举，一项来自文明古国中国、在终身学习和学习型社会建设方面做出的具有国际影响的贡献。

什么是有中国特色和完整意义上的开放大学？我的看法就是开放大学首先是一个庞大的终身教育体系。如果要把自己办成一所完整意义上的大学，完整意义上的开放大学，英国开放大学有很多东西值得我们学习。但是，大学加一个庞大的综合教育体系，是100%的中国特色。我呼吁拿到本科办学权的开放大学不要以为提升办学层次的目的达到了就是一切，你们任重而道远，成为一种完整意义上的大学存在的一系列的短板问题要去考虑，要提上议事日程。同样，构建终身教育体系需要的创新和发展，路仍然很长。

三　质量与标准

开放大学/电大一定是二流教育或者教育质量低下的代名词吗？英国开放大学连续三年教学质量排在牛津大学之上、学生满意度全英第一的事实已经作了回答。这个排名我觉得是比较客观和可信的，因为：第一，它是一个一个学科评估的；第二，它是同行评估；第三，评估的专家从大量合格的专家库里随机抽取，不是人为指定。其主要经验包括领导人对开放理念的坚定信念，传承和一贯对开放办学模式的执着追求，办学理念和模式的法律保障，按完全意义上的大学定位，严密有效的质量保证制度，对课程师资科研的慷慨投入。当然，英国开放大学回答了不等于所有开放大学都回答了这一问题。在把开放大学办成完整意义上的大学上，不能不承认，英开是一面旗帜。

究竟什么是质量？出乎意料的是，这个有点抽象和看似复杂的定义问题在国际学术界却没有太大的争议，而且回答得异常明了、简短得不能再简短，只有两个英文字：Fitness to purpose，翻译起来不太容易，两个中国字翻译不出来，翻译来翻译去得七八个字。我的译法是：符合并达到目的就是质量。用最通俗的话来说，你的质量取决于你确定的培养目标和达到该目标的程度。

由此可以引申出几个结论：质量取决于设定的目标、目的；质量是相对的；质量是可以分层次的。由于设定的培养目标高低不一，哈佛大学的一个数学学士学位，北京大学同样一个数学学士学位和普通省级高校的数学学士学位质量可能是一样的吗？质量是需要条件制度保障的；质量是需要时间积累的。我国的清华大学是培养工程技术的精英、领军人物，甚至是我国争取诺贝尔奖的后备人选，清华毕业生达到这个目标就是有质量，达到这个目标的毕业生人数的比例很高，你就是高质量。开放大学和电大办学方向有很大不同，是面向基层，面向农村，面向山村，面向少数民族和各种弱势群体等，是培养招得来、用得上、留得住的应用型人才。开放大学/电大设定的培养目标、目的达到了，就是有质量，达到这一培养目标的毕业生的比例很高，同样是高质量。

用传统的高等教育质量观、质量标准和指标、质量评估程序和模式、质量评估专家队伍来看待、评估和引导办学方向和培养目标有不同定位和明显差异的开放大学/电大的质量，是使开放大学失去本身特色、活力和生机，路子越走越窄，与普通高校越来越同质化的重要指挥棒。关注质量、制定标准、组织评估无疑是重要的，但评估、评论开放大学/电大质量时考量一下开大/电大的办学理念、特色和培养目标，更新质量观，也许同等重要，如果说不是更重要的话。

我无意否认，一个学科的文凭或学位所含的基本知识、技能和能力素质，在不同类型的高等教育和高等学校中，应当是贯通的，但不应当是不变的和完全相同、等值的。我想强调的仅仅是，开放大学/电大的办学理念与传统高校不同，教育对象和培养目标不同，办学模式和学生学习的环境、方式不同，专业方向和侧重不同，开放大学办学的社会影响和社会效益发生和表现的形式不同，不应当抛开开放大学/电大的办学方向和培养目标，完全套用衡量和评估普通高等教育学校尤其是重点高校的质量的理念、标准、专家队伍、工作方式来衡量和评估开放大学的质量。

四　改革与创新

人们都不希望电大变开放大学就是换块牌子。开放大学的挂牌，应当标志着电大质的提升，标志着一所有着新的理念、新的办学模式、新的育人模式、新的运行机制，既面向特定区域、特定人群，又面向世界、面向未来的新型大学加独特的教育综合实体的诞生。无疑，取得本科层次的办学自主权是成为完整意义上的开放大学的必要条件，但这不是全部。至少如下问题应当纳入建立、建设开放大学的顶层设计和改革、创新和发展战略规划予以考虑。

体制创新。至少有四个层次的体制问题有必要通过创新激发出新的活力和动力。第一，国家教育行政部门视国家开放大学为"直属单位"还是"直属大学"；是高等教育还是仅仅是成人教育或者一个新型大学加综合教育实体；是几个领导及相关司局共管还是一个领导和司局专管等。第二，国家开放大学与新建立的独立设置的省市开放大学、原有的和将成为国开大一部分的省市电大之间如何建立新的有利于调动各方积极性又发挥全系统的优势和潜力，既分工、合作、共享、共赢又相互竞争、相互制衡、各具特色的新机制、新模式。第三，省市电大和开大系统如何利用地县政府对建立开放大学并成为开放大学一部分的强烈兴趣和期盼，激活、恢复和振兴被裁并的地市县级分校，使地市县电大分校成为开大的有力办学支柱和各级终身教育体系的主干。第四，学校内部教学、科研、培训、服务、管理体系、制度和组织如何调整、创新，适应建设有中国特色和完整意义上的开放大学的需要。

法人地位。如果说其他国家建立和举办开放大学有什么共同点的话，那就是立法机关批准学校章程，使学校章程成为法律，并通过章程，把学校真正定位在大学，即授予其起码的学士学位授予权和必要的开放办学的自主权。征得相关部门同意，不妨把建立开放大学的过程变成纲要提出的建立现代大学制度的试验和实践过程。制定新的开放大学章程是这一过程的核心和标志之一。在有条件的地方，章程应力争由人大或人大常委会批准通过，成为法律，真正实现开放大学法人化，在中国开高等教育法人化改革风气之先。

是双轨制还是双模式？全国 44 所独立电大中有 27 所拥有全日制的普通中等、高等职业技术学院。应当发挥这一独特优势，在全日制中高职教育中积极探索融入开放教育的开放、灵活、全纳、终身的理念，试行全校普遍采用的互补、互通的双模式、多模式办学和混合式学习。我坚信，双模式、多模式办学和混合式学习是国际上高等教育适应科技飞速进步、知识社会发展和信息交流技术越来越深度融入教育并推动着教育理念、教育模式改革和创新的普遍趋势，代表着高等教育改革和革新的未来。中国的开放大学应当利用自己的独特优势和难得的历史机遇在中国承担起这一领域先行者的角色。

科研短板。开放大学包括电大一定要有科研。不仅仅是要有围绕如何办学问题的科研，在有条件的学科领域，也应当开始有所作为，并逐步增强，争取在某些学科领域占有一席之地。当今世界，任何一个想成为完整意义上大学的大学，无论从提高教学质量，还是从生存的角度考虑，都不能没有一定的研究领域和研究能力。人为地把高等学校划分为研究型和非研究型大学的做法已不太合时宜。

五　挂牌与强身

挂牌是一个申请程序和时间问题，强身是实质。电大变为开放大学是战略转型和质的提升，电大成为开放大学面临两大历史性任务：一是认识和克服自己的短板，决心把自己建成一所完整意义上的大学；二是发扬中国特色，进一步发展和完善终身教育的最大载体和完整体系的功能。观念的转变与体制的创新是完成上述两项任务的必要条件。应当建立新的质量观，加强学科建设、学科带头人培养、招聘、学科科研和办学科研。非如此，就不可能像英开那样，以质量在竞争中取胜，以质量取信于社会。

建设有中国特色的开放大学是我国高等教育领域探索适应信息社会、知识社会和学习型社会教育模式的开创性试验，是庞大的社会系统工程，功在当代，利在千秋。通过转变理念、改革和创新，给予科学定位，为之建立宽松的体制和政策环境，是政府的重要职责，也是这一试验能否顺利推行并取得成功的必要条件；从社会大众、政府部门到国外同行都在问开放大学与电大究竟区别何在，都十分关注开大/电大的"质量"问题，都有期待，又有众多不解和疑虑。政府和学校要选择有效手段，做好开大的理念、特色、先进性、有效性等方面的舆论宣传，改变和改善开放大学/电大生存的舆论环境。

（在江苏广播电视大学 30 周年校庆上的演讲，载《江苏广播电视大学学报》2012 年第 2 期）

如何审视开放大学的理念、定位、功能、质量和创新问题

——在 2012 年 4 月 27 日国家教育咨询委员会和 教育部审议开放大学专家评议组会议上的发言

前天克明会长要我在今天的会上就开放大学的几个核心问题做个发言，感到压力很大，战战兢兢。怕在诸位大家、权威面前讲错了丢人是其一，更担心讲不清楚可能对即将就三所电大能否转型升级为开放大学的投票产生负面影响，责任太大，实在承担不起。在专家组第一天的预备会上，有同志提出首先要弄清究竟什么是开放大学，才好形成共识，决定取舍。无疑，这是一个事关回答好要不要开放大学、要什么样的开放大学问题的前提。我因为在联合国教科文组织曾经分管过亚太地区的开放大学问题，请允许我介绍一点背景情况，包括一些一孔之见，供大家参考和指正。如果我讲得不对，诸位随时可以打断、质疑。

高等教育总是随着经济、科技和社会发展的变化而不断变化。当今高等学校同 100 年前相比，已不可同日而语。变化并非无规律和趋势可循。农业社会和工业化早期是高等教育的精英阶段，培养精英层次的政府官员、经济社会管理人才、科技人才、法官、医生、教授、教师等。随着工业经济和工业化社会的发展和要求，高等教育完成了由精英阶段向大众化阶段的过渡，形成了当今世界各国相对或者说相当稳定的高等教育理念、定位、功能、制度、体系、结构、模式、文化。从 20 世纪 80 年代开始，人类社会开始急速地向信息社会和知识社会过渡，而且速度越来越快，接受教育包括高等教育和持续提升社会成员的知识、技能、能力的价值大幅提升，工业化时期形成的传统高等教育的理念、定位、功能、制度、体系、结构、模式、文化面临着巨大的新一轮的变革和转型压力，以因应接受高等教育普及化和终身化的要求。人们看到，在越来越多的国家，尤其

是发达国家，高等学校双模式、多模式办学已经十分普遍，年轻大学生已成为离开网络无法生活、无法学习的所谓的天生的数字化一代，面授、远程、网上灵活交替、结合使用的混合式学习已经成为学生首选，依靠一支粉笔、一本书和一块黑板的老师越来越难以为继；高等学校之间公立与私立、教育的正规与非正规、学习的课内与课外的界限在模糊，壁垒在打破；教师的功能和师生关系在变化，社会对大学和大学生素质的期望和要求越来越高。适应信息时代和知识社会的新的高等教育理念应运而生。这就是：高等教育应当普及、接受高等教育是一项基本人权，高等教育应当开放、灵活、全纳、终身、多模式等。现代开放大学以开放、灵活、全纳、终身为基本理念，以社会大众尤其是大量失去了接受高等教育机会的底层大众和各种弱势群体为主要教育对象，依托挖掘各种技术包括数字技术、网络技术的巨大潜力搭建开放、灵活、无时间、地域界线、人们可以自由进出的广阔学习和求知的平台，不仅提供了一种全新的教育模式，而且成为整个教育体系尤其是高等教育体系中最能反映当代新的教育理念，对任何新技术对推动教育改革和革新的潜能探索最主动、最积极因而最具革新动力、潜力和能力并最具能动性和革命性的一个组成部分。

值得引起注意的是，如果看看陈至立部长和周济部长曾分别于1998年和2009年率团参加的两次世界高等教育大会并一致通过的两会宣言和文件就可以看出，这些新的理念已经为国际社会包括中国所接受，成为指导各国高等教育改革和革新、制定新的教育战略和政策的重要指导思想和依据，成为中国启动具有重要历史意义的高等教育大众化进程的一个重要影响因子。本人有幸参与组织了1998年大会，参与了2003年的五年回顾大会和2009年大会。如果说时隔11年的两次大会有什么较大变化的话，一个重要变化是：三年前在日内瓦召开的各国教育部长会议上为促进实现全民（基础）教育目标而提出的全纳教育的理念，被高等教育界接受，成为2009年世界高等教育大会讨论高等教育问题的一个重要出发点；1998年第一次世界高等教育大会上没有安排开放大学校长作专题发言，2009年大会则安排了6位开放大学校长，包括中国上海电视大学张德明校长作了专题发言；40多条的大会声明中，有6条论述开放大学、信息技术和开放教育资源的作用和潜力。

因此，没有理念的更新和转变，就很难在要不要建立开放大学和要不要把符合条件、已经运行几十年的电大及时提升为开放大学问题上取得共识。

究竟什么是开放大学？我不想用理论的、抽象概念的定义的方法来回答。我想用解剖一个案例尤其是发生在我们身边的案例来回答，也许更易理解。我们小组赴上海考察了申请提升为上海开放大学的上海电视大学，听取了学校的详细汇报和上海市领导对建立上海开放大学的有力支持和殷切期待，实地考察了它的办学理念、办学实践、社会效益、发展战略、变革创新、校园、设施、技术使用、网络平台和国内国际影响等。在考察后的小组评议会上，六位来自不同领域的评议专家都感慨万千，有一位长期从事和领导普通高等教育评估的专家还表示受到了震撼，并说退休后愿意成为该校学生。因此，我想通过提出和回答上海电视大学，或者说已经获得上海户口的上海开放大学究竟是什么来回答究竟什么是开放大学这个问题。

无疑，上海电视大学或上海开放大学首先是一所大学。它已经具备了创办开放大学众多的必要的基本条件，并在办学理念、办学实践、技术使用、服务社会、国内外影响等方面进入了国内甚至亚太地区的前列。它的特色和魅力还在于，它不仅仅是一所大学，它还是：

——上海市终身学习和学习型社会的推动者和建设者。上海市领导出面，整合全市相关资源，把推动上海市学习型社会建设的领军责任交给了上海开放大学。上海市终身教育服务指导中心就设在上海电视大学。上海开放大学的众多正规尤其是非正规教育活动一直延伸到乡镇和社区。

——上海市紧缺人才和人才紧缺素质的培训者和提供者。改革开放以后，上海市缺乏大量的掌握计算机技能的人才。上海电视大学利用开放远程教育灵活和反应快的特点，从 20 世纪 80 年代中期开始，短期培训几百万人，同时举办资格证书考试，填补了空白。此后，又循此法，与一英国注册会计公司合作，培训了上万名懂得国际会计规则的会计，因应了浦东改革开放后此类人才的紧缺问题。

——上海社会和谐和文明发展的助推器和稳定器。老年大学和配布全市的分校、学习中心、活动中心，从教学设备到琴棋书画，应有尽有，成为老少皆宜的学习、交流、休闲、活动的中心场所。上海电大的学生中近 40% 为外来务工人员。全国三个农民工人大代表中，一个来自该校外地学生。上海开放大学已经与上海劳教部门达成协议，计划把 3 万劳改人员中的一半以上变成它的学生，把他们的刑期变为学期。

——一所公立学校，但一般情况下政府仅仅负责电大几百名在编职工的基本工资。上海电大投资2.5亿元人民币购地、建设的国顺路的现代化新校区，没有要国家一分钱。无须国家大量投资却每年为十几万人提供经济和优质教育资源。它随时准备承担众多党政机关的短期、应急培训工作，它常常又是干校、党校，是每年近50万人次的为达到不同目的的培训机构。

——它的终身教育的理念和相应的管理办法，为所有人提供人生多次选择和提升机遇，方便、灵活，有利于减缓独木桥上的一考定终身的竞争压力。它是素质教育所需宽松教育环境的建设者。

——她注重面向社会底层、弱势群体、边远地区、失去机遇希望得到补偿的人群，有利于缩小城乡之间、地区之间、不同阶层之间的教育差距。她是教育均衡发展和教育公平的促进者和实践者。

——它是信息技术、网络技术、数字技术用于教育目的的探索者和先行者。可以断言，在上海市所有高等学校中，包括"985"高校，恐怕没有一所大学探索、开发和充分利用各种技术平台服务于教育目的的理念、广度、深度和先进程度，超过上海开放大学。

——它是当代高等教育新理念、新模式、新机制的追随者、探索者和开拓者、创造者。它是一所代替不了普通高等学校，同样普通高等学校也不可能代替它的独特的高等学校，一个具有多种功能、巨大发展潜力和改革活力、最能适应终身教育和建设学习型社会要求的综合性教育实体。

应当指出的是，上海电大的这些功能和作用，在中央电大和各省市电大都以相同或不同形式、不同程度地存在，并且常常各具特色。

上海电大同全国电大一样，过去50年走过的道路并不平坦，所处体制环境并不宽松。我2006年和2010年曾经从国际比较的视角，就中国电大的定位和办成世界一流开放大学的道路，写过两篇文章。我把中国和英国、印度、韩国、泰国、日本、印度尼西亚、巴基斯坦、孟加拉国等15所比较知名的开放大学的成立时间、在校生数、授予各种学位情况等排列起来，结果得出了一个我自己也不希望得出的结论：中国电大资格最老、规模最大但层次最低（列表附后）。因为所有列出的开放大学都可以授予学士学位和硕士学位，8所学校还有授予博士学位的学科，只有成立最早、学生数最大的中国电大无权独立授予任何学位，挂着"大学"的牌子，实际上仍然是一所远程高等专科学校，是中国电大进行对等国际交流中无法逾越的一道坎儿，成为一个最怕外国同行问及的敏感话题。如果说其他国家建立和举办开放大学有什么共同点的话，那就是它们都把这些学校真正定位在大学，即授予其起码的学士学位授予权和必要的开放办学的自主权。我国的北京、天津、上海等城市早在 20 世纪 60 年代早期就曾出现广播电视大学，比英国开放大学成立早近 10 年，后因"文革"停办。1978 年，邓小平从与时任英国首相的希斯会谈中得到启示，下令借鉴英国开放大学模式建立中国广播电视大学。中央电大最开始八年是开放的。由于主管教育的行政部门习惯于用举办传统高等教育的理念、计划经济体制、制度和管理办法来控制和管理广播电视大学，从 1987 年起，又把广播电视大学纳入了普通高校招生和管理之中，使其失去了开放性，失去了其本质特征和生命力，一直到 1998 年开始，重新实行所谓的"开放教育试点"，才又逐步恢复生机。值得总结的是，我国广播电视大学失去开放特性的时候，恰恰是在 20 世纪 80 年代中期国际上强调远程教育必须开放的时候。为此，作为世界上存在最老的全球性学术组织之一，国际远程教育理事会在自己的英文冠名上专门加上"open"（开放，缩写仍为 IC-DE）。我在 1996 年最早翻译这一术语（open and distance education）时，当时没有翻译成"开放远程教育"，而是"开放式远程教育"，我在加注中说，如此译法，强调开放式，是因为有些远程教育并不开放，当时即指中国远程教育和中国广播电视大学的办学。中国电大的发展历程同样说明，没有理念的更新，尤其是决策者和决策部门的理念更新，没有相应的体制创新和鼓励创新的配套政策，就不可能举办和管好电大和开放大学，发挥电大和开放大学应有的作用。

如何评判电大和开放大学的质量是举办和管好开放大学又一个不能回避的问题。无疑，开放大学是教育体系中的"丑小鸭"，普通高校和社会上几乎都认为电大和开放大学是二流质量的代名词，是高等教育中的"瓜菜代"。没有一个国家的开放大学的发展进程不面临这样的压力。相当多的国家采取的办法之一往往是聘请坚信开放教育理念、热心推动教育改革和革新的社会名流或大教育家做开放大学的领军人物，以克服面临的巨大的社会偏见，办学上敢于开风气之先。完全用根深蒂固的传统的高等教育质量观、质量标准和指标、质量评估程序和模式、质量评估专家队伍来看待、评估和引导开放大学的质量，是使开放大学失去本身特色、活力和生机，路子越走越窄，与普通高校越来越同质化的重要指挥棒。关注质量、制定标准、组织评估无疑是重要的，但更新质量观，评估前探讨探讨究竟什么是质量，也许同等重要。我在众多的国际会议上，经常提出和辩论这个问题。中国的农广校和电大的燎原学校，成天向广大农民播送各种适用农业技术、技能课程，一些农民从地里回来，看上一刻钟，学会一些新技术、新技能，第二天到地里就用，增产了，收入增加了，生活改善了，素质提升了，是不是质量，或者算不算一种质量？教育归根到底是为了什么？是为人还是仅仅为教育自身？如果用得了什么和多少文凭、证书、学位来衡量，农民的这种方式的学习质量就等于零。中央电大的一村一大学生计划，如果这样的学生最后能拿到学士学位，可以断定，他们的学士学位论文不要说与北大、清华，就是与省市普通全日制高校毕业生学士学位论文相比，肯定也会有相当差距。但是，这些人是所谓留得住、用得上的人，是新农村各项建设事业的带头人，是可能带领一个村子致富、改变一方水土、稳定一个社区的能人，他们所体现的质量是高是低？我无意否认，一个学科的文凭或学位所含的基本知识、技能和能力素质，在不同类型的高等教育和高等学校中，应当是贯通的，但不应当是不变的和完全相同、等值的。我想强调的仅仅是，开放大学的办学理念与传统高校不同，教育对象不同，办学模式和学生学习的环境、方式不同，专业方向和侧重不同，开放大学办学的社会影响和社会效益发生和表现的形式不同，不应当完全用衡量和评估普通高等教育学校质量的理念、标准、专家队伍、工作程序来衡量和评估开放大学的质量。

纲要中"办好开放大学"六个大字是教育部和中央电大提出建设世界一流开放大学口号17年后的又一次庄严承诺，成立一所本省市的独特大学——开放大学，据我所知，是几乎所有省市的强烈愿望和诉求。如果试点学校的方案得到批准，无论对于获得批准的学校还是对贯彻纲要、实现纲要承诺来说，都仅仅是开始。同时，电大和开放大学自身建设更是任重而道远。首先，中国的电大和开放大学本身并非不存在理念更新问题。这里的领导常常曾是传统高校领导，或来自教育行政部门，教师和管理人员几乎全部毕业于或来源于传统高校，人们熟悉的是传统大学的理念和实践。学校本身如果走不出传统高等教育的理念，就不知道在什么地方需要和如何进行体制创新。没有体制创新，就不能完成历史赋予开放大学的崇高使命。我主张，开放大学的主干和核心是大学，但它的教育覆盖的领域和层次，应当上不封顶、下不保底。它可以有自己感兴趣的或相关的学科研究领域，包括高深研究，也可以涉足幼儿教育，如通过其远程、网络、社区、成人、终身教育系统，培训幼儿教师、管理人员；它可以利用自身的开放、灵活、反应快的特点，关注社会热点问题，如特定地区的城市化、城镇化、农村空巢化、农村基层干部素质、农业技术开发、和谐文明社区建设、乡村改造等，并及时提供相应的不同层次、不同类型的教育和培训。总之，开放大学从事、研发和创新的一切教育、培训和试验活动，只要有利于终身学习和学习型社会的创建和培育，有利于人的技能、知识、能力和素质的提升，有利于地区经济繁荣、社会安定、文明提升，都可以不拘一格，都应当得到肯定、支持和鼓励，都应当在遇到体制、政策掣肘时，允许和鼓励它进行必要、适时的体制创新，包括面对强大的、来自新闻、舆论和某些研究机构的社会偏见，政府应当进行正确的有力的舆论引导。这样的大学或者教育实体，也许使教育行政部门和研究机构，包括使用联合国教科文组织现行的、已经经过几次修订、国际上普遍认可的教育分类标准，很难对其进行分类，因而很难对其进行管理、评估。不过，对于面向未来的改革，这并不重要，因为世界上本没有路，将来走的人多了，定会成为一条通衢、一种创新和创造、一件真正富有中国特色的创举、一项来自文明古国中国、有可能对推动世界教育范围内终身学习和学习型社会建设做出贡献的成功试验。

关于云南电大建设开放大学的
几点具体建言

云南电大书记并校长：

　　参加中国—南亚教育论坛，来去匆匆，多谢关照。要回去了，脑子似乎还不想走。登机前，又想到如下几点：

　　1. 务必扣住探索开放大学办学模式中"探索"、"大学"、"模式"，以此为出发点、为视角、为主线介绍和准备。我理解，国家教改办出的题目和下达的任务是要求云南电大推出一项电大转型升级的改革、探索、试验的计划和蓝图。我有一个感觉，一些同志似乎有一个误解，把电大转型升级简化成了一个审批本科专业办学权的问题。我还是主张按国家教改办出的题目回应，这样反而更加主动、有利。一定要避免让人觉得就是要或趁机要办学权和学校升级。要求本科办学权和学位授予权等是作为进行上述改革、试验的必要并顺理成章的条件。这样，也许站得高，要条件的理由也更充分。举例说，如要介绍新建的宝山学院等，拟作为新形势下办好开放大学的体制创新措施之一，而非仅仅是增加了一个机构。

　　2. 不管汇报、报告和宣传材料实际结构如何，一定要厘清和回答的问题应当包括：

　　——探索开放大学办学模式的、反映时代特色的办学理念是什么；

　　——云南电大已经是什么，发展到了什么阶段（开放高等专科教育＋多种层次、规格教育、培训功能的综合教育实体）；

　　——云南电大应国家教改办要求，要探索什么和把云南电大建设成什么大学，以适应云南开放、改革、发展和终身学习、学习型社会建设需要，在专科基础上提高一个层次，提供4—5个专业的本科层次教育，并获得相应学科的学士学位授予权，把云南广播电视大学办成一所完整意义上的开放大学；

——云南电大自身的战略举措是什么，包括省里的支持是什么；

——希望国家教改办和教育部予以批准和支持的是什么等。

3. 要求本科办学权的根据和理由。这种模式在这个层次（大专）上已经探索了几十年，它开创的"开放大学＋多层次、多规格、多模式的综合教育培训实体的教育模式已经证明是成功的。这次下达的探索和试验的任务不应当意味着是原地不动。提高一个层次，选择几个已经基本具备条件的专业进行提供本科层次教育的探索应为应有之意，否则，原地踏步，没有多大意义，并且，作为中西部省份唯一一个试点，原地踏步的试验最终也不可能为其余中西部省份提供是否需要跟进的有价值的经验或教训。当然，关键还是申请这几个本科专业的已经具备的实力和基础要说清楚。

4. "1＋2"考察评估中让来自远程教育行业以外的评估专家感到"震惊"和开眼界的，让这些不太了解这一行的大专家们不能不对"电大"刮目相看的内容之一，是各种技术在远程教育中的神机妙用，尤其是上海电大在其宽银幕大展示厅中介绍的信息、网络技术在教学、考试、互动、监测、管理、评估、创新、服务社会等学校运行的几乎所有方面的应用、先进程度和显著成效，包括很多人第一次听到的"移动学习"、"泛在学习"等新的理念和概念，对改变评估专家们的观感和看法，起到了相当重要的作用，以至于一些专家发出了"震撼"的感慨。这一环节如何组织，要展示的理念、实践、创新、检验是什么，拟精心研究和策划。不能只是介绍有多少先进设备，加一些学生和讲师在操作等。

5. 文件、介绍中提到任何理念、战略、重大举措，拟把立论的根据、逻辑简明地交代一下。因为当代开放远程教育与快速进步的技术融合最快，新理念、新名词、新试验可谓层出不穷，并非所有人包括一些非本行的专家都能听懂、理解或接收的。例如：

——双模式、多模式、混合式、移动学习、泛在学习等。讲清时代变迁、世界趋势、终身学习的必然要求，高等教育改革和革新的未来等；

——国际化。经济全球化、云南建设"桥头堡"的需要、电大成人学生短缺并急需补上的国际化素质、办学需要和目标，等等；

——法人化。第一个纲要（1993年）已经设定的目标、2010—2020

年纲要提出的建设现代大学制度的必经一步、保证新型开放大学模式试验成功的必要条件之一，云南省领导的支持等。

以上意见，仅供参考。

祝一切顺利！

王一兵

2012 年 6 月 8 日

办好中国特色开放大学

"1+5"（国家开放大学+北京开放大学、上海开放大学、江苏开放大学、广东开放大学、云南开放大学）诞生过程中，圈内圈外、国内国外包括来自原来管理电大的部门的一些负责同志，都对此提出了不少问题，如开放大学究竟与电大有什么区别？电大原来不就是开放大学并以开放大学的身份和名义参与亚洲开放大学协会甚至担任其主席吗？中国应当只建一所国家开放大学还是多所开放大学，即"1+0"、"1+2"、"1+5"，还是"1+X"？提出、探讨并就这些问题达成共识，不仅对于部分条件成熟的电大转型升级为开放大学是必要的，而且，对于建立有利于办好开放大学的新的体制、机制和政策环境，都并非可有可无。本人仅根据个人有限了解和研究，发表点看法，归纳成以下六个问题，作为一家之言，希望能起到抛砖引玉的作用。

一 为什么要办开放大学

高等教育总是随着经济、科技和社会发展的变化而不断变化。农业社会和工业化早期是高等教育的精英阶段。随着工业经济和工业化社会的发展和要求，高等教育由精英阶段向大众化阶段过渡。从20世纪80年代开始，人类社会开始逐步加速向信息社会和知识经济过渡，工业化时期形成的传统高等教育的理念、定位、功能、制度、体系、结构、模式、文化面临着巨大的新一轮的变革和转型压力，不改革转型，就难以因应接受高等教育普及化、终身化、个性化的要求。现代开放大学以开放、灵活、全纳、终身为基本理念，依托挖掘各种技术包括数字技术、网络技术、移动技术的巨大潜力搭建开放、灵活、无时间、地域界线，不仅提供了一种全新的教育模式，而且成为整个教育体系尤其是高等教育体系中最能反映当代新的教育理念、对任何新技术对推动教育改革和革新的潜能探索最主动、最积极因而最具革新动力、潜力和能力、最具能动性和革命性的一个组成部分。

有同志提出，中国目前高考录取率已达80%—90%，甚至有些高职高专出现完不成招生指标的现象，为什么还要办开放大学？我认为这些构不成不需要发展开放大学/电大的理由。这是因为：

（1）合格人才的数量和质量、广大劳动者的知识、技能、文化素质仍然是我国经济转型升级、社会公平、和谐发展、国际竞争力、影响力提升的瓶颈。我国高等教育大众化刚刚迈入这一进程的门槛、刚刚达到世界平均水平。我国当今的竞争对手们已纷纷走完了高等教育大众化进程，进入了普及化阶段。我国经济的进一步发展必须转型升级，我国的教育尤其是高等教育发展，同样需要改革、创新、转型。依靠传统高等教育模式不仅难以完成这一历史性的赶超任务，而且，还会带来新的问题和尴尬。我国刚刚过去的向高等教育大众化初级阶段冲刺的不到十年的进程对此已经作了回答。中国高等教育要改革、创新、转型，以当代开放大学为代表的新理念、新模式、新路径必然成为一个不可或缺的战略选项。

（2）国际和我国自身的发展历程都说明，发展包括教育发展，不等于存在于城市与农村之间，发达与不发达、欠发达地区之间，不同民族和不同社会阶层之间的差距会自然随之缩小。反之，如果发展忽视了追求教育公平和以人为本，发展甚至可以继续拉大差距。以云南与江苏、上海高等教育毛入学率进行比较，如果说十年前是百分之十几与二十几的差距，现在，尽管云南近十年在赶超发达省份上有了相当大进展，但差距已是22%与45%和50%，差距没有缩小，反而更大了。开放大学和电大面向农村、面向基层、面向边远地区、少数民族和一切弱势群体，以国家极少的投资，为我国高等教育毛入学率贡献了2个以上的百分点，为我国高等教育大众化尤其是后进地区的高等教育大众化差距的缩小发挥了重要作用。从这个意义上讲，开放大学/电大就是填补鸿沟、缩小差距的大学，是促进教育公平的有力推手。

（3）中国的开放大学不仅是一所大学，而且还是中国奉行终身教育理念最坚定、最彻底，覆盖面最广、最大，手段最开放、最灵活、最先进，教育和培训内容几乎无所不包、无所不在又针对性极强，对普通民众和各种弱势群体无法满足的学习需求反应最快、最贴近的一个终身教育的庞大载体和完整体系。终身教育理念是当今和未来国家、省市、地区和基层教育体制、教育内容、教育模式改革和创新的总体指导思想。可以断言，在所有高等教育机构中，开放大学/电大是在我国落实终身教育理念、构建终身教育体系的领军者和模范生。

（4）开放大学/电大是信息技术、网络技术、数字技术用于教育目的的探索者和先行者。我国开放大学/电大正在建设一个覆盖各省城乡、满足各类学习者需要、融互联网与移动通信网为一体的"一机、一卡、一手机报、一移动办公系统、一移动学习平台、一移动考场和一个移动（数字）图书馆"的数字化学习环境，为实现"人人皆学、处处可学、时时、事事能学"的目标进行探索。可以断言，如果普通高校包括北大、清华的校长看到国家开放大学校长杨志坚先生坐在他的办公桌上，就可以知道全国电大系统340万学生谁在学习、在学什么、学得怎样、老师们都在教什么课，可以通过设置在他的办公室内的大视频直接与44所省市开放大学/电大校长通话、开会；如果这些校长们得知云南开放大学上万生活在深山老林中的少数民族学生凭着一部几百块钱的简易智能手机，就可以足不出户、足不出村、足不出县进行网上学习、移动学习、泛在学习，实现上大学的梦想，可能就会不得不承认，在所有高等学校包括全国重点高校中，恐怕没有一所普通高校包括重点高校和名校在全校范围内探索、开发和充分利用各种技术平台服务于全校教育、教学、资源、管理、考查、监控等目的的理念、广度、深度、效果和先进程度，能超过当地的开放大学/电大；云南开放大学拥有全日制的普通中等职业学校、高等职业技术学院。该校还利用这一独特优势，积极融入开放教育的开放、灵活、全纳、终身的理念，试行双模式、多模式办学和混合式学习，探索中职、高职和本科教育的一体化。开放大学包括电大是当代中国高等教育新理念、新模式、新机制的探索者和开拓者。

开放大学的上述四大战略功能是无可替代的。开放大学是高等教育体系中最重视并推行教育公平原则、最全面奉行和贯彻终身教育理念、对新技术对教育理念、模式、课程、资源、学生学习方式、效果和行为、师生关系等方面的影响最敏感、反应最快、实践最多、成效最大因而是最具改革和创新精神的新型大学和独特的综合教育实体。开放大学既是高等教育体系又是我国整个教育体系中不可替代和具有特殊功能的一员，是一所名副其实的新型大学。

二　究竟什么是开放大学和中国特色开放大学

究竟什么是开放大学？什么是中国特色开放大学？请允许我回避用理论的、抽象概念的定义的方法来回答，而是通过解剖一个案例尤其是发生在我们身边的案例来回答，也许更易理解和达成共识。国家教改办派出的专家组赴上海考察了申请提升为上海开放大学的上海电视大学，听取了学校的详细汇报和上海市领导对建立上海开放大学的有力支持和殷切期待，实地考察了她的办学理念、办学实践、社会效益、发展战略、变革创新、校园、设施、技术使用、网络平台和国内国际影响等。在考察后的小组评议会上，六位来自不同领域的评议专家都感慨万千，表示受到了震撼。因此，我想通过提出和回答上海电视大学，或者说现在的上海开放大学究竟是什么，来回答究竟什么是开放大学包括什么是中国特色开放大学这个问题。

无疑，上海电视大学或上海开放大学首先是一所大学。经过几十年的运营和积累，它已经具备了举办开放大学众多的必要的基本条件，并在办学理念、办学实践、服务社会、技术使用、国内外影响等方面进入了国内甚至亚太地区的前列。调查和评估发现，它的特色和魅力还在于，它不仅是一所开放大学，它还是：

——上海市终身学习和学习型社会的推动者和建设者。

——上海市紧缺人才和人才紧缺素质的培训者和提供者。

——上海社会和谐和文明发展的助推器和稳定器。

——一所公立学校，又是干校、党校，是每年近五十万人次的为达到不同目的的培训机构；

——它是素质教育所需宽松教育环境的建设者。

——它注重面向社会底层、弱势群体、边远地区、失去机遇希望得到补偿的人群。她是教育均衡发展和教育公平的促进者和实践者。

——它是信息技术、网络技术、数字技术用于教育目的的探索者和先行者。

——它是当代高等教育新理念、新模式、新机制的探索者和开拓者。

应当指出的是，上海电大/开放大学的这些功能和作用，在中央电大和各省市电大都以相同或不同形式、不同程度存在，并且常常各具特色。

可以说，回答了上海开放大学究竟是什么，也就具体、形象地回答了什么是中国条件下的开放大学，什么是中国开放大学的中国特色。这就是，她是一所以开放、灵活、全纳、终身为核心理念，与国际上开放大学有着共同价值追求的新型大学，同时，又是在中国奉行终身教育理念、建设学习型社会的庞大载体，一个几乎是无所不在、无所不包的独特的庞大的综合教育实体。

三　开放大学与电大究竟有什么区别

上海电大同全国电大一样，过去几十年走过的道路并不平坦，所处体制环境并不宽松，能取得今天如此的成就实属不易，中国电大人求生存、求革新、求发展的锲而不舍的努力、意志和精神值得人们赞赏。我 2006 年（中国远程教育）和 2010 年（开放教育研究）曾经从国际比较的视角，就中国电大的定位和办成世界一流开放大学的道路，写过两篇文章。我把中国和英国、印度、韩国、泰国、日本、印度尼西亚、巴基斯坦、孟加拉国等 14 个国家的 15 所比较知名的开放大学的成立时间、在校生数、授予各种学位情况等排列起来，结果得出了一个我自己也不希望得出的结论：中国电大资格最老、规模最大但层次最低。因为所有列出的开放大学都可以授予学士学位和硕士学位，8 所学校还有授予博士学位的学科，只有成立最早、学生数最大的中国电大无权独立授予任何学位，挂着"大学"的牌子，实际上仍然没有取得一所完整意义上的大学的入门证。如果说其他国家建立和举办开放大学有什么共同点的话，那就是他们都把这些学校真正定位在大学，即拥有起码的独立举办本科教育和授予学士学位的自主权。我国北京、天津、上海等城市早在 20 世纪 60 年代早期曾出现了广播电视大学，比英国开放大学早成立近 10 年，后因"文化大革命"停办。1978 年，邓小平在与时任英国首相的希思会谈中谈及英国开放大学并从中得到启示，下令建立中国广播电视大学。中央电大创办初的八年是开放的。由于主管教育行政部门习惯于用举办传统高等教育的理念、制度和管理办法来控制和管理广播电视大学，从 1987 年起，又把广播电视大学纳入了普通高校招生和管理之中，使其失去了开放性，失去了其本质特征和生命力，一直到 1998 年开始，重新实行"开放教育试点"，才又逐步恢复生机。值得总结和记取的是，我国广播电视大学失去开放特性的时候，恰恰是在 20 世纪 80 年代中期，国际上强调远程教育必须开放的时候。为此，作为世界上存在最老的全球性学术组织之一，国际远程教育理事会（International Council of Distance Education，ICDE）在自己的英文冠名上专门加上"open"（International Council of Open and Distance Education，缩写仍为 ICDE）。中国电大的发展历程说明，没有理念的更新，尤其是决策者和决策部门的理念更新，没有相应的体制创新和鼓励创新的配套政策，就不可能举办和管好电大和开放大学，发挥电大和开放大学应有的作用。

总之，电大没有独立举办本科高等教育和授予学士学位的自主权，尚不能构成完整意义上的大学。开放大学不仅取得了世界公认的成为一所大学的起码的资格——独立举办本科高等教育和授予学士学位的自主权，成为一所独立设置的新型大学，而且，未来还将依托自身先进的教育理念和无所不在的网络平台，积极试行双模式、多模式、混合式办学，推动我国高等教育的改革和革新；逐步克服电大时期形成的一些短板，如学科建设、学科带头人培养、选择有一定基础的优势学科逐步开展和加强学科研究并争取在这些学科有一定地位；更多、更主动、更自觉地承担起建设中国学习型社会的历史重任等。电大提升为开放大学应当是一次质的提升和战略转型，而不仅仅是换块牌子。

四　如何管理开放大学

国外超过十万以上学生的巨型开放大学的管理有两种主要模式。一是英国开放大学的大一统模式，即从总校到基层辅导中心工作人员皆为其雇员，统一管理，统一发薪。再一个就是印度模式。其中央开放大学，即联邦议会批准其章程建立的英迪拉·甘地国立开放大学和州议会分别立法批准成立的 13 所州立开放大学，皆为办学的自治实体和独立法人，在办学和管理上相互不存在隶属关系。印度联邦议会通过的英迪拉·甘地国立开放大学章程规定其设立远程教育理事会（Distance Education Council，DEC），其主要功能是：促进全印开放大学事业发展，制定质量标准、进行质量监管和负责协调分配国家资助开放大学的少量经费，但由于遭到州立开放大学的反对和抵制，这些功能执行起来困难重重，正在酝酿修法。

　　中国的国情和在这种国情条件下形成的电大体系的管理模式既不同于英国，也与印度有异，即既不是真正的大一统也不是联邦制下的分权模式，而是一种混合式：中央电大掌控着制定全系统游戏规则、决定专业设置和招生数、分配招生指标和实行全系统统一管理的权力，似乎是大一统。但中央电大和现在的国家开放大学对系统中 44 所省市和计划单立市的电大并无人财物方面的隶属关系，无任何干预权力。中央电大与印度英迪拉·甘地国立开放大学不同的又一点是，中国中央电大更多的是一个管理而不是一个一线办学实体，教育其名下的几百万学生的办学功能主要由省市地县电大承担，中央电大直接办学的学生数微不足道。英迪拉·甘地国立开放大学则不同，她依靠自身的 21 个学院、67 个地区中心、3324 个学习中心、549 名教师和学术人员、1200 名行政工作人员、遍布 43 个国家的 80 所合作高校，直接从事和管理自己遍布全国和世界 33 个国家的 270 多万学生的教学活动，提供 490 门证书、文凭直到博士学位的课程。其经费来源于学费和中央财政拨款，生存发展不依托州立开放大学。因此，除了学校章程规定、亦难以执行的 DEC 功能外，其对各州开放大学无干预功能。

　　现在的中国国家开放大学/电大系统可否学习英国大一统模式，即 1 + 0?这就要回答至少三个问题：第一，国家开放大学是否愿意把整个系统 85000 名职工接收下来、统一发放工资和负责他们的一切福利和养老；第二，44 个省市和计划单列市、800 多个地州和近 2000 个县是否愿意把近 200 亿的固定资产和大批他们直接管理的干部、教师统统交给国家开放大学、放弃他们多少仍然控制在手的让开放大学/电大服务于地方经济和社会发展的权力；第三，在各地差异如此之大的 13 亿人口大国里，对遍布全国的 300 多万学生的教学、培养实行集中统一管理的可行性、效率、效果如何。对以上三大问题，恐怕很难作出正面的回答。很难想象，这种大一统模式能在中国实行，甚至在一个省市电大范围内实行。

　　印度模式，即"1 + X"。"1 + 5"体制的出现，无疑会让人们提出这一问题并继续寻求答案。"1 + 5"是国务院作为一项改革试验下达的，才刚刚开始，还没有到回答这一问题的时候。人们不能不面对的现实是，中国电大作为一个混合模式的系统已经存在和运行了几十年，对于推动开放教育事业在中国的发展、对于保证开放教育的基本质量、对于发挥整体优势和避免重复建设起了重要作用，因此，已经成为一个有一定的相互依存关系的特殊的利益共同体。即使已经取得一定独立本科办学权的省市开放大学亦难以甚至不可能很快、完全切断与国立开放大学的种种联系和合作。如果"1＋5"的体制创新试验证明是可行的，届时"1＋X"可能会有新解。不过我相信，这一体系将会存续下去，其健康运行将直接关系到300多万学生的利益，也是有中国特色开放远程教育发展的需要。但运行了几十年的这一体系的游戏规则，即国家开放大学和省市开放大学/电大的功能、职责、作用和权限划分也许要进行总结、反思、科学定位、调整和优化。我主张逐步扩大省市电大的办学自主权，条件具备时，分期分批地升格为独立设置的开放大学；同时，积极探索新形势下国家开放大学的功能、定位、生存和发展之道，探索如何通过加强国家开放大学对全国开放大学和电大的以下功能：质量监管、资源建设和分享，帮助地方电大尤其是中西部电大的技术平台构建、提供支持服务，从事较高层次办学试验和相关高新技术研究、推广创新成果，收集和分析国内外开放大学发展数据、信息，为国家发展开放大学和远程教育事业方面提供决策咨询，参与国际交流和扩大国际影响等，与省市独立举办的开放大学和省市电大建立新型的既合作、共赢又相互竞争甚至相互制衡的关系。

五　开放大学能保证质量吗

如何评判和保障电大和开放大学的质量是举办和管好开放大学又一个不能回避的问题，也是圈内圈外关注的焦点之一。一所开放大学或者电大，只有其质量得到同行和社会的最终认可，才能在教育界和社会上稳稳地争得一席之地。可以说，没有一个国家的开放大学的发展进程不面临这样的压力和挑战。相当多国家采取的办法之一是聘请坚信开放教育理念、热心推动教育改革和革新的社会名流或大教育家做开放大学的领军人物，以克服面临的巨大社会偏见，办学上敢于开风气之先。英国开放大学在英国的国情条件下，完全接受和按照普通高校甚至精英高校的质量标准办学，经过多年的努力，连续三年在全英高校教学质量评估中排在牛津大学之前、学生满意度全英第一。这个排名我觉得是比较客观和可信的，因为：第一，它是一个一个学科评估后相加的结果；第二，它是同行评估；第三，评估的专家从大量合格的专家库里随机抽取，不是人为临时指定的。其主要经验包括领导人对开放理念的坚定信念，传承和一贯对开放办学模式的执着追求，办学理念和模式的法律保障，按完全意义上的大学定位，严密有效的质量保证制度，课程师资科研的慷慨投入等。在把开放大学办成完整意义上的大学上，不能不承认，英国开放大学有很多值得借鉴之处。

质量标准选择和制定是质量保障的首要问题。这里不可回避的一个问题是，中国开放大学是否应当学习英国开放大学，完全按照普通高校的质量标准追求办学质量？对此，圈内圈外似乎并无太大争论。不过，我认为，这恰恰是一个值得商榷的问题，是谈论开放大学/电大质量问题首先要回答的一个问题。这不能不从一个问题开始：究竟什么是质量？有没有一个基本定义或标准？出乎意料的是，这个有点抽象和看似复杂的定义问题，被一位英国学者回答得异常明了、简短得不能再简短，而且，在国际学术界被普遍接受。这个定义只有两个英文字：Fitness to purpose（Christopher Ball，1985），翻译起来不太容易，两个中国字翻译不出来，翻译来翻译去得七八个字。我的译法是：符合并能达到目的就是质量。用最通俗的话来说，你的质量取决于你确定的培养目标和达到该目标的程度。

由此可以引申出几个结论：质量取决于设定的目标、目的；质量是相对的；质量是可以分层次的。由于设定的培养目标高低不一，哈佛大学的一个数学学士学位、北京大学同样一个数学学士学位和普通省里高校的数学学士学位的实际质量可能是一样的吗？质量是需要条件制度保障的；质量是需要时间积累。我国清华大学是培养工程技术的精英、领军人物，甚至我国争取诺贝尔奖的后备人选。清华毕业生达到这个目标就是有质量，达到这个目标的毕业生人数的比例很高，你就是高质量。开放大学和电大办学方向与清华、北大为代表的普通高校有很大不同，是面向基层，面向农村，面向边远地区，面向少数民族和各种弱势群体等，是培养招得来、用得上、留得住的应用性人才。中央电大的"一村一大学生"计划，如果这样的学生最后能拿到学士学位，可以断定，他们的学士学位论文不要说与北大、清华，就是与省市普通全日制高校毕业生学士学位论文相比，一般情况下肯定也会有相当差距。但是，这些人是所谓留得住、用得上的人，是新农村各项建设事业的带头人，是可能带领一个村子致富、改变一方水土、稳定一个社区的能人，他们所体现的质量是高是低？因此，看待和评定开放大学/电大的办学质量，不能脱离她设定的办学面向、培养目标。她设定的培养目标、目的达到了，就是有质量，达到这一培养目标的毕业生的比例很高，同样是高质量。

反之，如果一味用普通高等学校的质量观、质量标准和指标、质量评估程序和模式、质量评估专家队伍来看待、评估和引导办学方向和培养目标有不同定位和明显差异的开放大学/电大的质量，是使开放大学失去本身特色、活力和生机，与普通高校愈来愈同质化，路子会越走越窄的重要指挥棒。关注质量、制定标准、组织评估无疑是重要的，但评估、评论开放大学/电大质量时"头脑风暴"一下，考量一下开放大学/电大的办学理念、特色和培养目标，更新和建立多样化的质量观，进而制定相应的评估标准和评估程序、方法，也许同等重要，如果说不是更重要的话。当然，我无意否认，一个学科的文凭或学位所含的基本知识、技能和能力素质，在不同类型的高等教育和高等学校中，应当是贯通的，但不应当是不变和完全相同、等值的。我想强调的仅仅是，开放大学/电大的办学理念与传统高校不同，教育对象和培养目标不同，办学模式和学生学习的环境、方式不同，专业方向和侧重不同，开放大学办学的社会影响和社会效益发生和表现的形式不同，不应当抛开开放大学/电大的办学面向和培养目标，完全套用衡量和评估普通高等教育学校尤其是重点高校的质量的理念、标准、专家队伍、工作方式来衡量和评估开放大学的质量。英国开放大学按照英国国情，设定了完全按照普通大学同一的质量标准培养学生的办学目标。中国开放大学可以从中得到借鉴，但没有必要亦没有条件照搬。

六　开放大学给教育管理部门提出了什么新挑战

开放大学不仅是一所完整意义上的大学，开放是她的办学理念和基本特征。而且，"1＋5"都继承了电大的终身教育的庞大载体和完整体系的功能，构成了中国开放大学的两大功能和一大特色。

中国开放大学奉行开放、灵活、全纳、终身等办学理念，她不同于普通大学，但同普通高校的边界正趋向模糊。全国343万电大/开放大学学生中18到25岁年轻人的比例已经达43.8%的发展说明（江苏48.35%，上海52%，广东57%）把它完全定位于成人高校，进而完全按照成人教育管理，已不完全合适。发达国家普通高校学生中25岁以上成人早已达到甚至超过50%，没有亦不可能因此把普通高校皆定为成人高校。

中国部分开放大学和电大还有一个特色。在过去的发展中，曾经一度为了解决面临的生存问题，合并了一批高职甚至中职，不少还实行了中高职五年一体化试验。云南电大还利用这一独特优势，融入开放教育理念，探索双模式办学，在我国高等教育界领风气之先。

"1＋5"的真正意义不在于中国高等学校序列中出现和增加了六所开放大学，而是在于，这是国务院下达的一项综合教育改革试验，是国家推动高等教育改革和革新、探索建设有中国特色的学习型社会的一项重大战略举措。我主张，开放大学的主干和核心是大学，但它的教育覆盖的领域和层次，应当上不封顶、下不保底。它可以有自己感兴趣、有特色、有实力的相关学科研究领域，包括高深研究，也可以涉足幼儿教育，如通过其远程、网络、社区、成人、终身教育系统，培训幼儿教师、管理人员；它可以利用自身的开放、灵活、反应快的特点，关注社会热点问题，如特定地区的城市化、城镇化、农村空巢化、农村基层干部素质、农业技术开发、和谐文明社区建设、乡村改造、特定技能普及等，并提供适时的相应的不同层次、不同类型的教育和培训。总之，开放大学从事研发和创新的一切教育、培训和试验活动，只要有利于终身学习和学习型社会的创造和培育，有利于人的技能、知识、能力和素质的提升，有利于一个地区和一方水土的经济繁荣、社会安定、文明提升，都可以不拘一格，都应当得到肯定、支持和鼓励。有关政府部门在它们遇到体制、政策掣肘时，应当通过自身的必要的适时的理念、体制和政策创新，允许和鼓励它们进行试验，包括面对强大的、来自新闻、舆论和某些研究机构的社会偏见，政府应当进行正确的有力的引导。

无疑，开放大学的办学理念、办学面向和办学模式的多样性、复合性和混合型对于管理它们的教育行政部门构成了一个新课题、新挑战，包括使用联合国教科文组织已经经过几次修订、国际上仍然普遍认可和采用的现行教育分类标准，亦难对其进行准确分类，因而很难对其进行管理、评估，包括放到教育部现存的哪一个司局更加合适。更为重要和实质的是，不管放到哪一个具体司局，作为中国现存教育体系中一个独一无二的庞大的教育综合实体，它的理念和两大功能集于一身、上可顶天、下可立地的特色，必然要求管控它的部门与时俱进，转变传统管理理念，针对开放大学的办学理念和特色，通过理念、体制和政策创新，突破教育行政部门管理教育的传统的板块结构，营造一个有助于发挥开放大学办学潜力和独特功能的体制、机制和政策环境。任重而道远，无论对于开放大学自身，还是教育管理部门，都既是机遇，更是挑战。

参考文献

1. 王一兵：《中国电大的定位与向"世界一流开放大学"的道路——国外经验和国际比较的视角》，《中国远程教育杂志》2006年第4期（上）。

2. 王一兵：《再论中国电大定位和未来——来自2009世界高等教育大会的启示》，《开放教育研究》2009年第16卷第1期。

3. Vide Clause 16 of IGNOU's Act approved by the Parliament and Statute 28, 1985（No.50 OF 1985）28, STATUTES OF THE UNIVERSITY（as amended upto 31.3.1998）, *Uma Kanjilal*Page, Chapter 15, Digital Repository to Open Educational Resource Repository：IGNOU's eGyanKosh.

4. Open Educational Resources：An Asian Perspective Gajaraj Dhanarajan and David Porter, EditorsPublished by Commonwealth of Learning and OER Asia, Vancouver, 2013.

5. Quality Assurance for Higher Education, by Grant Harman, Published by UNESCO Bangkok, 199.

6. *The English version of the* ICDE REPORT ON THE QUALITY AUDIT OF THE SHANGHAI TV UNIVERSITY.

FINAL REPORT October 7th, 2008 Dr Paul M Clark Senior Research Fellow, UK Open University Professor Svein O Haaland Vice Chair IBOT, International Council of Open and Distance Education.

7. 以上百分比皆由相关学校领导2012年11月提供。

8. 王一兵：《发展、机制与困惑——20世纪60年代以来西方主要市场经济国家教育发展述评与比较》，选自《中国教育发展的宏观背景、现状及展望》，中国卓越出版公司1990年版，1991年4月《教育研究》发表摘要。1994年收入中国比较教育学会选编的《比较教育论文选》，人民教育出版社出版；2007年收入北京师范大学《教育发展评论》第1期，教育科学出版社出版。

9. Revision of the International Standard Classification of Education, 2011, www. uis. unesco. org/Education/... /UNESCO_ GC_ 36C – 19_ I.

（《开放教育研究》2013年第19卷第2期，《教育学文摘》2013年第3期和《成人教育学刊》2013年8月26日分别转载）

MOOCs 的灵魂、启示与对策

社会转型时期常常是问题多于答案，中国如此，全世界亦如此。经济、社会问题亦如此，教育问题亦如此，新出现的 MOOCs（MASSIVE OPEN ONLINE COURSES）更是如此。

一　MOOCs：热议如潮

据统计，目前世界上已出现 32 个 MOOCs 平台，其中美国 14 个，英国、德国、西班牙、爱尔兰、澳大利亚、日本、印度、巴西等国各 1—3 个。其中最有影响的当数美国的三大平台：

（1）edX。2012 年 5 月 2 日，麻省理工学院校长苏珊·霍克菲尔德（Susan Hockfield）和哈佛大学校长德鲁·福斯特（Drew Faust）共同宣布各投入 3000 万美元，向全球学生、教师和各界人士提供开放、免费的网络在线课程。

（2）Udacity。源于斯坦福大学计算机系教授塞巴斯蒂安·特朗（Sebastian Thrun）2011 年夏天的一次尝试，他将自己的"人工智能导论课程"放在网上，没想到仅仅一学期的时间，就有来自全世界 190 多个国家的 16 万余名学生选修。不久之后，特朗索性从斯坦福大学辞职，成立一家公司——Udasicity 来运行网络课程，并很快获得 2100 万美元的风险投资。

（3）Coursera。它是目前网络课程三大平台中规模最大、发展最迅速的，由斯坦福大学的两位人工智能专家于 2012 年创办。开始时，两位专家把两门机械学习、一门数据库系统的课程放在网上，供校内教学使用，结果广受欢迎。两人本来就对教育创新兴趣浓厚，于是创办了 Coursera 公司，以盈利的方式运营网络课程，不久获得 1600 万美元的风险投资。

Coursera目前的合作者包括斯坦福、普林斯顿、哥伦比亚、东京大学、香港科技大学等62所世界顶尖大学，开设有328门课程，采用英、法、西班牙、中、意等多种语言授课，用创始人吴恩达的话说，就是要使Coursera成为世界顶尖大学优秀课程的"聚合器"（hub）。Coursera最令人惊叹的是其用户增长的速度，不到一年时间，注册学生就超过300万。

一石激起千层浪。全世界围绕MOOCs热议如潮，而且明显呈两个极端。看好者如云。"《纽约时报》称2013年为MOOCs年。"斯坦福大学校长John L. Hennessy教授在接受《纽约客》采访时称其是"一场海啸正在来临"，相信"教育技术将摧毁现有高等教育体系，这是不容否认的"；"再见了，讲堂，学生已经厌倦了传统课堂并准备拥抱网络教育"。MOOCs的发展有可能推动高等学校的教育教学模式从传统单纯的课堂面授普遍向面授与网上、开放、远程、灵活的授课模式结合的混合模式发展，有可能使全球高等教育市场结构、形态发生一定程度的重组、普通高校尤其是质量不高的高校面临生源减少甚至空洞化危险、发展中国家的高等教育将面临新一轮国际化、全球化的强烈冲击，等等。总之，看好者认为MOOCs的出现将成为席卷全球的教育风暴、海啸、革命。不相信者包括我国的一些知名学者。在2012年9月1日上海开放大学开放教育国际研究院兼职研究员聘任会上，有两位国内教育技术和远程教育领域知名专家断定MOOCs是一轮新的泡沫，甚至预言"2014年将是MOOCs的批判年"。

一切关注MOOCs的出现和发展的人，不管是欢呼者还是怀疑者都必须首先回答和弄清楚的是：MOOCs究竟是什么？MOOCs的技术应用有多先进？MOOCs的形式是创新吗？MOOCs究竟神奇在哪儿？MOOCs有无灵魂，灵魂是什么？MOOCs带给我们的启示究竟有哪些？回答这些问题并非易事，必然是仁者见仁，智者见智。不过，应当没有异议和首先应肯定的是，世界顶尖精英大学领衔掀起、包括中国的顶尖精英大学有点一窝蜂似的迅速跟进的这股浪潮的出现，不应视为偶然。我相信，离开了时代的大背景、离开了人类社会发展和教育变革的大趋势、离开了高等教育尤其是大学的本质和肩负的历史使命，就不可能准确认识MOOCs的灵魂和启示，不可能制定经得起历史检验的应对战略，回答是否要及如何建立真正具备中国特色的MOOCs体系。为此，本文通过再提出几个问题的方式探讨MOOCs出现的时代背景，希望对思考如何回答以上问题有一定帮助。

（1）科学技术尤其是 ICT 的进步正在全球范围内快速推动经济转型、社会转型，推动着人类社会向信息社会、知识社会、学习型社会、全球化社会快速过渡已是不争的现实。各行各业都在谈论和践行转型升级，"重新洗牌"。一个尖锐的问题是，作为与这一历史性转型密切相关并被相信是决定这场转型在一国能否最终顺利和成功的重要战略支点的教育，尤其是高等教育，本身有没有一个转型升级的问题？工业化时期形成的"机械灌输 + 标准化考试"的流水线人才培育仍然是信息社会、知识社会、学习型社会、全球化社会的答案吗？我们今天的教育尤其是高等教育面临的诸多问题长期得不到解决，有些问题甚至越来越复杂、越来越被动，如果不站在社会转型必然要求教育转型的高度，从转变理念开始，加大改革和革新的力度，解决这些问题能取得实质性进展吗？

（2）20 年前，欧盟前主席、联合国教科文组织 21 世纪教育委员会主席戴勒尔先生在谈论社会转型、终身学习和学习型社会建设、所有教育体系和教育体制都应当变得开放、灵活、终身时曾经说，从这个意义上说，所有大学都应当成为开放大学。正在高等教育普及化道路上迈进的美国无疑既是高等教育大国又是高等教育强国，1989 年在争议中演变生成的"凤凰城"网络大学、2001 年麻省理工学院开始提供的网上公开课件（MIT‒OCW）没有引起人们足够的注意。哈佛、麻省理工和斯坦福这些全球公认的名校没有成为开放大学，但现在由它们领衔推动建立的 MOOCs 引起如此强烈的反响和震撼，为什么？它们的行动与戴勒尔预言仅仅是一个巧合，还是一个印证？无疑是后者。

（3）MOOCs 即大规模（海量）、网上和开放课程。我是看好者之一。MOOCs 的潜力仍在发酵进程之中，其对高等教育市场、高等教育国际化、全球化、普通高等学校传统教育教学模式的创新和改革、学校、学分、学籍管理，甚至未来各国人力资源的开发和竞争力的提升等方面已产生并必将继续产生的冲击和影响不可小视。但是，看看当今世界包括我国早已出现的各种各样的开放、远程和网上教育，MOOCs 的技术应用、传授模式和学习模式、大规模（海量）课程有多少创意？我们从中得到的启示和学习仅仅是其形式和模式吗？MOOCs 有灵魂吗？是什么？在哪儿？

（4）我们国家提供"开放、网上、大规模（海量）课程"无论在技术平台的建立和使用、教育和学习模式的创新和探索，还是网上教与学作为一种完整的办学体系和制度的建立和实践方面落后吗？中国的顶尖精英大学有无必要挤上美国 MOOCs 的三辆大巴（edX/Coursera/Udacity）？应当什么时候、如何探究真正有中国特色的 MOOCs 体系是什么？在哪儿？如何建？

二　MOOCs 的灵魂与启示

如果说 MOOCs 的技术使用和教与学模式并无太多创新，它要发展成为一种系统、完整的办学体系、模式和办学制度还有一系列问题需要探索和解决，还需要时间。MOOCs 的启示与其说是它的形式，还不如说是它的理念、它的灵魂、短期内掀起如此大浪的历史和现实的深层原因和内在动力。至少有两点：

（1）发达国家高等教育经过 20 世纪六七十年代实现了大众化目标后很快面临极其严峻的挑战：教育民主化的压力有增无减，学生的数量、结构发生很大变化，加上接踵而来的经济转型与经济衰退和劳动市场的萎缩同时发生、大学生就业难、就业准备不足，学校对经济、社会转型反应迟缓，工业化时期形成的僵化的教育板块、层次、结构、壁垒已无法适应快速到来的"信息社会"的需求等，迫使大学自觉和不自觉地转变和更新理念，逐步变得开放、灵活、终身、全纳，并成为发达国家政府过去五十年制定高等教育改革和发展的基本战略。时过境迁，科学技术的快速发展对今天社会生产、生活和教育、学习带来的巨大变化已非二十年前甚至十年前可比。现代年轻大学生已经是离开网络无法生活和学习的所谓"数字化原住民"，形形色色、价廉物美的通信交流手段基本普及，无处不在。新的教育理念、教育模式、教育手段层出不穷。云计算和大数据对进一步推动人类社会知识、技术、生产、生活和教育、学习发生革命性的变革和变化，更带来了无限的潜力。当今大学若无视这一切的发生，不与时俱进、改革自身，将如联合国教科文组织信息交流部门助理总干事阿布杜拉·汗博士于 2009 年在第二次世界高等教育大会上所说的那样，成为明日的恐龙。edX 和 Udacity 都明确提出其发起 MOOCs 的重要目的之一，是探索教育如何与技术融合，教育教学如何向双模式、多模式和混合式学习演变。无疑，普通大学不会都成为传统意义上的开放大学，但面向信息社会、知识社会、学习型社会、全球化社会的开放、灵活、全纳、终身的教育理念必将成为引领不同类型大学，包括精英大学革新、改革和发展的基本理念，所有大学或迟或早必将变得开放、灵活、全纳、终身。当代世界顶尖精英大学如哈佛、麻省理工和斯坦福这些全球公认的名校、"旗舰"领衔推动的利用网络技术将大量精品课程上网的新潮流，引起如此强烈反响和震撼，是对戴勒尔预言的重要印证，反映了高等教育包括哈佛、麻省理工和斯坦福这样的全球顶尖精英大学所代表的精英高等教育需要并必将面向未来进行改革和转型是一个不可逆转的趋势。

（2）大学是社会的良心。大学不应忘记自己的历史责任，大学不应对经济转型和社会转型中产生的重大挑战熟视无睹，更不能陷入商业化大潮而无法自拔。经济、社会的转型和全球化发展带来的一大挑战就是全球范围内不同国家、一国内不同阶层、不同群体间的鸿沟在扩大。所谓"数字鸿沟"，就是知识鸿沟、技术鸿沟，归根到底是教育鸿沟。美国社会的一大变化是，大学学费尤其是精英大学的学费增长之快使即使是中产阶级的家庭也感到费力。如果看看前述三大平台的理念，其中都包含了要让世界各国的人不分家庭背景、阶层、国别、民族等，都能通过网络有机会学习世界精英大学的最优课程，使世界各国有志者想学习名校课程都能"进得来、上得起"。斯坦福大学人工智能实验室的主任，也是谷歌大脑的缔造者吴恩达自称有一个梦想，"想让全世界所有人都能随时随地接受最好的高等教育"。哈佛校长坦言：这真的是受使命驱使，课程将跨越研究领域之疆界，探讨那些对每个人认识和了解自我、获得自我意识非常重要的东西。麻省理工学院校长则强调：非盈利这点是关键，我们希望让教育保留在公共产品领域。无疑，他们的理想主义理念和目标必将经受时间的考验，但他们在百年市场大潮中始终坚守、现在通过掀起 MOOCs 大潮所反映和表现的大学精神和大学担当历史责任的使命感是 MOOCs 大潮中最发亮的东西，也是所有大学尤其是中国大学应当得到的又一启示。

三　对 MOOCs 冲击的对策思考

MOOCs 究竟是什么？MOOCs 的技术应用有多先进？MOOCs 的形式是创新吗？MOOCs 究竟神奇在哪儿？MOOCs 有没有灵魂？灵魂是什么？如果对以上问题形成了共识，就不难回答，对待 MOOCs 是重在学其形式、模式，还是学其灵魂、取其精华？

2013 年 5 月清华大学与北京大学同时宣布加入 edX 并斥资建设大规

模在线课程。2013 年 7 月，上海交通大学与复旦大学先后加入 Coursera 课程联盟。人们在肯定国内高校对新潮流勇于探索、跟进的同时，也对此存在隐忧。在中国教育发展战略学会专题讨论 MOOCs 研讨会上，有学者提出："我们是搭美国的皮卡车，还是研发中国高铁，以后再卖给美国人？""把中国货装在美国卡车上，再跑在中国的路上？""edX 是一个网络教育的研究项目，北大、清华加入 edX，是加入了全部的研究活动？分享研究数据、研究成果？还是只提供'开放'课程，沦为 edX'大数据'的无偿贡献者？""今天我们把课程放到美国的平台上，日后，我们是否还需要再付钱'买回'高等教育？"如果我们认可 MOOCs 的灵魂是其理念，是其大学精神，是其社会良心和历史责任，是其敢于面对社会转型中的重大挑战、跳出商业和自身利益考量、凭借自身的良知和勇气，包括学校自主的保障，是高等教育包括精英高等教育必须与时俱进、改革转型的历史大趋势，那么，我们的对策考量就必然远超出对 MOOCs 形式和模式的模仿和追求，就远不是邯郸学步、挤上 MOOCs 的三辆大巴，就可能和应该是：

（1）来场"头脑风暴"，集中探讨引领当代教育改革尤其是高等教育改革的趋势和理念是什么？MOOCs 除了形式和模式外，真的有一个值得我们思考和借鉴的灵魂和理念吗？我们的理念在什么位置？是几年还是一个时代的差距？MOOCs 大潮背后的原动力是什么？可以漠然视之吗？如何恰如其分地估价改革开放以来我国高等教育取得的成绩和面临的挑战、从而找到和准确定位我们的出发点？

（2）我们当前的高等教育管理体制、激励机制、校园文化能产生创建类似 MOOCs 的冲动吗？为什么 MOOCs 首先发生在外国而不是我国？为什么十几年前 MIT 的 OCW 发展成 OER、MOOCs，我们受 OCW 启示开发的"精品课程"至今"门可罗雀"？网络学院是使全校办学和教学变得开放灵活的双模式还是与学校主流教育教学模式分开运行、互不影响的双轨制？我们借鉴更多的究竟是理念、灵魂还是形式？

（3）我们的大学和教授享有创建类似 MOOCs 的新型教育教学模式的必要的起码的自主权吗？我们不缺乏人才和创意，如果不让学校和教授享有必要的起码的自主权，如何才能避免好创意"胎死腹中"的命运？相关问题是，已经颁布十五年的高等教育法规定的高等学校享有的七个方面的自主权何时才能成为现实？不通过坚定而有序的体制改革和创新，调整好学校、国家、市场和社会之间既相互激励，又相互制约的机制，不跳出简单化的"放权"和"收权"和"一放就乱，一乱再收"的计划经济体制下的改革思路，能从根本上解决学校自主权问题并进而为大学创新建立有利的制度、文化和学术环境吗？

（4）在提供"开放、网上、大规模（海量）课程"的形式、模式、平台和各种技术手段的运用上，我们落后吗？我国任何一个省市（包括北京和上海）有任何一所大学（包括北大和清华）在整个学校依托信息技术办学的广度、深度、先进程度和实际效果等方面超过了当地开放大学甚至电大吗？为什么在我国代表当代先进教育理念和教育模式的开放大学、电大运行几十年仍然是"丑小鸭"而登不了"大雅之堂"？中国特色的 MOOCs 体系能够和应当抛开已覆盖全国 300 多万注册学生和成千上万短期培训者、以追求教育公平为己任的开放大学和电大体系"另起炉灶"吗？论教育教学与技术融合、课程上网、开放、灵活、远程、全纳、终身办学方面的功夫，精英大学一定强过前者吗？如果精英大学践行自己的大学精神和社会责任、关注社会公平，放下身段，是第一要务，跟这一方面强于自己的"丑小鸭"合作做点事，也许真正能找到具有中国特色的MOOCs 体系。

总之，我们应从中国国情出发，找准 MOOCs 的灵魂，正视大学面临的时代挑战，牢记大学的历史使命、社会责任和担当精神，发现我们自己的亮点和优势，制定我国应对影响全球的 MOOCs 大潮的对策，同时，大力推动我国高等教育尤其是精英高等教育的创新、改革，充分发挥我国精英高等教育的优势，开发和利用信息技术的巨大潜力，构建新的各种开放灵活的教育平台和教育教学模式，使国内也包括国外的广大受众有机会分享本来只有少数精英才能受益的精英大学的优质课程资源，适应人们不断增长的个性化、碎片化、泛在化、终身化、国际化的学习需求，为促进我国和世界教育公平和社会公平做出应有的贡献。

参考文献

1. 李明华：《MOOCs 革命：独立课程市场形成和高等教育世界市场新格局》，《开放教育研究》2013 年第 3 期。

2. 桑新民、李曙华、谢阳斌：《"乔布斯之问"的文化战略解读——在新课程潮流的深层思考》，《开放教育研究》2013 年第 3 期。

3. Education in Modern Society. Paris：OECD，1985.

4. edX about us. 2013/12/05 edX https：//www. edX. org/about-us.

5. Interview by Matthew Caines，theguardian. com，Thursday 24 October 2013 13. 24 BST At Abu Dhabi Media Summit 2013，Interview with Anant Agarwal，president of edX.

6. 《MOOCs 来了，中国教育怎么办?》，《中国教育报》2013 年 9 月 26 日。

（在 2013 年 11 月 2 日中国高等教育学研究会 20 周年纪念会上的主题发言，载《高等教育研究》2014 年第 1 期）

对哈佛大学克里斯多夫·迪德教授在上海泛在学习国际会议上主题演讲的点评

2014 年 5 月 30 日

非常荣幸被会议组织者邀请对哈佛大学教育研究生院克里斯多夫·迪德教授的主题演讲做点评。对如此名人刚讲完就点评，无疑是件有点冒险的事。不过，他的演讲虽长达一个半小时，但其严密的逻辑性和精心的构思使我的任务变得相对容易了一些。他选择了一个令人折服的出发点开始他的长篇演讲，这就是当今学生、雇主和社会对高等教育提出的四大类期待：

——以认知和行为体现的先进的知识和技能；

——支持个人发展、个性成长和社会化；

——增强了的抓住工作和生活中更好机遇的能力；

——进一步深造的社会资本。

这里，我们不应当忽视他的一个小注释：他所指的高等学校包括以技术为支撑和不以技术为支撑的所有学校。

然后，迪德教授花了演讲的相当一部分时间来阐明和论证一个观点：四大期待是变化了的和仍然在变化的社会向高等教育提出的，为什么与技术融合的高等教育模式在满足社会的四大期待上可能、一定和应当更好、更有效。

他提出的根据是：

——新媒体及其在组织结构中的各种运用正在改变着人们长期固守的指导高等教育办学的理念。他列举了无论是教学目标还是教学过程中的八大方面都正处于变化和转型之中。

——与技术融合的个性化学习、协作式学习、开放式学习、互助性学习能够成为取得教育教学目的和目标的理想模式。

——具有沉浸性、泛在性、个性化特点的新一代媒体和新技术的快速进步，可以建设数字化的教学平台，因而能更好地服务于上述各种学习模式。

为了说明学习的个性化为什么能够取得成功，迪德教授为我们举了一个十分有趣又针对性很强的例子。他在一个实验研究中，组织一批学生到马萨诸塞州黑水潭进行个性化学习的实地体验。他把学生分成分别作为自然主义者、显微专家、水化学家和私人投资者角色的四个小组，以观察水潭及周围森林生态系统的变化，使学生了解和学习智慧是如何由数据、信息、知识和理解一步一步生成的。

迪德教授得出了一个人们可能有点出乎意料的结论：最大的挑战不是技术，而是接受一种不同的教育理念和教育模式，专业开发不仅要学进许多东西，同样也要革除不少东西。一句话，就是要改造我们的正规教育。大家同意这个结论吗？我是同意的，因为迪德教授的演讲提纲中用来代表传统教育的是一个太老、太丑的老太太的形象，尽管她在当今很多教育体系中仍然占据主导地位。

是的，迪德教授没有像我们预期的那样直接切入会议主题"泛在学习"演讲，但是，如果我们反思一下他的演讲，我们不得不承认，迪德教授在更广泛的意义上对泛在学习的诸多重要方面都作了精辟的分析，对泛在学习得以生成的技术环境建设提出了基本思路和办法。他指出，这一环境不仅应当是泛在的，而且具备沉浸性、个性化特点。有效的泛在学习必须是开放式学习、协作式学习、互助性学习、个性化学习，必然要求教育组织的重构、专业开放标尺的转换和正规教育的改革。

最后一点，与会的中国听众也许从迪德教授的演讲中得到启示并感到自豪，因为本次会议反复讨论的个性化学习不就是两千五百年前孔老夫子提出的因材施教的教育理念吗？确实是如此。有趣和孔老夫子没有预料到的是，当今的技术手段对实现他的教育理念会起如此大的作用；同样，今天来到他的故土演讲并论证他的理念的是一位来自大洋彼岸的美国学者。区别在此？

结束我的短评前，我建议大家再次鼓掌感谢迪德教授的精彩演讲，也感谢做了很大努力成功邀请迪德教授来沪演讲的会议东道主——上海开放大学！

谢谢诸位！

（原文为英文，由本人译成中文）

开放、灵活、全纳、终身——当代
高等教育演变和改革的大趋势

——接受《苏州大学学报》（教育科学版）
洪芳博士专访

编者按：王一兵教授，国际知名高等教育和远程教育专家，曾任联合国教科文组织亚太地区高等及远程教育计划专家、北京外国语大学党委副书记、中国常驻巴黎联合国教科文组织代表团参赞、国家教育发展研究中心研究员、浙江大学、北京外国语大学、苏州大学、上海开放大学等校客座教授。现任联合国教科文组织农村教育研究及培训中心和亚太大学革新联盟顾问、中国高等教育学研究会顾问、教育部"1+5"开放大学建立评审组专家。长期从事教育发展与改革宏观决策国际比较研究，考察并在亚太、欧洲、北美五十多个国家组织和参加过国际会议。在国内外报刊杂志上发表了近百篇文章和论文，并于 2002 年出版论文集：《高等教育大众化、国际化、网络化和法人化》。主编出版过《七十国教育发展概况》《发达国家教育发展与改革的动向和趋势》《亚太地区文凭与学位手册》（英文，曼谷）。全球大学革新网络 2008 年《世界高等教育报告》亚太篇撰稿人。曾获中国高等教育学会论文一等奖，泰国大学部促进亚太高等教育合作贡献奖。多年来，他从国际比较的视角，主要研究国内教育改革和发展面临的重大理论和实践问题，提出分析和对策建议。他对当代高等教育演变和改革的大趋势，对西方市场经济条件下教育运行机制的解析及其借鉴价值，对中国高等教育大众化面临的挑战、机遇和战略，对如何建立合理、公正、透明、权威的高等教育质量保证机制，对走出素质教育的误区的分析和建议，都有独到见解，得到了有关领导和部门的积极评价，为中国高等教育改革和发展做出了独特贡献。本刊特邀苏州大学教育学院洪芳博士就"当代高等教育演变和改革的大趋势"问题专访了王一兵教授。

20 世纪 80 年代以来，人类社会正在迅速向信息社会、知识社会、全球化社会、学习型社会过渡。各行各业都在谈论转型升级。一个严峻的问题摆在各国政府和所有教育工作者面前：教育尤其是高等教育存在不存在一个转型升级的问题？其中是否包括如何看待过去几十年中出现的一些新趋势、新思潮、新的教育理念、教育模式？如何认识新近出现的MOOCs 浪潮？如何在更深层次上看待和分析中国高等教育大众化进程中面临的种种挑战并制定正确方略？如何充分认识和估计中国的开放大学包括广播电视大学所代表的办学理念、模式及其在中国高等教育体系中的地位和作用？等等。王一兵教授既有在高校和国家教育综合研究部门长期工作的经历，又在联合国教科文组织和几十个国家参与和组织 100多次不同层次的研讨活动，以其丰富的经历和学识，从全球视野和国际比较的视角，一直对这些问题进行跟踪和研究，并发表了不少文章，因其见解独到受到学界和决策层的关注。自 2012 年 6 月起，教育部先后批准成立了六所开放大学，即国家开放大学、北京开放大学、上海开放大学、江苏开放大学、广东开放大学、云南开放大学。王一兵教授受聘作为教育部 "1 + 5" 开放大学建立评审组专家。笔者（以下简称 "洪"）受《苏州大学学报》之邀，对王一兵教授（以下简称 "王"）进行了专访。王一兵先生十分重视这次访谈，亲自确定了这次访谈的主题，并在百忙中抽时间审定了文稿。

洪：王先生，您长期在联合国教科文组织工作，国际视野和国际比较是您观察和研究教育问题的一大特色。你把当代开放大学的核心理念归纳为开放、灵活、全纳、终身。现在您又提出这是当代整个高等教育发展的大趋势，也应当是当代整个高等教育发展和改革的核心理念。为什么？

王：任何发达的、先进的高等教育制度和体制都必然对社会变迁十分敏感，有一定的先知先觉、超前行动，从而取得引领社会前进的主动。说开放、灵活、全纳、终身是高等教育演变和发展的一个大趋势，首先是因为世界在变，变化后和仍然在变化的世界要求并推动着高等教育向这一方向演变和发展：（1）网络世界、网民数量大幅增长，全球范围内的海量信息的瞬间流通，使信息社会、网络社会和地球村的概念已经不再是纸上谈兵，而是人们的感同身受。（2）经济全球化与相互依存度的大幅提升，如美国、欧盟与俄罗斯围绕乌克兰之争、中美贸易之争等，贸易制裁与反制裁，难有赢家，如果不是没有赢家的话。（3）贸易竞争是经济竞争，在信息时代和知识经济时代越来越表现为：知识、技术与创新能力的竞争，高端人才的数量与质量的竞争，教育制度与教育质量优劣的竞争。

其次，教育在变：社会转型催生新的教育理念、教育模式和教育体制制度。20世纪60年代以来发达国家由于市场倒逼、社会推动、政府施压，迫使大学自觉和不自觉地逐步变得开放、灵活、全纳、终身、国际，以因应变化了的社会需求。教育理念、教育体制、办学模式、教育教学方式的转变对教育、对学校、对教师、对管理者的视野、理念、素质、能力、技能提出了新的要求。人们如果读一读经合组织1985年发表的一份总结高等教育大众化带来的挑战与对策的报告（《现代社会中的教育》，经合组织，1985年巴黎出版）就会发现，这些理念和政策诉求，当时已经程度不同地分别提了出来。

最后，学习在变：（1）学生成分在发生变化。1993年美国普通高校大学生中25岁以上者超过38％，在工作的达到61％，1990—1991年非全日制学生占比43％，1995年非全日制学生则达到50％。任何按照传统高等教育理念和办学模式，画地为牢、把大学定位为只是为18—23岁、24岁年轻人接受高等教育的地方，其余则列入"成人教育"已经脱离了变化了的社会需求和社会现实。（2）大学生成为网络化、数字化世界的"原住民"，在知识来源多元化、网络化、泛在化、及时化的环境中，学生学习要求在变化。学习的路径、知识的来源和生成多元化、个性化，学生要求让学习更简单、直接、有趣，对网络有无比的兴趣和热情，离开网络无法生活，更无法学习。学校坚守传统的面授课程，教师只靠一本书、一支粉笔愈来愈难以为继。（3）学习成本的变化。政府拨款的削减，学费增长又远远高于通货膨胀指数。从1980年到2001年，美国公立四年制院校的学费增长了363％，但同期的消费价格指数仅仅增加了115％。工薪阶层、中产阶级都已感到子女学费上涨的压力。（4）成才路径多元。学生成才路径出现全日制与非全日制的越来越无缝融合，成人非成人、学历非学历、正规非正规教育之间的壁垒从模糊到逐步消失。联通主义的学习理念应运而生。从社区学院通向精英大学的路径，变得开放，从非正规、非正式学习开始，甚至把工作经验变成学分，取得学位已成为可能。

总之，教育依托和生存的环境变了，服务的对象变了，学习和教育的模式、手段越来越智能化、网络化、泛在化，工业化时期形成的传统的教育理念、体制、制度、模式如果不变，等来的将是被动、尴尬，甚至是淘汰。进化论鼻祖查尔斯·达尔文说，能够生存下来的物种，既不是那些最强大的，也不是那些最精明的，而是那些最善于对变化做出反应的物种。这对在改革大潮面前理念不清、行动犹豫者、等待观望者可谓一种有益的提醒。

洪：请问王先生，观察和研究当今世界高等教育演变和发展的上述大趋势，对已经踏入高等教育大众化不归之路的中国高等教育的改革和发展有何借鉴意义？

王：我相信社会发展和教育发展是有一定或普遍规律的。先走一步者取得的经验和教训对于后来者是宝贵的，无视必然要付出代价。发达国家开始高等教育大众化进程并通过20年的努力基本实现了高等教育大众化目标后，面临着许多新的挑战，比如，教育民主化运动要求继续扩大高等教育供给的压力；大学生的数量、来源、结构发生了很大变化；加上经济转型与经济衰退，劳动市场的萎缩，几乎同时发生，以致大学生就业准备不足、就业难，学校对经济和社会转型的反应相对迟缓；在工业化时期形成的那种僵化的教育板块模式、层次结构、相互之间壁垒森严，已无法适应"信息社会"、"学习型社会"的学习和教育需求等，迫使大学自觉和不自觉地转变和更新理念，逐步变得开放、灵活、全纳、终身。当今大学若无视这一切，不与时俱进、改革自身，如联合国教科文组织信息部门助理总干事阿布杜拉·汗在2009年第二次世界高等教育大会发言中说的那样，今日之大学若不思改革和革新将可能成为"明日的恐龙"。

经合组织前教育部门负责人、美国教授瓦格纳曾经总结西方发达国家高等教育大众化进程的历史经验时说，高等教育大众化面临的最大挑战就在于学生数量和学校数量大幅度扩展以后，人们关于高等教育的理念、体制、政策、办学模式等仍然停留在精英高等教育阶段。我看此话实乃一言中的、鞭辟入里。中国高等教育进入大众化进程乃中国高等教育发展进程中跨越历史之举，不管因此带来了多少问题和挑战，都不应当否定这一跨越的历史意义和现实意义。但是，如果列举一下中国高等教育进入大众化阶段10多年以后面临的种种问题和挑战，如继续用管理精英高等教育的理念、制度、模式和政策管控大众化了的高等教育，用带着计划经济管理体制和模式深深烙印的思路领导高等教育的改革和发展，就很难走出一方面是越来越严峻的大学毕业生的就业形势，同时又存在用人单位找不到合适毕业生的持续抱怨的尴尬。瓦格纳对发达国家进入高等教育大众化进程以后面临的诸多挑战产生原因的诊断有相当的针对性和普遍性。不看到、不承认这一大趋势并进而转变理念、推进体制机制改革、调整政府、大学、市场和社会的关系，确保大学享有必需的、起码的办学自主和大学因应社会和市场需求不断变化革新和改革自身的动力、活力和能力，同时又接受市场、政府和社会相应的制约，就很难摆脱面临的困境，遑论创新型人才培养、现代大学制度和高等教育强国的建设。

洪：王先生，我拜读过您有关阐发 MOOCs 的大作，也看到过你在其他地方关于这个主题的演讲提纲。您能否对 MOOCs 现象做一个总体性评价？

王：MOOCs 就是 Massive Open On line Courses 的缩写，就是：大规模（海量）、开放和网上课程。据统计，目前世界上大概有几百个 MOOCs 平台。据我所知，其中最有影响的应该是人所共知的美国的三大平台（Coursera，Udacity，edX）。MOOCs 从国内到国外，都是热门话题，更是仁者见仁，智者见智。我是看好者之一。MOOCs 就其技术应用、传授模式和学习模式并无太多创意，但以其独有的影响力有力地代表并传播时代和社会转型所催生的新的教育与学习理念、教育与学习模式、教育与学习制度、教育与学习标准的制定和成效的检测等方面正在发生的转变和创新。它的潜力仍在发酵显现的进程之中，它对高等教育市场，对高等教育国际化、全球化，对普通高校传统教育教学模式的挑战、改革和创新，对学校、学分、学籍的管理，甚至对未来各国人力资源的开发和竞争力的提升等方面，已产生了非同小可的冲击和影响，而且这种影响一定会继续扩大。

毋庸置疑，由顶尖名校推动的 MOOCs 刚刚开始，要成为完整的、系统的、有序的一种办学模式、学习模式、教育模式，还面临一系列重大挑战。例如，从长远来说，是公益模式商业模式还是二者结合？如何结合？如何持续？要不要和如何为动辄十万几十万的学生提供有效的支持服务？如何认定学分？认可学分？互认学分？可否取得文凭或学位？学历的社会认可？他与学校主体的关系？它对传统高校、传统课堂、教师的传统职业、职能将产生什么和多大影响？都需要回答而尚未回答或尚未回答得令人满意。有些尝试和试验可能取得成功乃至巨大成功，有些也可能遇到困难甚至难以为继。

看不到它的巨大影响和潜力，尤其是他们拥抱的理念和探索的新的学习模式、教育模式的强大生命力，或者因为现在面临的众多挑战和问题尚无明确答案就断定 2014 年将是 MOOCs 的批判年，或者看到其影响和潜力，现在就断定"教育技术将摧毁现有的高等教育体系"，皆为时过早。重要的是，找到并认真思考它的灵魂、启示，并采取有远见的对策。

洪：这种情况在教育上真的前所未见，太神奇了！您一再强调重要的不是去模仿 MOOCs 的形式和技术，而是要找出其灵魂和启示，并在此基础上制定自己的方略。您认为 MOOCs 的灵魂和启示是什么？它与您在这里讲的高等教育演变与发展的大趋势有什么关联？

王：应该说 MOOCs 的概念、模式和缩写的发明权是两个加拿大人（Downes 和 Siemenss）在 2008 年首先提出的。然而，包括在这之前几十年中出现的遍布全球的开放大学、越来越多国家的高校实行双模式办学、麻省理工学院 2001 年实行课件网上免费公开、联合国教科文组织此后倡导教育资源公开等，都没有引起如此反响，而麻省理工、哈佛和斯坦福及后来越来越多的精英大学的加入或创立自己的 MOOCs 平台则被《纽约时报》提出 2011 年是 MOOCs 年，掀起一场全世界的热议和跟风。表面原因是因为他们是精英大学、全球顶尖大学、"旗舰大学"的名牌效应，实质、灵魂也是我坚信的最大的启示则是：开放、灵活、全纳、终身已成为世界高等教育演变与发展的一个大趋势，成为引导当代高等教育面向未来革新、改革和发展的核心理念。美国三大名校领衔的三大 MOOCs 平台都有一个共同的宗旨，就是通过大规模课程公开、上网，改革他们沿用了上百年的传统的单一的校园和面授的教育教学方法，探索双模式、多模式办学和混合式学习模式，使学校变得开放、灵活、全纳、终身。MOOCs 的出现有力地证明，面向信息社会、知识社会、网络化社会、全球化社会、学习型社会，所有大学或迟或早必将变得开放、灵活、全纳、终身，顺应潮流，面向未来改革和转型。MOOCs 的出现同样有力地说明，全球旗舰型的精英大学认可并用行动接受了这一理念。

我记得 20 年前，欧盟前主席、联合国教科文组织 21 世纪教育委员会的主席戴勒尔先生就认为，社会转型、终身学习、学习型社会建设，要求所有教育体系和教育体制，都应变得开放、灵活、终身。他说，在这个意义上，所有的大学都应该成为开放大学。是的，哈佛、麻省理工和斯坦福虽然没有也许未来也不会宣称为开放大学，但现在由它们领衔推动建立的 MOOCs 说明，它们的行动与戴勒尔的预言并不是一个巧合，而恰恰是一个印证。

　　第二个重要启示是，大学是"社会的良心"，大学肩负着历史责任和一定的社会批判功能。这是由大学的性质和职能决定的。大学不能忘记这种责任。大学不能对现行的全球性的经济转型和社会转型带来的挑战和阵痛漠然视之，无动于衷，更不能陷入商业化大潮而随波逐流、无法自拔。经济和社会的转型，全球化的发展带来的一个重要挑战，就是不同国家、不同阶层、不同群体间的种种鸿沟没有缩小反而在扩大。这些鸿沟，包括所谓"数字鸿沟"，说到底其实就是教育鸿沟。美国大学学费上涨很快，尤其是精英大学更甚，即使是中产阶级家庭也感到巨大的经济压力。一些西方教育决策者之所以重视 MOOCs 的推广，一个重要的出发点就是希冀借此找到新形势下大学"上得起"的途径，找到新形势下实现教育公平的途径。前面介绍过的三大平台，其理念都包含着这么一点：要让世界各个国家的人民，不分他们的家庭背景、阶层、国别、民族等，都能便利地通过网络来学习世界上精英大学的优质课程，使他们能"进得来、上得起"这些世界名校的课程。斯坦福大学人工智能实验室的主任、被称为"谷歌大脑缔造者"的吴恩达，曾表达过"让全世界所有人都能随时随地接受最好的高等教育"的梦想。哈佛大学校长曾经宣称：这完全是受使命的驱使，这些课程将跨越专门领域的疆界，以探讨那些对每个人认识和了解自我、获得自我意识非常宝贵的东西。麻省理工学院校长则强调指出：非营利性这一点是关键，我们希望让教育"保留在公共领域"。无疑，他们的理想主义的理念和目标也必将经受时间的考验，但他们在市场大潮中始终有所坚守，他们在推动 MOOCs 大潮中所反映出来的这种大学精神、这种大学历史责任担当，难能可贵，也是所有大学尤其是中国大学应当得到的又一个启示。不管这些名校有没有把"全纳、终身"写在他们的办学理念、章程中，他们的行动表明，他们已经拥抱并按照这一理念在采取行动。

　　洪：MOOCs 更多体现的是开放、灵活、全纳、终身和教育民主、教育担当的理念与精神。请问王先生，如何抓住 MOOCs 的灵魂和启示，建立有中国特色的 MOOCs 体系？

　　王：如果我们能够在以上问题上达成共识，其实就不难回答，对待MOOCs 应重在学习其灵魂、取其精华，而不仅仅是学习其形式、模式。清华大学与北京大学于 2013 年宣布加入 edX。上海交通大学和复旦大学宣布加入 Coursera。我们应该肯定国内这些高校能够顺应潮流，勇于探索，但我们也不得不问："我们是搭美国的皮卡车，还是研发中国高铁，以后再卖给美国人？"对于如何建立有中国特色的 MOOCs 体系，我觉得可以有以下这样几个对策：

第一个对策就是要重振大学理念、精神和历史担当、社会责任。也就是说，我们对待 MOOCs 不能仅仅停留于其形式和模式的模仿，不能止于邯郸学步、挤上 MOOCs 的三辆大巴。我们更应学习其灵魂、理念，弘扬大学精神，敢于担当历史责任，而不能囿于商业和自身利益。

第二个对策就是要回答是否接受和推行社会转型催生的这一理念，有针对性地推动和深化改革传统高等教育的体制、机制、学习模式、教育模式。我们要反思为什么我们现在的高等教育体制缺乏产生创建类似 MOOCs 的冲动。我们曾受 MIT 的 OCW 启示开发的"精品课程"，为什么至今可以说门庭冷落？深层原因是什么，我们该如何改革？找到问题的症结，我们才能确立正确有效的改革方向和路径，才能对症下药，事半功倍。

第三个对策，社会转型如此之快，我们的大学是否享有应对急速变化的社会的必要自主权和灵活性？应该落实大学自主，保障学术自由。虽然高等学校改革滞后造成惰性蔓延，但我们今天仍然不缺乏锐意改革的人才和创意，但教师是不是真的享有创建类似 MOOCs 教育模式的自主权，值得怀疑。《中华人民共和国高等教育法》颁布已近 20 年，但高等学校享有的自主权的规定何时才能成为现实？

第四个对策那就是别忘国情。我们并非一无所有，我们有我们的基础、优势和特色。在提供"网上、开放、大规模（海量）课程"的形式、模式、平台和各种技术手段的运用上，我们不仅不是一无所有，而且，在世界上并不落后。我们的开放大学甚至电大在依托信息技术办学的广度、深度、先进程度和实际效果等方面，没有任何一所大学，包括北大和清华，能与之相比。但开放大学、电大运行几十年仍然是"丑小鸭"、至今难登"大雅之堂"。我们需要重新审视我们的基础和优势，在充分权衡、尊重国情的基础上，发现、支持我们已经生成的优势、经验、平台，我们是能够建立起真正具有中国特色的属于中国的 MOOCs 体系的。

洪：您关于电大和开放大学有众多论述。您还是我国建立六所开放大学评审组的专家，并且谈 MOOCs 总提及开放大学/电大。有些论者不理解，目前我国高考录取率已达 80%—90%，有些高职高专甚至完不成招生指标，为什么还要办开放大学？请谈谈您的基本观点。

王：首先，中国高等教育毛入学率已近 30%，值得自豪，但看看完成了高等教育大众化进程的发达国家包括我国近邻韩国在高等教育普及化道路上的速度和成绩，无理由自满。这些国家高等教育毛入学率已普遍达到 70%—80%。有点令人难以置信的是，据世界银行报告，我国近邻韩国，这个我称之为"学习追赶发达国家优等生"的国家，高等教育毛入学率已达到 100%。这也是这些国家接受开放、灵活、全纳、终身的办学理念并因此引导高等教育改革与发展的一个大背景之一。我国走完高等教育大众化进程的路还很长，我们要不要提出和确定高等教育普及化的未来目标？为什么发达国家如此热衷于此？中国高考人数下降和高等教育毛入学率增长速度趋缓仅仅是因为相应年份人口出生数下降？缺少改革、创新，用传统尤其是精英高等教育的理念、增长模式和制度来应对和管控高等教育大众化时期的挑战能够继续下去吗？以开放、灵活、全纳、终身为其核心理念的开放大学将在和应当在这一进程中承担什么功能？

同样重要的是，人们可能没有注意到教育部为六所开放大学的成立的批文中有一个共同的提法，说开放大学"是一所新型大学"。业内业外人士都在问"新"在哪里？我的解释是：开放大学是以开放、灵活、全纳、终身为核心理念，面向全体社会成员，以现代信息技术为支撑、实行多种模式办学和混合式学习、服务终身学习和学习型社会建设的新型高等学校。因此，它是先进教育理念、先进教育模式、先进教育生产力的代表。针对您提出的具体问题我提出如下看法：

（1）合格人才尤其是创新型人才的数量和质量总体上仍然是我国社会发展的瓶颈。依靠传统高等教育模式解决这一问题不仅难以完成，而且，还会带来新的问题和尴尬。当代开放大学以其新理念、新模式、新路径在这一问题解决上具有战略优势。

（2）发展包括教育发展，不等于自然会缩小城乡之间、区域之间、民族之间、社会阶层之间的差距。相反，我国的教育发展实践也已显示，如果发展过分地注重建设"优质资源"而忽视教育公平和以多数人为本，发展甚至会拉大差距。开放大学和电大在缩小高等教育大众化区域间和不同层次人群之间差距方面的作用不可小视，并不可替代。

（3）开放大学/电大是我国落实终身教育理念、构建终身教育体系和建立学习型社会的领军者和模范生。

（4）开放大学/电大是网络教育、双模式教育和混合式学习的探索者和先行者。目前恐怕没有一所普通高校在开发和充分利用各种技术平台服务于教育方面，无论是理念，还是广度、深度、效果，能超过当地的开放大学/电大。

因此，有理由认为，开放大学的这些战略功能无法取代。开放大学毫无疑问是一所名副其实的新型大学，是中国高等教育体系中先进生产力的代表。

洪：那究竟什么是开放大学、什么是有中国特色的开放大学？

王：请允许我不用理论的、抽象的概念和定义来回答，而是通过回答现在的开放大学和电大究竟在做什么和实际是什么来更具体、更形象地回答究竟什么是开放大学、什么是中国特色开放大学这个问题。

它们毫无疑问首先是一所高等学校。但它们几十年来的所作所为已经表明，它们的特色和魅力更在于：

——它们是终身学习和学习型社会的践行者。

——它们是各地紧缺人才和人才紧缺素质的培训者和提供者。

——它们是社会和谐和文明发展的助推器和稳定器。

——它们是一所公立学校，但政府投资甚少，一般仅承担电大几百名在编职工的基本工资。

——它们的管理办法方便、灵活、经济。

——它们注重面向社会不利人群的教育，促进教育均衡发展和教育公平。

——它们是信息技术应用于教育的探索者和先行者。

——它们是当代高等教育新理念、新模式、新机制的探索者和开拓者。

——它们都是以开放、灵活、全纳、终身为核心理念，与国际上开放大学有着共同价值追求，同时，又是我国践行终身教育理念、建设学习型社会的庞大的综合教育实体。

要说明和论证以上各条，我可以举出大量例证。

洪：开放大学无疑是有着美好远大的前程的，但问题是，人们还是普遍质疑开放大学能否保证质量？

王：回应社会和业界对开放大学/电大的质量质疑，是开放大学/电大本身和支持她们办学的政府不可回避的长期挑战。我认为，从根本上解决这个问题的釜底抽薪的办法有两条。

一是建立科学合理的开放大学的质量观。质量保障的首要问题是质量标准的制定。中国开放大学是不是要学习英国开放大学，即完全按照普通高校的质量标准来要求。对此，圈内圈外似乎并无多少疑问。但我认为恰恰是这一问题首先有待商榷，这涉及对"质量"的定义和理解。这看似复杂和抽象的定义问题，被一位英国学者回答得异常简洁明了。他的定义为：质量就是 Fitness to purpose（Christopher Ball，1985）。我把它翻译成汉语为：符合并能达到目的就是质量。

由此可以推论：质量取决于设定的目标、目的；质量是相对的；质量是可以分层次的。因此，看待和评定开放大学/电大的办学质量，不能脱离她设定的办学面向、培养目标。她设定的培养目标、目的达到了，就是有质量，达到这一培养目标的毕业生的比例很高，同样是高质量。

我们不能一味地以普通高等学校的质量标准要求开放大学。当然，我无意否认，一个文凭或学位的基本知识、技能和素质起码要求是相通的。我想强调的仅仅是，开放大学/电大的质量应考虑其特殊性，开放大学办学理念、培养目标、培养对象、培养模式、考核办法、毕业生质量体现的特点，包括国家投入等，都与普通高校不同，或不完全相同。英国开放大学按照英国国情，设定了完全按照普通大学同一的质量标准培养学生的办学目标。中国开放大学可以从中得到借鉴，但没有必要亦没有条件照搬。开放大学应当理直气壮地树立起自己的质量观，政府应当支持并按照这种质量观来评估开放大学的成效。唯有如此，开放大学才能解脱向普通大学靠拢的强大压力，路子越走越窄，才能真正发挥自身优势，办出开放大学的特色。

二是重视开放大学包括广播电视大学中"大学"二字的真正含义，真地按照大学的要求定位和建设自身。这就意味着开放大学/电大要不要用行动和坚持不懈的努力去回答：开放大学/电大要不要有自身的学科建设、学术带头人、越来越多的自身学科领域的科学研究、按照大学配备领导成员、基础设施等。英国开放大学有1000多名专职教师队伍，学校科研成果13%达世界一流、50%以上国内一流，由英国高等教育质量署专家按照每个学科评估相加的成绩，教学质量曾连续三年列全英第五，甚至高出牛津大学一位，社会对她必然刮目相看。中国特色开放大学作为一个面向社会全员、服务全社会终身教育的特殊的庞大的教育综合实体，只有其核心是一个社会和教育同行认可的、合格的、具备了大学水平的大学，社会对开放大学质量的质疑，才能从根本上消除。这需要开放大学/电大自身的理念转变、模式创新、按照大学建设自身进行不懈的努力，更需要政府首先转变理念、采取切实措施，支持开放大学/电大按照大学的要求建设与提升，"办好开放大学"。如果第一条是为开放大学质量提升建立一个适切的科学的外部环境和标准的话，第二条则是开放大学自身要练的内功。

（载《苏州大学学报》（教育科学版）2014年第2卷第2期）

对 2014 年 8 月版"办好开放大学意见"的评论和建议

2014 年 9 月 2 日

一　关于确立和弘扬开放大学的办学理念

　　教育部关于 1＋5 的批文和多个版本的这份文稿中皆指出：开放大学是"新型高等学校"，这是完全正确的。但指出其"新型"之处只是技术融合、继续教育、面向社会成员，似乎没有准确突出其新型之处。因为学校与技术融合越来越普遍，只是程度不同；继续教育是老任务；面向社会成员广义上说所有学校皆如此。开放大学与普通高校比较，真正独树一帜的有三：开放、灵活、全纳（包容）、终身的办学理念；双模式、多模式的办学模式和混合式的学习模式；学历非学历教育并重、可以跨越不同教育层次和板块、发挥多重教育功能的教育综合实体。如果说美国麻省理工学院 13 年前课件免费，公开上网还是一件善事的话，这两年由麻省、哈佛、斯坦福等精英名校掀起的席卷全球的 MOOCs 浪潮带来的真正启示并非简单地名校课程上网，而是应运而生的教育要开放、灵活、包容、终身的理念；是即使世界级名校也在借助技术手段实现这种教育理念、准备实行多模式办学和混合式学习；是新形势下不断扩大的知识鸿沟、教育鸿沟、社会不公呼唤回归的大学的社会良知和历史责任。我国清华大学是我国教育部 1999 年首批被批准进行网络办学试点的四所高校之一。2002年，为了守住自身的质量声誉和精英教育的边界，主动关闭了其网络学院。2013 年，在 MOOCs 浪潮的带动下，又以更大的决心和力度再建"清华学堂"，并提出"在线教育正在触发大学传统学习形态发生根本性改变，知识传授模式、学生学习方式和教学组织方式的变化必将引发教育理念和教育体系的全面更新和调整"（陈吉宁，清华大学校长，2014年版《大学的革命》代序）。清华大学在十年时间内对网络教育一下一上的变化无疑也是对上述启示的一种有力印证。可以毫不夸张地说，在我国高等教育体系中，唯有开放大学及其前身电大是全面的整体的以此为理念、以此为模式、以此为责任。他们过去没有得到充分的认可和支持，是电大在中国被长期边缘化的重要原因。改变这种状况是现在推动中国特色开放大学及其体系建立和发展的条件之一。而且，通过开放大学来接受、认可和弘扬这种理念、模式和责任，对于推动我国高等教育界活跃思想、改革创新、吸取MOOCs的真正启示都并非无益。除非文件不提"新型高等学校"，要提就要有一个比较准确的何谓"新型"的解释为好。

建议改为：开放大学是以开放、灵活、包容、终身、优质为核心理念，面向全体社会成员，以现代信息技术为支撑、实行多种模式办学和混合式学习、服务终身学习和学习型社会建设的新型高等学校。

二　如何"积极推进现有广播电视大学向开放大学转型发展"

文件有一段明确提出要"积极推进现有广播电视大学向开放教育转型发展"（"开放教育"疑为开放大学）。但排出的是一张有较大不确定性的时间表，难以体现"积极推进"：

——文件计划2015年底完成对开放大学的全面督查后开始制定开放大学设置条例，这是一件可长可短的工作，短则半年，长可达一两年、两三年。一部分认为自身情况和条件和"1＋5"差别不是太大的省市电大至少三年以后才能再次看到希望，它们和支持它们的省市政府可能很难理解。

——实质性问题在于，我国特定条件下已经运行了几十年、包括已经通过与普通高校合作在本科办学层次上也有了十多年经历、硬软件条件已经打下了良好基础的电大转型升级是否应当按照从一张白纸开始的新建学校一样对待？

——实质性的问题还在于，开放大学的理念、模式、办学面向和多重功能已经得到国际上的普遍认可，在我国也运行了几十年，还要继续

"试验"并等待试验结果？究竟还要"试验"什么？试验这种理念在我国能否被吸纳？这种模式在我国是否可行？这种办学面向和多重功能符合不符合我国国情？中国电大几十年的实践仍然没有回答这些问题？1＋5 的试验任务难道是为了回答这些问题？中央广播电视大学早在 1995 年就提出了建立有中国特色和世界一流开放大学的合理要求，等了近二十年。1＋5 的出现以我之见实际上是一个迟到的绿灯，一定意义上的政策补偿。对待电大转型升级不应当离开这个实际和出发点。

——更实质性的问题还在于，在肯定中国特色系统办学的功绩和仍将在新形势下继续存在的同时，承认不承认系统办学出现和积累的弊端，要不要克服这些弊端？我国国情条件下开放大学的建立和发展是否只有系统办学一条路？一部分已经具备条件的省市电大转型升级为独立举办一定数量的更能反映本地需求的本科专业、同时建立新型合作共赢关系、继续与国家开放大学合作办学的开放大学是否也是顺应我国国情的应有之举，应积极促成？无疑，体系和合作还将存在，但部分成员的身份变了、自主权大了，国家开放大学必须面对新形势、新挑战、共商建立新的合作共赢的新体制、新规则，新的局面是可以开创的。建议从实际出发，拿出新的举措，制定新的时间表，以积极推动电大的转型进程。

（2014 年 9 月 2 日，因故未能参加教育部 2014 年 8 月版"办好开放大学意见"征求意见会，此为寄送的书面发言）

泛在学习——机遇、挑战、对策

——《2014年上海泛在学习国际会议文集》前言

　　由中国联合国教科文组织全国委员会、联合国教科文组织东亚远程教育姐妹学校网络、上海开放大学联合举办的"泛在学习：机遇、挑战与对策"为主题的国际会议已于 2014 年 5 月 30——31 日在上海开放大学成功举办。来自美国、加拿大等 20 个国家的近 200 名代表参加了会议。哈佛大学教育研究生院克里斯多夫·迪德（Christopher Dede）教授、中国国家开放大学校长杨志坚教授、上海开放大学校长蒋红教授、荷兰开放大学教育科学技术研究中心马科斯·施佩希特（Marcus Specht）教授、清华大学教育研究院程建钢教授等应邀作主旨演讲。坦桑尼亚开放大学校长特伊·姆博威特（Tolly Mbwett）、巴西远程教育协会顾问雷纳托·莫兰斯（Renato Bulcao de Moraes）、印度泰米尔纳德邦开放大学校长钱德拉坎西·杰巴兰（Chandrakantha Jeyabalan）及本人应邀就主旨报告进行点评。会议共收到国内外论文 98 篇。

　　这次会议是在信息交流技术推动各国经济和社会转型，推动人类社会向信息社会、知识社会、全球化社会转型，终身学习和建立学习型社会、通过教育与技术的深度融合推动现有教育体系和教育体制变得开放、灵活、全纳、终身和国际化的背景下召开的，主题新，立意高，内容实，充分反映了与会者对正在引起人们广泛兴趣的泛在学习的深邃思考。

　　美国知名教育技术学科领军者、哈佛大学克里斯多夫·迪德教授在其大会主旨演讲时首先指出，高等教育正面临严峻的数字化挑战，大学教育应当综合考虑当代大学生的最终培养目标，考虑当代知识生成、发展和教育改革创新的必要和途径，充分利用好不断涌现的具有沉浸性、泛在性、个性化的新兴媒体和新技术，主动、积极地进行教育改革和创新。高等教育机构应当充分利用和积极探索技术促进教学内容、教育模式和教学方法的更新，改善学生的学习支持服务，并从而以较低成本服务于更大规模的学习者。迪德教授建议高等机构应该在组织战略和专业发展等方面提供支撑和引导，建立和使用基于绩效的真实评价体系；认真选择高附加值的创新举措，确保这些创新得以落实和推广；强调社会交际工具和学习界面的人性化；探究和开发高效的教学媒体设计和实施战略；利用组织发展战略，营造适宜的学习文化氛围。这一切的关键在人，在教育工作者理念的转变。

大会发言和分组研讨聚焦在如下主题：

一　什么是泛在学习

随着互联网的普及，泛在学习正在由一种理想变为现实。什么是泛在学习？学界对其理解并没有达成一致。国家开放大学杨志坚校长认为，探讨什么是泛在学习，首先应从什么是学习开始。随着技术的发展，学习方式更加多样化，但无论是移动学习、无缝学习还是泛在学习，其本质都是学习。但泛在学习不是一般意义上的学习，应是本能的学，为生存的学。上海开放大学蒋红校长认为，泛在学习是指任何人可在任何时间、任何地点通过一定方式和渠道获取任何所需要的学习支持的学习。泛在学习日益呈现出学习者需求个性化、学习时间碎片化、学习方式多样化、学习场所"无形化"的特征。张建旗认为将泛在学习定义为学习者通过由教学机构发起，以信息技术为基础，学习资源为核心，学习支持为保障的进而获得知识的一种全方位的学习体验。张小艳认为泛在学习是数字化学习与移动学习的延伸和集中体现，优化了数字化学习与移动学习的特点。她认为泛在学习为"以人为中心"的学习提供了可能，为远程开放学习提供了更好的支持，为终身学习开辟了新的路径。

泛在学习特点表现在学习过程是一个根据学习者需要的，自我导向的过程；是真正的以人为中心、以学习任务和事件为焦点的学习；泛在学习者自主地发现、探索、建构知识，选择适合自身的个性化的学习。这样看来泛在学习是一种理想，更是一种理念，代表着未来学习的一种方向，对其理解不应该停留在技术层面的学习方式，而应逐渐成为一种解读学习乃至整个学习研究领域的新视野。

对于泛在学习的产生，我国可以追溯到宋朝著名教育家朱熹提出的

"无一事而不学，无一时而不学，无一处而不学，成功之路也"的学习理念。诚如很多代表指出的那样，泛在学习这一概念正式问世是基于普适计算技术的诞生。程建刚教授从人类学习与工作、生活的关系发展来看，最早的泛在学习是学习与狩猎实践融为一体，在工业化社会，学习泛在一体化逐渐被撕裂，学习与生产实践分离开来，但今天在泛在计算、泛在学习的环境下两者有望实现无缝融合，只是信息化社会的到来为泛在学习赋予了一些新的内涵。现代信息技术为泛在学习奠定环境基础，各种智能终端为泛在学习提供了设备依托，基于这些智能终端的应用系统为泛在学习提供了软件平台，人们能够随时随地与外界网络连接，获取任何所需的信息与服务。泛在学习既是一种学习理念，也是信息技术发展的结果。

二　泛在学习的重要功能

对泛在学习的作用与功能研究和认识从宏观和微观两方面加以审视。宏观视角将其与终身学习同样定位。如联合国教科文组织秘书长杜越在致词中指出，在现代信息技术的支持下，全民学习和终身学习的覆盖人群更广、地域更大；信息技术的发展提供学习条件和学习环境，内容更为丰富、可及，形式更为灵活、多元，泛在学习正在从一种理想变为现实，对于我们促进教育公平、社会和谐、增进民众福祉具有深远的现实意义和历史意义。杨志坚教授认为，学习实际上就是一种生存的方式，应该成为生存自觉行为。要让人类社会生存得更好，更全面发展，必须从被动转向主动学习。因此，终身学习是逻辑的、历史的结果。在全新时代背景下，人类进行泛在学习具有很大可能性。信息技术的发展，尤其网络的出现为全民的泛在学习和终身学习的实现提供了捷径，但我国泛在学习环境差异大，中西部地区之间差异更大。

微观视角上，何雪芬认为泛在学习具有泛在性和计算设备便携先进等特性，在泛在学习环境下，学习者可以在任何地方，任何时间，接入他们所需要的文档、数据和视频等各种学习信息，因此学习是一种自我导向的行为和过程，学习者可以积极主动地进行学习。泛在学习将成为最好的在线教育提供者，满足更多元的终身学习需求；成为最专业的移动学习引领者，提供最灵活、自由的学习方式；成为最优秀的社会教育服务者，提升城市文化建设品质。

事实上，学习已经成为人类生活的一部分，科技的发展应该为学习的真正发生营造环境，为优质学习提供保障，这是社会责任，也是政府的使命。毕竟只有全民终身学习，学习型社会才能真正实现；只有终身学习，人类才能"系统思考、自我超越、改善心智模式、建立共同愿望和团队学习"。

三　泛在学习的实现形式

泛在学习的实现形式是多元化的，其中无缝学习、移动学习和个性化学习近年来倍受关注。荷兰开放大学学习创新实验室中心主任马科斯·施佩西特博士认为，学习应该是无缝的。在科技发展日新月异的今天，个性化和社会化学习、正式和非正式学习之间在时间、地点和社会情境以及学习支持之间存在不连续性，影响了学习效果。因此，各种学习设备、学习任务和方式、物理环境和心理世界、生活空间和虚拟世界之间必须建立链接，尽量克服动态衰退的信息渠道、分布式的同步数据通道、现实生活中嵌入式的干扰信息、不同输出终端造成的学习内容呈现方式、个人观点和社会价值观冲突、真实世界衍生的各类信息的芜杂等对无缝学习造成的阻碍。他指出，对人类学习产生深刻影响的技术往往是那些消失于无形的技术。这些技术常融合于日常生活之中，被人们忽视，却是学习的"必需品"，人们无法使用和创生更好移动设备时才会感知其存在。为了更好地开发技术手段实现无缝学习，马科斯设计了"技术—增强—学习框架"（Technology，Enchancement，Learning，简称 TEL），指出无缝学习技术应具备成为多功能的个体学习中心、感召性和刺激性，能进行应用程度分析、网络化以及能进行记录和学习分析等特征。他对无缝学习环境构建的结论是泛在而开放的、情境的强感知性和个性化的新学习技术具有广阔的开发和运用前景；情境和设备的开发及设计要关注学习者注意力、创新性以及知识体系的完整性，提高潜在"突发教学事件"处理能力，确保学习效果。

移动学习作为泛在学习的实现方式，是当前的研究热点之一。巴西马里亚纳·C. 诺纳托（Mariana C. Nonato）认为，信息技术和现代通信手段已经扩展到创造、收集、共享和管理知识的方式之中。在这种情况下，移动学习是指借助于移动电话、平板电脑、笔记本电脑等学习移动技术支持而开展的学习活动。根据巴西国家电信局统计，巴西目前移动电话用户超过 273 万。手机已经成为集摄像头、视频、MP3 等为一体的高度融合的技术，具有很强的现实性和便捷性。泛在学习是个性化学习，个性化网络学习环境是个性化学习支持服务的重要载体，是下一代远程学习平台的重要研究方向。潘国清从学习者个性特征分析、学习兴趣与需求获取、个性化学习资源推荐平台的定义、个性化学习资源推荐等进行研究，指出若能将个性化学习环境的要素进行整合，构建有效的个性化学习资源推荐平台，可以进一步扩大泛在学习受众面，惠及更多学习者。

四　泛在学习的学习资源

学习资源是泛在学习的发生和开展过程中可以利用的一切显现的或潜隐的条件。很多学者结合自己实践研究了泛在学习资源设计、开发和提高使用效率等问题。图书馆，尤其是近年兴起的电子图书馆，内含丰富的数字化信息和文献资料是泛在学习顺利开展的学习支持手段和重要的资源库。泰国素可泰开放大学猜瓦·纳科姆（Chaiwat Narchom）介绍了泛在图书馆促进全民终身学习方面发挥的作用、运作机制、员工和服务情况以及如何推进泛在学习的开展。

课程是学习资源的一种重要形式，承载着一定教育理念，也是开展泛在学习的重要条件，并成为国内开放大学内涵建设的重要抓手。胡晶等人以网络精品课程与微课程为研究主题，指出 MOOCs 的开放性和可扩展性以及网络信息技术发展掀起的"微革命"浪潮，使"微学习"应运而生，泛在学习即将到来。微课程是网络课程的重要组成部分，要从形式到内容进行微观设计，实现知识内容的数字化创意和学习活动的有效引导。

很多研究者认为微课程是目前远程开放教育重点开发的学习资源，但很多教师关注了微课的"短"、"小"等外部特征，甚至将微课视为课堂浓缩，注重制作，而对质量跟踪和信息反馈不够，严重影响其功能的发挥，尤其是一些教师和管理者对微课程缺乏整体认识，仅仅关注课程的呈现形式，而忽略了课程内容才是基础。

五　泛在学习的平台支撑

泛在学习平台主要通过记录学员参加的课程培训、完成作业、考试竞赛、虚拟实践、调查问卷和各项交流等，实现对学员学习情况的全程跟踪管理和对员工学习培训需求的全面掌握，是泛在学习的重要保障。韩锡斌介绍"清华教育在线"网络在线教学平台的目标是实现设备、平台、资源的无缝衔接，学习者通过正式和非正式、有意和无意、系统和碎片化等多种学习方式的无缝切换，与生活和工作无缝融合，实现终身学习。该平台已有 300 万用户，为 400 所高等院校提供支持与服务。支持个性化学习的举措包括基于小知识单元学习；微视频讲解导向、测试配合；播课学习，拓展各种学习资源和活动。支持网上学习共同体的举措有围绕小知识单元的讨论；基于课程的答疑讨论；借助社交软件拓展交流。支持基于大数据的学习分析以便以技术促进过程性评价，发展学习者自适应学习能力。

马来西亚宏愿开放大学洪忠胜（Sheng Hung, Chung）以该校的开放式远程学习环境中移动学习平台为例，阐述了泛在学习平台建设的经验。该平台由移动学习研究小组（MLRG）启动，旨在推动移动学习经验，为远程学习者提供可替代学习经验，开展移动学习应用和发展研究，学习者可以方便获取各种学习资源和信息。该平台主要采用了对移动学习相关活动进行设计和实施；建立移动学习框架；为移动学习和及其应用程序开发教育标准；对移动学习平台的媒体格式和技术进行研发和测试；不断审查有关行动学习教与学方面的挑战和问题并及时克服。

一些代表认为，泛在学习平台建设已成为远程开放教育机构建设的重要内容；平台建设应简单、适用、高效，坚持人性化、标准化、智能化、多元化的设计理念，帮助企事业单位形成学习型组织，为社会各类学习者提供便捷的学习和培训，并进行高效、有序的管理，从而促进对学习者的知识、观念、技能、行为的统一管理，提升整体工作效能。但平台建设要因地制宜，国家和政府也要出台相应举措，促进均衡发展，将技术成果惠及不同的学习者。

六　泛在学习的质量保障

　　泛在学习秉承开放、灵活、全纳、终身的教育理念，物联网、云计算等综合技术的成熟为学习环境创设、学习模式设计、学习资源开发、学习评价、管理机制等为泛在学习提供技术支持和思维导向，使得泛在学习质量有了保障，助推全民学习、终身教育体系的构建和学习型社会的建设。针对泛在学习的质量保证，曹红岩和刘向宇开发了应用教学设计 ADDIE 模式，从网络教育机构和工作者角度出发，提出在课程设计过程当中分析、设计、开发、实施和评估各阶段针对学习拖延的对策，减少网上学习行为的拖延。

　　学习支持服务是保证泛在学习质量的主要内容，因此无论是开放大学还是一般办学单位都非常重视这方面的建设。学习支持服务是综合性的而不是孤立的，适当的技术措施很重要，但必须从开发学习材料转向以人的发展为本。通过提供多样化学习支持开发各种丰富多彩的学习活动，超越学生社区，帮助农村群众获取学习机会。泰米尔纳德邦开放大学马鲁甘（Krishnapillai Murugan）博士介绍泰米尔纳德邦开放大学保证泛在学习质量的主要指标涉及入学（如通知、提交申请阶段、学员和信息筛选、学习者身份的确认、发放学习材料、学习中途材料寄发）、面授、提供持续评估信道、考试时间表、后期检查等。学习支持服务系统应包括的活动元素从录取通知发放到认证及其期间的所有活动，主要指标包括在线等待时间（Waiting – line/queue）；单一界面或窗口（Single – counter/Window）操作；高质量的反馈；所需的服务实用性；客户端准备等。该学校尽可能将所有支持服务内容进行网上操作，除了便捷之外，也增加透明度。另外整个系统由多个部门甚至行业构成，形成了完整的反馈机制。这些认识和充满本土气息的实践无疑为我们开展泛在学习战略思考和质量保障实践提供有益的借鉴。

　　无论是国内还是国外，为了保证和提高泛在学习质量，学习工具和设施开发以及环境营造等受到很大重视。鉴于越来越多远程学习者对学习厌烦以至于逃避，上课注意力不集中，很少参与教师和学校的互动；而另一方面，手机特别是智能手机在交换消息、导航和浏览互联网等方面存在优势，巴西雷纳托·莫兰斯以传统课堂作为实验室，开展短信远程教育学生互动性增强以及教育质量改进的研究。一年研究发现，手机是学习者和师生之间最常用最有效的互动方式，实验中的两次测试（使用手机和不用手机）结果显示学习者成绩的平均值存在很大差异。学习者用短信直接和老师互动，保证互动的顺利开展，提高质量，但设备成本和通信费用是这一学习方式的主要问题，很多学生承受不起。国内韩庆年对大学生的访谈和问卷调查显示，大学生微信使用率高，但主要集中在社交和娱乐，对学习功能的认知度低，使用少，有待开发。数据也显示大学生对微信用于移动学习有强烈意愿。分析表明，年级、学校类型、使用频率、微信订阅号的个数等与对微信学习功能的使用意愿显著相关。移动设备是开展泛在学习的重要工具，科学设计和合理运用是保障学习发生和提高质量的关键，但如何克服这些设备的机械性和误用（玩游戏）也是一大挑战。

七　泛在学习实践推进及成效

学习主体、客体和环境是影响泛在学习效果的主要因素。中国国家开放大学为了营造泛在学习环境，促进泛在学习全面推进，基于中国远程开放教育资源需求数量庞大、散落各地、随时学习、并发访问等特点，大力推进建设远程开放教育云平台、云教室、移动学习终端等网络学习环境；聚集、建设和推送等网络学习资源开发和运用，以及混合学习和全民网络学习等泛在学习模式创新，积极为全民终身学习理想的实现进行全方位的系统化的实践探索，为更多学习者提供学习机会，推动终身教育发展。

伊朗国立开放大学赛义德·穆罕默德·穆萨维（Seyed Mohammad Mousavi）通过比较和内容分析法，发现伊朗远程开放教育面临动态和复杂的环境、使命、管理、大学独立性、教育技术可行性开发等多方面的挑战，提出要建立国内大学与国外大学和研究机构的协同战略联盟；发挥数字化学习潜能优势，促进以学生为本的国家发展；争取基于大学与社会的相互关系的新资源和财政支持；重视专业技能发展以便满足社会需求和有效参与解决教育问题；强化跨场域、多领域的研究，全面提高泛在学习成效，确保全民终身学习的实现。

上海开放大学致力于为市民提供泛在学习条件和支持服务，全力打造"新型大学"，包括建设远程开放教育办学系统和学习型社会建设服务指导系统；着手完善上海市学习型社会建设服务指导中心、上海市教育资源库、上海学习网、上海市终身教育学分银行和上海教育城域网核心节点。重点包括：（1）满足外来务工人员、残疾人、老年人、服刑人员的多样化学习需求，扩大服务受众群体；（2）通过自建、共建和引进等方式，建设上海终身教育资源库和数字图书馆，促进学习资源的开放共享，为广大学习者所共享、向社会开放；（3）构建支持高速访问、多网互通、云计算服务的网络基础平台，构建满足市民终身学习需求的个性化、多终端的网络学习系统，优化泛在学习的网络环境；（4）建立学习支持服务体系，为开放大学学生及社区居民提供在线客服、网上论坛、服务热线、一站式学习服务中心等多方面支持，提供便捷优质的支持服务；（5）实施宽进严出的学习制度，致力于构建开放教育质量保证体系，以赢得学习者和社会的认同；（6）搭建学分认证与转换平台，为全体上海市民开展继续教育学习成果认定、积累和转换，以及学习能力的认证、学习成果记录等。这些举措有力地促进了泛在学习在上海的开展。

印度尼西亚开放大学的特里哈特莫佐（F. A. Triatmoko H. S.）运用实证方法研究数字化学习课程监测和评价活动。该研究试图通过数字化学习的监测和评价绘制数字化学习实施状况和描述数字化学习课堂的五个组成部分，即规划、内容设计和制作、交付、互动、评估。研究结果发现，监控和评估作为面对面教学辅助手段的数字化学习，不仅数量增加，学习质量也有所改善。目前，该大学数字化学习课程的数量比 2012 年增加两倍。

八　泛在学习与泛在学习者

马科斯从学习者角度指出人们在学习过程中往往缺乏思考，真正的学习发生于基于情境的个人反馈，差异应被视为一种资源，它使得学习更具个性化，促进不同情境和模式中的对话和反思。情境设计者和导师应该关注学习者的注意力、不断激发新的学习期待和愿景，促进学习者建构自己的知识体系。他强调情境性知识能更好提高学习者注意力，社交媒体应该融合奖励和社会激励机制为促进学习提供"正能量"，并结合真实的公共活动引发学习者深入思考和讨论，激发他们的求知欲，提供无缝学习需要的无处不在的开放内容存取通道、灵活的感知数据聚集、同步的学习模式的更新和动态可视化的输出指标。胡峥嵘关注了少数民族地区开放大学的建设，胡盛林进行构建中国特色的农村泛在化学习服务体系研究，探索满足边远地区少数民族群众和农村弱势群体多样化学习需求、促进教育公平和克服基础教育过度考试压力弊端等问题。

九　泛在学习的研究视角

在远程开放领域泛在学习实践如火如荼，从传统课堂学习到数字化学习，到移动学习，再到无缝学习，学习方式发生了翻天覆地的变化。但理论研究相对不足，根本原因之一是对该问题研究缺乏方法论支持。针对这一问题，程建刚教授认为，开展泛在学习研究似乎是希望人类摆脱计算环境，融入真实学习环境中，但是一落地又回归到移动设备等上，人们被设备"绑架"，他希望坚持一种回归视角，从学习方式变迁角度而不是技术应用视角来看待这一问题，从非技术的视角来探讨泛在学习方方面面的问题。他建议在此基础上建立泛在学习研究框架，而不应仅仅着眼于小范围、小规模和单一目的的实验研究，从泛在学习核心理念、理论基础、学习模式、实践方法、学习支持和资源、标准与规范、平台架构和关键技术、学习环境的部署等全方位系统地进行研究和实践。

《国家中长期教育改革与发展规划纲要（2010—2020年）》指出："开展多层次、宽领域的教育交流与合作，提高我国教育国际化水平。借鉴国际上先进的教育理念和教育经验，促进我国教育改革发展，提升我国教育的国际地位、影响力和竞争力。"本次会议以国际比较的视角和全球视野，聚焦泛在学习，判断其教育价值取向，总结各国已经开展的丰富多彩的实践活动，交流从不同环境、体制和国情条件下取得的经验，思考其在数字背景下对促进教育教学改革和创新提供的机遇，取得了丰硕的成果，超过了上海开放大学组织这次会议的预期。诚如蒋红校长所说："上海开放大学将发挥联合国教科文组织东亚远程与开放学习姊妹大学网络的作用，促进教育技术新成果和优质资源共享，增进在远程开放教育领域的国际交流与合作，推动开放远程教育和泛在学习的发展。"

教育与技术的深度融合一语已被人们普遍接受并广泛应用。技术正推动着一场深刻的教育变革和教育理念、制度、内容、模式、方法的创新，谁也输不起这场变革和创新。但归根结底，技术是动力又是手段，如何认识和利用这种动力和手段取决于人。我在大会点评中十分赞赏迪德教授演讲中在大篇幅讲述了他如何利用先进技术手段进行教育教学创新实验的过程以后，强调：重要的不是技术，而是人，而是与时俱进、转变教育理念，是如何利用新技术推动和达到教育改革和创新的目的，培养好知识社会、网络化社会、全球化社会、学习型社会中生活和立业的一代新人。此语可谓画龙点睛，也为本次国际会议的研讨做了最好的注脚。

为了更好地展示和交流本次会议的成果，我们把这次会议的主要成果汇编成这本600页的论文集出版，作为本次会议纪念。

（《2014年上海泛在学习国际会议文集》前言，上海电子音像出版社2014年版。此序成文，要感谢徐辉富博士在整理大会素材和发言要点方面的帮助）

初衷、思路及组织

——教育部综合改革司委托课题"中国特色开放大学体系的建立和发展"研究报告前言

  中央广播电视大学和北京、上海、江苏、云南、广东五所省市电大作为国务院教育改革试验项目，2012 年和 2013 年先后被批准转型升级为开放大学，开启了我国建设现代开放大学制度、推进终身教育理念和学习型社会建设、促进教育公平和社会公正进入新阶段；同时，也带来了一系列问题需要回答和制定相应政策的需求。如下问题几乎经常被来自社会、同业、同行、政府人士提出：开放大学与电大究竟有什么区别？其余的电大怎么办？开放大学能破解人们对电大的质量质疑吗？少部分电大转型升级为开放大学、获得一定自主办学权以后对全国大一统的系统办学会产生什么影响？如何应对？等等。适逢其时，上海开放大学组建开放教育国际研究院，正征集研究课题。作为该院客座研究员，我提出建议，对"中国特色开放大学体系的建立和发展"开展研究，经专家审核和学校批准，后又列入教育部综合改革司委托课题，2013 年底立项、启动。此乃课题来历。

  我和当时的研究院院长张德明教授、副院长徐皓教授深知，这个题目靠一个人、几个人、一所学校是做不了的。于是聘请国家教育咨询委员会终身教育体制机制改革组组长、中国教育发展战略协会会长郝克明先生为顾问，联合了国家教育发展研究中心，国家开放大学，北京、上海、江苏、云南、广东五省市开放大学，天津、重庆、广州三市广播电视大学，华南师范大学等单位派出研究人员组成研究团队，分成体制体系、质量和平台建设三个分课题组，用三个月时间开展先行和基础研究。在此期间，对 100 多名开放大学/电大校长书记和相关负责人就 15 个重大问题进行了问询调查。在分课题报告和问询调查的基础上起草了报告初稿，送交中国教育发展战略学会于 7 月 12 日在北京召开的专家研讨会审议。这次研讨会是高层次和富有成效的。研讨会不仅请来了清华、北大等名校的相关专家，而且，教育部职成司、综合改革司、国家教育发展研究中心的多位司领导和国家开放大学、北京、上海、江苏、云南几所开放大学校长都出席并发言，对报告作了肯定的同时，提出了很多宝贵意见。郝克明顾问每次都仔细阅读报告稿，并提出意见和修改建议。在考虑来自各个方面的意见、评论和建议的基础上，反复征求内部和外部的意见，对报告进行了近二十次修改，于 2014 年 8 月底呈送上海开放大学并报送教育部。

令人鼓舞的是，这份报告送教育部不久，就传来了袁部长对报告作了重要批示，要求相关部领导和司局参照本报告进一步修改即将出台的相关文件，提出开放大学/电大发展的长远的、全面的意见。我们的研究成果能送到教育部领导的办公桌上，并受到重视，对于研究工作者来说，再难有更高的奢望了。

我给教育部领导抄送这份报告时曾报告了如下几点感触和进行此项研究的一些体会、报告撰写的一些指导思想，谨抄录如下，供诸位读者研读和评论这份报告时参考：

1. 电大/开放大学一事，一旦细究，十分复杂。四大因素构成了她的复杂性：漫长、曲折的历史发展；牵涉面太广；错综复杂的既成利益关系；政府、学界、社会和开放大学/电大自身观察开放大学/电大问题的理念、视野、视角、思路、办法差异极大，取得共识甚难。教育部关于办好开放大学的指导意见多次易稿，近两年仍未出台可谓例证之一；

2. 形成和导致广泛共识是解决问题和决策的基础。我们从一开始就深知此事不易，我们也是从一开始就希望我们的研究能为此做出努力和可能的贡献，虽然我们深知我们的目的可能达到也可能达不到。我们的工作是努力做好以下两点：一、把历史的和当前的事实弄清，附以必要的数据和案例，为大家都从实事中求是提供根据；二、阐明国内大势和国际大潮、趋向，使所有人都能站到面向未来的国际视野和视角上观察和解决我国开放大学/电大问题。我们深信，这是正常情况下两条通向共识建立的大道。我们做出了我们最大的努力。

3. 开放大学/电大涉及 360 万学生、十几万职工、几十个省市部门、上千个地县，真乃牵一发动全身，既必须改革前行，又必须慎之又慎。我们提出一些建议的指导思想是：一、在提出通过改革创新革除弊端的同时，充分肯定电大的成绩和历史贡献、促进在新体系中发扬过去的成功经验；二、老系统的创新和新系统的建立尽量考虑到方方面面的关切，尽量使所有人各得其所、各有奔头，都能看到新型、共创、共建、共享、共赢的未来的希望。

4. 电大转型和中国特色开放大学体系的建立还关系到我国高等教育体系的创新、改革，关系到我国学习型社会建设，也关系到我国如何应对社会转型催生的在全球范围内涌动的新的教育理念、教育模式、教育创新和改革问题。我们认为，提出一个面向世界、面向未来、面向中国特色社会转型实际的指导中国特色电大转型、开放大学及其体系建立的顶层设计，并在此基础上提出当前和今后一段时期面临的一系列重大和现实问题的全面和长远的因应之道、具体政策，历史地落在了教育部即将出台的指导意见身上。从9月2日送国家教咨委终身教育体制组征求意见的这个文件的最新修改稿看，达此目的，尚需进一步达成共识，再加以修改。

这份报告能最终成型、完稿、送交、出版，作为课题组召集人，我首先要感谢郝克明顾问和教育部综合改革司领导的鼎力支持，还要感谢上海开放大学和蒋红校长、顾小敏副校长的自始至终的关注和支持，感谢上海开放大学老校长张德明教授，感谢各参与学校、单位的大力支持，感谢北京、云南、江苏开放大学三位副校长张铁道、罗骥、金丽霞教授分别率领三个分课题组并按时完成任务。我要特别感谢一年来经常在一起研讨交流、承担很多我个人无法完成的事项、推动此项研究前行的三位同仁，即上海开放大学原副校长徐皓教授、华南师范大学丁新教授和上海开放大学的翁朱华博士的精诚合作和辛勤付出，也要感谢江苏凤凰出版集团教育出版社如此重视和以如此快的速度出版这份报告。

我多次声明，对如此复杂的问题，我们报告反映的看法仅仅是一家之言，不当之处，欢迎批评指正，更愿意展开进一步探讨。我们更乐见因为我们的研究，引起更多人对我们提出的问题做进一步研究的兴趣，在开放大学、电大系统和远程教育界形成一种畅所欲言、自由探讨的氛围。我们没有别的目的，唯一的目的就是希望通过这类探讨为领导部门决策提供参考视角和意见，促进电大转型升级，促进中国特色现代开放大学和现代开放大学制度的建立，促进适应中国国情、富有活力和开拓创新动力的新型开放大学体系的形成。

2014 年 11 月 15 日

（教育部综合改革司委托研究课题"中国特色开放大学体系的建立和发展"研究报告前言，报告由江苏教育出版社 2015 年 3 月出版）

机遇挑战与改革创新

——为我国非通用语种发展建言

一 机遇与挑战

13 亿人口的中国在贫困和积弱中度过了 100 多年以后，在几十年时间内迅速崛起，引起了全世界的关注、惊羡、质疑和个别守成大国千方百计的挤压、阻扰甚至威胁。化解这些不利因素，赢得最广泛国家、政府和人民的理解和支持，是我国继续平稳向前发展、实现合作共赢外交理念和"一带一路"等重大战略不可或缺的条件之一。越来越多地在民间和官方使用非通用语言和重要民族语言，即官员和草根民众都能听懂和理解的语言所产生的亲和力、所表现出来的大国风度和对弱国、对发展中国家的尊重，在新中国的外交历史上已经一再得到证明。1972 年，对华友好的已故斯里兰卡总理班达拉奈克夫人访华，坚持要在人民大会堂的国宴上用本民族语言也是斯里兰卡国语的僧伽罗语发表演讲，周恩来总理接受了她的要求，也使我有机会随着班夫人第一次登上了人民大会堂宴会厅的讲台，人民大会堂大厅第一次响起和回荡着僧伽罗语的声音。班夫人觉得自己的语言和自己的国家得到了尊重，演讲后情绪甚高并对周总理一再表示了感谢。因此，培养足够数量的掌握一门甚至两门三门非通用语言、知识广博、活动能力强的高素质人才，能在这一进程中发挥独特的不可取代的作用。北京外国语大学亚非学院拥有不少很有说服力的案例。如马来语专业和僧伽罗语专业的两位教授依靠娴熟的语言技能，使用该语言在对象国形成的亲和力，对对象国政治、历史、文化以及民风民俗的深刻了解，以及很强的社会活动能力，赢得了该国民众、文人、官员乃至总理、总统的赞赏和尊重，成为两国沟通、友好、合作的一座特殊的民间桥梁。

人所共知，小语种人才专业面向较窄、适应性差，人生面临的生涯和职场变化与挑战会更多；小语种人才面临同样挑战要求要有更强的适应性，要付出更多，要有更好的思想的、意志的、能力的、素质的准备和潜力。人生变化难以预料，计划经济人才培养与分配使用由政府统包时期尚且如此，快速多变的市场经济和与国际变幻相联系的职业更是如此。我的职业生涯中几次变化的时代烙印过重，不足为训。但我工作几经变动，离自己原学专业越来越远，却尚能适应几次变动的岗位，都还做得可以，这很大程度上得益于我在学校学习和工作中养成的一些做人、做事、求知、思索的基本素质或者叫综合素质。因此，学校总结小语种办学50年的经验，提出小语种人才培养目标是多语种、复合型，是学校办学理念和办学方向上的一次重大突破和拓展，已经并将继续对非通用语种办学产生积极影响。如能加上较高的综合素质目标，既有利于增强学生毕业后发挥非通用语言独特功能的活力和能力，更有助于增强学生应对未来多变社会和多变人生的能力和潜力。

应当说，国家审时度势，要求大力发展非通用语种的决策，带来的既是机遇，也是挑战。

二　改革与创新

作为过来人（原第一届僧伽罗语学生、教师和一段时期的负责人）和后来的教育部教育发展专业研究人员和联合国教科文组织高等教育专家，我深知，要达此目的，既非易事，更非不可能。以下几件事可能至关重要：

1. 转变理念。

要坚决改变语言人才的培养主要是让学生熟练掌握和使用所学专业语言的能力的传统观念。要拓宽视野，从人类社会正在向信息社会、知识社会、全球化社会过渡，中国崛起面临的机遇和挑战对外语人才提出的要求出发，根据不同语言、不同对象国、不同周边地区实际情况，确定不同专业方向的多语言、复合型和高素质培养目标的具体内涵和具体要素、要求。如果说非通用语种包括联合国使用的六种语言以外的所有语言，则从上亿人使用的印地语、印尼语、日语到一个小岛国几十万、十几万人使用的语言都可包括在内。无疑，不同语种及相关国情、周边状况，差别极大。因此，坚持一定的同一性的同时，不同语种不同专业在贯彻多语种、复合型、高素质办学理念时，应当允许甚至有要求有不同的内涵、要求和特色。这既是学校、学院的事，更是每一个专业的事。

2. 改革课程结构，更新课程内容和教育教学方式。

只有课程结构和课程内容作相应的改革和创新，上述理念、目标和要求才能落到实处。要至少每隔两年，从多学科、跨学科的视角审视、改进、调整和优化课程结构和教学内容。要给非通用语种课程安排、学生选修不同课程更大一点的自主性、灵活性。学校和学院一级的课程安排拟给小语种专业一定的机动余地，以彰显其特色或因应其特殊要求。要鼓励甚至要求学生必须学习一门与专业语言关联性较大的通用语言和至少一门邻近的非通用语言，并达到能用或基本能用的程度。要考虑专门为非通用语种开设一些必要的必修课尤其是有关国情、地区次地区形势、相关热点问题等方面的选修课、定期讲座，最好做到有计划、制度化。要创造条件包括利用假期安排学生到国内外相关机构、企业实习。非通用语种尤其是在小国、穷国使用的小语种专业，一般图书资料甚少。建议国家按语种拨出专项经费，在本语种建立使用方便的小型图书音像资料室。要充分利用现代信息技术手段，尝试建立互联、互通、立体、高效的学习平台、环境和氛围，以有利于学生合理有效地利用时间，完成繁重的学习任务。

3. 建设多语言、复合型、高素质的师资队伍。

要培养多语言、复合型、高素质的学生，必须首先有一支已经达到这一要求的师资队伍。由于种种历史的和客观的原因，相当一部分教师还必须为此付出很大的努力。因此，制定切实的师资队伍补充、优化、培训、提升的规划，包括必要的激励措施，争取五年或更长一点时间内大部分教师能达此目标，并在专业方面各有侧重和所长，至关重要。鉴于非通用语种的基础弱、特殊性、服务国家战略的紧迫性和专业建设的开拓性，建议国家实行特殊政策，放宽非通用语种的教师编制数，以利于教师有较充裕的时间和可能参与教学、科研和实践活动的良性循环，以便较快地提升水平。马来语、僧伽罗语等语种的经验也说明，在普遍提高教师水平的同时，注意发现、培养一位人品好、学问好、活动能力强、在本专业和在对象国都有一定知名度和影响力的学科带头人同样重要，如果不是更重要的话。

4. 注意大趋势的观察与研究。

当今世界，研究不应当是人为划定的所谓研究型大学的专利。知识、技术、经济、社会日新月异，变化越来越快，任何一所高等学校，没有一点研究能力和一点研究会越来越感到难以为继，更谈不上办好。小语种办学要取得长期主动，领导者和实践者不能不注意国内外大趋势的观察与研究。小语种人才的多语种、复合型、高素质的内涵一旦成型，不应当是固定不变的、静止的；必然且必须随着国内外大趋势的变化而进行适时、适度而必要的调整。注意大趋势、反映大趋势，办学理念富有前瞻性，办学就能始终处于主动，就一定会使学生获得应对预想不到的社会和人生变化的潜力、能力和综合素质。如信息社会、知识社会、网络社会的形成、发展和人类生产、生活方式的演变，全球化浪潮和大国关系、国际关系的演变与趋势，中国崛起的道路、模式、经验、教训和对外关系及其对世界经济、政治、军事、安全、环境的影响，对象国及周边国家、地区的概况、发展趋势和热点问题，等等，都不可不予以关注，并适时反映到课程结构、教材内容和各种相关活动中去。

这是一次非通用语种教育工作者渴求多年而不遇的历史性机遇，又是一个催人奋进的挑战。它不应当仅仅意味着北京外国语大学教授非通用语种数量上的一次跨越式扩张，而应当是一次学校转变办学理念、更新课程结构和教学内容、按照新的形势和要求建设师资队伍，因而有相当深度和难度的教育创新与教育改革，是学校办学进程中的一次质的提升、一次转型升级和向世界一流外国语大学迈进的一个新的起点。照此坚持十年二十年，北京外国语大学必将成为我国培养掌握多种语言、有一定专业背景、知识面广、活动能力和适应性强、复合型、高素质的新型国际化人才的摇篮，更好地助中国崛起一臂之力；也必将在世界一流大学的行列里争得一席之地。幸逢盛世，在国家和教育部的大力支持下，有学校和学院领导的高瞻远瞩和强有力规划、部署，达此目标是完全可能的。我衷心祝愿学校取得成功，并相信一定会取得成功。

（载《神州学人》2016 年第 1 期）

【《苏州大学学报》（社会科学版）编者按】中国高等教育管理体制的改革正逐步接近"深水区"。原联合国教科文组织高等教育专家、教育部教育发展中心研究员、北京外国语大学党委副书记王一兵先生，阅历丰富，视野开阔，早在20世纪90年代初就曾针对西方发达市场经济国家教育运行机制体制中国家、大学、市场、社会的互动关系，大学自主的本质、边界、局限等问题及其可资借鉴的地方连续发表了三篇文章，并相继被《教育研究》《新华文摘》《中国比较教育文选》《教育发展评论》等全文转载，为国人在这一领域的研究和决策吹进了一丝新风，展示了一个不同的视角。前不久，王一兵先生再次从这一视角出发，就我国"十三五"规划期间如何通过深化高等教育体制改革、走出高校放权"一放就乱，一乱就收，一收就死"的怪圈提出五条具体建议，得到教育部主要领导的关注和重视。征得王一兵先生的同意，现将其建议修改稿刊登于此，以期引起关心高等教育管理体制改革的学者和专家们更深入的探讨。

如何走出高校放权"一放就乱，一乱就收，一收就死"的怪圈

2014年，国家教育体制改革领导小组办公室关于进一步落实和扩大高校办学自主权完善高校内部治理结构的意见（教改办〔2014〕2号）提出"把该放的放开，把该管的管住，针对每一个放权事项建立监管办法"以后，明确要求要"避免一放就乱，一乱就收，一收就死"。教育部政策法规司负责人近日撰文指出，长期以来，政府和学校的关系是一种控制和反控制的关系，而不是良性的、有机协调的关系，由此导致在高校自主权的问题上存在着"一放就乱，一乱就收，一收就死"的怪圈（孙霄兵，2015）。可见，"一放就乱，一乱就收，一收就死"仍然是我国按照已经颁布17年的《中华人民共和国高等教育法》落实高等学校办学自主权的进程中决策者和执行者的担忧，我们仍然没有走出这一怪圈。创新已

被列入我国发展的核心理念。创新归根结底靠人，靠激发高校办学和创新的动力、活力、能力和潜力，源源不断提供创新人才。因此，走出几十年来我国高校放权"一放就乱，一乱就收，一收就死"的怪圈是一个无法回避的挑战，深化我国高等教育体制改革和创新是走出怪圈的不二法门。

1. 怪圈的来历和实质

怪圈是中国特色经济体制下管理高等教育遗留下来的产物；怪圈是历史上已经发生过的我国高校放权过程和结果的形象总结；怪圈是改革进程中同意要放权但又不触动计划经济体制下长期形成的高等教育管理的体制、制度和机制的必然的尴尬现象；怪圈又是对放哪些权、如何放、放后如何管、效果如何有点茫然、担忧和信心不足状况的概括。

2. 大学自主权的本质及其认识误区

大学自主权仅仅是政府与大学之间的问题吗？仅仅是政府与大学之间管理权力划分与监管的问题吗？是的，计划经济时期是如此。直到如今，学者和官员们对这一课题的研究成果汗牛充栋，出发点仍然如此。问题在于，中国已经不是昨天的中国。中国已经走上了市场经济的不归路，中国已经深深地融入了世界并与世界相互依存，中国同世界主流社会一样，正在快速向信息社会、网络社会、知识社会、全球化社会过渡，现在回答什么是大学自主权、什么是大学自主权的本质应当有新的视角、全球视野。

我们成天讲建设一批世界一流大学和学科。世界上95%以上一流大学和学科不在中国。他们数百年自主办学和管理并最终成为世界一流大学和学科的经验和教训，包括追求卓越、服务社会，与政府、市场、社会互动中某些反映普遍规律的理念、制度和体制有什么值得我们借鉴和参考的吗？

80年代后期，我曾经利用驻外机会，花了两三年工夫寻找西方市场经济条件下是如何回答这些问题的。我发现，所谓大学自主权，本质上是大学在与国家、市场和社会互动中取得立身、主动、发展，得以完成人才培养、科学研究、社会服务和批判、文化传承等几大功能的必须保有的最低权限；是一种大学、政府、市场和社会四个部分有较明确分工、既相互激励又相互制约的机制；是得到国家法律保护和法律规范，以保障高等教育健康发展、长期稳定、长盛不衰的制度和机制安排。在这里，国家仍然主要通过立法和拨款起主导作用，但不是主导一切；国家与高校的关系是这一体系、机制和制度中最重要的一个关系，但不是全部。

如果认可这个定义和大学自主权本质的认识，我们就可以知道我们的认识有哪些误区，我们的体系和机制中缺失的是什么，政府是否包揽了应当由其他部分如市场和社会承担的功能，放权以后的监管是否应当全部甚至主要由政府承担，政府是否越位承担了不应该由自己承担而又承担不起、承担不好的责任，与此同时，使应当担当此任者无事可做，也就知道我们为什么会担心一放就乱，为什么乱了的结果只能是走回头路，从而最终也就知道了我们要补什么，改什么，朝哪儿改。很显然，我们的机制体制中，市场的功能没有完全到位，社会参与和制约功能缺失，由此造成一方面政府管控权力和事项过多，另一方面高校生存在政府与市场的夹缝、被动、无奈和尴尬之中，既不能对政府说不，又无权直接面向市场调整自身的办学面向、专业设置、课程结构、内容和招生人数。市场和社会在这一机制中无正常管道和机制表达他们对毕业生质量的抱怨、他们的需求、愿望和改革建议，同样处于被动和无奈之中。这种状况不应当再继续下去了，通过深化我国高等教育体制机制的改革也是完全可以改变的。

3. 深化高等教育体制改革走出怪圈的五个关键点和着力点

根据以上分析，解决大学自主权问题不是仅仅解决好政府与高校之间管理权力划分问题，而是必须改革计划经济时期传承下来的高等教育管理体制，建立高校、政府、市场、社会既相互激励又相互制约的体制和机制，并在这一进程中，明确和通过立法保障高校的独立法人地位和积极主动发展所必需的起码的自主办学的权利，是一个高等教育管理机制和体制改革的系统工程。过去围绕高校放权的多年探索已经证明，任何单项突破的企图，包括仅仅通过政府与高校之间的权力划分以解决高校放权问题，都不可能成功，都必然以进入怪圈而告终。列出这一系统工程冗长的改革事项需要另行研究。我只想提出未来五年我国高等教育围绕高校自主权问题进行改革和创新的五个关键点和着力点，相信在这五个改革关键点上着力并总体推进，有可能使我们逐步走出我国特定条件下出现的高校放权的怪圈。

（1）让市场功能到位。主要由计划调节还是主要由市场调节是计划经济和市场经济两种体制的分水岭，虽然二者都可能是混合的。我国实行计划经济体制和后来的改革从正反两方面都说明，社会生产活动完全按政府制订的计划运行是不可能也是不可取的。向市场和社会提供人力资源"产品"的高等教育是否应当例外？回答应当是否定的。因为高等教育发展的速度、规模、专业、结构、课程、质量等只有面向市场、符合市场总体需求，它培养的人才、生产的知识、技术、服务，才能为市场所认可、吸纳，才能有效发挥服务经济和社会的各种功能，才能不会因为获得了充分的自主权而向象牙塔方向倒退，才能从源头上、体制上消除现在存在的相当一部分毕业生找不到工作，不少用人单位又抱怨找不到合适毕业生的尴尬现象。在这一方面，教育部从1977年开始，花了20多年的时间，逐步地平稳地坚定地打破了大学毕业生由国家统分统包的"铁饭碗"制度，完成了向毕业生自主择业、双向选择的市场化过渡，把大学的"产品"出口端交由市场检验和选择，把高校推向了市场，走完了发挥市场调控高等教育需求的一半路程。问题在于，大学生产"产品"的数量、品种、规格、质量等仍然由教育行政部门通过规划和计划管控，大学作为人才"产品"的直接生产者只能听命于政府，无权直面市场、主动调整自身办学行为，造成我国高等教育运行机制中的市场功能首尾不相衔接和协调，并直接影响我国高校活力、潜力和主动性的发挥。建议通过深化高等教育体制改革，在下一个五年中分步走完下一半路程。

具体建议：未来三到五年，实现高校自主决定本校招生专业和数量，教育行政部门完成从主要依靠计划到主要依靠法律和拨款调控高等教育发展规模的转变。工作重心从计划规划制订、执行转移到运用市场机制、弥补市场缺失。工作模式从依靠行政指令转移到主要依靠立法和拨款。主要任务是：一是保证高等教育发展的政治方向；二是严格按照高等教育法管理高等教育，建立新型高等教育运行机制和制度，落实和保障高等教育法赋予高等学校的办学自主权；三是促进教育公平，缩小地区差别，保障各种不利和弱势群体接受高等教育的平等权利；四是可采取设立专项基金、定向培养购买，甚至保留和必要时下达指令性培养任务，保证国家国防建设、科研攻关、重大项目等方面的人才需求；五是收集、研判和通报国内外高等教育发展和市场信息、动向、趋势，向高校提供咨询服务等。

（2）建立权威、公正、公开、透明、有效的质量监控机制，落实和把好严出关，是开始实行主要由市场调控高等教育规模的相应的必要的条件。非如此必乱。相关建议不少，可担当此任的机构不少业已存在，但要真正建立起上述社会认可、自己对此也有信心的高等教育质量保障机构、机制，有以下几个关键点和着力点。

——首先，中央和省市教育行政部门要从关注和直接管控甚至组织对全国2000多所高校的质量评估的具体操作中解脱出来，把精力主要放到三到五年建立建成并依靠上述机制上来。

——提出评估机构的资质和入门要求，制定必要规则。实行同行评估，依靠学术机构、行业协会，发挥第三方独立评估的作用已被认可，他们中不少业已存在。问题是，他们是为此建立、已经具备对高校进行专业性评估的资质和人员吗？要如此，必须制定什么游戏规则，对他们提出什么要求（包括可以担当此任的入门要求），什么时候达到这一要求？

——采取坚决措施，扭转不正之风，确保评估机构及其评估结论的公信力。非如此，评估机构再多，评估系统再完整，也不可能通过评估把好市场调节后高等教育的质量关和信誉关，保证优胜劣汰。客观、公正、透明的同行评估是让大学教授们接受、服气并最终达到提升质量目的的最好手段和唯一选择。在我国目前的社会风气和学风条件下，要达此目的，必须首先针对此风采取坚定措施。建议：一是现有评估机构常年使用一些固定评估人员的状况必须首先改变；二是现有和新建立的评估机构都必须建立经过选择、公示的不同学科的，由相关学科学问好、人品好、有原则性的相当数量学者组成的评估专家库，任期一般不超过三年，名单不得公开，有任务时评估机构和被评估单位一起随机抽取选用，组队后拟同高考出题时一样，行动有约束，一次违纪即实行退出或被逐出，并记入本人诚信档案；三是对任何准入评估机构及其领导和工作人员实行同样政策；四是对中央和省市两级承担高校评估任务的专业机构，包括大学建立的承担对其他高校评估任务的研究机构或中心的主要领导应实行诚信和公信力公示、经相关教育行政部门审核，信誉不佳的不能担当此任；五是评估报告先向被评估学校公示，一定期限后向社会公布等；六是通过立法，实行管评办分离，保证质量评估机构的独立性。

如能在"十三五"期间，完成或提前完成以上关键任务，就能建立起高等教育发展规模主要由市场调控后把好质量和信誉的第一道有效关口，就能把教育行政部门过多过重的功能转移到合适的地方，从而从中解脱出来，就能在相当程度上缓解"一放就乱"的担心。

（3）把高校章程变成法律。我国现行大学章程不是法律，甚至也够不上两个平等法人之间的一份有约束力的契约，而是一份经由上级部门批准、学校与上级管理部门之间的一种约定。上级单位有权力批准它，从理论上说，就同样有权力改变它、否决它。国际上无论发达国家还是发展中国家，一个大学的章程一般都是经国家或省州一级议会批准通过的一部法律，是高校处理同国家、市场、社会之间相互关系的法律依据，是高校办学，自主招生，设置专业、课程、机构，招聘员工，国际交流，确定经费使用和管理模式的法律保障。唯有如此，高校取得的自主权才不会受到主管行政管理机构因政策或领导人的变化而轻易发生变化，才能保障一个高校长期、稳定的依法办学和求得发展，才能在长期的历史发展和积淀中形成自身的办学特色，才能改变千校一面和向同质化方向发展的局面。同样，才能在高校、政府、市场、社会的相对松散的互动机制中建立起码的法律规范和刚性支撑。建议在这一点上与国际接轨，通过全国或省市人大或其常委会立法程序，使全国高校章程三到五年内在不同层级上变为法律。

（4）高校理事会应被赋予一定的参与重大决策的功能。我国高等学校理事会章程已出，把理事会定性为主要是一个咨询机构，这有值得商榷之处。在我国，理事会是学校面向社会、了解和接受社会需求、接受社会监督、纠正学校办学可能出现的重大偏颇的重要组织管道和重要保障之一。仅赋予咨询功能难以达到这一目的，应有选择地赋予一定的参与决策的功能，如学校中长期发展规划、全校性的重大改革和创新、办学面向的重大改变方案要征求理事会意见并征得理事会同意。为此，理事会成员的人数、资质、条件、结构、背景、能力、人品等拟根据理事会的功能任务，最好根据不同学校的不同情况予以明确。要防止出于特定功利目的的选人。非如此，理事会建起来可能很快，但仅流于形式，目的难以达到。这一机制不能有效确立、目的不能实质达到，将是市场机制到位后学校运行机制中的一大缺失——社会纽带和监督保障功能的缺失。

（5）建立校长遴选制度。高校是独立法人，校长虽是党委领导下的法人代表，但校长除要具备当好一校领导的一般条件外，有无自己的与时俱进的办学理念，有无改革和创新精神、国际视野、经验和人脉，有无担任校主要领导的实绩、经历、经验等，对能否完成校长的使命、对学校发展仍然至关重要。建议拓宽视野，建立由党委书记挂帅，教授、职工和教育行政领导机关、学校理事会代表参加的校长遴选委员会，在全国范围内公开遴选校长，最后从挑选出来的两到三名校长候选人中按学校章程选定或报送上级领导机构选定或批准。拟在未来五年中完成校长遴选规则颁发、选择并完成试点后分期分批实施。

参考文献

1. 《国家教育体制改革领导小组办公室关于进一步落实和扩大高校办学自主权完善高校内部治理结构的意见》，教改办〔2014〕2 号文。

2. 孙霄兵：《大学之道（九十七）——我国高等学校办学自主权的发展及其运行》，《中国高教研究》2015 年第 1 期。

（此文为本人 2016 年 1 月 8 日向教育部袁贵仁部长和国家教育改革领导小组办公室致函并提交的一份建议书。函如下：袁部长并国家教改办，教改办关于落实和扩大高校办学自主权〔2014〕2 号文明确要求要"避免一放就乱，一乱就收，一收就死"。能否避免、如何避免，将取决于如何深化我国高等教育体制机制改革。我从我国的实际出发，在厘清对高校自主权本质的认识误区的基础上，以保证此次放权能走出上述怪圈为主旨，提出了今后五年深化我国高等教育体制机制改革和创新的五个关键点和着力点。现将建议书冒昧呈送您和教改办参考、指正。祝好！王一兵。此文后载《苏州大学学报》（教育科学版）2016年第 1 期）

珍惜黄金时代，抓住战略机遇

一 开放大学的黄金时代

经过三年的调研、磋商和协调于今年1月颁发的教职成〔2016〕2号教育部关于办好开放大学的意见（以下简称"二号文"），标志着中国开放大学黄金时代与战略机遇期的到来。根据至少有以下四条：

（一）二号文明确了开放大学的办学理念：开放、灵活、全民学习、终身学习和高质、便捷。这一理念与时俱进，面向未来，在人类社会从工业社会向知识社会、网络社会、全球化社会、学习型社会过渡进程中应运而生，正在逐步成为指导各级各类传统教育适应经济和社会转型进行改革和创新的共同理念。网络教育的井喷式发展、教育教学学习模式创新层出不穷和MOOCs的出现就是明证。开放大学的本质使它在迎接和奉行这一理念上走在了所有高等教育机构的前列，构成它的鲜明特色、优势、与传统高校的根本区别和自身特有的理念自信。

（二）二号文明确了开放大学的历史定位和战略任务，即开放大学要奉行上述办学理念，充分运用现代信息技术，创新办学形式、组织模式和运行机制，努力办成服务全民终身学习的新型高等学校。二号文还赋予了开放大学一项历史性任务：到2020年，初步建成中国特色开放大学体系。真可谓厚望有加，任重道远。

（三）二号文赋予开放大学长期梦寐以求的办学自主。办学自主是建立建设一所完整意义上的大学的起码条件，也是困扰省市电大几十年的一个瓶颈。原来的省市电大没有独立办学的起码的自主权，包括独立设置高等专科专业的权利。二号文明确规定：开放大学依法自主设置、调整专业，按程序备案或审批。开放大学实行注册入学，学生修完课程并获得相应学分，即可获得课程证书，修满规定的学分并达到相关要求，即可获得相应的学历与非学历证书，符合学位授予条件的应授予相应学位。

（四）政府的政策支持与保障机制。二号文还明确要求"有关地方要将开放大学纳入经济建设、社会发展总体规划。建立部门联动、分工明确的开放大学协调推进机制，解决开放大学办学遇到的困难和问题，消除阻碍发展的体制机制和政策障碍"。实际上，自开放大学试点以来，一些省市政府已经采取了不少措施，改变电大长期被边缘化的状况。

以上都是中国省市电大人梦寐以求几十载而不得的，现在，随着开放大学的建立和二号文的颁发都有了，称之为"黄金时代"，并非夸张。

二　战略机遇与战略行动

黄金时代令人振奋，历史任务却不轻松。没有战略远见和战略自信，没有战略规划并付诸战略行动，就难以完成上述历史任务。二号文提出的主要任务虽有 12 项之多，我以为，能带动全局、把整个棋下活的在以下几条：

（一）坚持更新理念，办出强项，办出特色。开放大学从领导到全体员工要树立对开放、灵活、全民学习、终身学习和高质、便捷办学理念的自信，并以此指导学校的发展战略、规划、改革、创新和一切工作。与此同时，要下功夫吃透区域经济社会发展水平、特色、强项、问题、挑战和开放大学在区域特定环境中的功能和定位，办出强项、办出特色、办成一所真正得到社会认可的新型大学。地处祖国西南边陲、90% 以上为山区丘陵、少数民族众多、经济社会发展相对滞后、高等教育毛入学率刚达到 30% 的云南，没有必要与地处长三角、一马平川、经济社会发展居全国前列、高等教育毛入学率已过 50% 的江苏事事一样。每所开放大学的区域特色，所有开放大学区域特色的叠加，就是实实在在、丰富多彩的中国特色。

（二）坚持改革创新。奉行新的办学理念，创新教育教学学习模式，办出强项，办出特色，建成新型大学，建立中国特色开放大学体系，都没有现成答案，没有现成经验可以照搬；都必然与现行的教育理念、办学模式、制度、体制发生碰撞；都只能通过必要的理念更新，模式、制度、体制的改革与创新找到出路。改革创新是克服前进道路上的障碍，激发开放大学自身活力、发挥开放大学优势的不二法门。因此，二号文一再强调，要"更新理念","坚持深化改革","创新教学环境和学习制度,创新学校运行模式和保障机制,创建新型高等学校"。二号文很大程度上将改变开放大学系统权力运作的"游戏规则"和开放大学的生态环境,带来开放大学改革创新的难得机遇。如果说过去想革新而不能,现在改革创新则会得到鼓励和支持。政府把球完全放到了开放大学的手上。

(三)实行质量攻坚,建立质量信誉。开放大学要成为一所最终被教育同行和社会认可的新型大学,就必须下大决心、花大力气建立起自身的质量信誉。这包括但不限于建立严格的质量保障制度和机制。建立质量信誉,必须有更宽的视野,视质量为生命的校风、学风,学校全员质量意识的养成和多年不懈的聚焦和努力;必须关注和研究经济和社会转型和发展尤其是区域经济和社会转型和发展、人才需求和人力资源开发的动向趋势;必须适时适度调整与创新办学面向、专业设置、课程结构、教学内容;必须重视跟踪和研究学校毕业生的去向、反馈和社会认可度;必须拓展和调整办学合作伙伴,选取和吸纳优质教育资源;更必须按照开放大学的办学理念,从开放大学的办学面向和培养目标的实际出发,建立科学的具有开放大学特色的质量标准和质量观,积极认真探索推行开卷与闭卷、形成性考核与终结性考试相结合的考核方式,加大形成性考核比重,探索以完成实际项目和解决实际问题作为考核的方式,通过改革创新认真解决宽进后的严出问题。

(四)强化学科建设、师资队伍建设和学科带头人的培养。事靠人为,事在人为。没有这三项任务的优先和成效,一切畅想和规划都只能停留在纸上。强势学科、师资和学科带头人加上强有力的领导班子是开放大学的灵魂和创新源泉,是开放大学实力、质量和声誉的核心支撑。应当按照一所省市重点大学和新型大学应当具备的科研、教学、服务社会、改革创新的实力要求建设开放大学,方能保证开放大学有能力完成赋予她的历史使命。

三　交出合格答卷并非易事

二号文最后一条提出,要"围绕12项主要任务,研制开放大学办学基础能力和质量保障评估指标体系,引入第三方开展评估,发布评估报告,接受社会监督"。指标体系何时出台,第三方评估如何组织和何时引入，尚不得而知，但一场以"1+5"为对象、检验开放大学试验是否成功的"大考"迟早要来。我以为，无论是走在十字路口的国家开放大学，还是几十年来在系统办学中仅承担"二传手"角色、缺乏独立举办本科学历教育总体和综合实力的省市开放大学，要在不长的时间内交出合格的答卷皆非易事。但是，适逢黄金时代，又有政府大力指导支持，控球在手，经过努力，交出合格并令各方满意的答卷又是完全可能的。

谨以此短文祝贺《开放教育研究》创刊20周年。

（载《开放教育研究》2016年第2期）

附

中国特色开放大学体系的建立和
发展研究报告

一　开放大学的定位

（一）社会转型催生新的教育理念与教育模式

大量数据表明，人类社会正在快速向信息社会、知识社会、网络社会、全球化社会过渡，并催生了学习型社会，催生了社会成员多样化、个性化、泛在化、终身化的学习需求，催生了新的教育理念和教育模式。工业化时期形成的僵化的教育制度、层次结构及设定的各种教育板块、壁垒已无法因应和满足这些学习需求和教育需求，围绕专业知识开展的、以机械灌输＋标准化考试为基本特征的工业化流水线人才培育模式很难继续成为应对今天信息社会、知识社会、网络社会、全球化社会、学习型社会中学习和教育需求的标准模式和实现教育转型的路径选择。人们看到越来越多国家和学校推行双模式、多模式办学和混合式学习，面授、远程、网上，正规、非正规学习的灵活交替、逐步融合；全日制与非全日制、成人与非成人、学历与非学历、正规与非正规教育之间的壁垒逐步模糊、消失，开放、灵活、全纳、终身等教育理念和教育模式应运而生，并迅速成为当代世界教育包括高等教育演变与发展的一大趋势，成为引领教育包括高等教育面向未来革新、改革和发展的核心理念。在过去的 30 年中，这些理念分别、多次出现在联合国教科文组织召开的教育部长包括我国教育部长参加的会议通过的文件中。MOOCs 的出现带来的最重要的启示就在于，即使全球顶尖的传统精英大学也在考虑如何面对网络社会、知识社会中教育公平与社会公正的新挑战，因应新的学习需求和教育需求，接受新的教育理念和探索新的教育模式，改革它们沿用了上百年的传统的单一的校园和面授的教育教学方法，探索双模式、多模式办学和混合式学习。我国的清华大学是 1999 年首批被教育部批准进行网络办学试点的四所高校之一。2002 年，为了守住自身的质量声誉和精英教育的边界，主动关闭了其网络学院。2013 年，在 MOOCs 浪潮的带动下，又以更大的决心和力度再建"清华学堂"，并提出"在线教育正在触发大学传统学习形态发生根本性改变，知识传授模式、学生学习方式和教学组织方式的变化必将引发教育理念和教育体系的全面更新和调整"（陈吉宁，清华大学校长，2014 年版《大学的革命》代序）。清华大学在 10 年时间内对网络教育一下一上的变化无疑也是对上述启示的一种印证。

中国经历的社会转型具有深重的中国特色，即一个 13 亿人口、经历了几千年农耕社会、地域广袤、各地经济社会发展极不平衡的大国，要在短短的百年内快速走完西方 400 多年的双重社会转型：完成从传统农业社会向工业社会过渡的同时，向信息社会、知识社会、网络社会、全球化社会、学习型社会急剧转型。加上改革开放以后启动、仍在进行的由计划经济向市场经济的转型，中国特色社会转型呈现出明显的多元、多重、长期、复杂、交织、并发等特征，带来了前所未有的大量的复杂的社会问题，也催生了大量的特殊的多层次、多样化、个性化、泛在化、终身化的学习需求和教育需求。创新教育理念和教育模式，改革现行教育体制、教育内容，满足这些学习需求和教育需求是保证中国社会平稳转型的必要条件之一。

（二）开放大学的理念、模式与历史使命

中国的社会转型催生新的教育需求，呼唤新型大学的诞生。

开放大学是以开放、灵活、全纳、终身、优质为核心理念，面向全体社会成员，以现代信息技术为支撑、实行多种模式办学和混合式学习、服务终身学习和学习型社会建设的新型高等学校。

开放大学是新型大学，新就新在它的理念；新在它明确面向全体社会成员尤其是以大量失去了接受高等教育机会的大众和各种弱势群体为主要教育对象和其不可替代的促进教育公平和社会公正的作用；新在它依托和挖掘各种技术包括数字技术、网络技术、移动技术的巨大潜力搭建开放、灵活、方便、无时间地域界线、人们可以自由进出的广阔学习和求知的平台；新在它能主动、积极地捕捉和因应社会转型进程中催生的多样化、个

性化和不断变化的学习需求；新在它天生地具备完成上述使命的理念、平台、机制、潜力和能力。开放大学是我国高等教育体系中的一颗新星。开放大学的建立、改革、创新、发展、试验的意义远远超出自身。

开放大学的核心是大学、是负有特殊使命的新型大学。它的新还在于，她又不仅仅是大学。人们如果考察一下我国开放大学及其前身电大所从事的大量的学历与非学历、正规与非正规，服务于不同地域、不同人群的教育活动，就不难发现，开放大学还是一个集多种功能于一体、跨越人为设置的不同教育层次和教育板块壁垒、因应社会转型、服务于终身学习和学习型社会建设的新型教育综合实体。它们在长期的质疑声中，有意或无意地完成了许多不为人知的历史使命。它们所从事的大量活动证明，它们是我国终身学习和学习型社会的践行者，是各地紧缺人才和人才紧缺素质的培训者和提供者，是社会和谐和文明发展的助推器和稳定器，是教育均衡发展和教育公平、社会公正的促进者，是教育与信息技术深度融合的探索者和先行者，是当代高等教育新理念、新模式、新机制的探索者和开拓者。这是它们对于中国教育和中国社会转型与发展的贡献，也是它们已经践行并应当继续履行的历史使命。

上海开放大学及其前身上海电视大学过去20多年中办学的一大特色是，在努力办好学历教育的同时，十分重视不断变化的社会需求与学习需求，通过改革和创新，认真履行上述功能。例如，他们自20世纪90年代开始的对上百万上海市民的计算机技能培训和发证、和英国会计公司合作培训通晓国际会计规则的财会人员，不仅满足了干部和市民的新的不断增长的学习需求，提高了干部和市民的素质和能力，也有效地帮助上海市解决了改革开放初期计算机人才和技能紧缺和后来浦东开发初期合资独资企业缺少合格财会人员的问题。他们的办学定位得到了业内业外、上海市政府甚至国际上的普遍认可，成为我国少有的一所连续得到了联合国亚太经社理事会人力资源开发银奖（1998年）、联合国教科文组织教育技术应用一等奖（2007年）和世界远程教育理事会办学成就奖（2009年）的高等学校。直到蒋红校长两年前就任上海开放大学校长，上海市领导仍然明确叮嘱：上海不缺一所普通高等学校，上海需要的是一所奉行终身教育理念，为上海学习型社会建设发挥支撑作用的大学。我们认为，开放大学和电大的这种使命和功能应当得到充分肯定、支持和激励，应当成为开放大学建设、电大转型升级和定位的一个重要方面。从传统高等教育观念出发，主张要按照传统"大学"为开放大学划定不得逾越的边界，或者认为只能参照现存高等教育体系和现有高等学校模式寻找开放大学的边界和定位的看法是不可取的。

（三）"1＋5"试点的进展、活力与启示

"1＋5"的真正意义不在于中国高等学校序列中出现和增加了六所开放大学，而是在于：这是国务院下达的一项综合教育改革试验，是国家推动高等教育改革创新、探索建设有中国特色的学习型社会的一项重大战略举措。这项改革虽然启动仅两年左右，但已经取得了重要的进展。

1. 由于"1＋5"试点学校获得了一定的本科办学权，办学自主权有所扩大，使这些学校的专业和课程设置更加规范，更加贴近社会需求与当地经济发展实际，更加注重与普通高校名校包括国外名校、行业、企业合作，建立联盟关系，以提升办学质量、加强质量建设。

2. "1＋5"试点建设普遍得到了各省市政府、社会各界的大力支持，不仅解决了过去长期得不到解决的不少问题，而且大幅度提升了开放大学在建设当地学习型社会中的地位和作用。

3. "1＋5"试点多数学校的地县级分校和学习中心松散的状况得到根本扭转，增强了省市总校与基层分校或学习中心的合作，加强了本省市系统办学的凝聚力。

4. 学校部分办学自主权的取得，调动了试点学校改革创新办学理念、模式，试行双模式、多模式办学、混合式学习和中职、高职和本科衔接试验的积极性和主动性。

5. "1＋5"作为六个独立办学实体的出现带来的一个新气象是五所省市开放大学之间和它们与国家开放大学之间形成了一定的竞争关系，催生了改革原有体系和探索建立新体系的现实需求，也使国家开放大学面临新的压力，是其两年多来采取一系列措施加强自身建设，增强办学、管理和服务功能和能力的一个重要原因。

6. 开放大学学分银行在制度建设，实体建设，学分考核、认可，储存试点试验等方面都取得了显著进展。

"1＋5"试点的启示是：电大转型不是简单翻牌。设定明确目标和要求、符合条件、经过审核和批准的转型升级，是一次质的提升，是一项重大的教育创新与改革，是电大发展的一个新阶段，是建立具有中国特色现代开放大学制度及其体系体制的战略步骤和良好开端。

二　电大的转型升级

"1 + 5"以后，还有39所电大能否和如何转型升级，不仅是这39所
电大关注的问题，也是教育部和各省市自治区教育行政决策部门需要做出
的战略与政策选择。

（一）电大的历史贡献与转型升级的基础

自1979年2月6日至今，中央电大与全国28所到后来的44所省市
级电大已经运行了35年。目前有1125所地市级电大分校、2021所县级
电大（工作站），累计培养本专科毕业生近1000万人，各类非学历教育
培训6000多万人次，为我国经济社会发展培养了大批"学得进、用得上、
留得住"的人才。更重要的是，在过去的35年中，中央电大和各省市电
大对在中国国情条件下如何发展开放远程教育进行了长期的探索，并且积
累了丰富的经验，如自学试听生、注册试听生和1999年开始的人才培养
模式改革和开放教育试点等，为它们今天的转型升级奠定了重要的基础。

（二）电大转型升级的必要性

1. 电大转型升级是促进和保证教育公平和社会公正不可或缺的砝码。
高等教育大众化乃至普及化不会自然解决教育公平问题。我国高等教育大
众化15年的进程，包括发达国家高等教育大众化的历史和目前普及化的
进程都表明，如果没有明确的政策倾斜，不同地区、群体之间在高等教育
大众化、普及化的进程中接受高等教育的数量和质量方面的差距还可能拉
大。英国开放大学的优先发展战略报告（2009/10）指出："全球化和技
术进步正在加重人们对社会公正的关心。如果不能面向全体公民扩大一切
可能的教育机会，全球化的市场、高技能的经济体和尖端的技术就可能只
是有益于少数的特权人群，而将这个社会的大量弱势成员排除在外。"一
些西方有识之士也担心知识和科学技术的飞速进步加剧了社会不公，将使
资本主义变为"精英主义"，变为"1%的人（精英和富人）统治的掠夺
性社会，普通人很难再见到上升到中产阶级的路径"（施瓦布，达沃斯论
坛主席，2013；玛丽亚·斯拉芙特，普林斯顿大学荣誉教授、新美国基金

会总裁、前美国国务院政策规划司长，2013，达沃斯）。这也成为一些西方政治家关注 MOOCs 发展的一个重要原因。与崇尚精英主义、以培养精英为荣的普通高校相反，我国开放大学/电大奉行开放、灵活、全纳、终身的教育理念，追求教育公平和社会公正，注重面向各种不利地区和弱势群体，实行开放灵活办学，其学生数超过我国高等教育入学人数十分之一。电大转型升级，扩大和提升其办学功能和能力，不仅是我国完成高等教育大众化历史进程进而逐步迈向普及化阶段的一支不可或缺的重要力量，更是促进和保证教育公平和社会公正的不可或缺的砝码。

2. 电大转型升级是满足社会转型时期学习和教育需求的战略选择。中国特色的双重社会转型产生多样、多重、多元的学习和教育需求，开放大学作为集多种功能于一体，并覆盖全国城乡的庞大的综合教育实体，是我国现行教育体系中最能满足这些学习和教育需求的教育机构。电大转型升级，扩大和提升其办学功能和能力，认可并大力支持这种奉行有教无类，人人、处处能学，时时、事事可学的综合教育实体，应当成为我国改革现行教育体制和模式、适应中国特色社会转型的重要创举和重大战略。

3. 电大转型升级是电大的合理期盼。国际上还找不到一所没有起码的本科办学权和学士学位授予权的开放大学。根据亚洲开放大学协会2004 年对亚洲 14 所开放大学和英国开放大学的调查，除中国中央电大系统仅具有高等专科的独立办学权外，其余 14 所国外的开放大学都具有本科办学权和学士、硕士学位授予权，8 所还有博士学位授予权。我国电大已经在独立举办专科的教育层次上运行了 35 年，积累了经验，奠定了转型升级必要的基础，也产生了升级办学的合理期盼。早在 1995 年，中央电大就向教育部正式提出建立中国开放大学的要求。电大转型升级，扩大和提升其办学功能和能力，是中国电大人的正当的发展要求，也是我国尽快建立和完善中国特色现代开放大学体系、完成"纲要"提出的 2020 年基本建成学习型社会目标、促进我国社会转型平稳前行的重大战略举措。

（三）电大转型升级的条件

电大转型升级是电大的一次质的提升，是进一步发挥和激活电大办学的潜力和活力的战略举措，是我国教育体制改革和创新的一次重要试验。总结"1 + 5"试点的经验，电大转型升级拟设立并要求必须达到如下目标：

（1）更新理念；

（2）明确定位；

（3）取得省市政府支持；

（4）提升师资力量；

（5）提高科研水平；

（6）激活和完善体系建设；

（7）构建质量保障体系；

（8）制订切实可行的发展规划。

（四）电大转型升级的前景

电大已经具备了 35 年从事开放远程教育的经验。相当一批省市电大在硬件、软件方面已经具备了转型升级的一定的基础。因此，这些电大转型升级不是从零开始，也不是建立新的大学，建议不必重新设置标准，更不必等待终身教育法的出台。我们也不主张 39 所电大作为中央广播电视大学系统的成员，随着后者的转型升级先统统翻牌为开放大学，以后再逐一审核是否能成为独立举办的省市开放大学，因为这难以达到电大通过转型升级应当达到的目标和要求。我们在调查问询中首先阐明了开放大学的理念和特色并得到了基本认可后，就是否希望成为独立设置的开放大学和本校（电大）是否具备升级转型为独立设置的具有一定本科办学权的开放大学条件向 39 所电大校长、书记进行了问卷调查。得到的结果是，70% 以上希望成为独立设置的开放大学，但问及他们如何自我评价本校转型升级的条件时，得到的结果如下表所示。

选项	已经具备	1—3 年可以具备	3 年以上	很难预期	未答数
人数（人）	43	37	10	10	1
占总选项数比例（%）	42.57	36.63	9.9	9.9	0.99

按照符合条件、逐一审批的原则和上述数据，可能有 1/3 左右的省市电大存在一两年内转型升级的希望。其余电大可能选择待条件成熟时申请转型升级，或者选择留在系统中，发扬原系统的优势，通过改革和创新，克服系统存在的问题，继续探索和发展新形势下系统办学的模式，开创新的局面。

(五) 电大转型升级的路径

建议我国教育决策部门总结和参照"1 + 5"转型升级的经验，在即将出台的办好开放大学的意见中明确电大转型升级要达到的条件、要求和程序，然后可考虑对已经达到转型升级条件和目标的电大，由省市政府提出，经过专家评估，教育部批准，逐步、逐一转型为独立设置、省市管理、具有一定本科办学权的开放大学。

三 开放大学的质量、质量观与质量保障

毋庸讳言，电大/开放大学办学存在诸多挑战。长期摆在面前的一大挑战是其质量长期以来受到业内业外的普遍质疑和关注。这一问题形成的原因是多方面的。有电大自身的原因，更多的是长期以来存在而没有得到及时解决的理念、定位、体制和政策方面的因素。改变这种状况，树立开放大学/电大的质量信誉，是电大转型和开放大学建设、可持续发展的严峻挑战，是开放大学/电大、政府和社会必须正视和面临的共同的长期的任务。我们主张从以下几个方面从根本上来回应这一挑战。

(一) 明确开放大学的质量观

明确开放大学的质量观，必须从"究竟什么是质量"开始。根据联合国教科文组织、世界远程教育理事会和国际教育界公认的"质量就是达到了设定的目标"的定义 [fitness to purposes，Christopher Ball，1985，引自 Harman，G. (1996)，Page 4，Quality assurance for higher education [M]. UNESCO Bangkok；Page 19，Clark，P. M. &Haaland，S. O. (2008)，ICDE report on the quality audit of the Shanghai TV University final report October 7th [R]，International Council of Open and Distance Education]，质量取决于设定的目标、目的和达到目标、目的的程度。据此可以得出如下结论：质量是相对的；质量是多元的；质量是可以分层次的；质量高低最终要看效果。开放大学设定的培养目标、目的达到了，就是有质量，达到这一培养目标的毕业生的比例很高，同样是高质量。反之，如果笼统地主张用普通高等学校的质量观、质量标准和指标、质量评估程序和模式、质量评估专家队伍来看待、评估和引导办学面向、培养目标有不同定位和明显

差异的开放大学/电大的质量，使开放大学/电大不断向普通高校靠拢、看齐，就必然使开放大学/电大慢慢失去其本身的理念、特色、活力和生机，路子只会越走越窄，甚至发生生存问题。我国电大在过去的发展进程中不止一次有过这样的经历。

要回应社会对开放大学的质量质疑，必须首先明确和鼓励树立科学的、合理的开放大学的质量观，并制定相应的质量标准。80%以上接受我们问询的开放大学/电大书记、校长院长认为要充分考虑到开放大学/电大的办学理念与传统高校不同，教育对象和培养目标不同，办学模式和学生学习的环境、方式不同，专业方向和侧重不同，开放大学办学的社会影响和社会效益发生和表现的形式不同，不应当抛开开放大学/电大的办学面向和培养目标，套用衡量和评估普通高等教育学校尤其是重点高校的质量的理念、标准、专家队伍、工作方式来看待和评估开放大学的质量。一位在教育部高等教育司从事了20多年普通高校包括重点高校质量管理工作、现在国家开放大学做领导工作的同志还认为，普通高校尤其是重点高校学生经过高考选拔择优录取的高中毕业生，同时，国家对整个开放大学/电大系统45所学校及其360万学生一年的总投入还不及一所重点高校，如坚持同样的质量标准不太合理。原苏州吴县曾是全国百强县中的佼佼者，有2000多家合资、独资企业，年产值达1300亿元。1990—1995年期间，全县七个常委中，曾先后有五人是电大毕业生，29个乡镇领导中，21个接受并取得了电大培训合格证书。用实践检验和最终社会效果的视角来观察和比较，人们很难分辨他们与成千上万在吴县工作、来自国内众多名牌大学的毕业生所接受的高等教育质量谁高谁低，对吴县发展的贡献谁大谁小，只能说他们接受的教育面向和培养目标不一样，贡献社会、体现质量、检验效果的方式不同，且难以相互取代。吴县的例子在全国各地并非个别现象。

只有树立了正确、科学的开放大学的质量观，并建立符合开放大学办学理念、培养目标、办学模式和特色的质量标准，才能为开放大学/电大质量的提升建立一个科学、宽松、适切、公平、公正的环境，使之从向普通高校看齐的压力中解放出来，真正遵循开放教育的规律，按自身的理念和特色办学。实际上，笼统地提出开放大学质量标准应当与普通高校一样几乎没有可操作性。联合国教科文组织执行各个大洲学位互认公约时也曾有过理想主义的动议，即试图制定各国共同认可的高等教育各专业的质量标准，从而使各国间的学分、学历、文凭、学位互认问题迎刃而解。实践证明是不可能的。不仅各国之间不可能，一个国家内部也是不可行的。以我国为例，中国两千多所高校，至少分四个层次：高专高职、普通高校、"211"、"985"，有一个共同标准吗？即使"985"之间，甚至一墙之隔的北大与清华之间，有一个共同标准吗？实施上述主张的一个具体建议是开放大学专业与普通高校相同专业遵循国家制定的学历教育的统一学分标准。且不论开放大学/电大专业的课程结构和具体课程的要求是否应当与普通高校相同专业完全一样，即使如此，学分只是对学习者学习时间管理的数量单元，一般难以此作为衡量质量的量化手段。提出与普通高校一样就要回答同哪个层次的普通高校一样、与哪个学校的一样，我们不认为这是一个回答得了的问题。实际可行的应当是，结合自身办学理念、办学面向、培养目标、办学特色，设定特定专业和设计相关课程时，参照而不是照搬相同层次和相关普通高校相同专业的基本要求和标准，包括国家制定的学历教育的学分标准，按照开放大学/电大自身的办学面向、培养目标和要求制定具体要求、标准，并严格监督执行，把好"严出"关，追求高质量。这就是或应当是开放大学的质量观。

质量观的明确和质量标准的设定体现办学理念，决定办学方向、办学面向和培养目标。如前所述，质量是多元和可以分层的。不同省市可以根据不同省情市情选择不同的办学定位和相应的质量观、质量标准。事实上，这种差异性在"1＋5"的办学试验和实践中，在五所省市开放大学的办学定位中已有明显的体现。建议教育决策部门允许和鼓励这一方面的不同探索，并及时加以总结。

（二）开放大学质量提升的内功

如果说建立一个适切的科学的外部环境对开放大学的质量提升至关重要，那么，开放大学自身质量提升要练的内功就是立校之本、质量提升之本。何谓内功？内功就是学校和政府两个方面都要认真、准确理解和全面落实开放大学包括广播电视大学中"大学"二字的真正含义，就是要制订具体规划、真正按照大学的要求定位、投入和建设开放大学，就是根据开放大学的办学面向、特色和培养目标，按照大学的要求提升和加强开放大学的学科建设、学术和教师队伍建设，特别是自身专职教师队伍建设、重视教学和学科带头人的培养和招聘、提高科学研究水平、配备领导成员。一句话，就是把开放大学办成一所大学。英国开放大学自身有1000多名专职、合格教师队伍，包括一些知名教授，学校科研成果13%达世界一流、50%以上为国内一流，由英国高等教育质量署专家按照每个学科评估相加的成绩，教学质量曾连续三年列全英第五，甚至高出牛津大学一位，社会对它必然刮目相看。虽然我们不主张照搬英国开放大学的质量观，但英国开放大学按照大学定位建设自身、树立质量信誉的经验仍然值得我们认真借鉴。

中国特色开放大学作为一个面向社会全员、服务全社会终身教育的特殊的庞大的教育综合实体，只有其核心是一个社会和教育同行认可的、合格的、具备了大学水平的大学，社会对开放大学质量的质疑才能从根本上得到逐步消除，开放大学的质量信誉才能逐步建立起来。釜底抽薪，任重而道远，但不可不为。

（三）开放大学质量提升的重要战略

开放大学/电大的一大传统、一大优势和一大特色是可以依靠业内业外的顶级专家、可以充分利用和传播业内业外的优质资源。要总结历史经验，尤其是要认真研究网络化社会知识、技能和学习生成的特点，认真研究和探索如何充分利用自身的数字化平台优势和丰富的网络资源，包括国际上和我国精英高校提供的网上课程课件，提升开放大学/电大的资源、课程和教学、办学质量。要较快地提升开放大学/电大的质量，除了练好内功，需认真考虑实施以下两大战略。

——与国内外尤其是本国本省市重点高校名校合作，开展课程建设、师资培训、课程上网、教改试验直到联合开办专业、实行师资和领导干部交流互动。开放大学/电大应当弘扬和利用自身优势，积极主动争取这种合作，创新合作模式，做到互利共赢。重点高校名校应当充分看到发展开放大学、提升开放大学质量是我国建设学习型社会的一项重要改革试验和历史使命，与此同时，还应当认识到，传统高校逐步变得开放、灵活、终身、全纳是全世界高等学校顺应社会转型的一大趋势，开放大学在这一趋势中已经走在了前列，在技术应用、课程上网、支持服务、平台建设、系统办学等方面具备相当的优势，两者之间的合作可以优势互补、相得益彰，并非零和游戏。前英国开放大学校长、联合国教科文组织教育助理总干事约翰·丹尼尔爵士和国际教育技术权威托尼·拜茨2013年6月26日在麻省理工学院举行的一次研讨会上当着哈佛和麻省理工合作建立的 edX 校长指出，网上教育、大规模的开放教育已经存在了至少 20 多年，并积累了什么可行什么不可行的丰富的经验，精英大学以为 MOOCs 是一个正在被自己发明的新车轮，企图一切从头做起，没有必要。这种心态和状况在我国同样存在，甚至有过之而无不及。当我国的"985"大学谈论应对 MOOCs 浪潮的战略时，一个已经在我国存在了 36 年，从事网络教育已 20 多年，技术应用水平之广、之深、之高冠于全国高校，支持服务系统最完整，已经覆盖 960 万平方公里的开放大学和电大平台和系统，始终没有进入他们的视野。建议中央和省市教育行政部门应当制定明确的政策、要求，支持和鼓励普通高校尤其是名校与开放大学/电大取长补短，相互合作，共同探索中国特色 MOOCs 发展、适应我国社会转型、建设中国特色学习型社会的途径。

——网络海量资源的利用。网络海量资源尤其是 MOOCs 的出现，提供了越来越多的各国包括我国顶尖精英大学的名师课程和海量优质资源。如何根据我国的国情、办学需要和吸纳能力，选用其中有用和相关的资源，为较快地提升我国开放大学/电大的教学教育质量服务，是每一所开放大学/电大重塑质量信誉需要考虑的重大战略举措，也是对每一所开放大学/电大教师和学生能否接受和有无自主利用甚至二次开发的能力、学校办学的国际化程度和水平的一个检验。优质资源的存在甚至海量供给是一回事，能否利用和能利用多少则取决于我国国情、政策、学校的课程设置、要求，教师、学生的能力、素质等众多因素。建议教育部出台相关激励政策，国家开放大学发挥自身优势，引领此项研究和试验。

（四）质量保障体系的建立和有效运行

树立开放大学的质量观、练好开放大学质量的内功，必须落实到开放大学自身的建设规划中，落实到建立一个科学、严谨的质量保障体系。这个质量保障体系不应仅仅只是一套制度，而且应当充分体现开放大学的核心理念和远程开放教育教学特点，更重要的是必须有一套校内和校外的组织架构和人员，保证质量保证体系的切实、有效运行。

根据实施远程开放大学质量保障的主体不同，可将远程开放大学的质量保障体系分为外部质量保障体系和内部质量保障体系两种。外部质量保障体系是中央和省市教育行政主管部门等开放大学以外的机构为保证开放大学质量而建立的与质量保障相关的法规、制度和监督和评估程序、办法，以及其委托执行的第三方评估机构；广义的外部质量保障体系包括社会各界、政府非政府机构和舆论监督；内部保障体系是由开放大学自身和开放大学体系建立的质量提升、质量管理体系，它应该是包括教育质量标准的制定、执行、教育过程质量监控，以及对质量保障体系本身进行评估和完善的一系列活动的综合。所有开放大学都应结合相应业务建立完善的、具有专业水准的内部质量保障体系，并依据学习者的实际体验做出绩效评估。

四　开放大学的技术应用、平台建设及其体制创新

（一）开放大学的办学平台是开放大学先进理念与先进模式的物化，是开放大学核心竞争力的载体

开放大学的特色与强项之一是它与技术的深度融合，并通过这种融合推动自身的办学理念和办学模式创新。因此，开放大学系统建设一个覆盖全国、互联互通的平台不仅仅是技术选择和使用问题，也是开放大学先进理念与先进模式的物化，是开放大学进行教育创新、改革的园地，是开放大学和开放大学体系核心竞争力的载体，是这个体系作为一个整体存在的物理和技术的纽带，也是考验体系成员是否接受并奉行共商、共建、共享、共管、共赢原则，考验体系有多大凝聚力的试金石。

（二）目前平台建设存在的问题

同样，开放大学包括电大体系的平台建设并非从零开始。目前覆盖全国、已经运行了10多年的电大三级教学平台为推进电大在开放教育和人才培养模式改革方面的实践探索发挥了重要的作用，成为未来开放大学体系平台建设的重要基础，同时，也积累和暴露了不少制约奉行开放大学理念、进一步提升开放教育教学质量的问题。这些问题集中体现在：平台的多级分立，低水平重复，跟踪困难；教学（前台）与管理（后台）相互脱节，支持与服务不及时；平台智能化程度低；资源缺乏交互性；缺乏平台运行绩效评价机制；界面复杂且针对性、开放性、有效性不高，运维成本高；等等。

更重要的是，开放大学新体系、新机制的建立，开放大学先进理念和质量观的树立和贯彻，加上我们对远程开放教育规律的持续探索，都要求在电大系统平台的基础上建设一个集约化、智能化、成本低、效益高、覆盖全国，体现开放大学核心竞争力的云平台。这是中国特色开放大学体系建设的迫切而具体的战略工程。

（三）开放大学体系平台建设的指导原则

开放大学体系平台建设是一项涉及从理念、概念、性能、架构、成本、管理到一个个技术细节的庞大的复杂的系统工程，需另行研究。本研究仅提出这一平台建设的一些基本原则：

——覆盖全国，互联互通，能满足不同地区、不同人群的多元化、个性化、泛在化、终身化的学习需求；

——体现远程开放教育优势，满足开放、远程和在线学习、教学、服务与管理需要，并与普通高校合作，为建立中国特色MOOCs体系做出贡献；

——体现开放大学的质量观，支持大规模、开放和在线课程及其学习支持服务，支持教学活动和过程的监控，支持网上教学质量常态评估，支持具有开放大学特色的对学生学习成效考评制度的改革和创新，保证质量保障体系的有效运行；

——研究和密切跟踪技术发展，实行先进技术与实用技术的适时、动态、有机结合，实现信息技术与远程教育的深度融合，通过新技术应用推动教育理念和模式创新，不断增强开放大学的核心竞争力；

——实践共商、共建、共享、共管、共赢原则，创新平台建设和管理体制，支持开放大学新体系、新体制和联盟组织的运行；

——练好办"大学"的内功，支持学科、专业和课程建设，支持学科和远程开放教育研究，支持大数据的学习分析；支持学术、技术和管理服务队伍建设。

根据其提交的挂牌以来的工作进展报告，国家开放大学两年以来在技术开发、应用、资源建设、整合、平台功能和水平提升等方面已经做了很多工作，为建立一个能达到上述要求的平台打下了良好基础。现在需要的是，按照上述"五共"原则，通过协商达成一致意见，尽快开始共建行动。建议在教育部的领导和支持下，由国家开放大学牵头，开放大学、电大、相关高校、行业、企业、机构自愿参加，吸收部分办学、管理、技术、资源方面专家参与，成立我国开放大学体系平台建设小组，研究并提出可行方案，作为国家建设现代开放大学制度和体系的一项重点工程，报教育部审批后实施。

五　中国特色开放大学体系的建立：挑战、机遇与对策

（一）电大体系的历史贡献和面临的转型挑战

1. 电大体系的历史贡献。

中国特色开放大学体系建设不是平地而起的，其在一定意义上是已运行30多年的广播电视大学系统的转型升级。这个系统已经形成一个覆盖全国城乡的办学网络，远程教学基础设施、远程学习支持服务和质量保障体系建设等已有相当水平，且分工协作，运行有序，相互依存，具有一定特色。通过这个体系，全国广播电视大学系统将高等教育和众多培训项目传送到广大城乡，特别是农村和民族边远地区，是电大办学的重要支撑和保障。这个系统与技术融合之广度和深度走在全国高校前列。

2. 传统电大体系存在的问题。

经过30多年的运行，这个系统也暴露出如下弊端：

（1）办学权过于集中，系统管理体制较僵化。目前电大体系的办学权过于集中，专业和课程设置、教材选择、考核发证都集中在中央电大和现在的国家开放大学。这不仅导致地方电大缺少办学自主权和积极性，过分依赖中央广播电视大学的教学指导和统一管理，缺乏学科专业以及课程建设的自主意识与创新意识，自身的学科专业建设能力、课程的建设水平、教材建设能力以及科研水平，总之，难以生成独立办学能力。更重要的是，限制了地方电大为千差万别的地方经济社会发展服务、为学习者群体服务的适切性、灵活性和主动性，导致电大事业长期以来没有被纳入区域教育发展的规划，处于边缘化地位。

（2）政府部门之间和政府与电大体系之间的事权和职责划分不清。中央电大包括现在的国家开放大学，是教育部直属事业单位，还是教育部直属大学，至今无合理、明确、正式定位、划分。办学权和教学管理权过度集中于中央电大，政策制定和执行集中于教育部，造成省市政府对电大的管理职能虚化，省级教育行政部门对省级电大在事业发展的规划方面缺

少支持，影响了电大的发展。

（3）办学系统比较松散。地方电大教学管理上是全国电大系统的子系统，又是地方政府所属的独立设置高校，基层电大需要接受多头指令，形成业务上集成、实际管理系统结构比较松散的格局。目前，基层分校正在陆续更名，但往往不涉及职能及运行机制的变化。条块割裂，难以提高办学效益，不利于创新，不利于质量保障体系的有效运行。

（4）成本利益分担不太合理。中央电大向地方电大收取的管理费，没有公之于众的相应的预算决算机制，管理使用缺乏透明度。电大系统发展不均衡的问题与地方经济社会发展密切相关，电大的统一政策造成成本利益分担机制欠公平，影响了系统结构优化，造成管理体制上的矛盾。相当数量的基层电大发展受到影响。

（二）新形势呼吁新体系新体制的建立

"1＋5"六所电大包括中央电大的转型升级和正式挂牌为开放大学并取得了数量不等的本科专业独立办学权和学士学位授予权。五所省市开放大学为独立法人和独立办学实体，明确由省市政府管理。他们与国家开放大学的关系，与以前作为省市电大与中央电大的关系相比，已发生了一定的实质性变化。继续实行办学权和教学管理权完全集中的体制已不可能，同我国各地区面对的双重、多元和相互交织的社会转型催生的越来越多样化、个性化、泛在化、终身化的学习需求，与开放大学奉行的核心理念和应当发挥的功能皆不相适应。

根据本报告在电大转型升级的前景中的分析，现存39所电大中的一部分省市级电大也可能在近一两年内实现转型升级，取得上述五所开放大学相同地位，他们与国家开放大学的关系也将发生实质性变化。其余电大由于种种原因可能在一定期限内难以达到转型升级的要求，或创造条件继续争取，或选择留在系统，作为国家开放大学的分院，与国家开放大学长期共存，势必形成一群省市开放大学独立办学和国家开放大学与电大转成的分院继续实行系统办学同时存在的局面。这种局面可能是过渡性的，也可能是长期性的。面对这种局面，教育行政部门和国家开放大学势必面临两项任务：在改革、创新、提升原有电大系统办学的运行体制、制度，开创国家开放大学与其分院系统办学新局面的同时，建立适应一群开放大学独立办学新形势的新体系、新体制。

在我们向 100 多名开放大学、电大书记、校长和部分相关院处干部问询中，55.45% 的人主张传承但改革中央电大现行体系和机制，下放管理权限和职责，扩大省市电大办学自主权，建立既相互支持又相互制约的新体系新机制；41.58% 的人主张改革现行体制，建立合作、竞争、共赢的新体系新体制；仅三个人主张维持现状，只占 2.97%。

（三）国家开放大学的定位和功能面临的战略选择

新局面新形势的出现使得原来处于"大一统"体系顶端的中央电大和现在的国家开放大学面临从未有过的挑战和如何调整自身定位、功能迎接新局面新挑战。立足我国国情，参照国际上开放大学办学体系或办学系统的普遍模式，我们认为我国国家开放大学的未来发展无非有如下三种战略选择。

1. 完全的"大一统"模式。从英国开放大学到印度、巴基斯坦、斯里兰卡、印度尼西亚、泰国等国家的国立开放大学，不管是发达国家还是发展中国家，凡是号称国立的开放大学，办学体系一般皆实行"一竿子到底"的一元化领导，即从总部到分院到最基层的学习中心，人、财、物都由总部统一收支、分配和管控，教学、管理和质量监控皆由总校负责。这种体制的好处是，目前我国电大体系面临的不少弊端基本可以避免。但我国电大系统的状况是，除了发展规划、专业设置、课程、教学管理由中央电大负责、省市以下各级电大实施外，从中央、省市到地市、县级电大的人、财、物皆互不隶属，相互无干预权利。国家开放大学如果要学习英国等国家国立开放大学的完全的"大一统"模式，就要回答至少三个问题：一是中央电大、国家开放大学是否愿意和有能力把整个系统 85000 名职工接收下来、统一发放工资和负责他们的一切福利和养老？二是 44 个省市和计划单列市、800 多个地州和近 2000 个县是否愿意把近 200 亿的固定资产和大批他们直接管理的干部、教师统统交给国家开放大学、放弃他们多少仍然控制在手的让电大服务于地方经济和社会发展的权力？三是这样做是否符合简政放权、多给地方和学校自主权、更好地服务地方经济和社会发展的大方向？我们认为，在我国国情条件下，在实行了教学分层管理、人、财、物互不隶属 30 多年后的今天，再实行这种"大一统"模式没有可行性。

2. 独立办学、自负盈亏模式。上述提及的国家中凡是号称国立的开放大学还有一个共同特点：本身都是有几十万到几百万学生的办学实体，并配备了相应设施、支持服务体系和相应数量的教学、研究和管理人员。如印度英迪拉·甘地国立开放大学，本身直属 22 个学院、直接施教和管理的有 350 万学生，遍布印度和几十个国家，远远超过已经建立的 13 个州立开放大学学生数的总和。除接受国家补贴外，自负盈亏，在与本国 13 个州立开放大学若即若离的关系中处于完全主动的地位。我国的中央电大直到今天的国家开放大学，同这些国家的国立开放大学最大的区别在于，它主要不是一个直面学生的办学实体而是一个全国电大办学规划、策划、管理、支持和发证机构，实际直面学生的办学主要由省市电大和地县分校依据中央电大规定的专业、课程要求和下达的招生指标承担。中央电大和现在的国家开放大学所号称的 360 万学生是各省市电大/开放大学按照中央电大/国家开放大学分配的招生指标所招学生数的总和，生存和经营主要依靠各省市电大/开放大学每年上缴的各种管理费用。我国国家开放大学现在可否选择印度英迪拉·甘地国立开放大学的完全的独立办学、自负盈亏模式以确保在系统图中处龙头位置？这就需要回答：国家开放大学是否具有足够的软硬件实力？在打破现存系统通过招生名额分配和招生的地域限制从而避免了省市电大之间的竞争状况以后，如何避免国家开放大学实行独立办学与省市开放大学之间可能形成的恶性竞争及其对建立新体系带来的负面影响？印度 34 个州和领地中，仅有 13 个建立了开放大学，英迪拉·甘地国立开放大学在国内拥有足够的市场空间，又由于其语言优势，还拓展了国外市场，目前国外学生已达 6 万。我国国家开放大学无论从主观上和客观上都尚未具备这种相应的条件、优势和竞争力，现在再选择走完全独立的办学实体、自负盈亏的发展道路将十分艰难，前景难以预料，也基本上不可取。

3. 直面挑战、抓住机遇，调整自身功能、职责、定位和与省市开放大学/电大的关系，开创多元发展的新局面。这个建立和运行了 30 多年的体系是一个相互依存的体系。我们认为，对于国家开放大学来说，重要的是直面和主动、积极适应这一新的现实，调整自身功能、职责、定位，努力把挑战变成机遇，开创多元发展的新局面。我们也认为，如此选择是现实的，在教育部和省市教育部门的领导和有力支持下，国家开放大学顺利转身、开创多元发展的新局面也是完全可能的。为此，建议调整后的国家开放大学承担如下四大职责和功能：

（1）遵循"志愿参加、平等协商、促进合作、协调战略、共同管理、资源共享、各具特色"原则，促进和领衔建立中国开放大学联盟、承担其秘书处职责和通过联盟促进建立和发展开放大学之间的新型合作共建共赢关系，包括新型合作办学关系。

（2）与没有转型升级或选择留在体系的省市电大合作，改革现行体系和机制，下放管理权限和职责，扩大省市分院（电大）办学自主权，建立责、权、利明确，相关分部、学院各具特色、各展所长、各得其所，既相互支持又相互制约的新体系、新机制，继续实行系统办学，提升系统办学水平、效果和效益。考虑到这些仍然留在开放大学体系内的相当一批电大可能最终是中西部尤其是边远、欠发达和少数民族地区学校，建议教育部向国家发改委、财政部申请专项经费，由国家开放大学组织实施，建设和加强这些学校，作为国家实施西部人力资源开发和教育扶贫的一项重大战略措施和国家开放大学自身能力建设的重点工程。从其进展报告可以看出，国家开放大学两年多来已经把加强这些学校的建设作为能力建设的重要方向，如新建的63个云教室全部分布在新疆、西藏、云南、内蒙古、甘肃、贵州、广西等西部地区。

（3）坚持特色办学、较高层次试验办学、逐步扩大直接办学规模。为此，建议国家给予国家开放大学更多的办学自主权和相应支持，使国家开放大学在办学水平、质量提升、改革创新、国际交流合作等方面在全国起引领作用。

（4）提升服务、咨询和指导功能和水平。提供更高水平的咨询，更优质、更有针对性的平台建设、资源开发、学习支持、干部和师资培训、研究试验、信息资料等服务。

（四）中国特色开放大学新体系新体制的建立和发展

1. 建立新体系的现实需求与紧迫性。

如前所述，国家开放大学继承的原中央广播电视大学的体系是一个分工合作、相互依存的办学体系。这种相互依存的关系不会因为五所省市电大包括再有一些省市电大升级转型为独立举办少量本科专业的开放大学而停止、而不复存在。恰恰相反，"1＋5"需要面对新的形势、新的主体和身份，建立新的合作模式、机制和规则，形成新的体系。事实和理由有三：

（1）五所省市开放大学与国家开放大学继续合作或者说仍然依靠国家开放大学办的专科、本科专业数如下：北京开放大学：专科，26；本科，16。上海开放大学：专科，无；本科，11。江苏开放大学：专科，15；本科，25。云南开放大学：专科，32；本科：12。广开：专科，29；本科，19。它们升级后获得的独立举办的本科专业数依次为8、3、4、4、4个，还刚刚开始招生，在它们总的办学份额中和学生数中比例很小。贸然切断和停止这种合作，不仅断了国家开放大学也断了这五所省市开放大学的生存基础。这是双方都不会也不可能做出的选择。以后转型升级的省市开放大学也仍将面临同样情况和要求。

（2）过去的体制决定了省市电大包括现在升级的五所省市开放大学独立举办本科专业的经验和能力尚有不足，这种经验和能力即使在获得一定的独立办学权后仍然需要一段时间积累和提升，包括继续从与国家开放大学的合作中学习，并通过合作，继续办好这些合办专业。

（3）共建、共享包括共同利用业内业外的优质资源，共建、共用覆盖全国的网络平台，共同探讨开放教育的创新和如何成为我国国情条件下不同地域、地区学习型社会建设的先行者等，无论从提升质量、降低办学成本、发挥开放大学的独特功能，还是继承好的传统、发扬我国社会主义制度的优越性出发，都是中国特色开放大学的本质要求，都需要按照新形势建立新体系新机制才能实现。由于教育部迟迟未能出台指导意见，"1＋5"普遍采取等待和观望态度。

上海开放大学前党委书记兼校长张德明教授认为，即使是在部分电大转型升级为独立举办少量本科专业的开放大学以后，由于历史和现实的原因，如专业布点、平台使用、支持服务网络、资源共享、降低成本考量，包括省市开放大学的独立办学的能力、经验等原因，省市开放大学与国家开放大学这种相互依存的关系仍然会持续相当长一段时间，同时，按照"五共"原则建立新型合作共赢关系仍然是对各方有利的明智选择和重要战略。现任校长蒋红认为，建立新的合作机制具有相当的紧迫性，他建议五所省市开放大学与国家开放大学的合作体制、规则正式明确前，应尽快成立一种临时的机制，如六所开放大学的联席会议，以商讨如何建立上述体制机制和相互之间的合作等事宜。

2. 新体系建立的原则。

（1）继承和发扬原来广播电视大学体系合作共济的原则，探索建立中国特色开放大学新体系；

（2）新体系的建立和运行遵循"平等协商、促进合作、协调战略、共同管理、资源共享、相对独立、各具特色"原则；

（3）有利于各省市开放大学按照开放大学的核心理念改革创新，办出特色，发挥多重功能，更好地为地方经济和社会发展、社会转型服务，实现开放大学在我国学习型社会建设中的战略作用。

3. 新体系的名称、架构与运行机制。

新体系的名称：

实行"平等协商、促进合作、协调战略、共同管理、资源共享、相对独立、各具特色"原则和实现共商、共建、共享、共管、共赢的目的是基本原则，最终名称可由六所开放大学协商提议并报经教育部批准。目前暂按国家开放大学杨志坚校长提议的"中国开放大学联盟"一名提出我国开放大学新体系的架构和运行机制。

新体系的架构：

中国开放大学联盟由中国国家开放大学和已成立的省市开放大学共同协商、报经教育部批准后创立。

联盟应当是一个有组织、有目标、有章程、成员自愿参加、合作共赢，既相互激励又相互制约的非政府组织机构。

中国开放大学联盟是一个开放的平台，只要承认和奉行本联盟章程，有兴趣参与、从事和推动开放远程教育发展的高校、机构、行业、企业和个人，经联盟理事会批准，都可以参加。

新体系的运行机制：

（1）由国家开放大学牵头与省市开放大学协商共同起草、通过中国开放大学联盟章程，并征求省市教育行政部门意见，报教育部批准；

（2）建立中国开放大学联盟理事会，由教育部代表、成员学校主要行政负责人、省市教育行政部门代表、行业企业代表、社会知名人士、知名专家、干部和教授代表组成，作为联盟最高决策机构；

（3）设立联盟学术委员会，就开放大学的社会职能、办学与教学制度、质量标准、平台建设、能力建设与发展机制等联盟范围内的学术问题进行讨论，提出决策和咨询意见；

（4）联盟秘书处设在国家开放大学，理事长由国家开放大学校长或校长指定的副校长担任，秘书处执行理事会决议，履行组织、管理、联络、提交年度报告、为理事会运行服务的基本职责；

（5）联盟理事会设主席，由选举产生；

（6）联盟成员按年度缴纳相应会费，联盟可以接受成员和社会捐赠；

（7）联盟正式建立前，建议由国家开放大学校长不定期地召开省市开放大学校长联席会议，讨论联盟成立筹备工作、"1＋5"之间的合作和共同感兴趣的问题。

中国开放大学联盟的主要职责：

（1）修定和执行中国开放大学联盟章程，在"平等协商、促进合作、协调战略、共同管理、资源共享、各具特色"原则基础上，提出中国开放大学合作办学的中长期规划和年度计划，包括资源建设、技术应用、平台建设、师资、干部队伍建设和培训、科学研究与创新实验、质量监控和国际合作交流；

（2）制定联盟经费使用的预算和决算；

（3）在协商一致的基础上制定提升开放大学的质量和信誉的规划、行动计划和规则；

（4）承担信息交流、经验共享和重大国际交流活动的策划；

（5）在协商一致的基础上，向教育部、省市政府提出政策诉求与建议；

（6）促进成员之间的交流与合作、成员之间的矛盾纠纷的解决和协调等。

（五）中国特色开放大学宏观管理体制的相应调整与新体制的建立

中国特色开放大学新体系的建立必然要求开放大学国家宏观管理体制作相应调整，建立新的宏观管理体制，即对组成这一体制的教育部、国家开放大学、省市人民政府、省市开放大学进行科学定位，明晰各方事权，划清各方职责，建立一个相互支持、相互激励又相互制约，以保障我国开放大学事业顺利健康发展的新体制新机制。从我国国情出发，我们建议新宏观管理体制中四大成员定位如下：

——教育部：

通过立法、规划、拨款、管理和质量监控对全国开放大学实行宏观指导和管控，负责争取和分配国家资助开放大学发展的资金，指导中国开放大学联盟章程的制定和运行，领导和管理作为教育部直属高等学校的国家开放大学。

一个需要通过教育部管理体制创新的实际问题是开放大学究竟应当由部内哪一个职能司局管理，或者是否需要通过本身体制创新更好地解决这一问题。电大从教育部高教司划归职成司管理的经历和"1＋5"试验开始以后两年多的实践都表明，开放大学的办学理念、模式、多重功能和体制、教学创新，常常超出现行主管司局高教司或职成司的管理边界，影响决策和办事效率。自20世纪80年代以后，一些国家接受了终身教育理念为指导面向未来的教育改革的基本理念，在教育部成立终身教育司，统筹和管理终身教育事业发展和机构，指导面向未来的相关改革和创新。建议教育部考虑在制定终身教育法的同时，成立终身教育司，管理终身教育、开放教育、继续教育、成人教育、社会教育等相关业务，并承接指导相关教育改革和革新的功能。

——国家开放大学：

除（四）3中明确提出的功能与职责外，其服务功能拟进一步补充、明确如下：

（1）从事学习资源建设：建设能够满足开放大学开展学历与非学历教育需要的优质数字化学习资源。承担国家终身学习数字化资源库建设任务；建设国家开放大学数字图书馆，满足开放大学教学、科研及社会服务需要。建立开放大学资源建设、认证标准体系和管理规范，探索市场化的资源共建共享机制，创新服务模式，为其他高校、社会办学机构和公众提供社会化的有偿或无偿的学习资源服务。

（2）体系网络平台建设：充分利用现代信息技术和互联网，建设国内一流的网络平台，实现国家开放大学和各省市开放大学、学院、学习中心之间网络高速连接，具有一站式、开放性、可扩展的软件系统，形成覆盖全国、四通八达、自成体系的国家开放大学网上校园。

（3）师资队伍建设和培训：根据实际需要，为地方开放大学提供包括教学、科研、管理、远程学习支持和技术队伍的支持和定期不定期的培训服务。凝聚多方人才资源，创新教师共享与协作机制，形成以课程团队运作为特征、学习支持服务为特色的教师队伍、教学管理队伍、技术支持与服务队伍，为学习者提供全方位和个性化的远程学习支持服务。

（4）系统院处以上干部培训：从实际出发，就开放大学的理念、模式、特色、创新、成功案例和所面临挑战，国内外开放远程教育动向与趋势，我国开放远程教育发展的相关法规、政策、历程、经验和教训等，对系统内新提拔的院处以上干部，从不同单位调入包括从普通高校调入的领导干部进行一定期限的专业化培训。

（5）科研创新实验：建成国家级远程教育重点实验室，成为我国远程教育资源中心、远程教学研究中心和实践基地；建设重大科研攻关项目和科研平台，开拓创新科研成果转换机制，增强开放大学科研服务社会、服务教学的职能，提升整体科研水平，培育开放大学科研文化和创新思维。

（6）质量监控：坚持和弘扬开放大学质量观，根据开放大学办学理念、功能定位、培养目标、教育模式、学习模式，研究、提出中国特色开放大学的质量标准，开展质量过程监控，完善质量保障体系。

——省级教育行政部门：

将属地开放大学作为省属大学或重点大学进行投入、建设、领导和管理。考虑开放大学的理念和特点，按照建设一所大学的要求，提升开放大学核心能力和资质。分配地方政府资助开放大学的经费。审批省市开放大学的专科专业设置和调整申请。参照教育部 2012 年关于省属普通高校本科设置由省政府批准、报教育部备案的新政策，审批开放大学本科专业设置，报教育部备案。

——省市开放大学：

按省属大学进行建设，是独立的办学实体，在本省范围内行使如下职能：重视自身建设，按照一所大学的要求提升自身的水平和质量；结合本地实际，改革创新，完成办学任务；适应本地社会转型和经济、社会发展需要，按规定提出专科和本科专业设置和调整计划；建设省内学习支持服务体系和网络；完善省市开放大学体系建设；积极参与开放大学联盟的活动，促进开放大学联盟的建设和新型合作关系的建立；共享共建国家开放大学资源的同时建设面向地方的资源；完善质量保证体系并有效运行。

要保障我国双重、多元、长期、复杂的社会转型的平稳和顺利，要使中国梦落地生根，不仅要有成千上万的工程师、发明家、管理者和各个层次、各行各业的精英人才，还必须大幅度提升已经与我国快速前行的经济和社会发展程度极不适应的 13 亿人口的文化、道德、知识、技术、技能等方面的素质。终身教育、学习型社会建设、改革和创新现行教育体系、教育体制和教育制度是唯一的答案。中国特色现代开放大学和中国特色现代开放大学新体系新体制的建立和有效、有序运行将被证明是向这一正确方向前行的重大战略举措。时不我待，建议教育部作为重点工作对此进行专项研究，制定必要实施规划，尽快出台相应政策措施，精心部署并精心指导，实现世界上最庞大的开放远程教育体系的整体转型升级、开创新的局面是完全可能的。

参考文献

1. 刘延东：《努力办好中国特色的开放大学——在开放大学揭牌仪式上的讲话》，2013 年 7 月 31 日。

2. 郝克明：《在国家开放大学成立大会上的讲话》，2013 年 7 月 31 日。

3. 郝克明：《开放大学——我国新型大学的诞生与思考》，《天津广播电视大学学报》2013 年第 3 期。

4. 分课题 1 研究报告：《开放大学建立、电大转型与体系体制创新研究》。

5. 分课题 2 研究报告：《开放大学人才培养模式、技术应用与平台建设的研究》。

6. 分课题 3 研究报告：《开放大学的质量观与质量控制研究》。

7. 杨志坚：《中国远程高等教育发展研究报告》，中央广播电视大学出版社 2013 年版。

8. 蒋红：《上海开放大学服务学习型城市建设的功能及路径研究》，《开放教育研究》2012 年第 5 期。

9. 王一兵：《中国电大的定位与走向世界一流开放大学的道路——国外经验和国际比较的视角》，《中国远程教育》2006 年第 4 期。

10. 王一兵：《再论中国电大的定位和未来——来自 2009 世界高等教育大会的启示》，《开放教育研究》2000 年第 1 期。

11. 王一兵：《办好中国特色开放大学》，《开放教育研究》2013 年第 4 期。

12. 《开放、灵活、全纳、终身：当代高等教育演变和改革的大趋势——王一兵教授专访》，《苏州大学学报》（教育科学版）2014 年第 2 卷第 2 期。

13. 徐皓：《读懂中国开放大学的立足基点和思索径向》，《中国远程教育》2014 年第 6 期。

14. 桑新民、李曙华、谢阳斌：《"乔布斯之问"的文化战略解读——在新课程潮流的深层思考》，《开放教育研究》2013 年第 3 期。

调研报告附件："中国特色开放大学体系的建立和发展研究"课题问卷统计

问卷调查对象：45 所开放大学和电大，共回收 101 份

回收截止时间：2014 年 4 月 21 日　　　　　统计软件：Foxpro

	校长、书记	副校长	教务处长	信息办主任	合计
发放问卷数	45	45	45	45	180
回收问卷数	28	19	28	26	101
回收率	62.22%	42.22%	62.22%	57.77%	56.11%

1. 请您选择以下选项中您认同的当代我国开放大学的核心理念（在选项上打"√"，或根据实际情况填写），并对其重要程度进行排序：

理念	第一位	第二位	第三位	第四位	第五位	加权数
开放	83	12	3	1	0	9.576
	83.84%	12.12%	3.03%	1.01%	0	
灵活	4	42	19	14	10	6.359
	4.49%	47.19%	21.35%	15.73%	11.24%	
全纳	8	18	19	25	12	5.635
	9.76%	21.95%	23.17%	30.49%	14.63%	
终身	6	27	41	20	1	6.358
	6.32%	28.42%	43.16%	21.05%	1.05%	
国际化	0	1	13	23	43	3.300
	0	1.25%	16.25%	28.75%	53.75%	

2. 教育部批准成立六所开放大学文件皆指出，开放大学是"新型大学"。请您在以下选项中选择您认同的"新型"的内涵（可多选，在选项上打"√"，或根据实际情况填写），并对其重要程度进行排序：

新型大学新在何处	第一位	第二位	第三位	第四位	第五位	第六位	加权数
办学理念	74	8	5	6	1	0	11.150
	78.72%	8.51%	5.32%	6.38%	1.06%	0	
体制灵活	7	56	17	8	1	0	9.043
	7.61%	60.87%	18.48%	8.7%	1.09%	0	
探索双模式办学和混合式学习	3	6	23	13	13	14	6.083
	4.17%	8.33%	31.94%	18.06%	18.06%	19.44%	
举办本科教育并授予学士学位	3	5	17	17	11	17	5.743
	4.29%	7.14%	24.29%	24.29%	15.71%	24.29%	
招生、专业、课程设置自主	3	11	19	30	17	5	6.950
	3.75%	13.75%	23.75%	37.5%	21.25%	6.25%	
全方位办学的功能定位	11	14	19	13	14	9	8.114
	15.49%	19.72%	26.76%	18.31%	19.72%	12.68%	

3. 您是否希望本校（电大）升级转型为独立设置的具有本科办学权的开放大学（单选，在选项上打"√"）：

选项	是	待条件成熟	维持国家开放大学分院定位
人数	78	21	2
占总选项数比例	77.23%	20.79%	1.98%

4. 您对本校（电大）升级转型为独立设置的具有本科办学权的开放大学条件的评价是（单选，在选项上打"√"）：

选项	已经具备	1—3年可以具备	3年以上	很难预期	未答数
人数	43	37	10	10	1
占总选项数比例	42.57%	36.63%	9.9%	9.9%	0.99%

5. 您认为电大升级转型的最重要条件是哪些（不超过5项，在选项上打"√"，或根据实际情况填写），并对其重要程度进行排序：

电大转型升级条件	第一位	第二位	第三位	第四位	第五位	加权数
办学理念	69	5	0	1	2	9.584
	89.61%	6.49%	0	1.3%	2.6%	
办学模式	4	42	8	2	5	7.246
	6.56%	68.85%	13.11%	3.28%	8.2%	
专业设置	3	10	17	6	4	6.100
	7.5%	25%	42.5%	15%	10%	
课程开发	3	8	17	12	8	5.416
	6.25%	16.67%	35.42%	25%	16.67%	
师资队伍	8	23	22	16	11	6.025
	10	28.75%	27.5%	20%	13.75%	
技术融合	0	4	19	26	11	4.533
	0	6.67%	31.67%	43.33%	18.33%	
办学成效	0	1	3	4	3	4.363
	0	9.09%	27.27%	36.36%	27.27%	
领导能力	12	4	3	4	5	7.000
	42.86%	14.29%	10.71%	14.29%	17.86%	
支持服务	0	1	7	21	33	3.226
	0	1.61%	11.29%	33.87%	53.23%	
硬件建设	2	3	5	7	8	4.720
	8%	12%	20%	28%	32%	

6. 您认为国家开放大学应当定位为（单选，在选项上打"√"）：

选项	跨省、跨国、独立办学实体和教育部直属大学	跨省、跨国、独立办学实体和教育部兼国家授予的明确、少量的对全国开放大学/电大办学的管控职能	以管控全国开放大学和国家开放大学分院为主要职责兼少量直接办学功能	以管控全国开放大学和国家开放大学分院为主要职责	未答数
人数	18	41	24	13	5
占总选项数比例	17.82%	40.59%	23.76%	12.87%	4.95%

7. 您认为国家开放大学与省市开放大学（电大）的关系应当定位为

（单选，在选项上打"√"，或根据实际情况填写）：

选项	办学上总校与分校、大学与分院的领导与被领导（指导与被指导）关系	省市开放大学独立设置，受省市政府领导，国家开放大学与省市开放大学在平等的基础上寻求合作、竞争、共赢	传承但改革中央电大现行体系和机制，下放管理权限和职责，扩大省市电大办学自主权，建立既相互支持又相互制约的新体制新机制	其他定位
人数	3	42	56	0
占总选项数比例	2.97%	41.58%	55.45%	0

8. 您是否同意以下建议，以便调整教育部、国家开放大学和省市教育厅局管理和调控开放大学/电大的发展与改革、办学与管理（可多选，在同意的选项上打"√"，或根据实际情况填写）：

选项	独立设置的开放大学本科专业和省市电大的专科专业设置由学校提出、省市教育行政部门审批，报教育部备案	教育部与国家开放大学在管理省市开放大学和电大的职责和职能应明确划分，避免重复
人数	79	45
占总选项数比例	78.22%	44.55%

9. 开放大学应当树立自己的质量观，即按照质量就是确定和达到目标的定义，从中国国情出发，确定培养目标、标准、模式和质量、成效评价方法，不必完全套用普通高校的标准和方法，您认为以下理由是否合理（可多选，在选项上打"√"，或根据实际情况填写）：

选项	办学理念不同	培养对象不同	培养目标不同	人才培养模式不同	注重学习者从业（或实践）的成就体验作为评估要素之一
人数	72	91	85	86	68
占总选项数比例	71.29%	90.1%	84.16%	85.15%	67.33%

10. 您认为提高开放大学/电大质量应当包括以下哪些必要措施（可多选，在选项上打"√"，或根据实际情况填写）：

选项	建立和严格实施科学的、符合开放大学/电大办学特点的质量标准和质量评价制度，建立学校年度或双年度质量自查和公开报告制度，质量绩效与政府拨款挂钩	真正按照大学的要求和标准，优化专业、课程设置，提高教师和管理人员准入门槛，整顿和培训现有教师和管理人员，培养学校自身的学科带头人	改革现行体制机制，扩大学校办学和提升质量而调整专业、课程、师资、管理队伍的自主权，培育和建立第三方评估机构	关注学习者是否能获得高质量学习成就体验	有运行平稳、功能优良、服务到位的学习平台与技术队伍
人数	80	62	87	67	81
占总选项数比例	79.21%	61.39%	86.14%	66.34%	80.2%

11. 与现代信息技术深度融合并通过技术应用和平台建设促进教育、教学和学习理念和办学模式创新，是开放大学/电大的优势和特征。您是否认为目前我国开放大学/电大平台建设存在如下问题（可多选，在选项上打"√"，或根据实际情况填写）：

选项	多级分立，低水平重复，跟踪困难	教学（前台）与管理（后台）相互脱节，支持与服务不及时	平台智能化程度低	资源缺乏交互性	缺乏评价设计	界面复杂且针对性、开放性、有效性不高
人数	91	90	83	82	78	73
占总选项数比例	90.1%	89.11%	82.18%	81.19%	77.23%	72.28%

12. 您是否认为，从我国国情出发，我国开放大学/电大平台建设应当坚持如下原则（可多选，在选项上打"√"，或根据实际情况填写）：

选项	便捷实用	安全稳定	合作共建	成本效益
人数	98	82	89	67
占总选项数比例	29.17%	24.4%	26.49%	19.94%

13. 避免开放大学/电大平台、课件开发中的重复建设、资源浪费是节省办学成本、提高办学效益的重要而又难以做到的举措。您认为解决这一问题的关键举措有哪些（可多选，在选项上打"√"，或根据实际情况填写）：

选项	形成平等、合作、共赢的体制和政策环境	国家开放大学的引领、主动和让利	市场调控和推动
人数	90	77	54
占总选项数比例	89.11%	76.24%	53.47%

14. 开放大学的课程建设在吸纳和认可国内外知名优质资源方面可以有哪些作为（可多选，在选项上打"√"，或根据实际情况填写）：

选项	与部分高校或开放大学之间开展课程共享与学分互认	认定一定比例的与所在专业相关的"慕课"课程（如20%）	学生根据专业自修的课程或项目学习可申请学分认定
人数	90	77	54
占总选项数比例	89.11%	76.24%	53.47%

15. 全纳、终身是开放大学的核心理念，建设学习型社会是开放大学的历史使命。据此，您认为开放大学提供各种不同层次、不同形式、不同要求的非学历教育和培训与其提供学历教育相比，是（单选，在选项上打"√"，或根据实际情况填写）：

选项	同等重要	更重要	不重要
人数	77	22	2
占总选项数比例	76.24%	21.78%	1.98%

（本研究由教育部综合改革司委托、上海开放大学资助，由国家教育咨询委员会终身教育体制机制改革组组长、中国教育发展战略学会会长郝克明教授任顾问，王一兵为总召集人，由张德明、徐皓、丁新、韩民、陈信、张铁道、罗骥、金丽霞参与策划，孙福万、徐辉富、姚文建、彭绍礼、章玳、白晓晶、刘汉民、许海霞、龚志武、朱肖川、殷丙山、赵样、陈斌、张春明参与研究，由张铁道、罗骥、金丽霞领衔三个分课题组并提交分课题研究报告，由翁朱华根据王一兵、张德明、徐皓、丁新讨论提出的框架提出初稿，经过广泛征求意见包括由中国教育发展战略学会组织召开，由国家教育咨询委员会委员，教育部综合改革司、职业教育司负责人，来自北京大学、清华大学等高校知名专家参

加的座谈会征求意见，尤其是张德明、徐皓、丁新三位多次提出的修改意见，经课题总召集人王一兵 10 多次修改、充实、完稿、定稿，并于 2015 年 4 月正式呈教育部综合改革司。袁贵仁部长对报告作了重要批示，要求教育部相关部领导和司局参照本报告进一步修改即将出台的相关文件，提出开放大学/电大发展的长远的、全面的意见。报告由江苏教育出版社 2015 年 4 月出版）

人生就讲教育这一课

——接受北京外国语大学《北外人》采访

个人简介:

王一兵,1940 年生,江苏大丰人,1964 年毕业于北京外国语大学亚非语言专业,曾任校党委副书记、中国常驻巴黎联合国教科文组织代表团参赞,国家教育发展研究中心研究员、副主任,联合国教科文组织高等及远程教育计划专家。现为联合国教科文组织农村教育研究与培训中心、亚太大学革新联盟、中国高等教育学研究会顾问,浙江大学、苏州大学、北京外国语大学等校客座教授。走访 50 多个国家,组织和参与 200 多个地区和国际会议,在国内外报纸杂志上发表了近百篇论文,出版论文集《高等教育大众化、国际化、网络化和法人化》,主编《七十国教育发展概况》《亚太地区文凭与学位手册》,全球大学革新网络 2008 年《世界高等教育报告》亚太篇撰稿人。

他是北外的学生,也是北外的老师;他从中国教育走出去,又从世界教育中归来;他前半生在听教育这一课,他的后半生从事和关注的仍是教育这一行;从北外到教育部,从国内到国外,他用人生书写教育。

勤奋,他有求学者的习惯;思考,他有为师者的精神;淡然,是他人生永恒的高贵底色。

一 业精于勤

1961 年,王老进入北京外国语大学学习僧伽罗语。谈起求学时光,他回忆道:"作为北外第一批从农村招考来的孩子,我看到了校内的贫富差距却也看到了一个新的更美好的世界。"他曾为一些京沪地区养尊处优的女生吃馒头都剥皮而感到不解,也曾带着学生时代的情怀借来刚回国老师的西装照张相只为多一次体会和经历。他深知学习机会的来之不易，格外发愤勤勉。念及父母靠挣工分支持他求学之艰难，他曾不止一次把父母给他寄来的向生产大队借来补贴他生活的钱原封不动地寄回。

当时僧伽罗语专业刚刚创立，国内还没有该语老师，更没有任何成文的课本、参考书籍甚至字典。因此该语从字母学习开始就全部由外国人执教。上课时，外教僧伽罗语与英语交叉教学，后再由英语老师翻译成汉语。外教的教学思想是把所有学生放到"大森林"里去，然后由学生自己走出来。王一兵认为，该思想既有新意又十分大胆，但对于新中国第一批僧伽罗语的学习者来说，实乃是一次冒险性极大而又苦不堪言的学习之旅。而他却成为了最早爬出这一"大森林"的一个。学习仅三年后，他就当了本班老师，帮助仍在"大森林"中挣扎的同学走出来。王一兵将此归因于勤奋与会学。他回忆道，一个偶然的机会得到了中国驻斯里兰卡使馆用僧伽罗语发行的介绍中国风土人情与发展变化的《中国新闻公报》，他便每天逐字逐句、反反复复地学习、背诵，直到弄清楚并熟练掌握每一个词汇、每一句话的含义、结构、用法。在此基础上，他总结出了语言学习中必须5到10遍"读烂一本书"的方法，以求得在不出国的情况下，能对该语言的语法、语义、语感、应用、人情、文化等有较好了解。

学习两年后，王一兵作为一名大学生被借调到中联部工作三个月。他出色完成了接待一个外国培训团的全部翻译工作。三个月后，中联部正式持函来商调，然而，学校已先下手提前将他调出，成了一位拿着学生证的老师。他笑着说，当年他向教务处借磁带录音机上课用，多次因为他只有学生证没有教师证而被拒绝。做一名还是学生的老师的困难是可想而知的，他查阅稀少的资料，竭尽全力传道授业解惑。这正像在贫瘠的土壤上耕种，汗滴禾下土，粒粒皆辛苦。从入学时起，他在北外一待就是整整20年。20年的辛劳，诠释勤奋。

1981年，王一兵放弃了专业，调至教育部政策研究室工作，从事国内外教育政策的综合调研。由于工作的需要，王老在41岁的年纪上，开始了一次更神奇的英语自学之旅，并最终达到了去联合国教科文组织工作的水平。这一次，除了"读烂一本书"外，又加了一个无锡产的红灯牌小收音机。这是用到教育部后在《人民日报》上发表一篇短文得到的十几块钱的稿费买的。每天早上从语言学院骑车到西单教育部上班的一小时路程，他都戴着耳机练习听力。春夏秋冬，风雨无阻，他坚持了至少四年。与此同时，他凭借在学校学习、工作，包括在党委工作六年的经历、经验，又利用教育部的大量文献资源，刻苦研读，甚至多次睡在办公桌上，一人独自在黑通通的办公大楼过夜。不到两年时间，他就成了为教育部领导起草文章、各种会议讲话、文件、向联合国教科文组织提交的国家报告、以教育部名义发表的大块文章的"笔杆子"。

二 行成于思

读过万卷书，行遍万里路。自 20 世纪 80 年代中期开始，王老越来越多地转向了国际教育舞台，先是到中国驻巴黎联合国教科文组织代表团，回国 4 年后又作为联合国教科文组织官员在曼谷工作 10 年。中国闭关锁国 30 多年后的对外开放，意味着与一个陌生世界的双向交流的开始，交流的实际效果取决于相互的了解、理解，取决于能否用对方听得懂的理念、语言把"中国特色"介绍出去，把"外国特色"介绍进来。照译、照抄、照搬作用不大，弄懂、消化、思考、比较、提炼会更有效。行成于思，是王老从一个僧伽罗语教师转变为教育决策和比较教育研究领域国内外知名学者的全部总结。

1986 年，联合国教科文组织仍然是东西方意识形态领域冷战的舞台，在国内，则是人们普遍认为各行各业的单项改革难以突破因而"言必谈体制"的时期。王老时任驻巴黎联合国教科文组织中国代表团参赞，他除了出色完成起草一份份教科文组织围绕非洲总干事的去留东西方之间复杂、尖锐、跌宕起伏的形势调研报告外，还利用教科文组织与经合组织两大总部均在巴黎的条件，抽出大量精力对西方发达国家 20 世纪 60 年代以来的教育改革、发展及其运行机制演变、成型做了近两年的调查和研究，与上百名来自东西方的教育部长、校长、教授切磋，回国后写成并发表了几万字的长文：《发展、机制与困惑——20 世纪 60 年代以来西方主要市场经济国家教育发展述评与比较》。他提出西方发达市场经济国家的总体教育运行机制由国家、市场、社会和学校四个部分组成。这四个部分既相互激励，又相互制约，推动教育事业的改革与发展。其中，国家掌握教育的政治方向，确定战略重点，采取战略措施，协调总体规模速度与布局但不干预学校的具体办学活动；市场拥有调节、激励、制约功能，又不可避免地带有两面性；社会参与政策制定，参与教育管理，直接或间接参与学校教学、课程设置、质量评估等微观管理；学校享有法律保障的必要的办学自主权、有充分的活力，同时又面临来自市场、社会和同行的强大压力和国家通过法律和拨款手段的有限调控。他提出，大学自主权的最终确立，不是简单的放权，一次又一次重演放了就乱，乱了再收的现象，而是一个改革传统体制，调整政府、市场、社会和学校的关系，试行和确立新的运行机制的过程。学校管理上可以引进某些市场手段，如人才引进、待遇奖惩、科研经费分配等，但学校管理过度市场化甚至商业化，必将伤及大学本源、大学精神、大学宗旨和大学文化。这篇论文 1990 年发表后，几经转载，直到 2007 年，仍被北京师范大学收入其"教育发展评论"第一期，并仍然对我国当前的高等教育改革和大学自主权问题的解决有一定指导意义。也正是因为这一篇开创性的论文，他在教育部组织的评估教育发展研究中心高级职称的由全国知名专家组成的专家委员会上，被破格从讲师提升为研究员。

1993 年，王一兵到了联合国教科文组织（UNESCO）工作，他是该组织在亚太地区唯一的一名高等及远程教育计划专家，王一兵的工作并不轻松。当时的东盟和不少南亚国家同中国在政治与外交关系上才刚刚解冻，他明显地感觉到周围的同事对一个"初出茅庐"的中国人能否在短期内学会纷繁复杂而细致的国际游戏规则，能否在第一个合同两年期满不重蹈前人覆辙被炒鱿鱼"重返故里"持有怀疑态度。但他却凭借真诚、实力、开创和智慧打动了他们。王老回忆，在教科文组织任职期间，他牺牲掉了圣诞、春节假期广泛阅读文献资料，归纳总结各国教育的优势与短板，加深对亚太国家高校、教育部的了解，广结人脉，从而在 10 年中成功地组织和参加了 127 次高等教育国际会议，也成功地促成了亚太地区大学协会和多个高等教育合作网络的建立。他所在的教科文组织亚太地区教育局和巴黎总部对他的工作给予了充分肯定和赞许，并延长了他的任期。教科文组织亚太地区教育局长谢费尔博士在多个场合，包括在有中国政府代表参加的在巴黎召开的世界第二次高等教育大会和 2002 年于曼谷召开的亚太地区世界高教大会后续委员会会议上，专门表扬了他为促进亚太地区各国大学间合作所做的努力和贡献。甚至在王老退休五年后，他仍在澳门举行的亚太地区的高等教育会议上，讲述在从儿童基金会来到教科文组织后如何因为自己的工作改变了他对教科文组织高等教育合作项目的看法和态度。王一兵坦言，这 10 年是在压力、紧张和充满挑战中度过的，但最终他充满成就感地于 2003 年 7 月从教科文组织退休。王老畅谈着自己的经历，脸上露出欣慰的笑容。王一兵说："阅读、反思、归纳、总结并形成自己的思想，即思考、创新的能力很重要。"也正是这样的能力让他面对纷繁复杂的各国教育情况仍心中有谱胸有成竹，成功地完成工作任务，并使亚太地区各国之间的高等教育合作上了一个新的台阶。

我思故我在，思考似乎已成为了王一兵的研究精神。即便在退休后，王老仍然没有停止对教育的研究，发表文章近 20 篇，为多所高校改革发展、提升质量、扩展国际联系、争取国际奖项出谋划策，两次陪同周济部长出国访问，并以专家身份参与重要国际会议。2009 年，他作为世界银行专家参加于莫桑比克举行的非洲大学校长会议，他就非洲要不要学习英国大学的拨款机制（UGC）问题的发言引起强烈反响，并改变了会议的最后结论。主持会议的莫桑比克科技部长当天下午就把王一兵请到他的办公室，一边与王一兵商谈可否留在莫桑比克作为其顾问工作一年，一边直接与纽约世界银行总部沟通如何解决报酬问题，甚至提出如果世界银行无此计划，莫桑比克政府可以给王一兵土地作为报酬，这件事成为世界银行同人中一个笑谈和美谈。因为世界银行同人都知道，非洲人邀请高层次专家的目标多是西方人，一个中国专家引起如此反响、受到如此欢迎尚无先例。当被问及是什么让他有这样能在国际性会议上改变风向的能力时，王一兵笑着说："在国际会议上发言，一个专家需要的是新的视角、新的观点，以理服人，若发言老生常谈、众所周知、无所针对，则毫无意义。而新观点无外乎四个字：学习、思考。"

三 成功源于生命底色的淡然

王老 52 年的求学、从教、工作经历的一大特点是，没有一段经历是他事先刻意追求、设计和曾经预料过的。当被问及人生丰富多彩经历是源于人生追求还是教育理想时，他思索了良久，幽默地说："这个问题挺难回答。"随后，他意味深长地说，他的"一生变数不断，在当时的中国社会，很难预料，自己亦无选择权利，就像当年他已做好去中联部工作的心理准备却被留校；教师的板凳还没有坐热，碰上'文化大革命'，开始当了'修正主义苗子'、'反革命'、'造反派'，继而转为"保守"、"右倾"，后期还成为学校领导成员；六年三次辞官终被批准后，没有接受分配去外交部，自己选择去了教育部，到了联合国教科文组织……回过头来自己感到多少有点欣慰的是，我对自己对每一个无法预料的艰难变端的应对还算满意，靠的是自身的一种素质——刻苦、勤奋、意志、正派、正直、学习和思考的品质——支撑着自己并给自己力量。我在学校学的专业虽然完全没有用上，但我的上述人生素质、素养和人格的形成，同在校20年的熏陶是绝对联系在一起的。这也是我离开学校30多年，对于北京外国语大学的一切仍然牵挂和关注的根本原因"。

淡然是他生命的底色，在淡然里，他便能心无旁骛地积淀内涵、勤奋思考，创造生命的美丽与辉煌。

（载《北外人 BFSU》2013 年 9 月刊总第 14 期，胡谦益／文）

个人照片：

王一兵在巴黎期间工作的照片

浙江大学客座教授聘期总结

为什么要附一张表在此？我退休后接受一个学校邀请担任名誉或客座教授的一条原则是真正能帮助学校干点事，不图挂名、虚名。这张表是我任浙江大学几年客座教授所做工作的一张列表，也算是奉行这一原则的一个体现，特附于此。

姓　　　　名：　　<u>王一兵</u>

院　　　　系：　　<u>教育学院</u>

讲 座 教 授 或

兼任教师类别：　　<u>客座教授</u>

填 表 日 期：　　<u>2011 年 2 月 18 日</u>

岗 位		姓 名	王一兵	出生年月	1940	国籍	中国
合同中聘任起讫年月		2007.9—2010.8		合同中每年工作时间		4 个月	
原工作单位及职务		教育部国家教育发展研究中心副主任、研究员；联合国教科文组织亚太地区教育局高等教育和远程教育专家					
聘请院系、所		教育学院					
联系电话		13681383061		电子邮件		yibingw2061@gmail.com	
聘期内到岗具体时间				简要工作内容			
2007 年 9 月 1 日至 2007 年 10 月 30 日，共 60 天				协助筹备国际会议			
2008 年 3 月 6 日至 2008 年 5 月 5 日，共 60 天				学术讲座，青年教师培养			
2008 年 9 月 8 日至 2008 年 12 月 7 日，共 90 天				学术讲座，青年教师培养			
2009 年 5 月 20 日至 2009 年 6 月 20 日，共 30 天				学术讲座，青年教师培养			
2009 年 10 月 1 日至 2009 年 12 月 30 日，共 90 天				协助筹备国际会议			
2010 年 4 月 1 日至 2010 年 4 月 30 日，共 30 天				学术讲座，青年教师培养			

续表

教学工作情况

授课名称（或学术讲座名称）	授课对象、人数	实际讲课学时数	授课时间
对《国家中长期教育改革和发展规划纲要（2010—2020年）》的十点修改意见	教育学系本科生、研究生	3	2010 年 4 月 7 日
2009 年世界高等教育大会观感	教育学系本科生、研究生	3	2010 年 4 月 9 日
高等教育国际化背景、趋势与战略选择	教育学系本科生、研究生	3	2009 年 6 月 19 日
我国教育体制改革的反思	教育学系本科生、研究生	3	2009 年 6 月 15 日
国际组织就业以及国际职员应聘的方法与程序	教育学系本科生、研究生	3	2009 年 5 月 28 日
国际会议的组织和参与	教育学系本科生、研究生		2009 年 9 月 10 日
关于教育改革的改革	教育学系本科生、研究生		2009 年 10 月 9 日
走上四重过渡立交的中国高等教育	教育学系本科生、研究生	3	2008 年 9 月 19 日
一流大学之争与大学体制之争	教育学系本科生、研究生	3	2008 年 9 月 16 日
《服务贸易总协定》给中国高等教育带来的挑战与对策	教育学系本科生、研究生	3	2008 年 4 月 25 日
联合国教科文组织与地区文凭互认公约	教育学系本科生、研究生	3	2008 年 4 月 23 日
对经合组织/教科文组织《跨境高等教育质量保证指导准则》的解读	教育学系本科生、研究生	3	2008 年 4 月 21 日

招收研究生的姓名、专业与年级

协助指导研究生的姓名、专业与年级：
陈　骋，比较教育专业，2007 级
叶　凌，比较教育专业，2007 级
聂山翔，比较教育专业，2008 级
辛越优，比较教育专业，2009 级

科研工作情况（以浙江大学名义发表论著等）

论文题目	刊物名称	发表年月	第一作者单位	排名
Realizing the Global University-Some Roadmaps for Consideration by Universities in Developing World	WUN Conference on Realising the Global University	2007. 11	浙江大学教育学院	1/1

续表

论文题目	刊物名称	发表年月	第一作者单位	排名
Higher Education for Human and Social Development in Asia and the Pacific: New Challenges a Changing Roles	Higher Education in the World, 2008, Global University Network, Published by Palgrave Macmillan, U. K.	2008. 3	浙江大学教育学院	1/1
走上四重过渡立交的中国高等教育	原载《高等教育研究》,《新华文摘》全文转载,《中国科学院研究生院名人演讲录》第11辑	2009. 2	浙江大学教育学院	1/1
换理念比换人重要	《中国社会科学报》	2009. 11	浙江大学教育学院	1/1
取得的科研项目名称	项目来源	经费	起讫时间	排名

其他工作（包括合作研究、学科建设、学科梯队和青年教师队伍培养、国际学术交流等）：

国际学术交流

1. 2007 年 9 月 17—18 日，协助筹备并参加在杭州举行的"联合国教科文组织亚太地区科学委员会第二次会议：学术界的竞争、合作与变革：高等教育对知识和研究的贡献"；
2. 2007 年 12 月 3—4 日，协助筹备并参加在杭州举行的"全球大学创新联盟亚太中心 2007 年会：大学通识教育的理论与实践"；
3. 2009 年 10 月 24—26 日，协助筹备并参加在杭州举行的"移民与专业文凭互认项目国际学术研讨会"；
4. 2007 年 11 月 12—15 日，作为浙江大学代表参加在英国伦敦举行的世界大学网络"建设全球化大学国际会议"并发表论文；
5. 2007 年 11 月 15 日，受国际大学协会（IAU）主席委托，推荐浙江大学杨校长参加该协会 2008 年 7 月代表大会，并成为理事会成员候选人；
6. 2008 年 3 月 31 日—4 月 3 日，作为浙江大学代表参加在西班牙巴塞罗那举行的第四届巴塞罗那国际高等教育大会"高等教育：人类和社会发展的新挑战与新角色"并发表论文；
7. 与 IAU 秘书长协调，劝退国内竞争对手，作为特例，在杨校长不能出席的情况下，促成浙大朱副校长于 2008 年 7 月 22 日在 IAU 荷兰年会上当选其理事会成员；
8. 协助中国教科文组织全委会组织 2008 年 10 月 20 日中国教科文组织教席工作会议，推荐浙大教育学院院长与会并会见教科文组织教席科长索尼亚女士；
9. 2009 年 3 月 2—3 日，作为浙江大学代表参加在北京召开的第四届全民教育国家论坛暨 2009 年全球监测报告研讨会，并参与温家宝总理讲话起草；
10. 2009 年 3 月 9 日向教育学院赠送本人参与策划和主译的八本集"世界远程教育丛书"两套；
11. 2009 年 4 月 11—16 日，应世界银行邀请，参加于莫桑比克召开的非洲高等教育研讨会，发言和建议得到与会者和主办者高度赞同；
12. 2009 年 7 月 4—9 日，参加在法国巴黎举行的第二届世界高等教育大会"高等教育和研究在促进社会变革与发展中的新动力"；
13. 2009 年 10 月 25 日，主持教科文组织"移民与学位互认"参与计划课题研讨会开幕、闭幕和闭幕讲话

续表

学科建设

1. 协助参与联合国教科文组织浙江大学 APEID 联系中心的项目策划及日常工作；
2. 协助参与全球大学创新联盟亚太地区中心（GUNI-AP）秘书处的项目策划及日常工作；
3. 协助申报联合国教科文组织浙江大学创业教育教席并参与相关组织筹备工作；
4. 捐赠比较教育学科中英文图书资料 2000 余册。

青年教师培养

协助学院培养青年教师筹办国际学术会议、开展国际学术合作以及参与国际组织活动等方面的能力。

社会活动

2009 年 4 月作为评审专家参加 "2009 杭州学习行业生活品质" 点评及颁奖活动。